中 国 房 地 产 研 究 会
中 国 房 地 产 业 协 会 编著
北京中房研协技术服务有限公司

大连理工大学出版社

图书在版编目(CIP)数据

2010中国房地产年鉴/中国房地产研究会，中国房地产业协会，北京中房研协技术服务有限公司编著.—大连：大连理工大学出版社，2011.5

ISBN 978-7-5611-6194-4

Ⅰ.①2… Ⅱ.①中… ②中… ③北… Ⅲ.①房地产业-中国-2010-年鉴 Ⅳ.①F299.233-54

中国版本图书馆CIP数据核字（2011）第071830号

出版发行：大连理工大学出版社

（地址：大连市软件园路80号　邮编：116023）

印　　刷：广州培基印刷镭射分色有限公司

幅面尺寸：210mm×275mm

印　　张：38.75

出版时间：2011年5月第1版

印刷时间：2011年5月第1次印刷

责任编辑：房　磊

封面设计：何　胜 王志峰

责任校对：谢慧聪

书　　号：ISBN 978-7-5611-6194-4

定　　价：588.00元

发　行：0411-84708842

传　真：0411-84701466

E-mail: a_detail@dutp.cn

URL: http://www.dutp.cn

编委会

EDITORIAL

序言

PREFACE

房地产业是关系到国计民生的重要行业。改革开放以后，特别是1998年实行进一步深化城镇住房制度改革以来，中国的房地产业得到了快速发展，对促进消费、扩大内需、拉动投资、改善居民居住条件和城镇面貌、带动建筑建材等相关产业发展及社会经济发展，发挥了重要的作用。

但是，房地产业在快速发展的同时，也出现了一些问题。如一些城市房价上涨过快；一些地方中低价位、中小套型住房供应不足；住房保障制度仍相对滞后；中等偏下收入家庭住房困难问题凸显；房地产开发模式粗放，资源、能源消耗大；中长期制度建设也相对滞后。尤其是一些地方房价过高的问题，已成为社会关注的焦点。

坚定不移地搞好房地产市场调控，加快健全房地产市场调控的长效机制，重点解决城镇中低收入家庭住房困难，切实稳定房地产市场价格，满足居民合理住房需求，促进房地产业平稳健康发展，是当前和今后一个时期房地产业的重要任务。

为客观如实地记录中国房地产的发展情况，以便更好地为政府决策服务，为行业平稳健康发展服务，为会员单位提供市场信息服务等，中国房地产研究会、中国房地产业协会和北京中房研协技术服务有限公司决定从2010年起编撰《中国房地产年鉴》。年鉴内容包括领导讲话、政策汇编、基础数据、市场情况、保障住房、企业发展、地方经验和大事记八个篇章，旨在为业内及相关机构和人士提供一个了解和把握中国房地产业发展脉搏的重要参考工具。

年鉴内容涉及面广、专业性强，很多问题也处于探索之中，再加上《2010中国房地产年鉴》成书时间短以及我们的水平有限，年鉴中的有些内容难免还存在一定的局限性和不足。我们愿意听取广大读者的意见，恳请大家批评指正。

本年鉴在编写过程中，得到住房和城乡建设部有关领导、部办公厅、住房改革与发展司、住房保障司、房地产市场监管司、住房公积金监管司等有关领导的大力支持，在此一并表示感谢！

刘志峰

2011年4月

1 全面覆盖房地产研究各大领域

针对房地产政策汇编、市场动态、基础数据、企业经营、行业大事等研究领域，客观展现我国房地产行业2010年的发展进程。

价值2 多元化立体专业分析模型与行业需求高度契合

涵盖全国宏观经济数据，全国及地方开发投资数据、建设数据、销售数据，房地产优势企业分析、土地市场分析和房地产市场分析，直达房地产业内需求重要关注点。

价值3 中国房地产行业年度全面梳理与诠释

汇编2010年度房地产政策，集合全国及重点城市土地市场分析、20个城市房地产市场分析、全国及部分省市保障性住房建设情况分析，精选2010年房地产业发展过程各地所取得的宝贵经验。

价值4 中国楼市专业权威的信息整合

透视房地产行业翔实的宏微观信息，聚焦政府、市场、产品、城市、行业、产业综合信息，为未来市场趋势及走向做出客观研判。

房地产行业全局概览

专业权威数字体现四大核心价值

直击业内关注重点
聚焦八大核心内容

2010中国房地产年鉴
八大核心内容

1 领导讲话

集合12位相关领导讲话，主要涉及房地产市场调控和保障性住房建设两个主题。

2 政策汇编

汇编2010年度房地产政策，全面展示2010年房地产市场调控的政策脉络。

3 基础数据

收录全国、31个省市自治区、35个大中城市房地产行业准确、及时和全面的基础数据。

4 市场情况

深入剖析2010年度全国和30个重点城市土地市场以及20个全国重点城市房地产市场。

5 保障住房

分别介绍国家保障性住房建设的总体情况和13个重点省市的保障房推进情况。

6 企业发展

收集30家房地产知名企业在2010年度的企业发展和财务数据。

7 地方经验

精选2010年典型省市在住房保障、棚户区改造、集约用地和节能减排方面所取得的宝贵经验。

8 大事记

点评2010年房地产重大事件和热点话题，展示全年房地产要闻。

目录

第一篇 领导讲话

目录

第二篇 政策汇编

导读

01 中华人民共和国国务院

02 中华人民共和国住房和城乡建设部

03 中华人民共和国财政部、国家税务总局

2010中国房地产年鉴
THE ALMANAC OF CHINA REAL ESTATE

CONTENTS 目录

第三篇 基础数据

导读

第四篇 市场情况

导读

目录

第五篇 保障住房

导读

第六篇 企业发展

导读

第七篇 地方经验

导读

第八篇 大事记

01
CHAPTER
领导讲话

导读
INTRODUCTION

2010年是中国房地产发展史上极不平凡的一年。为解决一些地方房价上涨过快，一些地方保障性住房建设滞后和中等偏下收入家庭住房的困难问题，党中央、国务院领导及国务院有关部门的负责人对加强和改善房地产市场调控、加大保障性安居工程建设等作了许多重要讲话和指示。

现将新华社等官方媒体上发表的中央及有关部门等领导同志讲话选编入册。

我们将“领导讲话”作为年鉴的开篇文章，不仅为了回顾总结，更是为了指导今后的工作。

领导讲话 01

中共中央总书记 胡锦涛
关于房地产业的讲话

切实保障和改善民生

（2010—07—20，北京党外人士座谈会）

会上胡锦涛总书记指出，要继续深化改革开放，加快推进财税、金融、价格、房地产、社会保障等方面改革，推动外贸发展方式由数量规模型向质量效益型转变，加大实施“走出去”战略力度，开拓新的开放领域和空间。要继续切实保障和改善民生，加大社会建设力度，努力满足人民群众在教育、劳动就业、社会保障、医药卫生、住房等方面的基本需求，扎实做好灾后恢复重建工作，加强安全生产工作，维护社会和谐稳定。

资料来源：2010—07—23，人民网

加强房地产市场调控

（2010—11—30，北京党外人士座谈会）

会上胡锦涛总书记要求，要切实改善民生和加强社会管理，坚持更加积极的就业政策，扩大社会保险覆盖面，扎实推进医药卫生体制改革，加快保障性住房建设，加强房地产市场调控，抓好灾后恢复重建工作，加强和创新社会管理，确保社会和谐稳定。

资料来源：2010—12—03，新华网

切实抓好保障性住房建设

（2010-12-29，北京实地考察保障住房小区）

胡锦涛总书记强调，希望各级党委和政府高度重视、切实抓好保障性住房建设，进一步加大资金投入，增加用地供应，确保工程质量，建好配套设施，搞好管理服务，向低收入群众提供更多实用价廉的住房。

资料来源：2010-12-30，新华网

领导讲话

02

国务院总理 温家宝

关于房地产业的讲话

抓紧落实已经出台的各项政策

（2010–01–19，国务院全体会议）

温家宝总理在会上要求，抓紧落实已经出台的各项政策，加快推进保障性安居工程，增加普通商品房供给，多渠道满足住房困难家庭居住需求；加强对市场需求的分类调控，抑制投机投资性购房；进一步规范房地产市场秩序。

资料来源：2010–01–19，中国政府网

任期内使房价能够保持在一个合理的价位

（2010–02–27，接受中国政府网、新华网联合专访，与广大网友在线交流）

群众的心情我非常理解。我也知道所谓“蜗居”的滋味。因为我从小学到离开家的时候，全家五口人只有9平方米的住房。当然，时代不同了，我们应当按现在的条件来改善群众的住房。其实，如果说改革开放30年来，城乡居民的住房都有了相当的改善，大概是城镇人均住房面积增长了5倍，农村人均住房面积增长了3倍。但是由于

我们国家人口多，土地面积又少，所以住房成了人们生活当中的一个困难问题。应对金融危机以后，房地产市场有了很大的发展。但是与此同时，一部分城市房价上涨过快，造成群众的不满。为此，中央曾两度采取了4条和11条措施。

概括起来是四个方面：第一，增加保障性用房。我们原来制定了一个规划，2009年到2011年，用三年的时间想把保障性用房建成750万套，现在看来，我们能够超额完成这个任务。2009年，我们已经完成了200万套。2010年我们将完成300多万套。

与此同时，我们还要加快建设廉租房和普通租赁房，因为大家知道，住有其居，并不一定都能做到住有其屋，我们这个屋是指自己的房屋。因此，还有相当一部分人要住公用的租赁房，还有相当一部分低收入者，包括农民工要租用廉租房。

我们还要对棚户区进行改造，2009年棚户区改造大约完成了130万套，2010年棚户区改造我们要完成200万套。我可以跟大家讲一些实例。过去我在大同云冈石窟，隔河向远处山上望去，一片棚户区，矿工有的几代人就住在那低矮的、破旧的房子里。

但是2009年我到大同的时候，他们已经建成了500万平方米的新房。可以说，居民楼林立了，人民的生活条件、居住条件发生了很大的变化。我知道，在矿区、矿区发展的城市、林区、垦区，还有相当多的人居住在棚户区，有的房子还是抗战时期的房子。所有这些都是政府的责任，也就是说我们这次解决房屋问题，首先要增加供给。

第二，我们要鼓励和支持人们购买自住房和改善性用房。在这里我要特别强调，由于我们的国情，我们应该把重点放在低价位和小套型。现在有些大城市已经成片地建设了这样的房子供给群众选用，当然这主要靠市场，但政府的责任主要是在土地以及金融和财税上给予支持。

第三，要抑制投机性和投资性的住房，主要是采取经济和法律手段。

第四，要管好市场。政府有责任管好房地产市场，就是依法对那些圈地不用、捂盘惜售、哄抬房价的违法违规行为进行惩处。大家也许问，这些措施管用吗？正像网友“凤海”所提到的，2010年楼市频出重拳，但是我还担心拉不住这匹脱缰的野马。

我觉得他说的有一定道理，从供需平衡的角度，从市场来满足群众多样化的角度，从运用法律和经济的手段管理市场的角度，都需要花费一定的精力和一定的时间。但是我有决心，在本届政府任期内能把这件事情管好，使房地产市场健康发展，使房价能够保持在一个合理的价位。

资料来源：2010-02-27，人民网

坚决遏制部分城市房价过快上涨势头

（2010-03-05，全国人民代表大会第三次会议）

温家宝总理表示，促进房地产市场平稳健康发展。要坚决遏制部分城市房价过快上涨势头，满足人民群众的基本住房需求。

一是继续大规模实施保障性安居工程。中央财政拟安排保障性住房专项补助资金632亿元，比上年增加81亿元。建设保障性住房300万套，各类棚户区改造住房280万套。扩大农村危房改造试点范围。各级政府要切实负起责任，严格执行年度建设计划，确保土地、资金和优惠政策落实到位；

二是继续支持居民自住性住房消费。增加中低价位、中小套型普通商品房用地供应，加快普通商品房项目审批和建设进度。规范发展二手房市场，倡导住房租赁消费。盘活住房租赁市场；

三是抑制投机性购房。加大差别化信贷、税收政策执行力度。完善商品房预售制度；

四是大力整顿和规范房地产市场秩序。完善土地收入管理使用办法，抑制土地价格过快上涨。加大对圈地不建、捂盘惜售、哄抬房价等违法违规行为的查处力度。

资料来源：2010-03-15，中国政府网

加快建立促进房地产市场健康发展的长效机制

（2010-09-13，世界经济论坛2010年新领军者年会开幕式）

温家宝总理表示，住房问题既是经济问题，更是影响社会稳定的重要民生问题，稳定房价和提供住房保障是各级政府的重要职责。我们要进一步规范市场秩序，完善土地、财税、金融政策，加快建立促进房地产市场健康发展的长效机制，抑制投资投机性需求，引导市场增加普通商品房供给，加快保障性住房建设，发展公共租赁住房，促进形成合理的住房供给结构，满足多层次的住房需求。

资料来源：2010-09-13，中国政府网

促进房地产市场平稳健康发展

（2010-09-25，国务院常务会议）

温家宝总理要求，促进房地产市场平稳健康发展。各地区、各部门一定要认真落实各项调控措施，坚决遏制部分城市房价过快上涨。要立足保障基本需求，强化各级政府职责，加大保障性安居工程建设力度，增加中低收入居民住房供给。合理引导住房需求，抑制投机需求。

资料来源：2010-10-27，中国政府网

加大保障房建设，抑制投机行为

（2010-12-26，中央人民广播电台直播间与听众直接交流）

温家宝总理在回答网友“政府2010年采取了很大的力度调控房价，您怎么评价目前的调控成果？”时说，对敏感的问题不要回避。我在2009年访谈当中曾经向广大群众承诺过，在我的任期内，一定要使房价能够保持在一个合理的水平，我还要为实现这个目标而努力，绝不会退缩。2010年我们采取十条措施和五条措施，现在看落实得还不够好，我们将从两个方面继续加大力度。第一，就是加大保障性住房的建设力度，也就是说2010年我们将开工的保障性住房大约为580万套，已经建成370万套，明年我们将开工的是1000万套，这也包括公租房、廉租房和棚户区改造。第二方面的努力，就是要抑制投机，这主要是利用信贷的杠杆，并且加强对土地的管理，土地要首先保障保障性用房，对于投机的土地使用我们要严加管理。我相信，经过我们一段的努力，房价会回到合理的价位，我有这个信心。

在回答“‘房价总理说了不算，总经理说了算’，您对此怎么看？”时说，这个讲法不准确，也不全面。房价有政府应该管理的部分，有市场应该管理的部分，总理应该管的主要是保障性住房，解决的主要是中低收入者的问题。大家肯定知道，1998年我们人均住房面积只有15平方米，到现在我们人均城镇的住房面积已经达到33平方米。当然，各地房屋的质量和条件有所不同。第二个就是现在城镇的居民自有住房率，已经达到80%，这个比例相当之高。我们应该让群众懂得一个道理，我们国家人口多、土地少，住有其居但并不意味着每个人都有自己的住房，有些刚毕业的学生、有些农民工都可以采取先租房的办法来解决住房的问题，租价要合理，条件要完备，使他们能够感到住得方便。

资料来源：2010-12-26，人民网

领导讲话 03

国务院副总理 李克强
关于房地产业的讲话

保障和改善民生是发展经济的根本目的

（2010-01-11，全国财政工作座谈会）

李克强副总理强调，保障和改善民生是发展经济的根本目的，也是扩大内需和调整结构的结合部。要把解决好基本民生问题作为财政工作的重中之重，切实加强零就业家庭就业、最低生活保障、义务教育、基本医疗等基本公共服务，加大国民收入分配调整力度，逐步构建起社会保障的“安全网”，实现建设和民生统筹推进、经济和社会协调发展。当前，要加快保障性住房建设步伐，缓解低收入群众住房困难，促进房地产市场平稳健康发展。

资料来源：2010-01-12，中国政府网

推动保障性安居工程建设

（2010-06-11，全国公共租赁住房工作会议）

李克强副总理指出，要按照党中央、国务院的决策部署，坚持以人为本，立足国情，加快发展公共租赁住房，推动保障性安居工程建设，以适应群众基本住房需求。

住房问题事关群众切身利益，发展公共租赁住房与建设廉租住房、改造棚户区等都是保障性安居工程的重要组成部分，是重要的民生工程。近年来，我们着力解决城市低收入家庭住房问题，受到了群众欢迎，同时促进了经济发展和社会和谐。发展公共租赁住房主要是解决城市中等偏下收入家庭住房阶段性需求，提供租金较低、户型较小的住所。这可以增加有效供给，优化住房结构，引导居民合理住房消费，不仅有利于遏制部分城市房价过快上涨，而且有利于调节收入分配、促进人才和劳动力有序流动、推进新型城镇化进程，体现了转变发展方式、调整经济结构的要求。

发展公共租赁住房，是一项复杂艰巨的任务，要坚持政府组织、社会参与，依法管理、市场运作。省级人民政府要负总责，市县政府抓落实，有关部门协作配合，把公共租赁住房纳入保障性安居工程建设规划，在投资、土地、财税、金融等方面加大政策支持力度；同时注意发挥市场机制作用，引导社会力量共同参与投资建设和运营，多渠道多方式筹集资金和房源。应当看到，这项工作还有一个探索过程，要鼓励各地在国家总体原则指导下，因地制宜，积极探索符合当地实际的公共租赁住房发展新模式。

发展公共租赁住房，要科学规划布局，按照保基本、保质量、可持续的要求，合理确定建设标准和租金水平，健全准入退出机制，加强监督管理，确保公共租赁住房工作公开透明、公正公平，把这一重要民生工程建成阳光工程、优质工程。要求各地区各有关部门要继续贯彻落实好国务院关于房地产市场调控的各项措施，为广大人民群众安居乐业创造良好环境。

资料来源：2010-06-12，中国政府网

尽快增加基本住房供给

（2010-08-13，北京考察廉租住房、公共租赁住房建设）

李克强副总理说，住房是居民的大事，也是政府的大事。实施保障性安居工程，是保障和改善民生的重大举措，也是保持经济平稳较快发展的重要措施。各级政府特别是城市政府要想群众之所想、急群众之所急，从投资、土地、财税等方面采取有力措施，加快推进保障性安居工程，尽快增加基本住房供给，使群众有房可租、有房可买。

资料来源：2010-08-13，中国政府网

加快保障性住房重大民生工程建设

（2010-08-21，江苏常州加快保障性安居工程建设工作座谈会）

李克强副总理强调，要认真贯彻落实党中央、国务院的决策部署，以更大的决心、更有力的措施，加快保障

性住房重大民生工程建设，使人民群众住有所居、安居乐业。

衣食问题基本解决后，住房问题日益成为人民群众关心的大事。实施保障性安居工程，对低收入家庭住房实行保障，对中等偏下收入群众住房给予支持，是人民群众的热切期望，是各级政府的重要职责，也是当前的重要任务。建设好这项工程，有利于保障和改善民生、促进社会和谐，有利于促进房地产市场稳定健康发展，也有利于保持经济平稳较快发展。

近年来，各地区各有关部门做了大量工作，出台了一系列政策，支持保障性住房建设，增加了面向中低收入家庭的住房供给，改善了群众居住条件。但各地进展还不平衡，住房保障体系仍不完善，政策支持力度也有待提高。要进一步提高认识，统一思想，坚定信心，加大保障性住房建设力度，扎实有效地推进这项工作。

实施保障性安居工程，要从各地实际出发，突出重点，分类指导。在人口较多的城市，要大力发展公共租赁住房，缓解中等偏下收入家庭以及新就业职工、外来务工人员的住房困难，在制度设计上考虑老百姓的承受能力，逐步形成梯度消费的住房模式，实现可持续发展。在低收入家庭较多的城市，要进一步加快廉租住房建设步伐，提高困难群众住房保障程度。在工矿区、林区和垦区，要建设好棚户区改造安置住房，解决职工群众基本住房问题。2010年全国要建设廉租住房、公共租赁住房、棚户区改造安置住房等580万套。同时，要采取措施增加普通商品房等供给，满足居民住房消费的合理需求。

实施保障性安居工程，地方政府是责任主体。把这项工程建设好，各项政策要跟上。要多渠道增加资金投入，切实安排好土地供应，进一步加强规划管理，健全责任制度，提高工程质量，公平公正分配，强化监督检查，推动保障性安居工程建设目标全面实现。

各地要继续落实好国务院关于房地产调控的政策措施，切实增加住房有效供应，坚决抑制投机炒作行为，巩固调控成果，促进房地产市场长期稳定健康发展。

资料来源：2010-08-21，中国政府网

完善住房体制机制和政策体系

（2010-12-06，宁波考察保障性住房建设）

李克强副总理强调，要认真贯彻落实党中央、国务院决策部署，大力推进公共租赁房等保障性住房建设，进一步完善住房体制机制和政策体系，努力使群众住有所居、安居乐业。各地要保质保量地完成2010年保障性住房建设任务，解决好几百万户低收入群众的住房困难。同时，要做好明年工作准备，从资金投入、建设用地等方面加大支持力度，大规模建设公租房等保障性安居工程。这样持续推进几年，使保障性住房覆盖面大幅度提高，使公租房成为城镇住房保障体系的重要组成部分。在保障性住房的建设和运营中，要注意发挥市场机制作用，以提高效率。

加快发展公租房，不仅可以改善中等偏下收入群众住房条件，而且符合大城市流动人口多、新就业人口多

的特点，有利于满足不同群体的住房梯度消费需求。帮助群众解决基本住房问题是各级党委和政府义不容辞的责任，要把群众的需要放在心上、落到实处，加强政策引导，调动各方面积极性，多建房、建好房。

建设保障性住房，应按照小户型、齐功能、高质量的要求，搞好科学规划和设计，配套建设必要的公共服务设施，方便群众就医、上学、购物和出行，让群众住得舒适、住得踏实。同时指出，保障性住房不仅要建好，而且要分好、管好。要健全机制、完善办法，严格把好准入退出关，确保分配公开透明、结果公平公正，确保符合条件的居民真正受益，给更多住房困难群众带来希望。

要完善住房体制机制和政策体系，继续加强财税、金融、土地等政策调节，规范市场秩序，坚决抑制投资投机性住房需求，同时增加普通商品房供给；加强督促检查，落实好各项政策措施，促进房地产市场长期平稳健康发展。

资料来源：2010-12-07，中国政府网

要更大规模建设保障性安居工程

（2010-12-27，全国财政工作座谈会）

李克强副总理说，住房是民生之要，要更大规模地建设保障性安居工程，2011年在全国范围内新增公租住房等保障性住房1000万套。要下决心加大投入，多渠道筹措资金，保证目标实现。经过几年努力，使保障性住房在住房供应体系中的比重大幅度提升。同时，要坚持房地产市场调控不动摇，综合采取财税、金融、土地、市场监管等联动措施，继续抑制投机投资性需求，增加普通商品房供给，努力使人民群众住有所居、安居乐业。

资料来源：2010-12-28，中国政府网

领导讲话 04

国家发展和改革委员会主任　张平

关于房地产业的讲话

四万亿投资没一分钱流入股市、楼市

（2010-03-06，十一届全国人大三次会议记者会）

张平主任在回答“四万亿的投资到底有多少进入了实体经济？”时表示，两年新增四万亿的投资计划，这是我们整个应对国际金融危机一揽子计划的重要组成部分。中央这样一个决策发挥了极其重要的作用。第一，大大提高了或者提振了市场信心，增强了我们战胜金融危机的信心。第二，确实是扩大了有效需求。这四万亿的投资计划出来了以后，使得我们的投资空间、我们的需求空间进一步明确，所以，也就为我们资金的投向确定了一个明确的方向。第三，通过这样的一个投资计划，加强了我们国民经济的薄弱环节，因为我们选择的这一些投资方向都是在经济发展进程中需要解决的一些薄弱环节、一些需要解决的问题。第四，也大大有利于改善人民群众的生产生活条件。第五，这个四万亿的投资计划，不仅对中国提振市场信心发挥了重要的作用，它甚至在全世界都产生了重大的影响，对于鼓励我们战胜金融危机也是发挥了积极的作用。我想这是一个基本的判断。

这四万亿投资的具体安排，我可以向大家明确地做出这样一个回答。我们这里面没有一分钱进入到“两高一资”产能过剩的行业，也没有一分钱进入到房地产购买土

地这一类的投资。这四万亿的投资主要分布在这么几个方面：第一，民生工程，包括保障性安居工程、农村民生工程、农村基础设施的建设以及社会事业的投资，就是教育、卫生、文化这些社会事业的投资。这个投资的比例，政府需要增加11 800亿，2009年我们增加了5038亿，2009年中央政府的安排是9243亿，就是我刚才说的，这些民生工程的投资占整个投资的44%。

第二，自主创新、结构调整、节能减排、生态建设，占了整个投资的16%。

第三，重大基础设施的建设，包括交通基础设施、铁路、公路、民航、港口，另外还有重大的水利工程，这个投资占了23%；再就是汶川地震的灾后恢复重建，占了14%；其他公共支出占3%。因此，我可以负责任地向大家表示，没有一分钱进入到刚才这位记者朋友所说的那一些领域。

资料来源：2010-03-06，新华网

房地产调控工作依然繁重

（2010-08-26，第十一届全国人大常委会第十六次会议）

张平主任表示，针对部分城市房价上涨过快、涨幅较高的问题，国家2010年连续出台了一系列促进房地产市场平稳健康发展的政策措施，取得了初步成效，住房价格过快上涨势头得到初步遏制。目前，部分大中城市住房价格仍然过高，调控房地产市场的工作依然繁重。

国家将稳定房地产调控政策，进一步落实遏制部分城市住房价格过快上涨的措施，坚决抑制投资投机性购房需求。加大保障性安居工程建设的资金投入和土地供应，加快保障性住房建设进度，尽快增加有效供给。

保障性安居工程建设大规模推进，有关部门与各省级人民政府签订了2010年住房保障工作目标责任书，将全年300万套保障性住房和280万户棚户区改造以及120万户农村危房改造任务分解落实到地方。国家将中部、西部地区新建廉租住房中央补助标准由上年的每平方米300元和400元，分别提高到400元和500元；农村危房改造户均补助标准由5000元提高到6000元。

2010年以来，国家出台了加快发展公共租赁住房的指导意见，并将其纳入保障性住房建设规划启动实施。6月份，全国70个大中城市房屋销售价格环比下降0.1%，7月份价格与上月持平。

资料来源：2010-08-26，中国政府网

领导讲话 05

财政部部长 谢旭人

关于房地产业的讲话

“十二五”研究推进房产税改革

（2010-12-27，全国财政工作会议）

谢旭人部长强调，“十二五”期间将继续研究推进房地产税改革，完善财产税制度；逐步建立健全综合和分类相结合的个人所得税制度，开征环境保护税；同时要将地方政府债务收支纳入预算管理，逐步形成地方政府规范举债、合理融资、风险可控、运行高效的长效机制。

资料来源：2010-12-29，新华网

领导讲话 06

国土资源部部长 徐绍史
关于房地产业的讲话

严管闲置地和囤地问题，四种情况要问责

（2010-02-08，2009年度土地卫星遥感图片执法检查工作部署电视电话会议）

徐绍史部长表示，土地违法违规持续下降、总体向好，但尚未有效遏制，当前违法违规用地反弹压力依然很大。

违法违规用地反弹压力大主要表现在五个方面：第一，应对国际金融危机冲击，保持经济平稳较快发展的土地需求旺盛。2009年实际供地已达480万亩，但整个在建、续建、扩建、拟建的项目规模还是不小，铁路、公路、机场、水利等基础设施建设规模也比较大。与此同时，民生项目的用地需求也在急剧地上升。此外，国务院批准了11个区域性的经济规划区，也涉及大量的土地需求。

第二，农村土地管理制度改革，新农村建设亟待规范有序地推进。特别值得关注的是农业结构调整，设施农业、休闲观光农业的建设，都有不规范的地方。

第三，推进城镇化新的需求。如果城镇化每年提高一个百分点，有1500多万人进城，城市的公共设施、基础设施建设、产业建设、住房建设用地等，按每人100平方米算，就需要1500平方公里，大概有225万亩地。2010年中小城市和一些县，包

括中心镇，由于城镇化进程的加速，土地管理面临着很严峻的挑战。

第四，房地产开发当中的闲置地、囤地、炒地问题，对土地执法监察提出了新的任务。据闲置土地统计，2007年之前供应给开发商的地还有10万亩，2007年供的有3万亩，2008年供的还有1.5万亩。另据2008年统计公报显示，当年完成开发土地面积约为39.0495万亩。由此可计算出，截至2008年，闲置土地面积占2008年全年开发土地面积的37.13%。

根据国务院的部署，国土资源系统要严格监管房地产开发用地，闲置用地要按规定处理，对囤地、炒地要进行查处。最近，广州、北京、南京、南昌先后收回了房地产开发公司的闲置用地或者说是没有按照合同约定正常开工的用地。上海市公开督办八宗房地产的闲置用地，北京市公开处置闲置用地，暂停了八家房地产企业在土地交易市场上参加交易活动的资格。现在房地产企业、房地产开发资金在向二三线城市走，监管的任务非常重。

第五，违法违规批地用地有新的变化。有的地方以工商变更登记的方式倒卖土地，房地产公司招拍挂拿到土地之后不开发，等到市场转好时，把股份转让给下家，而且变更法定代表人，规避了国有土地使用权的转让，规避了契税、土地增值税等。土地执法监管需要有相应的应对措施。

2009年度的卫片执法检查将实施问责制。对于此次卫片执法检查，徐绍史认为有三个特点：第一，覆盖全国，实施问责，部门联手。这次卫片执法检查，实现31个省、市、自治区、2859个县全面覆盖。监察部及人力资源和社会保障部将联手推动“15号令”实施问责制的贯彻落实，这是一个大的特点。第二，突出重点，分级负责。国土资源部重点抓50万人口以上的155个城市，各省、市、自治区也要明确重点城市进行监管。第三，全国遥感监测“一张图”与监管平台衔接。这是加强有效监管的一个创新。

实施问责，要防范人为造假、虚报、漏报等，一定要如实判别，确保数据真实准确。要充分利用遥感监测“一张图”和综合监管平台，并与全国第二次土地调查的结果、近两年土地审批的结果、年度变更调查的结果进行比较。一旦发现弄虚作假、谎报瞒报的，要敢于碰硬，坚决追究责任，严肃查处。

资料来源：2010-02-09，人民网

土地市场基本平稳，当前地价涨幅趋缓

（2010-04-20，保发展保红线工程——2010年行动暨巩固扩大地质找矿改革发展大讨论成果动员部署视频会议）

徐绍史部长表示，当前中国土地市场基本平稳，土地供应量增加，价格涨幅趋缓。建设用地供应总量大幅增加，房地产开发用地比重明显提高。当前中国土地供需矛盾突出与粗放利用矛盾并存，要注意引导和调控。

最近官方出台的一系列房地产调控措施，对地价和房价可能都会有比较重大的影响。从土地来看，当前土地供需矛盾突出与粗放利用矛盾并存。中国城镇化快速推进，用地量大面广，同时基础设施建设项目的投资依然强劲，对土地提出更大需求。特别是2009年，国务院批准的十多个地区性经济规划区的建设用地需求上升。

为了平抑房价，房地产供地也在较大幅度增加。2009年国土资源部审批建设用地865万亩，真正供地478万亩。到2009年11月份，批而未用的土地占整个土地的38%。

要保持宏观政策的连续性和稳定性，又要增强宏观调控政策的针对性和灵活性。要密切跟踪形势发展，及时调整政策措施，更好地服务经济社会发展。在土地管理方面要实行严格的规划和计划管控，有保有压、放控结合。

资料来源：2010-04-21，《中国证券报》

差别化土地供应政策，优先保障民生用地

（2010-06-25，第20个全国“土地日”主题纪念活动）

徐绍史部长指出，节约集约用地，是破解当前“保障发展和保护资源”两难命题的重要出路，也是促进经济发展方式转变的重要手段。我们要加快建立激励约束并重的节约集约用地新机制，实行差别化的土地供应政策，优先保障基础设施项目和民生项目用地，严格限制“两高一资”、产能过剩和重复建设项目用地，切实保障自主创新和战略性新兴产业用地，以土地利用结构调整促进经济结构调整，以土地利用方式转变促进经济发展方式转变，走出一条节约集约利用土地的新路子。

依法管地用地，是落实最严格的耕地保护制度，坚守18亿亩耕地红线，维护国家经济安全和社会稳定的重要保障。要加快构建耕地保护和土地执法共同责任机制，加快构建国土资源“一张图”和综合信息监管平台，加快构建“天上看得见、网上查得实、地上管得住”的土地执法监管新格局，依法查处违法违规用地行为，依法追究违法违规用地责任。

资料来源：2010-06-26，中国新闻网

国土部将在多方面积极参与房地产调控

（2010-07-05，全国国土资源厅局长座谈会）

徐绍史部长表示，目前房地产市场呈现出量跌价滞的态势，一个季度后房地产市场可能会面临全面调整，房价肯定会有所下降，国土部将在多方面积极参与房地产的调控。

4月中旬以来，在中央接连出台的多项房地产调控政策作用下，目前房地产市场呈现出量跌价滞的态势，各地房价预计将会在一个季度左右的全面调整后呈现降价趋势。预计再过一个季度左右，可能会面临一个全面调整，各地情况不太一样，肯定会下降，但是下降到什么程度不好说。

2009年是10万公顷，2010年我们计划是18万公顷，增长的幅度很大。现在供地也碰到一些困难，主要是保障性住房计划、资金、项目，如果这个不落实，就供不出去。

目前针对房地产企业土地的专项治理已经取得阶段性进展，各地要坚持和完善招拍挂的试点，完善土地出让合同。房地产企业土地的专项治理调查碰到了一个很大的问题，很多闲置土地，至少有一半是由于政府原因造成的闲置。我们正在进一步梳理，即使是政府原因，也应该采取相应的措施。

资料来源：2010-07-05，新华网

土地违法问责不会爽约

（2010-10-25，中央电视台记者专访）

徐绍史部长在回答针对土地违法问责可能夭折的质疑时表示，土地违法问责正在进行数据审核确认工作，国土资源部不会爽约，2010年内将严格问责。

2009年度的卫片执法检查，是开天辟地的第一次，覆盖全国2859个县，整个土地违法违规，在卫片执法检查中是比较全面地暴露出来了。我们9个土地督察局选择了77个重点城市，从土地的审批、征转、出让、开发一直到它的抵押融资，对与土地相关的链条进行督查，这也是开天辟地的第一次。

核准之后我们准备跟监察部、人力资源社会保障部一起，约谈一部分土地违法违规情况比较严重的地方负责人，同时会对土地违法违规比较严重的地方政府负责人进行问责，他们要受到党纪政纪处罚，有的如果是触犯刑律的话还会受到刑事处罚。这项工作估计要在11月份，最晚在12月份，2010年内是肯定要完成的，不会爽约。

资料来源：2010-10-25，中国广播网

中国建设用地供求矛盾将进一步加大

（2010-12-07，国土资源报撰文《落实节约优先战略　加强资源节约和管理》）

徐绍史部长提出，“十一五”以来，全国每年建设用地需求在1200万亩以上，每年土地利用计划下达的新增建设用地指标只有600万亩左右，缺口50%以上。“十二五”时期（2011—2015年），中国建设用地供求矛盾还将进一步加大。

中国是世界上人口最多的国家，正处于并将长期处于社会主义初级阶段，在一个有着庞大人口基数的发展中大国实现工业化、城镇化，对资源的巨大需求是其他任何国家都无法比拟的。中国虽然地域辽阔，资源总量大、种类全，但人均少，质量总体不高。土地资源中难利用地多，宜农地少，宜居面积仅占国土面积20%。

要坚持最严格的耕地保护制度，强化耕地保护共同责任机制；严格土地利用规划和年度建设用地计划管理，从严控制非农建设占用耕地，落实耕地占补平衡，确保2015年全国耕地保有量和基本农田面积不低于18.1亿亩和15.6亿亩。

“十一五”以来，全国每年建设用地需求在1200万亩以上，每年土地利用计划下达的新增建设用地指标只有600万亩左右，缺口50%以上。“十二五”时期，随着工业化城镇化加快推进、巩固和扩大应对国际金融危机冲击成果一系列政策措施的落实，以及国家一系列区域发展规划和政策的实施等，建设用地供求矛盾还将进一步加大。

2008年全国城镇工矿建设用地达1.231亿亩，人均高于世界平均水平，大大高于其他东亚国家和地区的水平。工业用地开发强度明显偏低，容积率一般只有0.3至0.6。农村居民点用地达24 798万亩，把统计公布的7.13亿农村人口和1.5亿进城务工人口加在一起，人均农村居民点用地也达到214平方米，远超150平方米的国标上限，加快转变资源开发利用方式十分必要和紧迫。

要抓紧完善节约集约用地标准和措施，控制总量、增加流量、盘活存量，形成土地节约集约利用的倒逼机制。按照土地利用总体规划确定的城市建设用地规模和范围，抓紧划定城市开发边界，严格控制城市用地扩张。

资料来源：2010-12-07，国土资源部官方网站

领导讲话 07

住房和城乡建设部部长 姜伟新

关于房地产业的讲话

进一步加大保障性住房建设

（2010-01-06，全国住房城乡建设工作会议）

姜伟新部长近日表示，2010年要进一步加大保障性住房建设，并公布了目标任务。具体做法是：要通过棚户区改造和新建、改扩建（购置）廉租住房和经济适用住房等方式，进一步加大保障性住房建设，其开工建设的套（户）数比2009年增加1/3，以加快解决中低收入住房困难家庭的住房问题；另外，安排建设的限价房、公共租赁住房和安置住房规模将比2009年增加一倍，以逐步解决中等偏下收入家庭住房困难问题。争取用三年左右的时间，基本解决城镇1540万户低收入住房困难家庭的住房问题。

当前，廉租住房仍然以实物保障形式为主，新建廉租住房单套面积控制在50平方米以内。经济适用住房单套建筑面积控制在60平方米左右。在商品住房价格过高、上涨过快的城市，在加快保障房建设进度的同时，可以扩大经济适用住房的供应范围，由低收入家庭向中等偏下收入家庭逐步扩大。

资料来源：2010-01-06，住房和城乡建设部网站

从供给、需求、管理三方面抑制高房价

（2010-01-08，十一届全国人大三次会议记者会）

姜伟新部长在回答房价不断攀升的原因、未来房价走势、政府如何采取措施使房价进一步回归理性等问题时说，部分城市房价过高、上涨过快，最主要还是供给、需求和管理上的问题。

抑制高房价首先要增加供给，增加普通商品住房的供应；加快、加大经济适用住房建设，扩大供应范围；加大、加快限价房建设，扩大供应范围；加快建设公共租赁住房。其次是抑制不合理需求，主要是抑制投机性需求，对第二套房的消费要采取经济上的措施，进行控制。第三是加强管理，增加土地总量供应，包括已经在开发商手里的土地要促其加快开发，切实解决捂盘惜售问题。

由于中央政府和地方政府对房价过高、过快上涨采取了一系列政策措施，相信2010年房地产市场应该比较平稳。未来20年是我国城镇化、工业化的快速发展时期，需求较大，而土地供应有限，房价上涨压力仍然很大，但中央政府抑制房价过快上涨的决心也很大。

在回答财政收入和土地买卖的关系时表示，不能否认土地价格上涨和房价上涨确实会给地方财政增加不少收入，但同时房价过高、过快上涨会引起社会不稳定，地方政府维护稳定的任务、责任也非常重。这是一个问题的两个方面，应客观全面看待。中央已要求地方政府把加快保障性住房建设和抑制房价过快上涨作为一项重要任务抓紧抓好。

对目前经济适用房存在着变相福利分房的问题时强调，现行经济适用住房有两个关键点：一是建筑面积控制在60平方米，二是适用范围、供应人群是低收入住房困难家庭。但在实际工作中，却有把它分配给了中等收入甚至是高收入的人的情况。这是不允许的，决不允许“开着奔驰住经济适用住房”，我们在治理整顿这方面的决心很大，但也不能因为有问题就停止经济适用住房的建设和安排。下一步重点有两项工作：一是加强管理，对经济适用住房购买对象要严格审核家庭收入、住房情况等等，建立公示制度；二是扩大范围，允许把经济适用住房逐步扩大到中等偏下收入住房困难的家庭。关于住房的空置问题，姜伟新部长说，空置现象客观存在，住房和城乡建设部将分情况着力加强管理，重点对商品房建成后开发商待价而沽，以及家庭有多套住房造成的空置状况研究应对措施。

在回答建筑节能环保的问题时，姜伟新部长说，近些年来，住房和城乡建设部和有关部门在建筑节能方面还是做了不少工作，有了一些基础，但潜力仍然很大，将采取两方面的措施：一是保温材料和技术的推广应用；二是实行分户用热计量。他说，我们现在需要学习、借鉴、采用和发展低碳技术，使我们在建设和发展过程中的能源消耗能够更理性、更节约。

资料来源：2010-03-09，住房和城乡建设部网站

做好利用住房公积金贷款支持保障性住房的试点工作

（2010-07-18，2010中国市长论坛）

姜伟新部长表示，要坚定不移地继续坚决贯彻落实好国务院《关于坚决遏制部分城市房价过快上涨的通知》，加快保障性住房建设，做好利用住房公积金贷款支持保障性住房的试点工作。

各地要按要求开展一次对房地产开发企业经营行为的检查工作，从已经上报的情况和各地抽查的情况来看，绝大部分省市、自治区人民政府和一些城市的政府对这项工作还是重视的，但还有部分省市没有按时间上报国务院。“整顿规范房地产市场秩序不是一次行为就可以解决问题的，要一起共同研究建立房地产市场秩序管理的长效机制”，并要求各地抓紧完成检查和上报工作，以便住房和城乡建设部进行汇总并向国务院报告。

温家宝总理在2010年的政府工作报告中提出，保障性建设和改造棚户区一共要建设住房580万套。保障性住房，包括廉租房建设、经济实用住房建设、限价房建设、公共租赁住房建设和各类棚户区改造之后的安置房建设，住房和城乡建设部代表保障性住房联系协调小组已经和各个省市签订了协议，大部分省市已经与各地市县签订了任务书，“2010年这580万套的任务一定要完成”。

为了完成580万套保障性住房建设任务，中央已经下达600多亿资金，有关的政策措施都已定并以文件形式下发。他同时透露，国务院批准利用住房公积金贷款支持保障性住房的试点，已经确定了北京等28个城市作为试点城市，住房与城乡建设部已经会同财政部、人民银行等制定了具体的试点办法，包括具体的贷款办法。

各城市要在保证工程质量的同时加快开工建设保障性住房，可以根据地方实际情况来确定具体数量，也可以侧重在某一个方面，同时按照公开、公平、公正原则做好分配，加强后续管理。住房与城乡建设部将在2010年8月10日开始，利用两周的时间对各地开工建设情况进行一次全面的督促检查，完成结果不好的要通报批评，完成好的要给予奖励。

资料来源：2010-07-18，人民网

明年将继续坚定不移地加强房地产市场调控

（2010-12-29，全国住房城乡建设工作会议）

姜伟新部长表示，截至2009年底，中国城市人均住宅建筑面积约30平方米，农村人均住房面积33.6平方米。

中国住房城乡建设系统基本实现了“十一五”规划确定的目标任务。城镇化快速推进，2009年城镇化水平为46.59%，比“十五”期末提高了3.6个百分点。2009年底，城市人均住宅建筑面积约30平方米，农村人均住房面积33.6平方米，分别比2005年提高15%和13%。“十一五”期间累计完成北方既有居住建筑供热计量和节能改造1.67亿平方米。预计2010年全国城市生活垃圾处理率和城镇污水处理率分别达到72.5%和75%。

改革开放三十多年来，中国城乡居民的居住条件和生活环境发生了天翻地覆的变化。中国城镇居民人均住房面积从1978年城市人均住宅面积6.7平方米，增长到2008年中国城镇居民人均住房面积28.3平方米，增长了4倍多，住房质量、住房成套率、配套设施与环境大为改观。

中国农村人均住房面积从1978年的8.1平方米增加到2008年的32.4平方米，也增长了4倍。中国房地产业从无到有、从小到大，成为发展带动中国经济高速增长的重要动力。

但是，近些年来中国住房与房地产在快速发展的同时也产生了一些值得高度重视的问题，集中反映为房价过高，并且上涨过快。姜伟新指出，明年将继续坚定不移地加强房地产市场调控，进一步强化各项调控措施的执行，遏制房价过快上涨，更大规模地推进保障性安居工程建设。

2011年将积极稳妥推进城镇化，编制实施好城镇体系规划，合理确定城镇布局，促进大中小城市和小城镇功能互补和协调发展，积极推动城市基础设施和服务功能向农村地区延伸，让广大农民分享城镇化发展成果。

资料来源：2010-12-30，中国新闻网

领导讲话

08

住房和城乡建设部副部长　齐骥

关于房地产业的讲话

推进城市和国有工矿棚户区改造

（2010-01-13，国务院新闻办就促进房地产市场平稳健康发展新闻发布会）

齐骥副部长表示，2008年四季度，为应对国际金融危机，发挥房地产业对促进经济增长和改善民生的作用，国务院及相关部门在支持住房消费和房地产开发投资，加快保障性住房建设等方面出台了一系列的调控政策。各地区按照中央调控政策的原则，结合本地的实际，也出台了一些配套的政策措施。一年来，在上述政策措施的综合作用下，房地产市场快速发展，新建商品住房成交面积大幅度增加，房地产开发投资稳步回升，保障性住房建设进一步加快。在应对国际金融危机过程中，对于提振信心、活跃市场、改善居民住房条件，特别是解决低收入家庭住房困难、促进住房消费和房地产开发投资，实现保增长、扩内需、惠民生的目标发挥了积极和重要的作用。

近年来，城镇住房建设快速发展，商品住房市场交易日益活跃，大量城市居民通过购买和租赁商品住房，改善了居住条件。按照国务院的要求，2007年起，各地加快了保障性住房的建设。但是，目前一些群众的住房仍然比较困难，特别是居住在棚户区内的家庭住房状况很差，房屋破旧，设施简陋，安全隐患十分突出。这些家庭均为低收入和中等偏下收入群体，他们渴望改善住房条件，却又没有足够的经济能力，迫切要求对棚户区进行改造。2009年下半年以来，随着房地产市场的回升，市场供需矛盾加剧，房价持续上涨，部分城市投资投机性购房大幅上升，进一步推动了房价过快上涨，普通居民住房支付能力不足问题更加突出，社会反响强烈。

国务院对上述问题高度重视。2009年底国务院召开常务会议，专题研究了完善促进房地产市场健康发展的政策措施，做出了增加保障性住房和普通商品住房供给，抑制投资投机性购房和全面启动城市和国有工矿棚户区改造工作的部署。根据会议精神，国务院办公厅近日印发了《关于促进房地产市场平稳健康发展的通知》（国办发［2010］4号，以下简称《通知》），明确要进一步加强和改善房地产市场调控，在鼓励和支持居民合理住房消费同时，抑制投资投机性购房，促进房地产市场平稳健康发展。

一是增加普通商品住房和保障性住房有效供给。加快中低价位、中小套型普通商品住房建设，增加住房建设用地有效供应，提高土地供应和开发利用效率；二是加大差别化信贷政策执行力度，继续实施差别化的住房税收政策，合理引导住房消费，抑制投资投机性购房需求；三是加强风险防范和市场监管。加强房地产信贷风险管理，继续整顿房地产市场秩序，进一步加强土地供应管理和商品房销售管理，加强和改进房地产市场统计、分析和监测；四是加快推进保障性安居工程建设，力争到2012年末，基本解决1540万户低收入住房困难家庭的住房问题；五是落实地方各级人民政府责任。要进一步健全和落实稳定房地产市场、加快解决低收入家庭住房困难的工作责任。

各地要结合本地实际，按照支持居民合理住房消费、抑制投资投机性购房、完善相关政策的原则，抓紧清理和纠正地方出台的与《通知》要求不相符合的规定。我们将认真贯彻《通知》的精神和各项工作部署，并按《通知》要求加强对各地贯彻落实房地产市场调控政策情况的检查，对房价上涨过快的地方和城市进行重点督查，确保各项措施落到实处。

为贯彻落实国务院工作部署，加快解决低收入住房困难家庭特别是棚户区居民的住房问题，经国务院同意，住房城乡建设部、国家发展改革委、财政部、国土资源部和人民银行等五部门在2009年年底印发了《关于推进城市和国有工矿棚户区改造工作的指导意见》（建保［2009］295号，以下简称《意见》），提出了城市和国有工矿棚户区改造目标，即：力争用5年左右时间基本完成集中成片棚户区改造，有条件的地区争取用3年时间基本完成。《意见》提出了多渠道筹措资金，加大政策支持，落实土地供应和妥善安置补偿等四个方面的政策和措施，主要是中央财政对城市和国有工矿棚户区改造给予适当支持；省级、市、县人民政府应切实加大棚户区改造的资金投入；鼓励金融机构向符合贷款条件的改造项目提供贷款；鼓励采取共建的方式改造国有工矿棚户区，引导社会资金积极参与；免征相关改造项目的城市基础设施配套费等各种行政事业性收费和政府性基金；优先安排土地供应；继续按现有政策推进国有林区、垦区和中央下放地方煤矿棚户区改造。为切实做好城市和国有工矿棚户区改造工作，积极稳妥地推进，《意见》要求，各地应当充分考虑当地经济社会发展水平、财政承受能力，合理确定改造的目标任务。我们相信，城市和国有工矿棚户区的改造，有利于加快解决低收入和中等偏下收入群众的住房困难，改善城市环境，提升城市服务功能。同时，通过城市和国有工矿棚户区改造，可以增加普通商品住房的建设，促进房地产市场平稳健康发展。

在回答“所谓的市场平稳健康发展有没有具体的指标？”和“棚户区改造的资金非常紧张，这次的房地产宏观调控有没有可能导致地方财政收入增幅减缓，反而成为影响棚户区改造进一步加快进行的一种借口？”时，齐骥副部长表示，关于落实《通知》2010年的工作，您刚才问有没有什么具体的目标，国办的《通知》主要讲了五方面的工作和11项具体的政策措施。我们理解，在2010年的房地产市场调控工作当中，有三件事情最为重要，也是国办《通知》当中所明确的：第一件事情，就是要增加供给。增加供给主要是增加普通商品住房的供给，对于房价较高、上涨比较快的地方，在增加普通商品住房的同时，也要增加限价商品住房、经济适用住房、公共租赁住房。特别是我们要关心在城市新就业的毕业生和外来务工人员，通过公共租赁住房等住房的供应方式来解决这部分阶段性购房能力不足的群体的住房困难，使他们能够有一个安定的居所。

在增加供应方面，我们还要强调，就是一定要增加中小套型普通商品住房供应的比例。简单来说，建一套140平方米的房子可以建两套70平方米的房子，建两套就是增加了供应的户数。各地应该按照国办《通知》的精神，努力增加中低价位、中小套型普通商品住房和带有政策和保障性质的住房供应。

第二件事情，就是要合理引导住房消费，抑制投资和投机性购房，这点在国务院办公厅的文件中也非常明确，银监会的王主席、人民银行金融市场司穆司长也都在这儿，我们一定要把商品房定位于首先发挥好它的居住功能。各地要严格执行对第二套房的贷款条件和所规定的政策，抑制投资投机购房。一方面通过增加供给，另外一方面遏制不合理的住房消费，使得商品住房的供求关系更加平稳。按照市场的规则，供求关系平稳以后，价格将随供求关系调整和变化。

第三件事情，就是要加快保障性住房的建设。文件当中提得非常明确，我在这儿给大家报一个数，按我们统计上来各地报的计划，2010年保障性安居工程建设的数量，包括我们的限价普通商品住房、经济适用住房、公共租赁住房、廉租住房，再加上我们城市和工矿棚户区改造，将有600万套以上这类的房子开工建设，这充分体现了国务院《通知》的精神，进一步加快保障性安居工程的建设。这是我对第一个问题的回答。

关于您刚才提到的第二个问题，我刚才已经说到城市和工矿棚户区当中居住的绝大部分都是低收入的家庭，特别是工矿棚户区有不少是退休、下岗的职工，帮助这些群体改善居住条件是政府的一项责任。棚户区改造跟其他保障性住房（如经济适用房和廉租房）建设不完全一样，因为那两类房子要新增一些土地来建设，棚户区本身是坐落在一定范围的土地上。

推动棚户区改造，政府的主要责任是提供一些政策的支持，必要的时候，要有一些财政的支持，更多的是通过改造本身，还有社会的资金、企业的资金以及住户自己的努力，几方面结合在一起，我想不大可能出现您刚才担心的问题。

在回答“中国的房地产是否已经形成了泡沫？”时齐骥副部长表示，这个问题比较复杂，很难一句话说清楚。我理解经济学里面“泡沫”的术语，更多的是描述资产价格和价值相背离。我们必须看到，在中国的一些热点城市特别是沿海大城市当中，商品住房的价格偏高。我刚才谈到，我们的工作目标是尽可能地多提供普通群众能够消费得起的中低价位普通商品住房。对一些城市，我们还要求增加限价普通商品住房的供应，主要是满足普通群众或者中低收入群体能够支付得起的住房。

在回答《关于推进城市和国有工矿棚户区改造工作的指导意见》相关提问时齐骥副部长表示，关于为什么要启动城市和国有工矿棚户区的改造，我想从三个方面来回答。首先，是我们已经制定了2009—2011年廉租住房保障规划，已经向社会公布了。同时，在2009年政府工作报告当中也明确提出，用三年的时间解决240万户国有林区、垦区和煤矿棚户区的改造任务。在过去的一年当中，廉租住房建设和林区、垦区、煤矿棚户区改造工作顺利推进。与此同时，也对城市边缘地区的棚户区和一些远离城市的国有工矿棚户区的情况进行了调查。调查结果显示，在城市棚户区和国有工矿棚户区当中，目前仍有1000万户左右的居民住在里面。

这些棚户区的条件比较简陋，设施不全，安全隐患大。住在这两类棚户区当中的居民，有一部分是属于廉租住房保障对象，通过廉租住房制度建设，可以解决他们的住房困难，但是也有相当一部分尚没纳入廉租住房保障范围。通过这两类棚户区改造工作的推进，在加快解决棚户区中符合廉租住房保障条件家庭住房困难的同时，还会惠及更多的中低收入住房困难家庭。

第二方面，棚户区本身是在过去几十年当中，有的是在建国初期就逐步形成了，基本上没有城市的基础设施和服务，所以推进城市和国有工矿棚户区改造，也会进一步完善城市的服务功能，提升城市的发展水平。

第三方面，棚户区居住人口多，也比较复杂，社会管理难度大，同时，棚户区的存在，与现代化城市的建设形成极大的反差。通过棚户区改造，可以把社区管理和服务功能向棚户区居民延伸，因此，棚户区改造对于改善城市形象，推动社会和谐具有积极的促进作用。

我下面的回答跟你第二个问题有联系。棚户区是客观存在的，它已经在那个地方，占了大量的土地，而且很多都是平房或者是二层简易房，通过棚户区改造，一方面，可以使那些单靠自身能力无法通过市场解决住房困难的中低收入家庭改善居住条件；另一方面，通过改造，还可以新增一些保障性住房，比如有一些城市通过把廉租住房、经济适用住房建设和棚户区改造相结合，多渠道解决居民的住房困难。

关于资金问题，刚才财政部负责同志谈到对棚户区改造有一些财税方面的政策支持，银监会负责同志谈到银行对符合条件的项目给予积极的贷款支持。我想再补充一点。一些地方的实践表明，棚户区改造过程中，原住户可以用原有的旧房置换新住房相应的面积，不补差价；新增面积由居民自己支付成本，对于合理增加的面积，价格享受有关政策优惠。对国有工矿棚户区改造，《意见》还要求该工矿企业有一定的投入。这样一来，通过财政投入和税费政策支持、银行金融支持、社会支持以及棚户区居民自己的努力，几个方面结合在一起，我们相信棚户区改造会稳步地向前推进。

资料来源：2010-01-13，新华网

棚户区改造是改善民生的重大举措

（2010–02–25，安徽省城市和国有工矿棚户区改造暨住房和城乡建设工作会议）

齐骥副部长强调，推进城市和国有工矿棚户区改造，是党中央、国务院做出的重大决策部署，民心所向，意义重大。棚户区改造是改善民生的重大举措，有利于大范围解决低收入和中等偏下收入家庭的住房困难、促进社会和谐稳定；是完善城市功能的客观要求，有利于完善配套市政设施和公共服务设施、改善城市人居环境、集约利用土地、推进城镇化健康发展；是促进经济社会协调发展的有效途径，既可以带动社会投资，促进居民消费，扩大社会就业，又可以发展社区公共服务，加强社会管理，是扩内需、惠民生、保稳定的重要结合点。另外，通过城市棚户区改造，还可以增加中低价位、中小户型住房供应，改善住房供应结构，促进房地产市场平稳健康发展。

棚户区改造要以科学发展观为指导，坚持以人为本，充分尊重居民意愿，科学制定规划和方案，切实落实各项政策，加强工程质量监管，积极做好监督检查和舆论引导工作，确保棚户区改造顺利实施。

资料来源：2010–03–05，住房和城乡建设部网站

住房保障是各级政府的长期任务

（2010–04–30，2010年城镇住房保障领导干部培训班结业典礼）

齐骥副部长指出，居住是群众基本生活需要。住房保障是政府公共服务职责的重要组成部分，是各级政府的一项长期任务。保障性安居工程是一项重大民生工程，事关政府形象与信用，党中央、国务院对此高度重视，2010年温家宝总理在《政府工作报告》中对加快保障性安居工程提出了明确要求。各地要认真贯彻党中央、国务院的决策部署，切实把思想和行动统一到中央的要求上来，增强责任感和使命感，不断完善政策，健全制度，加大投入，落实责任，确保完成300万套保障性住房和280万套各类棚户区改造的建设任务。

资料来源：2010–05–04，住房和城乡建设部网站

建管并重，全面提高住房保障工作水平

（2010–07–15，保障性住房管理工作座谈会）

齐骥副部长表示，保障性住房管理是解决好低收入家庭住房困难的关键环节。保障性住房的管理工作取得了初步成效，管理制度逐步完善，管理机制初步建立，信息管理加快推进，监督管理不断加强，社会服务开始起步。但同时，保障性住房管理工作仍然存在认识不到位、各地区管理工作不平衡、使用和交易环节日常管理问题突出等问题。

各地要结合当前住房保障管理工作中存在的问题，重点抓好三个方面的工作，努力提高保障性住房管理水平。一是加强准入审核管理。要合理确定准入条件，规范审核流程，创新审核手段，公开分配过程；二是强化使用过程管理。要完善合同管理，实行动态管理，强化日常服务，健全退出机制；三是建立健全监管机制。要加强内部监督，实行办事公开，强化社会监督，建立诚信档案。

住房保障工作关系群众切身利益，政策性强、涉及面广、管理难度大，各地必须加强组织领导，落实工作责任；完善政策措施，健全制度体系；加强队伍建设，提高职工素质；强化管理创新，推进规范化管理，努力促进住房保障工作持续健康发展。

近期住房保障重点：一是抓好2010年保障性安居工程的开工建设，确保全年工作任务顺利完成；二是加快保障性住房建设规划编制工作；三是抓紧制定公共租赁住房政策措施；四是强化保障性住房工程质量监管；五是组织开展对保障性住房准入对象和入住之后使用情况的核查。

资料来源：2010-07-16，住房和城乡建设部网站

全面推进住房城乡建设新闻宣传工作

（2010-09-16，2010年《中国建设报》全国记者站工作会议）

齐骥副部长强调，《中国建设报》是住房和城乡建设部运用舆论工具推动住房城乡建设事业发展的专业新闻媒体，承担着部党组赋予的住房城乡建设行业思想宣传和舆论引导的重要责任。近年来，在部党组的正确领导下，《中国建设报》社以科学发展观为统领，坚持以人为本，坚持正确的舆论导向，坚持围绕中心服务大局，坚持贴近实际、贴近生活、贴近群众，大力宣传中央关于住房城乡建设工作方针，着力报道部党组工作思路和工作部署，全面展示住房城乡建设改革与发展成就，及时反映人民群众的要求与呼声，为住房城乡建设事业发展提供了强大的思想保证、舆论支持和精神动力。

当前新闻媒体竞争日趋激烈，给报社发展带来了新的挑战。面对新形势，《中国建设报》社必须坚持不懈地加强能力建设，打造核心竞争力，扩大品牌的影响力。要树立品牌意识、人才意识，加强学习型组织建设和文化建设，努力提升媒体影响能力和自身发展能力。

住房城乡建设新闻宣传工作是住房城乡建设事业的重要组成部分，做好新闻宣传工作，对推动住房城乡建设事业发展具有十分重要的作用。各级住房城乡建设部门要从全面落实科学发展观、努力构建社会主义和谐社会的战略高度出发，采取有效措施切实做好住房城乡建设新闻宣传工作，全面推进住房城乡建设新闻宣传工作。

一要进一步提高认识。《中国建设报》是住房城乡建设部门发布政务信息、提供社会服务、与社会公众加强互动交流的重要平台，其在宣传报道可持续发展的住房城乡建设进程中所发挥的独特功能，是其他媒体难以替代的。各级住房城乡建设部门要充分利用好中国建设报这一舆论主阵地，及时准确地发布政府权威信息，拓宽社情民意反映渠道，为社会公众提供服务指引。要从巩固主流舆论阵地的高度，提高对做好住房城乡建设新闻宣传工

作重要性的认识，切实增强责任感。

二要进一步加强领导。各级领导要把新闻宣传工作放到整个工作的全局中来思考、来把握、来运筹，将新闻宣传工作和住房城乡建设工作一起部署，一起实施，务求取得实实在在的效果。各级领导要切实负起责任，对本部门本单位住房城乡建设宣传工作出题目、下任务，具体指导。要关心《中国建设报》发展，积极订阅《中国建设报》，为办报积极出谋划策，共同努力把我们自己行业的媒体办得更好。要努力扩大《中国建设报》的覆盖面和影响力，确保舆论传播的社会效果。

三要进一步抓好记者站队伍建设。各级住房城乡建设部门要重视搞好记者站队伍建设，不断提高住房城乡建设新闻宣传人员的综合素质、业务水平和创新能力。

当前，党中央、国务院对住房和城乡建设工作高度重视，住房和城乡建设步伐大大加快，为住房城乡建设新闻宣传提供了广阔的舞台。《中国建设报》社要抓住这一历史机遇，充分发挥行业权威媒体作用，充分调动职工的积极性、主动性、创造性，同心同德，群策群力，为住房城乡建设新闻宣传事业创出佳绩。

资料来源：2010-09-27，住房和城乡建设部网站

领导讲话 09

中国人民银行行长 周小川

关于房地产业的讲话

坚信决策者能管好房价

（2010-10-10，国际货币基金组织和世界银行年会）

周小川行长表示，中国当前最紧要的问题除了抑制房价过快上涨，巩固经济复苏成果，还要降低通胀压力，为人民币后期升值寻找空间。

因为财政刺激和货币政策已经发挥了相应作用，现阶段中国不能急于控制通胀率，不过，政府已经制订了一份可行性高的中期计划。2010年内，中国不会加息，房价涨速过快是宽松货币政策的一些负面影响，但坚信决策者有能力调控好房价走势。

资料来源：2010-10-12，国际金融报

领导讲话 10

国家统计局局长　马建堂

关于房地产业的讲话

房价统计制度总体科学，采集计算待完善

（2010-03-02，深圳、广州两地房地产价格统计座谈会）

马建堂局长强调，目前，房地产价格统计制度总体上是科学的，基础数据总体上也是可靠的，但数据采集和计算方式还有一些值得改进完善的地方。

2009年70个大中城市房屋销售价格上涨数据的公布，引起社会各界的广泛关注，有对数据质疑的，有要求做出解释说明的，有要求公布调查方法和过程的，有提出改进完善建议的，这些都充分说明了人民群众对统计工作的高度关心，说明我们的统计工作，特别是直接关系老百姓生活的统计工作还有许多需要改进的地方。这是我们不断改进和完善房地产价格统计的动力。

房地产业关系国计，更关系民生。房地产价格的变动情况，不仅是国家宏观调控的重要依据，而且与人民生活息息相关。提供更加真实、更加准确、更加完整、更加及时的房地产发展和房地产价格变动数据，是统计部门的神圣使命和重要职责。

目前，房地产价格统计制度总体上是科学的，基础数据总体上也是可靠的，但数据采集和计算方式还有一些需要改进和完善的地方。

一要完善数据采集方式，从主要依靠房地产企业填报转向企业填报、现场调查和

依靠行政记录并重。

二要研究提出更好反映房地产价格变动的计算发布方式。目前这种将12个月同比数据综合平均（或年度累计同比）的方式，虽然有利于衡量全年的平均变动和计算房地产业年度增加值，但却把每个月的变动给拉平了，全年综合平均数字容易与社会公众当下的感受不一致；但如果发布年末月度同比价格指数，则价格变动数据就会与社会公众的实际感受比较吻合。

比如，某市2009年1月份房地产价格同比下降16.3%，12月份同比上涨18.9%，全年12个月一平均，全年价格只上涨1%左右；但如果计算并发布2009年12月份对上年12月份的价格变动，那么房地产价格上涨18.9%。所以一定要研究改进基础数据的计算和利用方式。此外，还要研究提出如同股指的房地产价格定基指数，避免月度平均数对数据差异的拉平，以比较真实地反映价格的累积变动。

房地产价格统计十分复杂，人民群众十分关注，做好房地产价格的解惑释疑工作就显得十分重要。各级统计机构一定要从全心全意为人民服务和构建和谐社会的高度出发，认真开展对房地产价格统计指标的诠释工作。要积极普及房地产价格统计知识，积极介绍国际上房地产价格的统计做法，全面公布我国房地产价格统计方法和过程，认真分析提供形成房地产价格波动的各种主要因素。要用老百姓能够理解接受的通俗易懂的语言和方式，做好对房地产价格统计方法的解释宣传工作，充分说明各类房地产价格的统计范围、口径、方法，充分说明各类价格的差别和与老百姓生活的密切关系。

资料来源：2010-03-03，中国新闻网

统计局已初步制定房价统计改革方案

（2010-09-02，国家统计局第二期媒体统计知识研讨班）

马建堂局长表示，国家统计局已经初步制定出房价统计改革方案，在征求有关部门和地方意见后，国庆节前将在网上公布，征求公众意见，争取明年初实施。

2010年初，国家统计局就承诺认真改革房价统计方法，目前这项改革已经有了初步方案，主要内容涉及房价的数据来源、调查方式、汇总方式、计算方式等。

国家统计局将利用2010年这段时间不断完善方案，明年初正式使用新的房价统计方法。同时为了保持数据的历史可比，即便使用新的制度方法，老的统计方法还要保持一年。

尽管对空置标准的认定有不同看法，也有住户可能不愿意提供真实信息，但统计部门将在有关部门支持下，一是继续统计和发布房地产待售率；二是充分利用这次人口普查，获取用于了解住房空置情况的相关信息；三是在部分城市抽选一批住宅小区进行空置房调查，以发现问题，积累经验，验证方案，完善方法。

资料来源：2010-09-02，新华网

楼市调控对经济影响不大

（2010-09-15，2010年天津夏季达沃斯论坛）

马建堂局长表示，房地产市场调控对宏观经济增速会有一定的影响，但没有想象那么大。就目前中国经济增长的情况和调整的艰难性，房地产市场的调整要花两三年。

房地产市场调控对宏观经济增速会有一定的影响，主要有两方面原因：一是中国房地产开发投资占全社会投资的1/5；二是尽管对房地产采取了多项严厉调控措施，但2010年1月至8月份，中国房地产投资增速仍然高达37%左右。

对于房地产调控可能对经济增速的影响，没有人们想象那么大。房地产业占中国GDP的比重并不是很高，中国从宏观经济的健康运行考虑会坚持房地产业调控。就目前中国经济增长的情况和调整的艰难性，房地产市场的调整要花两三年，主要体现为内部三大政策调整：一是房地产的政策；二是对产能过剩、高耗能项目，政府采取一系列的强行措施要缩减；三是对地方融资平台的整顿。这三项政策出台使银行贷款不敢违规，经济出现调控所预想的结果。

资料来源：2010-09-16，《新京报》

领导讲话 11

中国房地产研究会会长 中国房地产业协会会长 刘志峰

关于房地产业的讲话

继承和发扬小平同志改革思想，努力实现住有所居目标

（2010-04-01，中国房地产研究会、中国房地产业协会“邓小平同志住房制度改革重要讲话发表三十周年”纪念活动）

1980年4月2日，我国改革开放的总设计师邓小平同志就住宅问题发表了重要讲话，开启了城镇住房制度改革的伟大历程。今天，中国房地产业协会和中国房地产研究会联合举办纪念活动，回顾30年来城镇住房制度改革的进程，重温小平同志的重要思想，探讨新形势下深化住房制度改革、完善住房政策的有关问题，对于促进房地产业健康发展、实现住有所居目标，具有重要的现实意义。

30年前，针对全国普遍存在的住房难问题，小平同志指出：“关于住宅问题，要考虑城市建筑住宅、分配房屋的一系列政策。城镇居民个人可以购买房屋，也可以自己盖。不但新房可以出售，老房子也可以出售。可以一次付款，也可以分期付款，10年、15年付清。住宅出售后，房租恐怕要调整。要联系房价调整房租，使人们考虑到买房合算。因此要研究逐步提高房租。房租太低，人们就不买房子了。繁华的市中心和偏僻地方的房子，交通方便地区和不方便地区的房子，城区和郊区的房子，租金应

该有所不同。将来房租提高了，对低工资的职工要给予补贴。这些政策要联系起来考虑。建房还可以鼓励公私合营或民建公助，也可以私人自己想办法。农村盖房要有新设计，不要老是小四合院，要发展楼房。平房改楼房，能节约耕地。盖什么样的楼房，要适合不同地区、不同居民的需要。”小平同志的谈话，明确了房改的总体设想，打破了住房公有制思想的长期禁锢，开辟了解决城镇住房问题的新道路，为推进城镇住房制度改革奠定了理论基础。

30年来，在小平同志讲话的指引下，我国房改不断深化，取得了举世瞩目的成就。作为房改的亲历者，1992年，我调任国家体改委副主任兼国务院房改领导小组副组长，1998年任建设部副部长，直到2007年的15年间，一直在从事房改工作，并直接参与了若干重大问题的研究和重要文件的起草工作。回首往事，感慨万千，改革的每一个点滴都历历在目。借今天这个机会，我想与大家一起，再次回顾这场伟大的变革，并谈几点想法。

一、对我国住房制度改革的回顾

城镇住房制度改革既是经济体制改革的重要组成部分，也是一项重大的社会改革。推进房改，对于建立和完善社会主义市场经济体制、促进社会和谐发展具有重要意义。这项改革是一项复杂的系统工程，涉及到国家、企业和职工切身利益的重大调整，涉及到财政、税收、土地、金融等诸多领域的相关改革，与要素市场的形成特别是土地和劳动力市场的发展、分配制度改革、国有企业改革等都有着密切关系。30年来，根据小平同志的设想，我国房改“摸着石头过河”，认识、实践，再认识、再实践，经历了从局部试点到全面推进，从单项突破到综合配套改革的渐进过程。大致上，可以分为四个阶段：

（一）探索和试点阶段

改革开放前，我国城镇住房实行实物分配制度，“统一建设，统一管理，统一分配，以租养房”。这种制度适应了计划经济体制和快速工业化的要求，在特定历史条件下发挥了积极作用。但是，由于住房投资难以良性循环，国家建设、维修和管理住房的包袱很重，职工对住房“等、靠、要”，加之重生产、轻生活的指导思想，城镇住宅投资严重不足。1978年，城镇人均住房建筑面积6.7平方米，低于1949年8.3平方米的水平，住房成为当时十分突出的社会问题。为了改善城镇居民住房条件，1978年9月，小平同志提出解决住宅问题的路子能不能宽一些。同年10月，国务院批转了国家建委关于加快城市住宅建设的报告，提出了调动国家、地方、企业和群众四个方面积极性，努力加快住宅建设的方针。1979年，国家城建总局选择西安、南宁、柳州、桂林、梧州5个城市，开展向职工出售新建住房的试点，由政府统一建设住房，以土建成本价向居民出售，房改开始起步。小平同志关于住宅问题的讲话之后，1980年6月，中共中央、国务院在批转《全国基本建设工作会议汇报提纲》中，正式提出实行住房商品化政策，准许私人建房、买房、拥有自己的住房，新建住宅和已有住宅都可以出售。1982年4月，国务院批复国家建委、国家城建总局，同意选择郑州、常州、四平、沙市4个城市，开展新建住房补贴出售试点，由政府、单位、个人各负担房价的三分之一。补贴售房提高了当时城镇居民的支付能力，回收了部分资金，推进了住房商品化。但是，由于长期实行低工资制度，职工支付能力总体不足，再加上住房福利制的影响，公房出售进展缓慢。

为了加强对城镇住房制度改革工作的领导，1986年1月，国务院成立住房制度改革领导小组，下设办公室，负责领导和协调全国的房改工作。随后，国务院相继批准烟台、蚌埠、唐山等城市的住房制度改革方案，主要内容是，按照提租和补贴持平的原则，大幅提高租金，同时给予相应补贴。在总结试点城市经验的基础上，1988年召开了第一次全国住房制度改革工作会议，形成了以提租补贴为核心的第一个全国性的住房制度改革方案。到1990年，全国共12个城市、13个县镇和一批企业出台了以提租补贴为主要内容的房改方案。由于提租补贴的幅度赶不上物价上涨，大幅度提租又面临财政、企业困难及居民承受能力问题，以提租和补贴总量平衡为基本思路的房改政策在执行中遇到了较大阻力。针对这种状况，1991年6月，国务院发布了《关于继续积极稳妥地推进城镇住房制度改革的通知》，提出了采取分步提租、交纳租赁保证金、新房新制度、集资合作建房、出售公房等多种形式推进房改的思路。同年10月，第二次全国住房制度改革工作会议确定了租、售、建并举，以提租为重点，“多提少补”或“小步提租不补贴”的租金改革原则，指出房改“贵在起步”。总体上看，1991年前的十余年间，房改处于起步和探索阶段，取得了一定成效，为以后改革的综合推进积累了许多宝贵经验。

（二）综合推进阶段

1992年，党的十四大明确提出“我国经济体制改革的目标是建立社会主义市场经济体制”，要求“努力推进城镇住房制度改革”。为了贯彻落实十四大精神和《中共中央关于建立社会主义市场经济体制若干问题的决定》，根据国务院领导同志的指示，从1992年底开始，国务院房改领导小组进行了大量调查研究，召开了上百次座谈会，分别听取专家学者、实际工作者和地方政府负责同志以及国务院相关部门近2000名同志的意见。在此基础上，1993年11月，第三次全国住房制度改革工作会议召开，确定了“出售公房为重点，售、租、建并举”的新方案。1994年7月，国务院印发《关于深化城镇住房制度改革的决定》（国发［1994］43号），明确房改的根本目的是，第一，建立与社会主义市场经济体制相适应的新的城镇住房制度，实现住房商品化、社会化；第二，加快住房建设，改善居住条件，满足城镇居民不断增长的住房需求。这个文件第一次系统地阐述了市场机制和政府保障相结合的城镇住房新体制的基本框架，主要内容可以概括为“三改四建”，即：住房建设投资由国家、单位统包的体制改变为国家、单位、个人三者合理负担的体制；把各单位建设、分配、维修、管理住房的体制改变为社会化、专业化运行的体制；由住房实物福利分配的方式改变为以按劳分配为主的货币工资分配方式；建立以中低收入家庭为对象、具有社会保障性质的经济适用住房供应体系和以高收入家庭为对象的商品房供应体系；建立住房公积金制度；发展住房金融和住房保险，建立政策性和商业性并存的住房信贷体系；建立规范化的房地产交易市场和发展社会化的房屋维修、管理市场，逐步实现住房资金投入产出的良性循环，促进房地产业和相关产业的发展。

此后几年，43号文件的有关部署逐步落实。1994年12月，建设部、国务院房改领导小组、财政部制定了《城镇经济适用住房建设管理办法》。为了加快城市住宅建设及解危、解困步伐，1995年初，我国开始实施国家安居工程，以成本价向中低收入家庭出售安居住房。房改的综合推进，推动了福利分房向市场化的转变，促进了住房建设，使住房短缺的状况得到缓解。1997年，城镇新建住宅投资达3319.67亿元，是1980年的25倍；城镇人均住宅建筑面积达到17.8平方米，是1978年的2.65倍。但是，43号文件提出的货币化改革没有取得突破，在存量住房逐步进入新体制的同时，新建住房又不断进入旧体制。

（三）重大突破阶段

1997年开始，为应对亚洲金融危机影响，保持经济平稳增长，迫切需要扩大内需，培育新的经济增长点。考虑到住宅建设产业关联度高、对投资和消费的带动效应明显，而且经过多年的改革开放和经济发展，城镇居民的住房支付能力明显提高，改善住房的愿望又较为迫切，中央决定把加快住宅建设作为扩大内需、促进经济快速发展的重要举措。1998年，政府工作报告明确将住房消费作为扩大内需的重要方面。在充分调研论证的基础上，1998年国务院印发了《关于进一步深化城镇住房制度改革，加快住房建设的通知》（国发［1998］23号），果断决定停止住房实物分配，逐步实行住房分配货币化；建立和完善以经济适用住房为主的多层次城镇住房供应体系；发展住房金融，培育和规范住房交易市场;加快住房建设，促使住宅业成为新的经济增长点。文件首次提出建立面向城市最低收入家庭的廉租住房制度，对原有的住房政策做了进一步完善和发展。23号文件的出台，标志着我国城镇住房体制开始进行根本性变革，房改取得重大突破，实行近四十年的住房实物分配制度逐步退出了历史舞台。

1999年，国务院颁布了《住房公积金管理条例》，住房公积金制度开始全面建立。同年，国务院办公厅转发了建设部等部门《关于推进住宅产业现代化提高住宅质量若干意见》（国办发［1999］72号），要求加快推进住宅产业化，实现住宅建设的“四节一环保”。在一系列政策措施的推动下，市场配置资源的作用得到发挥，城镇居民住房观念发生转变，以住宅为主的房地产业快速发展，对于拉动经济增长和提高人民生活水平发挥了重要作用。2002年，商品住宅投资占城镇住宅投资的比例达到72%，商品住宅竣工面积占城镇住宅竣工面积的48%。住房市场成为满足城镇居民住房需求的主要渠道。

（四）完善政策阶段

在房地产业快速发展过程中，市场发展不平衡、房地产投资增长过快、供应结构不合理、部分地区房价涨幅过大和市场秩序混乱等问题日益突出。针对这些问题，国家采取了加强房地产调控的一系列政策措施。2003年，国务院印发《关于促进房地产市场持续健康发展的通知》（国发［2003］18号），提出坚持住房市场化的基本方向，更大程度地发挥市场配置资源的基础性作用；以需求为导向，调整供应结构，满足不同收入家庭的住房需要；坚持深化改革，不断消除影响居民住房消费的体制性和政策性障碍，加快建立和完善适合我国国情的住房保障制度；坚持加强宏观调控，努力实现房地产市场总量基本平衡，结构基本合理，价格基本稳定。此后几年中，国务院办公厅又出台了多个有关房地产调控的文件，要求采取有区别的税收、信贷和土地政策，以及法律和必要的行政手段，稳定住房价格，调整供应结构，防止房地产市场大起大落。

在商品住房市场快速发展的同时，由于一些地方经济适用住房定位不明确，出现了单套面积过大、供应对象控制不严等问题，受到社会舆论的批评，造成社会上对经济适用住房的认识不统一。2003年至2006年，经济适用住房建设数量大幅下降，加之房价上涨过快，城镇中低收入家庭住房困难问题越来越突出。2007年，党的十七大提出让全体人民住有所居；国务院印发了《关于解决城市低收入家庭住房困难的若干意见》（国发[2007]24号），明确解决城镇低收入家庭住房困难是各级政府的重要职责，要求进一步建立健全廉租住房制度，改进和规范经济适用住房制度，并提出了到"十一五"期末，全国廉租住房保障范围由城市最低收入住房困难家庭扩大到低收入住房困难家庭的目标。此外，还要求加快集中成片棚户区改造，积极推进旧住宅区综合整治，多渠道改善农民工居住条件。这个文件的下发，标志着我国对发展房地产市场和做好住房保障的关系认识更加深刻，在坚持市场化方向的同时，更加重视履行政府的住房保障职能。

2008年，为应对国际金融危机，中央把保障性安居工程建设作为拉动经济增长的重大举措，加大了保障性住房建设力度。今年1月，国务院办公厅印发了《关于促进房地产市场平稳健康发展的通知》，要求落实地方各级人民政府责任，增加保障性住房和普通商品房有效供给，同时抑制投资投机性购房需求，加快推进保障性安居工程建设，力争到2012年末，基本解决1540万户低收入住房困难家庭的住房问题。今年政府工作报告进一步要求坚决遏制部分城市房价过快上涨势头，继续大规模实施保障性安居工程，支持居民自住性住房消费，倡导住房租赁消费，满足人民群众的基本住房需求。

二、住房制度改革取得了巨大成就

30年的城镇住房制度改革，打破了传统的福利分房观念，确立了市场机制配置资源的基础地位，实现了住房供应和分配制度的重大转变，为我国城镇住房建设和发展注入了巨大活力，为国民经济平稳健康发展、人民生活水平的提高做出了重要贡献。

（一）新的住房体制基本建立

住房制度改革打破了以住房实物分配、低租金使用为特征的住房旧体制，初步建立了适应社会主义市场经济体制要求的城镇住房新体制。确立了住房社会化、市场化改革方向，形成了以居民自有产权为主、多种产权形式并存的产权格局。房地产市场从无到有，住房二级市场和租赁市场逐步发育，中介服务加快发展，房地产金融不断创新，专业化的物业管理基本建立，市场规则不断完善，市场体系逐步健全。针对不同收入群体的住房需求，初步形成了以商品性住房供应为主、对低收入家庭给予保障和对中低收入家庭给予支持的住房供应体系。

（二）住宅建设快速发展

30年来，住宅投资快速增长，城镇住宅投资占国内生产总值的比重，由改革开放前的年均1.5%提高到

2008年的8.8%；城镇新建住宅累计109亿平方米，是改革开放前30年建成总量的20.6倍。1998年以来，住房建设速度尤其快，城镇住宅投资年均增幅近20%。1999年城镇居民每千人竣工住宅14套，2002年和2008年均为11套，高于发达国家水平。2008年新建住宅面积达到7.6亿平方米，是1978年的20倍。1998年到2008年，10年间城镇新建住宅面积66亿平方米，占改革开放以来城镇新建住宅总量的60.6%。与此同时，住房规划、设计、施工水平和配套设施以及居住环境质量明显提高。

（三）居民住房条件明显改善

30年来，在城镇人口大规模增加的情况下，城镇居民住房总体水平大幅提高，大多数家庭的住房条件得到明显改善。2008年，城镇人均住房建筑面积达28平方米，是1978年人均住房面积的4.2倍；城镇居民成套住房面积占总面积的比重近81%。通过廉租住房、经济适用住房建设、危旧房和棚户区改造、集资合作建房等，2000多万户城镇中低收入家庭的住房困难问题得到解决。截至2009年11月底，累计发放个人住房公积金贷款1129万笔、1.44万亿元，有力地支持了职工改善住房条件。

（四）房地产业成为国民经济的支柱产业

2001年以来，房地产开发投资占城镇固定资产投资的比重均保持在20%左右。2009年，房地产开发投资3.62万亿元；商品房销售面积9.37亿平方米；全国城镇土地使用税、土地增值税、房产税、契税、房地产营业税、房地产企业所得税、房屋转让个人所得税合计6943亿元，占全国税收收入的11%；全国土地出让收入估计达到1.5万亿元。居民住房消费在社会总消费中的比重快速增加。目前，由于统计方法和资料收集等原因，国民经济统计中住房消费占家庭消费的比例仅在8%左右，这和大家实际感受有较大的区别。参照国际惯例，有关方面按照市场租金对居民自有住房和租赁住房服务进行核算，目前居民住房消费占家庭消费的30.4%，对居民消费总额增长的贡献率接近40%。近几年，房地产业增加值占GDP的比重近5%。房地产业还带动了几十个相关产业以及土地等要素市场的发展。在应对1998年亚洲金融危机、2008年全球金融危机过程中，房地产业都发挥了比较大的作用。

（五）增加了居民家庭财富

许多城镇居民通过购买公房、商品住房或自建住房方式拥有了住房。据国家统计局调查，2002年6月，城市居民家庭财产户均总值为22.83万元。其中，房产为10.94万元，占家庭财产的47.9%，目前的比重更高。一部分城镇居民家庭通过出租住房，增加了收入，提高了财产性收入比重。

30年来住房建设和发展的巨大成就，得益于小平同志房改思想指导下的城镇住房制度改革，正是小平同志关于住宅问题的谈话，指明了改革的方向，为启动和深化房改提供了强大的思想动力。在看到成绩的同时，也必须清醒认识到住房问题的长期性、复杂性和艰巨性，特别是在当前经济快速发展、城镇化加速的时期，住房建设和发展中还存在一些突出问题：

第一，住房保障体系不完善。一是住房保障覆盖范围小。目前文件规定，住房保障对象是城镇低收入住房困难家庭，但由于部分城市房价上涨过快，中等偏下收入家庭以及新就业职工、进城务工人员的住房问题日益突出；住房公积金制度覆盖率低，对住房保障支持力度不够。二是住房保障制度不完善。保障范围、标准、方式等需要进一步确定；准入退出机制不健全；保障性住房建设的投融资机制不完善，财政投入不足，社会资金参与程度不高。三是住房保障管理机构和实施机构不健全，不适应保障性住房建设和管理的需要。

第二，住房供应体系不健全。一是市场发育不均衡，新建商品住房发展快，租赁市场发育滞后。现行住房供应制度下，开发企业建设的商品住房几乎全部用于出售，租赁住房供应不足，新就业职工等往往租不到合适的住房。受传统文化影响，居民又大多倾向于购买而不是租赁住房，从而导致住房租售比例不合理。在我国，城镇居民居住自有房屋的比例超过80%；租住房屋的比例不足20%，远低于其他一些国家。二是缺乏针对中等偏下收入群体也就是常说的“夹心层”的住房供应和政策支持。这些家庭买不起商品住房，又不符合住房保障条件，住房困难问题较为突出。

第三，住宅建设资源能源消耗高。一是住宅建造以现场砌（浇）筑、手工操作为主，采用工厂化方式生产的住宅比例较低，与发达国家存在较大差距，质量通病长期存在。建筑材料、设备及住宅部品的生产和供应尚未形成产业链。二是商品住房供应以“毛坯房”为主，土建装修一体化比例不到10%，装修二次污染和资源浪费严重。三是住宅使用单位能耗高。有人测算，我国住宅单位能耗是相同气候条件下发达国家的2~3倍。四是住宅使用寿命短，平均30年左右，不仅低于设计使用年限，更远远低于发达国家水平。

三、继承和发扬小平同志改革思想，坚定不移地深化住房制度改革

实现住有所居是全面建设小康社会目标的重要内容。当前人民群众的住房需求日益增加，对住房功能质量、居住环境的要求越来越高，住房建设和发展的任务很重。30年住房建设和发展的实践告诉我们，改革是发展的强大动力，是解决住房问题的有效手段。新形势下，应当继承和发扬小平同志改革思想，珍惜既有改革成果，继续按照市场化的基本方向，进一步深化改革，不断研究和解决发展道路上遇到的新矛盾、新问题，加快完善符合我国国情的住房制度。我认为，以下三个方面尤为重要。

（一）关于完善住房保障制度

当前和今后一段时期我国住房保障的任务十分艰巨。一方面，现在还有大量低收入住房困难家庭未得到保障，上千万家庭还居住在棚户区内，居住条件很差；另一方面，由于种种原因，新的低收入住房困难家庭还会不断出现。因此，践行科学发展观、构建社会主义和谐社会，有必要加快完善住房保障制度，加大住房保障力度。对于住房保障制度的完善，我的想法是：

第一，合理确定住房保障的覆盖范围。这是住房保障最基本的问题，也是合理界定政府保障职责和市场调节范围的关键。界定住房保障对象范围，核心是看居民家庭的住房支付能力。我的看法是，凡是没有能力通过市

场购买或者租赁满足基本居住需求的家庭，都应当纳入保障范围。当然，保障对象范围的具体确定，必须处理好需要与可能的关系，随着财力增长逐步扩大保障范围、实现应保对象的全覆盖。如果不顾财力，短期内将保障范围定得过宽，部分保障对象等候保障的时间过长，就可能造成负面效应。我国地域比较广，各地经济发展状况不同，居民的收入水平、商品房价格及租金水平也有很大差异，因此，不宜确定全国统一的住房保障对象，也不宜确定保障人群的具体比例。总的看，由各地结合经济、社会发展实际，统筹考虑居民住房状况和财政能力，分别确定保障对象更为妥当。

第二，住房保障标准要适当。保障标准不能定得过高。如果过高，在财力确定的情况下，可以保障的数量必然会减少；在部分保障对象经济条件改善、不再符合保障条件时，还会增加退出的难度。住房保障的目的，是满足保障对象的基本住房需要，而不是享受型需要。当然，保障标准也不能太低，应当以满足基本住房需要为原则确定。什么是基本住房需要，我的观点是：首先，要住得下、分得开。其次，面积小，功能全，必要的设施应当配套齐全。再次，既要讲人均收入水平和面积标准，又要区别对待不同结构类型的家庭。例如，对单亲异性成员家庭，住房面积可在人均面积标准基础上适当提高，以满足分得开的要求。

第三，保障方式多样化。目前，住房保障的方式主要分为两种，即补贴和实物。其中实物又包括廉租住房和经济适用住房。对于符合廉租住房保障条件的居民，过去的保障方式是，以货币补贴为主，实物配租和租金减免为辅。但是，近年来，房地产市场供应情况发生了变化，一方面，新建的中小户型可租赁住房太少，另一方面，随着旧城改造，大量的小户型旧房被拆除，导致可供廉租住房保障对象租赁的房源相对不足。许多保障对象拿到补贴，却租不到合适的住房。针对这种情况，最近两年，采取了发放住房补贴和实物配租相结合的方式，部分城市提高了实物配租的比例。我认为，廉租住房应当继续实行货币补贴和实物配租相结合的方式，至于以哪种方式为主，可以由各个城市具体确定，房源充足的地方，货币补贴的比例可高些，房源不足的，就应提高实物配租的比例。廉租住房属于保障性租赁房，确定租金标准要考虑管理、维修住房的需要，同时也应根据保障对象收入的不同，确定不同的补贴标准。

对于经济适用住房，从过去一段时期执行情况看，基本都采取出售的方式。近几年，一些地方试行“租售并举”“共有产权”等方式，受到保障对象的欢迎。我赞成这些做法。对于出售的经济适用住房，可以在量化政府补贴（包括明补和暗补）、机构投入和居民购房价款的基础上，明确界定政府、机构和个人所拥有产权的比例。如果居民退出经济适用住房，增值部分可以按照产权比例分成；如果居民购买全部产权，则按比例补足房款。采取这种办法，有利于明确权利和义务、形成退出机制，还能够满足这些家庭积累财富的愿望，促进社会均衡发展。对于出租的经济适用住房，应按家庭收入水平核定租金标准，以利于“夹心层”住房问题的解决。

第四，采取利于实现住房保障目标的有效措施。应加快住房保障的立法，依法强化政府的住房保障责任。同时加大对保障性住房的土地供应，增加财政投入，多渠道筹措保障性住房建设资金。进一步完善住房公积金制度，扩大覆盖面，提高资金使用效率，充分发挥公积金对解决中低收入家庭住房困难的作用。关于拓宽保障性住房建设的投融资渠道，我了解到，江苏省常州市政府成立了保障性住房公司。政府提供部分土地，由公司综合开发，建设保障性住房。公司还作为投融资平台，资金来源渠道比较多。一是，每年土地出让净收益的10%。二是，住房公积金增值收益中用于廉租住房的资金。三是，规定所有商品住房项目都必须配建3%的保障性住房，交公司管理。开发企业不愿配建的，则按楼面地价和建安成本向公司交相应的资金。四是，经济适用住房上市交易后政府收回的资金及增值收益。这种方式值得研究和借鉴。当然，对于其他有利于实现住房保障目标的方式，例如逐步建立以财政贴息为基础的低息贷款机制，都可以研究和尝试。

（二）关于保持房地产市场平稳健康发展

解决好这个问题意义重大。现阶段，我国的主要矛盾依然是落后生产力与人民群众日益增长的物质文化需要之间的矛盾，发展仍然是主要任务。这种大的背景，决定了应当继续发挥好房地产业的应有作用，也决定了必须保持房地产市场的稳定和健康发展。从民生的角度看，目前，房地产市场已经成为满足居民住房需求的主要渠道，没有房地产市场的稳定、健康发展，没有充足的住房建设和供应，住有所居的目标不可能实现。我看，以上两个方面，是房地产市场的主要功能。

许多同志提出，既要重视房地产业对经济增长的巨大拉动作用，也要防止经济发展过度依赖房地产。我赞成这个观点。房地产投资和消费要适度，要与国民经济的整体发展相协调，应当适时采取必要的调控措施，防止市场出现“过热”和“过冷”。

今后应当更加注重发挥房地产市场在改善群众住房条件方面的作用，把满足居民的住房合理需求放在突出位置。目前，住房供需矛盾还比较大，这种矛盾在今后一段时期还将继续存在。为此，应努力增加住房供应总量，把“蛋糕”做大。这就要求，保持住房建设投资持续、适度增长，完善各类住房建设的投融资机制，拓宽融资渠道；增加住房建设用地供应，加大闲置土地处置力度，严厉打击囤地行为；促进新建商品住房市场、二手房市场和租赁市场的共同发展。在注重增加数量的基础上，还需要立足居民的有效需求，更多地采用经济手段，促进住房供应结构的调整。鼓励建设中小套型、中低价位普通商品住房，对高档、大户型住房的开发建设，进行更加严格的限制。

在目前住房供需矛盾突出的情况下，应采取税收、信贷等手段，有效抑制投机性购房需求，同时要引导城镇居民形成合理的消费观念。投机性购房需求加剧了供需矛盾，与房价过高、上涨过快等有直接关系。今年的政府工作报告明确提出要抑制投机性购房。治理投机性购房需求，关键是压缩其可能的获利空间。我赞成在严格执行差别化税收、信贷政策基础上，在住房保有环节，适当予以税收调节。

（三）关于住房发展方式的转变

加快转变住房发展方式，建立符合我国国情的住房建设和消费模式，是住宅产业可持续发展的内在要求，也是建设资源节约型、环境友好型社会的必然选择。要以低资源消耗、低环境代价，大力发展省地节能环保型住宅。

住宅使用寿命的提高，是最大的节约。转变住房发展方式，必须重视提高住宅的使用寿命。我们常常看到，一些建筑因为规划、设计或者施工问题，使用的时间不长就被拆除了，不仅浪费了资源，而且产生了大量建筑垃圾。延长住宅的使用寿命，建百年建筑，需要合理的规划和设计、先进的材料和技术、高水平的施工，以及投入使用后的精心维修和管理，但是，更为重要的是，必须普遍形成珍惜和充分利用既有建筑的观念。

转变住房发展方式，必须大力推进住宅产业现代化，即建筑设计标准化、部品部（构）件生产工厂化、现场施工装配化、土建装修一体化。首先，要加强科技研发和技术集成，推广先进适用技术，完善住宅产业化标准体系；其次，要联合设计、科研、施工、开发、部品部件生产等企业，搭建合作互利共赢平台；最后，政府要加强政策的引导和支持，转变发展方式。推进住宅产业化是项复杂的系统工程，本身难度很大。近几年住宅产业化工作虽有成效，但总体上进展并不理想。关键一点是缺乏必要的政策支持。因为对于市场主体而言，短期内要加大投入，导致他们缺乏主动性。因此，相应的政策支持很重要。比如，在土建装修一体化问题上，尽管大家都知道“毛坯房”弊端很多，但没有政策支持，呼吁了多少年，进展缓慢。上海市的全装修住宅这两年发展比较快，就是因为上海市采取了开两张发票分离装修款的办法，按照装修企业税收标准，对成品住宅的装修费用单独计税，提高了开发企业的积极性。最近北京市印发了《关于产业化住宅项目实施面积奖励等优惠措施的暂行办法》，规定“对于产业化住宅，在符合相关政策法规和技术标准的前提下，在原规划的建筑面积基础上，奖励一定数量的建筑面积。项目奖励面积总和不超过实施产业化的各单体规划建筑面积之和的3%”，通过奖励措施，加快推进住宅产业化。这些措施值得借鉴和推广。

继承和发扬小平同志的改革思想，还要十分重视农村住房问题。近年农村住房建设量每年都在5～6亿平方米，有近400万农户新建住房。现行的农村住房基本制度是农民依据个人身份，按照“一户一宅”原则由农村集体经济组织无偿提供宅基地，住房则由农户自筹资金、自己建设、自己拥有、自行管理、自家使用。这一基本制度在建国时就已经基本确定，保障了我国农民的居住权益，促进了农村社会稳定。当前，我们要注意稳定农村的基本住房制度，保证农村宅基地的依法供给，有效保障农户住房的财产权益。要为农民建房提供规划、设计和质量安全技术服务，引导农民建设节能省地、功能适用、具有民族特色和地方特点的住房。要大力推进新农村建设，持续改善农村人居环境。对于农村特殊困难的农户，政府通过农村危房改造等措施，和集体经济组织、社会力量一起，共同帮助解决他们的基本住房需求。要按照农民自身需求，合理引导农民建楼房，防止为了城市建设用地指标，拆农民的房子，强迫农民集中和上楼居住。

伟人已逝，精神永存；放眼未来，责任重大。我们要继承和发扬小平同志的改革思想，坚定不移地深化住房制度改革，为实现“住有所居”的目标而努力奋斗！

资料来源：2010-04-01，中国房地产业协会

搞好自身建设，促进行业发展，为行业稳定和可持续发展作贡献

（2010-05-19，全国房地产业协会工作座谈会）

今年3月31日，中国房协换届，有同志在会议上提出建议，希望中国房协要加强与各省市房协的联系，同时也希望我抽时间去各省市房协看看，我认为这个意见很好。4月8日，中国房地产业协会和中国房地产研究会联合召开了一个驻会人员全体会议，我在这次会议上做了100分钟的发言。我讲到，研究会也好、房协也好，秘书处的工作要加强和地方房协的联系，不光是会员单位，理事和常务理事单位，以前沟通不够，服务方式也比较单一，服务水平也有待于提高，与地方房协，特别是各省区市，包括计划单列市，交流不够，中国房协和地方房协没有形成一种紧密关系；要搞好自身建设，促进行业发展，为整个房地产市场的稳定和可持续发展及行业的科技进步、转变行业的发展方式做出贡献，从而进一步扩大中国房协和各省、自治区、直辖市房协的影响力。

换届前，房地产研究会秘书处下面有3个管理部门，中房协秘书处下面有6个，合并以后两会共同设立5个部门，其中把宣传培训部改成宣传培训与地方协会联络部，名称改了，就是增加了加强与地方联系的职能。这次召开座谈会是我提出来的，要重点加强各省区市房协的经验交流。这次专门请几个地方的房协介绍经验，大家互相借鉴交流；也考虑到上海举办世博会，有机会让大家来看一下；上海地产集团很愉快地接受了这个任务，皋玉凤也是咱们中国房地产业协会的副会长，对他们的支持表示感谢。

今天上午，上海、浙江、广东、重庆、新疆、北京房协的负责人做了专题发言，下午大家就房协的改革、发展、创新进行了讨论，提出了很多意见和建议，四川、辽宁、宁夏房协的负责人在发言中还介绍了一些很好的做法。房地产业协会和房地产研究会的秘书处，要将大家提出的意见和建议综合归纳整理，作为大家的共同财富。首先是中房协和房地产研究会的秘书处，要通过消化各省区市房协的经验和大家提出的意见和建议，进一步完善两会秘书处工作职能、工作目标、工作制度和工作要求。

我国房地产行业的协会，比较健全，在全国有中国房地产业协会，在地方，一共有33个省、自治区、直辖市级协会（含开发协会），地级城市协会有100多个。各地房协在当地政府和主管部门指导下，在服务行业、服务会员方面发挥了很大的作用，工作是很有成效的。

中国房协加强与行业内企业的联系，争取使我们的房协成为企业家之家。我们要主动为企业提供服务，其中有一个角色转变的问题，我们协会讲服务比较多，服务会员、服务行业。上次会议上也讲，在换届以前，市场研究报告定期发布，提了很多意见和建议，受到中央有关部门的重视，我们的主要目的就是服务行业。通过上午6个单位的发言，包括下午讨论中对中房协提出的意见和建议，归纳起来，一个是发挥桥梁作用，沟通会员企业和政府有关部门的联系，包括定期召开会议，举办互动型的论坛、联谊活动，如上海房协、广东房协、浙江房协，每遇到重大政策出台和市场调整的时候，积极进行调研，为政府决策提供依据，我觉得这一条非常重要。通过座谈会和多种形式邀请政府领导和有关部门同志出席与企业面对面交流对话，听取企业的意见，反映企业发展过程当中遇到的问题，这种活动受到企业的欢迎。

为会员寻找商机，为投资企业提供服务，各地房协组织联谊活动，也邀请政府有关部门领导参加，增进了企

业与政府领导的互动和了解，从中搭建合作交流平台，辽宁一些协会，通过组织会员单位到西部地区考察投资，跟中西部地区搞项目合作，去年还专门搞了一次项目推介会，广受好评。利用现代网络技术来改进工作手段，协会利用网络为企业服务，一些协会自己建立网站，为会员单位、企业、协会本身搭建交流信息的平台。同时，正确引领社会舆论，上午北京专门介绍了这一方面的做法。前几年浙江房协就是这么做的。我们要做好对媒体的正面的引导，这样负面报道也会相应减少。

提高工作效率，推进协会工作。山东、新疆、广西等房协，在开展广厦奖的评奖工作中，促进了房地产产业化的发展，重庆房协也做了很多的工作。探索行业体制改革，跟进协会的工作，随着市场经济体制逐渐的完善，协会的工作要深入，要不断改革、深化改革。目前，我们国家还是行政主导，和发达国家包括日本、欧美行业协会的作用来比较，咱们还差得很远。说老实话，真正把行政的职能交给你，你也不一定能做好。估价师和经济人协会，他们的领导人都很年轻，他们的领导能力和水平都是比较高的，他们的工作和我们的工作有很大的区别。换届两个礼拜，我就召开会议，整合两个秘书处，干部要能上能下，队伍年轻化等有大量的工作要做。作为专职工作人员，还是要按照年轻化、知识化、社会化来管理，提高队伍素质，以适应协会发展的需要。

秘书处要把大家提出的好的建议和意见吸收进来。如何改进中房协和中国房地产研究会秘书处的工作，完善职能，明确工作目标，这次会议的召开，对研究会秘书处和中房协秘书处的岗位职能的建立和完善，都是有帮助的。

下一步怎么办？第一，协会要正确定位。尽管当前是行政主导型，既然有这个协会存在，为什么有的搞的好，有的搞得相对差一点。我认为中国房地产研究会，换届一年多来还是有很大的变化。从上海、浙江等6个地方房协的发言来看，包括四川，他们的工作也搞得好。协会工作，首先要有作为，有为才能有位。要有作为，你地位就有了，首先要正确定位，我们房协怎么样正确定位，做好协会的工作，要把定位工作搞准确，定位工作搞准确，才能把我们自身的工作做好。第二，要成为会员单位交流合作共谋发展的平台。在目前的体制下，协会是政府与企业之间的桥梁，协会和政府的关系，要做到被政府认可、亲密、离不开，能做到政府离不开你了，说明你的协会工作做得好。目前有的地方基本做到了，有的还不行，是需要努力的问题。这里面，实际上要做的工作是很多的，部里正在修订社团管理办法。我昨天也看了，规定协会的职能很多，包括参与有关法律法规的制定和宣传培训工作，也包括房地产的调控政策，包括行业政策的制定，也包括行政工作，调查研究反映市场情况，为企业服务，同时反映企业提出的意见和建议等等。

当前我们行业的问题之一，是需要解决转变增长发展方式，适应住宅产业现代化，促进行业科技进步，这是一个很大的问题。在房地产方面，一是住宅建筑寿命短。上月24日在浙江召开中日百年建筑高峰论坛，我专门讲了寿命短。二是性能差，特别是老建筑性能差。三是能耗高。四是可再生能源利用低，也就是太阳能、风能，包括地热利用等等。当然地热利用也要注意，如果地热集中度比较大，对地下水的改变从长远看也存在一些问题。如果一个地方集中搞地热，长期把水抽出来，灌进去，不用三五年地热就发生变化了，效率逐渐降低。开始效率不会影响很大，但是3年以后、5年以后、10年以后效果就会降低。第五，农村的农房建设，还没有纳入我们的工作当中，既然讲新农村建设，我们就要在这方面加强工作。在今年6月28日至29日，两会联合召开房地产科学发展论坛，想做成一个品牌活动，原来还没有合并，是房地产研究会搞的，去年主题是健全住房保障制度，如何关注市场的问题，包括上海搞拆迁经验介绍，民意投票，包括哈尔滨、常州搞保障性住房机制探讨的研究。今年科学发展论坛主题是推广低碳技术，建设百年建筑，主要指住宅，当然也不光是住宅，专门组织一批专家和企业来介绍他们的经验，我们请有关设计院和部分企业来介绍，对于住宅的户型设计、延长房子的寿命等方面进行探讨，也包括保障性住房装修怎么搞等问题进行探讨，希望各省市区的协会组织企业，也包括一些生产企业、科研设计单位、建筑施工企业参加这次会议，这也是服务行业转变发展方式，推动科技进步和产业现代化。

住宅产业现代化包括设计的标准化，部品、部件、构件生产工厂化，现场施工装配化和土建装修一体化。

我做房协工作时间很短，也在学习和探索之中。今天上午大家的发言和下午的讨论，对我也很有启发和帮助。我希望尽可能把中国房协的工作和中国房地产研究会的工作做得有所进步，也希望各省区市的房协提供好的经验和好的做法，我们共同进行沟通交流，以实现共同发展、共同进步的目的。

资料来源：2010-05-19，中国房地产业协会

转变发展方式，建造百年住宅（建筑）

（2010-06-28，第二届房地产科学发展论坛）

今天，中国房地产研究会、中国房地产业协会共同举办“第二届房地产科学发展论坛”，这是继今年4月初两会联合举办“纪念小平同志关于住宅问题讲话30周年”活动之后，再次联合举办的又一重要活动。目前两会秘书处已实行合署办公，今后类似的大型活动会更多地以两会名义共同举办。这次论坛的主题是：贯彻落实科学发展观，转变发展方式，建造百年住宅（建筑）。目的是通过深入分析住宅产业现状，明确产业发展方向，加快转变发展方式，大力推进住宅产业现代化，推广低碳技术，促进住宅产业可持续发展。

这次论坛，我们邀请了与住宅产业发展有关的企事业单位、科研机构以及专家学者参加，论坛期间大家将围绕主题，从不同方面深入开展研讨，还要实地考察项目。下面，我就转变发展方式，建造百年住宅问题，谈两点想法。

一、客观审视我国住宅建设现状

改革开放以来，特别是1998年停止住房实物分配，实行住房分配货币化改革以来，我国住宅建设取得了举世瞩目的成就。2009年城镇新建住宅面积达到7.88亿平方米，是1978年20.7倍；城镇人均住房建筑面积超过30平方米。与此同时，住房规划设计水平、施工质量、配套设施和居住环境明显提高。1999年，国务院办公厅转发了建设部等部门《关于推进住宅产业现代化，提高住宅质量的若干意见》（国办发［1999］72号），系统提出了推进住宅产业化工作的指导思想、主要目标、重点任务、技术措施和相关政策。十多年来，在行业同仁们的共同努力下，初步建立了符合产业化方向的住宅建筑和部品体系、技术支撑体系和质量控制体系；一大批建筑

材料和部品部件实现了通用化设计、系列化开发和集约化生产，淘汰了一批不符合资源节约和环境保护要求的落后产品；推行了住宅性能认定制度，建成了一批示范工程，新建住宅执行建筑节能设计标准明显提高，住宅的适用性能、环境性能、经济性能、安全性能和耐久性能大幅度改善；培育了一批集住宅开发、设计、施工、构配件制造和物业服务为一体的综合性住宅产业集团，以住宅建设相关企业合作为基础形成的产业化联盟开始出现。

尽管我国住宅产业有了较大发展，但目前传统的粗放式生产方式仍未实现根本性转变，住宅产业化水平和劳动生产率低；技术创新和集成能力弱；资源和能源投入大，环境负荷重，可再生能源在建筑中应用规模小；住宅使用寿命短，质量和性能还不能完全令人满意。这与中央提出的节能减排降耗以及构建资源节约型、环境友好型社会的要求还有很大差距。突出表现在以下几个方面：

（一）住宅（建筑）使用寿命短

我国规范规定，普通房屋和构筑物设计使用年限为50年，纪念性建筑和特别重要的建筑结构设计使用年限为100年。但目前城市建筑未达到设计使用年限即被拆除的比例很高，甚至有些建筑刚投入使用不久即被拆除，统计平均使用寿命仅30年左右。而欧美等发达国家建筑设计使用年限也是50年，但统计平均使用寿命长，如英国、法国、美国的建筑统计平均使用寿命分别为125年、85年、80年，“百年老屋”随处可见，一栋房屋经历几代人使用，成为传承城市历史文化的载体和重要的旅游资源。日本80年代末期已开始进行百年建筑认证。我国建筑寿命短，致使资源能源消耗和建筑垃圾大量增加，特别是大量拆除造成的资源能源浪费使近几年来节能减排的成果大打折扣。

我认为，我国住宅（建筑）使用寿命短的主要原因：一是城市规划变更频繁，朝令夕改，一任领导一轮规划，规划调整导致大量建筑被拆除；二是建筑维护维修不及时，损毁严重，影响使用寿命；三是有些建筑材料耐久性差，有的施工质量不高影响使用寿命；四是对使用空间和功能不能满足新要求的建筑，大都一拆了之。更深层次的原因是，一些地方在城市建设指导思想上急功近利，重速度、轻质量，大拆大建，政绩工程和开发商的商业利益相结合，造成不该拆的房屋大量被拆除。

（二）既有住宅（建筑）使用能耗高，改造难度大

目前，我国民用建筑在建材生产、建造和使用过程中，能耗已占全社会总能源消耗的49.5%左右。其中，建材生产能耗约占20%，建造能耗约占1.5%，使用能耗约占28%。据测算，我国民用建筑在达到相同室内热舒适度的情况下，使用能耗高出同等气候条件发达国家平均水平的2~3倍，绝大多数采暖地区住宅外围护的热工性能比发达国家差许多，外墙的散热系数是他们的3.5~4.5倍，外窗为2~3倍，屋面为3~6倍，即使全部执行国家规定的65%的节能标准，使用能耗仍高出50%以上。随着经济社会发展、城镇化进程推进、第三产业比重提高以及农村地区建筑用能增长，建筑能耗总量及比重将持续增加。预计到2020年，建筑使用能耗将超过工业、交通能耗，占全社会终端总能耗的比例将超过1/3，成为用能的主要领域。

据估算，目前我国既有建筑面积约460亿平方米，到2020年，全国还将新增建筑280亿平方米左右。截至

2009年底，全国城镇累计建成节能建筑面积40.8亿平方米，节能建筑占城镇建筑面积的比例为21.7%。北方城镇既有建筑约为80亿平方米，南方城镇约为108亿平方米，总计约188亿平方米，按50%的既有建筑需要进行节能改造计算，要改造94亿平方米。"十一五"期间确定了北方采暖地区既有居住建筑供热计量和节能改造1.5亿平方米的改造任务，仅占北方地区既有建筑的1.87%，还有大量的既有建筑需要改造，同时其他地区建筑节能改造尚未启动。由于改造工作主要依靠财政支持、政府组织的方式进行，财政改造资金不足，加之改造模式单一，没有形成政府引导和市场参与相结合的机制，改造难度大，大量既有建筑能源利用效率不高、浪费严重的现象还难以改变。

另外，我国目前实施的50%节能标准，是指在北方采暖地区1980—1981年住宅通用设计能耗水平的基础上节能50%，同时规定有条件的大城市和严寒、寒冷地区可率先按照节能率65%的地方标准执行。但由于其他地区建筑能耗调查基础薄弱，针对全国不同地区、不同类型建筑的能耗标准不完善，如我国长江流域一些地区事实上冬季已有采暖，但缺乏节能设计标准，影响了建筑节能工作的开展。

2004年，我在德国曾考察过"三升房"，印象很深。德国一家能源公司利用其资源和技术优势，将一幢已有70年历史的老建筑改造成为典型的被动式节能住宅，通过对门窗、外围护结构、设备设施等的改造，每平方米采暖耗油量从20升降到了3升，仅是过去能耗的15%。同时二氧化碳排放量也降至原来的1/7，舒适性也大大提高，很值得我们借鉴。

（三）住宅产业化水平低，建设方式粗放

尽管国家1999年就明确提出了推进住宅产业现代化的目标、工作内容和要求，但由于缺乏必要的法律保证、政策和资金支持以及相应工作机制，住宅产业化进展一直比较缓慢，粗放式的建设方式长期得不到改变。集中表现在：一是生产效率低。长时间以来，我国住宅建设的大部分工序在现场进行，手工作业为主，工人的劳动强度大，生产效率低，每年人均竣工住宅面积仅30多平方米。而发达国家通过持续地推动住宅产业化，已基本实现预制构件或房屋模块工厂化生产，施工现场装配化，住宅部品率也达到了80%以上，像日本人均竣工面积为110～120平方米，德国为80～100平方米，大大提高了施工效率和住宅质量。二是资源消耗高。有关数据表明，我国住宅建设用钢量平均每平方米为55公斤，比发达国家高出10%～25%，水泥用量为每平方米221.5公斤，每一立方米混凝土比发达国家要多消耗80公斤水泥，卫生洁具的耗水量高出发达国家的30%以上。三是技术配套和集成度低。我国住宅部品的工业化水平有了较大提高，但尚未形成系列化和规模化的生产体系，住宅技术的发展也主要以单项技术推广应用为主，技术上和组织上缺乏有效的集成和整合，难以发挥技术应用的综合效益。四是住宅生产和使用造成的环境污染严重。粗放的生产方式、传统的建造技术、建筑材料的不规范使用及质量问题所造成的大气污染、水污染、室内空气污染问题突出。建筑用能产生的温室气体排放占到全国温室气体排放的25%。

（四）土建装修一体化进程缓慢，二次装修浪费惊人

国办发［1999］72号文件明确要求推广一次性装修或菜单式装修，但目前上市销售的住房大多数仍为“毛坯房”， 土建装修一体化比例不到10%，需进行二次装修才能满足使用要求，为世界各国所少见，是粗放型住宅建设模式的典型体现。据调查测算，2009年，我国城镇竣工住宅建筑面积为7.88亿平方米，按照平均每户105平方米，其中90%进行二次装修计算，将有近675万户需要装修。二次装修平均每户大约产生建筑垃圾1.5～2吨，总计约产生建筑垃圾1000万～1350万吨，浪费了大量资源和能源。以建筑垃圾主要由水泥组成测算，将浪费水泥生产能源280多万吨标准煤，增加CO_2排放720多万吨。同时，家庭装修产生的噪音扰民、劣质装修材料带来的环境污染以及随意变更房屋结构或更改管线造成的安全隐患等问题突出。2009年国家住宅工程中心对两万多人的居住实态进行了调查，发现在家庭装修中对水和电气管线进行拆改的分别占41%和44%，对房屋墙体进行拆改的占28.8%，对卫生间拆改的占41%。

土建装修一体化十多年来推进缓慢的主要原因，一是从开发企业来讲，积极性不高。一方面开发企业认为全装修成品房会增加质量投诉；另一方面税收政策不协调。目前，房地产开发企业的营业税税率为5.5%，装修企业的税率为3.3%，建设成品房会使开发企业多缴营业税。国家对建设成品房无强制性要求，竣工验收标准不完善，开发企业无积极性。二是从消费者来讲，对全装修成品房认同度不高。一方面居民住房消费观念片面追求个性化，认为成品房不能满足其要求；一方面购买全装修成品房多缴契税；另一方面就是购房者对全装修成品房质量不放心。

（五）农村住宅建设问题突出

改革开放三十多年来，我国农村的居住条件有了明显提高，村容村貌有所改观。但仍存在一些不容忽视的问题。一是管理机构不健全，对农房建设缺乏有效的指导和服务。目前农村建房依然承袭传统的建造方式，多数处于无政府监管、无标准规范、无技术指导的状态。用老百姓的话说是“看了风水就打桩，宰只公鸡就灌浆，请个师傅就砌墙，办趟宴席就上梁”。在规划、设计、施工、验收等环节上管理缺失。大多数农房没有采取抗震设防措施，建筑安全令人担忧，而且也无节能减排措施。二是科技进步对农村住宅的贡献率远低于城市。落后的技术和产品可随意进入农村住房市场，适合于农村的材料和技术得不到推广和应用，建房基本处于自发的无序状态，难以实现规模化和产业化。三是基础设施建设投入不足，环境脏乱差问题突出。

以上五个方面的突出问题，严重制约了我国住宅产业整体水平的提升，不仅阻碍了住宅产业的可持续发展，而且影响到国家节能减排目标的实现，影响到资源节约型、环境友好型社会建设。

二、努力建造长寿命、高品质百年住宅（建筑）

房地产业是典型的大量消耗资源和能源的产业，是节能减排的重点领域。我国政府已公开承诺，到2020年单位GDP碳排放量比2005年降低40%～45%，节能提高能效的贡献率要达到85%以上。因此，加快转变住宅

发展方式，大力推进住宅产业化，推广低碳技术，建造百年住宅，对于推动住宅产业走“资源利用少、环境负荷低、科技含量高、生态良性循环”的可持续发展之路，具有重要的战略意义。

关于百年住宅（建筑），很多国家都在研究。日本最早提出了百年住宅的概念，按照他们的定义，百年住宅是可以有效地使用地球上有限的资源和能源，同时降低环境负荷，持续地提供舒适的居住生活，居住者可以通过自身维护和更新，有效地再利用住宅，从而形成可持续的居住环境。参照日本的定义，我认为，我们国家的百年住宅（建筑），应是以住宅的全寿命周期为基础，在规划、设计、建造、使用、维护和拆除再利用全过程中，通过提高建筑结构的耐久性、居住的安全性、建筑的节能性、功能的适居性、空间的可变性、设备的可维护性、材料的可循环性、环境的洁净性、建造的集成性和配套的完善性，实现居住与环境和谐共生，可持续使用百年以上的优质住宅（建筑）。

建造百年住宅（建筑）是一项复杂的系统工程，不仅需要生产方式的转变，而且需要认识理念的提高；既要有技术上的支撑，也要有政策、组织上的保障。我认为，先要树立两个方面的理念：一是提高住宅（建筑）使用寿命是最大的节约；二是要从规划、设计、建造、使用、维护和拆除再利用全过程和住宅（建筑）全寿命周期综合考虑建筑节能。在生产方式转变上，关键是要大力推进住宅产业化。

（一）以科学规划引领百年住宅（建筑）

建造长寿命、高品质百年住宅，首先要靠规划。规划是提高住宅使用寿命的基础，是引领百年住宅（建筑）建造的“龙头”。只有保持规划的稳定性，才有传承百年建筑的可能。为此，要提高规划编制的前瞻性、科学性，通过详细调研、深入分析、系统论证，确保规划的严谨、全面、科学。

要维护规划的强制性和严肃性，规划一旦确定，要严格执行，不得随意调整，将规划的实施全程纳入法制轨道，并强化问责。确需调整的，要严格执行法定程序，做到公开、透明，避免长官意志。要切实改变一些地方“规划规划，纸上画画，墙上挂挂，橡皮擦擦，最后能不能实施，全靠领导一句话”的做法。

在城市规划中应科学功能分区，要完善土地分类体系，建设居住、商业、办公为一体的多功能社区，积极推广城市综合体，降低交通能耗。要统筹规划城市旧城改造，重视对既有住宅（建筑）的维护改造，把节能改造与提升建筑功能与改善城市（住区）环境结合起来，避免大拆大建。要建立建筑拆除的法定程序，明确拆除条件，切实做到建筑拆除有法可依、有章可循。应大力促进城乡规划一体化，统筹城乡发展，引导城镇化有序推进。

（二）以产业现代化打造百年住宅（建筑）

推进住宅产业化，是住宅生产方式的根本性变革，是实现住宅产业由传统建筑业向先进制造业转变的关键。我认为，推进住宅产业化的核心是要实现住宅（建筑）设计的标准化、部品部（构）件生产的工厂化、现场施工的装配化和土建装修的一体化。

一是实行设计的标准化，这是完善技术保障体系的重要环节。要尽快建立建筑与部品模数协调体系，统一模数制，统一协调不同的建筑物及各部分构件的尺寸，提高设计和施工效率。要制定技术规范和标准，统一建筑工程做法和节点构造，为成套新技术推广提供依据。要对构配件开展通用性和互换性的标准研究，以适应工业化施工要求。如果建筑模数标准不完善，会造成设计和住宅部品生产的随意性，造成同类部品规格杂乱，严重影响安装质量和效率。因此设计的标准化不仅仅是技术问题，也涉及房地产开发产业链全过程的科学管理问题，需要开展多层次的系统性研究。

二是实现部品部（构）件生产的工厂化。构建住宅产业化体系首先是要完善住宅部品体系，在标准化、通用化、配套化的基础上，逐步形成住宅部品、构件的系列开发、规模生产、配套供应，将住宅的生产从现场转移到工厂制造。由于大部分部品、构件均在工厂预制，其加工精度和品质是传统的现场操作无法比拟的。现场的建筑工人转变为装配工人，操作更加简单，质量也更有保障。

三是实现现场施工的装配化。住宅的部分或全部构件在工程预制完成后运输到施工现场，将构件通过可靠的连接方式组装装配成整体，实现“像装配汽车一样造房子”。新型的产业化建造模式比传统的建造模式大大缩短了施工工期。同时，由于大量的干式作业取代了湿式作业，现场施工的作业量减少，污染排放也明显减少。装配式施工一般节材率可达20%左右，节水率达60%以上，提高施工效率4～5倍，也使先进的建筑节能技术得以更广泛地应用。

四是实现土建装修的一体化。土建装修一体化的本质是由开发企业统一组织装修施工，向用户提供成品住宅，是用科技密集型的规模化工业生产取代劳动密集型的粗放的手工业生产，从而全面提升住宅装修的品质。土建装修一体化的优势在于：第一，住宅部品工厂制作，加工精细，确保质量；第二，现场组装，省时省料，提高效率；第三，集中采购，规模生产，降低成本；第四，减少污染，避免扰民，利于环保；第五，成品住宅，减少投机，稳定市场。

从成品住宅设计建造的流程来说，土建与装修施工具有不可分割的系统工作链。尤其住宅装修设计是住宅建筑设计的延续，装修设计既相对独立，又必须强化与土建设计的相互衔接。住宅装修设计应作为施工图设计必不可少的组成部分，在住宅主体施工前完成，以避免施工过程中的拆改。

土建装修一体化具有鲜明的产业化特征，有利于将整个住宅产业引向集约化生产的轨道。从某种意义上讲，不实现住宅土建装修一体化，就谈不上住宅产业的现代化。对于推行土建装修一体化，我已在多次会议上呼吁，现在时机和条件都已具备，关键是看决心和力度。许多地方已开始行动起来，像厦门市今年（2010年）3月份规定岛内新建商品住宅实行一次装修到位，上海、江苏等地对全装修成品房实行装修单独开发票计税的鼓励措施。在国家层面应尽快提出禁止“毛坯房”上市交易的时间表，新建的保障性住房应首先实行成品住宅供应。

推进住宅产业化，建设省地节能环保型住宅，总体进展上不理想，除前面我说的原因外，开发企业积极性不高也是重要方面。去年（2009年）我在中国房地产研究会换届时讲过，目前国内开发企业对于开展住宅产业化有几种情况，一是没有产业化的意识，因为前几年有房子不愁卖；二是有意识没有知识，不知道怎么搞产业化；三是有意识，有知识，没有动力。我认为，当前房地产市场处于调整期，开发企业应该充分利用这一时期，加大科技投入，加强对产业化方式的研究，在提高产业化水平和产品品质上下功夫，推动产品转型升级，增强未来市场的竞争力。据我了解，中国建筑设计研究院、中国建筑科学研究院等在住宅产业化研究方面很有成绩，一些企业如浙江宝业、深圳万科等都在住宅产业化方面做得不错。在这次会上也都有经验介绍。

（三）以成熟配套技术支撑百年住宅（建筑）

要加快完善技术标准体系，开展针对我国百年住宅（建筑）建设评价基准的研究。围绕住宅（建筑）的规划、设计、建造、使用、维护和拆除再利用全寿命周期，进行相关技术标准研究。制定完善针对全国不同区域、不同类型建筑的能耗设计标准、新型建筑结构体系标准、各种可再生能源与建筑一体化应用标准等，实现配套化、系列化。

要大力推进先进适用的基础技术、关键技术研发，加强技术集成和配套，加快科技成果推广转化，强制淘汰落后技术。重点研发有利于节能减排的新材料、新产品、新技术，如资源节约和废弃物循环利用技术、能源综合利用和再生技术、既有住宅节能改造技术等，力求在关键技术上有所突破。要积极引进推广国外先进的被动式住宅和“SI体系”住宅，实现建筑结构与设备管线的分离，在不改变主体结构的前提下，进行设备管线更换、装修更新、建筑维护以及空间布局调整。

中国房地产研究会住宅产业发展和技术委员会初步编制了《低碳住宅产业化技术体系框架及减排指标》，该体系框架为技术整合和技术创新提供了简明的系统平台，便于在实际工程中推广应用，为建设百年住宅（建筑）提供技术支撑。今后要不断完善这个技术体系，逐步实现与住宅部品的对接，进而形成有机的住宅质量保障体系，让低碳住宅产业化技术应用能够落到实处，而不是停留在对概念的炒作上。

在推进百年住宅（建筑）建设上，可考虑分三步走：一是严格执行相关法律法规和标准规范，如《民用建筑节能条例》《建设工程质量管理条例》等对开发企业、建设单位的有关要求，向购房者提供质量可靠、性能良好、价格合理的住宅；二是开展百年住宅（建筑）建设评价基准和关键技术研究，建设一批试点项目；三是在试点基础上逐步推广。因此，要推进住宅产业化示范园区建设，发挥引领示范作用。以居住小区为载体，以百年住宅的建设理念为指导，运用成熟的低碳产业化技术，建设示范园区，打造百年住宅产业化基地。要充分发挥企业推进住宅产业化的主体作用，鼓励开发企业按照国家产业政策和市场需要进行产业化技术创新、技术开发和技术推广。

（四）以组织保障体系服务百年住宅（建筑）

要充分发挥中国房地产研究会和中国房地产业协会的平台作用。“两会”汇集了一大批规划设计、开发建设、技术研究、经营管理、部品供应、投资融资、研究咨询等单位，还有不少学有专长的专家学者，多学科、跨专业，人才资源丰富，同时，“两会”在标准编制、政策咨询、展览培训、推优评优、成果鉴定、经验推广、信息交流等方面，也有很多专业资源。要加强对“两会”资源的整合，牢固树立服务政府、服务行业、服务会员的宗旨，组织开展对住宅产业化的建筑体系、通用部品体系和技术标准支撑体系的研究，推广先进适用低碳技术，为推进住宅产业化、建造百年住宅（建筑）做好服务。

建立住宅科技产业创新联盟，将有志于百年住宅（建筑）建设的各方面力量整合起来。我们希望标准编制单位、建筑设计单位、科研单位、开发企业、相关部品企业以及施工企业组织起来，成立产业联盟，搭建互利共赢的平台，形成产、学、研、用等各个环节的完整的产业链，通过联盟内单位间的合作，发挥各自优势，加强技术创新和产品的升级换代，加速科技成果的转化，推动百年住宅（建筑）建设。

住宅产业化的推进和百年住宅（建筑）的建设，离不开政府的支持和引导。建议有关部门尽快制定住宅产业化发展规划和相关政策，明确加快推进产业化的工作体制和激励机制，在金融、财政、税收、土地等方面给予支持，推动住宅产业化的发展。

关于农村住房建设问题，要建立健全管理体制和运行机制，加强对农村住房建设的指导，加大农村基础设施建设投入，为农民建房提供规划、设计和质量安全技术服务，制定有利于农村住房发展和提高产业化水平的技术、经济政策，在节能材料、产品应用、危旧农房改造等方面给予政策支持，引导农民建设节能省地、功能适用、具有民族特色和地方特点的住房，让农民安居乐业。

资料来源：2010-06-28，中国房地产业协会

大力推进建筑节能，实现可持续发展

（2010-11-29，第二届中国城市节能减排论坛）

党的十七届五中全会通过的关于“十二五”规划的建议，从战略全局出发，提出以科学发展为主题，以加快转变经济发展方式为主线，坚持把建设资源节约型、环境友好型社会作为加快转变经济发展方式的重要着力点，提高发展的全面性、协调性、可持续性。

当前，我国经济社会发展面临的资源环境压力越来越大。深入贯彻节约资源和保护环境的基本国策，降低温室气体排放强度，促进经济社会与人口资源环境相协调，走可持续发展之路已成当务之急。建筑行业是典型的大量消耗资源能源的产业，是节能减排的重点领域。相关数据表明，建筑领域包括建造和使用过程消耗了水资源的50%和原材料的50%，产生了42%的温室效应，因此，必须从国家战略层面上加强建筑节能减排工作，实现可持续发展。

一、客观审视我国建筑能耗现状

目前，我国民用建筑在建材生产、建造和使用过程中，能耗已占全社会总能源消耗的49.5%左右。其中，建材生产能耗约占20%，建造能耗约占1.5%，使用能耗约占28%。据测算，我国民用建筑在达到相同室内热舒适度的情况下，使用能耗高出同等气候条件发达国家平均水平的2～3倍，即使全部执行国家规定的65%的节能标准，仍高出50%。随着社会经济发展、人民生活水平改善、城镇化推进、第三产业比重提高以及农村地区建设用能增长，民用建筑总能耗及比重将持续增加。预计到2020年，仅建筑使用能耗比例将超过全社会终端总能耗的

三分之一，加上民用建筑建材生产能耗和建造能耗将达到全社会终端能耗的55%左右。

尽管我国在建筑节能减排方面取得了积极的成效，但仍存在一些突出问题：

（一）建筑使用寿命远小于设计寿命，造成资源和能源的极大浪费

我国建筑设计使用年限规定，普通房屋为50年，特殊重要建筑为100年。但由于城市规划调整频繁、维护维修不及时、材料耐久性差，特别是一些地方的政绩工程和开发商的商业利益结合等原因，导致城市中20世纪七八十年代以后的建筑拆除比例很高，平均使用寿命仅为30年，而欧美等发达国家建筑设计使用年限也是50年，但平均使用寿命长，如英国达到125年，法国85年，美国80年。我国建筑使用寿命短，特别是大量拆除造成的资源能源浪费使十多年来节能减排的成果大打折扣。

（二）供热计量收费改革进展缓慢，既有建筑节能改造难度大

北方地区既有居住建筑采暖能耗占当地能耗的25%左右，是建筑节能工作的重点。目前，由于热费缴纳机制和价格机制不合理，供热计量收费制度改革滞后，绝大多数居住建筑还是采用按面积收取采暖费，多数供热系统缺乏用能调控和分户计量装置。

据估算，我国既有建筑面积约460亿平方米，其中一半以上城镇既有建筑通过改造可以形成明显节能效果。“十一五”期间确定了北方采暖地区既有居住建筑供热计量和节能改造1.5亿平方米，仅占北方城镇既有建筑的1.87%。由于既有建筑节能改造政府投入不足，改造组织形式单一，所以尚未形成政府引导和市场参与相结合的长效机制，改造比例小，推进难度大。

（三）住宅建设产业化水平低，资源消耗高，二次装修浪费惊人

尽管国家1999年就明确提出了推进住宅产业现代化的目标、工作内容和要求，但由于缺乏必要的法律保证、政策和资金支持以及相应工作机制，导致住宅产业化进展缓慢，建设方式粗放，大部分施工工序在现场进行，以手工作业为主，资源消耗高。有关数据表明，我国住宅建设用钢量平均每平方米为55公斤，比发达国家高出10%～25%，水泥用量为每平方米221.5公斤，每一立方米混凝土比发达国家要多消耗80公斤水泥，卫生洁具的耗水量高出发达国家的30%以上。

目前市场上提供的住房90%以上是“毛坯房”，需进行二次装修才能满足使用要求。每年住宅二次装修产生的水泥、装修材料等建筑垃圾约1200万吨，造成大量的资源浪费、环境污染和经济损失。同时，家庭装修产生的噪音扰民、劣质装修材料带来的环境污染以及随意变更房屋结构或更改管线造成的安全隐患等问题突出。

（四）农村建筑节能工作尚未起步

随着农村生活水平的不断提高，农村生活用能将大于生产用能，商品能源的消费量将持续增长。但目前农村建房还依然承袭传统的建造方式，多数处于无政府监管、无标准规范、无技术指导的状态，建筑质量安全无法保

证，节能工作无从谈起。

（五）节能设计标准不完善

我国目前实施的50%节能标准，是指在北方采暖区1980—1981年住宅通用设计能耗水平的基础上节能50%，同时规定有条件的大城市和严寒、寒冷地区可率先按照节能率65%的地方标准执行。但由于其他地区建筑能耗基础薄弱，针对全国不同地区、不同类型的建筑的能耗设计标准不完善，如我国长江流域一些地区事实上冬季已有采暖，但缺乏相应节能设计标准，影响了建筑节能工作的开展。

以上五个方面的突出问题，严重影响了我国建筑节能工作的推进，影响到资源节约型、环境友好型社会建设。

二、大力推进建筑节能减排，走可持续发展之路

我认为，大力推进建筑节能减排，要确立“两个理念”，注重“两个统筹”，从五个方面着手。

（一）关于确立“两个理念”

一是要确立提高建筑使用寿命是最大的节约的理念。二是要确立从规划、设计、施工、使用、维护和拆除再利用全过程和建筑全寿命周期综合考虑建筑节能的理念。

（二）关于注重“两个统筹”

一是统筹新建建筑和既有建筑。对于新建建筑，要严格执行节能标准，强化责任，建造长寿命高品质的百年建筑，其中北方采暖地区新建建筑要实行分户计量，防止建成后二次改造。对于既有建筑，要加快推进供热计量和节能改造，形成政府引导和市场参与相结合的机制，扩大改造覆盖面。

二是统筹城乡建设。要改变重城轻乡的状况，加强对农房建设的指导，建立健全管理体制和运行机制，推进城乡一体化管理，促进城乡协调发展。要加大农村基础设施建设投入，为农民建房提供规划、设计和质量安全技术服务，制定有利于农村住房发展和提高产业化水平的技术、经济政策，在节能材料、产品应用、危旧农房改造等方面给予政策支持，引导农民建设节能省地、功能适用、具有民族特色和地方特点的住房，让农民安居乐业。

（三）关于“五个着手”

1. 从规划着手，建造百年建筑

规划是提高建筑使用寿命的基础，是引领百年建筑建造的“龙头”。只有保持规划的稳定性，才有传承百年建筑的可能。规划造成的浪费是最大的浪费，从规划入手抓节能减排是最有效的节能减排。为此，一定要提高规划编制的前瞻性、科学性，通过详细调研、深入分析、系统论证，确保规划的严谨、全面、科学。要维护规划的强制性和严肃性，规划一旦确定，要严格执行，不得随意调整，将规划实施全过程纳入法制轨道，并强化问责。

确需调整的，要严格执行法定程序，做到公开、透明。在城市规划中应科学功能分区，要完善土地分类体系，建设居住、商业、办公为一体的多功能社区，积极推广城市综合体，降低交通能耗。要建立建筑拆除的法定程序，明确拆除条件，切实做到建筑拆除有法可依、有章可循。

2. 从转变住宅发展方式着手，打造先进制造业

转变住宅发展方式，就是大力推进住宅产业化，实现住宅产业由传统建筑业向先进制造业的转变。推进住宅产业现代化，核心是要实现住宅设计的标准化、部品部（构）件生产的工厂化、现场施工的装配化和土建装修的一体化。据测算，住宅建设采用产业化的生产方式，现场装配式施工一般节材率可达20%左右，节水率达60%以上，提高施工效率4~5倍。要进一步加大推进住宅产业化工作力度，尽快建立建筑与部品模数协调体系，统一模数制，对部品部（构）件开展通用性和互换性的标准研究，以适应工业化建造要求，形成部品部（构）件的系列开发、工厂化规模生产、配套供应，现场施工以装配为主，实现“像装配汽车一样造房子”。 土建装修一体化具有鲜明的产业化特征，从某种意义上讲，不实现住宅土建装修一体化，就谈不上住宅产业的现代化。要尽快全面禁止“毛坯房”上市交易。要完善住宅性能认定和住宅部品认证、淘汰制度，大力推进住宅性能认定，提高住宅的适用性能、环境性能、经济性能、安全性能和耐久性能。

3. 从既有建筑改造着手，让老房子焕发青春

要统筹规划城市旧城改造，重视对既有建筑的维护改造，把节能改造与提升建筑功能与改善城市（住区）环境结合起来，避免大拆大建。要加快推进城镇供热体制改革和既有建筑节能综合改造。推进按用热量计量收费是提高开发企业建造节能建筑积极性、促进居民行为节能的关键，可以有效降低采暖能耗，提高能源使用效率，改善室内热环境质量，有效避免现存的开窗散热、节能不节钱的现象。因此，北方采暖地区要加快完成采暖费补贴“暗补”变“明补”改革，并同步建立个人热费账户。完善供热价格形成机制，实行按用热量计量收费制度。

“十二五”期间，应继续加大北方地区既有居住建筑供热计量和节能改造力度。启动长江流域和华南地区既有建筑节能改造，公共建筑可以从空调、照明、热水供应等用能系统做起，居住建筑可从建筑门窗、遮阳、热水供应等主要环节做起。要根据“谁受益，谁投入”的原则，合理分摊政府、企业、个人的改造费用，形成多渠道的投入机制。

4. 从技术创新着手，以科技推动产业发展

转变住宅和房地产业发展方式是一场深刻变革，要以科技进步和创新引领推动这场变革，以整体技术进步带动产业持续健康发展，解决制约产业发展的瓶颈问题，实现产业的转型升级。要加快建立以企业为主体、市场为导向、产学研相结合的技术创新体系。一方面，要加强基础技术和关键技术的研发，突破制约产业转型升级的关键技术，占领产业发展的制高点，特别是符合“四节一环保”要求的新技术、新材料，如能源资源循环利用和再生技术、新材料和先进制造技术、绿色生态环保技术等。另一方面，要加快运用高新技术和先进适用技术改造住宅和房地产业，大幅提升产业现代化水平。要建立符合我国国情的“SI住宅”体系，实现建筑结构和设备管线的分离，在不改变主体结构的前提下，进行设备管线更换、装修更新、建筑维护和空间布局调整，从而延长建筑寿命。

要完善建筑技术标准体系，加强技术的筛选、鉴定，将先进适用技术标准化。完善全国不同区域、不同类型建筑的“单位建筑面积能耗量”设计标准和可再生能源在建筑上的应用标准。要抓好科研机构与企业的结合，建立住宅科技产业创新联盟，搭建互利共赢的平台，形成产、学、研、用等各个环节完整的产业链，做好技术与产品的对接，促使科研成果尽快转化为现实生产力。同时，要加强人才培养，加大对产业工人专业技能和管理人员的培训，提高人员素质，以适应产业化生产方式的要求。

5. 从激励机制着手，加大政策支持和宣传力度

应加大土地、财税、金融政策引导和支持力度，重点支持绿色建筑发展、既有建筑节能综合改造、可再生能源在建筑中应用、推进土建装修一体化、建筑用能监测评价以及农村建筑节能技术推广等方面。对于通过技术改造，建设节能效率明显超过国家节能减排标准的企业（如节能率达到80%），银行可采取降低贷款利息或财政贴息的方式给予鼓励。对于全装修成品房，在新的财税政策出台前的过渡期，积极推广上海、江苏等地的分离装修款单独计税，并按装修企业营业税标准征税的做法。

改变传统生活消费方式是实现我国经济社会低碳发展的主要途径。当前，应大力宣传普及低碳知识，树立绿色、低碳消费理念，引导全社会消费方式的转变，建立并完善低碳消费的市场机制。在新建商品房特别是住宅项目上，加强推广和使用建筑能耗标志。在北方采暖地区，要重点宣传“热是商品”的理念，形成“用多少热，交多少费”的舆论氛围。要在全社会范围内推广使用一种更便于广大老百姓理解的建筑能耗计量单位，以“度（电）、吨（水）、立方米（气）”来计算日常生活消耗能源的量，使建筑节能效果与百姓生活更加密切，营造出“低碳化消费，高品质生活”的社会氛围。

资料来源：2010-11-29，中国房地产业协会

加快发展方式转变，推进新型城镇化，把生态文明和人居质量提高到新水平

（2010-12-01，中国人居环境高峰论坛）

这届中国人居环境高峰论坛，是在中共中央“十二五”规划建议提出“加快建设资源节约型、环境友好型社会，提高生态文明水平，促进区域协调发展，积极稳妥推进城镇化”的背景下召开的。杭州市余杭区委、区政府，金都房产集团为本次论坛做了大量准备工作。在此，我代表中国房地产研究会向他们表示衷心感谢，向出席论坛的国内外来宾表示诚挚欢迎！

就在我们这次论坛召开之际，联合国气候变化大会也在墨西哥坎昆举行。中国余杭和墨西哥坎昆两地虽然相隔万里，但在应对气候变化、减少碳排放、降低城镇化建设中的资源能源消耗方面，都有着共同的目标。本届论坛将“新城镇、新社区、新居民”作为讨论主题，意在开拓视野、集思广益，为中国新型城镇化寻找出一条转型之路。

一、要用科学眼光看待城镇化的地位和作用

城镇是城市文明的摇篮，是介于农村与城市之间各种经济要素和环境要素的汇集点，历史上，城镇始终是经济和社会发展的驱动力。中国的城镇化发展也不例外，回顾“十一五”期间，我国城镇化水平从2005年的43%，提高到2009年的46.6%，年均增长0.9个百分点。2006—2009年，中国每年新增城镇人口数量约1300万人。截至2009年底，中国城镇人口达6.2亿，为美国人口总数的两倍，比欧盟多出25%，城镇化规模居全球首位。

与此同时，随着城镇化步伐的加快，“十一五”期间，我国城镇居民生活水平也明显提高，城镇就业量不断增加，消费市场更加繁荣。2009年，全国城镇居民人均可支配收入达1.72万元。

更为重要的是，随着城镇化的推进，代表着先进生产力和城镇经济活跃元素的珠三角、长三角、环渤海湾等地，成为了“十一五”期间显现国家竞争力的重要区域。而中西部一些地区，也通过承接产业转移、有序集聚人口和完善公共服务体系，培育出一批分工不同、特色鲜明的新型城镇，形成了生产要素和市场需求由东向西、由南向北的梯次拓展，这种在大中小城市与农村之间形成的联结效应，不仅拉动了投资需求，也扩大了消费需求。具体表现为：

一是城镇化有力拉动了投资需求。城镇化的推动和人口的增加，带来了城镇基础设施、公共服务项目建设和房地产开发等方面的投资需求。城镇开发项目不仅吸引了上下游几十个产业的投资建设，还在高铁、城际铁路、高速公路网络的建设拉动下，缩短了城市与城市之间的距离，消除了城乡之间的市场壁垒。更重要的是，城镇化带来的投资需求，有可能在“后国际金融危机”阶段，成为有效应对国际经济环境变化、抵御国际经济不稳定、改变国内投资结构单一的重要动力。

二是城镇化有效扩大了住房消费需求。1998—2009年，在城镇人口增加近2亿的前提下，我国人均住房面

积从17.8平方米增加到30平方米，住房消费逐年递增。随着“十二五”期间城镇化脚步加快，农业人口转为城市人口的增多，加上城市改善型住房的增加，这两方面需求的叠加，将使今后五年内，我国住房需求仍会保持一定的旺盛。

三是城镇化较快改善了公共设施和环境卫生。随着节能减排、循环经济的深入，城镇公共服务水平和居住功能不断提高，城市交通、供电、给排水等一体化建设和网络化建设不断完善，城市污水垃圾处理及配套设施得到改善，垃圾分类回收处理和资源利用率进一步提高。

四是城镇化在科学发展引导下，更加注重生态文明和人居质量。“十一五”期间，在科学发展观的指导下，城镇和农村生态环境得到明显改善，城市与城市间保留了更多绿色空间和生态走廊，森林、湿地、湖泊、自然景观等生态系统得到修复保护。城镇绿化产业、园林产业初具市场规模。随着城镇改扩建项目的不断增加，城市面貌得到极大改善。尤其是生态文化产业的发展，不仅提升了城市“软实力”，也极大地改善了人居环境，提升了市民的居住质量。

这些都表明，“十一五”期间，城镇化的成果，已经不是简单地种几棵树，盖几栋楼，营造几片小桥流水和街头景观，不是简单地替农民摘掉种地的帽子，换成市民身份，而是在发展方式转变的过程中，引导经济结构调整，实现产业有序转移，推动城镇事业发展，向更高层次、更高境界的生态文明和精神文明迈进。

但必须看到的是，我国城镇化水平与工业化水平相比，还明显滞后，不仅低于发达国家，也低于世界平均水平。有些地方缺少科学规划和管理，城镇空间布局与人口环境承载能力不匹配，人口环境资源矛盾加剧；一些城镇脱离实际，追求奢华和高标准，资源浪费突出。这些都严重地制约了城镇化健康、协调、可持续发展。具体表现为：

一是城镇资源环境承受巨大压力。在经济快速发展过程中，城镇化同样付出了巨大的资源环境代价，发达国家用几百年完成的城镇化过程，在我国三十多年的快速发展中集中显现。特别是在城镇开发和“拆旧造新”过程中，过度消耗了大量资源能源，造成了环境污染。有些城镇为了节能减排，不得不通过拉闸限电来达到减排指标。

二是城镇公共事业面临更大挑战。在城镇化快速推进下，我国655个城市中有近400个城市缺水，其中约200个城市严重缺水，约有三分之一城市连接城镇的交通，在进出城高峰时段出现拥堵。特别是城镇用水用电消耗的增加，让国家不得不通过大规模的资源转移、长距离的油气调运，来解决日益紧张的资源和能源依赖问题。

三是城镇建设过度依赖土地情况严重。我国城镇化过程中存在的一个比较突出的问题，就是土地城镇化速度明显快于人口城镇化速度，造成土地浪费严重。一些地方在城镇建设中过度征用土地甚至耕地；一些城市在城镇土地利用上方式粗放；一些地方在推行“拆农居，建社区”的过程中，操作不规范，配套政策不到位，让住上楼房后的农民实际的生活水平下降。

四是城镇开发建设手段落后。在城镇建设和开发过程中，住宅建造以现场砌（浇）筑、手工操作为主，采用工厂化方式生产的住宅比例较低，质量不高的通病较为严重。与城市住宅开发相比，城镇商品住房的“毛坯房”比例更高，装修二次污染和资源浪费情况十分普遍，住宅使用寿命短、维护成本高的情况在城镇建设中尤为突出。

因此，不转变城镇发展方式和开发模式，不解决城镇与农村争夺土地、争夺环境资源的矛盾，不走节约型、紧凑型、集约化的城镇化发展道路，城镇生态环境的承载能力将更加脆弱。

二、转变发展方式，推动城镇化有质量、上水平

与“十一五”相比，“十二五”期间，我国对城镇化的要求越来越高，所赋予的地位也越来越重要。十七届五中全会提出：我国将促进区域协调发展，积极稳妥推进城镇化，按照统筹规划、合理布局、完善功能、以大带小的原则，遵循城市发展客观规律，以大城市为依托，以中小城市为重点，全面促进大中小城市和小城镇协调发展。

按照这一战略，今后五年，我国城镇化率将突破50%，达到52%，每年将有上千万人口从农村转移到城镇。这样大规模的人口迁移，不可能只是工作地点和生产方式的转变，同样会是生活方式和消费模式的转变；不可能只是交通手段和居住方式的转变，同样会是城市发展理念和传统观念的转变。

因此，必须引导城镇化遵循以下五个发展新理念。即：重规划，促协调；省资源，降能耗；有依托，能承接；人为本，善创新；宜居住，便出行。

（一）重规划，促协调，推动城镇科学布局

我国经济发展不平衡，南北气候差异大，各地所依赖的资源禀赋也各不相同。因此，在城镇规划中，要采取不同的空间布局，不同的发展定位，促进大中小城市和小城镇协调发展。同时，要通过增强城镇公共服务和居住功能，提升城镇化的承接能力和缓冲作用，疏散和缓解特大城市中心城区的压力。

在规划和布局中，东部地区，要重点提升中心城市服务功能，促进城镇产业升级，着重提高城镇化质量和档次；中部地区，要大力提高中心城镇的综合服务水平，促进人口有序转移聚集；西部地区要围绕大中城市，进一步增强城镇对市场要素的吸纳能力，扶持旅游、生态、文化、自然遗产等特色小城镇发展；资源枯竭型城市、老工业基地城市、森林工业城市和国有农场所在的城镇，要不断提升城镇公共服务和社会管理水平。

同时，要强化规划约束力。以生态为根本，以产业为支撑，以文化为灵魂，因地制宜，科学确定城镇发展规模速度；要强化城乡空间管治，明确不能建设和必须保护的战略发展空间，促进城镇紧凑布局，集约发展，走科学发展、可持续发展的道路。要将开放的思路贯穿于城镇规划，从过去的单纯编制空间发展规划，向不断增强城镇承载功能和“软实力”，扩大城市的容纳能力和综合服务功能转变，防止制订大而不当的城镇发展规划。

（二）省资源，降能耗，促进城镇集约发展

人多地少、资源短缺、生态环境脆弱，是我国城镇建设过程中将要遇到的长期问题。要在城镇化建设过程中，加强对闲置的乡村建设用地的整理，促进城乡建设用地总体集约节约。同时，以降低资源消耗为立足点，以发展绿色低碳为切入点，以减少土地浪费为长期目标，以环境约束为倒逼机制，以减量化、再利用、能循环、无害化为开发宗旨，加快推进城镇节能减排、节地省材，密切跟踪低碳技术进步的最新进展，积极推进技术标准的制定和推广。在这方面，重点应做好三项工作：

一是加快建设低碳生态城镇，促进生态文明建设，提升人居质量；二是大力弘扬低碳生活理念，积极推广使用低碳产品，鼓励和倡导低碳绿色生活方式和消费模式；三是积极推进住宅产业现代化，建造高品质长寿命的住

宅。通过提高建筑的节能性、居住的安全性、功能的舒适性、结构的耐久性、空间的可变性、设备的可维护性、材料的可循环性、环境的洁净性、建造的集成性和配套的完善性，实现城镇人居环境的和谐共生。

我认为，在建设新型城镇、推进城镇建筑节能减排当中，还应该确立“两个理念”，注重“两个统筹”。

“两个理念”，就是要确立提高建筑使用寿命是最大节约的理念；确立从规划、设计、建造、使用、维护和拆除再利用全过程和建筑全寿命周期综合考虑建筑节能的理念。

“两个统筹”，就是要统筹新建建筑和既有建筑，统筹城乡建设。新建建筑，要严格执行国家标准，强化责任，避免建成以后没几年就改造，建造长寿命高品质建筑；既有建筑，要加快推进供热计量和节能等综合改造，让老建筑、老社区焕发青春。统筹城乡建设，要改变“重城轻乡”的观念，为农民建房提供规划、设计和质量安全技术服务。

（三）有依托，能承接，拓宽城镇发展空间

城镇化必须以产业发展作为依托，否则就难以解决居民的生计和出路。要改变过去那种只注重城镇规模扩张，不重视产业支撑、功能培育的做法，要依据城镇的区域条件、资源优势和产业结构，合理发展主导产业、配套产业和相关产业。尤其要以战略性新兴产业发展为切入点推进城镇产业结构调整，坚持走特色发展、内涵提升、宜居宜业的新型城镇化道路。

在加快城镇产业转型升级步伐过程中，首先要加快构建低消耗、低排放、高技术含量、高附加值的生态文明体系；其次要优化能源利用结构，鼓励发展太阳能、地热、风能、生物质能等可再生能源，以及雨水收集系统，把这些可再生能源，应用于人居环境和社区服务；三是尽可能发挥同城效应。在基础设施、交通、信息一体化、一卡通平台上，增进各城镇之间的密切交往，发挥城市群之间高铁、城际铁路的纽带作用，推动区域联系更加便捷。

我认为，在产业承接和相互依托方面，可借鉴长三角的“宝塔式”联动发展模式，通过优势互补，实现新型城镇的梯度发展。

（四）人为本，善创新，实现城镇有序发展

改善民生是城镇发展方式转变的出发点和落脚点。要以人为本，不断改善城乡居住环境，提高市政设施配套和服务水平，实现“学有所教、劳有所得、病有所医、老有所养、住有所居”，推动城镇建设公平、有序发展。促进城镇化与区域的经济发展水平相适应，与区域的人口资源环境条件相协调，持续发挥城镇居民在推进城镇化进程中的生力军作用。

城镇化的重点是农业转移人口转化为城镇居民，表面上是户籍问题，本质上是城乡统筹中如何发挥好城镇保障制度的问题。特别是20世纪80年代以后出生的农村人口已经成为农民工的主体，他们融入城镇的意愿更为迫切，逐步解决好他们的身份转换，让他们在城镇或卫星城有稳定的住房，对城市的健康发展和社会稳定意义重大。因此，要加强城镇住房建设，让符合落户条件的农业转移人口，逐步转为名副其实的城镇居民。要加强土地、财税、金融政策调节，完善符合国情的住房体制机制和政策体系，特别要提高和改善进入城镇的农民工的人

居环境和居住条件，让他们和城市居民一样，同样分享到城镇发展带来的各项成果。

（五）宜居住，便出行，加强城镇公用事业建设

城镇处于农村之头、城市之尾，在城乡发展中具有承上启下的作用，既是工业化、城镇化的重要载体，又是农业产业化的服务依托。因此，推进城镇化，既要进一步完善城镇功能，提高城镇综合承载能力，引导农民向中心城镇集中，又要积极改善路网布局，完善与城市公共交通系统的联结，让城镇群众的出行更加方便。

同时，加大教育、医疗、文化等城市公共服务设施建设，不断满足城镇居民对公共服务的需求，充分考虑水资源的承受能力。水资源严重短缺的地区，要适当控制城镇数量和规模。要改造城市供水管网，降低城市供水管网漏失率；积极推广污水再利用，强制淘汰浪费水资源的器具和设备，推广节水器具和设备；提升城市污水处理和城市生活垃圾无害化处理能力，使新型城镇真正成为适合创业、适宜人居的高品质居所。

资料来源：2010-12-01，中国房地产业协会

领导讲话

12

中国房地产业协会名誉会长 宋春华

关于房地产业的讲话

在变化中调整，在调控中稳定

（2010-09-04，中国房地产业高峰论坛）

宋春华会长在回答“要使房地产市场能在宏观调控中平稳发展，还应该做些什么？”时表示，房地产的最终目的并不是为了投资，而应该是解决群众的住有所居问题。我们应该根据国情从长计议，特别是从我们的宏观战略上要拿稳，保持政策的连续性和稳定性，防止大起大落。所以我觉得现在，第一是要使总量基本平衡，之前的调控几乎没有关于总量平衡这方面的调控措施，所以我觉得这几年的调控在总量平衡上是有缺失的。房地产是支柱产业，关乎国计民生，所以它不能走着瞧，如果不做事前规划，光靠市场的机制来调节总量，等市场反馈给你时已经晚了。

第二是结构必须有放有收。从需求端介入，主要满足自住型需求，特别是增加保障房和普通商品房供应。

第三是房价。我认为高端住宅供给这一块应该放开。由于有支付能力的消费者相对稳定，所以增加这一块供给，房价就可合理回归。

第四是市场监管。

第五是住房保障要重点发展廉租房。关于夹心层的问题，我觉得恐怕要通过制度创新来解决，目前我们住房公积金的利用效率不是很高，我觉得应该把公积金改造成住房储蓄银行，采用合作建房的模式，解决夹心层的住房问题，可参照德国的住房储蓄银行。

在回答“您认为住房储蓄银行在合作建房上应该如何操作，是否会影响商业银行？”时表示，在合作建房上，我觉得政府应提供一些价格低的土地，同时运用住房储蓄银行的资金。而合作建房少了开发商与银行这两个环节，它们两者的利润不用考虑，房屋的成本就能够降下来。而住房储蓄银行与商业银行是隔离的，中央银行关于住房按揭利率与首付比例的变动，与这个住房储蓄银行没有关系，后者不受影响，因为后者的利率是固定利率。

在回答“很多低收入者缴纳的住房公积金相对较少是否有碍公平？”时表示，住房储蓄银行的受益人是夹心层，是在保障之外的人群，真正的穷人要用廉租房来解决住房问题。同时，我认为在住房储蓄银行的运作中，不能只讲住房保障，而不讲效率。谁存储的最多，谁就应该最先受益。合作建房，将有助于缩短解决夹心层住房问题的时间，使效率大大提高。

但是，在目前的实践中，合作建房出现了歪曲，变成了很多有地有钱单位的福利性工具。对于这一点，必须加以解决。

资料来源：2010-09-13，《中国房地产报》

建立以中小户型为主体的住宅体系

（2010-11-27，第一届中国生态人居国际论坛会议）

宋春华会长表示，低碳实际上就是一个“去高碳化”的过程，建立以低碳排放为特征的产业体系和消费模式，在住宅生产和住房消费过程中“去高碳化”。我国建筑能耗大，建筑节能减排的压力持续加大，大部分房屋户型偏大，总量扩张，品质欠佳，耗量过大，寿命偏低，大多由五十年降低到二三十年，且还有生产粗放、转型滞后等问题。

在住房消费领域要大力提倡并通过政策引导，尽快在全社会树立并形成科学文明、合理适度、梯次渐进的住房消费观念。明确阶段性的保障性住房面积标准，明确可享受一定优惠政策的满足住房基本需求的主导户型，并对超过标准的大户型及小容积率实施税费等调控，抑制过度占用资源。

资料来源：2010-11-28，《海南日报》

2010
中国房地产年鉴

02
CHAPTER
政策汇编

导读
INTRODUCTION

为遏制一些城市房价过快上涨的势头和调整住房供应结构、加大保障性安居工程建设力度，国家在2010年对房地产市场进行了三轮调控。

第一轮以国务院办公厅1月7日印发的《关于促进房地产市场平稳健康发展的通知》为标志（实际上起始于2009年12月下旬的国务院常务会议）。从通知印发到全国“两会”期间，市场发展平稳。但3月15日后，“地王”频现，政策贯彻受到干扰。

第二轮以国务院4月17日印发的《关于坚决遏制部分城市房价过快上涨的通知》为标志。此轮调控政策力度明显加大，房价上涨势头得到暂时遏制，政策作用主要在五、六、七三个月中得以发挥，但此后市场交易量和交易价格又呈现明显回升态势。

第三轮以新华社9月29日新闻电文为标志，国务院有关部门在五个方面提出了房地产政策调控的具体措施。

本篇选取国务院、住房和城乡建设部、财政部、国土资源部、商务部、中国人民银行、国家统计局、国家税务总局、中国银行业监督管理委员会、中国保险监督管理委员会等相关部委出台的2010年度对房地产市场的主要调控政策及措施，全面展示2010年国家对房地产市场的调控脉络。

政策汇编 01

中华人民共和国 国务院

国务院关于推进海南国际旅游岛建设发展的若干意见

国办发［2009］44号

各省、自治区、直辖市人民政府，国务院各部委、各直属机构：

海南是我国最大的经济特区和唯一的热带岛屿省份。建省办经济特区20多年来，经济社会发展取得显著成就。但由于发展起步晚，基础差，目前海南经济社会发展整体水平仍然较低，保护生态环境、调整经济结构、推动科学发展的任务十分艰巨。充分发挥海南的区位和资源优势，建设海南国际旅游岛，打造有国际竞争力的旅游胜地，是海南加快发展现代服务业，实现经济社会又好又快发展的重大举措，对全国调整优化经济结构和转变发展方式具有重要示范作用。为扎实推进海南国际旅游岛建设发展，现提出以下意见：

一、海南国际旅游岛建设发展的总体要求

（一）指导思想。高举中国特色社会主义伟大旗帜，坚持以邓小平理论和“三个代表”重要思想为指导，深入贯彻落实科学发展观，进一步解放思想，深化改革，扩

大开放，构建更具活力的体制机制，走生产发展、生活富裕、生态良好的科学发展之路；积极发展服务型经济、开放型经济、生态型经济，形成以旅游业为龙头、现代服务业为主导的特色经济结构；着力提高旅游业发展质量，打造具有海南特色、达到国际先进水平的旅游产业体系；注重保障和改善民生，大力发展社会事业，加快推进城乡和区域协调发展，逐步将海南建设成为生态环境优美、文化魅力独特、社会文明祥和的开放之岛、绿色之岛、文明之岛、和谐之岛。

（二）战略定位

——我国旅游业改革创新的试验区。充分发挥海南的经济特区优势，积极探索，先行试验，发挥市场配置资源的基础性作用，加快体制机制创新，推动海南旅游业及相关现代服务业在改革开放和科学发展方面走在全国前列。

——世界一流的海岛休闲度假旅游目的地。充分发挥海南的区位和资源优势，按照国际通行的旅游服务标准，推进旅游要素转型升级，进一步完善旅游基础设施和服务设施，开发特色旅游产品，规范旅游市场秩序，全面提升海南旅游管理和服务水平。

——全国生态文明建设示范区。坚持生态立省、环境优先，在保护中发展，在发展中保护，推进资源节约型和环境友好型社会建设，探索人与自然和谐相处的文明发展之路，使海南成为全国人民的四季花园。

——国际经济合作和文化交流的重要平台。发挥海南对外开放排头兵的作用，依托博鳌亚洲论坛的品牌优势，全方位开展区域性、国际性经贸文化交流活动以及高层次的外交外事活动，使海南成为我国立足亚洲、面向世界的重要国际交往平台。

——南海资源开发和服务基地。加大南海油气、旅游、渔业等资源的开发力度，加强海洋科研、科普和服务保障体系建设，使海南成为我国南海资源开发的物资供应、综合利用和产品运销基地。

——国家热带现代农业基地。充分发挥海南热带农业资源优势，大力发展热带现代农业，使海南成为全国冬季菜篮子基地、热带水果基地、南繁育制种基地、渔业出口基地和天然橡胶基地。

（三）发展目标

——到2015年，旅游管理、营销、服务和产品开发的市场化、国际化水平显著提升。旅游业增加值占地区生产总值比重达到8%以上，第三产业增加值占地区生产总值比重达到47%以上，第三产业从业人数比重达到45%以上，力争全省人均生产总值、城乡居民收入达到全国中上水平，教育、卫生、文化、社会保障等社会事业发展水平明显提高，综合生态环境质量保持全国领先水平。

——到2020年，旅游服务设施、经营管理和服务水平与国际通行的旅游服务标准全面接轨，初步建成世界一流的海岛休闲度假旅游胜地。旅游业增加值占地区生产总值比重达到12%以上，第三产业增加值占地区生产总值比重达到60%，第三产业从业人数比重达到60%，力争全省人均生产总值、城乡居民收入和生活质量达到国内先进水平，综合生态环境质量继续保持全国领先水平，可持续发展能力进一步增强。

二、加强生态文明建设，增强可持续发展能力

（四）严格实行生态环境保护制度。广泛开展生态文明宣传教育，引导居民和游客增强保护生态环境的自觉性和责任感。加强生态环境保护立法，健全环境影响评价制度，实行更加严格的生态环保标准。完善生态环境保护责任制和问责制，把生态环境保护纳入经济社会发展综合评价体系和领导干部综合考核评价体系。加大对破坏生态环境行为的惩处力度。

（五）加强生态建设。继续推进海防林恢复和建设工程、天然林保护工程，巩固退耕还林成果，完善海南国家级公益林补偿机制，2015年森林覆盖率提高到60%。加强水土保持工作。加强自然保护区、森林公园、重点水源地、重要海域的保护和管理，有序开发利用土地、森林、矿产、海湾、岸线、海岛、水域等重要资源，提高资源开发利用水平和效益。实施教育扶贫移民工程，推动生态脆弱地区农村居民向城镇迁移。将海南作为全国生态补偿机制试点省，加大中央财政对海南的生态补偿力度，将9个山区市县列入国家生态功能区转移支付范围，将尖峰岭等7处国家级自然保护区列入国家生态补偿试点。

（六）大力推进节能减排。严格执行环境准入制度，严格主要污染物排放总量控制，严禁高耗能、高耗水、高排放和产能过剩行业发展，加大淘汰高耗能、高耗水、高排放和落后产能的力度。加强清洁生产、节能减排技术和产品的推广应用工作，实施节能和新能源汽车示范工程。大力推进各类减排工程设施建设，增加“以奖代补”专项转移支付。积极支持海南发展农村沼气、畜禽养殖业废弃物综合利用、蔗渣利用、中水回收利用等循环经济。加强环境监管能力建设，完善节能减排统计监测和考核实施办法，强化节能减排目标责任制，确保完成国家分解下达给海南省的节能减排任务。

（七）强化环境污染防治。加强南渡江、万泉河、昌化江流域和担负饮用水集中供水任务水库的水污染防治。加强城镇污水和垃圾处理设施建设，到2015年城镇污水处理率达到80%，城镇生活垃圾无害化处理率达到90%。强化对已建成污染治理设施的运行监管。控制农业面源污染。加强农村环境综合整治，继续推行改水改厕，逐步建立村镇生活垃圾收集转运处理体系。完善污水、垃圾处理费征收政策，建立健全治污设施正常运营保障机制。开展入海河流、直排污染源和南海海域环境监测，建立环境质量例行监测公报和重点海域污染物排海总量控制制度。

三、发挥海南特色优势，全面提升旅游业管理服务水平

（八）建设富有海南特色的旅游产品体系。依托优势资源，发展特色旅游产品，进一步优化旅游产品结构。大力发展热带海岛冬季阳光旅游、海上运动、潜水等旅游项目，丰富热带滨海海洋旅游产品。积极稳妥推进开放开发西沙旅游，有序发展无居民岛屿旅游。积极发展邮轮产业，建设邮轮母港，允许境外邮轮公司在海南注册设立经营性机构，开展经批准的国际航线邮轮服务业务。研究完善游艇管理办法，创造条件适当扩大开放水域，做好经批准的境外游艇停泊海南的服务工作。加强林区基础设施建设，加快发展森林生态旅游。合理开发温泉资源，发展康体保健服务。积极发展自驾车观光游、特色房车游和体育休闲项目，完善相关配套服务。在符合土地

利用总体规划和城乡规划、不占用耕地特别是基本农田、有效保护森林和生态环境、维护农民合法权益并依法办理用地手续的前提下，科学规划，总量控制，合理布局，规范发展高尔夫旅游。大力发展红色旅游和民族、民俗风情文化旅游。

（九）打造精品旅游景区。科学规划和布局景区景点，精心设计旅游线路，优化时间、空间配置，逐步形成区域特色明显、山海互补的旅游格局，塑造“阳光海南、度假天堂”的整体旅游形象。进一步完善亚龙湾国家旅游度假区、万宁兴隆温泉度假区、琼海博鳌亚洲论坛永久会址等主要景区景点的旅游服务功能。高水平开发建设海棠湾、清水湾、棋子湾、尖峰岭、霸王岭、五指山等一批精品景区。高标准规划建设海洋、热带雨林等旅游主题公园。

（十）进一步规范旅游市场秩序。推进旅游服务标准化和国际质量认证，在旅游餐饮、住宿、交通、景区、旅行社、导游、购物及应急管理等方面，加快建立与国际通行规则相衔接的旅游服务标准体系。加强旅游行业诚信体系建设，规范景区门票价格，整治“零负团费”、虚假广告等，严厉打击价格欺诈和不正当竞争行为。推进旅游综合执法，建立健全旅游投诉处理机制，加大对违法违规行为的惩处力度。强化社会监督和舆论监督。

（十一）加强旅游公共服务体系建设。进一步转变政府职能，深化改革，建立健全政府引导、行业自律、企业依法自主经营的旅游管理体制和运行机制。加强旅游立法工作，完善旅游相关法规。依托信息技术，提升海南旅游管理和服务水平。在交通枢纽、景区、城市广场等游客较为集中的场所设立游客服务中心。建设具有宣传促销、咨询、预订、投诉等功能的综合性旅游服务平台，健全旅游公共服务网络。完善旅游标识系统。强化管理规范、清洁卫生、方便游客的旅游厕所设施建设。建立健全旅游安全预警和应急机制，完善应急救援、公共医疗、卫生检疫防疫等安全救助体系。

四、大力发展与旅游相关的现代服务业，促进服务业转型升级

（十二）加快发展文化体育及会展产业。加快发展文化产业，引进创意产业人才，大力发展文化创意、影视制作、演艺娱乐、文化会展和动漫游戏等各类文化产业，积极培育具有海南地域和民族特色的文化产业群。鼓励举办大型旅游文化演出和节庆活动，丰富演艺文化市场，支持海南举办国际大帆船拉力赛、国际公路自行车赛、高尔夫球职业巡回赛等体育赛事。在海南试办一些国际通行的旅游体育娱乐项目，探索发展竞猜型体育彩票和大型国际赛事即开彩票。办好博鳌亚洲论坛年会，完善博鳌会展服务设施，积极招徕承办各种专题会议展览，举办博鳌国际旅游论坛和国际旅游商品博览会，培育国际会展品牌。优化会展业发展环境，对入境参展商品依法给予税收优惠和通关便利。

（十三）加快发展现代物流业。依托洋浦保税港区和海口综合保税区，大力发展航运、中转等业务，促进国际物流和保税物流加快发展。实施国际航运相关业务支持政策，完善现代物流业发展的配套支持政策，打造面向东南亚、背靠华南腹地的航运枢纽、物流中心和出口加工基地。在完善监管制度和有效防止骗取出口退税措施的前提下，在洋浦保税港区实施启运港退税政策。积极发展大型购物商场、专业商品市场、品牌折扣店和特色商业

街区，建设和经营好免税店，完善旅游城镇和休闲度假区的商业配套设施，逐步将海南建设成为国际购物中心。

（十四）保持房地产业平稳健康发展。积极引导和发展与旅游业相适应的房地产业，科学规划房地产业发展的类型、规模和速度，鼓励有实力、有信誉的企业发展富有海南特色、高品质的星级宾馆、度假村等房地产项目。加强产权式度假酒店的开发、建设、销售等环节的规范管理。稳步发展满足避寒、疗养等不同需求的度假居住型房地产。鼓励发展家庭旅馆经营和房屋租赁经营。加强保障性住房建设，逐步改善城乡居民的住房条件。条件成熟时，在海南开展房地产投资信托基金试点。

（十五）加快发展金融保险业。鼓励金融机构调整和优化网点布局，完善服务设施。推动开展跨境贸易人民币结算试点，改善结算环境。完善外汇支付环境，开展居民个人本外币兑换特许业务试点。推动建设农村商业银行等地方性金融机构。支持符合条件的旅游企业上市融资。鼓励保险机构创新旅游保险产品。探索开展离岸金融业务试点。

五、积极发展热带现代农业，加快城乡一体化进程

（十六）积极发展热带现代农业。大力发展热带水果、瓜菜、畜产品、水产品、花卉等现代特色农业。结合实施《全国新增1000亿斤粮食生产能力规划（2009—2020年）》，统筹南繁育制种基地建设与管理，做好转基因生物安全和植物检疫性防控工作，提高南繁基地育制种生产能力。加强海南动植物保护工程建设。建立覆盖全省的农产品质量安全检验检测体系，建设标准化无公害农产品生产示范基地。加快发展现代设施农业、精细高效农业和农产品加工业，提高农业的附加值和综合经济效益。加强农产品贮藏保鲜基础设施建设，完善农资、农产品流通服务体系建设，推动建设现代化大型农产品综合交易市场，促进形成热带农产品集散中心。加强与台湾的农业合作。积极推动热带特色农业与旅游相结合，制订实施观光农业、休闲农业支持计划，建设示范基地，拓展农业发展和农民增收空间。

（十七）加快推进城乡一体化。根据资源环境承载能力和综合发展条件，科学确定功能分区，优化区域空间布局。完善城市建制设置，加强区域中心城市建设，增强综合服务功能，促进产业和人口集聚，提高城市的综合发展实力和辐射带动能力。充分发挥省直接管理县（市）体制的优势，加快发展特色县域经济，扶持重点小城镇发展，着力培育一批海南特色旅游城镇。加大对革命老区、中部山区、少数民族地区和贫困地区的扶持力度，进一步改善群众生产生活条件。统筹城乡基础设施建设、劳动就业和社会事业发展，积极推进基本公共服务均等化，逐步建立城乡统一的公共服务体系。推进户籍制度改革，放宽城市和城镇落户条件。加快推进农垦体制改革，充分发挥海南农垦在国际旅游岛建设中的作用。

六、加强基础设施建设，增强服务保障能力

（十八）构建安全、方便、快捷的综合交通运输体系。完善进出岛交通基础设施条件，推进琼州海峡跨海通道工程前期工作。加快海口至广州、至南宁高速公路建设。建设好东环铁路，适时启动西环铁路扩能改造以及

洋浦支线铁路项目。统筹研究海南岛西部民用机场布局优化和建设问题，适时建设博鳌机场。加强港口基础设施和集疏运体系建设，尽快形成功能配套齐全的港口格局，积极推进邮轮、游艇码头建设。加快建设海口—五指山—三亚地方高速公路和万宁—儋州—洋浦地方高速公路，提升现有国道、省道技术等级，加强通往旅游景区的交通设施建设，改善农村道路交通条件。

（十九）加强能源、水利等基础设施建设。进一步优化能源结构，提高清洁能源比重。推进昌江核电项目。积极发展风力、太阳能、潮汐、生物质等新能源。加快推进城乡电网改造，适时启动跨海电网联网二期工程，提高电力保障能力。加快推进洋浦液化天然气项目，逐步建成连接岛内各大城镇和主要景区的输气管网，大幅度提高民用燃气覆盖率。大力推进水利基础设施建设，在做好环境影响论证的基础上，开工建设红岭水利枢纽及灌区工程，做好天角潭、迈湾等水库前期工作，基本解决海南岛的工程性缺水问题。继续实施重点病险水库除险加固。加强防洪、防潮、防台风设施建设，完善灾害监测预警系统。加强城镇和主要园区、景区的供水工程建设。加快实施农村饮水安全工程，到2013年全面解决饮水安全问题。

（二十）加强信息网络设施建设。大力发展有线和无线宽带网络，推进数字海南建设，实现高速宽带无线网络覆盖全岛。积极发展下一代互联网和新一代移动通信，加快网络升级换代。大力整合信息资源和网络资源，积极推进海南“三网融合”建设。着力建设有线、无线和卫星传输相结合的覆盖海南所辖海域的通信网络，提升南海领域的应急管理水平和信息服务能力。

七、推进以改善民生为重点的社会建设，加快形成人文智力支撑

（二十一）加强人力资源建设。合理控制人口规模，努力提高人口素质。全面提高中小学教育质量，推进义务教育均衡发展。大力发展具有海南特色、为建设国际旅游岛服务的高等教育和职业教育。加强海南高校特色学科和专业建设，提高海南大学“211”工程建设水平。实施职业学校基础能力建设工程，提升职业院校特别是中等职业学校的办学水平，大力培养技能型和应用型人才。健全人才培养、引进政策体系。加大教育对外开放力度，支持海南与国际知名院校合作开办旅游职业院校。加强旅游教育培训，全面提高旅游及相关行业从业人员的文明素质和服务水平。

（二十二）加快公共文化服务体系建设。统筹考虑当地居民与游客的需求，推进乡镇综合文化站和村级文化活动室建设，进一步完善县级图书馆、文化馆的设施设备条件，大力加强城市及社区公共文化体育设施建设，建立公共文化体育机构正常运行的经费和人才保障机制。加快推进广播电视数字化步伐，提高广播电视覆盖水平。积极开发利用“海上丝绸之路”文化遗产，开展国家南海博物馆、南海水下考古中心项目前期论证工作，加强对文物及非物质文化遗产的保护。扶持海南建设大型文化体育基础设施，集中建设一批适合于四季训练的运动场馆。

（二十三）完善城乡医疗卫生服务体系。在海口、三亚等地建设区域性医疗中心，健全农村三级卫生服务网络和城市社区卫生服务体系，推进建立国家基本药物制度，提高城乡医疗卫生服务质量和水平。建立全省统一、

高效的突发性公共卫生事件应急处理系统。加快基本医疗保障制度建设，逐步建立各省（区、市）与海南异地医保互认制度。

（二十四）营造文明和谐的社会环境。深入开展群众性精神文明创建活动，加强社会公德、职业道德、家庭美德和个人品德建设，培育讲文明、重礼仪、团结友善、热情好客的社会风尚。广泛开展城乡环境综合治理，全面改善人居环境。努力扩大就业，做好社会保障工作，促进社会和谐。扎实推进平安海南建设，加强基层基础工作，努力形成多层次、全方位、立体型的社会治安防控格局，妥善处理利益关系，积极排查化解社会矛盾，解决好影响稳定的历史遗留问题，增强人民群众和广大游客的安全感。

八、充分利用本地优势资源，集约发展新型工业

（二十五）集约发展新型工业。坚持在不污染环境、不破坏资源、不搞重复建设的原则下集约发展新型工业，决不以牺牲生态环境为代价盲目追求工业扩张。充分利用现有产业基础、港口条件和重点工业园区以及开发区，大力优化产业布局，支持海南新型工业化产业示范基地建设。高起点、高水平发展临港工业，集约发展油气化工、林纸一体化、汽车制造、矿产资源加工、农产品加工、制药等产业，重化工业严格限定在洋浦、东方工业园区，其他工业项目集中布局在现有工业园区。培育发展房车、游艇、轻型水上飞机、潜水设备、高尔夫用具等旅游装备制造业。加强研发设计，发展特色旅游食品、服饰、工艺品加工业。

（二十六）鼓励发展高技术产业。加快建设海南生态软件园和三亚创意产业园，鼓励和吸引国内外知名信息技术企业向园区集聚，根据国家软件产业发展规划和产业基地建设总体布局，积极支持海南发展软件和信息服务业，逐步形成软件产业基地。加快海口药谷建设，增强南药、黎药、海洋药物的自主研发能力。发挥资源优势，积极培育发展新能源、新材料产业。加强自主创新体系建设，实施技术攻关，努力在优势特色产业领域形成一批具有自主知识产权的核心技术和知名品牌。

（二十七）加快发展海洋经济。加大海洋石油资源勘探开发力度，提高海洋油气资源开发利用水平，把海南建成南海油气资源勘探开发服务和加工基地。适时规划建设国家石油战略储备基地，鼓励发展商业石油储备和成品油储备。高起点、高水平推进洋浦开发开放。支持国内大型企业在海南建设修造船、海洋工程设备项目。加强渔业生产安全服务体系建设，大力发展深海养殖业和远洋捕捞业。加强海洋科技研究，发展海洋生物工程和海洋能源利用等新兴产业。

九、加强组织协调，落实各项保障措施

（二十八）加大政策支持。建设海南国际旅游岛，是国家的重大战略部署，是一项长期而又艰巨的任务。国务院各有关部门要高度重视，进一步解放思想，在政策、资金、项目安排等方面给予特殊扶持。

——投融资政策。在基础设施、生态建设、环境保护、扶贫开发和社会事业等方面安排中央预算内投资和其他有关中央专项投资时，赋予海南省西部大开发政策。支持符合条件的旅游企业发行企业债券。设立旅游产业投

资基金。按照国际旅游岛的总体要求，研究将海南省增列为《中西部地区外商投资优势产业目录》执行省份。

——财税政策。针对海南的特殊情况，中央财政加大对海南的均衡性转移支付力度。同时在其他一般性转移支付和专项转移支付，特别是革命老区转移支付、边境地区转移支付等方面，加大对海南的支持。中央财政在一定时期内对海南国际旅游岛的建设发展给予专项补助。由财政部牵头抓紧研究在海南试行境外旅客购物离境退税的具体办法和离岛旅客免税购物政策的可行性，另行上报国务院。

——土地政策。科学修编土地利用总体规划，落实最严格的耕地保护制度和节约用地制度，严格实施土地用途管制制度，统筹和保障海南国际旅游岛建设发展各类用地需求，推进城乡土地一体化管理。在不突破国家下达的耕地保有量、基本农田保护面积和建设用地总规模的前提下，试行对土地利用总体规划实施定期评估和调整机制。加强土地利用总体规划对经济各行业的布局规模、时序的调控。稳步开展城乡建设用地增减挂钩试点、农村集体经济组织和村民利用集体建设用地自主开发旅游项目试点。科学论证、统筹规划岛屿的开发利用，依法加强西沙和无居民岛屿管理，按照属地管理原则依法进行土地确权登记。科学选划发展海洋经济集约用海区域，引导海洋产业相对集聚发展。

——开放政策。积极引进国内外有实力的大型旅游企业，逐步培育一批旅游骨干企业和知名品牌。实行开放、便利的出入境管理措施，在海南已有21国免签证的基础上，先期增加芬兰、丹麦、挪威、乌克兰、哈萨克斯坦5国为入境免签证国家；对俄罗斯、韩国、德国3国旅游团组团人数放宽至2人以上（含2人），入境停留时间延长至21天。支持海南在境外主要旅游客源地设立旅游推介分支机构。

国务院各有关部门要认真贯彻落实本意见提出的各项任务和政策措施，在规划编制、体制创新、政策实施等方面给予积极支持。海南省人民政府要依据本意见抓紧编制《海南国际旅游岛建设发展规划纲要》，报国家发展改革委审批后实施，同时进一步编制好相关专项规划和旅游区建设规划，抓紧制定细化方案和具体措施。在政策实施过程中，要注意研究新情况，解决新问题，定期总结经验，重大问题及时向国务院报告。

国务院
二〇〇九年十二月三十一日

国务院办公厅关于促进房地产市场平稳健康发展的通知

国办发［2010］4号

各省、自治区、直辖市人民政府，国务院各部委、各直属机构：

2008年四季度以来，各地区、各有关部门认真贯彻落实国务院关于促进房地产市场健康发展的一系列政策措施，取得了积极成效，新建商品住房成交面积大幅度增加，保障性安居工程建设进度进一步加快，这对于提振信心、活跃市场、解决低收入家庭住房困难问题、促进住房消费和投资，实现保增长、扩内需、惠民生的目标，发挥了重要作用。但是，随着房地产市场的回升，近期部分城市出现了房价上涨过快等问题，需要引起高度重视。为进一步加强和改善房地产市场调控，稳定市场预期，促进房地产市场平稳健康发展，经国务院同意，现就有关问题通知如下：

一、增加保障性住房和普通商品住房有效供给

（一）加快中低价位、中小套型普通商品住房建设。对已批未建、已建未售的普通商品住房项目，要采取促开工、促上市措施，督促房地产开发企业加快项目建设和销售。要适当加大经济适用住房建设力度，扩大经济适用住房供应范围。商品住房价格过高、上涨过快的城市，要切实增加限价商品住房、经济适用住房、公共租赁住房供应。

（二）增加住房建设用地有效供应，提高土地供应和开发利用效率。各地要根据房地产市场运行情况，把握好土地供应的总量、结构和时序。城市人民政府要在城市总体规划和土地利用总体规划确定的城市建设用地规模内，抓紧编制2010—2012年住房建设规划，重点明确中低价位、中小套型普通商品住房和限价商品住房、公共租赁住房、经济适用住房、廉租住房的建设规模，并分解到住房用地年度供应计划，落实到地块，明确各地块住房套型结构比例等控制性指标要求。房价过高、上涨过快、住房有效供应不足的城市，要切实扩大上述五类住房的建设用地供应量和比例。要加强商品住房项目的规划管理，提高规划审批效率。要及时向社会公布住房用地年度供应计划，对需要办理农用地征转用手续的，要加快审批工作，确保供地计划落到实处。

二、合理引导住房消费，抑制投资投机性购房需求

（三）加大差别化信贷政策执行力度。金融机构在继续支持居民首次贷款购买普通自住房的同时，要严格二套住房购房贷款管理，合理引导住房消费，抑制投资投机性购房需求。对已利用贷款购买住房，又申请购买第二套（含）以上住房的家庭（包括借款人、配偶及未成年子女），贷款首付款比例不得低于40%，贷款利率严格按照风险定价。

（四）继续实施差别化的住房税收政策。要严格执行国家有关个人购买普通住房与非普通住房、首次购房与非首次购房的差别化税收政策。对不符合规定条件的，一律不得给予相关税收优惠。同时，要加快研究完善住房税收政策，引导居民树立合理、节约的住房消费观念。

三、加强风险防范和市场监管

（五）加强房地产信贷风险管理。金融机构要进一步完善房地产信贷风险管理制度，坚持公平、有序竞争，严格执行信贷标准。要严格执行房地产项目资本金要求，严禁对不符合信贷政策规定的房地产开发企业或开发项目发放房地产开发贷款。人民银行、银监会要加大对金融机构房地产贷款业务的监督管理和窗口指导。有关部门要加强对信贷资金流向和跨境投融资活动的监控，防范信贷资金违规进入房地产市场，防止境外“热钱”冲击我国市场。

（六）继续整顿房地产市场秩序。住房城乡建设部门要会同有关部门，加大对捂盘惜售、囤积房源，散布虚假信息、扰乱市场秩序等违法违规行为的查处力度，加强对住房特别是保障性住房的工程质量安全监管。国土资源部门要严格土地出让价款的收缴，深化合同执行监管，加强对闲置土地的调查处理，严厉查处违法违规用地和囤地、炒地行为。价格等有关部门要强化商品住房价格监管，依法查处在房地产开发、销售和中介服务中的价格欺诈、哄抬房价以及违反明码标价规定等行为。税务部门要进一步加大对房地产开发企业偷漏税行为的查处力度。国有资产监管部门要进一步规范国有大企业的房地产投资行为。

（七）进一步加强土地供应管理和商品房销售管理。各地要综合考虑土地价格、价款缴纳、合同约定开发时限及企业闲置地情况等因素，合理确定土地供应方式和内容，探索土地出让综合评标方法。对拖欠土地价款、违反合同约定的单位和个人，要限制其参与土地出让活动。从严控制商品住房项目单宗土地出让面积。要结合当地实际，合理确定商品住房项目预售许可的最低规模，不得分层、分单元办理预售许可。已取得预售许可的房地产开发企业，要在规定时间内一次性公开全部房源，严格按照申报价格，明码标价对外销售。进一步建立健全新建商品房、存量房交易合同网上备案制度，加大交易资金监管力度。

（八）加强市场监测。地方人民政府要继续加强房地产市场统计、分析和监测，及时针对新情况、新问题提出解决措施和办法。有关部门要及时发布市场调控和相关统计信息，稳定市场预期。

四、加快推进保障性安居工程建设

（九）力争到2012年末，基本解决1540万户低收入住房困难家庭的住房问题。各地要通过城市棚户区改造和新建、改建、政府购置等方式增加廉租住房及经济适用住房房源，着力解决城市低收入家庭的住房困难。要加快建设限价商品住房、公共租赁住房，解决中等偏下收入家庭的住房困难。全面启动城市和国有工矿棚户区改造工作，继续推进林区、垦区棚户区改造。同时，加大农村危房改造力度，适当增加试点户数。

（十）中央将加大对保障性安居工程建设的支持力度，适当提高对中西部地区廉租住房建设的补助标准，改进和完善中央补助资金的下达方式，调动地方积极性，确保资金使用效果。各地区、各有关部门要加强监督检查，确保保障性安居工程建设用地和资金的落实。同时，鼓励金融机构向符合条件的城市和国有工矿棚户区改造项目提供贷款。保障性安居工程的建设计划、建设进度和资金使用等情况，要及时向社会公示。

五、落实地方各级人民政府责任

（十一）进一步健全和落实稳定房地产市场、解决低收入家庭住房困难问题由省级人民政府负总责，市、县人民政府抓落实的工作责任制。各地要结合本地区房地产市场情况，认真落实差别化的土地、金融、税收等政策，抓紧清理和纠正地方出台的越权减免税以及其他与中央调控要求不相符的规定。对于境外机构和个人在境内投资购买房地产的，要严格按照现行政策执行。要按照支持居民合理住房消费、抑制投资投机性购房、增加有效供给、完善相关政策的原则，加大工作力度，促进房地产市场健康发展。

国务院有关部门要加强对各地贯彻落实房地产市场调控政策情况的检查和指导，对房价上涨过快的地区和城市要进行重点督查。各省、自治区、直辖市也要加大对市、县工作的指导力度，加强监督检查，确保各项工作措施落到实处。

国务院办公厅
二〇一〇年一月七日

国务院关于坚决遏制部分城市房价过快上涨的通知

国发［2010］10号

各省、自治区、直辖市人民政府，国务院各部委、各直属机构：

《国务院办公厅关于促进房地产市场平稳健康发展的通知》（国办发［2010］4号）印发后，全国房地产市场整体上出现了一些积极变化。但近期部分城市房价、地价又出现过快上涨势头，投机性购房再度活跃，需要引起高度重视。为进一步落实各地区、各有关部门的责任，坚决遏制部分城市房价过快上涨，切实解决城镇居民住房问题，现就有关问题通知如下：

一、各地区、各有关部门要切实履行稳定房价和住房保障职责

（一）统一思想，提高认识。住房问题关系国计民生，既是经济问题，更是影响社会稳定的重要民生问题。房价过高、上涨过快，加大了居民通过市场解决住房问题的难度，增加了金融风险，不利于经济社会协调发展。各地区、各有关部门必须充分认识房价过快上涨的危害性，认真落实中央确定的房地产市场调控政策，采取坚决的措施，遏制房价过快上涨，促进民生改善和经济发展。

（二）建立考核问责机制。稳定房价和住房保障工作实行省级人民政府负总责、城市人民政府抓落实的工作责任制。住房城乡建设部、监察部等部门要对省级人民政府的相关工作进行考核，加强监督检查，建立约谈、巡查和问责制度。对稳定房价、推进保障性住房建设工作不力，影响社会发展和稳定的，要追究责任。

二、坚决抑制不合理住房需求

（三）实行更为严格的差别化住房信贷政策。对购买首套自住房且套型建筑面积在90平方米以上的家庭（包括借款人、配偶及未成年子女，下同），贷款首付款比例不得低于30%；对贷款购买第二套住房的家庭，贷款首付款比例不得低于50%，贷款利率不得低于基准利率的1.1倍；对贷款购买第三套及以上住房的，贷款首付款比例和贷款利率应大幅度提高，具体由商业银行根据风险管理原则自主确定。人民银行、银监会要指导和监督商业银行严格住房消费贷款管理。住房城乡建设部要会同人民银行、银监会抓紧制定第二套住房的认定标准。

要严格限制各种名目的炒房和投机性购房。商品住房价格过高、上涨过快、供应紧张的地区，商业银行可根据风险状况，暂停发放购买第三套及以上住房贷款；对不能提供1年以上当地纳税证明或社会保险缴纳证明的非本地居民暂停发放购买住房贷款。地方人民政府可根据实际情况，采取临时性措施，在一定时期内限定购房套数。

对境外机构和个人购房，严格按有关政策执行。

（四）发挥税收政策对住房消费和房地产收益的调节作用。财政部、税务总局要加快研究制定引导个人合理

住房消费和调节个人房产收益的税收政策。税务部门要严格按照税法和有关政策规定，认真做好土地增值税的征收管理工作，对定价过高、涨幅过快的房地产开发项目进行重点清算和稽查。

三、增加住房有效供给

（五）增加居住用地有效供应。国土资源部要指导督促各地及时制定并公布以住房为主的房地产供地计划，并切实予以落实。房价上涨过快的城市，要增加居住用地的供应总量。要依法加快处置闲置房地产用地，对收回的闲置土地，要优先安排用于普通住房建设。在坚持和完善土地招拍挂制度的同时，探索“综合评标”“一次竞价”“双向竞价”等出让方式，抑制居住用地出让价格非理性上涨。

（六）调整住房供应结构。各地要尽快编制和公布住房建设规划，明确保障性住房、中小套型普通商品住房的建设数量和比例。住房城乡建设部门要加快对普通商品住房的规划、开工建设和预销售审批，尽快形成有效供应。保障性住房、棚户区改造和中小套型普通商品住房用地不低于住房建设用地供应总量的70%，并优先保证供应。城乡规划、房地产主管部门要积极配合国土资源部门，将住房销售价位、套数、套型面积、保障性住房配建比例以及开竣工时间、违约处罚条款等纳入土地出让合同，确保中小套型住房供应结构比例严格按照有关规定落实到位。房价过高、上涨过快的地区，要大幅度增加公共租赁住房、经济适用住房和限价商品住房供应。

四、加快保障性安居工程建设

（七）确保完成2010年建设保障性住房300万套、各类棚户区改造住房280万套的工作任务。住房城乡建设部、发展改革委、财政部等有关部门要尽快下达年度计划及中央补助资金。住房城乡建设部要与各省级人民政府签订住房保障工作目标责任书，落实工作责任。地方人民政府要切实落实土地供应、资金投入和税费优惠等政策，确保完成计划任务。按照政府组织、社会参与的原则，加快发展公共租赁住房，地方各级人民政府要加大投入，中央以适当方式给予资金支持。国有房地产企业应积极参与保障性住房建设和棚户区改造。住房城乡建设部要会同有关部门抓紧制订2010—2012年保障性住房建设规划（包括各类棚户区建设、政策性住房建设），并在2010年7月底前向全社会公布。

五、加强市场监管

（八）加强对房地产开发企业购地和融资的监管。国土资源部门要加大专项整治和清理力度，严格依法查处土地闲置及炒地行为，并限制有违法违规行为的企业新购置土地。房地产开发企业在参与土地竞拍和开发建设过程中，其股东不得违规对其提供借款、转贷、担保或其他相关融资便利。严禁非房地产主业的国有及国有控股企业参与商业性土地开发和房地产经营业务。国有资产和金融监管部门要加大查处力度。商业银行要加强对房地产企业开发贷款的贷前审查和贷后管理。对存在土地闲置及炒地行为的房地产开发企业，商业银行不得发放新开发项目贷款，证监部门暂停批准其上市、再融资和重大资产重组。

（九）加大交易秩序监管力度。对取得预售许可或者办理现房销售备案的房地产开发项目，要在规定时间内一次性公开全部销售房源，并严格按照申报价格明码标价对外销售。住房城乡建设部门要对已发放预售许可证的商品住房项目进行清理，对存在捂盘惜售、囤积房源、哄抬房价等行为的房地产开发企业，要加大曝光和处罚力度，问题严重的要取消经营资格，对存在违法违规行为的要追究相关人员的责任。住房城乡建设部门要会同有关部门抓紧制定房屋租赁管理办法，规范发展租赁市场。

各省（区、市）人民政府要对本地区房地产开发企业经营行为进行一次检查，及时纠正和严肃处理违法违规行为，检查处理结果要于2010年6月底之前报国务院。住房城乡建设部要会同有关部门组织抽查，确保检查工作取得实效。

（十）完善房地产市场信息披露制度。各地要及时向社会公布住房建设计划和住房用地年度供应计划。住房城乡建设部要加快个人住房信息系统的建设。统计部门要研究发布能够反映不同区位、不同类型住房价格变动的信息。

国务院各有关部门要根据本通知精神，加快制定、调整和完善相关的政策措施，各司其职、分工协作，加强对各地的指导和监督检查。各地区、各有关部门要积极做好房地产市场调控政策的解读工作。新闻媒体要加强正面引导，大力宣传国家房地产市场调控政策和保障性住房建设成果，引导居民住房理性消费，形成有利于房地产市场平稳健康发展的舆论氛围。

国务院

二〇一〇年四月十七日

政策汇编 02

中华人民共和国 住房和城乡建设部

关于进一步加强房地产市场监管完善商品住房预售制度有关问题的通知

建房［2010］53号

各省、自治区住房和城乡建设厅，直辖市建委（房地局），新疆生产建设兵团建设局：

为贯彻落实《国务院办公厅关于促进房地产市场平稳健康发展的通知》（国办发［2010］4号）要求，进一步加强房地产市场监管，完善商品住房预售制度，整顿和规范房地产市场秩序，维护住房消费者合法权益，现就有关问题通知如下：

一、进一步加强房地产市场监管

（一）加强商品住房预售行为监管。未取得预售许可的商品住房项目，房地产开发企业不得进行预售，不得以认购、预订、排号、发放VIP卡等方式向买受人收取或变相收取定金、预定款等性质的费用，不得参加任何展销活动。取得预售许可的商品住房项目，房地产开发企业要在10日内一次性公开全部准售房源及每套房屋价格，并严格按照申报价格，明码标价对外销售。房地产开发企业不得将企业自留房屋在房屋所有权初始登记前对外销售，不得采取返本销售、售后包租的方式预售商品住房，不得进行虚假交易。

（二）严肃查处捂盘惜售等违法违规行为。各地要加大对捂盘惜售、哄抬房价等违法违规行为的查处力度。对已经取得预售许可，但未在规定时间内对外公开销售或未将全部准售房源对外公开销售，以及故意采取畸高价格销售或通过签订虚假商品住房买卖合同等方式人为制造房源紧张的行为，要严肃查处。

（三）加强房地产销售代理和房地产经纪监管。实行代理销售商品住房的，应当委托在房地产主管部门备案的房地产经纪机构代理。房地产经纪机构应当将经纪服务项目、服务内容和收费标准在显著位置公示；额外提供的延伸服务项目，须事先向当事人说明，并在委托合同中明确约定，不得分解收费项目和强制收取代书费、银行按揭服务费等费用。房地产经纪机构和执业人员不得炒卖房号，不得在代理过程中赚取差价，不得通过签订“阴阳合同”违规交易，不得发布虚假信息和未经核实的信息，不得采取内部认购、雇人排队等手段制造销售旺盛的虚假氛围。

（四）加强商品住房买卖合同管理。各地要完善商品住房买卖合同示范文本，积极推行商品住房买卖合同网上签订和备案制度。商品住房买卖合同示范文本应对商品住房质量性能，物业会所、车位等设施归属，交付使用条件及其违约责任做出明确约定，并将《住宅质量保证书》《住宅使用说明书》作为合同附件。房地产开发企业应当将商品住房买卖合同在合同订立前向购房人明示。

（五）健全房地产信息公开机制。各地要加强和完善房地产市场信息系统建设，及时准确地向社会公布市场信息。市、县房地产主管部门要及时将批准的预售信息、可售楼盘及房源信息、违法违规行为查处情况等向社会公开。房地产开发企业应将预售许可情况、商品住房预售方案、开发建设单位资质、代理销售的房地产经纪机构备案情况等信息，在销售现场清晰明示。

（六）鼓励推行商品住房现售试点。各地可结合当地实际，制定商品住房现售管理办法，鼓励和引导房地产开发企业现售商品住房。实行现售的商品住房，应符合《商品房销售管理办法》规定的现售条件；在商品住房现售前，房地产开发企业应当将符合现售条件的有关证明文件和房地产开发项目手册报送房地产开发主管部门备案。

二、完善商品住房预售制度

（七）严格商品住房预售许可管理。各地要结合当地实际，合理确定商品住房项目预售许可的最低规模和工程形象进度要求，预售许可的最低规模不得小于栋，不得分层、分单元办理预售许可。住房供应不足的地区，要建立商品住房预售许可绿色通道，提高行政办事效率，支持具备预售条件的商品住房项目尽快办理预售许可。

（八）强化商品住房预售方案管理。房地产开发企业应当按照商品住房预售方案销售商品住房。预售方案应当包括项目基本情况、建设进度安排、预售房屋套数、面积预测及分摊情况、公共部位和公共设施的具体范围、预售价格及变动幅度、预售资金监管落实情况、住房质量责任承担主体和承担方式、住房能源消耗指标和节能措施等。预售方案中主要内容发生变更的，应当报主管部门备案并公示。

（九）完善预售资金监管机制。各地要加快完善商品住房预售资金监管制度。尚未建立监管制度的地方，要加快制定本地区商品住房预售资金监管办法。商品住房预售资金要全部纳入监管账户，由监管机构负责监管，确保预售资金用于商品住房项目工程建设；预售资金可按建设进度进行核拨，但必须留有足够的资金保证建设工程竣工交付。

（十）严格预售商品住房退房管理。商品住房严格实行购房实名制，认购后不得擅自更改购房者姓名。各地要规范商品住房预订行为，对可售房源预订次数做出限制规定。购房人预订商品住房后，未在规定时间内签订预售合同的，预订应予以解除，解除的房源应当公开销售。已签订商品住房买卖合同并网上备案、经双方协商一致需解除合同的，双方应递交申请并说明理由，所退房源应当公开销售。

三、加强预售商品住房交付和质量管理

（十一）明确商品住房交付使用条件。各地要依据法律法规及有关建设标准，制定本地商品住房交付使用条件。商品住房交付使用条件应包括工程经竣工验收合格并在当地主管部门备案、配套基础设施和公共设施已建成并满足使用要求、北方地区住宅分户热计量装置安装符合设计要求、住宅质量保证书和住宅使用说明书制度已落实、商品住房质量责任承担主体已明确、前期物业管理已落实。房地产开发企业在商品住房交付使用时，应当向购房人出示上述相关证明资料。

（十二）完善商品住房交付使用制度。各地要建立健全商品住房交付使用管理制度，确保商品住房项目单体工程质量、节能环保性能、配套基础设施和公共设施符合交付使用的基本要求。有条件的地方可借鉴上海、山东等地经验，通过地方立法，完善新建商品住房交付使用制度。各地要加强商品住房竣工验收管理，积极推行商品住房工程质量分户验收制度。北方地区要加强商品住房分户热计量装置安装的验收管理。

（十三）落实预售商品住房质量责任。房地产开发企业应当对其开发建设的商品住房质量承担首要责任，勘察、设计、施工、监理等单位应当依据有关法律、法规的规定或者合同的约定承担相应责任。房地产开发企业、勘察、设计、施工、监理等单位的法定代表人、工程项目负责人、工程技术负责人、注册执业人员按各自职责承担相应责任。预售商品住房存在质量问题的，购房人有权依照法律、法规及合同约定要求房地产开发企业承担责任并赔偿相应损失。房地产开发企业承担责任后，有权向造成质量问题的相关单位和个人追责。

（十四）强化预售商品住房质量保证机制。暂定资质的房地产开发企业在申请商品住房预售许可时提交的预售方案，应当明确企业破产、解散等清算情况发生后的商品住房质量责任承担主体，由质量责任承担主体提供担保函。质量责任承担主体必须具备独立的法人资格和相应的赔偿能力。各地要将房地产开发企业是否建立商品住房质量保证制度作为企业资质管理的重要内容。各地要鼓励推行预售商品住房质量保证金制度，研究建立专业化维修制度。

四、健全房地产市场监督管理机制

（十五）全面开展预售商品住房项目清理。各地近期要对所有在建的商品住房项目进行一次清理和整治。对已取得预售许可的商品住房项目逐一排查，准确掌握已预售的商品住房数量、正在预售的商品住房数量和尚未开盘的商品住房数量等情况，并将清理情况向社会公开；对尚未开盘的商品住房项目，要责成房地产开发企业限期公开销售。直辖市、省会城市（自治区首府城市）、计划单列市要将清理结果于今年6月底前报住房城乡建设部。

（十六）加大对违法违规行为的查处力度。各地要通过房地产信息网络公开、设立举报投诉电话、现场巡查等措施，加强房地产市场行为监管，加大对违法违规行为的查处力度。对退房率高、价格异常以及消费者投诉集中的项目，要重点核查。对存在违法违规行为的，要责令限期整改，记入房地产信用档案，并可暂停商品住房网上签约；对拒不整改的，要依法从严查处，直至取消其开发企业资质，并将有关信息通报土地、税收、金融、工商等相关部门，限制其参加土地购置、金融信贷等活动。

（十七）加强房地产信用管理。各地要积极拓展房地产信用档案功能和覆盖面，发挥信用档案作用，将销售行为、住房质量、交付使用、信息公开等方面内容纳入房地产信用体系，信用档案应当作为考核企业资质的依据。对违法违规销售、存在较为严重的质量问题、将不符合交付条件的住房交付使用、信息公开不及时不准确等行为，应当记入房地产开发企业信用档案，公开予以曝光。

（十八）严格相关人员责任追究制度。各地要加强对违法违规企业相关责任人的责任追究。对造成重大工程质量事故的房地产开发企业法定代表人、负责人，无论其在何职何岗，身居何处，都要依法追究相应责任。对在预售商品住房管理中工作不力、失职渎职的有关工作人员，要依法追究行政责任；对以权谋私、玩忽职守的，依法依规追究有关责任人的行政和法律责任。

（十九）落实监督检查责任制度。各地要强化房地产主管部门管理职能，加强房地产市场执法队伍建设。省级住房和城乡建设主管部门要加强对市、县（区）房地产市场监管工作的指导和检查。市、县（区）房地产主管部门要建立商品住房市场动态监管制度，加强销售现场巡查；建设、规划等部门要按照各自职责加强监管。各部门要加强协作、沟通和配合，建立健全信息共享、情况通报以及违法违规行为的联合查处机制。各地要畅通举报投诉渠道，重视和支持舆论监督，积极妥善处理矛盾纠纷，并及时公布处理结果。

其他商品房的市场监管参照本通知执行。

中华人民共和国住房和城乡建设部
二〇一〇年四月十三日

关于深入推进房地产开发领域违规变更规划调整容积率问题专项治理工作情况的通报

建规［2010］57号

各省、自治区住房和城乡建设厅、监察厅，直辖市规划委员会（局）、监察局：

2009年4月，住房和城乡建设部、监察部下发了《关于对房地产开发中违规变更规划、调整容积率问题开展专项治理的通知》（建规［2009］53号），组织开展房地产开发领域违规变更规划、调整容积率问题专项治理（以下简称容积率专项治理）。2009年7月，中央部署开展工程建设领域突出问题专项治理后，两部及时把容积率问题的治理纳入工程建设领域突出问题专项治理中，进一步做出安排。各级城乡规划主管部门和监察机关认真履行职责，深入推进容积率专项治理工作，取得了阶段性成果。现将有关情况通报如下：

一、前一阶段专项治理的开展情况

中央纪委、监察部和住房城乡建设部领导对抓好容积率专项治理工作非常重视。中央政治局常委、中央纪委书记贺国强就此做出了重要批示。为加强对专项治理工作的组织领导和综合指导，住房城乡建设部、监察部成立了专项治理工作领导小组及办公室。2009年4月，两部召开全国电视电话会议，动员部署专项治理工作；5月，组织5个调研组分别赴北京、安徽、福建、海南等省（市），对专项治理开展情况进行了调研督导；6月，分三个片区召开了由各省（区、市）、省会城市、计划单列市城乡规划主管部门和监察机关的有关同志参加的专项治理工作座谈会，采取以会代训的形式，对各地工作骨干进行了培训；9月，召开了容积率问题专项治理自查情况交流会；11月，下发了《关于深入推进房地产开发领域违规变更规划调整容积率问题专项治理的通知》，组织各地开展专项治理“回头看”，重点对自查自纠不深不细、整改不到位、案件查处不力等问题进行认真复查整改。地方各级党委、政府及城乡规划主管部门、监察机关行动迅速，周密部署，扎实推进，专项治理工作健康、有序开展。

（一）深入开展自查自纠，依法处理了一批违法违规问题。从2009年5月起，各地开始组织自查自纠，对2007年1月1日至2009年3月31日期间领取规划许可的房地产开发项目进行梳理清查，对发现的违法违规问题及时依法处理。截至2009年12月31日，除西藏外，全国30个省（区、市）共自查房地产项目73 139个（用地面积447 557公顷），其中存在变更规划、调整容积率项目8235个，占自查项目总数的11.26%；发现违规变更规划、调整容积率项目1988个（用地面积5474公顷），占自查项目总数的2.72%，占变更规划、调整容积率项目数的24.14%；通过自查自纠共补交土地出让金等124.06亿元，罚款6.51亿元，撤销规划许可57项。从两部专项治理办公室掌握的情况看，北京、辽宁、江苏、浙江、安徽、江西、山东、湖北、湖南、广东、广西、四川、贵州、云南、陕西、青海等省（区、市）行动迅速，基础性工作相对扎实，情况上报及时、详细。

（二）加大查办力度，严肃查处了一批违纪违法案件。各地注意加大办案力度，认真调查核实群众举报的问题和线索，严肃查处了一批违纪违法案件。截至2009年12月31日，各省（区、市）容积率问题专项治理工作机构共受理群众举报888件，查实241件，给予党政纪处分178人，其中县处级干部45人，地厅级干部9人；移送司法机关69人，其中县处级干部19人，地厅级干部3人。从各地案件查办情况看，目前以下四类问题比较突出：一是公职人员利用规划审批权，搞权钱交易，索贿受贿；二是地方政府和城乡规划主管部门从地方、部门利益出发，违反法定权限和程序，擅自批准变更规划、调整容积率，随意减免土地出让金及配套规费；三是房地产开发商未经批准，擅自违反规划许可进行开发建设，政府主管部门失职渎职，监管不力甚至放弃监管；四是房地产开发商利用伪造公文、私刻公章等不法手段，骗取变更规划、调整容积率的规划许可。各地严肃查处了一批典型案件，发挥了查案的震慑和教育作用。湖北省查处了麻城市房地产开发领域腐败窝案，麻城市原市委书记邓新生、原主管城建的副市长徐圣贤、建设局原局长夏桂松等公职人员在土地出让、规划审批、规费减免过程中收受房地产商贿赂。浙江省查处了平阳县房地产领域腐败窝案，原平阳县委副书记、县长黄安波，原平阳县委常委、常务副县长徐定锦等4名县处级干部，利用职务之便，为有关企业在增加容积率、免交土地出让金等方面谋取利益，非法收取他人财物。海南省查处了三亚市政府原市长助理曾清泉违纪违法案，曾清泉在担任三亚市规划局局长和市长助理期间，利用职务之便，在规划审批、调整容积率等方面，为他人谋取利益，索取、收受他人巨额财物。

（三）注重长效机制建设，建立健全了一批法规制度。一些地方通过专项治理查找问题，有力推进了城乡规划工作的制度建设。目前，各地相继制定出台了一批政策性文件。北京、河北、安徽、福建、江西、山东、陕西等省、市对建设用地容积率调整的条件和程序做出了明确规定。北京市规划委、市监察局共同制定了《关于落实住房和城乡建设部、监察部〈关于加强建设用地容积率管理和监督检查的通知〉的意见》，将建设用地容积率指标的调整程序具体细化为书面申请、集体研究、技术论证、部门联审、专家评议、公众参与、请示上报、人大备案等八大环节。河北省以省人民政府令形式下发了《河北省城市控制性详细规划管理办法（试行）》，对修改控详规以及变更建筑容积率、建筑密度等开发强度控制性内容的程序作了限制性规范，并设定了法律责任。长春市以清查项目、查处案件为切入点相继出台了《长春市经营性用地容积率指标调整办法》《长春市建设项目容积率计算原则》《长春市关于违规调整建设用地容积率的责任追究办法》等一系列政策性文件。各地还就推进城乡规划工作政务公开进行了积极探索，普遍建立起了规划批前和批后公示、近期建设项目公示、建设项目批前和批后公示、违法查处公示，以及社会监督员等制度。

二、专项治理工作中存在的主要问题

总的看，专项治理工作进展顺利，取得了阶段性成果，但还存在着一些不容忽视的问题，需要在下一步的工作中认真加以整改。主要有：

（一）一些地方自查自纠不够深入。少数地方对容积率专项治理工作的重要性认识不够，仍然处于被动应付状态，工作进展缓慢，工作成效不大。有的自查自纠不深入不扎实，基础性工作薄弱，从各地上报的情况看，还存在着“零问题”“零案件”的情况；有的上报情况不及时，数据不完整，存在缺项、漏项的情况。另外，一些地方对清理相关地方性法规和规范性文件重视不够，一些明显与《城乡规划法》规定不一致的规范性文件没有得到及时清理纠正。

（二）查办案件工作力度还需进一步加大。当前，群众投诉反映违规变更规划、调整容积率问题的举报量依然居高不下，但一些地方开展监督检查的措施不够有力，查办案件的力量投入不足，部门间协调机制不健全。少数省（区、市）对两部转办案件不够重视、不够严肃，有的对两部要结果的案件不予回复或回复时间超期过长；有的对转办案件不直接进行调查处理，转交投诉涉及的地市城乡规划部门调查处理，甚至回函直接转呈下级报告，对需核实的问题，不下判断、结论，不提整改意见措施。2009年，两部专项治理办公室共向各地专项治理办公室发转办函83件，其中要求按期回复结果的有51件；截至2010年2月12日，已收到回复42件，9件尚未回复。

（三）各地规划变更、容积率调整程序有待进一步规范。目前，各地对于变更规划、调整容积率的做法和程序有不同规定，少数地区存在以政府会议纪要等形式决定规划设计条件调整的现象，需要按照《城乡规划法》，对相关地方性规章制度进行梳理，进一步规范规划变更和容积率调整的具体条件和操作程序。另外，一些城市控规覆盖面小，土地出让、规划审批缺乏控规依据，规划条件审批随意性大。

三、2010年专项治理工作安排

2010年3月4日，中央治理工程建设领域突出问题工作领导小组召开第二次会议，对今年专项治理工作进行了研究部署。会上，中央书记处书记、中央纪委副书记何勇作了重要讲话，对深入开展房地产开发领域违规变更规划、调整容积率问题专项治理提出了更高的要求。各地区和有关部门要认真学习领会何勇同志的重要讲话精神，进一步提高思想认识，按照中央专项治理工作领导小组的部署要求，切实把容积率专项治理作为工程建设领域突出问题专项治理的重要任务，加强组织领导，明确工作责任，加大治理力度，以求真务实的工作作风深入推进容积率专项治理工作，不断取得新的成效。

经住房城乡建设部、监察部研究，2010年，容积率问题专项治理要结合工程建设领域突出问题专项治理规范城乡规划管理工作，重点抓好以下几项工作：

（一）对调整容积率指标、改变土地用途的房地产开发项目进行清理检查。重点对2009年4月1日至12月31日领取规划许可的房地产项目进行清理检查。对检查发现的违法违规问题，要依法处理到位。

（二）严肃查处违纪违法案件。进一步完善部门间沟通协调机制，拓宽案件线索来源渠道，加大案件查办力度，严肃查处国家机关工作人员在建设用地规划变更、容积率调整等城乡规划工作中玩忽职守、权钱交易等违纪违法行为，严肃查处城乡规划管理中损害群众合法权益的问题。住房城乡建设部、监察部将对重点案件进行挂牌督办，适时向社会通报一批查结的典型案件。

（三）完善城乡规划管理及监督检查制度。一是继续组织各地对相关规范性文件进行清理。二是制定完善控制性详细规划编制、修改管理制度，修订出台《违反城乡规划规定行为处分办法》等制度规定。三是完善规划编制、修改、审批公开、公示和征求公众意见等制度。

（四）加强综合指导和监督检查。各省（区、市）容积率问题专项治理工作机构要加强监督检查，督促各级抓好工作落实。第二季度，住房城乡建设部、监察部组织对部分地区专项治理工作开展以来的情况进行抽查，重点检查“零问题”“零案件”的地区和群众投诉举报较多的地区，督促整改到位、处理到位。第三季度，两部将总结通报各地专项治理工作开展情况。

中华人民共和国住房和城乡建设部

中华人民共和国监察部

二○一○年四月十四日

关于加强经济适用住房管理有关问题的通知

建保［2010］59号

各省、自治区住房城乡建设厅，直辖市建委（住房保障和房屋管理局、房地局），新疆生产建设兵团建设局：

根据《国务院关于解决城市低收入家庭住房困难的若干意见》（国发［2007］24号）、《国务院办公厅关于促进房地产市场平稳健康发展的通知》（国办发［2010］4号）、《国务院关于坚决遏制部分城市房价过快上涨的通知》（国发［2010］10号）和《经济适用住房管理办法》（建住房［2007］258号）的有关规定，为加强经济适用住房管理，现就有关问题通知如下：

一、严格建设管理

（一）经济适用住房建设项目必须严格按照有关规划建设管理的规定程序报批、建设，不得变更批准的项目规模、套型结构和用途。要严格执行施工图审查、工程招标、施工许可、质量监督、工程监理、竣工验收备案等建设程序，严格执行国家有关保障性住房建设的技术标准和强制性条文。

（二）严格执行经济适用住房单套建筑面积标准控制在60平方米左右的要求。住房供需矛盾突出的城市，可适当减小套型建筑面积，以增加供应套数。委托房地产开发企业建设的经济适用住房项目，住房保障部门要明确套型面积等控制性要求，作为项目法人招标的前置条件。

（三）各地可结合当地居民收入、住房状况等实际情况，自行确定经济适用住房的建设规模。商品住房价格过高、上涨过快的城市，要大幅度增加经济适用住房供应。

二、规范准入审核

（四）经济适用住房供应对象为城市低收入住房困难家庭。商品住房价格较高的城市，可以适当扩大经济适用住房的供应范围。

（五）经济适用住房申请人应当如实申报家庭收入、财产和住房状况，并对申报信息的真实性负责。

（六）市、县住房保障部门要会同有关部门建立健全经济适用住房申请、审核、公示、轮候制度和工作机制，认真履行审核责任，确保配售过程公开透明，配售结果公平公正，主动接受社会监督。严禁委托开发企业、中介机构和其他组织、个人代理购房资格审核和房源分配等政府职责。

三、强化使用监督

（七）市、县住房保障部门应当定期或不定期对经济适用住房使用情况（包括自住、闲置、出租、出借、出售以及住房用途等）进行检查，也可委托经济适用住房管理单位定期对上述情况进行调查。新建经济适用住房小区（包括配建经济适用住房）进行前期物业管理招投标时，可以将相关委托内容作为招标条件，并在临时管理规约和前期物业服务合同中明示。

（八）在取得完全产权前，经济适用住房购房人只能用于自住，不得出售、出租、闲置、出借，也不得擅自改变住房用途。

（九）在取得完全产权前，经济适用住房购房人有与其申报收入明显不符的高消费行为时，应当主动向住房保障部门做出说明，并配合对其资产进行核查、公示。

（十）已购买经济适用住房的家庭，再购买其他住房的，必须办理经济适用住房退出手续，或者通过补交土地收益等价款取得已购经济适用住房的完全产权。

四、加强交易管理

（十一）经济适用住房上市交易，必须符合有关政策规定并取得完全产权。住房保障部门应当对个人是否已缴纳相应土地收益等价款取得完全产权、成交价格是否符合正常交易、政府是否行使优先购买权等情况出具书面意见。

房屋登记、租赁管理机构办理房屋权属登记、租赁备案登记时，要比对住房保障部门提供的有关信息。对已购经济适用住房的家庭，不能提供住房保障部门出具的书面意见的，任何中介机构不得代理买卖、出租其经济适用住房；房屋租赁备案管理机构应当暂停办理其经济适用住房的租赁备案，房屋登记机构应当暂停办理该家庭购买其他房屋的权属登记，并及时通报住房保障部门。

（十二）住房保障部门应当会同有关部门结合各地段普通商品住房交易指导价格，定期制定经济适用住房上市补交土地收益等价款的标准，报经市、县人民政府同意后公布实施。

经济适用住房交易价格低于政府公布的同地段、同类普通商品住房交易指导价格的，依指导价格缴纳相应的土地收益等价款。

（十三）各地要结合实际情况完善经济适用住房上市交易分配机制，健全上市交易管理办法。要按照配售经济适用住房时承购人与政府的出资比例，确定上市所得价款的分配比例、政府优先购买权等管理事项。其中，政府出资额为土地出让金减让、税费减免等政策优惠额之和。

五、完善监督机制

（十四）市、县住房保障部门要依法履行监督管理职责，建立经济适用住房管理信息系统，积极推动建立住房保障、房地产、民政、公安、金融等部门的信息共享机制，增强审核工作的准确性，提高监管工作效率。同时，要设立并公布举报电话、信箱、电子邮箱等，采取多种方式接受群众举报、投诉，加强社会监督。

（十五）经济适用住房管理的相关内容纳入住房保障规范化管理考核范围。省级住房城乡建设部门要督促各市、县完善经济适用住房管理制度，健全住房保障实施机构，配备专门力量负责经济适用住房使用情况的监督检查，并对市、县经济适用住房管理情况进行定期检查。

（十六）购房人违反本通知第（五）条规定，以虚假资料骗购经济适用住房的，一经查实，立即责令退还；违反本通知第（八）条规定，违规出售、出租、闲置、出借经济适用住房，或者擅自改变住房用途且拒不整改的，按照有关规定或者合同约定收回；违反本通知第（九）条规定，对其高消费行为不做出说明，不配合资产核查、公示，或不能做出合理解释的，视同以虚假资料骗购经济适用住房。

对有上述情形的购房人，取消其在5年内再次申请购买或租赁各类政策性、保障性住房的资格。

（十七）经济适用住房建设单位、中介机构和其他组织、个人有违法违规行为的，要依法依规予以处理，并记入诚信档案。

国家机关工作人员在经济适用住房建设、管理过程中滥用职权、玩忽职守、徇私舞弊的，依法依纪追究责任；涉嫌犯罪的，移送司法机关处理。

（十八）各地要根据本通知要求，完善经济适用住房管理办法，并制订经济适用住房配售合同示范文本。

（十九）本通知自印发之日起施行。

中华人民共和国住房和城乡建设部

二〇一〇年四月二十二日

关于加强廉租住房管理有关问题的通知

建保［2010］62号

各省、自治区住房和城乡建设厅、民政厅、财政厅，直辖市建委（房地局、住房保障房屋管理局）、民政局、财政局，新疆生产建设兵团建设局、民政局、财务局：

为加强廉租住房管理，确保廉租住房公平配租和有效使用，根据《国务院关于解决城镇低收入家庭住房困难的若干意见》（国发［2007］24号）和住房城乡建设部等九部委《廉租住房保障办法》（建设部令第162号）等有关规定，现就有关问题通知如下：

一、严格建设和准入管理

（一）各地区要通过新建、改建、购置、租赁等方式多渠道筹集廉租住房房源。新建廉租住房坚持集中建设和在经济适用住房、商品住房、棚户区改造项目中配建相结合，以配建为主。新建廉租住房项目要尽可能安排在交通便利、公共设施较为齐全的区域，同步做好小区内外市政配套设施建设，方便低收入家庭生活、就业、就医和子女入学。

（二）严格执行廉租住房单套建筑面积控制在50平方米以内的规定。要根据低收入家庭人口结构情况，合理安排不同套型面积住房的比例。对房地产开发企业承建的配建廉租住房，住房保障部门要提出套型面积等控制要求，作为项目法人招标的前置条件。

（三）优化廉租住房户型设计，加大建筑节能技术的推广应用，力求在较小的户型内满足基本居住需要，努力做到功能齐全、布局合理、节能环保和经济适用。

（四）各市、县人民政府要落实经国务院同意印发的《城市低收入家庭认定办法》（民发［2008］156号）的有关规定，明确廉租住房保障申请人的收入和资产申报义务，抓紧建立住房保障、公安（车辆和户籍管理）、人力资源和社会保障（社会保险）、房地产、金融、工商、税务、住房公积金等部门和机构的信息共享机制，着力提高廉租住房保障资格审核工作的准确性。

（五）各市、县住房保障部门要会同有关部门完善廉租住房申请、审核、公示、轮候、配租程序，确保廉租住房配租过程公开透明，配租结果公平公正。

二、强化租赁管理和服务

（六）各市、县住房保障部门要切实履行廉租住房产权人的权利和义务，加强廉租住房合同管理，明确承租对象的权利和义务，载明租金水平、租赁期限、转借或转租的处罚以及其他违反使用规定的责任等事项。

（七）集中建设的廉租住房小区的管理和服务，可由租户自我管理、自我服务，也可以选择专业化的物业服务企业或原公有住房管理机构承担。在其他项目中配建的廉租住房管理和服务，要纳入项目统一的物业管理。

（八）强化廉租住房租金管理，提高廉租住房租金和服务收费的缴交率。对不按合同约定缴纳租金并经催交无效的，可以通报承租人所在单位并从承租人工资收入中直接划扣。

（九）廉租住房租金要严格执行“收支两条线”管理，全额用于廉租住房及配套设施的维修养护和管理，不足部分由市、县财政预算安排。按规定落实对低保家庭的供暖费补贴、水电气开户费减免政策。

（十）完善廉租住房租赁补贴发放和管理制度，确保补贴资金专款用于改善居住条件。

（十一）正在享受实物配租廉租住房或领取廉租住房租赁补贴的家庭，再购买其他住房的，应当办理廉租住房保障退出手续。

（十二）房屋登记机构办理房屋权属登记时，应根据住房保障部门提供的信息，比对申请登记人家庭成员是否正在享受廉租住房保障的信息。

三、切实落实监管责任

（十三）解决城市低收入家庭住房困难是政府公共服务的重要职责，市、县人民政府住房保障部门是廉租住房管理的责任主体。要健全管理机制和实施机构，充实人员，落实工作经费，切实履行政府资产管理和对低收入家庭公共服务的职责。

（十四）市、县住房保障部门要通过定期入户调查等方式，及时了解保障对象家庭成员变动情况及廉租住房使用情况。住房保障部门可以通过政府购买服务的方式，委托廉租住房物业服务企业承担廉租住房使用情况的检查等工作。

（十五）对骗取廉租住房保障、恶意欠租、无正当理由长期闲置，违规转租、出借、调换和转让廉租住房等行为，市、县住房保障部门要按照有关规定或合同约定责令限期退回；逾期未退回的，可以按照合同约定，采取调整租金等方式处理，直至收回廉租住房，并取消该家庭再次申请廉租住房保障的资格；对拒不执行处理决定的，市、县住房保障部门可向当地人民法院申请强制执行。

（十六）充分发挥社会监督作用，畅通投诉举报渠道。通过各种形式主动接受媒体和公众的监督。对社会各界举报投诉的骗取廉租住房保障及违规使用廉租住房的行为，要及时处理，并公布结果。

（十七）国家机关工作人员在廉租住房建设、管理过程中滥用职权、玩忽职守、徇私舞弊的，依法依纪追究责任；涉嫌犯罪的，移送司法机关处理。

（十八）本通知自印发之日起施行。

中华人民共和国住房和城乡建设部
中华人民共和国民政部
中华人民共和国财政部
二〇一〇年四月二十三日

关于规范商业性个人住房贷款中第二套住房认定标准的通知

建房［2010］83号

各省、自治区、直辖市、计划单列市和省会（首府）城市住房城乡建设厅（建委、房地局），人民银行上海总部，各分行、营业管理部、省会（首府）城市中心支行、副省级城市中心支行，各银监局，各国有商业银行、股份制商业银行，中国邮政储蓄银行：

为贯彻落实《国务院关于坚决遏制部分城市房价过快上涨的通知》（国发［2010］10号），规范商业性个人住房贷款中贷款申请人（以下简称借款人）第二套住房认定标准，现就有关事项通知如下：

一、商业性个人住房贷款中居民家庭住房套数，应依据拟购房家庭（包括借款人、配偶及未成年子女，下同）成员名下实际拥有的成套住房数量进行认定。

二、应借款人的申请或授权，直辖市、计划单列市、省会（首府）城市及其他具备查询条件的城市房地产主管部门应通过房屋登记信息系统进行借款人家庭住房登记记录查询，并出具书面查询结果。

如因当地暂不具备查询条件而不能提供家庭住房登记查询结果的，借款人应向贷款人提交家庭住房实有套数书面诚信保证。贷款人查实诚信保证不实的，应将其记作不良记录。

三、有下列情形之一的，贷款人应对借款人执行第二套（及以上）差别化住房信贷政策：

（一）借款人首次申请利用贷款购买住房，如在拟购房所在地房屋登记信息系统（含预售合同登记备案系统，下同）中其家庭已登记有一套（及以上）成套住房的；

（二）借款人已利用贷款购买过一套（及以上）住房，又申请贷款购买住房的；

（三）贷款人通过查询征信记录、面测、面谈（必要时居访）等形式的尽责调查，确信借款人家庭已有一套（及以上）住房的。

四、对能提供1年以上当地纳税证明或社会保险缴纳证明的非本地居民申请住房贷款的，贷款人按本通知第三条执行差别化住房信贷政策。

对不能提供1年以上当地纳税证明或社会保险缴纳证明的非本地居民申请住房贷款的，贷款人按第二套（及以上）的差别化住房信贷政策执行；商品住房价格过高、上涨过快、供应紧张的地区，商业银行可根据风险状况和地方政府有关政策规定，对其暂停发放住房贷款。

五、各地要把城市房屋登记信息系统建设作为落实国发［2010］10号文件的一项重要工作抓紧抓好。数据不完备的城市，要进一步完善系统；尚未建立房屋登记系统的城市，要加快建设。2010年年底前各设区城市要基本建立房屋登记信息系统。

要加强住房信息查询管理工作。房地产主管部门应严格按照《房屋权属登记信息查询暂行办法》（建住房［2006］244号）及《房屋登记簿管理试行办法》（建住房［2008］84号）进行查询，并出具书面查询结果。对提供虚假查询信息的，按有关规定严肃处理。

中华人民共和国住房和城乡建设部

中国人民银行

中国银行业监督管理委员会

二〇一〇年五月二十六日

关于加快发展公共租赁住房的指导意见

建保［2010］87号

各省、自治区、直辖市人民政府，国务院各有关部门：

根据《国务院关于坚决遏制部分城市房价过快上涨的通知》（国发［2010］10号）和《国务院办公厅关于促进房地产市场平稳健康发展的通知》（国办发［2010］4号）精神，为加快发展公共租赁住房，经国务院同意，现提出以下意见：

一、加快发展公共租赁住房的重要意义

近年来，随着廉租住房、经济适用住房建设和棚户区改造力度的逐步加大，城市低收入家庭的住房条件得到较大改善。但是，由于有的地区住房保障政策覆盖范围比较小，部分大中城市商品住房价格较高、上涨过快、可供出租的小户型住房供应不足等原因，一些中等偏下收入住房困难家庭无力通过市场租赁或购买住房的问题比较突出。同时，随着城镇化快速推进，新职工的阶段性住房支付能力不足矛盾日益显现，外来务工人员居住条件也亟需改善。大力发展公共租赁住房，是完善住房供应体系，培育住房租赁市场，满足城市中等偏下收入家庭基本住房需求的重要举措，是引导城镇居民合理住房消费，调整房地产市场供应结构的必然要求。各地区、各部门要统一思想，提高认识，精心组织，加大投入，积极稳妥地推进公共租赁住房建设。

二、基本原则

（一）政府组织，社会参与。各地区在加大政府对公共租赁住房投入的同时，要切实采取土地、财税、金融等支持政策，充分调动各类企业和其他机构投资和经营公共租赁住房的积极性。

（二）因地制宜，分别决策。各地区要根据当地经济发展水平和市场小户型租赁住房供需情况等因素，合理确定公共租赁住房的供应规模和供应对象。商品住房价格较高、小户型租赁住房供应紧张的城市，应加大公共租赁住房建设力度。

（三）统筹规划，分步实施。各地区要制订公共租赁住房发展规划和年度计划，并纳入2010—2012年保障性住房建设规划和“十二五”住房保障规划，分年度组织实施。

三、租赁管理

（一）公共租赁住房供应对象主要是城市中等偏下收入住房困难家庭。有条件的地区，可以将新就业职工和有稳定职业并在城市居住一定年限的外来务工人员纳入供应范围。公共租赁住房的供应范围和供应对象的收入线

标准、住房困难条件，由市、县人民政府确定。已享受廉租住房实物配租和经济适用住房政策的家庭，不得承租公共租赁住房。

（二）公共租赁住房租金水平，由市、县人民政府统筹考虑住房市场租金水平和供应对象的支付能力等因素合理确定，并按年度实行动态调整。符合廉租住房保障条件的家庭承租公共租赁住房的，可以申请廉租住房租赁补贴。

（三）公共租赁住房出租人与承租人应当签订书面租赁合同。公共租赁住房租赁合同期限一般为3至5年，合同示范文本由省、自治区、直辖市住房城乡建设（住房保障）部门制订。承租人应当按照合同约定合理使用住房，及时缴纳租金和其他费用。租赁合同期满后承租人仍符合规定条件的，可以申请续租。

（四）公共租赁住房只能用于承租人自住，不得出借、转租或闲置，也不得用于从事其他经营活动。承租人违反规定使用公共租赁住房的，应当责令退出。承租人购买、受赠、继承或者租赁其他住房的，应当退出。对承租人拖欠租金和其他费用的，可以通报其所在单位，从其工资收入中直接划扣。

四、房源筹集

（一）公共租赁住房房源通过新建、改建、收购、在市场上长期租赁住房等方式多渠道筹集。新建公共租赁住房以配建为主，也可以相对集中建设。要科学规划，合理布局，尽可能安排在交通便利、公共设施较为齐全的区域，同步做好小区内外市政配套设施建设。

（二）在外来务工人员集中的开发区和工业园区，市、县人民政府应当按照集约用地的原则，统筹规划，引导各类投资主体建设公共租赁住房，面向用工单位或园区就业人员出租。

（三）新建公共租赁住房主要满足基本居住需求，应符合安全卫生标准和节能环保要求，确保工程质量安全。成套建设的公共租赁住房，单套建筑面积要严格控制在60平方米以下。以集体宿舍形式建设的公共租赁住房，应认真落实宿舍建筑设计规范的有关规定。

五、政策支持

（一）各地要把公共租赁住房建设用地纳入年度土地供应计划，予以重点保障。面向经济适用住房对象供应的公共租赁住房，建设用地实行划拨供应。其他方式投资的公共租赁住房，建设用地可以采用出让、租赁或作价入股等方式有偿使用，并将所建公共租赁住房的租金水平、套型结构、建设标准和设施条件等作为土地供应的前置条件，所建住房只能租赁，不得出售。

（二）市、县人民政府要通过直接投资、资本金注入、投资补助、贷款贴息等方式，加大对公共租赁住房建设和运营的投入。省、自治区人民政府要给予资金支持。中央以适当方式给予资金补助。

（三）对公共租赁住房的建设和运营给予税收优惠，具体办法由财政部、税务总局制定。公共租赁住房建设涉及的行政事业性收费和政府性基金，按照经济适用住房的相关政策执行。

（四）鼓励金融机构发放公共租赁住房中长期贷款，具体办法由人民银行、银监会制定。支持符合条件的企业通过发行中长期债券等方式筹集资金，专项用于公共租赁住房建设和运营。探索运用保险资金、信托资金和房地产信托投资基金拓展公共租赁住房融资渠道。政府投资建设的公共租赁住房，纳入住房公积金贷款支持保障性住房建设试点范围。

（五）公共租赁住房建设实行“谁投资，谁所有”，投资者权益可依法转让。

六、监督管理

（一）发展公共租赁住房实行省级人民政府负总责、市县人民政府抓落实的责任制。各级住房城乡建设（住房保障）部门负责公共租赁住房的行政管理工作，发展改革、监察、财政、国土资源、规划等有关部门按照各自职责负责相关工作。地方各级人民政府要加强组织领导，明确工作责任，健全住房保障管理机制和工作机构，落实人员和经费，确保公共租赁住房工作顺利实施。

（二）市、县人民政府要建立健全公共租赁住房申请、审核、公示、轮候、配租和租后管理制度。住房保障部门要按照规定的程序严格准入审批，加强对公共租赁住房运营的监督管理，做到配租过程公开透明、配租结果公平公正。对存在滥用职权、玩忽职守、徇私舞弊等违法违规行为的，要依法依纪严肃追究相关单位和人员的责任。

（三）政府投资建设公共租赁住房的租金收入，应按照政府非税收入管理的规定缴入同级国库，实行“收支两条线”管理。租金收入专项用于偿还公共租赁住房贷款，以及公共租赁住房的维护、管理和投资补助。

（四）各地可根据本意见，制定具体实施办法。各地已经出台的政策性租赁住房、租赁型经济适用住房、经济租赁住房、农民工公寓（集体宿舍）等政策，统一按本意见规定进行调整。

中华人民共和国住房和城乡建设部
中华人民共和国国家发展和改革委员会
中华人民共和国财政部
中华人民共和国国土资源部
中国人民银行
国家税务总局
中国银行业监督管理委员会
二○一○年六月八日

关于做好住房保障规划编制工作的通知

建保［2010］91号

各省、自治区、直辖市住房城乡建设厅（城乡建设委、住房保障房屋管理局、国土资源房管局）、发展改革委、财政厅、国土资源厅、农垦总局（局、办、内蒙古海拉尔农场管理局、大兴安岭农场管理局）、林业厅（局，内蒙古、龙江、大兴安岭森工集团公司），新疆生产建设兵团建设局、发展改革委、财务局、国土资源局、农业局、林业局：

为贯彻落实《国务院关于坚决遏制部分城市房价过快上涨的通知》（国发［2010］10号）、《国务院办公厅关于促进房地产市场平稳健康发展的通知》（国办发［2010］4号）精神，指导各地做好2010—2012年保障性住房建设规划和"十二五"住房保障规划编制工作，现就有关事项通知如下：

一、指导思想和基本原则

（一）指导思想

以邓小平理论和"三个代表"重要思想为指导，深入贯彻落实科学发展观，以全面建设小康社会、实现全体人民"住有所居"为宗旨，适应国民经济和社会发展的客观需要，加快解决快速城镇化带来的住房新问题，建立健全基本住房保障制度，逐步扩大保障范围，加快保障性住房建设，积极推进棚户区改造，切实解决中低收入家庭住房困难，逐步改善城镇居民基本居住条件。

（二）基本原则

1. 目标合理，标准适度。各地要坚持以满足基本住房需要为原则，统筹考虑社会经济发展水平、城镇化进程、家庭人口结构、住房支付能力以及土地资源禀赋等约束条件，综合平衡政府财力和各项公共支出，尽力而为，量力而行，科学制定住房保障目标，合理确定住房保障方式和保障标准。

2. 因地制宜，统筹协调。要统筹兼顾城乡差别，区别对待区域差异，着力解决住房方面的突出矛盾和问题。要针对不同收入群体，采取不同措施，实行分层次住房保障。要注意做好同住房建设规划等相关规划的衔接协调，统筹考虑各类保障性住房、各类保障群体之间的关系，做好目标任务、投资安排和政策手段的有机衔接，充分体现规划的可操作性。

3. 突出重点，分步实施。要统筹考虑改善危旧住房群众的居住条件和解决新增家庭的住房困难，加快各类棚户区改造，积极发展公共租赁住房。常住人口住房问题突出的，要结合实际，有重点地加以解决。要区分轻重缓急，区别建设和发展时序，优先安排群众需求迫切的项目，优先解决群众反映强烈的问题，有计划有步骤地组织实施。

4. 政府主导，创新机制。要着眼于体制和机制创新，落实好土地、金融与财税等支持政策，加强住房保障组织机构、技术支撑体系建设。要充分发挥政府支持和引导作用，建立以政府为主导、社会力量广泛参与的长效机制。

二、规划重点和基本目标

（一）着力解决低收入家庭住房困难问题。规划期内，各地要通过城市棚户区改造和新建、改建、政府购置、租赁等方式增加廉租住房和经济适用住房房源，加大租赁住房补贴力度，着力解决城市低收入家庭的住房困难。力争到2012年末，基本解决1540万户低收入住房困难家庭的住房问题，2013—2015年各地要结合实际，稳步扩大制度覆盖面，适当提高保障标准，力争到规划期末，人均住房建筑面积13平方米以下低收入住房困难家庭基本得到保障。

（二）努力解决中等偏下收入家庭住房困难。规划期内，要加快建设公共租赁住房、限价商品住房，解决中等偏下收入家庭的住房困难。各级政府要加大政策支持力度，加快发展公共租赁住房，解决城市中等偏下收入包括符合条件的新就业职工、进城务工人员的住房问题。商品住房价格过高、上涨过快的城市，要大幅度增加公共租赁住房、经济适用住房和限价商品住房的供应。

（三）推进各类棚户区改造和旧住宅区综合整治。全面启动城市和国有工矿棚户区改造工作，继续推进中央下放地方煤矿棚户区改造、国有林区棚户区和国有林场危旧房改造、国有垦区危房改造。到2013年末，基本完成集中成片城市和国有工矿棚户区改造；有条件的地区争取到2011年末基本完成。2014—2015年，稳步推进非成片棚户区和零星危旧房改造，稳步推进旧住宅区综合整治，完善基础设施配套，改善居住环境；有条件的地区2012年开始加快改造、整治。

（四）建立和完善住房保障政策、技术支撑体系。要加快住房保障立法，依法强化各级政府的住房保障责任，健全组织机构、政策、技术支撑体系，实施住房保障关键技术研究及应用示范，加快推进信息化建设。力争到2012年末，所有县、市健全住房保障管理机构和具体实施机构，实现住房保障业务系统全国互联互通，到2015年末，基本建立全国住房保障基础信息管理平台。

三、规划编制的主要内容

（一）规划编制期限

保障性住房建设规划（包括各类棚户区改造、政策性住房建设）的规划期限为2010—2012年，基期年为2009年。“十二五”住房保障规划的规划期限为2011—2015年，基期年为2010年，可展望到2020年。两个规划要保持有机衔接。

（二）规划组成、层级、编制单位和范围

1. 规划组成。本次规划除廉租住房、经济适用住房保障规划外，还包括公共租赁住房、限价商品住房、城市和国有工矿棚户区改造、国有林区棚户区和国有林场危旧房改造、国有垦区危房改造、中央下放地方煤矿棚户区改造（只包括东北三省、中西部地区中央下放地方煤矿棚户区，含河北、新疆生产建设兵团和江苏徐矿集团）等内容。各级规划编制单位可根据实际需要，确定专项规划编制内容。

2. 规划层级。规划分国家、省、市（地、州、盟）、县四级，逐级汇总编制。

3. 编制单位。省级以下（含省级）住房保障部门会同有关部门编制廉租住房保障、经济适用住房、公共租赁住房、限价商品住房、城市和国有工矿棚户区改造等方面的规划。省级以下（含省级）发展改革、农垦、林业部门分别会同有关部门编制中央下放地方煤矿棚户区、国有垦区危房、国有林区棚户区和国有林场危旧房改造规划，送同级住房保障部门汇总。

4. 编制范围。各级规划的编制范围按行政区划确定。

（三）重点指标和规划文本

规划重点指标（见附件）作为规划文本的附件。规划重点指标有规划期目标指标和辅助指标。辅助指标主要用于评估规划期目标指标的实施效果。各种渠道解决低收入和中等偏下收入家庭住房困难户数、保障性（政策性）住房建设和各类棚户区改造的套数（户数）为约束性指标。文本应包括三部分：

第一部分：规划正文。主要包括：

1. 规划编制依据、范围和期限。

2. 总体目标和年度目标。分年度明确各类项目保障户数，以及各类建设项目计划投资、土地需求、开工和竣工等数量。

3. 空间布局指引。按照行政区划分年度明确区域各类住房规划建设数量，依据城市总体规划、土地利用总体规划、住房建设规划要求，结合城市基础设施配套状况和发展趋势，做好各类保障性住房项目的空间布局。

4. 配套政策措施。要落实规定的资金渠道和税费政策，确保各项资金落实到位；落实土地供应计划，依法保障项目及时落地；强化工程质量监管，规范住房保障管理，提高管理服务水平；健全管理机构和实施机构，落实工作经费。

5. 规划组织实施。明确部门职责分工，建立健全推进实施机制，保证规划实施。

第二部分：规划主要指标（见附件）和相关图件。

主要指标要体现在2005—2009年住房保障情况、2010—2015年住房保障目标任务和2010—2015年住房保障规划实施预测中。

第三部分：规划编制说明。主要包括：

1. “十一五”期间住房保障情况。总结、评估“十一五”住房保障工作，查找突出问题和主要矛盾。

2. 规划期内住房保障面临的基本形势。依据住房状况调查和相关统计资料，做好各类住房保障对象数量和状况分析、政府保障能力分析，明确规划定位，提出解决思路、指导思想和基本原则。

3. 规划实施预测。依据规划期间住宅供应数量和空间布局，对住房保障规划实施效果进行分析、预测，稳定居民住房消费预期。

四、规划编制的基本要求

（一）深入调查研究，广泛征求意见。各市（地、州、盟）、县规划编制单位要会同有关部门采取抽样调查、普查等方式摸清当地住房现状、住房保障对象底数和各类棚户区改造对象底数。要围绕居民住房方面存在的突出问题，开展全局性、战略性重大问题研究，对规划重点内容和关键指标，进行专题研究。要从实际出发，采取实地调研、部门访谈、专家座谈等方式，广泛征求社会各界的意见，增强工作透明度和公众参与度。各级住房保障规划一经批准即向社会公布，接受公众监督。

（二）规范编制程序，明确时限要求。编制工作按照前期调研、专题研究、文本编制、论证与征求意见、成果形成五个阶段进行。实行规划逐级上报、逐级审查制度，上级规划编制部门要会同有关部门对下级规划进行审查，加强对规划编制工作的监督指导。省级2010—2012年保障性住房建设规划要确保于2010年6月30日前上报住房城乡建设部、国家发展改革委、财政部、国土资源部、农业部、国家林业局，住房城乡建设部会同有关部门于2010年7月15日前完成审查。县、市（地、州、盟）级规划上报、审查时限由各省（自治区、直辖市）确定。各级2010—2012年保障性住房建设规划要确保于2010年7月底前向社会公布。各级“十二五”住房保障规划要确保于2010年9月底前编制完成。为提高效率，便于各级规划数据汇总和报备，住房城乡建设部负责建立住房保障规划数据汇总系统。各级规划编制单位要会同有关部门，加大督促检查力度，定期通报进展情况。

（三）加强组织领导，做好协调配合。住房保障规划是各地国民经济和社会发展规划的重要内容，是指导规划期内住房保障事业改革和发展的重要文件。各级各部门要充分认识编制规划的重要意义，统一思想，提高认识，加强领导，落实责任，各司其职，密切配合，把规划编制工作纳入重要议事日程。要尽量吸收各地区、各部门已有的工作成果和各类统计数据，实现资源共享，加快规划编制。各级规划编制所需工作经费由同级财政预算安排。

附表：

1. 2005—2009年廉租住房和经济适用住房保障条件和保障标准情况表（略）

2. 2005—2009年住房保障户数情况表（略）

3. 2005—2009年住房保障各类住房建设情况表（略）

4. 2010—2015年廉租住房和经济适用住房保障条件和保障标准规划表（略）

5. 2010—2015年住房保障户数规划表（略）

6. 2010—2015年住房保障各类住房建设规划表（略）

7. 2005—2015年人口、收入、投资等住房保障规划辅助指标情况表（略）

8. 2008年底各类棚户区、城中村、旧住宅小区现状调查表（参考）（略）

9. 2010—2015年住房保障需求现状调查预测表（参考）（略）

10. 2010—2015年住房保障各类住房建设项目储备表（参考）（略）

中华人民共和国住房和城乡建设部
中华人民共和国国家发展和改革委员会
中华人民共和国财政部
中华人民共和国国土资源部
中华人民共和国农业部
国家林业局
二〇一〇年六月十一日

关于进一步贯彻落实国发［2010］10号文件的通知

建房［2010］155号

各省、自治区、直辖市住房城乡建设厅（建委、房地局）、国土资源厅（国土资源环境厅、国土资源局）、监察厅（局）：

《国务院关于坚决遏制部分城市房价过快上涨的通知》（国发［2010］10号，以下简称“10号文件”）印发后，房地产市场出现了积极的变化。为巩固房地产市场调控成果，促进房地产市场健康发展，现就进一步深入贯彻落实10号文件的有关问题通知如下：

一、加大各项政策措施的落实力度，严格实行问责制

各地要结合本地区房地产市场实际，立即研究制定贯彻落实国发［2010］10号文件的实施细则，加大各项政策措施的落实力度。已印发实施细则的地区，要根据最近国家有关部委出台的政策措施进行调整和完善。房价过高、上涨过快、供应紧张的城市，要在一定时间内限定居民家庭购房套数。住房城乡建设部、监察部等部门将对省级人民政府稳定房价和住房保障工作进行考核与问责。对政策落实不到位、工作不得力的，要进行约谈，直至追究责任。

二、完善房地产税收政策，加强税收征管

加强对土地增值税征管情况的监督和检查，重点对定价明显超过周边房价水平的房地产开发项目进行土地增值税的清算和稽查。利用房地产价格评估等手段强化税收征管，加强对二手房交易中订立“阴阳合同”等偷逃税款行为的查处。加快推进房产税改革试点工作，并逐步扩大到全国。

三、切实增加住房有效供给，全力加快保障性安居工程建设

严格住房用地供应和住房建设年度计划的管理，加大对各地2010年住房建设计划和用地供应计划实际完成情况的督查考核力度，切实落实中小套型普通商品住房和保障性住房建设计划和供地计划。房价上涨过快的城市，要增加居住用地的供应总量。各地要全面落实保障性安居工程建设资金，加快建设进度，强化工程质量和施工安全管理，全面完成保障性安居工程建设任务。认真落实支持公共租赁住房建设的税收优惠政策。

四、进一步加强市场监管，严肃查处违法违规行为

加大住房交易市场检查力度，依法查处经纪机构炒买炒卖、哄抬房价、怂恿客户签订“阴阳合同”等行为。对房地产开发企业土地闲置、改变土地用途和性质、拖延开竣工时间、捂盘惜售等违法违规行为，要继续加大曝光和处罚力度。对有上述违法违规记录的房地产开发企业，要暂停其发行股票、公司债券和新购置土地。

五、加快信息系统建设，加强舆论正面引导

各地要加快房地产市场和个人住房信息系统建设，为群众住房消费和加强房地产市场管理提供全面、及时、准确的信息。要积极引导新闻媒体加强对房地产市场调控政策、保障性住房建设、符合国情的住房消费观念和打击违法投机等方面的宣传报道，合理引导市场预期。

中华人民共和国住房和城乡建设部
中华人民共和国国土资源部
中华人民共和国监察部
二○一○年九月三十日

关于规范住房公积金个人住房贷款政策有关问题的通知

建金［2010］179号

各省、自治区、直辖市人民政府，国务院各有关部门，新疆生产建设兵团：

为规范住房公积金个人住房贷款政策，根据《住房公积金管理条例》和《国务院关于坚决遏制部分城市房价过快上涨的通知》（国发［2010］10号）的有关规定，经国务院同意，现就有关问题通知如下：

一、住房公积金个人住房贷款只能用于缴存职工购买、建造、翻建、大修普通自住房，以支持基本住房需求。严禁使用住房公积金个人住房贷款进行投机性购房。

二、保持缴存职工家庭（包括借款人、配偶及未成年子女，下同）使用住房公积金个人住房贷款购买首套普通自住房政策的连续性和稳定性。使用住房公积金个人住房贷款购买首套普通自住房，套型建筑面积在90平方米（含）以下的，贷款首付款比例不得低于20%；套型建筑面积在90平方米以上的，贷款首付款比例不得低于30%。

三、第二套住房公积金个人住房贷款的发放对象，仅限于现有人均住房建筑面积低于当地平均水平的缴存职工家庭，且贷款用途仅限于购买改善居住条件的普通自住房。第二套住房公积金个人住房贷款首付款比例不得低于50%，贷款利率不得低于同期首套住房公积金个人住房贷款利率的1.1倍。

四、停止向购买第三套及以上住房的缴存职工家庭发放住房公积金个人住房贷款。

五、城市住房公积金管理委员会要根据当地住房价格、人均住房建筑面积和住房公积金业务发展状况，以支持缴存职工购买普通自住房的贷款需求为原则，合理确定住房公积金个人住房贷款最高额度，并报省级住房城乡建设、财政、人民银行、银监部门备案。直辖市、新疆生产建设兵团住房公积金个人住房贷款最高额度报住房城乡建设部、财政部、人民银行和银监会备案。

六、城市住房公积金管理中心和受委托银行要采取有效措施，加强住房公积金个人住房贷款的调查、审核、抵押、发放、回收等工作，切实加强贷款风险管理，保障资金安全。住房公积金管理中心要会同有关主管部门，抓紧建立信息共享机制，防范骗取住房公积金个人住房贷款等行为。同时，要简化办理手续，提高服务水平。

城市人民政府要结合当地实际，抓紧制定落实本通知精神的具体措施，积极做好政策解释工作。各省、自治区、直辖市人民政府和新疆生产建设兵团有关部门要加强工作指导，加大监督检查力度。政策执行中有关问题，及时报住房城乡建设部、财政部、人民银行和银监会。

中华人民共和国住房和城乡建设部

中华人民共和国财政部

中国人民银行

中国银行业监督管理委员会

二〇一〇年十一月二日

关于进一步规范境外机构和个人购房管理的通知

建房［2010］186号

各省、自治区住房和城乡建设厅、直辖市建委（房地局）；国家外汇管理局各省、自治区、直辖市分局，外汇管理部，深圳、大连、青岛、厦门、宁波市分局；各中资外汇指定银行总行：

为落实国务院《关于坚决遏制部分城市房价过快上涨的通知》（国发［2010］10号），现就加强《关于规范房地产市场外资准入和管理的意见》（建住房［2006］171号）的实施监管，进一步规范境外机构和个人购房管理通知如下：

一、境外个人在境内只能购买一套用于自住的住房。在境内设立分支、代表机构的境外机构只能在注册城市购买办公所需的非住宅房屋。法律法规另有规定的除外。

二、各地房地产主管部门在办理境外个人的商品房预售合同备案和房屋产权登记时，除应当查验《城市商品房预售管理办法》《房屋登记办法》规定的材料及验证购房人持有房屋情况外，还应当查验：

1. 有关部门出具的境外个人（不含港澳台居民和华侨）在境内工作超过一年的证明；港澳台居民和华侨在境内工作、学习和居留的证明。

2. 境外个人名下在境内无其他住房的书面承诺。

三、各地房地产主管部门在办理境外机构的商品房预售合同备案和房屋产权登记时，除应当查验《城市商品房预售管理办法》《房屋登记办法》规定的材料及验证购房人持有房屋情况外，还应当查验：

1. 有关部门出具的在境内设立分支、代表机构的批准文件和注册证明。

2. 境外机构所购房屋是实际办公所需的书面承诺。

四、境外机构和个人申请购房结汇，应当严格按照《关于规范房地产市场外汇管理有关问题的通知》（汇发［2006］47号）办理。

外汇指定银行在为申请人办理购房结汇时，应当严格审核境外机构和个人提交的申请材料，对于符合规定的，外汇指定银行在为申请人办理购房结汇手续后，应当严格按照相关规定，在外汇局直接投资外汇管理信息系统办理即时备案登记。

五、各地房地产主管部门、外汇管理部门应当加强相关法律、法规和政策宣传，督促房地产销售机构、房地产经纪机构和人员对购房的境外机构、个人做好法律、法规和政策的告知，并作必要风险提示。

六、各省、自治区住房和城乡建设厅、直辖市建委（房地局）、国家外汇管理局各分局、外汇管理部、各外汇指定银行收到本通知后，应尽快转发，并指导监督落实。各地房地产主管部门、外汇管理部门应当加强协调配合，及时交换境外机构和个人购房、结汇等方面的信息，形成监管合力，进一步严格和规范境外机构和个人购房管理。

中华人民共和国住房和城乡建设部

国家外汇管理局

二〇一〇年十一月四日

中华人民共和国住房和城乡建设部令

第［6］号

《商品房屋租赁管理办法》已经第12次部常务会议审议通过，现予发布，自2011年2月1日起施行。

住房和城乡建设部部长　姜伟新

二〇一〇年十二月一日

商品房屋租赁管理办法

第一条 为加强商品房屋租赁管理，规范商品房屋租赁行为，维护商品房屋租赁双方当事人的合法权益，根据《中华人民共和国城市房地产管理法》等有关法律、法规，制定本办法。

第二条 城市规划区内国有土地上的商品房屋租赁（以下简称房屋租赁）及其监督管理，适用本办法。

第三条 房屋租赁应当遵循平等、自愿、合法和诚实信用原则。

第四条 国务院住房和城乡建设主管部门负责全国房屋租赁的指导和监督工作。

县级以上地方人民政府建设（房地产）主管部门负责本行政区域内房屋租赁的监督管理。

第五条 直辖市、市、县人民政府建设（房地产）主管部门应当加强房屋租赁管理规定和房屋使用安全知识的宣传，定期分区域公布不同类型房屋的市场租金水平等信息。

第六条 有下列情形之一的房屋不得出租：

（一）属于违法建筑的；

（二）不符合安全、防灾等工程建设强制性标准的；

（三）违反规定改变房屋使用性质的；

（四）法律、法规规定禁止出租的其他情形。

第七条 房屋租赁当事人应当依法订立租赁合同。房屋租赁合同的内容由当事人双方约定，一般应当包括以下内容：

（一）房屋租赁当事人的姓名（名称）和住所；

（二）房屋的坐落、面积、结构、附属设施，家具和家电等室内设施状况；

（三）租金和押金数额、支付方式；

（四）租赁用途和房屋使用要求；

（五）房屋和室内设施的安全性能；

（六）租赁期限；

（七）房屋维修责任；

（八）物业服务、水、电、燃气等相关费用的缴纳；

（九）争议解决办法和违约责任；

（十）其他约定。

房屋租赁当事人应当在房屋租赁合同中约定房屋被征收或者拆迁时的处理办法。

建设（房地产）管理部门可以会同工商行政管理部门制定房屋租赁合同示范文本，供当事人选用。

第八条 出租住房的，应当以原设计的房间为最小出租单位，人均租住建筑面积不得低于当地人民政府规定的最低标准。

厨房、卫生间、阳台和地下储藏室不得出租供人员居住。

第九条 出租人应当按照合同约定履行房屋的维修义务并确保房屋和室内设施安全。未及时修复损坏的房屋，影响承租人正常使用的，应当按照约定承担赔偿责任或者减少租金。

房屋租赁合同期内，出租人不得单方面随意提高租金水平。

第十条 承租人应当按照合同约定的租赁用途和使用要求合理使用房屋，不得擅自改动房屋承重结构和拆改室内设施，不得损害其他业主和使用人的合法权益。

承租人因使用不当等原因造成承租房屋和设施损坏的，承租人应当负责修复或者承担赔偿责任。

第十一条 承租人转租房屋的，应当经出租人书面同意。

承租人未经出租人书面同意转租的，出租人可以解除租赁合同，收回房屋并要求承租人赔偿损失。

第十二条 房屋租赁期间内，因赠与、析产、继承或者买卖转让房屋的，原房屋租赁合同继续有效。

承租人在房屋租赁期间死亡的，与其生前共同居住的人可以按照原租赁合同租赁该房屋。

第十三条 房屋租赁期间出租人出售租赁房屋的，应当在出售前合理期限内通知承租人，承租人在同等条件下有优先购买权。

第十四条 房屋租赁合同订立后三十日内，房屋租赁当事人应当到租赁房屋所在地直辖市、市、县人民政府建设（房地产）主管部门办理房屋租赁登记备案。

房屋租赁当事人可以书面委托他人办理房屋租赁登记备案。

第十五条 办理房屋租赁登记备案，房屋租赁当事人应当提交下列材料：

（一）房屋租赁合同；

（二）房屋租赁当事人身份证明；

（三）房屋所有权证书或者其他合法权属证明；

（四）直辖市、市、县人民政府建设（房地产）主管部门规定的其他材料。

房屋租赁当事人提交的材料应当真实、合法、有效，不得隐瞒真实情况或者提供虚假材料。

第十六条 对符合下列要求的，直辖市、市、县人民政府建设（房地产）主管部门应当在三个工作日内办理房屋租赁登记备案，向租赁当事人开具房屋租赁登记备案证明：

（一）申请人提交的申请材料齐全并且符合法定形式；

（二）出租人与房屋所有权证书或者其他合法权属证明记载的主体一致；

（三）不属于本办法第六条规定不得出租的房屋。

申请人提交的申请材料不齐全或者不符合法定形式的，直辖市、市、县人民政府建设（房地产）主管部门应当告知房屋租赁当事人需要补正的内容。

第十七条 房屋租赁登记备案证明应当载明出租人的姓名或者名称，承租人的姓名或者名称、有效身份证件种类和号码，出租房屋的坐落、租赁用途、租金数额、租赁期限等。

第十八条 房屋租赁登记备案证明遗失的，应当向原登记备案的部门补领。

第十九条 房屋租赁登记备案内容发生变化、续租或者租赁终止的，当事人应当在三十日内，到原租赁登记备案的部门办理房屋租赁登记备案的变更、延续或者注销手续。

第二十条 直辖市、市、县建设（房地产）主管部门应当建立房屋租赁登记备案信息系统，逐步实行房屋租赁合同网上登记备案，并纳入房地产市场信息系统。

房屋租赁登记备案记载的信息应当包含以下内容：

（一）出租人的姓名（名称）、住所；

（二）承租人的姓名（名称）、身份证件种类和号码；

（三）出租房屋的坐落、租赁用途、租金数额、租赁期限；

（四）其他需要记载的内容。

第二十一条 违反本办法第六条规定的，由直辖市、市、县人民政府建设（房地产）主管部门责令限期改正，对没有违法所得的，可处以五千元以下罚款；对有违法所得的，可以处以违法所得一倍以上三倍以下，但不超过三万元的罚款。

第二十二条 违反本办法第八条规定的，由直辖市、市、县人民政府建设（房地产）主管部门责令限期改正，逾期不改正的，可处以五千元以上三万元以下罚款。

第二十三条 违反本办法第十四条第一款、第十九条规定的，由直辖市、市、县人民政府建设（房地产）主管部门责令限期改正；个人逾期不改正的，处以一千元以下罚款；单位逾期不改正的，处以一千元以上一万元以下罚款。

第二十四条 直辖市、市、县人民政府建设（房地产）主管部门对符合本办法规定的房屋租赁登记备案申请不予办理、对不符合本办法规定的房屋租赁登记备案申请予以办理，或者对房屋租赁登记备案信息管理不当，给租赁当事人造成损失的，对直接负责的主管人员和其他直接责任人员依法给予处分；构成犯罪的，依法追究刑事责任。

第二十五条 保障性住房租赁按照国家有关规定执行。

第二十六条 城市规划区外国有土地上的房屋租赁和监督管理，参照本办法执行。

第二十七条 省、自治区、直辖市人民政府住房和城乡建设主管部门可以依据本办法制定实施细则。

第二十八条 本办法自2011年2月1日起施行，建设部1995年5月9日发布的《城市房屋租赁管理办法》（建设部令第42号）同时废止。

政策汇编

03

中华人民共和国
财政部、国家税务总局

关于切实落实相关财政政策积极推进城市和国有工矿棚户区改造工作的通知

财综［2010］8号

各省、自治区、直辖市、计划单列市财政厅（局），新疆生产建设兵团财务局：

城市和国有工矿棚户区改造是保障性安居工程的重要组成部分，党中央、国务院对此高度重视。最近，经国务院同意，住房城乡建设部、国家发展改革委、财政部、国土资源部、中国人民银行联合印发了《关于推进城市和国有工矿棚户区改造工作的指导意见》（建保［2009］295号），对推进城市和国有工矿棚户区改造（以下简称棚户区改造）工作提出了明确要求。为切实做好这项工作，现就有关事项通知如下：

一、进一步提高对棚户区改造重要性的认识

推进棚户区改造，是保障和改善民生、实现党的十七大提出“住有所居”目标的重大举措，是促进社会和谐、走中国特色城镇化道路的客观需要，也是保持经济平稳较快发展的有效途径。实施棚户区改造，不仅有利于加快解决低收入居民住房困难问

题，而且有利于促进房地产市场平稳健康发展；不仅有利于改善城市面貌和城市环境，而且有利于促进社会稳定，是一项一举多得的重大民生工程。各级财政部门要站在保持国家长治久安的角度，从社会主义和谐社会建设的高度，认识棚户区改造的重要意义，要以高度的政治责任感和历史使命感，积极参与推进棚户区改造工作，确保各项财政政策落实到位。

二、积极主动参与制定棚户区改造规划等相关配套措施

各级财政部门要按照建保［2009］295号文件规定，积极主动参与制定本地区棚户区改造规划、年度计划、项目实施方案、拆迁补偿安置方案等相关配套措施。

（一）参与制定棚户区改造规划和年度计划。棚户区改造规划和年度计划制定得是否科学合理，能否有效组织实施，与财政等相关政策的支持密不可分。各级财政部门要积极参与棚户区改造规划和年度计划制定工作，充分考虑当地经济社会发展水平和财政承受能力，结合本地区城市规划、土地利用规划和住房建设规划，科学划定集中成片棚户区的规模范围，配合有关部门对集中成片棚户区进行调查摸底，在此基础上，按照5年左右时间完成改造任务的要求，合理制定本地区棚户区改造规划和年度计划。有条件的地区争取用3年时间基本完成棚户区改造任务。同时，省级财政部门要积极主动配合有关部门，按照建保［2009］295号文件要求，抓紧汇总编制本地区棚户区改造规划和年度计划，报省级人民政府批准后报送住房城乡建设部、国家发展改革委、财政部、国土资源部备案。

（二）参与制定棚户区改造项目实施方案。棚户区改造规划和年度计划确定后，必须抓紧制定棚户区改造项目实施方案，确保规划和年度计划的顺利实施。市、县财政部门在参与制定棚户区改造规划和年度计划的基础上，要积极配合有关部门区分轻重缓急、因地制宜地制定棚户区改造项目实施方案，参与有计划、有步骤地组织实施棚户区改造项目，优先安排集中连片规模较大、住房条件困难、安全隐患严重、群众要求迫切的棚户区改造项目。

（三）参与制定棚户区改造拆迁安置补偿方案。棚户区改造工作的核心环节是制定拆迁安置补偿方案，拆迁安置补偿方案关系到棚户区改造中被拆迁居民的切身利益，市、县财政部门要积极配合有关部门，按照国家有关规定制定棚户区改造拆迁安置补偿方案，依法保护被拆迁居民的合法权益，使拆迁安置工作得以顺利进行，使棚户区改造工作得到顺利实施，使这项工程真正做到顺民意、得民心、惠民生。

三、多渠道筹集和落实棚户区改造资金

按照建保［2009］295号文件规定，棚户区改造采取财政补助、银行贷款、企业支持、群众自筹、市场开发等多渠道筹集资金。各级财政部门要根据同级人民政府批准的棚户区改造年度计划，按照规定的资金来源渠道，积极筹措和落实棚户区改造资金。

（一）市、县财政部门要按照国家规定安排好棚户区改造资金。棚户区改造是城市建设的一项重要内容。目

前，市、县可用于城市建设的资金来源包括城市维护建设税、城镇公用事业附加、城市基础设施配套费以及土地出让收入等，市、县财政部门可从上述资金来源中安排资金支持棚户区改造。具体如何安排、安排多少，应当根据当地城市建设资金总体需要、相关资金来源状况以及棚户区改造资金需要等，按照统筹兼顾的原则，通过市、县财政预算统筹安排。有条件的市、县可对棚户区改造项目给予贷款贴息。

（二）省级财政部门采取以奖代补方式推进棚户区改造工作。根据建保［2009］295号文件规定，省级人民政府对本地区棚户区改造工作负总责，对市、县人民政府实行目标责任制管理，并负责监督考核。为支持市、县做好棚户区改造工作，省级财政部门应当安排适当补助资金，按照“多干多补，少干少补”的原则分配补助资金，对本地区棚户区改造工作干得好、干得多的市、县给予更多的资金奖励和倾斜，鼓励市、县积极推进棚户区改造工作。省级财政部门要抓紧制定省级棚户区改造以奖代补资金分配办法，报送财政部备案。

（三）市、县可以利用廉租住房建设资金支持棚户区改造工作。目前，居住在棚户区中的居民，有相当一部分属于低收入住房困难家庭，符合当地廉租住房保障条件。为切实解决好这部分居民的住房困难问题，国家鼓励在棚户区改造项目中配建廉租住房项目。对于在棚户区改造项目中配建的廉租住房项目，不仅可以使用市、县安排的廉租住房建设资金，也可以使用中央和省级安排的廉租住房建设补助资金。

（四）中央将采取适当方式鼓励和支持各地做好棚户区改造工作。为鼓励和支持各地推进棚户区改造，从2010年起，中央将根据各地棚户区改造规划和年度计划，每年安排适当资金，采取适当方式，支持各地做好棚户区改造工作。具体补助办法将另行制定。

四、确保棚户区改造各项税费优惠政策落实到位

建保［2009］295号文件已明确规定了支持棚户区改造的税费优惠政策，各级财政部门要认真贯彻执行，确保各项税费优惠政策落实到位。

（一）切实免收各项收费基金优惠政策。按照《国务院关于解决城市低收入家庭住房困难的若干意见》（国发［2007］24号）和建保［2009］295号文件规定，棚户区改造免收各项行政事业性收费和政府性基金。其中，免收的全国性行政事业性收费包括防空地下室易地建设费、白蚁防治费等项目；免收的全国性政府性基金包括城市基础设施配套费、散装水泥专项资金、新型墙体材料专项基金、城市教育附加费、地方教育附加、城镇公用事业附加等项目。在此基础上，省级财政部门要公布免收本地区出台的涉及棚户区改造的行政事业性收费项目，严格执行政府性基金审批程序，未经国务院或财政部批准，严禁越权设立政府性基金项目。

（二）严格按照规定免收土地出让收入。按照建保［2009］295号文件规定，棚户区改造安置住房中涉及的经济适用住房和廉租住房建设项目可以划拨方式供地。各地在贯彻落实过程中，要制定具体操作办法。对于按照规定采取划拨方式供地的，除依法支付土地补偿费、拆迁补偿费外，一律免收土地出让收入。

（三）认真贯彻落实相关税收优惠政策。按照建保［2009］295号文件规定，棚户区改造安置住房建设和通过收购筹集安置房源的，执行经济适用住房的税收优惠政策。目前，财政部正在会同国家税务总局抓紧制定相关

税收优惠政策，有关税收优惠政策出台后，各级财政部门要认真贯彻落实。

五、加强棚户区改造资金的使用管理和监督

棚户区改造资金来源于多渠道，市、县财政部门应统筹安排，加强各项资金的使用管理和监督，确保棚户区改造资金专项用于棚户区改造工作，提高棚户区改造资金使用效益。

（一）抓紧制定棚户区改造资金使用管理办法。市、县财政部门要统筹考虑各项棚户区改造资金来源，细化和明确棚户区改造资金的使用方向，确保棚户区改造资金专项用于棚户区改造工作，不得用于其他开支。省级财政部门要指导市、县财政部门做好棚户区改造资金使用管理办法的制定工作。

（二）按照棚户区改造工作进度及时下达资金。市、县财政部门要按旬按月跟踪和掌握棚户区改造工作进程，包括棚户区改造拆迁安置方案具体实施和进展情况、棚户区改造安置住房建设进展情况等，加强棚户区改造工作相关数据统计分析，根据棚户区改造工作进度及时下达棚户区改造资金。

（三）加强棚户区改造资金使用管理的监督检查。各级财政部门要加强棚户区改造资金使用管理情况的监督检查，确保棚户区改造资金安全有效使用。对于违反规定截留、挤占、挪用棚户区改造资金的，要严格按照《财政违法行为处罚处分条例》（国务院令第427号）等有关规定进行处理，并依法追究有关责任人员的行政责任。

棚户区改造是一项重要的惠民工程，时间紧、任务重、意义重大。各级财政部门要不折不扣地按照中央有关规定和同级人民政府的要求，充分发挥公共财政职能作用，积极配合有关部门抓紧抓实各项工作，为做好棚户区改造工作、推动和谐社会建设做出应有的贡献。

财政部

二〇一〇年二月五日

关于首次购买普通住房有关契税政策的通知

财税［2010］13号

各省、自治区、直辖市、计划单列市财政厅（局）、地方税务局，新疆生产建设兵团财务局：

现对《财政部国家税务总局关于调整房地产交易环节税收政策的通知》（财税［2008］137号）中首次购买普通住房契税优惠政策问题明确如下：

对两个或两个以上个人共同购买90平方米及以下普通住房，其中一人或多人已有购房记录的，该套房产的共同购买人均不适用首次购买普通住房的契税优惠政策。

请遵照执行。

财政部　国家税务总局

二〇一〇年三月九日

财政部 国家税务总局关于城市和国有工矿棚户区改造项目有关税收优惠政策的通知

财税［2010］42号

各省、自治区、直辖市、计划单列市财政厅（局）、地方税务局，西藏、宁夏、青海省（自治区）国家税务总局，新疆生产建设兵团财务局：

根据国务院办公厅《关于促进房地产市场平稳健康发展的通知》（国办发［2010］4号）、住房城乡建设部等五部门《关于推进城市和国有工矿棚户区改造工作的指导意见》（建保［2009］295号）精神，现将城市和国有工矿棚户区改造安置住房（以下简称改造安置住房）有关税收政策通知如下：

一、对改造安置住房建设用地免征城镇土地使用税。对改造安置住房经营管理单位、开发商与改造安置住房相关的印花税以及购买安置住房的个人涉及的印花税予以免征。

在商品住房等开发项目中配套建造安置住房的，依据政府部门出具的相关材料和拆迁安置补偿协议，按改造安置住房建筑面积占总建筑面积的比例免征城镇土地使用税、印花税。

二、企事业单位、社会团体以及其他组织转让旧房作为改造安置住房房源且增值额未超过扣除项目金额20%的，免征土地增值税。

三、对经营管理单位回购已分配的改造安置住房继续作为改造安置房源的，免征契税。

四、个人首次购买90平方米以下改造安置住房，可按1%的税率计征契税；购买超过90平方米，但符合普通住房标准的改造安置住房，按法定税率减半计征契税。

五、个人取得的拆迁补偿款及因拆迁重新购置安置住房，可按有关规定享受个人所得税和契税减免。

六、本通知所称棚户区是指国有土地上集中连片建设的，简易结构房屋较多、建筑密度较大、房屋使用年限较长、使用功能不全、基础设施简陋的区域；棚户区改造是指列入省级人民政府批准的城市和国有工矿棚户区改造规划的建设项目；改造安置住房是指相关部门和单位与棚户区被拆迁人签订的拆迁安置协议中明确用于安置被拆迁人的住房。

七、本通知自2010年1月1日起执行，2010年1月1日至文到之日的已征税款可在纳税人以后的应纳相应税款中抵扣，2010年年度内抵扣不完的，按有关规定予以退税。

八、各地财税部门要加强对政策执行情况的跟踪了解，对执行过程中发现的问题，及时上报财政部、国家税务总局。

财政部　国家税务总局

二〇一〇年五月四日

关于土地增值税清算有关问题的通知

国税函［2010］220号

各省、自治区、直辖市地方税务局，宁夏、西藏、青海省（自治区）国家税务局：

为了进一步做好土地增值税清算工作，根据《中华人民共和国土地增值税暂行条例》及实施细则的规定，现将土地增值税清算工作中有关问题通知如下：

一、关于土地增值税清算时收入确认的问题

土地增值税清算时，已全额开具商品房销售发票的，按照发票所载金额确认收入；未开具发票或未全额开具发票的，以交易双方签订的销售合同所载的售房金额及其他收益确认收入。销售合同所载商品房面积与有关部门实际测量面积不一致，在清算前已发生补、退房款的，应在计算土地增值税时予以调整。

二、房地产开发企业未支付的质量保证金，其扣除项目金额的确定问题

房地产开发企业在工程竣工验收后，根据合同约定，扣留建筑安装施工企业一定比例的工程款，作为开发项目的质量保证金，在计算土地增值税时，建筑安装施工企业就质量保证金对房地产开发企业开具发票的，按发票所载金额予以扣除；未开具发票的，扣留的质保金不得计算扣除。

三、房地产开发费用的扣除问题

（一）财务费用中的利息支出，凡能够按转让房地产项目计算分摊并提供金融机构证明的，允许据实扣除，但最高不能超过按商业银行同类同期贷款利率计算的金额。其他房地产开发费用，在按照“取得土地使用权所支付的金额”与“房地产开发成本”金额之和的5%以内计算扣除。

（二）凡不能按转让房地产项目计算分摊利息支出或不能提供金融机构证明的，房地产开发费用在按“取得土地使用权所支付的金额”与“房地产开发成本”金额之和的10%以内计算扣除。

全部使用自有资金，没有利息支出的，按照以上方法扣除。

上述具体适用的比例按省级人民政府此前规定的比例执行。

（三）房地产开发企业既向金融机构借款，又有其他借款的，其房地产开发费用计算扣除时不能同时适用本条（一）、（二）项所述两种办法。

（四）土地增值税清算时，已经计入房地产开发成本的利息支出，应调整至财务费用中计算扣除。

四、房地产企业逾期开发缴纳的土地闲置费的扣除问题

房地产开发企业逾期开发缴纳的土地闲置费不得扣除。

五、房地产开发企业取得土地使用权时支付的契税的扣除问题

房地产开发企业为取得土地使用权所支付的契税，应视同“按国家统一规定交纳的有关费用”，计入“取得土地使用权所支付的金额”中扣除。

六、关于拆迁安置土地增值税计算问题

（一）房地产企业用建造的本项目房地产安置回迁户的，安置用房视同销售处理，按《国家税务总局关于房地产开发企业土地增值税清算管理有关问题的通知》（国税发［2006］187号）第三条第（一）款规定确认收入，同时将此确认为房地产开发项目的拆迁补偿费。房地产开发企业支付给回迁户的补差价款，计入拆迁补偿费；回迁户支付给房地产开发企业的补差价款，应抵减本项目拆迁补偿费。

（二）开发企业采取异地安置，异地安置的房屋属于自行开发建造的，房屋价值按国税发［2006］187号第三条第（一）款的规定计算，计入本项目的拆迁补偿费；异地安置的房屋属于购入的，以实际支付的购房支出计入拆迁补偿费。

（三）货币安置拆迁的，房地产开发企业凭合法有效凭据计入拆迁补偿费。

七、关于转让旧房准予扣除项目的加计问题

《财政部　国家税务总局关于土地增值税若干问题的通知》（财税［2006］21号）第二条第一款规定“纳税人转让旧房及建筑物，凡不能取得评估价格，但能提供购房发票的，经当地税务部门确认，《条例》第六条第（一）、（三）项规定的扣除项目的金额，可按发票所载金额并从购买年度起至转让年度止每年加计5%计算”。计算扣除项目时“每年”按购房发票所载日期起至售房发票开具之日止，每满12个月计一年；超过一年，未满12个月但超过6个月的，可以视同为一年。

八、土地增值税清算后应补缴的土地增值税加收滞纳金问题

纳税人按规定预缴土地增值税后，清算补缴的土地增值税，在主管税务机关规定的期限内补缴的，不加收滞纳金。

国家税务总局
二○一○年五月十九日

关于加强土地增值税征管工作的通知

国税发［2010］53号

各省、自治区、直辖市和计划单列市地方税务局，西藏、宁夏、青海省（自治区）国家税务局：

为深入贯彻《国务院关于坚决遏制部分城市房价过快上涨的通知》（国发［2010］10号）精神，促进房地产行业健康发展，合理调节房地产开发收益，充分发挥土地增值税调控作用，现就加强土地增值税征收管理工作通知如下：

一、统一思想认识，全面加强土地增值税征管工作

土地增值税是保障收入公平分配、促进房地产市场健康发展的有力工具。各级税务机关要认真贯彻落实国务院通知精神，高度重视土地增值税征管工作，进一步加强土地增值税清算，强化税收调节作用。

各级税务机关要在当地政府支持下，与国土资源、住房建设等有关部门协调配合，进一步加强对土地增值税征收管理工作的组织领导，强化征管手段，配备业务骨干，集中精力加强管理。要组织开展督导检查，推进本地区土地增值税清算工作开展；摸清本地区土地增值税税源状况，健全和完善房地产项目管理制度；完善土地增值税预征和清算制度，科学实施预征，全面组织清算，充分发挥土地增值税的调节作用。

还没有全面组织清算、管理比较松懈的地区，要转变观念、提高认识，将思想统一到国发［2010］10号文件精神上来，坚决、全面、深入地推进本地区土地增值税清算工作，不折不扣地将国发［2010］10号文件精神落到实处。

二、科学合理制定预征率，加强土地增值税预征工作

预征是土地增值税征收管理工作的基础，是实现土地增值税调节功能、保障税收收入均衡入库的重要手段。各级税务机关要全面加强土地增值税的预征工作，把土地增值税预征和房地产项目管理工作结合起来，把土地增值税预征和销售不动产营业税结合起来；把预征率的调整和土地增值税清算的实际税负结合起来；把预征率的调整与房价上涨的情况结合起来，使预征率更加接近实际税负水平，改变目前部分地区存在的预征率偏低、与房价快速上涨不匹配的情况。通过科学、精细的测算，研究预征率调整与房价上涨的挂钩机制。

为了发挥土地增值税在预征阶段的调节作用，各地须对目前的预征率进行调整。除保障性住房外，东部地区省份预征率不得低于2%，中部和东北地区省份不得低于1.5%，西部地区省份不得低于1%，各地要根据不同类型房地产确定适当的预征率（地区的划分按照国务院有关文件的规定执行）。对尚未预征或暂缓预征的地区，应切实按照税收法律法规开展预征，确保土地增值税在预征阶段及时、充分发挥调节作用。

三、深入贯彻《土地增值税清算管理规程》，提高清算工作水平

土地增值税清算是纳税人应尽的法定义务。组织土地增值税清算工作是实现土地增值税调控功能的关键环节。各级税务机关要克服畏难情绪，切实加强土地增值税清算工作。要按照《土地增值税清算管理规程》的要求，结合本地实际，进一步细化操作办法，完善清算流程，严格审核房地产开发项目的收入和扣除项目，提升清算水平。有条件的地区，要充分发挥中介机构作用，提高清算效率。各地税务师管理中心要配合当地税务机关加强对中介机构的管理，对清算中弄虚作假的中介机构进行严肃惩治。

各级税务机关要全面开展土地增值税清算审核工作。要对已经达到清算条件的项目，全面进行梳理、统计，制订切实可行的工作计划，提出清算进度的具体指标；要加强土地增值税税收法规和政策的宣传辅导，加强纳税服务，要求企业及时依法进行清算，按照《土地增值税清算管理规程》的规定和时限进行申报；对未按照税收法律法规要求及时进行清算的纳税人，要依法进行处罚；对审核中发现重大疑点的，要及时移交税务稽查部门进行稽查；对涉及偷逃土地增值税税款的重大稽查案件要及时向社会公布案件处理情况。

各级税务机关要将全面推进工作和重点清算审核结合起来，按照国发［2010］10号文件精神，有针对性地选择3~5个定价过高、涨幅过快的项目，作为重点清算审核对象，以点带面推动本地区清算工作。

各地要在6月底前将本地区的清算工作计划（包括本地区组织企业进行清算的具体措施和年内完成的目标等内容，具体数据见附表）和重点清算项目名单上报税务总局，税务总局将就各地对重点项目的清算情况进行抽查。

四、规范核定征收，堵塞税收征管漏洞

核定征收必须严格依照税收法律法规规定的条件进行，任何单位和个人不得擅自扩大核定征收范围，严禁在清算中出现“以核定为主、一核了之”“求快图省”的做法。凡擅自将核定征收作为本地区土地增值税清算主要方式的，必须立即纠正。对确需核定征收的，要严格按照税收法律法规的要求，从严、从高确定核定征收率。为了规范核定工作，核定征收率原则上不得低于5%，各省级税务机关要结合本地实际，区分不同房地产类型制定核定征收率。

五、加强督导检查，建立问责机制

各级税务机关要按照国发［2010］10号文件关于建立考核问责机制的要求，把土地增值税清算工作列入年度考核内容，对清算工作开展情况和清算质量提出具体要求。要根据《国家税务总局关于进一步开展土地增值税清算工作的通知》（国税函［2008］318号）的要求，对清算工作开展情况进行有力的督导检查，积极推动土地增值税清算工作，提高土地增值税征管水平。国家税务总局将继续组织督导检查组，对各地土地增值税贯彻执行情况和清算工作开展情况进行系统深入的督导检查。国家税务总局已经督导检查过的地区，要针对检查中发现的问

题，进行认真整改，督导检查组将对整改情况择时择地进行复查。

各省、自治区、直辖市和计划单列市地方税务局要在6月底前将本通知的贯彻落实情况向税务总局上报。

附件：土地增值税清算计划统计表（略）

国家税务总局

二〇一〇年五月二十五日

关于支持公共租赁住房建设和运营有关税收优惠政策的通知

财税［2010］88号

各省、自治区、直辖市、计划单列市财政厅（局）、地方税务局，西藏、宁夏、青海省（自治区）国家税务局，新疆生产建设兵团财务局：

根据国务院办公厅《关于促进房地产市场平稳健康发展的通知》（国办发［2010］4号）、《国务院关于坚决遏制部分城市房价过快上涨的通知》（国发［2010］10号）和住房城乡建设部等七部门《关于加快发展公共租赁住房的指导意见》（建保［2010］87号）精神，现对公共租赁住房（以下简称“公租房”）建设和运营有关税收政策通知如下：

一、对公租房建设期间用地及公租房建成后占地免征城镇土地使用税。在其他住房项目中配套建设公租房，依据政府部门出具的相关材料，可按公租房建筑面积占总建筑面积的比例免征建造、管理公租房涉及的城镇土地使用税。

二、对公租房经营管理单位建造公租房涉及的印花税予以免征。在其他住房项目中配套建设公租房，依据政府部门出具的相关材料，可按公租房建筑面积占总建筑面积的比例免征建造、管理公租房涉及的印花税。

三、对公租房经营管理单位购买住房作为公租房，免征契税、印花税；对公租房租赁双方签订租赁协议涉及的印花税予以免征。

四、对企事业单位、社会团体以及其他组织转让旧房作为公租房房源，且增值额未超过扣除项目金额20%的，免征土地增值税。

五、企事业单位、社会团体以及其他组织捐赠住房作为公租房，符合税收法律法规规定的，捐赠支出在年度利润总额12%以内的部分，准予在计算应纳税所得额时扣除。

六、对经营公租房所取得的租金收入，免征营业税、房产税。公租房租金收入与其他住房经营收入应单独核算，未单独核算的，不得享受免征营业税、房产税优惠政策。

七、享受上述税收优惠政策的公租房是指纳入省、自治区、直辖市、计划单列市人民政府及新疆生产建设兵团批准的公租房发展规划和年度计划，以及按照建保［2010］87号文件和市、县人民政府制定的具体管理办法进行管理的公租房。不同时符合上述条件的公租房不得享受上述税收优惠政策。

八、上述政策自发文之日起执行，执行期限暂定三年，政策到期后将根据公租房建设和运营情况对有关内容加以完善。

财政部

国家税务总局

二○一○年九月二十七日

关于调整房地产交易环节契税 个人所得税优惠政策的通知

财税［2010］94号

各省、自治区、直辖市、计划单列市财政厅（局）、地方税务局、住房城乡建设厅（建委、房地局），西藏、宁夏、青海省（自治区）国税局，新疆生产建设兵团财务局、建设局：

经国务院批准，现就调整房地产交易环节契税、个人所得税有关优惠政策通知如下：

一、关于契税政策

（一）对个人购买普通住房，且该住房属于家庭（成员范围包括购房人、配偶以及未成年子女，下同）唯一住房的，减半征收契税。对个人购买90平方米及以下普通住房，且该住房属于家庭唯一住房的，减按1%税率征收契税。

征收机关应查询纳税人契税纳税记录；无记录或有记录但有疑义的，根据纳税人的申请或授权，由房地产主管部门通过房屋登记信息系统查询纳税人家庭住房登记记录，并出具书面查询结果。如因当地暂不具备查询条件而不能提供家庭住房登记查询结果的，纳税人应向征收机关提交家庭住房实有套数书面诚信保证。诚信保证不实的，属于虚假纳税申报，按照《中华人民共和国税收征收管理法》的有关规定处理。

具体操作办法由各省、自治区、直辖市财政、税务、房地产主管部门共同制定。

（二）个人购买的普通住房，凡不符合上述规定的，不得享受上述优惠政策。

二、关于个人所得税政策

对出售自有住房并在一年内重新购房的纳税人不再减免个人所得税。

本通知自2010年10月1日起执行。《财政部 国家税务总局关于调整房地产市场若干税收政策的通知》（财税字［1999］210号）第一条有关契税的规定、《财政部 国家税务总局关于调整房地产交易环节税收政策的通知》（财税［2008］137号）第一条、《财政部 国家税务总局建设部关于个人出售住房所得征收个人所得税有关问题的通知》（财税字［1999］278号）第三条同时废止。

特此通知。

财政部

国家税务总局

住房和城乡建设部

二〇一〇年九月二十九日

关于保障性安居工程资金使用管理有关问题的通知

财综［2010］95号

各省、自治区、直辖市人民政府，国务院有关部门：

根据国务院关于加快保障性安居工程建设工作部署和近期目标要求，为进一步加快保障性安居工程建设进度，经国务院同意，现就有关资金使用管理问题通知如下：

一、切实落实各类保障性安居工程资金

按照现行规定，保障性安居工程实行“省级负总责，市县抓落实”。截至目前，2010年中央安排的各类保障性安居工程补助资金，均已下达相关省、自治区、直辖市、计划单列市和新疆生产建设兵团（以下简称“有关地区”）。同时，今年中央财政已追加下达保障性安居工程补助资金，重点用于公共租赁住房等保障性安居工程建设。有关地区要将中央和省级财政安排的各类保障性安居工程补助资金尽快分配下达到市、县或师、团场。各市、县或师、团场要严格按照国家规定的资金来源渠道，切实落实各类保障性安居工程资金，将中央保障性安居工程补助资金与省级保障性安居工程补助资金，以及市、县或师、团场保障性安居工程资金统筹安排，尽快落实到保障性安居工程项目和符合保障性安居工程条件的家庭，确保不因资金不落实、不到位而影响各类保障性安居工程建设进度。

二、允许土地出让净收益用于发展公共租赁住房

为切实解决城市中等偏下收入家庭住房困难，从2010年起，各地在确保完成当年廉租住房保障任务的前提下，可将现行从土地出让净收益中安排不低于10%的廉租住房保障资金，统筹用于发展公共租赁住房，包括购买、新建、改建、租赁公共租赁住房，贷款贴息，向承租公共租赁住房的廉租住房保障家庭发放租赁补贴。从土地出让净收益安排资金用于发展公共租赁住房支出时，填列《政府收支分类科目》212类“城乡社区事务”08款“国有土地使用权出让收入安排的支出”11项“公共租赁住房支出”科目。

三、允许住房公积金增值收益中计提的廉租住房保障资金用于发展公共租赁住房

按照《住房公积金管理条例》（国务院令第350号）的规定，住房公积金的增值收益扣除计提住房公积金贷款风险准备金、住房公积金管理中心的管理费用后，作为建设廉租住房的补充资金。从2010年起，各地在完成当年廉租住房保障任务的前提下，可以将住房公积金增值收益中计提的廉租住房保障资金，统筹用于发展公共租赁住房。各地从住房公积金增值收益中安排资金用于发展公共租赁住房支出时，填列《政府收支分类科目》212类

“城乡社区事务”07款“政府住房基金支出”04项“公共租赁住房支出”科目。

四、提高中央财政廉租住房保障专项补助资金使用效率

按照现行规定，中央财政廉租住房保障专项补助资金在优先满足发放租赁补贴的前提下，可用于购买、改建或租赁廉租住房支出。其中，购买廉租住房可以购买旧房，也可以购买新房。为了进一步提高中央财政廉租住房保障专项补助资金使用效率，省级财政、住房城乡建设部门要进一步明确本地区年度购买、改建或租赁廉租住房任务。2010年各地购买、改建或租赁廉租住房任务数，为当年省级人民政府同住房城乡建设部签订的目标责任书确认的新增廉租住房套数，扣除中央预算内投资补助下达新建廉租住房套数之后的套数。2010年中央财政补助相关地区购买、改建、租赁廉租住房具体任务数详见附件。省级财政、住房城乡建设部门要及时将2010年购买、改建、租赁廉租住房任务数分解下达到市、县或师、团场，并加强督促检查，确保按期完成购买、改建、租赁廉租住房任务。从2011年开始，财政部、住房城乡建设部在分配下达有关地区中央财政廉租住房保障专项补助资金时，不仅要考虑该地区当年租赁补贴任务完成情况，还要考虑该地区当年购买、改建、租赁廉租住房任务完成情况。在完成当年廉租住房保障任务的前提下，经同级财政部门批准，可以将中央财政廉租住房保障专项补助资金用于购买、新建、改建、租赁公共租赁住房。

五、利用贷款贴息引导社会发展公共租赁住房

为充分调动市场主体和社会机构投资购买、新建、改建、租赁和运营公共租赁住房的积极性，降低社会资金投资公共租赁住房的融资成本，各地可以采取贴息方式，支持市场主体和社会机构从商业银行融资用于发展公共租赁住房。各级人民政府安排的公共租赁住房资金，包括中央补助公共租赁住房资金，均可用于公共租赁住房项目贷款贴息。公共租赁住房贷款贴息幅度、年限等管理办法由省级财政部门会同发展改革、住房城乡建设部门制定，报财政部、国家发展改革委、住房城乡建设部备案。

六、加强政府投资建设的公共租赁住房租金“收支两条线”管理

政府投资建设公共租赁住房取得的租金收入，应按照政府非税收入管理的规定缴入同级国库，实行“收支两条线”管理。租金收入专项用于偿还公共租赁住房贷款，以及公共租赁住房的维护、管理等支出。公共租赁住房租金收入缴库时，填列《政府收支分类科目》103类“非税收入”01款“政府性基金收入”43项“政府住房基金收入”04目“公共租赁住房租金收入”科目；使用公共租赁住房租金收入时，填列《政府收支分类科目》212类“城乡社区事务”07款“政府住房基金支出”04项“公共租赁住房租金支出”科目。政府投资建设公共租赁住房租金收入具体缴库办法，按照地方财政部门的有关规定执行。市县财政部门要加强政府投资建设的公共租赁住房

租金“收支两条线”管理，确保租金收入及时足额缴库，并严格按照规定用途使用。

七、加快保障性安居工程资金预算执行进度

各地要按照签订的保障性安居工程目标责任书，积极开展各项工作，切实落实保障性安居工程建设用地，加快保障性安居工程项目审批，尽快开工建设并形成实物工作量，根据工作进度及时拨付保障性安居工程资金。要在核实底数的基础上，尽快将租赁补贴资金发放到符合条件的廉租住房保障家庭。同时，要加快保障性安居工程预算执行进度，提高保障性安居工程建设项目投资完成率，确保当年本地区保障性安居工程任务如期完成。对于超计划完成当年保障性安居工程任务的地区，中央在分配下达下一年度相关保障性安居工程补助资金时，将给予适当的资金倾斜和奖励。各地要确保保障性安居工程资金按规定用途使用，不得挤占和挪作他用。

附件：2010年中央财政补助相关地区购买、改建、租赁廉租住房任务（略）

财政部

国家发展改革委

住房城乡建设部

二○一○年十月二十六日

政策汇编

04

中华人民共和国
国土资源部

关于加强房地产用地供应和监管有关问题的通知

国土资发［2010］34号

各省、自治区、直辖市国土资源厅（国土环境资源厅、国土资源局、国土资源和房屋管理局、规划和国土资源管理局），副省级城市国土资源行政主管部门，新疆生产建设兵团国土资源局，各派驻地方的国家土地督察局：

为贯彻落实《国务院办公厅关于促进房地产市场平稳健康发展的通知》（国办发［2010］4号）要求，依法加强监管，切实落实房地产土地管理的各项规定，增强土地政策参与房地产市场宏观调控的针对性和灵活性，增加保障性为重点的住房建设用地有效供应，提高土地供应和开发利用效率，促进地产市场健康平稳有序运行，现将有关问题通知如下：

一、加快住房建设用地供应计划编制

（一）科学编制住房特别是保障性住房用地供应计划。市、县国土资源管理部门要依据土地利用总体规划和年度计划、住房建设规划和计划及棚户区改造规划，结合

本地区已供土地开发利用情况和闲置土地处置情况，科学编制住房特别是保障性住房用地供应计划，合理确定住房用地供应总量和结构。确保保障性住房、棚户改造和自住性中小套型商品房建房用地，确保上述用地不低于住房建设用地供应总量的70%。要严格控制大套型住房建设用地，严禁向别墅供地。省级国土资源管理部门应及时对市、县房地产用地年度计划做出预安排，并于3月底前，将本年度住房和保障性住房用地供应计划汇总报部，并抄送各派驻地方的国家土地督察局。

（二）协调推进住房用地供应计划实施。市、县国土资源管理部门应按照经政府批准的供地计划，结合政府收购储备地块开发和房地产市场土地供需的情况，确定年度计划中拟供应的地块，合理安排供地时序。应主动与有关部门联系协调，依据投资到位情况和方便群众工作生活要求，优先确定保障性住房用地地块，确保保障性住房用地计划落实。城市和国有工矿棚户区改建原则上应实行原址改造，盘活存量土地，优化用地结构，完善服务功能，节约集约用地。落实住房和保障性住房用地供应计划涉及占用农用地的，要优先安排农转用计划指标，按部审批改革要求，及时组织申报，加快审批征收。

二、促进住房建设用地有效供应

（三）确保保障性住房用地供应。各地对列入年度供地计划的保障性住房用地，要应保尽保、及时供地。保障性住房以及城市和国有工矿棚户区改造中符合保障性住房条件的安置用地，应以划拨方式供应。保障性住房建设项目中配建的商服等经营性项目用地，应按市场价有偿使用。商品房建设项目中配建保障性住房的，必须在土地出让合同中明确保障性住房的建筑总面积、分摊的土地面积、套数、套型建筑面积、建成后由政府收回或收购的条件、保障性住房与商品住房同步建设等约束性条件。

（四）严格规范商品房用地出让行为。严格土地出让条件。市、县国土资源管理部门应依据城市规划部门出具的宗地规划设计条件，拟定出让方案，确定为中低价位普通商品房用地的，方案中要增加房地产主管部门提出的住房销售价位、套数、套型面积等控制性要求，并写入出让合同，约定违约处罚条款。土地使用权人违约的，要追究相应违约责任。各地要按照《限制用地项目目录（2006年增补本）》要求，严格控制商品房用地单宗出让面积。条件具备的地方，可以探索房地产用地出让预申请制度。

严格规范土地出让底价。各地应按规定及时更新基准地价并向社会公布。招标、拍卖、挂牌和协议出让底价应当依据土地估价结果、供地政策和土地市场行情等，集体决策，综合确定。土地出让最低价不得低于出让地块所在地级别基准地价的70%，竞买保证金不得低于出让最低价的20%。

严格土地竞买人资格审查。对用地者欠缴土地出让价款、闲置土地、囤地炒地、土地开发规模超过实际开发能力以及不履行土地使用合同的，市、县国土资源管理部门要禁止其在一定期限内参加土地竞买。对存在的违法违规用地行为，要严肃查处。

严格土地出让合同管理。土地出让成交后，必须在10个工作日内签订出让合同，合同签订后1个月内必须缴纳出让价款50%的首付款，余款要按合同约定及时缴纳，最迟付款时间不得超过一年。出让合同必须明确约定土地面积、用途、容积率、建筑密度、套型面积及比例、定金、交地时间及方式、价款缴纳时间及方式、开竣工时间及具体认定标准、违约责任处理。上述条款约定不完备的，不得签订合同，违规签订合同的，必须追究出让人责任。受让人逾期不签订合同的，终止供地、不得退还定金。已签合同不缴纳出让价款的，必须收回土地。

（五）坚持和完善土地招拍挂制度。各地要按照公开、公平、公正的原则和统一、规范的市场建设要求，坚持和完善招拍挂出让制度。房价过高、上涨过快的城市，市、县国土资源管理部门可选择部分地块，按照政府确定的限价房项目采用竞地价办法招拍挂出让土地，发挥抑制房价上涨过快的调节作用。要按照提高土地开发利用效率的原则，探索综合评标的具体方法。在确定土地出让最低价的基础上，将土地价款交付、开发建设周期、中小套型建设要求、土地节约集约程度等影响土地开发利用的因素作为评标条件，科学量化标准，合理确定各因素权重，完善评标专家库，细化评标规则，规范运作，依法依纪严格监督。

三、切实加强房地产用地监管

（六）实施住房用地开发利用申报制度。从2010年4月1日起，市、县国土资源管理部门要建立房地产用地开竣工申报制度。用地者应当在项目开工、竣工时，向国土资源管理部门书面申报，各地应对合同约定内容进行核验。在合同约定期限内未开工、竣工的，用地者要在到期前15日内，申报延迟原由，市、县国土资源管理部门应按合同约定认真处理，可通过增加出让合同和划拨决定书条款或签订补充协议等方式，对申报内容进行约定监管。对不执行申报制度的，要向社会公示，并限制其至少在一年内不得参加土地购置活动。

（七）加强土地开发利用动态监测。市、县国土资源管理部门必须将每一宗土地的出让合同或划拨决定书，通过网络在线上报，经部统一配号后方可作为正式文本签订，并将出让合同或划拨决定书的电子监管号作为土地登记的要件。各地要对已供土地的开竣工、开发建设进度等情况进行实地巡查，及时更新开发利用信息，加强统计分析，并入网上传部门户网站（中国土地市场网页）。

（八）强化保障性住房用地供后监管。保障性住房用地不得从事商业性房地产开发，因城市规划调整需要改变的，应由政府收回，另选地块供应。对没有按约定配建保障性住房的，要按照出让合同或划拨决定书约定处理。对违法违规的企业，要依法查处。查处不落实的，依据《违反土地管理规定行为处分办法》（国土资源部令第15号），追究相关人员责任。

（九）严格依法处置闲置房地产用地。各省（区、市）国土资源管理部门要全面掌握本地区闲置房地产用地查处情况，对未查处的闲置土地，实行挂牌督办，依法依规处置。对政府及政府有关部门原因造成闲置土地且未查处的，各派驻地方的国家土地督察局要及时向当地人民政府提出督察整改意见，限期依法查处。市、县国土资源管理部门要利用监测网络系统，加强对每个房地产项目开工到期申报情况的监测核查，防止产生新的闲置土地。省级国土资源管理部门要将企业闲置土地的情况，及时通报同级金融监管部门。

（十）加强房地产用地开发利用诚信管理。市、县国土资源管理部门要建立房地产企业土地开发利用诚信档案，对招拍挂竞得土地后不及时签订成交确认书或出让合同、未按合同约定缴纳土地价款、未按合同约定开竣工的，要依法依规处理，向社会公示，计入诚信档案，作为土地竞买人资格审查的依据，并入网上传部房地产用地开发利用诚信体系，部将及时向有关部门通报。

四、建立健全信息公开制度

（十一）公开住房供地计划。各地应及时将住房特别是保障性住房用地供应计划在部门户网站（中国土地市场网页）及当地土地有形市场公开，接受社会监督。部将于4月上旬在部门户网站（中国土地市场网页）公开通报各地供地计划情况。省级国土资源管理部门应分别于每年7月5日和次年1月5日前，将住房和保障性住房用地供应计划落实情况汇总报部并抄送各派驻地方的国家土地督察局，部每半年在部门户网站（中国土地市场网页）向社会公布。

（十二）公开土地出让公告。市、县国土资源管理部门必须在部门户网站（中国土地市场网页）发布土地出让公告，按照部规定的规范格式，公告拟出让宗地的位置、面积、用途、套型要求、容积率、出让年限、投标（竞买）保证金、提交申请时间、出让时间等内容。公告不规范的，部将予以通报批评，限期纠正。

（十三）公开土地出让和划拨结果。市、县国土资源管理部门要及时将出让成交和已划拨土地的位置、面积、用途、土地价款、容积率、开竣工时间等，在入网上传部的同时，在当地土地有形市场及媒体公开。没有公开出让和划拨供地结果的，省级国土资源管理部门要通报批评，限期纠正。部将从土地市场动态监测监管系统中，生成供地结果信息，并向社会发布。

（十四）公开土地开发利用信息。自今年起，部将每季度向社会公布未按出让合同和划拨决定书约定时间开竣工的宗地信息。对社会关注的典型地块信息，在部门户网站“出让信息”专栏及时公开。地方各级国土资源管理部门要通过各自门户网站，或召开新闻发布会等形式，定期或不定期向社会公开土地供应和开发利用情况及闲置土地查处信息。

（十五）公开违法违规用地查处结果。各地要将挂牌督办和社会关注的案件处理结果及时向社会公开。省级国土资源管理部门要加强对重点案件处理结果落实情况的监督检查，及时公开查处结果，接受社会监督。部将不定期对重大违法案件挂牌督办，公开查处结果。

五、开展房地产用地突出问题专项检查

（十六）明确房地产用地专项检查的重点内容。部决定，今年3月至7月，在全国组织开展对房地产用地突出问题的专项检查。检查重点是：房地产用地特别是保障性住房用地未经批准擅自改变用途，违规供应土地建设别墅，违反法律法规闲置土地、囤地炒地等。各省级国土资源管理部门要按照专项检查工作要求，及时向政府汇报，统一部署，认真实施。

（十七）结合出让合同清理制定专项检查方案。各地要根据《国有建设用地使用权出让合同专项清理工作方案》（国土资厅发［2009］86号）要求，抓紧开展出让合同和划拨决定书专项清理，全面掌握本地房地产用地供

应及开发利用情况，加快信息进网上传，于3月31日前完成数据填报。在合同清理基础上，省级国土资源管理部门要指导各地制定专项检查方案，细化工作措施，切实抓好落实，加强检查督办。各地必须在7月中旬前完成专项检查和处理工作，由省级国土资源管理部门汇总情况，形成书面报告，连同出让合同清理报告于7月底前一并报部。

（十八）严肃查处房地产用地中的违法违规行为。各地要按照本通知要求，严格履行职责，认真开展专项检查，对房地产用地供应和开发利用中的不规范行为，要认真整改；对违法违规用地行为，要依法依纪坚决查处。对瞒案不报、压案不查的，要严肃追究责任。4月份，中央工程建设领域突出问题专项治理领导小组将组织监察部、国土资源部等部门，对中央扩大内需促进经济增长政策落实和工程建设领域突出问题专项治理情况开展联合检查，同时，一并检查房地产开发中突出问题的清查情况。

（十九）切实加强对专项检查工作的组织领导和政策指导。各省（区、市）国土资源管理部门要高度重视，认真组织实施，严格落实共同责任，切实加强对房地产用地突出问题专项检查的组织领导和政策指导，督促市、县国土资源管理部门严格执行房地产用地的法规和政策，健全完善制度，规范供地用地行为，确保专项检查取得实效。

国土资源部
二〇一〇年三月八日

2010年各省（区、市）住房供地计划公告

公告［2010］第10号

为贯彻落实《国务院办公厅关于促进房地产市场平稳健康发展的通知》（国办发［2010］4号）及《国土资源部关于加强房地产用地供应和监管有关问题的通知》（国土资发［2010］34号），现将各省、自治区、直辖市上报汇总的2010年住房用地供地计划予以公告。各地应将政府批准的2010年住房供地计划在部门户网站（中国土地市场网页）和当地土地有形市场、政府门户网站上向社会公示。要主动协调各有关部门，按照住房建设规划、计划和资金落实情况，确保保障性住房、棚改房和自住性中小套型普通商品房用地优先供应，确保三类房供地不低于70%。要认真抓好坚持和完善招拍挂制度试点工作。各省级国土资源部门要加强对市、县住房供地计划执行的指导和监督。各派驻地方的国家土地督察局要加强对地方政府落实住房供地计划的督察。住房供地计划及落实情况，欢迎社会监督。

国土资源部
二○一○年四月十五日

关于进一步加强房地产用地和建设管理调控的通知

国土资发［2010］151号

各省、自治区、直辖市国土资源厅（国土环境资源厅、国土资源局、国土资源和房屋管理局、规划和国土资源管理局）、住房城乡建设厅（建委、房地局、规划局），副省级城市国土资源行政主管部门、住房城乡建设(房地产、规划)行政主管部门，新疆生产建设兵团国土资源局、建设局，各派驻地方的国家土地督察局：

为贯彻落实《国务院关于坚决遏制部分城市房价过快上涨的通知》（国发［2010］10号，以下简称“国发10号文件”）确定的工作任务，进一步加强房地产用地和建设的管理调控，积极促进房地产市场继续向好发展，现就有关工作通知如下：

一、统一思想，加强部门协调配合

地方各级国土资源、住房城乡建设（房地产、规划、住房保障）主管部门要深入学习领会国发10号文件的指导思想、任务要求和政策规定，充分认识进一步加强房地产用地和建设的管理调控，是坚决贯彻落实国发10号文件政策、继续抑制房价上涨、促进房价地价合理调整的重要任务，是增加群众住房有效供给、维护群众切身利益的迫切需要，是促进城市建设节约用地、科学发展的重要举措。各级国土资源、住房城乡建设（房地产、规划、住房保障）主管部门要统一思想认识，明确工作职责和任务，在政府统一领导下，加强协作、形成合力，从当地房地产市场实际出发，在严格执行法规政策、加强管理监督、认真查处违法违规行为等各项工作中主动协调配合，落实各部门责任，努力开展工作，促进房地产市场持续向好发展。

二、强化住房用地和住房建设的年度计划管理

地方各级住房城乡建设（房地产、规划、住房保障）、国土资源主管部门要按照住房建设规划和编制计划的要求，共同商定城市住房供地和建设的年度计划，并根据年度计划实行宗地供应预安排，共同商定将确定的保障性住房、棚户区改造住房、公共租赁住房和中小套型普通商品住房年度建设任务落实到地块。省级市和市县国土资源主管部门应及时向社会公布供地计划、供地时序、宗地情况和供地条件，接受社会公众监督，正确引导市场预期。要根据住房建设计划落实情况，及时合理调整供地计划。要在确保保障性住房、棚户区改造住房和中小套型普通商品住房用地不低于住房用地供应总量70%的基础上，结合各地实际，选择地块，探索以划拨和出让方式加大公共租赁住房供地建房、逐步与廉租住房并轨、简化并实施租赁住房分类保障的途径。在房价高的地区，应增加中小套型限价住房建设供地数量。要在盘活利用存量土地的同时，对依法收回的闲置土地和具备“净地”供

应的储备土地以及农转用计划指标，应优先确保以保障性住房为主的上述各类住房用地的供应。没有完成上述住房供地计划的地方，不得向大户型高档住房建设供地。

三、加快推进住房用地供应和建设项目的审批

（一）加强保障性住房用地监管。省级住房城乡建设主管部门要监督市、县按确定的保障性住房、政策性住房的建设任务，尽快编制建设项目、落实资金。省级国土资源主管部门要督促市、县依据项目确定和资金落实情况，及时办理供地手续。对已供应的保障性住房建设用地，市、县住房城乡建设（房地产、规划、住房保障）等部门要督促建设单位抓紧做好开工前期工作，促其按期开工建设。要加强对保障性住房项目建筑设计方案的审查，严格落实国家关于保障性住房的建筑面积控制标准，严格按照规划要求同步建设公共配套设施。

对已供应的各类保障性住房用地，不得改变土地性质和土地用途，不得提高建设标准、增加套型面积。对改变上述内容的保障性住房建设项目，有关主管部门不得办理相关手续，已作为商品住房销售的，要依法没收违法所得并处以罚款。

（二）加快住房建设项目的行政审批。市、县国土资源、住房城乡建设（房地产、规划）主管部门要共同建立保障性住房、棚户区改造住房、公共租赁住房、中小套型普通商品住房建设项目行政审批快速通道，规划主管部门要在受理后10天内核发建设用地规划许可证，国土资源主管部门要在受理后10天内核发国有土地使用证，规划主管部门要在受理后60天内核发建设工程规划许可证，建设主管部门应当要求限时进行施工图审查和核发施工许可证，房地产主管部门要严格按规定及时核发商品房预售许可证。各部门要及时互通办理结果，主动衔接，提高行政办事效率，加快住房项目的供地、建设和上市，尽快形成住房的有效供应。

四、严格住房建设用地出让管理

（一）规范编制拟供地块出让方案。市、县国土资源主管部门要会同住房城乡建设（房地产、规划、住房保障）主管部门，依据土地利用规划和城镇控制性详细规划协调拟定住房用地出让方案。对具备供地条件的地块，规划、房地产主管部门要在接到国土资源主管部门书面函件后30日内分别提出规划和建设条件。拟出让宗地规划条件出具的时间逾期一年的，国土资源主管部门应当重新征求相关部门意见，并完善出让方案。

土地出让必须以宗地为单位提供规划条件、建设条件和土地使用标准，严格执行商品住房用地单宗出让面积规定，不得将两宗以上地块捆绑出让，不得“毛地”出让。拟出让地块要依法进行土地调查和确权登记，确保地类清楚、面积准确、权属合法，没有纠纷。

（二）严格制定土地出让的规划和建设条件。市、县规划主管部门应当会同国土资源主管部门，严格依据经批准的控制性详细规划和节约集约用地要求，确定拟出让地块的位置、使用性质、开发强度、住宅建筑套数、套型建筑面积等套型结构比例条件，作为土地出让的规划条件，列入出让合同。对于中小套型普通商品住房建设项

目，要明确提出平均套型建筑面积的控制标准，并制定相应的套型结构比例条件。要严格限制低密度大户型住宅项目的开发建设，住宅用地的容积率指标必须大于1。

市、县住房城乡建设（房地产、住房保障）主管部门要提出限价商品住房的控制性销售价位，商品住房建设项目中保障性住房的配建比例、配建套数、套型面积、设施条件和项目开竣工时间及建设周期等建设条件，作为土地出让的依据，并纳入出让合同。

土地出让后，任何单位和个人无权擅自更改规划和建设条件。因非企业原因确需调整的，必须依据《城乡规划法》规定的公开程序进行。由开发建设单位提出申请调整规划建设条件而不按期开工的，必须收回土地使用权，重新按招标拍卖挂牌方式出让土地。

（三）严格土地竞买人资格审查。国土资源主管部门对竞买人参加招拍挂出让土地时，除应要求提供有效身份证明文件、缴纳竞买（投标）保证金外，还应提交竞买（投标）保证金不属于银行贷款、股东借款、转贷和募集资金的承诺书及商业金融机构的资信证明。

根据国发10号文件规定，对发现并核实竞买人存在下列违法违规违约行为的，在结案和问题查处整改到位前，国土资源主管部门必须禁止竞买人及其控股股东参加土地竞买活动：

1. 存在伪造公文骗取用地和非法倒卖土地等犯罪行为的；

2. 存在非法转让土地使用权等违法行为的；

3. 因企业原因造成土地闲置一年以上的；

4. 开发建设企业违背出让合同约定条件开发利用土地的。

各级国土资源主管部门必须严格执行国发10号文件有关规定和上述规定，要及时将发现并核实有违法违规违约行为的企业的名单、问题和查处结果入网上传到国土资源部门户网站的中国土地市场网页，不执行或弄虚作假的，按有关法规纪律规定严肃追究有关人员责任。

（四）严格划拨决定书和出让合同管理。各类住房建设项目应当在划拨决定书和出让合同中约定土地交付之日起一年内开工建设，自开工之日起三年内竣工。综合用地的，必须在合同中分别载明商业、住房等规划、建设及各相关条件。市、县国土资源主管部门要会同住房城乡建设（房地产、规划、住房保障）主管部门，研究制定违反土地划拨决定书和出让合同应约定的条件、规定和要求的违约责任及处罚条款，连同土地受让人对上述内容的承诺一并写入土地划拨决定书和出让合同，确保以保障性为重点的各类住房用地、建设和销售等按照国家政策落实到位。

五、加强对住房用地供地和建设的监管

（一）加强房地产用地供应监管。各省（区、市）国土资源主管部门要加强对住房用地出让公告和合同约定内容的适时监管，对市、县发布的公告中存在捆绑出让、超用地规模、“毛地”出让、超三年开发周期出让土地的，要责令立即撤销公告，调整出让方案重新出让。土地出让成交后，要协商规范合同约定内容，统一电子配号

后方可签订合同。市、县国土资源主管部门要严格执行房地产用地开竣工申报制度，依托土地市场动态监测和监管系统，及时清理开工、竣工的房地产项目，定期对已供房地产用地的开竣工、开发建设条件执行等情况进行实地巡查，发现有违法违规问题的，必须依法依纪追究责任。

（二）加强住房建设项目开发过程的动态监管。市、县国土资源、住房城乡建设（房地产、规划、住房保障）主管部门要加强对房地产开发企业土地开发利用、住房建设和销售的全程动态监管。应按照各自职责，认真审核审批，发现有违法违规违约行为的，必须终止企业相关行为、停办相关手续，及时通告并由业务主管部门负责，共同依法依规查处。房地产开发项目竣工验收时，住房城乡建设主管部门要会同国土资源主管部门对开发企业及建设项目履行用地合同约定的各类条件及承诺情况进行核查。

市、县住房城乡建设主管部门要全面加强对住宅工程、特别是保障性安居工程的质量监管，重点对勘察、设计、施工、监理等参建单位执行工程建设强制性标准的情况进行监督检查，强化住宅工程质量责任落实。在工程质量监管中发现的问题，要及时查处，并告知国土资源主管部门。

六、加大违法违规行为清理查处力度

（一）严格查处囤地炒地闲置土地行为。省级国土资源主管部门要采取得力措施，督促市、县国土资源主管部门加快查清处理闲置土地。对企业自身原因造成土地闲置的，必须依法坚决查处。对政府及部门原因造成土地闲置的，住房城乡建设部门要积极配合国土资源主管部门，联合限期查办。对未达到法律法规规定的土地转让条件转让房地产用地等囤地炒地的行为，要及时依法依规严肃查处，应当依法没收违法所得，并处罚款。对违规违法办理相关用地手续的部门和人员，省级国土资源主管部门要按有关规定追究责任人责任。

（二）严格查处擅自调整容积率行为。市、县规划主管部门应会同国土资源主管部门，严格按照已确定的容积率指标对开发宗地进行规划许可和建设项目竣工核验。对已供土地分期开发的建设项目，应统一规划设计，各期建设工程规划许可确定的建筑面积的总和，必须符合容积率指标要求。坚决制止擅自调整容积率等问题，严肃查处国家机关工作人员在建设用地规划变更、容积率调整中玩忽职守、权钱交易等违纪违法行为。

（三）严格查处商品住房建设和销售的违法违规行为。市、县住房城乡建设（房地产、规划、住房保障）主管部门要依据法律法规，对房地产开发企业擅自突破住房套型结构比例、不按要求配建保障性住房、无故拖延开竣工时间、违反预销售时限和方式要求等行为进行处罚，并及时向国土资源、价格、金融等主管部门通报违法违约企业名单。房地产主管部门要会同有关部门建立市场动态监管制度，开展商品住房销售现场的日常巡查和实地检查，在商品住房预售环节及时发现并严肃查处捂盘惜售、囤积房源、虚假宣传、哄抬房价等违法违约行为。

市、县国土资源主管部门要联合住房城乡建设主管等部门，及时查处违反规定向别墅项目供地和未经批准改变项目规划建设条件建设别墅的行为。

（四）加大违法违规房地产用地信息公开。省（区、市）国土资源主管部门要按季度将发现和查处违法违规房地产用地的情况，在当地媒体和国土资源部门户网站的中国土地市场网页上向社会公布，接受公众监督，同时将有违法违规行为的房地产企业名单，及时抄送住房城乡建设、国有资产、工商、金融及监管、证券等部门，配合相关部门认真落实国发10号文件有关规定。每季度末，各省（区、市）国土资源主管部门要将有关情况报国土资源部，由国土资源部统一向社会通报。

国土资源部、住房和城乡建设部将按照国发10号文件的要求，对本通知贯彻落实情况进行指导监督和检查。

国土资源部

二〇一〇年九月二十一日

关于严格落实房地产用地调控政策促进土地市场健康发展有关问题的通知

国土资发［2010］204号

各省、自治区、直辖市国土资源厅（国土环境资源厅、国土资源局、国土资源和房屋管理局、规划和国土资源管理局），副省级城市国土资源行政主管部门，新疆生产建设兵团国土资源局，各派驻地方的国家土地督察局：

为落实中央经济工作会议精神，增强土地政策参与房地产市场宏观调控的针对性、灵活性、有效性，持续推进国务院关于房地产市场调控政策措施的贯彻落实，按照国土资发［2010］34号、［2010］151号文件要求，严格落实房地产用地调控政策，做好当前和今后一段时间房地产用地管理和调控工作，促进土地市场健康平稳可持续发展，现就有关问题通知如下：

一、增强责任感和敏锐性，密切关注房地产市场走势，坚决落实监管和调控政策措施

地方各级国土资源主管部门今年以来认真贯彻落实国务院和国土资源部关于房地产市场调控的政策措施，积极推进以保障性为主的住房供地计划落实，坚持和完善土地招拍挂制度，切实加强房地产用地供应和监管，以住宅用地为主的房地产用地供应大幅增长，保障性住房用地占比提高，用地结构进一步优化，城市居住用地地价总体趋于稳定。但由于多因素作用下房地产市场健康运行面临复杂局面，近期少数城市部分优质地块出让溢价率偏高，引起社会广泛关注。对此，地方各级国土资源主管部门要高度重视，切实增强责任感和敏锐性，密切关注当前土地市场动向，抓紧采取有力措施，控制住房用地供应总量，把握供地节奏和时序，优化供地结构，调整供地方式，坚决抑制地价过快上涨；要严格落实已有政策规定，坚决打击囤地炒地闲置土地等违法违规行为，切实落实调控措施。

二、完善调控措施，促进土地市场健康发展

未完成2010年保障性住房建设用地供应任务，保障性住房、棚户区改造住房、中小套型普通商品住房“三类用地”供应总量未达到住房用地供应总量70%的市县，年底前不得出让大户高档商品住宅用地。要严格把握居住用地出让的总量、结构和时序，坚决防范受多种因素驱动的岁末年初放量供地。凡可能出现“高价地”的地区，必须事前评估，采取有效措施，防止出现高价地，稳定市场预期。各地要加强地价动态监测，及时掌握地价异常变动，提高市场敏锐性和针对性。对招拍挂出让中溢价率超过50%、成交总价或单价创历史新高的地块，市、县国土资源主管部门要在成交确认书签订（中标通知书发出）后两个工作日内，通过国土资源部门户网站的中国土地市场网页下

载并填写《房地产用地交易异常情况一览表》，分别上报国土资源部和省（区、市）国土资源主管部门。

三、严格执行招拍挂出让制度和操作程序，规范房地产用地出让行为

省（区、市）国土资源主管部门要加强对市、县招拍挂出让公告的审查，对发现存在超面积出让、捆绑出让、“毛地”出让、住宅用地容积率小于1、出让主体不合法等违反政策规定的出让公告，及时责令市、县国土资源主管部门撤销公告，重新拟定出让方案。违反规定出让的，应责令立即终止出让行为，并依法追究责任。

市、县国土资源主管部门要严格竞买人资格审查，在审查前，要在线查询部、省（区、市）房地产企业土地开发利用诚信档案，对发现竞买人及其控股股东存在伪造公文骗取用地和非法倒卖土地、非法转让土地使用权、因企业原因造成土地闲置一年以上、违背出让合同约定条件开发利用土地等违法违规违约行为的，不得通过竞买资格审查。市、县国土资源主管部门要将审查发现的违法违规违约行为，及时在当地媒体和国土资源部门户网站的中国土地市场网页上向社会公布。在违法违规违约行为查处整改到位前，企业及其控股股东不得参加土地竞买。

各地要按照公开公平公正、诚实信用、高效便民的原则，在坚持国有土地使用权招标拍卖挂牌出让制度的前提下，积极探索“限房价、竞地价”“限地价、竞政策性住房面积”“在商品住宅用地中配建保障性住房”、网上挂牌、用地预申请、一次竞价、综合评标等多种交易形式，总结推广成功经验和做法，改进和完善招拍挂制度内容，进一步发挥招拍挂制度在深化土地要素市场改革、加强土地出让领域反腐倡廉建设和调控房地产市场中的积极作用。

四、加强房地产用地监管，严格落实制度

严禁保障性住房用地改变用地性质。保障性住房用地改变用地性质搞商品房开发的，必须依法没收违法所得，收回土地使用权，由市、县国土资源主管部门重新招拍挂出让。坚决制止擅自调整容积率行为。经依法批准调整容积率的，市、县国土资源主管部门应当按照批准调整时的土地市场楼面地价核定应补缴的土地出让价款。省（区、市）国土资源主管部门应对各地房地产用地开竣工申报制度的建立情况进行检查，对未按照国土资发［2010］34号文件规定建立制度的市县，要提出通报批评，限期建立。

各地务必按照今年上半年房地产用地专项整治的要求和政策标准，进一步加大违法违规房地产用地清理查处力度，加快处置因政府原因造成的闲置土地，促进市场秩序进一步规范。2011年1月中旬前，省（区、市）国土资源主管部门要将因政府原因闲置土地尚未完成整改处置的市县和具体地块信息、闲置原因向社会公告，并采取措施督促市县抓紧落实闲置土地清理工作。

各级国土资源管理部门要根据本通知精神，严格贯彻落实已有各项政策规定，进一步强化房地产用地管理调控。国土资源部将对各地贯彻落实情况进行指导监督和检查。

国土资源部
二〇一〇年十二月十九日

政策汇编

05

中华人民共和国
商务部

关于加强外商投资房地产业审批备案管理的通知

商办资函［2010］1542号

各省、自治区、直辖市、计划单列市及新疆生产建设兵团、哈尔滨、长春、沈阳、济南、南京、杭州、广州、武汉、成都、西安商务主管部门：

近年来，为规范房地产市场外资准入和管理，国务院有关部门陆续发布了一系列政策规定。为贯彻落实国务院有关文件要求，确保房地产调控政策取得实效，现就外商投资房地产企业审批备案及监管有关事项通知如下：

一、各地商务主管部门要切实加强涉及外汇流入类房地产项目的审查。省级商务主管部门在核对备案材料时，重点应就土地文件的完整性进行复核，包括项目单位提交的开发商与土地管理部门签署的国有土地使用权出让合同、土地使用权证等土地成交证明材料。法律规定无需采用招标拍卖挂牌出让方式的，要提供由土地管理部门出具的符合国家土地管理规定的证明材料。商务部将在原有基础上对上述材料加大抽查力度。

二、各地商务主管部门要会同当地有关部门加强对跨境投融资活动的监控以及对房地产市场风险的防范，抑制投机性投资。境外资本在境内设立的房地产企业，不得通过购买、出售境内已建/在建房地产物业进行套利。商务部将会同住房城乡建设部、外汇局等有关部门对此类项目备案材料严格审查。

三、各地商务主管部门要严格按照外商投资设立投资性公司的各项规定开展审批工作，不得审批涉及房地产开发经营业务的投资性公司。

四、各地商务主管部门要会同外汇局等有关部门认真甄别、严格审核返程投资类房地产企业，严格控制以返程投资方式设立境内房地产企业。

五、进一步加强对并购、股权出资等方式新设/增资的房地产项目的审批监管和数据审核。商务部将会同有关部门对该类方式实际使用外资数据适时开展统计监督检查。

六、省级商务主管部门要加强对当地招商引资工作的服务与指导，积极发展绿色节能环保建筑，认真做好今后外资房地产审批备案和统计工作。

商务部办公厅

二〇一〇年十一月二十二日

政策汇编

06

中华人民共和国

中国人民银行、中国银行业监督管理委员会、中国保险监督管理委员会

关于加强信托公司房地产信托业务监管有关问题的通知

银监办发［2010］54号

各地银监局，各政策性银行，国有商业银行，股份制商业银行、中国邮政储蓄银行、银监会直接监管的信托公司：

为进一步规范信托公司开展房地产信托业务，防范房地产信托业务风险，提高信托公司风险防范意识和风险控制能力，现就有关事项通知如下：

一、商业银行个人理财资金投资于房地产信托产品的，理财客户应符合《信托公司集合资金信托计划管理办法》中有关合格投资者的规定。

二、信托公司以结构化方式设计房地产集合资金信托计划的，其优先和劣后受益权配比比例不得高于3:1。

三、停止执行《中国银监会关于支持信托公司创新发展有关问题的通知》（银监发［2009］25号）第十条中对监管评级2C级（含）以上、经营稳健、风险管理水平良好的信托公司发放房地产开发项目贷款的例外规定，信托公司发放贷款的房地产开发

项目必须满足“四证”齐全、开发商或其控股股东具备二级资质、项目资本金比例达到国家最低要求等条件。

四、信托公司不得以信托资金发放土地储备贷款。土地储备贷款是指向借款人发放的用于土地收购及土地前期开发、整理的贷款。

五、信托公司开展房地产信托业务应建立健全房地产贷款或投资审批标准、操作流程和风险管理制度并切实执行；应进行项目尽职调查，深入了解房地产企业的资质、财务状况、信用状况、以往开发经历，以及房地产项目的资本金、“四证”、开发前景等情况，确保房地产信托业务的合法、合规性和可行性；应严格落实房地产贷款担保，确保担保真实、合法、有效；应加强项目管理，密切监控房地产信托贷款或投资情况。

六、各银监局要加强对既有监管规定的执行力度，强化对房地产信托融资的监管，按照实质重于形式的原则杜绝信托公司以各种方式规避监管的行为。

七、各银监局应进一步加强对信托公司房地产业务的风险监控，对发现的风险苗头要及时予以提示或下发监管意见，并在必要时安排现场检查。

请各银监局将本通知转发给辖内有关银监分局、信托公司及有关金融机构，督促认真遵照执行并总结经验。如遇重大问题，请及时报告。凡与本通知不一致的相关规定，以本通知为准。

二〇一〇年二月十一日

中国保险监督管理委员会令

2010年第9号

《保险资金运用管理暂行办法》已经2010年2月1日中国保险监督管理委员会主席办公会审议通过，现予公布，自2010年8月31日起施行。

主席　吴定富

二〇一〇年七月三十日

保险资金运用管理暂行办法

第一章 总则

第一条 为了规范保险资金运用行为，防范保险资金运用风险，维护保险当事人合法权益，促进保险业持续、健康发展，根据《中华人民共和国保险法》（以下简称《保险法》）等法律、行政法规，制定本办法。

第二条 在中国境内依法设立的保险集团（控股）公司、保险公司从事保险资金运用活动适用本办法规定。

第三条 本办法所称保险资金，是指保险集团（控股）公司、保险公司以本外币计价的资本金、公积金、未分配利润、各项准备金及其他资金。

第四条 保险资金运用必须稳健，遵循安全性原则，符合偿付能力监管要求，根据保险资金性质实行资产负债管理和全面风险管理，实现集约化、专业化、规范化和市场化。

第五条 中国保险监督管理委员会（以下简称中国保监会）依法对保险资金运用活动进行监督管理。

第二章 资金运用形式

第一节 资金运用范围

第六条 保险资金运用限于下列形式：

（一）银行存款；

（二）买卖债券、股票、证券投资基金份额等有价证券；

（三）投资不动产；

（四）国务院规定的其他资金运用形式。

保险资金从事境外投资的，应当符合中国保监会有关监管规定。

第七条 保险资金办理银行存款的，应当选择符合下列条件的商业银行作为存款银行：

（一）资本充足率、净资产和拨备覆盖率等符合监管要求；

（二）治理结构规范、内控体系健全、经营业绩良好；

（三）最近三年未发现重大违法违规行为；

（四）连续三年信用评级在投资级别以上。

第八条 保险资金投资的债券，应当达到中国保监会认可的信用评级机构评定的、且符合规定要求的信用级别，主要包括政府债券、金融债券、企业（公司）债券、非金融企业债务融资工具以及符合规定的其他债券。

第九条 保险资金投资的股票，主要包括公开发行并上市交易的股票和上市公司向特定对象非公开发行的股票。

投资创业板上市公司股票和以外币认购及交易的股票由中国保监会另行规定。

第十条 保险资金投资证券投资基金的，其基金管理人应当符合下列条件：

（一）公司治理良好，净资产连续三年保持在人民币一亿元以上；

（二）依法履行合同，维护投资者合法权益，最近三年没有不良记录；

（三）建立有效的证券投资基金和特定客户资产管理业务之间的防火墙机制；

（四）投资团队稳定，历史投资业绩良好，管理资产规模或者基金份额相对稳定。

第十一条 保险资金投资的不动产，是指土地、建筑物及其他附着于土地上的定着物。具体办法由中国保监会制定。

第十二条 保险资金投资的股权，应当为境内依法设立和注册登记，且未在证券交易所公开上市的股份有限公司和有限责任公司的股权。

第十三条 保险集团（控股）公司、保险公司不得使用各项准备金购置自用不动产或者从事对其他企业实现控股的股权投资。

第十四条 保险集团（控股）公司、保险公司对其他企业实现控股的股权投资，应当满足有关偿付能力监管规定。保险集团（控股）公司的保险子公司不符合中国保监会偿付能力监管要求的，该保险集团（控股）公司不得向非保险类金融企业投资。

实现控股的股权投资应当限于下列企业：

（一）保险类企业，包括保险公司、保险资产管理机构以及保险专业代理机构、保险经纪机构；

（二）非保险类金融企业；

（三）与保险业务相关的企业。

第十五条 保险集团（控股）公司、保险公司从事保险资金运用，不得有下列行为：

（一）存款于非银行金融机构；

（二）买入被交易所实行“特别处理”“警示存在终止上市风险的特别处理”的股票；

（三）投资不具有稳定现金流回报预期或者资产增值价值、高污染等不符合国家产业政策项目的企业股权和不动产；

（四）直接从事房地产开发建设；

（五）从事创业风险投资；

（六）将保险资金运用形成的投资资产用于向他人提供担保或者发放贷款，个人保单质押贷款除外；

（七）中国保监会禁止的其他投资行为。

中国保监会可以根据有关情况对保险资金运用的禁止性规定进行适当调整。

第十六条 保险集团（控股）公司、保险公司从事保险资金运用应当符合下列比例要求：

（一）投资于银行活期存款、政府债券、中央银行票据、政策性银行债券和货币市场基金等资产的账面余额，合计不低于本公司上季末总资产的5%；

（二）投资于无担保企业（公司）债券和非金融企业债务融资工具的账面余额，合计不高于本公司上季末总资产的20%；

（三）投资于股票和股票型基金的账面余额，合计不高于本公司上季末总资产的20%；

（四）投资于未上市企业股权的账面余额，不高于本公司上季末总资产的5%；投资于未上市企业股权相关金融产品的账面余额，不高于本公司上季末总资产的4%，两项合计不高于本公司上季末总资产的5%；

（五）投资于不动产的账面余额，不高于本公司上季末总资产的10%；投资于不动产相关金融产品的账面余额，不高于本公司上季末总资产的3%，两项合计不高于本公司上季末总资产的10%；

（六）投资于基础设施等债权投资计划的账面余额不高于本公司上季末总资产的10%；

（七）保险集团（控股）公司、保险公司对其他企业实现控股的股权投资，累计投资成本不得超过其净资产。

前款（一）至（六）项所称总资产应当扣除债券回购融入资金余额、投资连结保险和非寿险非预定收益投资型保险产品资产；保险集团（控股）公司总资产应当为集团母公司总资产。

非金融企业债务融资工具是指具有法人资格的非金融企业在银行间债券市场发行的，约定在一定期限内还本付息的有价证券；

未上市企业股权相关金融产品是指股权投资管理机构依法在中国境内发起设立或者发行的以未上市企业股权为基础资产的投资计划或者投资基金等；

不动产相关金融产品是指不动产投资管理机构依法在中国境内发起设立或者发行的以不动产为基础资产的投资计划或者投资基金等；

基础设施等债权投资计划是指保险资产管理机构等专业管理机构根据有关规定，发行投资计划受益凭证，向保险公司等委托人募集资金，投资基础设施项目等，按照约定支付本金和预期收益的金融工具。

保险集团（控股）公司、保险公司应当控制投资工具、单一品种、单一交易对手、关联企业以及集团内各公司投资同一标的的比例，防范资金运用集中度风险。

保险资金运用的具体管理办法，由中国保监会制定。中国保监会可以根据有关情况对保险资金运用的投资比例进行适当调整。

第十七条 投资连结保险产品和非寿险非预定收益投资型保险产品的资金运用，应当在资产隔离、资产配置、投资管理、人员配备、投资交易和风险控制等环节，独立于其他保险产品资金，具体办法由中国保监会制定。

第二节 资金运用模式

第十八条 保险集团（控股）公司、保险公司应当按照“集中管理、统一配置、专业运作”的要求，实行保险资金的集约化、专业化管理。

保险资金应当由法人机构统一管理和运用，分支机构不得从事保险资金运用业务。

第十九条 保险集团（控股）公司、保险公司应当选择符合条件的商业银行等专业机构，实施保险资金运用第三方托管和监督，具体办法由中国保监会制定。

托管的保险资产独立于托管机构固有资产，并独立于托管机构托管的其他资产。托管机构因依法解散、被依法撤销或者被依法宣告破产等原因进行清算的，托管资产不属于其清算财产。

第二十条 托管机构从事保险资金托管的，主要职责包括：

（一）保险资金的保管、清算交割和资产估值；

（二）监督投资行为；

（三）向有关当事人披露信息；

（四）依法保守商业秘密；

（五）法律、法规、中国保监会规定和合同约定的其他职责。

第二十一条 托管机构从事保险资金托管，不得有下列行为：

（一）挪用托管资金；

（二）混合管理托管资金和自有资金或者混合管理不同托管账户资金；

（三）利用托管资金及其相关信息牟取非法利益；

（四）其他违法行为。

第二十二条 保险集团（控股）公司、保险公司的投资管理能力应当符合中国保监会规定的相关标准。

保险集团（控股）公司、保险公司根据投资管理能力和风险管理能力，可以自行投资或者委托保险资产管理机构进行投资。

第二十三条 保险集团（控股）公司、保险公司委托保险资产管理机构投资的，应当订立书面合同，约定双方权利与义务，确保委托人、受托人、托管人三方职责各自独立。

保险集团（控股）公司、保险公司应当履行制定资产战略配置指引、选择受托人、监督受托人执行情况、评估受托人投资绩效等职责。

保险资产管理机构应当执行委托人资产配置指引，根据保险资金特性构建投资组合，公平对待不同资金。

第二十四条 保险集团（控股）公司、保险公司委托保险资产管理机构投资的，不得有下列行为：

（一）妨碍、干预受托机构正常履行职责；

（二）要求受托机构提供其他委托机构信息；

（三）要求受托机构提供最低投资收益保证；

（四）非法转移保险利润；

（五）其他违法行为。

第二十五条 保险资产管理机构受托管理保险资金的，不得有下列行为：

（一）违反合同约定投资；

（二）不公平对待不同资金；

（三）混合管理自有、受托资金或者不同委托机构资金；

（四）挪用受托资金；

（五）向委托机构提供最低投资收益承诺；

（六）以保险资金及其投资形成的资产为他人设定担保；

（七）其他违法行为。

第二十六条 保险资产管理机构根据中国保监会相关规定，可以将保险资金运用范围内的投资品种作为基础资产，开展保险资产管理产品业务。

保险集团（控股）公司、保险公司委托投资或者购买保险资产管理产品，保险资产管理机构应当根据合同约定，及时向有关当事人披露资金投向、投资管理、资金托管、风险管理和重大突发事件等信息，并保证披露信息的真实、准确和完整。

保险资产管理机构应当根据受托资产规模、资产类别、产品风险特征、投资业绩等因素，按照市场化原则，以合同方式与委托或者投资机构，约定管理费收入计提标准和支付方式。

保险资产管理产品业务，是指由保险资产管理机构作为发行人和管理人，向保险集团（控股）公司、保险公司以及保险资产管理机构等投资人发售产品份额，募集资金，并选聘商业银行等专业机构为托管人，为投资人利益开展的投资管理活动。

第三章 决策运行机制

第一节 组织结构与职责

第二十七条 保险集团（控股）公司、保险公司应当建立健全公司治理，在公司章程和相关制度中明确规定股东大会、董事会、监事会和经营管理层的保险资金运用职责，实现保险资金运用决策权、运营权、监督权相互分离，相互制衡。

第二十八条 保险资金运用实行董事会负责制。保险公司董事会应当对资产配置和投资政策、风险控制、合规管理承担最终责任，主要履行下列职责：

（一）审定保险资金运用管理制度；

（二）确定保险资金运用的管理方式；

（三）审定投资决策程序和授权机制；

（四）审定资产战略配置规划、年度投资计划和投资指引及相关调整方案；

（五）决定重大投资事项；

（六）审定新投资品种的投资策略和运作方案；

（七）建立资金运用绩效考核制度；

（八）其他相关职责。

董事会应当设立资产负债管理委员会（投资决策委员会）和风险管理委员会。

第二十九条 保险集团（控股）公司、保险公司决定委托投资，以及投资无担保债券、股票、股权和不动产等重大保险资金运用事项，应当经董事会审议通过。

第三十条 保险集团（控股）公司、保险公司经营管理层根据董事会授权，应当履行下列职责：

（一）负责保险资金运用的日常运营和管理工作；

（二）建立保险资金运用与财务、精算、产品和风控等部门之间的协商机制；

（三）审议资产管理部门拟定的保险资产战略配置规划和年度资产配置策略，并提交董事会审定；

（四）控制和管理保险资金运用风险；

（五）执行经董事会审定的资产配置规划和年度资产配置策略；

（六）提出调整资产战略配置调整方案；

（七）其他职责。

第三十一条 保险集团（控股）公司、保险公司应当设置专门的保险资产管理部门，并独立于财务、精算、风险控制等其他业务部门，履行下列职责：

（一）拟定保险资金运用管理制度；

（二）拟定资产战略配置规划和年度资产配置策略；

（三）拟定资产战略配置调整方案；

（四）执行年度资产配置计划；

（五）实施保险资金运用风险管理措施；

（六）其他职责。

保险集团（控股）公司、保险公司自行投资的，保险资产管理部门应当负责日常投资和交易管理；委托投资的，保险资产管理部门应当履行委托人职责，监督投资行为和评估投资业绩等职责。

第三十二条 保险集团（控股）公司、保险公司的资产管理部门应当在投资研究、资产清算、风险控制、业绩评估、相关保障等环节设置岗位，建立防火墙体系，实现专业化、规范化、程序化运作。

保险集团（控股）公司、保险公司自行投资的，资产管理部门应当设置投资、交易等与资金运用业务直接相关的岗位。

第三十三条 保险集团（控股）公司、保险公司风险管理部门以及具有相应管理职能的部门，应当履行下列职责：

（一）拟定保险资金运用风险管理制度；

（二）审核和监控保险资金运用合法合规性；

（三）识别、评估、跟踪、控制和管理保险资金运用风险；

（四）定期报告资金运用风险管理状况；

（五）其他职责。

第三十四条 保险资产管理机构应当设立首席风险管理执行官。

首席风险管理执行官为公司高级管理人员，负责组织和指导保险资产管理机构风险管理，履职范围应当包括保险资产管理机构运作的所有业务环节，独立向董事会、中国保监会报告有关情况，提出防范和化解重大风险建议。

首席风险管理执行官不得主管投资管理。如需更换，应当于更换前至少五个工作日向中国保监会书面说明理由和其履职情况。

第二节 资金运用流程

第三十五条 保险集团（控股）公司、保险公司应当建立健全保险资金运用的管理制度和内部控制机制，明确各个环节、有关岗位的衔接方式及操作标准，严格分离前、中、后台岗位责任，定期检查和评估制度执行情况，做到权责分明、相对独立和相互制衡。相关制度包括但不限于：

（一）资产配置相关制度；

（二）投资研究、决策和授权制度；

（三）交易和结算管理制度；

（四）绩效评估和考核制度；

（五）信息系统管理制度；

（六）风险管理制度等。

第三十六条 保险集团（控股）公司、保险公司应当以独立法人为单位，统筹境内境外两个市场，综合偿付能力约束、外部环境、风险偏好和监管要求等因素，分析保险资金成本、现金流和期限等负债指标，选择配置具有相应风险收益特征、期限及流动性的资产。

第三十七条 保险集团（控股）公司、保险公司应当建立专业化分析平台，并利用外部研究成果，研究制定涵盖交易对手管理和投资品种选择的模型和制度，构建投资池、备选池和禁投池体系，实时跟踪并分析市场变化，为保险资金运用决策提供依据。

第三十八条 保险集团（控股）公司、保险公司应当建立健全相对集中、分级管理、权责统一的投资决策和授权制度，明确授权方式、权限、标准、程序、时效和责任，并对授权情况进行检查和逐级问责。

第三十九条 保险集团（控股）公司、保险公司应当建立和完善公平交易机制，有效控制相关人员操作风险和道德风险，防范交易系统的技术安全疏漏，确保交易行为的合规性、公平性和有效性。公平交易机制至少应当包括以下内容：

（一）实行集中交易制度，严格隔离投资决策与交易执行；

（二）构建符合相关要求的集中交易监测系统、预警系统和反馈系统；

（三）建立完善的交易记录制度；

（四）在账户设置、研究支持、资源分配、人员管理等环节公平对待不同资金等。

第四十条 保险集团（控股）公司、保险公司应当建立以资产负债管理为核心的绩效评估体系和评估标准，定期开展保险资金运用绩效评估和归因分析，推进长期投资、价值投资和分散化投资，实现保险资金运用总体目标。

第四十一条 保险集团（控股）公司、保险公司应当建立保险资金运用信息管理系统，减少或者消除人为操纵因素，自动识别、预警报告和管理控制资产管理风险，确保实时掌握风险状况。

信息管理系统应当设定合规性和风险指标阀值，将风险监控的各项要素固化到相关信息技术系统之中，降低操作风险、防止道德风险。

信息管理系统应当建立全面风险管理数据库，收集和整合市场基础资料，记录保险资金管理和投资交易的原始数据，保证信息平台共享。

第四章 风险管控

第四十二条 保险集团（控股）公司、保险公司应当建立全面覆盖、全程监控、全员参与的保险资金运用风险管理组织体系和运行机制，改进风险管理技术和信息技术系统，通过管理系统和稽核审计等手段，分类、识别、量化和评估各类风险，防范和化解风险。

第四十三条 保险集团（控股）公司、保险公司应当管理和控制资产负债错配风险，以偿付能力约束和保险产品负债特性为基础，加强成本收益管理、期限管理和风险预算，确定保险资金运用风险限额，采用缺口分析、敏感性和情景测试等方法，评估和管理资产错配风险。

第四十四条 保险集团（控股）公司、保险公司应当管理和控制流动性风险，根据保险业务特点和风险偏好，测试不同状况下可以承受的流动性风险水平和自身风险承受能力，制定流动性风险管理策略、政策和程序，防范流动性风险。

第四十五条 保险集团（控股）公司、保险公司应当管理和控制市场风险，评估和管理利率风险、汇率风险以及金融市场波动风险，建立有效的市场风险评估和管理机制，实行市场风险限额管理。

第四十六条 保险集团（控股）公司、保险公司应当管理和控制信用风险，建立信用风险管理制度，及时跟踪评估信用风险，跟踪分析持仓信用品种和交易对手，定期组织回测检验。

第四十七条 保险集团（控股）公司、保险公司应当加强同业拆借、债券回购和融资融券业务管理，严格控制融资规模和使用杠杆，禁止投机或者用短期拆借资金投资高风险和流动性差的资产。保险资金参与衍生产品交易，仅限于对冲风险，不得用于投机和放大交易，具体办法由中国保监会制定。

第四十八条 保险集团（控股）公司、保险公司应当发挥内部稽核和外部审计的监督作用，每年至少进行一次保险资金运用内部全面稽核审计。内控审计报告应当揭示保险资金运用管理的合规情况和风险状况。主管投资的高级管理人员、保险资金运用部门负责人和重要岗位人员离职前，应当进行离任审计。

保险集团（控股）公司、保险公司应当定期向中国保监会报告保险资金运用内部稽核审计结果和有关人员离任审计结果。

第四十九条 保险集团（控股）公司、保险公司应当建立保险资金运用风险处置机制，制定应急预案，及时控制和化解风险隐患。投资资产发生大幅贬值或者出现债权不能清偿的，应当制定处置方案，并及时报告中国保监会。

第五十条 保险集团（控股）公司、保险公司应当确保风险管控相关岗位和人员具有履行职责所需知情权和查询权，有权查阅、询问所有与保险资金运用业务相关的数据、资料和细节，并列席与保险资金运用相关的会议。

第五章 监督管理

第五十一条 中国保监会对保险资金运用的监督管理，采取现场监管与非现场监管相结合的方式。

第五十二条 中国保监会应当根据公司治理结构、偿付能力、投资管理能力和风险管理能力，对保险集团（控股）公司、保险公司保险资金运用实行分类监管、持续监管和动态评估。

中国保监会应当强化对保险公司的资本约束，确定保险资金运用风险监管指标体系，并根据评估结果采取相应监管措施，防范和化解风险。

第五十三条 保险集团（控股）公司、保险公司分管投资的高级管理人员、资产管理部门的主要负责人、保险资产管理机构的董事、监事、高级管理人员，应当在任职前取得中国保监会核准的任职资格。

第五十四条 保险集团（控股）公司、保险公司的重大股权投资，应当报中国保监会核准。

保险资产管理机构发行或者发起设立的保险资产管理产品，实行初次申报核准，同类产品事后报告。

中国保监会按照有关规定对上述事项进行合规性、程序性审核。

重大股权投资，是指对拟投资非保险类金融企业或者与保险业务相关的企业实施控制的投资行为。

第五十五条 中国保监会有权要求保险集团（控股）公司、保险公司提供报告、报表、文件和资料。

提交报告、报表、文件和资料，应当及时、真实、准确、完整。

第五十六条 保险集团（控股）公司、保险公司的股东大会、股东会、董事会的重大投资决议，应当在决议做出后5个工作日内向中国保监会报告，中国保监会另有规定的除外。

第五十七条 中国保监会有权要求保险集团（控股）公司、保险公司将保险资金运用的有关数据与中国保监会的监管信息系统动态连接。

第五十八条 保险集团（控股）公司和保险公司的偿付能力状况不符合中国保监会要求的，中国保监会可以限制其资金运用的形式、比例。

第五十九条 保险集团（控股）公司、保险公司违反资金运用形式和比例有关规定的，由中国保监会责令限期改正。

第六十条 中国保监会有权对保险集团（控股）公司、保险公司的董事、监事、高级管理人员和资产管理部门负责人进行监管谈话，要求其就保险资金运用情况、风险控制、内部管理等有关重大事项做出说明。

第六十一条 保险集团（控股）公司、保险公司严重违反资金运用有关规定的，中国保监会可以责令调整负责人及有关管理人员。

第六十二条 保险集团（控股）公司、保险公司严重违反保险资金运用的有关规定，被责令限期改正逾期未改正的，中国保监会可以决定选派有关人员组成整顿组，对公司进行整顿。

第六十三条 保险集团（控股）公司、保险公司违反本规定运用保险资金的，由中国保监会依法给予行政处罚。

第六十四条保险资金运用的其他当事人在参与保险资金运用活动中，违反有关法律、行政法规和本办法规定的，中国保监会应当记录其不良行为，并将有关情况通报其行业主管部门；情节严重的，中国保监会可以通报保险集团（控股）公司、保险公司3年内不得与其从事相关业务，并商有关监管部门依法给予行政处罚。

第六十五条 中国保监会工作人员滥用职权、玩忽职守，或者泄露所知悉的有关单位和人员的商业秘密的，依法追究法律责任。

第六章 附则

第六十六条 保险资产管理机构管理运用保险资金参照本办法执行。

第六十七条 保险公司缴纳的保险保障基金等运用，从其规定。

第六十八条 中国保监会对保险集团（控股）公司资金运用另有规定的，从其规定。

第六十九条 本办法由中国保监会负责解释和修订。

第七十条 本办法自2010年8月31日起施行。原有的有关政策和规定，凡与本办法不一致的，一律以本办法为准。

中国保监会关于印发《保险资金投资不动产暂行办法》的通知

保监发［2010］80号

各保险集团（控股）公司、保险公司、保险资产管理公司：

为规范保险资金投资不动产行为、防范投资风险、保障资产安全、维护保险人和被保险人合法权益，中国保监会制定了《保险资金投资不动产暂行办法》，现印发给你们，请遵照执行。

二〇一〇年九月五日

保险资金投资不动产暂行办法

第一章 总则

第一条 为规范保险资金投资不动产行为、防范投资风险、保障资产安全、维护保险当事人合法权益，依据《中华人民共和国保险法》《中华人民共和国信托法》《中华人民共和国物权法》《中华人民共和国公司法》及《保险资金运用管理暂行办法》等规定，制定本办法。

第二条 保险资金投资的不动产，是指土地、建筑物及其他附着于土地上的定着物。

保险资金可以投资基础设施类不动产、非基础设施类不动产及不动产相关金融产品。

保险资金投资基础设施类不动产，遵照《保险资金间接投资基础设施项目试点管理办法》及有关规定。投资非基础设施类不动产及相关金融产品，遵照本办法。

第三条 本办法所称不动产投资管理机构（以下简称“投资机构”），是指在中华人民共和国（以下简称“中国”）境内依法注册登记、从事不动产投资管理的机构。

本办法所称专业服务机构（以下简称“专业机构”），是指经国家有关部门认可，具有相应专业资质，为保险资金投资不动产提供法律服务、财务审计和资产评估等服务的机构。

第四条 保险资金投资不动产相关金融产品形成的财产，应当独立于投资机构、托管机构和其他相关机构的固有财产及其管理的其他财产。投资机构因投资、管理或者处分不动产相关金融产品取得的财产和收益，应当归入不动产相关金融产品财产。

第五条 保险公司［含保险集团（控股）公司，下同］投资不动产，必须遵循稳健、安全的原则，坚持资产负债匹配管理，审慎投资运作，有效防范风险。

第六条 保险公司、投资机构及专业机构从事保险资金投资不动产活动，应当遵守本办法规定，恪尽职守，勤勉尽责，履行诚实、信用、谨慎、守法的义务。

第七条 中国保险监督管理委员会（以下简称“中国保监会”）负责制定保险资金投资不动产的政策法规，依法对保险资金投资不动产活动实施监督管理。

第二章 资格条件

第八条 保险公司投资不动产，应当符合下列条件：

（一）具有完善的公司治理、管理制度、决策流程和内控机制；

（二）实行资产托管机制，资产运作规范透明；

（三）资产管理部门拥有不少于8名具有不动产投资和相关经验的专业人员，其中具有5年以上相关经验的不少于3名，具有3年以上相关经验的不少于3名；

（四）上一会计年度末偿付能力充足率不低于150%，且投资时上季度末偿付能力充足率不低于150%；

（五）上一会计年度盈利，净资产不低于1亿元人民币（货币单位下同）；

（六）具有与所投资不动产及不动产相关金融产品匹配的资金，且来源充足稳定；

（七）最近三年未发现重大违法违规行为；

（八）中国保监会规定的其他审慎性条件。

投资不动产相关金融产品的，除符合前款第（一）（二）（四）（五）（六）（七）（八）项规定外，资产管理部门还应当拥有不少于2名具有3年以上不动产投资和相关经验的专业人员。

保险公司聘请投资机构提供不动产投资管理服务的，可以适当放宽专业人员的数量要求。

第九条 为保险资金投资不动产提供投资管理服务的投资机构，应当符合下列条件：

（一）在中国境内依法注册登记，具有国家有关部门认可的业务资质；

（二）具有完善的公司治理，市场信誉良好，管理科学高效，投资业绩稳定；

（三）具有健全的操作流程、风险管理、内部控制及稽核制度，且执行有效；

（四）注册资本不低于1亿元；

（五）管理资产余额不低于50亿元，具有丰富的不动产投资管理和相关经验；

（六）拥有不少于15名具有不动产投资和相关经验的专业人员，其中具有5年以上相关经验的不少于3名，具有3年以上相关经验的不少于4名；

（七）接受中国保监会涉及保险资金投资的质询，并报告有关情况；

（八）最近三年未发现重大违法违规行为；

（九）中国保监会规定的其他审慎性条件。

符合上述条件的投资机构，可以为保险资金投资不动产提供有关专业服务，发起设立或者发行不动产相关金融产品。投资机构向保险资金发起设立或者发行不动产投资计划的规则，由中国保监会另行规定。

第十条 为保险资金投资不动产提供有关服务的专业机构，应当符合下列条件：

（一）具有经国家有关部门认可的业务资质；

（二）具有完善的管理制度、业务流程和内控机制；

（三）熟悉保险资金不动产投资的法律法规、政策规定、业务流程和交易结构，具有承办投资不动产相关服务的经验和能力，且商业信誉良好；

（四）与保险资金投资不动产的相关当事人不存在关联关系；

（五）接受中国保监会涉及保险资金投资的质询，并报告有关情况；

（六）最近三年未发现重大违法违规行为；

（七）中国保监会规定的其他审慎性条件。

为保险资金投资不动产提供资产托管服务的商业银行，应当接受中国保监会涉及保险资金投资的质询，并报告有关情况。

第三章 投资标的与投资方式

第十一条 保险资金可以投资符合下列条件的不动产：

（一）已经取得国有土地使用权证和建设用地规划许可证的项目；

（二）已经取得国有土地使用权证、建设用地规划许可证、建设工程规划许可证、施工许可证的在建项目；

（三）取得国有土地使用权证、建设用地规划许可证、建设工程规划许可证、施工许可证及预售许可证或者销售许可证的可转让项目；

（四）取得产权证或者他项权证的项目；

（五）符合条件的政府土地储备项目。

保险资金投资的不动产，应当产权清晰，无权属争议，相应权证齐全合法有效；地处直辖市、省会城市或者计划单列市等具有明显区位优势的城市；管理权属相对集中，能够满足保险资产配置和风险控制要求。

第十二条 保险资金可以投资符合下列条件的不动产相关金融产品：

（一）投资机构符合第九条规定；

（二）经国家有关部门认可，在中国境内发起设立或者发行，由专业团队负责管理；

（三）基础资产或者投资的不动产位于中国境内，符合第十一条第一款第（一）项至第（五）项的规定；

（四）实行资产托管制度，建立风险隔离机制；

（五）具有明确的投资目标、投资方案、后续管理规划、收益分配制度、流动性及清算安排；

（六）交易结构清晰，风险提示充分，信息披露真实完整；

（七）具有登记或者簿记安排，能够满足市场交易或者协议转让需要；

（八）中国保监会规定的其他审慎性条件。

不动产相关金融产品属于固定收益类的，应当具有中国保监会认可的国内信用评级机构评定的AA级或者相当于AA级以上的长期信用级别，以及合法有效的信用增级安排；属于权益类的，应当建立相应的投资权益保护机制。

保险资金投资不动产相关金融产品的规则，由中国保监会另行规定。

第十三条 保险资金可以采用股权方式投资第十一条第一款第（一）项至第（四）项规定的不动产，采用债权方式投资第十一条第一款第（一）项至第（五）项规定的不动产，采用物权方式投资第十一条第一款第（三）（四）项规定的不动产。保险资金采用债权、股权或者物权方式投资的不动产，仅限于商业不动产、办公不动产、与保险业务相关的养老、医疗、汽车服务等不动产及自用性不动产。

保险资金投资医疗、汽车服务等不动产，不受第十一条第一款第（二）项至第（五）项及区位的限制；投资养老不动产、购置自用性不动产，不受第十一条第一款第（一）项至第（五）项及区位的限制；本款前述投资必须遵守专地专用原则，不得变相炒地卖地，不得利用投资养老和自用性不动产（项目公司）的名义，以商业房地产的方式开发和销售住宅。投资养老、医疗、汽车服务等不动产，其配套建筑的投资额不得超过该项目投资总额的30%。

保险资金投资不动产，除政府土地储备项目外，可以采用债权转股权、债权转物权或者股权转物权等方式。投资方式发生变化的，应当按照本办法规定调整管理方式。保险资金以多种方式投资同一不动产的，应当分别遵守本办法规定。

第十四条 保险公司投资不动产（不含自用性不动产），应当符合以下比例规定：

（一）投资不动产的账面余额，不高于本公司上季度末总资产的10%，投资不动产相关金融产品的账面余额，不高于本公司上季度末总资产的3%；投资不动产及不动产相关金融产品的账面余额，合计不高于本公司上季度末总资产的10%；

（二）投资单一不动产投资计划的账面余额，不高于该计划发行规模的50%，投资其他不动产相关金融产品的，不高于该产品发行规模的20%。

第十五条 保险资金投资不动产，应当合理安排持有不动产的方式、种类和期限。以债权、股权、物权方式投资的不动产，其剩余土地使用年限不得低于15年，且自投资协议签署之日起5年内不得转让。保险公司内部转让自用性不动产，或者委托投资机构以所持有的不动产为基础资产，发起设立或者发行不动产相关金融产品的除外。

第十六条 保险公司投资不动产，不得有下列行为：

（一）提供无担保债权融资；

（二）以所投资的不动产提供抵押担保；

（三）投资开发或者销售商业住宅；

（四）直接从事房地产开发建设（包括一级土地开发）；

（五）投资设立房地产开发公司，或者投资未上市房地产企业股权（项目公司除外），或者以投资股票方式控股房地产企业；

已投资设立或者已控股房地产企业的，应当限期撤销或者转让退出；

（六）运用借贷、发债、回购、拆借等方式筹措的资金投资不动产，中国保监会对发债另有规定的除外；

（七）违反本办法规定的投资比例；

（八）法律法规和中国保监会禁止的其他行为。

第四章 风险控制

第十七条 保险资金投资不动产，应当建立规范有效的业务流程和风控机制，涵盖项目评审、投资决策、合规审查、投资操作、管理运营、资产估值、财务分析、风险监测等关键环节，形成风险识别、预警、控制和处置的全程管理体系，并定期或者不定期进行压力测试，全面防范和管理不动产投资风险。

第十八条 保险资金投资不动产，应当按照监管规定和内控要求，规范完善决策程序和授权机制，确定股东（大）会、董事会和经营管理层的决策权限及批准权限。

决策层和执行层应当各司其职，谨慎决策，勤勉尽责，充分考虑不动产投资风险，按照资产认可标准和资本约束，审慎评估不动产投资对偿付能力和收益水平的影响，严格履行相关程序，并对决策和操作行为负责。保险资金投资不动产不得采用非现场表决方式。

第十九条 保险资金投资不动产，应当聘请符合第十条规定条件的专业机构，提供尽职调查报告和法律意见书，制定有效的投资方案、经营计划和财务预算，并通过科学的交易结构和完善的合约安排，控制投资管理和运营风险。

第二十条 保险资金以股权方式投资不动产，拟投资的项目公司应当为不动产的直接所有权人，且该不动产为项目公司的主要资产。项目公司应当无重大法律诉讼，且股权未因不动产的抵押设限等落空或者受损。

以股权方式投资不动产，应当向项目公司派驻董事、高级管理人员及关键岗位人员，并对项目公司的股权转让、资产出售、担保抵押、资金融通等重大事项发表意见，维护各项合法权益。

第二十一条 保险资金以债权方式投资不动产，应当在合同中载明还款来源及方式、担保方式及利率水平、提前或者延迟还款处置等内容。债务人应当具有良好的财务能力和偿债能力，无重大违法违规行为和不良信用记录。

第二十二条 保险资金以物权方式投资不动产，应当及时完成不动产物权的设立、限制、变更和注销等权属登记，防止因漏登、错登造成权属争议或者法律风险。对权证手续设限的不动产，应当通过书面合同，约定解限条件、操作程序、合同对价支付方式等事项，防范和控制交易风险。

第二十三条 保险资金投资不动产相关金融产品，应当对该产品的合法合规性、基础资产的可靠性和充分性，及投资策略和投资方案的可行性，进行尽职调查和分析评估。持有产品期间，应当要求投资机构按照投资合同或者募集说明书的约定，严格履行职责，有效防范风险，维护投资人权益。

第二十四条 保险资金投资不动产，应当实行资金专户管理，督促开户银行实行全程监控，严格审查资金支付及相关对价取得等事项。

保险资金投资不动产，应当合理确定交易价格。保险公司、投资机构与托管机构、专业机构不得存在关联交易。保险公司与投资机构存在关联交易的，不得偏离市场独立第三方的价格或者收费标准，不得通过关联交易或者其他方式侵害保险公司利益。

第二十五条 保险资金投资不动产，应当加强资产后续管理，建立和完善管理制度，设置专门岗位，配置管理人员，监测不动产市场情况，评估不动产资产价值和质量，适时调整不动产投资策略和业态组合，防范投资风险、经营风险和市场风险。出现重大投资风险的，应当及时启动应急预案，并向中国保监会报告风险原因、损失状况、处置措施及后续影响等情况。

第二十六条 保险资金投资不动产，应当聘请符合第十条规定条件的专业机构，按照审慎原则，综合考虑不动产所处区位、市场及其他相关因素，采用成本法、市场比较法和收益还原法等评估方法，合理评估不动产资产价值。

第二十七条 保险资金投资不动产，应当明确相关人员的风险责任和岗位职责，并建立责任追究制度。

保险公司的高级管理人员和主要业务人员在职期间或者离任后，发现其在该公司工作期间，存在违反有关法律、行政法规和本办法规定的投资不动产行为的，保险公司应当依法追究其责任。

第二十八条 保险资金投资不动产，应当要求投资机构按照法律法规、有关规定及合同约定，履行信息披露义务，并对所披露信息的及时性、真实性、完整性和合法性负责。投资机构所披露信息，应当满足保险公司了解不动产及不动产相关金融产品的风险特征、风险程度及投资管理的需要。所披露信息内容至少应当包括不动产或者不动产相关金融产品的投资规模、运作管理、资产估值、资产质量、投资收益、交易转让、风险程度等事项。

第五章 监督管理

第二十九条 保险公司投资不动产，投资余额超过20亿元或者超过可投资额度20%的，应当在投资协议签署后5个工作日内，向中国保监会报告；对已投资不动产项目追加投资的，应当经董事会审议，并在投资协议签署后5个工作日内，向中国保监会报告。

前款规定的报告，应当至少包括董事会或者其授权机构决议、可行性研究报告、资产配置计划、合法合规报告、资产评估报告、风险评估报告、关联交易说明、偿付能力分析、后续管理方案、法律意见书、投资协议书等。

保险资金投资养老项目，应当在确定投资意向后，通报中国保监会，并在签署投资协议后5个工作日内，向中国保监会报告。除本条第二款规定内容之外，还应当说明经营目的和发展规划，并提交整体设计方案和具体实施计划等材料。

中国保监会发现保险公司投资行为违反法律法规或者本办法规定的，有权责令其改正。

第三十条 保险公司投资不动产，应当在每季度结束后的15个工作日内和每年3月31日前，向中国保监会提交季度报告和年度报告，至少包括以下内容：

（一）投资总体情况；

（二）资本金运用情况；

（三）资产管理及运作情况；

（四）资产估值；

（五）资产风险及质量；

（六）重大突发事件及处置情况；

（七）中国保监会规定的其他审慎性内容。

除上述内容外，年度报告还应当说明投资收益及分配、资产认可及偿付能力、投资能力变化等情况，并附经专业机构审计的相关报告。

第三十一条 投资机构应当于每年3月31日前，就保险资金投资不动产相关金融产品情况，向中国保监会报告，至少包括以下内容：

（一）保险资金投资情况；

（二）产品运作管理、主要风险及处置、资产估值及收益等情况；

（三）基础资产或者资产池变化、产品转让或者交易流通等情况；

（四）经专业机构审计的产品年度财务报告；

（五）中国保监会规定的其他审慎性内容。

除上述内容外，投资机构还应当报告专业团队和投资能力变化、监管处罚、法律纠纷等情况。

不动产相关金融产品为公开发行或者募集的，应当按照有关规定披露相关信息。

第三十二条 托管机构应当于每季度结束后的15个工作日内和每年3月31日前，向中国保监会提交季度报告和年度报告，至少包括以下内容：

（一）保险资金投资情况；

（二）投资合法合规情况；

（三）异常交易及需提请关注事项；

（四）资产估值情况；

（五）主要风险状况；

（六）涉及的关联交易情况；

（七）中国保监会规定的其他审慎性内容。

第三十三条 中国保监会制定不动产投资能力标准，保险公司及相关投资机构应当按照规定标准自行评估，并向中国保监会提交评估报告。中国保监会将检验并跟踪监测保险公司及相关投资机构的不动产投资管理能力及变化情况。

中国保监会可以根据市场需要，适当调整投资比例、相关当事人的资质条件和报送材料等事项。保险资金投资不动产及不动产相关金融产品的相关当事人，向中国保监会报送的材料，应当符合监管规定，并对材料的真实性负责。

第三十四条 中国保监会依法对保险公司投资不动产进行现场监管和非现场监管，必要时可以聘请专业机构协助检查。

保险公司投资不动产，出现偿付能力不足、重大经营问题、存在重大投资风险，或者可能对金融体系、金融行业和金融市场产生不利影响的，中国保监会应当采取有关法律法规规定的停止投资业务、限制投资比例、调整投资人员、责令处置不动产资产、限制股东分红和高管薪酬等监管措施。保险公司投资不动产后，不能持续符合

第八条规定的，中国保监会应当责令予以改正。

违规投资的不动产或者超比例投资的不动产，中国保监会按照有关规定不计入认可资产范围。突发事件或者市场变动等非主观因素，造成不动产投资比例超过本办法规定的，保险公司应当在规定期限内，按照规定调整投资比例。

保险资金投资不动产的资产评估标准和方法及风险因子的规则，由中国保监会另行规定。

第三十五条 投资机构和专业机构参与保险资金投资不动产活动，违反有关法律、行政法规和本办法规定的，中国保监会有权记录其不良行为，并将违法违规情况通报其监管或者主管部门。情节严重的，中国保监会将责令保险公司不得与该机构开展相关业务，并商有关监管或者主管部门依法给予行政处罚。

保险公司不得与列入不良记录名单的投资机构和专业机构发生业务往来。

第六章 附则

第三十六条 保险公司投资购置办公用房、培训中心、后援中心、灾备中心等自用性不动产，应当运用资本金。

保险公司投资购置自用性不动产的账面余额，不得高于该公司上年末净资产的50%。

保险公司投资的同一不动产，含自用性不动产和投资性不动产的，应当按照本办法规定，分别确定运用资本金和保险责任准备金的比例，分别核算成本和投资收益并进行会计处理。

第三十七条 保险资金投资境外不动产，按照《保险资金境外投资管理暂行办法》和中国保监会有关规定执行，保险资金投资境内和境外的不动产及相关金融产品，投资比例合并计算。

保险资金以取得不动产所有权为目的投资项目公司股权，不适用《保险资金投资股权暂行办法》的有关规定。

第三十八条 本办法由中国保监会负责解释和修订，自发布之日起实施。

关于完善差别化住房信贷政策有关问题的通知

银发［2010］275号

中国人民银行上海总部，各分行、营业管理部，各省会（首府）城市中心支行、副省级城市中心支行，各省（自治区、直辖市）银监局，国家开发银行、各政策性银行、国有商业银行、股份制商业银行，中国邮政储蓄银行：

为进一步贯彻落实《国务院关于坚决遏制部分城市房价过快上涨的通知》（国发［2010］10号）的有关精神，巩固房地产市场调控成果，促进房地产市场健康发展，现就相关信贷政策通知如下：

一、各商业银行暂停发放居民家庭购买第三套及以上住房贷款；对不能提供一年以上当地纳税证明或社会保险缴纳证明的非本地居民暂停发放购房贷款。

二、对贷款购买商品住房，首付款比例调整到30%及以上；对贷款购买第二套住房的家庭，严格执行首付款比例不低于50%、贷款利率不低于基准利率1.1倍的规定。

三、各商业银行要加强对消费性贷款的管理，禁止用于购买住房。

四、对有土地闲置、改变土地用途和性质、拖延开竣工时间、捂盘惜售等违法违规记录的房地产开发企业，各商业银行停止对其发放新开发项目贷款和贷款展期。

五、对不认真执行差别化信贷政策的商业银行，一经查实要严肃处理。

六、继续支持房地产开发企业承担中低价位、中小套型商品住房项目和参与保障性安居工程的贷款需求。

七、鼓励金融机构支持保障性安居工程建设，抓紧制定支持公共租赁住房建设的中长期贷款政策。

请人民银行上海总部，各分行、营业管理部、省会（首府）城市中心支行，各省（自治区、直辖市）银监局将本通知联合转发至辖区内城市商业银行、农村商业银行、农村合作银行、城乡信用社及外资银行，并及时上报执行情况。

中国人民银行

中国银行业监督管理委员会

二〇一〇年九月二十九日

关于信托公司房地产信托业务风险提示的通知

银监办发［2010］343号

各银监局、银监会直接监管的信托公司：

近来，信托公司房地产信托业务增长迅速，个别信托公司开展这项业务不够审慎。为有效落实国家房地产调控政策，进一步规范房地产信托业务，提高信托公司风险防范意识和风险控制能力，根据《信托公司管理办法》及相关规定，现就信托公司房地产信托业务风险提示如下：

各信托公司应立即对房地产信托业务进行合规性风险自查。逐笔分析业务合规性和风险状况，包括信托公司发放贷款的房地产开发项目是否满足“四证”齐全、开发商或其控股股东具备二级资质、项目资本金比例达到国家最低要求等条件；第一还款来源充足性、可靠性评价；抵质押等担保措施情况及评价；项目到期偿付能力评价及风险处置预案等内容。

各银监局要加强对辖内信托公司房地产信托业务合规性监管和风险监控，结合今年开展的专项调查和压力测试，在信托公司自查基础上，逐笔对房地产信托业务进行核查，对以受让债权等方式变相提供贷款的情况，要按照实质重于形式的原则予以甄别。自查和核查中发现的问题，应立即采取措施责成信托公司予以纠正，对违规行为依法查处。各银监局于12月20日前将核查及处理结果书面报告银监会。

各银监局要督促信托公司在开展房地产信托业务时审慎选择交易对手，合理把握规模扩张，加强信托资金运用监控，严控对大型房企集团多头授信、集团成员内部关联风险，积极防范房地产市场调整风险。对执行不力的银监局，银监会将予以通报，并视情况追究相关责任。

请银监局将本通知转发给辖内有关银监分局和信托公司，如有重大问题，请及时向银监会报告。

中国银行业监督管理委员会办公厅

二〇一〇年十一月十二日

政策汇编 07

中华人民共和国 国家统计局

关于《住宅销售价格统计调查方案》公开征求意见的公告

为进一步完善房地产价格统计调查制度方法，努力规范房地产价格统计调查过程和行为，不断改进房地产价格统计调查工作，国家统计局城市司在认真调研、广泛听取意见建议的基础上，经反复研究修改，形成了《住宅销售价格统计调查方案》公开征求意见稿，现予公布，以便进一步完善。

公开征求意见时间：2010年9月25日至30日

欢迎各界人士通过电子邮件和来函形式提出意见建议。

电子邮箱：info@gj.stats.cn

来函请寄：北京市西城区月坛南街57号国家统计局城市司服务业价格处收

邮编：100826

特此公告。

附件1：住宅销售价格统计调查方案（征求意见稿）

国家统计局城市社会经济调查司

二〇一〇年九月二十五日

附件1：住宅销售价格统计调查方案（征求意见稿）

一、调查目的

全面了解和掌握大中城市新建住宅和二手住宅销售价格及其变动情况，为满足国民经济核算、国家实施房地产市场调控政策和社会公众需要提供基础统计信息。

二、调查任务

按月调查和收集大中城市新建住宅和二手住宅销售价格、面积、金额等相关基础资料用于计算价格指数。

三、调查城市及范围

（一）调查城市

调查城市包括直辖市、省会城市、自治区首府城市（不含拉萨市）、计划单列市等35个大中城市，以及其他35个选中城市。

（二）调查范围

调查范围为70个城市的市辖区，不包括县。调查城市及其区划编码见附件2。

四、调查方法与调查内容

（一）新建住宅销售价格的调查方法与内容

1. 直辖市、省会城市、自治区首府城市（不含拉萨市）、计划单列市等35个大中城市新建住宅销售价格、面积、金额等资料直接采用当地房地产管理部门的网签数据，不单独进行调查。

新建住宅交易的网签数据内容，主要包括住宅所在项目名称、项目地址、幢号、总层数、所在层数、住宅结构、成交总价（合同金额）、建筑面积、签约时间等。

2. 暂时不能取得网签数据的其他35个城市，新建住宅销售价格根据统计系统房地产开发统计报表中各个楼盘的分类销售面积和金额数据计算，也不另作调查。

（二）二手住宅销售价格的调查方法与内容

1. 二手住宅销售价格的调查方法

二手住宅销售价格调查为非全面调查，采用重点调查与典型调查相结合的方法，依据房屋中介公司上报、房地产管理部门提供与调查员实地采价相结合的方式收集基础数据。

为保证二手住宅价格调查的科学性和可靠性，在选择房屋中介公司和住宅样本时遵循以下原则：

（1）代表性强的房屋中介公司。为保证调查资料的可靠性和连续性，要统筹考虑各种因素，选择那些规模大、实力强，营业额占当地总营业额比重较大，经营状况比较稳定的房屋中介。选择房屋中介尽量兼顾不同注册登记类型，包含国有、集体、合资、外资等。选中房屋中介的营业总额一般应占本地区总额的75%以上。各选中房屋中介按规定内容和要求填报调查表。

（2）住宅样本选取要兼顾不同地理位置的住宅，综合考虑住宅类型、区域、地段、结构等统计口径的一致性，保证上月、本月价格同质可比。由于存在着级差地租，不同地理位置的住宅单位面积价格差异较大。在选取住宅样本时，必须按照住宅类型分区域（辖区）、分类型从上月及本月销售的住宅当中分别选取销售量（套数）所占比重最（较）大、同质可比性强、代表性强且最接近15日交易的一套住宅。距15日时间相同的前、后两日均有同质可比住宅时，用15日后的住宅作为样本。

2. 二手住宅销售价格的调查内容

成交住宅所在小区或社区名称、位置、住宅类型、住宅所在区域、住宅所在地段、本月销售面积、本月销售金额、样本住宅上月销售单价、样本住宅本月销售单价。

五、指标设置

（一）新建住宅设置保障性住房和商品住宅两个类别。保障性住房，是指享受国家相关优惠政策、出售给城镇中低收入居民家庭的新建住房，包括经济适用住房、城市棚户区改造房、林（垦、煤）区改造房以及国有工矿棚户区改造房等保障性住房以及两限房等政策性住房。

商品住宅类下设90平方米及以下、90～144平方米、144平方米以上三个基本分类。

（二）二手住宅设置90平方米及以下、90～144平方米、144平方米以上三个基本分类。

六、价格指数的计算方法

（一）新建住宅销售价格指数的计算方法

1. 各城市基本分类月环比价格指数

计算步骤与方法：第一，计算某一新建住宅楼盘90平方米及以下、90～144平方米、144平方米以上三个基本分类的环比指数；第二，采用双加权计算全市三个基本分类的环比指数，即分别利用本月销售面积和金额作为权数计算价格指数，然后将两个价格指数再简单平均；第三，计算保障性住房环比价格指数，计算方法与商品住宅基本分类计算方法一致。

具体计算过程为：

（1）计算各楼盘各基本分类（90平方米及以下、90～144平方米、144平方米以上和保障性住房）本月及上月平均价格

本月及上月平均价格计算公式为：$P_t^{i,\ j}=\frac{Y_t^{i,\ j}}{Q_t^{i,\ j}}$和$P_{t-1}^{i,\ j}=\frac{Y_{t-1}^{i,\ j}}{Q_{t-1}^{i,\ j}}$

其中：$Y_t^{i,\ j}$、$Y_{t-1}^{i,\ j}$为第i个楼盘第j基本分类t期（本月）、t-1期（上月）销售金额，$Q_t^{i,\ j}$、$Q_{t-1}^{i,\ j}$第i个楼盘第j基本分类t期（本月）、t-1期（上月）销售面积。

（2）计算各楼盘各基本分类（含保障性住房）月环比价格指数

① 连续性销售楼盘和新开楼盘环比价格指数的计算

连续性销售楼盘是指，该楼盘本月和上月对应分类都有成交；新开楼盘是指，该楼盘本月第一次进入市场销售（本方案中连续四个月没有成交记录的在售楼盘也视为新开楼盘）。

对于新开楼盘，需对上月该楼盘各分类平均价格进行评估，具体评估方法如下：如果新开楼盘附近区域存在可比在售楼盘，则按照该可比楼盘对应分类成交价格评估上月价格；如果没有，则根据区域、地段、价格同质可比原则，选取与该楼盘位置同一级别区域的相似楼盘对应分类成交价格进行上月价格评估；如果上述楼盘都不存在，则根据该楼盘附近区域内本月二手住宅交易价格变动幅度或有关价格数据的变动幅度进行评估。

连续性销售楼盘和新开楼盘基本分类环比指数计算公式为：$H_{i,\ j}=\frac{P_t^{i,\ j}}{P_{t-1}^{i,\ j}}$

其中：$P_{t-1}^{i,\ j}$为第i个楼盘第j基本分类 t-1期（上月）平均价格（对于新开楼盘则为评估的平均价格），$P_t^{i,\ j}$为t期（本月）平均价格。

② 间断性销售楼盘环比价格指数的计算

间断性销售楼盘是指，由于市场供求变化等原因导致该楼盘当月有交易，对应分类上月没有交易，而在本月之前的三个月内曾经有交易的楼盘。

对于该类楼盘，依据该楼盘本月之前三个月内离本月最近的各分类成交数据计算各分类平均价格，再利用下列计算公式计算基本分类环比价格指数：$H_{i,\ j}=\sqrt[n]{\frac{P_t^{i,\ j}}{P_0^{i,\ j}}}$

其中：$P_t^{i,\ j}$表示第i个楼盘第j基本分类t期（本月）平均价格，$P_0^{i,\ j}$表示距离本月最近的对应基本分类平均价格，n为距离本月的月份个数。

（3）计算全市基本分类（含保障性住房）月环比价格指数

计算公式为：$R_{t,\ t-1}^{j}=\frac{\sum_{i=1}^{n}H_{i,\ j}W_t^{i,\ j}}{\sum_{i=1}^{n}W_t^{i,\ j}}$

其中：$H_{i,\ j}$为第i个项目第j基本分类环比价格指数，$W_t^{i,\ j}$为第i个项目第j基本分类t期（本月）销售面积（金额），n为该基本分类中包含楼盘的个数。将分别利用销售面积和金额加权计算得到的两个指数再简单平均计算。

2. 计算各城市基本分类以上类别价格指数

（1）定基价格指数的计算公式$L_t=L_{t-1}\times\frac{\sum P_tQ_{2010}}{\sum P_{t-1}Q_{2010}}$

其中：P表示价格，Q表示数量，t表示月份，L_t、L_{t-1}分别为本月和上月定基价格指数，$\frac{\sum P_tQ_{2010}}{\sum P_{t-1}Q_{2010}}$为环比指数。

（2）月环比价格指数的计算公式 本月环比价格指数$=\frac{L_t}{L_{t-1}}=\frac{\text{本月定基指数}}{\text{上月定基指数}}\times 100$

（3）月同比价格指数的计算公式 本月环比价格指数$=\frac{L_t}{L_{t-12}}=\frac{\text{本月定基指数}}{\text{上年同月定基价格指数}}\times 100$

3. 70个大中城市新建住宅销售价格指数的汇总方法

（1）基本分类月环比价格指数

根据70个大中城市基本分类月环比价格指数分别利用各城市本月销售面积和金额作为权数计算价格指数，然后将两个价格指数简单平均。

计算公式为：$R_{t,\ t-1}^{j}=\frac{\sum_{i=1}^{70}H_{i,\ j}W_t^{i,\ j}}{\sum_{i=1}^{70}W_t^{i,\ j}}$

其中：$H_{i,j}$为第i个城市第j基本分类环比价格指数，$W_t^{i,j}$为第i个城市第j基本分类t期（本月）销售面积（或金额）。

（2）70个大中城市基本分类以上类别价格指数的计算方法同各城市基本分类以上类别价格指数。

（二）二手住宅销售价格指数的计算方法

1. 各城市基本分类月环比价格指数

（1）计算各基本分类中选中的二手住宅的环比指数

计算公式为：$H_t^{i,j}=\frac{P_t^{i,j}}{P_{t-1}^{i,j}}$

其中：$P_t^{i,j}$为第j基本分类中第i个样本住宅t期（本月）价格，$P_{t-1}^{i,j}$为$t-1$期（上月）价格。

（2）计算全市基本分类环比价格指数

采用双加权计算全市各基本分类的环比指数，即分别利用本月销售面积和金额作为权数计算价格指数，然后将两个价格指数再简单平均。

计算公式为：$R_{t,t-1}^{j}=\frac{\sum_{i=1}^{n}H_{i,j}W_t^{i,j}}{\sum_{i=1}^{n}W_t^{i,j}}$

其中：$H_{i,j}$为第j基本分类中第i个样本住宅环比价格指数，$W_t^{i,j}$为第j基本分类中第i个样本住宅所代表住宅类型的t期（本月）销售面积（金额），n为该基本分类中包含样本住宅的个数。

2. 各城市二手住宅销售价格指数的计算方法同各城市新建住宅价格指数。

3. 70个大中城市二手住宅销售价格指数的汇总方法

（1）基本分类环比价格指数

根据70个大中城市基本分类月环比价格指数分别利用各城市本月销售面积和金额作为权数计算价格指数，然后将两个价格指数再简单平均计算。

计算公式为：$R_{t,t-1}^{j}=\frac{\sum_{i=1}^{70}H_{i,j}W_t^{i,j}}{\sum_{i=1}^{70}W_t^{i,j}}$

其中：$H_{i,j}$为第i个城市第j基本分类环比价格指数，$W_t^{i,j}$为第i个城市第j基本分类t期（本月）销售面积（或销售金额）。

（2）70个大中城市二手住宅销售价格指数的计算方法同70个大中城市新建住宅销售价格指数。

七、数据资料的报送规定

（一）网签数据。直辖市、省会城市、自治区首府城市（不含拉萨市）、计划单列市等35个大中城市房地产管理部门按国统字［2010］93号文件要求的内容与时间向当地国家统计局调查总队或调查队提供基础数据。相关调查总队、调查队将当地房地产管理部门经过过滤的、上个自然月的新建住宅交易网签数据用专用存储设备拷贝，并按照统一规则进行标志。

（二）二手住宅报表数据。各有关城市房地产管理局、房屋中介公司等按照国统字［2010］号文件要求的内容与时间向当地国家统计局调查总队或调查队提供自然月度基础数据。

（三）资料上报时间和上报方式

国家统计局各调查总队在对相关城市的原始数据和汇总数据进行审核评估后，于月后8日前按照规定的数据传输方式与要求上报国家统计局。各调查城市上报数据给调查总队的时间由各地自定。

八、数据发布时间与内容

（一）发布时间：每月18号，节假日顺延。

（二）发布内容：70个大中城市新建住宅和二手住宅销售环比、同比、定基价格总指数以及分城市分类价格指数。

CHAPTER 03

基础数据

房地产市场基础数据是国家制定房地产调控政策的基本依据，也是房地产企业经营决策的重要参考。

本篇“基础数据”主要来源于国家统计局以及各地方统计局公报和数据库，少部分来源于中国房地产决策咨询系统（CRIC）；另有少部分为房地产企业数据。全国性的数据未包括我国港、澳、台地区相关数据。

鉴于一些部门对于房地产市场的数据系统及采集方法等都在不断完善中，加上我们在收集数据时点的局限性，故请读者在采用此基础数据时做多角度比较。

一、全国宏观经济数据

表3-1 全国及三十一个省、自治区及直辖市2006—2010年国内生产总值

单位：亿元

	2006年	2007年	2008年	2009年	2010年
全国	211 923	265 810	314 045	340 507	397 983
北京	7870	9353	11 115	12 153	13 778
天津	4359	5050	6719	7522	9109
河北	11 660	13 710	16 012	17 235	20 197
山西	4753	5733	7315	7358	9088
内蒙古	4791	6091	8496	9740	11 655
辽宁	9251	11 023	13 669	15 212	18 278
吉林	4275	5285	6426	7279	8577
黑龙江	6189	7065	8314	8587	10 235
上海	10 366	12 189	14 070	15 046	16 872
江苏	21 645	25 741	30 982	34 457	40 903
浙江	15 743	18 780	21 463	22 990	27 227
安徽	6149	7364	8852	10 063	12 663
福建	7615	9249	10 823	12 237	14 357
江西	4671	5500	6971	7655	9435
山东	22 077	25 966	30 933	33 897	39 416
河南	12 496	15 012	18 019	19 480	22 943
湖北	7581	9231	11 329	12 961	15 806
湖南	7569	9200	11 555	13 060	15 902
广东	26 204	31 084	36 797	39 483	45 473
广西	4829	5956	7021	7759	9502
海南	1053	1223	1503	1654	2052
重庆	3492	4123	5794	6530	7894
四川	8638	10 505	12 601	14 151	16 899
贵州	2282	2742	3562	3913	4594
云南	4007	4741	5692	6170	7220
西藏	291	342	395	441	508
陕西	4524	5466	7315	8170	10 021
甘肃	2277	2702	3167	3388	4119
青海	642	784	1019	1081	1350
宁夏	711	889	1204	1353	1643
新疆	3045	3523	4183	4277	5419

数据来源：国家及各地统计局、统计公报

表3-2 全国及三十一个省、自治区及直辖市2006—2010年全社会固定资产投资

单位：亿元

	2006年	2007年	2008年	2009年	2010年
全国	109 998	137 324	172 828	224 599	278 140
北京	3296	3907	3815	4617	5494
天津	1821	2353	3390	4738	6511
河北	5470	6885	8867	12 270	15 083
山西	2256	2861	3531	4943	6353
内蒙古	3363	4373	5475	7337	8972
辽宁	5690	7435	10 019	12 292	16 043
吉林	2594	3651	5039	6412	9622
黑龙江	2236	2833	3656	5029	6813
上海	3900	4420	4823	5044	5318
江苏	10 069	12 268	15 301	18 950	23 187
浙江	7590	8420	9323	10 742	12 488
安徽	3534	5088	6747	8991	11 849
福建	2982	4288	5208	6231	8273
江西	2684	3302	4745	6643	8775
山东	11 111	12 538	15 436	19 035	23 279
河南	5905	8010	10 491	13 705	16 586
湖北	3343	4330	5647	7867	10 803
湖南	3176	4155	5534	7703	9821
广东	7973	9294	10 869	12 933	16 113
广西	2199	2940	3756	5237	7162
海南	424	502	705	988	1331
重庆	2407	3128	3980	5214	6935
四川	4413	5640	7128	11 372	13 582
贵州	1197	1489	1864	2412	3186
云南	2209	2759	3436	4526	5529
西藏	231	270	310	378	467
陕西	2481	3415	4614	6247	8562
甘肃	1023	1304	1713	2363	3219
青海	409	483	583	798	1069
宁夏	499	600	829	1076	1465
新疆	1567	1851	2260	2725	3539

数据来源：国家及各地统计局、统计公报

表3-3 全国及三十一个省、自治区及直辖市2006—2010年城镇居民家庭人均可支配收入

单位：元

	2006年	2007年	2008年	2009年	2010年
全国	11 759	13 786	15 781	17 175	19 109
北京	19 978	21 989	24 725	26 738	29 073
天津	14 283	16 357	19 423	21 402	24 293
河北	10 305	11 690	13 441	14 718	16 263
山西	10 028	11 565	13 119	13 997	15 648
内蒙古	10 358	12 378	14 431	15 849	17 698
辽宁	10 370	12 300	14 393	15 761	17 713
吉林	9775	11 286	12 829	14 006	15 411
黑龙江	9182	10 245	11 581	12 566	13 857
上海	20 668	23 623	26 675	28 838	31 838
江苏	14 084	16 378	18 680	20 552	22 944
浙江	18 265	20 574	22 727	24 611	27 359
安徽	9771	11 474	12 990	14 086	15 788
福建	13 753	15 505	17 961	19 577	21 781
江西	9551	11 452	12 866	14 022	15 481
山东	12 192	14 265	16 305	17 811	19 946
河南	9810	11 477	13 231	14 372	15 930
湖北	9803	11 486	13 153	14 367	16 058
湖南	10 505	12 294	13 821	15 084	16 566
广东	16 016	17 699	19 733	21 575	23 898
广西	9899	12 200	14 146	15 451	17 064
海南	9395	10 997	12 608	13 751	15 581
重庆	11 570	12 591	14 368	15 749	17 532
四川	9350	11 098	12 633	13 839	15 461
贵州	9117	10 678	11 759	12 863	14 180
云南	10 070	11 496	13 250	14 424	16 065
西藏	8941	11 131	12 482	13 544	14 980
陕西	9268	10 763	12 858	14 129	15 695
甘肃	8921	10 012	10 969	11 930	13 189
青海	9000	10 276	11 648	12 692	13 855
宁夏	9177	10 859	12 932	14 025	15 345
新疆	8871	10 313	11 432	12 258	13 644

数据来源：国家及各地统计局、统计公报

表3-4 全国及三十一个省、自治区及直辖市2006—2010年城镇居民家庭人均消费性支出

单位：元

	2006年	2007年	2008年	2009年	2010年
全国	8697	9998	11 243	12 265	13 471
北京	14 825	15 330	16 460	17 893	19 934
天津	10 548	12 029	13 423	14 801	16 562
河北	7343	8235	9087	9679	10 318
山西	7171	8102	8807	9355	9793
内蒙古	7667	9281	10 827	12 370	13 995
辽宁	7987	9430	11 232	12 325	13 280
吉林	7353	8560	9729	10 914	11 679
黑龙江	6655	7519	8623	9630	10 684
上海	14 762	17 255	19 398	20 992	23 200
江苏	9629	10 715	11 978	13 153	14 357
浙江	13 349	14 091	15 158	16 683	17 858
安徽	7295	8532	9524	10 234	11 513
福建	9808	11 055	12 501	13 451	14 750
江西	6646	7811	8717	9740	10 619
山东	8468	9667	11 007	12 013	13 118
河南	6685	7827	8838	9567	10 838
湖北	7397	8701	9478	10 294	11 451
湖南	8169	8991	9946	10 828	11 825
广东	12 432	14 337	15 528	16 858	18 490
广西	6792	8151	9627	10 352	11 490
海南	7127	8293	9409	10 087	10 927
重庆	9399	9890	11 147	12 144	13 335
四川	7525	8692	9679	10 860	12 105
贵州	6848	7759	8349	9048	10 058
云南	7380	7922	9077	10 202	11 074
西藏	6193	7532	8324	9034	9686
陕西	7553	8427	9772	10 706	11 822
甘肃	6974	7876	8309	8891	9895
青海	6530	7512	8203	8787	9614
宁夏	7206	7817	9558	10 280	11 334
新疆	6730	7874	8669	9328	10 197

数据来源：国家及各地统计局、统计公报

二、全国房地产开发投资数据

表3-5 全国2006—2010年房地产开发投资数据

单位：亿元

	2006年	2007年	2008年	2009年	2010年
房地产开发投资额	19 422.90	25 279.65	30 579.82	36 231.71	48 267.07
其中：住宅	13 611.62	18 010.25	22 081.26	25 618.74	34 038.14
办公楼	923.16	1036.95	1111.58	1378.04	1806.55
商业营业用房	2345.38	2775.56	3200.21	4171.58	5598.84

数据来源：国家统计局

表3-6 全国及三十一个省、自治区及直辖市2010年房地产开发投资数据

	投资总额（亿元）	住宅（亿元）	经济适用房（亿元）	比上年同期增长（%）		
				投资总额	住宅	经济适用房
全国投资额	48 267.07	34 028.12	1067.34	33.2	32.9	-5.9
东部地区	28 009.07	19 232.99	598.26	32.7	33.2	5.7
北京	2901.07	1508.95	48.98	24.1	66.4	-27.7
天津	866.64	565.39	126.77	17.9	14.3	13.3
河北	2264.83	1785.65	27.42	49.0	46.5	12.5
辽宁	3465.76	2481.10	50.38	31.3	28.3	-21.0
上海	1980.68	1229.83	117.57	35.5	33.9	200.1
江苏	4301.85	3159.94	99.22	28.9	30.4	-10.7
浙江	3030.04	2058.47	33.85	34.4	30.2	-39.1
福建	1818.86	975.13	16.50	60.1	31.2	-11.2
山东	3251.78	2513.40	48.99	33.9	35.1	-14.8
广东	3659.69	2538.02	24.55	23.6	21.4	55.9
海南	467.87	417.11	4.03	62.5	59.3	—
中部地区	10 516.65	7849.66	245.13	32.4	31.3	-17.9
山西	592.24	457.45	22.53	24.1	21.1	71.6
吉林	921.01	721.82	36.22	21.7	20.9	-16.7
黑龙江	843.12	656.93	12.33	49.5	48.5	-59.2
安徽	2251.80	1607.83	27.45	34.9	36.8	13.8
江西	706.82	544.77	11.40	11.4	7.0	-26.4
河南	2114.08	1685.21	61.87	36.1	36.4	3.4
湖北	1618.24	1040.86	40.34	34.8	29.4	-45.8
湖南	1469.33	1134.79	32.99	35.5	35.4	-12.8
西部地区	9741.35	6945.47	223.95	35.3	33.8	-16.9
内蒙古	1120.02	782.14	39.09	37.3	36.3	-27.4
广西	1206.22	878.89	21.81	48.2	52.3	88.2
重庆	1620.26	1091.49	58.99	30.8	38.3	-10.1
四川	2194.63	1535.28	6.20	38.2	33.5	-34.0
贵州	556.69	328.63	20.16	49.9	31.7	-0.3
云南	900.44	654.67	12.47	22.1	18.4	-36.5
西藏	8.96	6.99	0.06	-43.1	-38.6	-89.0
陕西	1160.23	938.53	33.89	23.2	20.2	-18.0
甘肃	266.41	187.93	17.37	30.5	35.9	-16.7
青海	108.19	75.20	1.95	48.5	37.8	218.0
宁夏	254.37	187.29	4.18	56.3	48.5	-57.7
新疆	344.93	278.43	7.78	46.2	47.9	-51.6

数据来源：国家及各地统计局、统计公报

三、全国房地产开发资金来源状况

表3-7 全国2006—2010年房地产开发资金来源状况

单位：亿元

	2006年	2007年	2008年	2009年	2010年
资金来源合计	26 979.49	37 256.62	38 146.03	57 127.63	72 494.34
其中：国内贷款	5356.98	6960.98	7256.55	11 292.69	12 540.48
利用外资	400.15	649.99	726.33	469.73	795.56
自筹资金	8587.08	11 772.00	15 081.27	17 905.99	26 704.58
其他资金	12 635.28	17 873.65	15 081.88	27 459.22	32 453.72

数据来源：国家统计局

表3-8 全国及三十一个省、自治区及直辖市2010年房地产开发资金来源状况

单位：亿元

	资金总额	国内贷款	利用外资	自筹资金	其他资金
全国投资额	72 514.32	12 540.52	795.56	26 704.56	32 273.72
东部地区	45 186.36	8837.86	545.77	15 556.94	20 245.76
北京	5790.61	1439.08	13.90	1762.97	2574.66
天津	1665.54	539.59	8.34	457.74	659.88
河北	2686.64	285.61	3.00	1488.79	909.25
辽宁	5071.82	622.72	177.28	2802.45	1469.34
上海	3229.29	819.57	96.05	1070.88	1242.78
江苏	7856.73	1544.85	93.68	2165.13	4053.08
浙江	5385.57	1020.20	24.47	1267.41	3073.48
福建	2527.86	436.09	18.17	1016.44	1057.16
山东	4431.35	756.57	18.87	1787.79	1868.11
广东	5743.77	1237.93	91.30	1581.64	2832.90
海南	797.18	135.65	0.71	155.70	505.12
中部地区	13 360.40	1642.19	114.02	5952.15	5652.07
山西	786.46	87.54	—	288.43	410.49
吉林	968.45	62.11	0.04	596.93	309.38
黑龙江	1044.61	48.55	1.50	645.77	348.79
安徽	2863.70	323.73	6.18	1211.07	1322.72
江西	1008.16	146.40	2.90	391.29	467.57
河南	2468.79	244.50	1.76	1336.57	885.96
湖北	2216.43	415.43	97.29	782.56	921.16
湖南	2003.80	313.93	4.35	699.53	986.00
西部地区	13 967.56	2060.47	135.77	5195.47	6375.88
内蒙古	1168.55	50.28	0.16	938.19	179.91
广西	1538.57	248.60	8.59	547.43	733.96
重庆	2859.53	584.72	83.93	685.00	1505.89
四川	3143.99	436.83	33.33	1204.90	1468.94
贵州	946.97	160.18	0.72	268.89	497.18
云南	1300.66	160.82	0.85	461.22	677.78
西藏	14.99	0.37	—	10.27	4.35
陕西	1692.23	219.00	5.62	648.01	819.60
甘肃	317.21	56.60	—	132.70	127.92
青海	124.73	26.90	2.32	56.78	38.72
宁夏	359.14	56.07	0.25	103.32	199.50
新疆	500.99	60.10	—	138.76	302.13

数据来源：国家及各地统计局、统计公报

四、全国土地开发及购置数据

表3-9 全国2006—2010年土地开发及购置数据

单位：万平方米

	2006年	2007年	2008年	2009年	2010年
土地开发面积	27 128.40	26 870.80	26 033.30	23 006.00	21 253.66
土地购置面积	36 573.60	40 609.18	36 785.37	31 906.10	40 969.53

数据来源：国家统计局

表3-10 全国及三十一个省、自治区及直辖市2010年土地开发及购置数据

	土地购置费（亿元）	土地购置面积（万平方米）	完成土地开发面积（万平方米）	比上年同期增长（%）		
				购置费	购置面积	开发面积
全国总计	9992.12	40 979.55	21 253.67	65.9	28.4	-7.7
东部地区	6891.36	19 596.62	10 501.18	74.9	36.3	0.6
北京	1292.75	858.75	48.44	120.0	37.4	-86.7
天津	134.08	652.46	352.88	51.7	46.7	-4.6
河北	368.45	2844.26	1317.43	69.2	40.6	17.8
辽宁	508.14	3652.01	1918.52	40.9	75.0	13.4
上海	449.27	432.44	237.79	110.0	133.9	170.7
江苏	955.41	2224.24	1450.55	70.4	19.7	-11.9
浙江	1135.49	1833.69	1294.98	62.9	40.2	21.9
福建	764.99	1532.47	203.78	129.9	36.8	-56.2
山东	600.55	3290.53	1456.05	55.8	51.0	-20.3
广东	633.37	1755.61	1867.57	35.3	-22.3	24.7
海南	48.86	520.16	353.19	79.5	81.4	15.4
中部地区	1696.33	11 790.59	6242.32	60.3	24.3	-9.4
山西	92.00	838.56	998.64	21.6	36.4	15.4
吉林	125.17	935.91	297.39	75.6	29.3	39.7
黑龙江	90.68	1137.81	588.59	22.0	36.5	24.9
安徽	517.30	2611.07	813.12	77.2	36.1	-5.1
江西	109.90	777.15	544.39	65.4	11.9	-16.2
河南	293.23	2864.32	1184.18	48.1	6.0	-12.4
湖北	291.17	1529.68	1364.97	80.3	53.0	0.2
湖南	176.88	1096.09	451.05	48.4	9.4	-59.7
西部地区	1404.43	9592.34	4510.16	36.9	19.1	-21.0
内蒙古	129.85	2006.14	1013.94	19.3	80.8	66.8
广西	150.60	1193.88	363.43	29.3	-8.0	-5.2
重庆	371.44	1369.22	649.07	56.0	11.5	-38.2
四川	368.94	963.31	546.4	51.3	-8.0	-44.7
贵州	60.92	980.10	356.57	88.2	162.6	120.9
云南	121.27	1031.39	391.75	-8.5	-18.8	-52.6
西藏	1.72	4.55	20.40	—	-13.1	20.3
陕西	107.29	579.49	308.93	46.6	42.0	-39.2
甘肃	29.28	279.48	119.46	19.1	-16.7	-29.8
青海	9.87	112.43	9.43	-45.5	-36.9	-93.4
宁夏	21.59	548.81	231.07	26.5	46.6	28.3
新疆	31.66	523.54	499.71	56.7	21.9	-26.0

数据来源：国家及各地统计局、统计公报

五、全国房地产建设数据

表3-11 全国2006—2010年房地产建设数据

单位：万平方米

	2006年	2007年	2008年	2009年	2010年
商品房施工面积	194 786.40	235 881.61	274 149.01	319 649.54	405 538.91
其中：住宅	151 742.70	186 454.97	216 671.36	250 804.25	314 942.59
办公楼	7366.33	8292.51	9190.53	9984.75	12 139.78
商业营业用房	23 485.68	25 937.69	16 224.13	34 439.58	44 615.72
商品房新开工面积	79 252.83	94 590.20	97 573.90	115 385.34	163 776.67
其中：住宅	64 403.80	78 135.98	79 889.10	92 463.47	129 467.93
办公楼	2134.94	2136.57	2284.20	2813.57	3678.01
商业营业用房	8473.23	8979.87	9321.15	12 352.16	17 460.98
商品房竣工面积	55 830.90	58 235.88	58 502.01	70 218.76	75 960.97
其中：住宅	45 471.70	47 767.25	47 749.73	57 694.43	61 215.72
办公楼	1335.78	1511.34	1647.97	1606.55	1748.44
商业营业用房	5900.60	5923.40	5488.58	6515.36	7931.40

数据来源：国家统计局

表3-12 全国及三十一个省、自治区及直辖市2010年商品房建设数据

	施工面积（万平方米）	新开工面积（万平方米）	竣工面积（万平方米）	比上年同期增长（%）		
				施工面积	新开工面积	竣工面积
全国	**405 538.91**	**163 776.70**	**75 960.99**	**26.6**	**40.7**	**4.5**
东部地区	**209 590.11**	**80 866.53**	**39 166.72**	**25.1**	**46.0**	**3.2**
北京	10 300.86	2974.24	2386.71	6.0	32.4	-10.9
天津	7160.74	2911.67	2098.55	18.3	13.9	10.3
河北	20 790.28	9636.28	3028.58	63.0	42.0	36.9
辽宁	26 824.50	12 627.39	4466.50	44.4	52.0	10.8
上海	11 295.03	3030.59	1941.25	13.5	22.1	-7.8
江苏	35 063.76	13 729.61	8265.61	17.1	49.1	-2.1
浙江	23 824.53	7890.63	4049.47	19.5	40.7	5.4
福建	14 184.85	4679.56	2244.66	21.6	93.1	0.2
山东	28 229.00	12 357.46	4999.72	27.6	45.5	-0.3
广东	29 217.60	9892.98	5234.59	17.7	52.7	3.4
海南	2698.96	1136.12	451.08	35.6	40.7	4.5
中部地区	**95 866.41**	**41 830.86**	**20 307.23**	**26.7**	**27.8**	**16.7**
山西	7616.35	2759.02	1089.72	38.8	12.9	26.5
吉林	7099.96	3553.85	1871.38	32.2	8.9	27.3
黑龙江	7543.71	5018.42	2166.77	66.8	67.5	14.7
安徽	17 541.90	7317.60	3020.57	23.8	37.7	5.6
江西	7229.94	2344.98	1822.20	7.0	1.9	10.7
河南	20 394.18	8610.57	4427.14	26.9	21.0	30.2
湖北	11 620.91	5765.52	2558.94	21.7	45.0	10.7
湖南	16 819.46	6460.90	3350.51	22.5	21.4	13.0
西部地区	**100 082.39**	**41 079.31**	**16 487.04**	**29.7**	**45.2**	**-4.7**
内蒙古	11 517.78	6289.60	2192.01	39.0	43.3	-5.3
广西	12 050.65	4750.57	1564.31	44.4	57.3	8.5
重庆	17 138.50	6312.64	2626.59	31.3	65.5	-9.6
四川	21 158.47	7731.66	3966.77	19.3	47.7	-7.3
贵州	7902.39	2871.15	1028.73	29.5	63.6	-15.9
云南	8784.97	3702.76	1535.99	28.5	31.3	-8.6
西藏	72.31	13.98	11.90	-48.6	-62.6	-74.1
陕西	9965.18	3329.19	860.79	21.0	19.1	-6.1
甘肃	3130.40	1395.98	598.66	23.4	33.3	10.7
青海	1423.97	700.67	267.67	58.2	38.7	47.1
宁夏	2940.53	1808.73	936.86	50.6	55.9	26.4
新疆	3997.24	2172.38	896.76	30.4	26.4	-13.2

数据来源：国家及各地统计局、统计公报

表3-13 全国及三十一个省、自治区及直辖市2010年住宅建设数据

	施工面积（万平方米）	新开工面积（万平方米）	竣工面积（万平方米）	比上年同期增长（%）		
				施工面积	新开工面积	竣工面积
全国	314 942.59	129 468.01	60 115.75	25.3	38.8	2.7
东部地区	157 008.32	62 243.27	30 400.49	24.1	44.1	1.1
北京	6176.02	2063.40	1498.48	11.2	49.5	−7.1
天津	5117.60	2026.89	1603.65	13.3	6.4	1.4
河北	17 274.45	7857.55	2651.00	58.9	36.1	36.7
辽宁	20 669.88	9848.55	3662.51	42.3	48.3	7.9
上海	7313.85	2111.11	1396.05	11.6	22.7	−7.5
江苏	26 349.91	10 620.32	6268.44	15.6	49.6	−6.9
浙江	16 149.97	5240.23	2756.50	15.8	32.7	−1.0
福建	10 570.84	3399.53	1717.07	19.5	82.7	1.6
山东	22 881.77	10 290.65	4212.76	26.2	46.1	−2.5
广东	22 176.17	7804.41	4248.36	16.8	53.0	3.3
海南	2327.86	980.63	385.67	32.3	34.6	−3.9
中部地区	77 848.37	34 147.08	17 016.35	24.9	25.3	14.2
山西	6252.79	2253.58	896.93	35.3	7.1	20.6
吉林	5785.69	2920.00	1562.40	30.3	6.6	20.8
黑龙江	6112.02	4079.40	1778.16	65.5	67.3	12.9
安徽	13 770.20	5770.46	2402.42	22.0	36.9	2.2
江西	6064.62	1956.47	1554.93	5.1	—	8.2
河南	16 902.19	7299.94	3852.80	25.6	18.1	28.8
湖北	9170.94	4483.91	2137.30	18.5	39.5	6.5
湖南	13 789.92	5383.32	2831.41	22.0	21.9	13.2
西部地区	80 085.90	33 077.66	12 698.91	28.1	44.8	−5.8
内蒙古	8246.59	4486.54	1799.40	30.7	39.7	−8.1
广西	9768.56	3905.84	1342.87	45.4	58.1	10.0
重庆	13 744.78	5268.76	2179.81	33.0	76.2	−8.6
四川	17 289.74	6270.79	3390.01	17.1	42.2	−7.9
贵州	5968.65	2250.29	809.06	26.6	66.3	−22.3
云南	7046.37	2960.81	158.44	27.3	32.7	−10.6
西藏	66.43	13.32	11.22	−45.6	−58.2	−73.5
陕西	8595.32	2887.08	762.97	21.3	18.9	−3.5
甘肃	2557.70	1169.10	501.05	21.3	31.9	8.5
青海	1179.25	569.01	242.12	54.0	34.3	50.9
宁夏	2285.56	1444.86	746.32	51.7	56.9	23.7
新疆	3336.95	1851.26	755.64	30.3	24.8	−16.1

数据来源：国家及各地统计局、统计公报

表3-14 全国及三十一个省、自治区及直辖市2010年办公楼建设数据

单位：万平方米

	施工面积（万平方米）	新开工面积（万平方米）	竣工面积（万平方米）	比上年同期增长（%）		
				施工面积	新开工面积	竣工面积
全国	12 459.77	3678.00	1748.42	21.4	28.6	5.8
东部地区	6747.04	2290.02	1282.40	19.1	31.1	10.9
北京	1054.84	203.29	198.42	-6.8	-20.6	-37.3
天津	396.61	206.73	102.42	13.8	15.1	22.4
河北	384.20	147.43	19.60	94.1	49.3	47.4
辽宁	582.95	214.05	75.29	36.0	43.8	101.5
上海	1103.18	147.39	150.69	15.6	-9.2	11.6
江苏	1167.65	374.63	290.54	26.6	82.3	90.0
浙江	149.17	477.18	195.86	25.5	57.2	23.3
福建	452.19	183.46	35.20	43.7	136.9	-25.8
山东	476.82	157.78	84.52	7.3	10.6	-29.4
广东	943.49	164.00	118.01	12.2	-3.7	32.4
海南	35.94	14.08	11.85	80.3	—	—
中部地区	1960.42	660.13	269.05	27.3	22.9	26.4
山西	182.54	54.70	19.73	64.1	68.3	62.9
吉林	103.83	23.75	11.98	6.8	-26.4	20.8
黑龙江	74.76	40.61	20.27	27.6	-2.1	11.8
安徽	521.89	163.46	49.89	20.5	—	-20.4
江西	114.25	41.82	23.41	75.1	46.7	324
河南	510.84	171.02	56.17	37.9	92.1	72.3
湖北	241.71	102.24	52.89	15.3	11.6	78.0
湖南	210.60	62.53	34.71	8.5	7.7	-17.6
西部地区	3752.31	727.85	196.97	25.5	26.2	-30.6
内蒙古	486.14	285.83	28.92	72.7	78.1	-40.4
广西	1833.04	59.75	13.01	37.4	51.0	64.1
重庆	247.56	57.20	30.03	17.7	-9.2	-35.2
四川	413.26	128.53	35.16	22.1	15.3	-31.7
贵州	149.32	29.22	18.36	20.5	5.2	0.1
云南	154.77	55.87	16.73	47.3	22.3	-51.3
西藏	0.74	—	—	-89.3	—	—
陕西	229.63	38.08	11.79	-11.9	-11.9	-57.4
甘肃	50.96	11.53	7.94	—	-18.6	-33.0
青海	23.64	17.26	3.86	192.7	388.4	150.3
宁夏	74.17	21.25	17.34	4.3	-42.1	33.8
新疆	89.08	23.33	13.83	5.7	-24.3	-36.3

数据来源：国家及各地统计局、统计公报

表3-15 全国及三十一个省、自治区及直辖市2010年商业营业用房建设数据

	施工面积（万平方米）	新开工面积（万平方米）	竣工面积（万平方米）	比上年同期增长（%）		
				施工面积	新开工面积	竣工面积
全国	44 257.74	17 461.00	7931.39	29.2	40.6	16.2
东部地区	21 885.80	8807.66	4270.10	28.4	46.9	15.7
北京	1229.33	242.42	271.92	-7.1	6.1	-15.7
天津	1004.47	407.83	235.29	47.2	29.4	103.1
河北	1964.76	1007.15	234.36	89.0	73.1	49.1
辽宁	3954.62	1838.67	535.72	49.0	63.0	21.9
上海	1292.96	298.10	176.41	16.8	47.8	-12.3
江苏	4824.87	1680.26	1127.10	18.3	35.3	9.0
浙江	262.40	868.85	546.25	24.0	47.4	41.9
福建	1272.69	454.55	165.82	25.7	83.2	-20.8
山东	3280.50	1250.35	497.5	33.6	40.0	16.9
广东	2623.18	692.85	448.59	14.8	33.5	17.7
海南	176.02	66.63	31.14	40.0	32.5	63.6
中部地区	10 281.10	4474.36	2110.43	31.1	34.4	29.8
山西	785.75	288.34	117.64	59.2	47.0	74.8
吉林	814.95	423.93	204.16	41.6	21.9	59.5
黑龙江	862.63	578.35	258.61	69.9	63.8	33.1
安徽	2300.21	958.36	430.68	26.3	37.7	17.5
江西	734.09	250.13	173.97	12.1	7.4	8.8
河南	1952.08	759.29	369.63	29.5	28.7	32
湖北	1281.29	658.42	270.79	26.2	56.9	47.2
湖南	1550.10	557.54	284.95	22.4	13.0	16.2
西部地区	10 090.84	4178.98	1550.86	29.0	35.3	2.8
内蒙古	2035.13	1101.40	277.25	59.3	41.8	22.7
广西	1111.02	394.85	121.89	29.8	39.1	1.7
重庆	1549.77	433.68	229.44	15.3	7.3	-11.2
四川	1593.47	634.66	283.94	19.6	56.6	-2.1
贵州	908.43	304.59	126.79	28.6	48.0	17.0
云南	934.79	391.68	157.72	16.7	7.8	-8.0
西藏	4.22	0.66	0.67	-59.3	-85.1	-65.1
陕西	707.68	257.27	58.99	22.0	29.5	-27.6
甘肃	332.15	160.52	60.42	27.7	57.6	11.5
青海	141.98	69.38	18.12	55.5	21.1	1.7
宁夏	360.99	214.55	122.5	39.5	65.6	19.3
新疆	411.21	215.74	93.13	34.5	36.5	22.1

数据来源：国家及各地统计局、统计公报

六、全国房地产销售数据

表3-16 全国2006—2010年房地产销售数据

	2006年	2007年	2008年	2009年	2010年
商品房销售面积（万平方米）	61 857.10	76 192.70	62 088.94	93 713.00	104 349.11
其中：住宅	13 638.41	18 010.25	22 081.26	25 618.74	93 051.56
办公楼	1454.19	1110.67	1513.30	1719.73	1882.00
商业营业用房	4552.94	3852.07	5222.29	6246.87	6921.46
商品房销售额（亿元）	20 826.00	29 603.90	24 071.41	43 994.54	52 478.72
其中：住宅	17 287.80	25 323.50	20 424.06	38 157.21	41 656.74
办公楼	983.10	1265.20	954.66	1617.84	43 953.33
商业营业用房	2224.32	2649.38	2286.38	3601.36	2148.81

数据来源：国家统计局

表3-17 全国及三十一个省、自治区及直辖市2010年商品房销售面积

	总面积（万平方米）	现房面积（万平方米）	期房面积（万平方米）	比上年同期增长（%）		
				总面积	现房面积	期房面积
全国	104 349.13	26 174.56	78 174.59	10.1	-5.0	16.3
东部地区	50 822.02	12 520.05	38 302.00	4.1	-9.4	9.5
北京	1639.53	411.28	1228.28	-30.6	-33.0	-29.7
天津	1564.52	423.54	1140.98	-1.6	-9.5	1.7
河北	4532.99	889.03	3643.96	52.8	45.9	54.6
辽宁	6798.15	2236.85	4561.31	26.5	8.3	37.8
上海	2055.53	623.75	1431.78	-39	-24.4	-43.8
江苏	9377.74	1894.86	7482.88	-8.5	-26.2	-2.6
浙江	4809.96	709.67	4100.28	-13.1	-17.4	-12.4
福建	2575.65	346.30	2229.35	-5.4	-15.4	-3.7
山东	9291.21	2513.46	6777.75	32.4	-4.2	54.3
广东	7322.01	2333.28	4988.73	3.7	-12.3	13.4
海南	854.73	138.03	716.70	52.3	11.4	63.9
中部地区	26 223.46	7965.37	18 258.06	19.9	3.6	28.7
山西	1163.38	326.09	837.29	12.5	-16.2	29.8
吉林	2319.64	822.78	1496.85	19.3	—	33.4
黑龙江	2718.06	769.95	1948.11	34.8	-10.5	68.5
安徽	4113.88	688.38	3425.49	2.1	-16.9	7.0
江西	2469.67	872.66	1597.01	8.3	3.0	11.4
河南	5452.23	1910.83	3541.40	25.8	17.8	30.5
湖北	3513.63	1207.77	2305.85	29.3	12.2	40.4
湖南	4472.97	1366.91	3106.06	27.3	10.3	36.6
西部地区	27 303.65	5689.14	21 614.53	13.5	-6.0	20.0
内蒙古	3020.54	1484.32	1536.22	17.0	20.4	13.9
广西	2793.92	420.31	2373.61	17.2	-4.6	22.2
重庆	4314.39	615.67	3698.73	7.8	-17.4	13.5
四川	6396.92	1201.19	5195.74	7.2	-7.5	11.3
贵州	1730.69	219.89	1510.80	4.7	-48.3	23.1
云南	2959.43	456.29	2503.14	32.7	4.4	39.6
西藏	19.09	10.28	8.81	-69.8	-69.5	-70.2
陕西	2590.18	319.12	2271.06	24.1	-12.7	31.9
甘肃	756.51	252.06	504.45	8.3	-11.0	21.4
青海	281.04	45.55	235.49	9.6	-19	46.7
宁夏	935.98	298.33	637.65	20.7	-4.9	38.2
新疆	1504.96	366.13	1138.83	7.0	-12.9	15.5

数据来源：国家及各地统计局、统计公报

表3-18 全国及三十一个省、自治区及直辖市2010年商品房销售金额

	总销售额（亿元）	现房销售额（亿元）	期房销售额（亿元）	比上年同期增长（%）		
				销售总额	现房销售额	期房销售额
全国	52 478.73	10 821.99	41 636.73	18.3	−1.8	25.0
东部地区	33 203.34	6817.05	26 366.27	10.1	−7.9	16.0
北京	2915.36	624.30	2291.07	−10.6	−27.4	−5.7
天津	1282.43	330.32	952.11	17.1	−6.2	28.2
河北	1605.82	282.47	1323.34	65.9	66.1	65.8
辽宁	3059.88	884.72	2175.16	41.1	17.0	54.0
上海	2959.94	773.95	2185.99	−31.6	−26.1	−33.4
江苏	5430.71	904.16	4526.54	6.4	−19.9	13.8
浙江	4448.70	450.86	3977.84	2.6	−5.3	3.6
福建	1610.99	204.93	1406.06	9.0	−8.8	12.2
山东	3666.42	889.45	2776.96	49.1	6.4	71.1
广东	5476.48	1389.29	4087.19	19.1	−8.3	32.6
海南	746.61	82.60	664.01	112.4	27.7	131.5
中部地区	9138.84	2233.52	6905.32	39.7	14.0	50.8
山西	404.59	82.00	322.59	44.5	−12.7	73.3
吉林	836.65	239.03	597.62	47.5	16.0	65.5
黑龙江	1010.10	243.23	766.87	54.5	−5.9	94.0
安徽	1732.66	237.00	1495.66	25.7	−1.2	31.4
江西	776.40	254.76	521.63	28.8	33.7	26.5
河南	1658.79	438.82	1219.97	43.5	36.6	46.2
湖北	1313.14	371.47	941.67	36.8	11.9	50.0
湖南	1406.52	367.21	1039.31	49.4	15.7	66.5
西部地区	10 136.55	1771.42	8365.14	32.2	6.6	39.3
内蒙古	1065.03	424.41	640.63	38.8	30.5	44.9
广西	995.19	129.28	865.90	28.1	3.2	32.8
重庆	1846.94	250.75	1596.19	34.1	3.6	40.5
四川	2647.34	378.47	2268.87	26.4	8.2	30.1
贵州	581.01	67.13	513.88	22.3	−44.3	44.9
云南	934.60	153.88	780.72	43.0	30.6	45.7
西藏	5.55	3.32	2.23	−64.2	−66.1	−60.9
陕西	973.44	90.92	882.52	44.7	−9.8	54.3
甘肃	227.81	69.45	158.37	31.3	3.2	49.1
青海	84.40	12.50	71.90	54.6	−6.8	74.6
宁夏	309.22	89.10	220.12	29.1	4.6	42.6
新疆	466.02	102.21	363.81	27.2	−2.1	38.9

数据来源：国家及各地统计局、统计公报

表3-19 全国及三十一个省、自治区及直辖市2010年住宅销售面积

	总面积（万平方米）	现房面积（万平方米）	期房面积（万平方米）	比上年同期增长（%）		
				总面积	现房面积	期房面积
全国	93 051.58	20 567.17	71 384.35	8.0	–8.7	14.3
东部地区	44 308.52	10 005.14	34 303.37	1.3	–14.1	6.8
北京	1201.39	218.11	983.28	–36.1	–46.8	–33.1
天津	1352.61	304.09	1048.52	–7.4	–18.4	–3.7
河北	4213.12	792.09	3421.03	49.4	39.6	51.9
辽宁	6011.37	1906.78	4104.59	23.6	6.7	33.4
上海	1685.35	459.40	1225.95	–42.4	–29.8	–46.1
江苏	8041.62	1445.53	6596.09	–11.0	–31.5	–4.7
浙江	3832.98	385.98	3447.00	–19.5	–33.7	–17.5
福建	2139.26	202.62	1936.64	–11.6	–32.5	–8.7
山东	8443.23	2206.30	6236.94	30.3	–7.1	52.0
广东	6553.40	1957.74	4595.66	–0.2	–17.2	9.4
海南	834.19	126.50	707.67	52.8	7.3	65.4
中部地区	23 848.80	5831.96	16 916.82	18.7	1.4	27.7
山西	1057.33	278.23	779.10	9.7	–20.6	26.9
吉林	2062.73	704.88	1357.85	17.3	–1.9	30.6
黑龙江	2380.76	617.84	1762.91	35.9	–12.6	68.8
安徽	3604.87	554.27	3050.61	–1.1	–20.4	3.4
江西	2265.66	791.00	1474.66	7.5	2.9	10.1
河南	5092.49	1728.57	3363.92	26.8	16.5	32.7
湖北	3241.90	1056.19	2185.70	25.8	6.7	37.7
湖南	4143.06	100.98	2942.07	27.0	6.7	37.7
西部地区	24 894.26	4730.07	20 164.16	11.4	–10.1	18.1
内蒙古	2534.81	1235.52	1299.29	12.5	17.9	7.7
广西	2607.15	360.33	2246.82	15.9	–7.3	20.7
重庆	3986.31	447.48	3538.83	5.7	–29.1	12.7
四川	5849.34	1015.31	4834.03	5.3	–8.7	8.9
贵州	1596.30	186.11	1410.19	3.5	–52.3	22.4
云南	2658.99	375.89	2283.09	30.3	0.8	36.9
西藏	18.57	9.84	8.73	–69.8	–69.9	–69.6
陕西	2471.95	300.55	2171.40	23.9	–9.9	30.6
甘肃	692.07	219.75	472.31	5.0	–16.7	19.4
青海	266.43	39.60	226.83	28.1	–23.6	45.2
宁夏	816.79	229.11	587.67	20.5	–10.7	39.5
新疆	1395.55	310.58	1084.97	5.2	–18.2	14.6

数据来源：国家及各地统计局、统计公报

表3-20 全国及三十一个省、自治区及直辖市2010年住宅销售金额

	销售总额（亿元）	现房销售额（亿元）	期房销售额（亿元）	比上年同期增长（%）		
				销售总额	现房销售金额	期房销售金额
全国	43 953.33	7899.69	36 053.66	14.4	-9.3	21.3
东部地区	27 448.78	4885.07	22 563.71	5.7	-15.7	11.8
北京	2060.52	360.72	1699.80	-17.1	-34.9	-12.0
天津	1070.27	225.66	844.61	10.9	-10.2	18.3
河北	1453.64	242.83	1210.81	60.6	55.9	61.6
辽宁	2585.07	701.79	1883.29	37.3	15.1	47.9
上海	2395.35	557.40	1837.94	-33.8	-30.8	-34.7
江苏	4462.03	624.15	3837.88	2.8	-29.4	11.0
浙江	3573.11	217.37	3355.75	-4.9	-26.9	-3.0
福建	1299.83	125.85	1173.98	0.1	-24.0	3.6
山东	3223.36	739.92	2483.44	46.8	2.4	68.6
广东	4591.50	1012.85	3578.65	9.9	-21.4	23.9
海南	734.10	76.53	657.56	113.7	23.0	133.8
中部地区	7809.74	1720.38	6089.35	37.2	7.4	48.8
山西	351.64	63.48	288.16	43.0	-17.1	70.1
吉林	711.87	189.17	522.70	45.2	13.4	61.7
黑龙江	830.41	166.37	664.04	54.6	-12.9	91.9
安徽	1408.41	165.98	1242.43	19.4	-6.6	24.0
江西	670.33	213.85	456.48	26.3	31.2	24.2
河南	1454.57	359.00	1095.57	44.7	33.0	49.0
湖北	1134.64	275.58	859.06	29.0	-4.8	45.7
湖南	1247.87	286.95	960.91	51.1	7.3	72.0
西部地区	8694.82	1294.24	7400.60	28.5	-1.3	35.7
内蒙古	755.67	313.58	442.09	26.6	29.5	24.6
广西	881.70	96.80	784.90	25.1	-7.2	30.7
重庆	1610.64	139.80	1470.85	30.8	-21.5	39.6
四川	2330.85	299.10	2031.75	22.2	5.5	25.2
贵州	501.63	50.57	451.06	23.2	-50.0	47.3
云南	769.32	107.43	661.89	38.5	21.3	41.7
西藏	5.15	2.99	2.16	-65.0	-67.5	-60.6
陕西	906.00	81.13	824.87	45.8	-2.2	53.2
甘肃	201.47	55.72	145.75	27.5	-5.1	46.8
青海	77.06	10.07	66.99	51.7	-14.7	71.7
宁夏	253.76	59.59	194.18	32.5	-3.3	49.5
新疆	401.57	77.46	324.11	22.7	-13.2	36.2

数据来源：国家及各地统计局、统计公报

表3-21 全国及三十一个省、自治区及直辖市2010年办公楼销售面积

	总面积（万平方米）	现房面积（万平方米）	期房面积（万平方米）	比上年同期增长（%）		
				总面积	现房面积	期房面积
全国	1888.05	561.47	1320.54	21.9	7.0	29.5
东部地区	1318.51	396.54	921.99	17.5	3.0	25.0
北京	208.15	57.66	150.49	−18.6	−30.6	−12.9
天津	35.29	30.11	5.18	19.4	15.7	46.8
河北	38.74	5.55	33.19	103.3	4.8	141.3
辽宁	64.71	22.50	42.21	114.7	59.0	164.0
上海	162.89	61.21	101.69	−19.8	6.5	−30.1
江苏	204.09	63.01	141.07	7.0	15.5	3.5
浙江	271.91	54.94	216.96	35.5	4.1	46.7
福建	82.20	16.26	65.95	149.6	31.6	220.3
山东	82.50	27.90	54.61	32.6	21.1	39.4
广东	162.56	54.12	108.44	72.4	−3.9	185.6
海南	5.47	3.28	2.20	38.7	—	−43.8
中部地区	252.92	89.44	157.08	23.3	20.0	25.3
山西	10.76	4.20	6.56	28.9	−45.7	—
吉林	6.99	2.55	4.44	−28.0	−51.7	0.3
黑龙江	14.62	5.01	3.20	−57.7	−61.3	−50.4
安徽	87.28	14.62	72.67	76.2	−15.8	125.8
江西	19.02	11.18	7.83	106.5	58.1	266.7
河南	60.79	14.97	45.83	−7.8	128.3	−22.8
湖北	24.19	20.28	3.91	71.5	316.8	−57.6
湖南	29.27	16.63	12.64	24.1	31.0	16.0
西部地区	316.62	75.49	241.47	42.7	16.3	53.6
内蒙古	29.37	10.01	19.71	7.6	−23.6	35.9
广西	18.58	3.71	14.86	49.3	204.1	32.4
重庆	62.60	27.88	34.72	114.8	109.2	119.5
四川	83.84	7.09	76.76	33.2	−40.8	50.6
贵州	26.27	2.54	23.73	30.6	−20.5	40.2
云南	21.50	7.31	14.18	−6.4	29.2	−18.0
西藏	—	—	—	—	—	—
陕西	40.04	2.71	37.34	103.1	−43.9	150.7
甘肃	5.67	3.89	1.78	−12.5	75.9	−58.4
青海	1.00	0.04	0.96	−28.0	−91.7	—
宁夏	15.40	7.28	8.11	30.5	34.0	27.6
新疆	12.35	3.03	9.32	63.3	−14.8	132.8

数据来源：国家及各地统计局、统计公报

表3-22 全国及三十一个省、自治区及直辖市2010年办公楼销售金额

	销售总额（亿元）	现房销售额（亿元）	期房销售额（亿元）	比上年同期增长（%）		
				销售总额	现房销售额	期房销售额
全国	2148.82	558.61	1590.21	21.9	7.0	29.5
东部地区	1753.42	472.03	1281.39	17.5	3.0	25.0
北京	487.32	104.85	382.47	-18.6	-30.6	-12.9
天津	48.90	41.08	7.82	19.4	15.7	46.8
河北	18.24	2.37	15.86	103.3	4.8	141.3
辽宁	52.45	13.28	39.18	114.7	59.0	164.0
上海	307.67	102.72	204.96	-19.8	6.5	-30.1
江苏	161.12	46.34	114.78	7.0	15.5	3.5
浙江	300.10	53.63	246.46	35.5	4.1	46.7
福建	71.78	7.82	63.96	149.6	31.6	220.3
山东	54.99	19.02	35.97	32.6	21.1	39.4
广东	247.32	79.36	167.96	72.4	-3.9	185.6
海南	3.53	1.56	1.97	38.7	—	-43.8
中部地区	156.52	44.87	111.65	23.3	20.0	25.3
山西	6.06	2.68	3.38	28.9	-45.7	—
吉林	2.39	0.50	1.88	-28.0	-51.7	0.3
黑龙江	3.54	2.43	1.11	-57.7	-61.3	-50.4
安徽	54.19	7.05	47.14	76.2	-15.8	125.8
江西	15.70	9.35	6.35	106.5	58.1	266.7
河南	50.31	6.53	43.78	-7.8	128.3	-22.8
湖北	13.38	11.05	2.33	71.5	316.8	-57.6
湖南	10.95	5.28	5.68	24.1	31.0	16.0
西部地区	238.88	41.71	197.17	42.7	16.3	53.6
内蒙古	18.59	5.34	13.25	7.6	-23.6	35.9
广西	14.54	1.63	12.91	49.3	204.1	32.4
重庆	59.70	16.24	43.46	114.8	109.2	119.5
四川	74.16	3.61	70.55	33.2	-40.8	50.6
贵州	13.73	0.82	12.91	30.6	-20.5	40.2
云南	14.47	6.59	7.88	-6.4	29.2	-18.0
西藏	—	—	—	—	—	—
陕西	22.09	1.26	20.83	103.1	-43.9	150.7
甘肃	2.15	1.22	0.93	-12.5	75.9	-58.4
青海	0.22	0.01	0.21	-28.0	-91.7	—
宁夏	8.13	3.27	4.85	30.5	34.0	27.6
新疆	11.10	1.72	9.39	63.3	-14.8	132.8

数据来源：国家及各地统计局、统计公报

表3-23 全国及三十一个省、自治区及直辖市2010年商业营业用房销售面积

	总面积（万平方米）	现房面积（万平方米）	期房面积（万平方米）	比上年同期增长（%）		
				总面积	现房面积	期房面积
全国	**7685.75**	**2958.92**	**3962.52**	**29.9**	**17.2**	**41.4**
东部地区	**4423.03**	**1516.96**	**2141.74**	**29.7**	**15.1**	**42.4**
北京	142.07	76.25	65.82	−9.5	−4.2	−15.0
天津	103.64	61.91	41.73	70.3	58.2	92.3
河北	192.97	58.95	134.02	118.0	117.4	118.3
辽宁	509.86	254.89	254.97	29.4	12.7	51.9
上海	125.56	66.17	59.39	−0.7	−0.9	−0.6
江苏	954.70	331.00	623.70	10.0	−4.7	19.8
浙江	458.49	193.10	265.39	27.0	32.3	23.5
福建	176.37	55.06	121.30	45.4	14.1	66.2
山东	609.86	232.52	377.33	58.8	20.6	97.2
广东	371.28	179.12	192.16	48.8	28.8	74.0
海南	778.23	7.99	5.93	27.5	43.5	10.8
中部地区	**1739.20**	**778.22**	**960.97**	**32.7**	**23.0**	**41.9**
山西	80.49	32.72	47.77	51.3	30.6	69.7
吉林	206.08	97.29	108.79	48.1	22.9	81.3
黑龙江	237.17	113.17	123.99	23.4	1.0	54.8
安徽	386.86	105.15	281.71	29.4	1.1	44.4
江西	150.52	59.03	91.49	24.7	10.2	36.3
河南	246.44	138.46	107.98	13.0	22.3	2.9
湖北	183.77	107.40	76.37	72.4	55.3	104.0
湖南	247.87	125.00	122.87	36.8	63.1	17.5
西部地区	**1523.52**	**663.74**	**859.81**	**27.4**	**15.6**	**38.3**
内蒙古	353.60	181.74	171.86	45.7	37.6	55.3
广西	108.21	39.51	68.70	29.2	7.5	46.2
重庆	194.25	99.00	95.25	23.6	32.0	16.2
四川	294.25	114.23	180.02	14.8	−12.2	42.7
贵州	80.91	24.92	55.99	7.8	−3.6	13.9
云南	182.56	54.48	128.08	38.2	14.7	51.4
西藏	0.52	0.44	0.08	−71.6	−57.4	−89.6
陕西	63.36	13.01	50.35	−3.1	−47.1	23.5
甘肃	53.44	27.71	25.74	73.4	65.3	83.0
青海	13.21	5.69	7.53	99.1	65.6	135.1
宁夏	89.94	55.27	34.68	14.2	16.5	10.8
新疆	89.27	47.74	41.53	35.6	41.6	29.4

数据来源：国家及各地统计局、统计公报

表3-24 全国及三十一个省、自治区及直辖市2010年商业营业用房销售金额

	销售总额（亿元）	现房销售额（亿元）	期房销售额（亿元）	比上年同期增长（%）		
				销售总额	现房销售额	期房销售额
全国	5354.02	1964.35	3389.68	46.3	30.4	57.3
东部地区	3311.93	1184.08	2127.86	44.4	27.1	56.1
北京	318.99	128.41	190.57	6.4	0.2	11.0
天津	109.31	43.73	65.58	100.6	29.1	217.9
河北	108.89	27.99	80.90	137.1	154.1	131.7
辽宁	332.31	143.49	188.82	41.0	17.3	66.7
上海	197.57	89.92	107.66	2.5	4.3	1.1
江苏	751.46	216.02	535.44	26.7	11.2	34.3
浙江	484.10	156.20	327.91	48.2	35.1	55.4
福建	180.53	45.21	135.32	52.7	14.2	72.1
山东	342.11	117.64	224.47	74.0	30.0	111.5
广东	478.14	211.04	267.10	111.9	96.2	126.2
海南	8.52	4.43	4.09	49.0	101.9	16.1
中部地区	1035.33	413.83	621.51	52.6	42.2	60.4
山西	44.06	13.76	30.30	56.2	11.9	90.4
吉林	105.03	42.91	62.12	68.4	36.2	101.3
黑龙江	137.36	60.41	76.96	56.9	19.7	107.6
安徽	258.56	58.44	200.12	54.2	6.8	77.1
江西	80.51	28.90	51.60	42.6	36.3	46.4
河南	137.09	64.26	72.83	20.8	45.6	5.0
湖北	142.01	78.61	63.41	107.4	107.9	106.9
湖南	130.71	66.54	64.17	38.8	71.3	16.0
西部地区	1006.76	366.44	640.31	46.3	29.2	58.3
内蒙古	252.77	86.46	166.32	81.7	29.5	129.9
广西	75.54	25.53	50.01	41.6	54.0	36.0
重庆	155.46	82.84	72.62	38.5	57.1	21.9
四川	183.05	54.93	128.11	42.5	8.4	64.6
贵州	56.76	14.22	42.54	5.4	-13.0	13.4
云南	118.48	33.64	84.84	62.1	42.9	71.3
西藏	0.40	0.33	0.08	-51.0	-44.3	-67.3
陕西	40.11	7.33	32.78	1.7	-50.9	33.6
甘肃	23.00	12.37	10.62	88.9	66.7	123.8
青海	7.00	2.35	4.65	119.4	70.7	156.4
宁夏	43.97	24.66	19.30	8.5	23.2	-5.8
新疆	50.22	21.78	28.44	58.3	72.5	48.8

数据来源：国家及各地统计局、统计公报

七、全国及三十五个大中城市土地购置及开发数据

表3-25 全国及三十五个大中城市2006—2010年土地购置面积

单位：万平方米

	2006年	2007年	2008年	2009年	2010年
全国	36 573.60	40 609.18	36 785.37	31 906.10	40 969.53
上海	524.56	141.44	271.47	185.30	432.44
南京	188.03	518.90	269.58	284.92	150.80
杭州	518.21	528.32	425.72	375.67	435.90
合肥	411.82	481.94	288.71	324.46	325.54
宁波	262.88	178.83	164.94	196.14	286.72
北京	347.15	391.55	823.44	625.01	858.75
天津	905.24	916.44	512.76	444.78	652.46
济南	111.17	217.51	222.32	128.14	531.98
青岛	747.74	589.36	357.82	301.83	478.81
石家庄	104.05	186.33	232.06	252.62	657.36
呼和浩特	363.23	355.87	351.01	224.97	412.23
武汉	449.73	502.87	321.15	228.78	274.55
长沙	1186.10	973.23	965.48	392.60	288.48
郑州	308.16	244.32	434.39	424.40	717.95
南昌	196.86	136.40	100.41	153.27	164.45
成都	1283.74	528.97	278.81	217.80	218.25
重庆	1467.69	1737.74	1164.41	1227.79	1369.22
昆明	363.62	417.49	649.29	536.97	325.72
贵阳	511.38	453.46	273.56	184.28	596.11
广州	462.13	280.57	186.37	565.64	156.90
深圳	92.32	34.10	28.67	30.42	13.87
福州	359.33	211.08	96.91	295.89	332.39
厦门	168.10	118.65	157.41	210.45	309.92
海口	332.50	97.88	172.51	72.75	53.91
南宁	252.23	350.47	282.77	149.40	189.58
西安	137.40	217.83	327.29	227.36	395.18
太原	52.07	140.81	240.76	181.60	193.67
兰州	74.31	160.86	122.90	197.09	119.71
乌鲁木齐	136.30	220.51	127.27	56.92	108.69
西宁	22.85	88.95	71.37	135.17	87.91
银川	138.02	103.83	61.47	109.54	106.85
大连	477.27	354.72	205.00	427.04	624.31
沈阳	1070.91	1928.89	1549.85	475.73	1314.00
长春	313.71	633.87	435.38	485.17	499.55
哈尔滨	284.13	317.53	348.12	375.83	388.58

数据来源：国家及各地统计局、统计公报

表3-26 全国及三十五个大中城市2010年月度累积土地购置面积

单位：万平方米

	1~3月	1~4月	1~5月	1~6月	1~7月	1~8月	1~9月	1~10月	1~11月	1~12月
全国	6165.98	9182.58	12 942.54	18 501.23	21 746.70	25 690.83	29 083.09	32 778.13	36 080.14	40 969.53
上海	45.85	54.49	76.59	106.08	128.15	181.74	237.24	252.57	304.27	432.44
南京	48.45	53.31	98.59	112.80	125.93	143.19	143.91	143.91	141.42	150.80
杭州	81.20	100.51	135.33	135.35	194.95	269.69	283.34	330.46	378.56	435.90
合肥	76.89	92.19	133.79	141.66	177.31	225.33	255.99	295.38	313.77	325.54
宁波	—	7.00	7.00	10.75	52.28	53.98	67.74	76.05	77.19	286.72
北京	88.05	201.71	331.18	408.07	453.42	534.86	585.87	646.00	761.71	858.75
天津	11.59	35.05	119.62	183.77	185.96	194.81	200.70	206.70	223.13	652.46
济南	28.36	36.75	352.14	385.78	455.71	519.99	525.97	530.84	531.98	531.98
青岛	99.91	133.55	187.26	251.74	300.54	384.37	401.66	418.89	432.52	478.81
石家庄	33.30	88.18	168.77	211.56	250.22	351.20	400.57	582.00	645.24	657.36
呼和浩特	19.68	25.77	79.15	159.11	175.69	204.95	266.84	347.08	412.23	412.23
武汉	101.59	106.31	112.78	138.06	162.89	192.65	230.25	249.85	237.82	274.55
长沙	17.22	82.69	115.28	123.70	188.47	239.84	243.79	257.45	281.77	288.48
郑州	80.99	282.03	282.03	343.73	423.58	456.83	494.49	539.05	585.12	717.95
南昌	9.58	31.20	44.76	72.39	81.72	93.80	102.85	106.32	120.92	164.45
成都	11.40	42.02	43.93	116.72	136.42	168.66	175.63	201.32	210.16	218.25
重庆	190.26	234.08	299.47	339.43	406.18	455.53	511.00	541.80	774.59	1369.22
昆明	39.14	49.39	73.73	91.81	124.55	145.27	232.53	282.11	292.73	325.72
贵阳	123.88	142.44	143.43	369.49	451.84	451.84	483.80	529.32	569.35	596.11
广州	15.84	16.73	18.74	24.16	27.79	48.19	53.87	74.48	126.51	156.90
深圳	—	—	0.49	0.49	0.49	0.49	0.49	0.49	13.87	13.87
福州	33.75	52.43	60.88	121.71	168.75	231.23	316.88	353.70	332.39	332.39
厦门	6.32	37.59	47.28	125.47	151.84	211.28	228.08	293.41	194.76	309.92
海口	2.76	4.75	13.06	33.28	33.28	34.48	50.00	51.30	51.30	53.91
南宁	29.58	38.26	88.35	106.87	118.58	143.32	175.98	184.68	189.57	189.58
西安	5.40	20.19	52.37	154.56	158.74	197.37	224.35	257.79	266.10	395.18
太原	17.20	21.80	51.65	54.58	93.16	145.46	149.32	151.70	172.52	193.67
兰州	12.98	30.14	45.32	54.32	68.17	75.17	79.90	105.76	118.99	119.71
乌鲁木齐	12.36	18.60	19.01	55.96	55.96	69.57	81.69	97.19	102.94	108.69
西宁	10.56	31.72	35.02	54.34	55.25	55.92	55.92	84.03	84.61	87.91
银川	—	19.68	23.41	51.50	95.20	96.30	103.54	103.54	77.49	106.85
大连	40.10	66.59	124.56	206.24	212.73	250.77	291.46	417.84	574.29	624.31
沈阳	102.38	362.94	461.72	822.85	881.26	1004.57	1041.37	1154.52	1191.87	1314.00
长春	—	—	77.42	158.13	183.09	283.68	391.17	442.69	497.89	499.55
哈尔滨	2.69	39.49	59.02	118.06	134.33	180.67	215.41	357.86	384.53	388.58

数据来源：国家及各地统计局、统计公报

表3-27 全国及三十五个大中城市2006—2010年土地购置费

单位：亿元

	2006年	2007年	2008年	2009年	2010年
全国	3318.00	4866.04	5794.79	6039.26	9992.11
上海	186.42	131.02	187.00	214.85	449.27
南京	59.85	117.92	121.92	125.82	220.19
杭州	115.62	162.05	190.66	243.83	408.98
合肥	46.25	76.45	89.98	102.78	199.71
宁波	113.40	135.95	79.16	108.60	218.81
北京	477.95	293.21	638.95	587.71	1292.75
天津	70.40	68.23	100.34	88.37	134.08
济南	37.19	33.06	95.96	95.92	159.84
青岛	58.80	57.60	53.95	103.36	149.24
石家庄	12.56	50.00	34.00	59.73	71.89
呼和浩特	25.14	21.17	20.84	21.40	30.71
武汉	66.03	76.03	56.63	103.92	219.43
长沙	65.19	85.88	79.03	60.53	102.35
郑州	42.25	37.74	92.36	78.70	140.10
南昌	27.55	18.69	20.39	18.24	46.00
成都	163.10	293.50	229.10	146.98	231.26
重庆	134.10	146.81	178.72	238.11	371.44
昆明	20.26	43.64	48.49	72.93	48.33
贵阳	20.16	20.60	15.32	18.59	32.35
广州	92.18	108.30	113.17	140.79	154.31
深圳	43.86	62.22	65.98	45.25	60.99
福州	124.87	165.84	60.93	89.77	292.42
厦门	108.57	178.82	130.34	132.56	250.34
海口	13.13	12.29	5.65	4.71	4.89
南宁	14.88	43.87	33.57	28.88	42.46
西安	20.49	38.14	66.06	54.39	87.45
太原	7.75	17.56	31.69	37.23	40.51
兰州	8.54	14.52	15.56	16.18	16.26
乌鲁木齐	9.94	14.42	10.88	7.48	10.10
西宁	1.71	4.68	5.51	17.24	8.86
银川	7.03	8.09	4.17	8.09	8.65
大连	75.06	42.23	45.86	85.72	121.28
沈阳	95.07	113.62	149.99	154.92	237.29
长春	28.49	44.66	42.77	54.25	86.63
哈尔滨	10.56	29.20	60.16	53.09	54.10

数据来源：国家及各地统计局、统计公报

表3-28 全国及三十五个大中城市2010年月度累积土地购置费

单位：亿元

	1~3月	1~4月	1~5月	1~6月	1~7月	1~8月	1~9月	1~10月	1~11月	1~12月
全国	1203.05	1911.76	2931.45	4220.72	5054.31	6017.01	7110.72	8006.40	8930.69	9992.11
上海	74.47	86.30	125.93	154.69	223.94	238.68	278.61	342.99	442.07	449.27
南京	43.27	58.33	92.22	118.32	135.25	157.38	179.77	214.44	209.30	220.19
杭州	19.93	63.44	100.19	139.13	168.05	216.45	244.43	289.16	348.22	408.98
合肥	41.83	61.48	74.97	77.68	134.05	152.95	173.12	187.10	189.66	199.71
宁波	27.23	51.64	71.07	100.94	112.96	130.91	160.07	185.66	205.02	218.81
北京	187.59	278.43	526.95	686.94	731.49	850.83	966.24	982.59	1163.78	1292.75
天津	17.76	41.79	59.49	85.94	92.88	94.52	115.29	117.36	123.27	134.08
济南	35.09	40.33	70.06	95.15	103.92	124.74	139.53	157.50	157.21	159.84
青岛	14.77	26.45	51.31	73.17	89.41	108.86	125.03	130.97	141.78	149.24
石家庄	—	3.59	6.17	24.79	28.68	31.58	39.33	50.72	67.59	71.89
呼和浩特	0.40	1.06	2.81	10.18	11.85	15.63	20.72	26.16	30.71	30.71
武汉	11.25	29.07	30.74	75.21	93.92	106.25	149.04	163.72	155.34	219.43
长沙	8.12	18.28	29.72	32.30	49.77	63.63	66.23	95.86	100.36	102.35
郑州	10.11	20.98	33.90	52.02	66.40	82.71	98.36	113.86	121.39	140.10
南昌	1.41	3.71	6.16	10.08	14.62	18.52	25.10	28.45	29.86	46.00
成都	32.99	66.26	74.57	124.76	141.61	166.69	201.73	226.95	227.08	231.26
重庆	26.69	42.10	73.92	109.80	133.05	176.48	212.88	256.51	307.60	371.44
昆明	8.59	11.15	18.38	20.88	24.15	24.07	31.37	32.28	36.67	48.33
贵阳	3.40	4.17	4.53	9.59	13.44	20.99	23.58	29.13	31.45	32.35
广州	6.65	13.24	21.02	29.65	41.01	51.06	57.01	70.63	77.92	154.31
深圳	1.97	10.83	18.37	28.93	34.12	37.46	38.61	45.50	51.36	60.99
福州	26.36	36.47	64.56	102.00	140.03	181.73	250.87	285.70	289.22	292.42
厦门	9.22	22.69	31.78	75.37	101.07	162.88	196.21	222.46	202.47	250.34
海口	0.47	0.71	0.90	2.43	2.43	2.47	4.82	4.89	4.89	4.89
南宁	5.13	7.73	11.10	14.82	16.48	18.83	24.67	26.84	34.32	42.46
西安	4.61	7.49	22.90	48.16	50.39	55.22	65.77	78.18	87.27	87.45
太原	2.61	4.81	9.06	11.64	21.95	25.44	27.25	28.24	29.16	40.51
兰州	0.70	1.66	2.97	5.08	8.01	8.99	10.65	13.29	14.15	16.26
乌鲁木齐	0.40	1.61	1.87	4.56	4.62	5.53	7.63	9.03	9.60	10.10
西宁	0.58	2.83	3.30	4.25	6.09	6.29	6.29	8.62	8.74	8.86
银川	0.23	1.82	2.69	3.22	3.77	6.28	7.26	8.33	7.46	8.65
大连	4.95	8.48	21.83	43.38	52.04	61.66	74.08	98.84	99.80	121.28
沈阳	12.51	25.59	52.42	102.06	131.39	152.98	173.46	187.79	211.14	237.29
长春	—	—	8.55	17.26	21.28	33.78	60.14	74.04	86.14	86.63
哈尔滨	0.19	3.18	3.96	19.12	22.31	26.17	33.09	40.33	48.78	54.10

数据来源：国家及各地统计局、统计公报

表3-29 全国及三十五个大中城市2006—2010年完成土地开发面积

单位：万平方米

	2006年	2007年	2008年	2009年	2010年
全国	27 128.40	26 870.80	26 033.30	23 006.00	19 361.31
上海	250.67	137.20	123.49	87.85	237.79
南京	174.08	144.07	151.91	114.11	19.53
杭州	185.54	—	140.37	37.16	39.73
合肥	352.35	374.19	186.16	118.96	114.08
宁波	367.16	264.86	291.45	323.67	484.62
北京	840.47	248.74	351.53	364.02	48.44
天津	1376.58	1212.48	951.46	369.81	352.88
济南	99.15	190.68	185.92	48.06	28.37
青岛	948.95	426.55	458.00	378.59	396.26
石家庄	138.48	328.77	296.02	165.02	268.32
呼和浩特	157.87	143.30	74.01	36.61	137.49
武汉	471.88	535.03	456.89	884.98	650.32
长沙	707.68	645.94	581.80	640.19	216.78
郑州	310.09	280.96	285.56	314.75	173.12
南昌	291.18	203.56	161.44	91.27	165.57
成都	432.46	311.44	270.48	299.69	115.25
重庆	804.10	1191.82	974.41	1050.88	649.07
昆明	186.56	229.64	350.89	488.55	110.14
贵阳	89.40	88.57	113.73	67.91	219.57
广州	370.38	250.60	192.95	224.34	489.14
深圳	90.62	58.05	41.83	20.58	20.29
福州	100.80	144.75	20.58	39.66	25.87
厦门	35.12	1.77	—	—	—
海口	24.39	31.36	31.63	59.81	2.61
南宁	139.28	108.85	165.69	136.56	147.12
西安	234.73	251.43	324.49	333.19	183.27
太原	41.56	47.16	171.34	220.88	214.36
兰州	25.00	42.96	60.79	45.97	56.96
乌鲁木齐	141.33	177.64	202.26	88.25	206.96
西宁	39.01	92.87	71.88	103.09	—
银川	34.60	43.52	34.92	38.87	34.96
大连	347.10	258.94	279.69	393.08	365.54
沈阳	548.47	644.34	475.37	216.86	361.46
长春	7.20	3.90	—	—	—
哈尔滨	368.45	201.81	178.42	127.47	101.39

数据来源：国家及各地统计局、统计公报

表3-30 全国及三十五个大中城市2010年月度累积完成土地开发面积

单位：万平方米

	1~3月	1~4月	1~5月	1~6月	1~7月	1~8月	1~9月	1~10月	1~11月	1~12月
全国	3827.86	5938.55	7921.56	10 517.28	12 390.07	13 884.74	15 511.42	17 362.78	19 361.31	21 253.66
上海	47.13	57.88	76.91	85.93	100.86	108.52	150.25	157.22	171.39	237.79
南京	5.50	5.50	5.50	—	16.00	16.00	16.00	16.00	19.53	19.53
杭州	—	—	—	—	—	—	—	—	—	39.73
合肥	22.28	32.99	35.72	35.72	35.72	82.14	92.48	105.36	110.19	114.08
宁波	66.05	155.27	174.94	181.41	225.48	242.60	365.81	399.21	441.89	484.62
北京	—	—	—	6.85	6.85	6.85	21.22	8.73	8.73	48.44
天津	111.54	145.36	177.43	237.65	244.31	272.55	298.37	300.08	352.88	352.88
济南	15.16	15.16	17.56	20.32	20.32	20.32	26.21	26.21	27.22	28.37
青岛	75.90	110.66	218.73	228.02	229.76	291.57	295.97	343.64	352.56	396.26
石家庄	28.99	40.89	50.13	108.71	144.81	151.50	198.49	318.54	268.16	268.32
呼和浩特	—	—	21.13	40.92	51.59	59.53	95.19	122.62	137.49	137.49
武汉	123.58	153.87	180.02	350.54	405.78	435.20	519.05	540.60	568.03	650.32
长沙	88.83	122.56	134.76	143.51	166.42	178.69	184.08	191.52	212.56	216.78
郑州	34.62	58.44	63.75	97.64	138.04	156.25	166.73	179.00	180.20	173.12
南昌	20.55	45.04	48.35	73.70	94.84	116.20	123.73	124.69	125.62	165.57
成都	29.00	33.19	37.67	39.94	47.17	51.05	67.01	78.72	91.39	115.25
重庆	112.50	163.06	245.69	283.86	319.58	333.29	357.16	397.62	549.15	649.07
昆明	5.44	6.55	7.80	13.60	21.63	26.04	71.55	80.64	142.29	110.14
贵阳	34.21	41.25	57.50	137.51	150.03	157.24	157.44	158.81	165.40	219.57
广州	23.64	111.50	165.95	251.49	279.61	305.32	314.67	412.38	456.38	489.14
深圳	—	—	3.90	3.69	6.69	3.69	5.89	13.29	12.89	20.29
福州	8.14	10.73	10.73	17.87	17.87	17.87	18.02	22.78	25.87	25.87
厦门	—	—	—	—	—	—	—	—	—	—
海口	—	—	—	—	—	—	—	—	—	2.61
南宁	30.66	70.56	83.09	97.57	101.31	120.73	129.19	129.72	131.51	147.12
西安	10.83	12.48	41.55	94.71	107.49	111.26	125.68	133.91	154.01	183.27
太原	15.53	19.27	26.01	28.93	52.47	69.88	79.98	91.74	168.91	214.36
兰州	5.56	17.16	22.20	23.92	24.05	28.41	30.85	38.51	56.18	56.96
乌鲁木齐	11.63	31.50	33.33	68.31	73.34	109.21	143.77	158.40	163.56	206.96
西宁	—	—	—	—	—	—	—	—	—	—
银川	—	5.82	5.82	5.82	12.49	12.49	12.49	12.49	28.48	34.96
大连	36.03	50.92	104.16	155.22	160.17	171.75	175.00	234.30	300.99	365.54
沈阳	46.14	66.30	90.95	140.21	174.93	253.58	253.90	321.53	332.79	361.46
长春	—	—	—	—	—	—	—	—	—	—
哈尔滨	—	7.52	17.92	33.36	47.39	53.56	77.15	84.07	97.35	101.39

数据来源：国家及各地统计局、统计公报

八、全国及三十五个大中城市房地产开发投资数据

表3-31 全国及三十五个大中城市2006—2010年房地产开发投资额

单位：亿元

	2006年	2007年	2008年	2009年	2010年
全国	19 422.90	25 279.65	30 579.82	36 231.71	48 267.07
上海	12 75.59	1307.53	1366.87	1464.18	1980.68
南京	351.17	445.97	508.17	595.68	748.35
杭州	442.65	518.79	596.63	704.68	956.20
合肥	281.81	385.01	565.30	670.36	802.65
宁波	313.58	332.89	307.75	374.51	557.27
北京	1719.87	1995.82	1908.74	2337.71	2901.07
天津	402.32	505.30	653.72	735.18	866.64
济南	160.05	193.21	274.12	332.56	484.50
青岛	268.36	322.35	373.14	459.48	602.44
石家庄	132.15	197.14	281.76	374.97	538.00
呼和浩特	94.99	129.83	177.07	178.29	254.35
武汉	366.15	459.75	570.36	778.59	1017.40
长沙	303.86	412.99	469.47	497.36	683.98
郑州	229.89	298.76	429.95	513.83	775.16
南昌	110.75	125.60	163.30	198.25	230.15
成都	613.64	909.93	912.51	945.14	1278.34
重庆	629.67	849.90	991.00	1238.91	1620.26
昆明	188.93	224.72	261.83	369.43	440.75
贵阳	107.69	135.41	170.10	210.33	310.47
广州	556.79	703.80	762.43	817.34	983.66
深圳	462.09	461.04	440.49	437.46	458.47
福州	296.78	376.47	309.80	361.80	670.69
厦门	213.93	345.74	323.96	267.42	396.13
海口	50.47	60.10	71.25	78.00	103.79
南宁	139.07	187.46	199.30	226.73	317.50
西安	285.76	387.33	540.10	696.34	842.34
太原	80.32	94.82	121.60	165.01	241.09
兰州	53.84	74.45	92.51	98.61	118.28
乌鲁木齐	53.10	76.80	93.28	101.01	141.63
西宁	29.38	31.60	44.72	63.84	95.40
银川	57.68	55.11	68.40	85.10	144.32
大连	337.23	407.83	495.82	578.94	768.02
沈阳	538.29	730.36	1010.91	1188.70	1450.08
长春	171.84	259.50	352.89	443.93	542.76
哈尔滨	157.83	187.42	215.76	278.75	360.74

数据来源：国家及各地统计局、统计公报

表3-32 全国及三十五个大中城市2010年月度累积房地产开发投资额

单位：亿元

	1~3月	1~4月	1~5月	1~6月	1~7月	1~8月	1~9月	1~10月	1~11月	1~12月
全国	6594.45	9932.05	13 917.41	19 747.12	23 864.77	28 355.05	33 511.25	38 069.52	42 697.33	48 267.07
上海	420.91	550.99	694.89	845.28	1048.08	1206.16	1384.83	1589.04	1825.20	1980.68
南京	160.22	225.37	298.11	370.47	426.37	484.71	554.41	635.37	685.43	748.35
杭州	123.78	194.70	267.98	351.16	426.51	524.22	612.68	705.88	813.95	956.20
合肥	180.77	249.90	282.60	389.53	458.15	543.27	616.42	692.46	734.12	802.65
宁波	93.24	145.86	194.32	257.00	296.37	341.57	404.42	459.86	511.70	557.27
北京	384.16	555.93	922.35	1251.56	1452.45	1726.48	2065.22	2300.55	2645.65	2901.07
天津	122.16	195.95	270.96	413.07	475.06	547.69	629.73	680.02	749.64	866.64
济南	95.39	120.46	184.08	244.96	279.39	321.02	371.21	416.36	449.36	484.50
青岛	69.02	124.63	190.17	259.26	312.22	384.83	445.39	496.92	546.48	602.44
石家庄	46.54	76.31	113.08	221.15	250.14	274.84	345.64	399.10	478.50	538.00
呼和浩特	3.64	9.51	26.56	66.58	95.94	127.23	167.58	210.90	247.03	254.35
武汉	150.38	219.28	282.78	436.50	488.61	566.29	709.63	767.20	839.04	1017.40
长沙	119.39	180.77	236.29	294.12	360.60	425.09	480.99	575.26	623.21	683.98
郑州	92.34	147.73	205.99	288.16	360.92	418.68	497.95	563.31	648.81	775.16
南昌	27.37	44.20	60.98	77.33	93.90	111.06	131.40	150.13	163.33	230.15
成都	216.28	323.04	405.87	575.41	668.63	786.02	917.24	1031.47	1141.59	1278.34
重庆	231.57	345.66	465.02	616.39	738.14	886.50	1031.81	1193.72	1380.16	1620.26
昆明	61.42	109.95	150.77	176.95	203.32	224.58	266.73	301.37	350.38	440.75
贵阳	40.52	62.79	83.53	112.87	136.30	181.61	215.91	242.94	274.36	310.47
广州	143.76	205.31	269.50	353.68	439.99	517.35	604.75	699.50	762.10	983.66
深圳	79.86	121.41	163.45	205.71	241.03	267.52	308.81	353.40	398.34	458.47
福州	79.22	109.84	160.78	233.55	296.64	361.66	467.00	540.65	605.48	670.69
厦门	37.86	60.27	82.24	138.79	176.01	251.03	297.72	338.92	331.25	396.13
海口	17.00	23.80	29.56	39.54	47.41	54.40	61.53	73.00	83.90	103.79
南宁	50.22	75.02	100.47	134.60	160.00	187.23	217.18	244.70	280.42	317.50
西安	95.10	166.13	257.84	394.75	459.89	525.22	607.67	697.25	764.22	842.34
太原	15.57	28.04	43.49	68.32	91.90	113.32	140.59	164.29	191.99	241.09
兰州	7.69	14.89	25.63	37.30	49.59	59.58	73.25	84.15	102.65	118.28
乌鲁木齐	6.71	14.76	24.85	42.15	54.88	71.25	89.90	112.34	129.17	141.63
西宁	3.50	11.62	21.10	40.97	54.60	69.65	78.21	85.98	92.02	95.40
银川	3.73	15.89	30.64	44.35	58.99	76.10	99.44	115.35	131.60	144.32
大连	62.92	89.86	166.41	279.47	335.33	400.75	484.11	581.21	689.58	768.02
沈阳	87.38	175.80	312.93	588.76	762.99	944.11	1157.69	1281.57	1355.61	1450.08
长春	0.69	12.80	55.79	203.77	269.13	337.93	438.07	507.62	535.91	542.76
哈尔滨	3.56	16.76	39.52	76.27	105.56	135.81	181.32	224.52	264.42	360.74

数据来源：国家及各地统计局、统计公报

表3-33 全国及三十五个大中城市2006—2010年住宅开发投资额

单位：亿元

	2006年	2007年	2008年	2009年	2010年
全国	13 638.41	18 010.25	22 081.26	25 618.74	34 038.14
上海	835.63	837.53	843.63	918.68	1229.83
南京	253.64	316.65	410.03	439.41	570.62
杭州	326.88	383.56	449.29	509.82	676.27
合肥	223.61	296.89	439.39	468.19	550.13
宁波	221.18	205.67	194.00	237.64	323.12
北京	863.62	991.66	940.56	906.62	1508.95
天津	311.34	342.82	459.33	494.86	565.39
济南	126.01	162.54	220.64	255.71	364.56
青岛	199.64	234.60	271.81	313.75	450.99
石家庄	95.13	141.39	195.87	284.50	412.25
呼和浩特	70.55	96.48	139.49	126.93	254.35
武汉	271.80	331.17	424.97	498.04	595.33
长沙	230.56	340.87	368.87	392.90	516.16
郑州	177.18	225.27	338.07	394.16	555.75
南昌	89.76	107.88	136.61	158.66	171.27
成都	441.95	611.36	602.12	634.43	804.29
重庆	376.78	521.82	619.53	789.02	1091.49
昆明	141.92	184.70	211.25	289.52	326.62
贵阳	53.92	78.72	96.72	136.52	165.02
广州	360.64	473.40	514.38	502.24	548.45
深圳	325.05	331.73	314.98	289.78	304.89
福州	202.87	269.64	239.16	252.19	384.28
厦门	154.72	258.66	209.63	182.10	207.43
海口	28.37	39.78	52.93	67.90	82.57
南宁	94.83	123.82	130.73	158.46	228.12
西安	226.41	306.74	412.25	568.30	842.34
太原	52.98	25.54	73.89	116.75	185.16
兰州	34.70	58.78	58.37	51.76	67.00
乌鲁木齐	43.20	45.63	78.44	80.51	112.80
西宁	21.42	63.58	37.58	47.49	64.11
银川	40.59	39.25	49.83	63.98	101.62
大连	242.02	321.30	401.63	477.24	575.65
沈阳	397.09	558.91	729.50	802.12	1004.34
长春	132.75	203.82	288.74	347.39	427.46
哈尔滨	110.92	120.05	133.63	220.28	288.56

数据来源：国家及各地统计局、统计公报

表3-34 全国及三十五个大中城市2010年月度累积住宅开发投资额

单位：亿元

	1~3月	1~4月	1~5月	1~6月	1~7月	1~8月	1~9月	1~10月	1~11月	1~12月
全国	4551.83	6854.48	9643.18	13 692.29	16 708.80	19 876.18	23 512.05	26 682.92	30 021.63	34 038.14
上海	247.30	317.51	407.79	518.18	645.41	759.54	869.09	1008.10	1144.63	1229.83
南京	117.75	163.63	218.98	269.68	310.52	355.34	409.98	473.12	522.42	570.62
杭州	89.91	147.33	199.05	251.08	302.15	368.93	422.72	486.27	566.26	676.27
合肥	121.98	170.23	196.14	274.72	308.00	371.25	424.59	475.89	502.38	550.13
宁波	54.11	85.11	112.81	145.27	169.51	199.00	235.95	269.61	296.09	323.12
北京	213.67	259.33	437.70	558.34	734.97	849.69	1049.68	1131.17	1347.05	1508.95
天津	69.92	99.28	143.73	233.45	276.78	327.77	383.28	414.01	465.29	565.39
济南	60.11	79.61	129.71	184.41	205.55	240.56	269.68	301.59	333.33	364.56
青岛	49.94	93.48	141.25	191.08	231.85	284.44	331.21	371.18	409.91	450.99
石家庄	32.79	57.87	87.81	177.65	202.95	222.82	279.80	318.89	375.38	412.25
呼和浩特	2.60	6.89	19.18	50.72	73.84	98.06	126.92	160.08	187.30	254.35
武汉	94.60	127.40	162.70	225.13	286.81	330.98	424.62	455.48	495.96	595.33
长沙	93.34	141.17	185.33	226.00	279.55	330.26	374.55	429.51	468.38	516.16
郑州	70.67	111.37	153.71	217.35	267.24	310.51	372.59	415.41	468.40	555.75
南昌	23.11	35.78	48.12	60.91	73.31	86.93	103.50	118.10	126.39	171.27
成都	136.31	205.24	265.03	354.48	417.35	477.45	547.63	636.14	711.50	804.29
重庆	155.69	234.49	312.33	429.02	512.17	617.14	708.58	808.63	936.52	1091.49
昆明	45.95	86.16	121.72	140.91	160.88	174.24	197.82	223.94	259.54	326.62
贵阳	24.56	38.68	53.49	71.23	84.43	99.72	114.99	125.49	143.60	165.02
广州	85.49	124.42	163.23	212.61	262.22	301.46	355.85	408.97	444.71	548.45
深圳	54.48	84.50	112.12	137.78	162.23	179.58	206.10	239.49	272.57	304.89
福州	43.08	62.19	80.75	107.80	126.02	147.20	183.77	218.23	284.56	384.28
厦门	25.29	41.06	56.80	106.49	124.39	191.48	217.23	252.23	216.23	207.43
海口	12.23	18.03	22.19	31.36	37.63	43.32	48.50	56.80	66.72	82.57
南宁	34.16	54.57	73.61	96.30	118.14	136.87	158.43	178.27	203.47	228.12
西安	75.67	131.18	200.92	307.47	360.29	411.59	476.04	549.20	604.18	842.34
太原	11.89	22.37	31.60	51.32	64.75	83.43	105.54	124.31	145.61	185.16
兰州	4.80	8.72	14.67	22.83	28.84	34.59	42.50	49.10	58.85	67.00
乌鲁木齐	5.12	11.90	19.68	33.03	43.07	56.15	71.07	88.70	103.14	112.80
西宁	2.16	6.44	11.97	27.96	34.69	46.08	51.71	55.74	60.84	64.11
银川	2.51	11.39	22.31	31.95	42.32	54.14	71.33	82.13	92.32	101.62
大连	47.99	65.48	126.04	212.37	258.42	308.70	377.95	446.84	532.75	575.65
沈阳	58.03	117.24	209.12	407.26	530.04	653.17	801.63	882.40	933.18	1004.34
长春	0.53	8.58	40.60	149.19	203.01	258.67	340.68	397.59	421.76	427.46
哈尔滨	2.61	12.93	31.70	58.84	82.86	107.38	144.74	180.48	212.98	288.56

数据来源：国家及各地统计局、统计公报

表3-35 全国及三十五个大中城市2006—2010年房地产开发国内贷款额

单位：亿元

	2006年	2007年	2008年	2009年	2010年
全国	5356.98	6960.98	7256.55	11 292.69	12 540.48
上海	575.10	558.43	549.55	637.14	819.57
南京	150.30	158.97	243.07	296.18	287.31
杭州	243.68	314.72	345.68	432.46	465.43
合肥	49.24	57.34	64.53	142.14	142.30
宁波	55.27	63.06	52.42	92.35	157.19
北京	841.42	1063.21	889.37	2367.77	1439.08
天津	181.05	274.62	284.49	363.18	539.59
济南	45.50	39.12	36.21	95.23	75.32
青岛	100.64	113.88	158.69	232.17	321.76
石家庄	14.37	27.52	34.86	71.38	52.83
呼和浩特	6.87	6.75	4.71	8.62	10.21
武汉	113.21	147.20	180.08	313.29	292.88
长沙	84.30	95.91	107.43	141.69	208.29
郑州	38.63	47.00	67.06	105.71	116.41
南昌	36.12	59.33	47.53	61.28	79.92
成都	100.20	230.03	194.53	251.39	314.14
重庆	179.79	251.83	245.62	332.24	584.72
昆明	38.60	66.39	57.80	99.98	103.69
贵阳	42.83	57.21	43.52	80.58	96.40
广州	178.14	267.72	209.31	306.51	375.00
深圳	197.19	168.72	289.15	258.83	199.89
福州	83.55	113.86	107.20	107.93	147.16
厦门	133.70	227.28	87.14	140.86	146.43
海口	6.97	12.87	14.39	27.17	40.87
南宁	34.97	40.66	50.91	49.88	76.42
西安	58.39	75.74	91.57	182.35	189.22
太原	11.88	10.62	8.45	34.16	49.70
兰州	12.40	22.36	23.16	22.95	35.86
乌鲁木齐	6.00	13.03	9.52	27.45	35.05
西宁	3.48	8.18	9.82	12.93	26.81
银川	10.75	8.49	11.75	19.62	42.12
大连	100.82	138.56	130.89	168.70	210.03
沈阳	48.83	83.22	84.34	183.24	256.34
长春	16.72	19.64	13.57	41.50	47.36
哈尔滨	27.55	19.54	20.10	57.87	35.23

数据来源：国家及各地统计局、统计公报

表3-36 全国及三十五个大中城市2010年月度累积房地产开发国内贷款额

单位：亿元

	1~3月	1~4月	1~5月	1~6月	1~7月	1~8月	1~9月	1~10月	1~11月	1~12月
全国	3673.55	4552.32	5549.63	6572.54	7538.59	8459.81	9398.14	10 442.86	11 245.08	12 540.48
上海	351.49	376.58	429.86	524.27	570.33	612.44	696.54	740.87	792.43	819.57
南京	104.63	135.01	166.87	187.32	196.45	220.99	231.28	254.19	272.99	287.31
杭州	104.08	123.68	171.88	206.39	268.96	307.74	336.00	375.16	435.85	465.43
合肥	65.78	74.22	80.25	86.54	101.04	112.06	123.23	126.67	129.33	142.30
宁波	15.64	24.44	48.82	60.19	78.17	91.43	108.09	127.83	144.26	157.19
北京	238.62	359.29	428.96	525.23	707.82	781.56	973.87	1268.03	1345.26	1439.08
天津	142.96	212.12	244.84	293.65	319.85	351.13	367.24	384.35	394.07	539.59
济南	7.66	18.60	25.55	37.26	44.87	63.16	64.91	68.41	69.73	75.32
青岛	132.60	153.51	169.00	191.50	216.03	231.95	240.97	264.78	286.92	321.76
石家庄	9.20	14.25	18.94	27.83	29.85	30.41	40.37	42.20	50.26	52.83
呼和浩特	1.14	1.66	3.47	5.55	6.82	8.36	9.27	9.43	10.21	10.21
武汉	109.51	122.43	205.94	164.93	176.16	189.15	221.51	232.06	242.31	292.88
长沙	60.49	70.74	75.90	83.59	105.82	151.54	160.97	184.75	191.44	208.29
郑州	30.97	41.27	49.00	56.04	65.96	74.33	81.48	89.42	94.73	116.41
南昌	21.84	36.03	41.44	48.33	59.24	62.07	64.09	65.52	71.82	79.92
成都	130.27	148.58	177.07	191.28	212.20	234.17	258.46	272.55	294.31	314.14
重庆	123.98	165.96	214.61	285.32	330.80	370.73	405.48	439.23	488.05	584.72
昆明	49.36	50.39	58.86	60.75	72.44	74.03	74.59	76.97	84.28	103.69
贵阳	39.79	43.74	44.75	49.25	55.90	62.45	72.27	82.50	90.24	96.40
广州	99.75	141.36	167.67	212.99	237.06	274.33	288.98	311.20	341.31	375.00
深圳	70.13	83.02	99.47	111.68	131.99	138.77	148.24	166.71	188.28	199.89
福州	43.27	44.58	57.81	62.76	82.92	96.10	106.40	116.07	123.54	147.16
厦门	53.82	59.82	72.28	98.70	101.06	120.42	108.59	124.86	129.19	146.43
海口	3.30	5.86	15.63	16.59	18.10	21.87	22.51	35.66	38.08	40.87
南宁	13.36	17.48	24.32	31.05	34.62	42.50	53.99	56.09	64.59	76.42
西安	67.54	88.77	100.26	115.28	126.97	143.54	155.28	163.79	177.65	189.22
太原	5.82	15.12	20.90	23.40	25.37	25.62	28.28	33.00	46.74	49.70
兰州	8.92	12.01	14.14	15.97	19.57	20.20	23.56	28.21	31.35	35.86
乌鲁木齐	1.55	3.59	7.37	14.48	19.91	24.56	26.94	27.46	31.81	35.05
西宁	4.07	17.82	20.02	23.15	23.31	24.12	24.43	25.93	26.81	26.81
银川	0.46	4.21	11.23	14.12	22.78	28.37	32.50	36.49	39.45	42.12
大连	36.93	54.62	88.22	119.81	128.39	141.53	166.89	192.93	204.38	210.03
沈阳	32.52	54.32	72.07	140.08	154.50	186.22	194.36	201.81	221.52	256.34
长春	—	6.10	13.52	15.73	25.09	32.54	35.78	39.03	45.37	47.36
哈尔滨	0.25	1.03	2.30	5.63	8.53	9.66	16.00	19.64	21.26	35.23

数据来源：国家及各地统计局、统计公报

表3-37 全国及三十五个大中城市2006—2010年房地产开发利用外资额

单位：亿元

	2006年	2007年	2008年	2009年	2010年
全国	400.15	649.99	726.33	469.73	795.56
上海	55.96	74.05	71.33	25.40	96.05
南京	9.63	30.45	0.63	9.51	19.62
杭州	—	—	—	6.23	10.50
合肥	4.07	8.87	11.92	15.46	3.02
宁波	16.46	2.96	9.81	5.00	3.85
北京	38.56	39.93	38.87	29.82	13.90
天津	6.09	21.07	24.10	11.49	8.34
济南	7.39	1.81	4.22	4.07	7.28
青岛	3.06	17.80	6.36	1.65	7.63
石家庄	—	0.47	0.05	—	2.50
呼和浩特	—	0.98	—	—	—
武汉	20.30	15.48	10.11	15.20	96.75
长沙	4.88	8.11	4.12	1.85	0.94
郑州	2.62	4.74	11.27	—	—
南昌	0.71	3.65	3.12	2.68	—
成都	26.12	65.52	90.13	12.52	33.14
重庆	4.51	14.91	48.53	37.02	83.93
昆明	—	0.96	4.25	0.40	0.50
贵阳	3.98	2.17	1.14	0.11	0.70
广州	31.13	37.15	24.59	13.91	46.72
深圳	8.94	11.78	1.49	1.39	10.33
福州	3.76	14.27	11.42	9.44	1.52
厦门	2.60	0.36	19.05	0.78	8.79
海口	19.62	0.29	4.14	0.03	—
南宁	0.07	1.29	1.63	0.20	4.54
西安	3.18	4.34	1.81	5.17	5.56
太原	0.02	0.64	—	—	—
兰州	—	—	0.10	—	—
乌鲁木齐	—	—	—	—	—
西宁	0.03	—	—	—	2.32
银川	0.13	0.46	—	—	—
大连	8.90	15.11	29.50	10.34	32.46
沈阳	13.78	72.86	76.35	83.64	101.50
长春	2.50	0.05	2.05	0.41	0.04
哈尔滨	3.77	1.87	1.11	1.10	—

数据来源：国家及各地统计局、统计公报

表3-38 全国及三十五个大中城市2010年月度累积房地产开发利用外资额

单位：亿元

	1~3月	1~4月	1~5月	1~6月	1~7月	1~8月	1~9月	1~10月	1~11月	1~12月
全国	99.19	136.81	168.97	249.88	301.57	369.43	452.07	539.46	655.83	795.56
上海	12.21	13.76	15.12	19.63	25.61	52.63	74.45	84.39	84.40	96.05
南京	1.28	1.48	1.48	3.13	3.14	6.01	6.01	6.01	19.62	19.62
杭州	—	0.10	0.10	4.64	4.87	5.61	6.32	6.50	10.25	10.50
合肥	1.54	2.59	2.70	2.78	2.85	2.85	2.99	3.02	3.02	3.02
宁波	1.08	1.23	1.28	1.34	1.50	1.57	3.36	3.46	3.71	3.85
北京	1.83	2.03	3.03	6.31	7.65	8.66	10.61	12.32	17.38	13.90
天津	4.11	4.13	4.15	4.17	4.34	4.36	4.44	4.90	4.90	8.34
济南	0.49	3.91	3.91	4.14	4.89	5.81	5.81	6.64	6.64	7.28
青岛	0.75	0.90	1.10	1.14	1.82	4.76	4.92	4.92	6.94	7.63
石家庄	—	—	—	1.10	1.10	1.10	2.50	2.50	2.50	2.50
呼和浩特	—	—	—	—	—	—	—	—	—	—
武汉	0.17	0.17	3.07	3.59	3.59	3.59	3.59	15.78	78.75	96.75
长沙	0.29	0.34	0.35	0.35	0.48	0.69	0.76	0.80	0.86	0.94
郑州	—	—	—	—	—	—	—	—	—	—
南昌	—	—	—	—	—	—	—	—	—	—
成都	8.80	12.08	12.40	17.79	22.09	22.15	28.14	29.57	29.79	33.14
重庆	2.79	2.79	3.80	3.80	13.51	23.86	30.23	57.55	61.03	83.93
昆明	0.50	0.50	0.50	0.50	0.50	0.50	0.50	0.50	0.50	0.50
贵阳	0.04	0.04	0.04	0.04	0.04	0.05	0.05	0.05	0.70	0.70
广州	1.00	1.61	2.74	6.24	7.24	9.80	9.92	10.06	14.79	46.72
深圳	0.07	5.17	5.18	5.80	5.79	5.79	5.79	8.26	9.59	10.33
福州	—	—	—	—	—	—	—	1.51	1.51	1.52
厦门	1.20	1.20	1.20	1.20	2.64	2.64	2.64	8.79	8.79	8.79
海口	—	—	—	—	—	—	—	—	—	—
南宁	2.57	2.57	2.82	4.20	4.47	4.47	4.47	4.54	4.54	4.54
西安	1.00	1.00	1.00	1.00	1.00	5.06	5.56	5.56	5.56	5.56
太原	—	—	—	—	—	—	—	—	—	—
兰州	—	—	—	—	—	—	—	—	—	—
乌鲁木齐	—	—	—	—	—	—	—	—	—	—
西宁	2.20	2.20	2.20	2.20	2.20	2.20	2.20	2.20	2.32	2.32
银川	—	—	—	—	—	—	—	—	—	—
大连	0.70	0.70	0.80	4.06	4.06	4.06	17.73	21.86	23.17	32.46
沈阳	19.31	34.09	46.86	59.43	73.06	74.94	86.96	92.34	94.19	101.50
长春	—	—	—	—	—	—	—	—	—	0.04
哈尔滨	—	—	—	—	—	—	—	—	—	—

数据来源：国家及各地统计局、统计公报

九、全国及三十五个大中城市房地产开发建设数据

表3-39 全国及三十五个大中城市2006—2010年商品房施工面积

单位：万平方米

	2006年	2007年	2008年	2009年	2010年
全国	194 786.40	235 881.61	274 149.01	319 649.54	405 538.91
上海	10 938.75	10 766.72	10 390.67	9961.60	11 295.03
南京	3321.96	3582.75	4098.63	4366.07	4517.97
杭州	4548.46	5006.20	4953.68	5121.49	6227.05
合肥	2487.55	3142.04	3808.63	4751.29	5338.63
宁波	2750.73	3013.50	3057.97	3104.34	3820.70
北京	10 483.53	10 438.65	10 014.32	9719.08	10 300.86
天津	4142.60	4836.49	5704.27	6052.16	7160.74
济南	1071.07	1218.89	1571.51	2130.54	2363.53
青岛	2751.19	3223.76	3704.72	4309.94	5058.40
石家庄	960.52	983.25	1110.84	2344.60	4237.68
呼和浩特	996.56	1567.12	1787.12	1832.92	2461.13
武汉	2876.92	3195.41	3798.10	4487.38	5068.42
长沙	2411.94	3270.34	4220.10	6172.75	6687.29
郑州	2665.29	3684.36	4864.18	5207.27	6255.49
南昌	1341.06	1525.59	1825.93	1782.03	2146.18
成都	4857.74	6570.30	7391.80	8317.09	9778.90
重庆	8864.37	10 578.84	11 639.27	13 052.60	17 138.50
昆明	1523.29	1847.46	2011.11	2694.49	3547.50
贵阳	1574.11	1936.45	2464.18	3088.57	3982.84
广州	4850.09	5185.43	5500.37	5505.56	6464.12
深圳	3122.10	3160.95	3276.30	3112.36	2939.94
福州	2126.41	2375.35	2486.23	2635.06	3599.46
厦门	1996.95	2838.78	3367.26	3094.96	3088.53
海口	710.92	692.05	650.04	673.25	874.24
南宁	1751.86	2116.34	2190.07	2620.22	3147.52
西安	2383.56	2915.95	3526.47	5708.63	6697.39
太原	1067.16	1167.36	1314.67	1780.36	2366.52
兰州	901.58	983.96	991.45	1256.06	1467.21
乌鲁木齐	628.64	841.79	966.35	1203.93	1499.77
西宁	418.09	537.13	579.49	723.64	1146.00
银川	776.62	715.15	876.81	1067.68	1605.26
大连	2196.08	2747.66	3328.63	3489.06	5060.54
沈阳	3455.96	5019.85	5848.51	6847.89	8851.45
长春	1365.52	2010.11	2183.48	2377.10	3089.42
哈尔滨	1585.62	1502.22	1610.76	1922.84	2911.04

数据来源：国家及各地统计局、统计公报

表3-40 全国及三十五个大中城市2010年月度累积商品房施工面积

单位：万平方米

	1~3月	1~4月	1~5月	1~6月	1~7月	1~8月	1~9月	1~10月	1~11月	1~12月
全国	242 202.70	264 631.10	285 085.20	308 427.70	324 259.40	339 180.70	355 402.20	369 796.80	384 277.20	405 538.90
上海	8186.38	8538.86	8882.30	9220.41	9550.07	9926.43	10 198.88	10 503.51	10 770.37	11 295.03
南京	3112.29	3294.47	3501.13	3693.41	3802.14	3898.39	3973.21	4138.42	4375.63	4517.97
杭州	4123.80	4361.95	4532.14	4709.07	4943.44	5216.17	5468.11	5671.62	5886.13	6227.05
合肥	3917.80	4206.01	4330.77	4586.72	4747.89	4909.10	5030.63	5130.72	5193.46	5338.63
宁波	2593.87	2824.77	2913.86	2995.14	3075.54	3165.21	3450.71	3588.07	3740.14	3820.70
北京	6858.67	7224.75	7531.81	7807.33	8048.89	8313.65	8727.37	9185.04	9628.51	10300.86
天津	4444.54	4569.46	4699.84	4874.77	4961.81	5100.62	5232.60	5340.40	5547.39	7160.74
济南	1467.09	1669.21	1717.20	1850.43	1899.96	2008.71	2052.40	2062.36	2198.05	2363.53
青岛	3600.75	3776.82	4047.63	4199.69	4321.89	4580.32	4662.78	4766.50	4889.28	5058.40
石家庄	2010.33	2141.97	2265.95	2794.29	2912.45	2970.51	3334.66	3877.33	4110.82	4237.68
呼和浩特	419.67	633.11	1003.44	1429.38	1657.16	1851.70	2016.90	2146.87	2300.12	2461.13
武汉	2437.63	2800.36	3113.14	3531.99	3631.08	3811.26	4302.79	4433.31	4737.04	5068.42
长沙	4906.35	5143.06	5351.87	5589.05	5850.99	6000.41	6145.34	6314.67	6500.88	6687.29
郑州	3847.25	4252.38	4367.75	4620.64	4889.35	5109.16	5285.91	5411.59	5673.81	6255.49
南昌	1615.14	1710.20	1793.90	1833.90	1880.50	1934.86	1967.90	2012.51	2047.14	2146.18
成都	6554.36	7099.21	7330.23	7811.78	8014.89	8267.83	8561.55	8751.56	9141.38	9778.90
重庆	10 726.82	11 219.14	11 842.12	12 969.46	13 369.66	14 073.04	14 693.67	15 327.61	15 941.40	17 138.50
昆明	2095.99	2240.34	2450.15	2496.08	2623.31	2784.65	2890.64	3073.24	3301.19	3547.50
贵阳	2808.05	2979.17	3037.75	3125.71	3334.76	3480.45	3615.64	3634.22	3703.59	3982.84
广州	4963.71	5204.39	5439.52	5658.41	5786.85	5927.16	6017.08	6196.72	6252.67	6464.12
深圳	2393.93	2527.32	2613.30	2637.64	2703.68	2714.40	2771.52	2793.41	2913.32	2939.94
福州	2285.84	2362.08	2402.97	2573.09	2661.38	2736.51	2937.49	3021.09	3167.32	3599.46
厦门	2339.86	2399.80	2467.11	2568.33	2626.12	2769.65	2819.14	2964.49	2998.91	3088.53
海口	573.99	614.78	634.85	648.92	660.62	676.30	706.91	774.37	796.25	874.24
南宁	2261.51	2331.83	2414.60	2604.03	2764.76	2807.90	2881.79	2918.01	3007.02	3147.52
西安	4522.56	4694.37	4914.14	5340.79	5562.68	5768.59	5979.65	6300.61	6474.49	6697.39
太原	1378.33	1510.37	1614.03	1783.77	1883.88	1956.25	2005.84	2113.72	2255.87	2366.52
兰州	735.98	950.17	998.44	1093.59	1143.65	1195.84	1262.78	1326.99	1424.92	1467.21
乌鲁木齐	412.86	667.82	829.22	947.30	1017.92	1172.66	1355.29	1414.03	1447.27	1499.77
西宁	780.57	871.11	920.16	1116.65	1053.53	1068.18	1088.42	1130.65	1132.74	1146.00
银川	426.26	756.40	925.42	1119.98	1261.49	1364.00	1417.81	1470.55	1554.46	1605.26
大连	3124.94	3263.27	3490.35	3792.62	3838.61	3975.23	4154.44	4467.54	4878.04	5060.54
沈阳	5393.85	6040.40	6624.87	7238.45	7668.50	7988.04	8408.01	8701.82	8759.98	8851.45
长春	1814.13	1866.00	2131.06	2490.14	2580.50	2756.23	2880.57	2942.96	3070.82	3089.42
哈尔滨	1337.99	1493.15	1710.17	1860.14	1998.10	2194.11	2351.91	2619.16	2803.52	2911.04

数据来源：国家及各地统计局、统计公报

表3-41 全国及三十五个大中城市2006—2010年住宅施工面积

单位：万平方米

	2006年	2007年	2008年	2009年	2010年
全国	151 742.70	186 454.97	216 671.36	250 804.25	314 942.59
上海	7988.73	7642.79	6872.10	6550.73	7313.85
南京	2626.67	2848.70	3180.05	3188.18	3174.48
杭州	3484.27	3895.92	3631.53	3658.83	4249.18
合肥	2057.74	2539.96	3083.33	3679.42	4005.80
宁波	1947.11	1948.66	1967.18	1911.64	2235.78
北京	6311.27	5914.49	5538.23	5551.88	6167.02
天津	3396.45	3744.87	4306.33	4517.83	5117.60
济南	898.48	1045.40	1330.25	1761.41	1868.37
青岛	2173.00	2464.72	2740.39	3057.98	3602.77
石家庄	843.77	880.45	919.34	1912.77	3487.13
呼和浩特	765.86	1256.87	1462.19	1452.39	1901.16
武汉	2426.16	2659.57	3222.14	3580.99	3811.68
长沙	1958.43	2609.32	3485.66	5103.35	5445.71
郑州	2066.54	2817.41	3717.89	3939.56	4582.79
南昌	1059.58	1291.19	1541.40	1483.99	1743.33
成都	3960.77	5434.57	6064.84	6676.52	7550.32
重庆	6655.00	8179.29	9166.21	10 338.12	13 744.78
昆明	1273.74	1554.92	1679.61	2158.32	2835.63
贵阳	1196.00	1543.12	1987.67	2356.36	2967.72
广州	3427.25	3594.99	3659.65	3420.09	3983.84
深圳	2157.39	2185.53	2210.36	2087.47	2025.14
福州	1809.35	2034.15	2131.69	2244.38	2908.55
厦门	1328.21	1935.08	2095.85	1945.70	1891.48
海口	555.83	546.30	501.94	556.47	674.91
南宁	1322.08	1622.91	1669.80	1952.83	2378.66
西安	1890.27	2376.82	2977.50	4901.59	5777.71
太原	785.53	873.72	1061.47	1477.53	1922.21
兰州	690.21	744.92	779.62	968.98	1119.44
乌鲁木齐	492.44	730.80	822.97	988.13	1230.37
西宁	344.60	469.51	510.88	605.16	934.01
银川	548.02	517.99	625.37	783.60	1202.26
大连	1624.50	2141.87	2637.48	2812.98	4010.24
沈阳	2661.52	4019.81	4410.34	5068.49	6634.19
长春	1100.43	1584.16	1781.42	1895.76	2454.11
哈尔滨	1159.11	1155.06	1288.49	1605.80	2408.05

数据来源：国家及各地统计局、统计公报

表3-42 全国及三十五个大中城市2010年月度累积住宅施工面积

单位：万平方米

	1~3月	1~4月	1~5月	1~6月	1~7月	1~8月	1~9月	1~10月	1~11月	1~12月
全国	187 218.50	204 490.30	220 620.20	239 045.40	251 622.80	263 220.80	275 631.80	286 929.00	298 365.40	314 942.60
上海	5261.56	5469.36	5719.91	5969.28	6158.97	6366.44	6534.18	6756.97	6943.74	7313.85
南京	2129.49	2267.12	2426.94	2571.11	2651.85	2704.00	2758.28	2888.46	3061.78	3174.48
杭州	2894.06	3032.11	3164.04	3269.22	3457.44	3638.98	3757.73	3858.75	4026.28	4249.18
合肥	2964.13	3139.13	3290.85	3447.31	3577.53	3698.71	3781.93	3853.27	3904.99	4005.80
宁波	1551.66	1676.70	1721.65	1736.65	1793.80	1847.37	2049.67	2123.76	2190.19	2235.78
北京	3955.63	4175.47	4360.75	4526.84	4659.47	4862.66	5147.25	5449.59	5725.74	6167.02
天津	3156.60	3215.61	3249.08	3356.87	3409.46	3522.39	3624.75	3678.86	3822.63	5117.60
济南	1129.24	1295.88	1335.95	1435.79	1481.54	1565.63	1588.69	1596.47	1717.55	1868.37
青岛	2534.77	2662.05	2846.55	2964.35	3058.71	3243.96	3293.47	3370.76	3465.64	3602.77
石家庄	1628.12	1741.10	1848.98	2313.06	2421.87	2471.21	2726.28	3225.73	3406.04	3487.13
呼和浩特	334.04	482.45	773.11	1115.02	1304.00	1423.66	1547.16	1652.66	1779.68	1901.16
武汉	1968.45	2258.00	2445.01	2795.45	2921.87	3033.36	3283.52	3389.78	3627.86	3811.68
长沙	4010.04	4188.57	4354.72	4535.90	4761.03	4884.72	5002.00	5136.30	5283.51	5445.71
郑州	2795.08	3106.72	3202.01	3399.53	3608.51	3755.60	3870.53	3964.83	4152.65	4582.79
南昌	1310.72	1384.77	1459.43	1493.10	1524.99	1570.30	1602.27	1641.84	1670.74	1743.33
成都	5167.37	5600.52	5769.81	6059.49	6218.17	6412.14	6617.25	6774.32	7029.98	7550.32
重庆	8386.38	8771.39	9313.48	10 266.64	10 586.37	11 213.05	11 774.50	12 326.18	12 863.93	13 744.78
昆明	1737.81	1836.15	1989.95	2012.61	2103.64	2220.48	2311.86	2454.19	2644.41	2835.63
贵阳	2092.44	2198.19	2245.40	2317.63	2468.56	2590.47	2675.75	2691.44	2745.83	2967.72
广州	2924.86	3091.21	3270.86	3461.16	3555.39	3639.94	3703.94	3829.57	3861.42	3983.84
深圳	1617.52	1720.66	1792.93	1811.86	1854.75	1869.57	1902.91	1918.89	2000.79	2025.14
福州	1954.29	2014.90	2052.50	2179.72	2251.80	2278.99	2430.53	2501.13	2634.71	2908.55
厦门	1446.60	1476.66	1528.29	1601.45	1626.98	1687.61	1731.25	1812.40	1849.06	1891.48
海口	456.85	484.58	500.53	511.90	518.22	530.61	553.11	599.52	613.89	674.91
南宁	1705.05	1761.36	1836.70	1974.98	2082.67	2114.78	2176.89	2193.91	2264.51	2378.66
西安	3880.31	4046.70	4218.88	4595.01	4772.61	4960.51	5142.42	5440.75	5597.96	5777.71
太原	1178.09	1276.17	1346.80	1481.60	1551.10	1613.85	1639.99	1709.84	1839.29	1922.21
兰州	572.17	752.90	791.53	841.45	888.63	919.67	970.48	1001.28	1084.66	1119.44
乌鲁木齐	315.60	521.40	659.91	762.09	814.96	956.31	1107.47	1157.11	1187.81	1230.37
西宁	640.87	710.11	748.35	928.40	854.00	865.70	883.75	920.71	922.80	934.01
银川	314.12	544.36	681.48	837.65	945.04	1018.76	1063.85	1101.71	1163.46	1202.26
大连	2490.04	2613.40	2798.00	3044.91	3070.49	3189.34	3309.72	3554.88	3853.08	4010.24
沈阳	3947.60	4405.23	4830.20	5319.28	5680.55	5932.66	6265.89	6489.52	6542.87	6634.19
长春	1407.50	1449.75	1668.45	1974.79	2043.99	2177.48	2276.85	2332.50	2437.09	2454.11
哈尔滨	1112.89	1248.93	1422.53	1541.93	1656.11	1813.03	1947.70	2161.60	2310.77	2408.05

数据来源：国家及各地统计局、统计公报

表3-43 全国及三十五个大中城市2006—2010年办公用房施工面积

单位：万平方米

	2006年	2007年	2008年	2009年	2010年
全国	7366.33	8292.51	9190.53	9984.75	12 139.78
上海	723.78	935.23	1084.47	958.64	1103.18
南京	167.42	152.51	151.00	137.62	191.54
杭州	372.43	335.67	394.64	458.53	563.63
合肥	116.79	206.23	220.27	302.89	365.81
宁波	186.24	266.31	214.46	219.61	334.39
北京	1245.81	1364.57	1287.18	1132.19	1054.84
天津	193.21	208.12	307.37	348.46	396.61
济南	28.81	35.67	81.23	96.69	72.33
青岛	150.57	152.33	171.60	181.68	166.93
石家庄	20.98	8.47	20.76	61.99	129.34
呼和浩特	51.25	68.25	100.45	72.36	99.24
武汉	126.86	113.64	115.78	159.50	170.29
长沙	66.86	77.21	92.06	105.74	93.64
郑州	163.35	250.60	290.71	270.51	409.45
南昌	27.17	34.12	20.03	38.50	80.40
成都	96.19	149.52	173.11	261.97	370.29
重庆	228.33	256.26	232.18	210.29	247.56
昆明	31.85	35.55	58.42	72.35	117.72
贵阳	101.53	79.10	68.67	88.61	97.81
广州	425.06	419.38	455.78	467.16	525.10
深圳	171.88	189.65	201.55	189.09	182.36
福州	40.50	33.32	30.15	29.69	95.48
厦门	163.22	196.99	221.77	210.29	262.60
海口	22.06	21.31	34.95	14.56	29.67
南宁	57.74	58.31	46.24	75.75	75.54
西安	183.80	178.14	189.31	221.46	205.42
太原	69.50	79.18	50.76	46.91	87.15
兰州	37.76	32.79	31.15	40.47	40.25
乌鲁木齐	23.10	21.93	48.40	56.96	53.75
西宁	15.85	11.26	7.74	7.93	23.61
银川	42.59	38.87	46.65	62.75	62.48
大连	80.25	33.78	58.92	90.02	106.52
沈阳	135.91	146.95	194.29	255.94	329.22
长春	41.04	39.95	53.58	75.41	83.42
哈尔滨	59.45	19.22	21.87	15.83	28.37

数据来源：国家及各地统计局、统计公报

表3-44 全国及三十五个大中城市2010年月度累积办公用房施工面积

单位：万平方米

	1~3月	1~4月	1~5月	1~6月	1~7月	1~8月	1~9月	1~10月	1~11月	1~12月
全国	8237.71	8830.99	9316.56	9795.77	10 159.28	10 580.82	10 995.65	11 327.23	11 621.99	12 139.78
上海	861.66	879.51	908.60	920.31	964.20	1007.45	1036.24	1044.67	1062.93	1103.18
南京	118.35	144.10	147.15	149.50	150.84	178.64	179.44	188.45	188.87	191.54
杭州	375.84	402.10	403.37	426.73	431.64	458.97	519.48	546.04	557.89	563.63
合肥	250.09	270.82	267.10	296.09	317.03	322.75	338.07	351.53	355.62	365.81
宁波	193.23	208.33	217.30	249.29	254.55	266.81	272.44	291.72	328.3	334.39
北京	853.27	879.71	909.75	935.48	936.96	956.86	976.00	994.15	1005.11	1054.84
天津	269.79	276.36	327.46	327.46	327.46	329.03	332.61	332.61	332.61	396.61
济南	40.01	45.92	47.91	57.94	58.71	65.66	69.85	69.85	71.29	72.33
青岛	153.74	153.79	155.03	158.54	159.15	160.07	161.12	161.22	163.99	166.93
石家庄	55.23	59.37	64.06	80.57	80.78	86.41	95.07	100.48	127.53	129.34
呼和浩特	2.34	17.46	51.62	63.16	66.85	84.51	86.64	87.94	93.6	99.24
武汉	120.96	122.62	128.38	132.70	134.43	148.28	153.15	157.65	159.73	170.29
长沙	67.54	73.01	82.06	86.50	89.61	86.12	88.50	91.46	91.69	93.64
郑州	218.85	239.05	239.78	247.56	265.25	276.25	317.18	325.06	365.57	409.45
南昌	43.16	58.43	58.92	58.92	67.53	67.53	67.53	67.53	69.41	80.40
成都	223.36	226.52	239.91	285.93	292.44	306.92	313.77	322.58	357.65	370.29
重庆	173.70	183.62	185.46	188.13	189.23	192.34	192.98	202.42	205.67	247.56
昆明	52.10	63.74	66.93	73.51	81.45	85.21	85.60	98.11	103.77	117.72
贵阳	69.41	83.44	83.66	83.69	83.82	86.36	93.85	93.85	93.92	97.81
广州	486.23	491.87	494.91	495.88	502.64	508.81	512.03	512.68	512.68	525.10
深圳	162.58	162.58	166.66	166.74	178.96	178.96	178.96	180.25	182.23	182.36
福州	31.01	31.01	31.70	34.18	34.47	49.75	54.79	58.23	62.15	95.48
厦门	176.56	198.05	198.05	198.05	209.30	230.92	222.44	240.80	240.8	262.60
海口	20.12	20.28	20.28	20.28	20.28	20.28	21.45	21.45	25.26	29.67
南宁	62.12	61.70	61.87	70.52	70.71	71.03	71.03	74.53	74.46	75.54
西安	155.23	155.23	161.30	170.69	192.57	197.76	198.59	201.79	202.7	205.42
太原	30.07	31.08	39.43	55.25	64.89	57.94	66.11	78.59	82.43	87.15
兰州	20.47	24.08	27.00	30.75	33.16	33.98	38.35	39.79	40.21	40.25
乌鲁木齐	27.88	41.91	45.05	46.02	48.05	51.17	53.10	53.67	53.67	53.75
西宁	7.60	17.90	18.52	18.52	22.78	22.78	22.78	23.51	23.51	23.61
银川	22.59	50.91	54.60	55.27	59.35	61.57	61.57	62.48	62.48	62.48
大连	82.69	83.77	92.90	94.49	99.07	101.28	105.08	105.18	105.44	106.52
沈阳	225.92	258.58	269.12	282.90	292.06	292.95	304.12	325.06	325.4	329.22
长春	70.11	70.11	72.31	72.31	72.77	83.17	83.17	83.17	83.23	83.42
哈尔滨	9.35	9.35	11.04	12.06	14.64	18.64	18.95	21.23	22.84	28.37

数据来源：国家及各地统计局、统计公报

表3-45 全国及三十五个大中城市2006—2010年商业用房施工面积

单位：万平方米

	2006年	2007年	2008年	2009年	2010年
全国	23 485.68	25 937.69	16 224.13	34 439.58	44 615.72
上海	1074.06	1131.86	1222.53	1112.33	1292.96
南京	326.06	311.64	395.71	525.20	546.72
杭州	334.64	358.20	354.67	364.55	464.58
合肥	223.77	222.79	312.96	477.48	578.48
宁波	251.20	298.48	297.95	333.97	417.64
北京	1402.97	1482.09	1429.84	1323.38	1229.33
天津	401.17	530.72	601.71	682.35	1004.27
济南	96.03	76.99	95.37	160.85	268.66
青岛	219.00	352.08	412.41	584.18	661.63
石家庄	72.28	63.33	129.77	248.23	459.24
呼和浩特	143.72	192.45	148.11	205.52	335.33
武汉	197.11	233.39	208.19	354.53	466.58
长沙	211.41	294.12	272.69	344.61	389.49
郑州	335.52	434.99	557.91	564.57	658.33
南昌	154.47	110.88	153.17	173.76	205.00
成都	486.25	470.25	491.53	516.36	634.98
重庆	1333.81	1301.23	1248.64	1344.49	1549.77
昆明	92.63	148.57	141.20	277.72	280.41
贵阳	197.75	195.18	214.92	276.13	318.10
广州	490.85	518.09	617.32	756.49	866.20
深圳	385.71	337.42	346.45	328.27	298.62
福州	154.43	153.83	144.00	156.43	227.64
厦门	146.46	206.97	220.32	206.86	208.83
海口	100.11	87.56	74.99	57.54	64.25
南宁	193.27	208.77	217.57	272.72	290.77
西安	220.57	262.63	252.39	366.12	427.23
太原	176.96	176.98	160.82	137.00	208.66
兰州	111.97	116.67	100.66	123.28	157.17
乌鲁木齐	95.80	68.84	63.66	89.71	116.12
西宁	50.85	45.72	49.78	77.53	112.70
银川	165.35	130.48	161.19	129.33	180.12
大连	313.39	322.05	397.28	358.96	525.82
沈阳	516.90	644.26	879.72	1222.41	256.09
长春	175.22	284.14	242.41	253.70	330.30
哈尔滨	270.52	250.31	194.23	185.33	256.09

数据来源：国家及各地统计局、统计公报

表3-46 全国及三十五个大中城市2010年月度累积商业用房施工面积

单位：万平方米

	1~3月	1~4月	1~5月	1~6月	1~7月	1~8月	1~9月	1~10月	1~11月	1~12月
全国	26 421.81	29 201.34	31 681.60	34 339.91	36 037.79	37 614.76	39 437.63	41 007.78	42 416.66	44 615.72
上海	956.73	1017.94	1042.11	1078.08	1124.67	1187.03	1206.94	1230.06	1256.38	1292.96
南京	446.07	454.31	476.57	490.16	496.80	505.29	516.15	522.20	536.88	546.72
杭州	280.15	318.48	324.77	339.60	358.32	370.75	402.16	421.52	432.79	464.58
合肥	458.21	514.14	500.31	533.38	531.56	544.02	551.75	557.57	561.36	578.48
宁波	301.17	339.36	350.94	361.11	369.55	371.27	386.25	397.24	409.48	417.64
北京	890.96	928.68	968.57	1008.61	1044.08	1049.76	1083.77	1135.92	1191.95	1229.33
天津	582.70	637.23	688.03	746.74	746.74	764.34	781.22	816.77	852.37	1004.27
济南	195.68	218.74	222.72	236.32	239.32	245.01	258.95	260.58	265.76	268.66
青岛	471.89	490.50	539.41	553.02	567.29	606.74	619.40	636.40	646.13	661.63
石家庄	239.58	252.79	263.09	283.98	291.24	291.99	338.88	374.07	393.41	459.24
呼和浩特	53.48	95.37	123.94	175.01	194.39	248.64	281.89	297.83	305.96	335.33
武汉	192.94	204.21	267.23	308.77	319.93	339.76	387.56	397.04	420.89	466.58
长沙	274.75	302.50	309.95	328.65	338.28	344.38	356.44	375.23	382.33	389.49
郑州	461.47	503.49	515.47	538.58	556.23	587.71	598.60	610.95	623.41	658.33
南昌	168.22	172.17	177.89	179.67	182.31	190.46	191.41	192.79	195.69	205.00
成都	417.60	429.69	452.72	501.57	508.96	515.14	561.64	572.54	608.67	634.98
重庆	1139.01	1179.76	1198.84	1270.49	1301.85	1334.89	1359.90	1384.66	1416.21	1549.77
昆明	154.33	168.90	174.12	184.14	201.20	222.40	249.21	256.35	265.95	280.41
贵阳	210.23	244.46	248.12	250.21	264.51	270.92	284.85	287.22	293.97	318.10
广州	741.83	757.87	772.44	781.09	794.45	819.42	831.92	848.08	848.88	866.20
深圳	261.93	267.71	268.05	271.53	279.02	275.61	283.38	287.51	298.97	298.62
福州	128.97	129.17	127.84	149.38	151.03	167.25	180.67	183.66	188.83	227.64
厦门	161.15	161.56	165.32	169.89	174.77	196.91	201.87	210.23	206.24	208.83
海口	46.08	54.00	55.04	55.66	55.34	55.48	56.37	58.70	57.15	64.25
南宁	232.14	228.96	236.93	251.32	266.99	268.89	272.30	281.79	285.71	290.77
西安	296.79	300.09	323.58	342.13	357.52	363.35	380.03	397.31	402.39	427.23
太原	75.44	103.13	120.07	141.14	160.68	162.46	174.27	190.16	198.37	208.66
兰州	75.31	91.27	95.15	133.78	134.17	141.21	145.02	147.05	156.12	157.17
乌鲁木齐	33.49	53.80	60.11	66.02	75.02	82.15	104.34	111.43	113.42	116.12
西宁	83.11	88.86	96.24	108.03	106.99	109.15	109.45	111.93	111.93	112.70
银川	47.22	84.63	97.71	124.69	141.28	151.49	156.26	159.33	163.12	180.12
大连	326.18	328.23	350.10	384.59	397.61	407.42	432.30	460.70	511.54	525.82
沈阳	954.67	1075.34	1203.95	1287.17	1329.35	1378.04	1427.45	1453.97	1458.29	256.09
长春	204.32	210.39	240.67	264.57	281.33	306.06	317.46	320.13	330.11	330.30
哈尔滨	128.50	135.07	156.82	167.52	183.43	194.54	210.07	245.37	259.31	256.09

数据来源：国家及各地统计局、统计公报

表3-47 全国及三十五个大中城市2006—2010年商品房新开工面积

单位：万平方米

	2006年	2007年	2008年	2009年	2010年
全国	79 252.83	94 590.20	97 573.90	115 385.34	163 776.67
上海	2781.34	2251.75	2586.57	2490.63	3030.59
南京	1061.03	1089.90	937.04	1157.46	1702.26
杭州	1000.50	1168.79	1254.12	1081.12	1929.08
合肥	976.94	1051.94	1152.17	1477.09	1750.70
宁波	869.66	986.00	764.03	812.03	1406.02
北京	3179.35	2557.40	2337.22	2246.60	2974.24
天津	1906.36	2114.31	2440.24	2555.50	2911.66
济南	409.13	398.19	482.75	504.56	971.81
青岛	1224.00	1278.83	1143.50	1329.88	1712.39
石家庄	302.47	394.61	317.45	1371.97	1290.15
呼和浩特	705.85	735.14	578.34	483.15	1263.00
武汉	1074.88	1174.11	1447.28	1651.17	2626.27
长沙	1050.48	1359.90	1632.69	1781.30	2302.41
郑州	1176.18	1399.95	1370.06	1443.96	1811.77
南昌	616.08	643.62	517.92	359.87	509.10
成都	2018.35	2078.81	1784.37	1413.62	2698.23
重庆	2709.28	3555.87	3508.62	3813.68	6312.64
昆明	380.59	785.48	629.63	1092.02	1300.62
贵阳	439.69	580.67	771.33	719.08	1350.31
广州	1174.51	1529.08	1193.92	1073.79	1955.49
深圳	798.12	876.40	752.60	492.40	470.96
福州	623.62	778.85	539.45	545.85	1451.48
厦门	640.70	1006.82	421.57	249.27	722.45
海口	160.04	200.03	196.28	206.02	240.68
南宁	645.73	669.14	541.07	701.86	967.56
西安	551.55	727.60	900.30	1693.38	2043.82
太原	284.28	220.86	246.37	444.65	687.02
兰州	236.09	199.82	259.77	395.08	406.19
乌鲁木齐	388.04	523.56	548.20	539.48	719.71
西宁	196.25	258.93	219.84	405.98	552.06
银川	441.31	355.71	441.72	560.06	959.43
大连	1126.25	1187.93	1112.07	1131.91	1837.30
沈阳	1463.59	2923.06	2364.82	2451.10	3655.44
长春	967.91	1205.84	1116.26	1217.29	1283.89
哈尔滨	661.80	671.47	833.99	1151.94	1589.49

数据来源：国家及各地统计局、统计公报

表3-48 全国及三十五个大中城市2010年月度累积商品房新开工面积

单位：万平方米

	1~3月	1~4月	1~5月	1~6月	1~7月	1~8月	1~9月	1~10月	1~11月	1~12月
全国	32 288.60	45 686.81	61 462.64	80 450.94	92 183.27	104 847.46	119 441.00	131 756.46	145 130.00	163 776.67
上海	733.11	957.43	1127.20	1380.59	1639.91	1925.75	2141.41	2411.07	2619.60	3030.59
南京	334.19	526.33	718.96	910.95	992.30	1088.55	1161.49	1322.15	1567.51	1702.26
杭州	269.87	411.74	537.63	697.85	783.84	990.24	1231.79	1427.53	1642.12	1929.08
合肥	557.63	697.90	907.77	1066.05	1232.60	1369.53	1475.59	1582.45	1633.14	1750.70
宁波	180.02	410.93	497.79	579.07	659.47	748.77	1033.51	1171.79	1322.60	1406.02
北京	477.20	654.65	876.19	1112.64	1314.76	1461.55	1760.79	2049.43	2427.81	2974.24
天津	390.43	558.89	783.14	908.74	961.63	1001.97	1130.46	1191.82	1314.85	2911.66
济南	301.64	418.34	437.96	560.92	613.95	716.60	754.07	764.03	896.51	971.81
青岛	503.44	657.87	856.62	979.28	1092.09	1329.87	1389.66	1465.77	1580.28	1712.39
石家庄	112.69	184.89	312.15	581.22	623.28	677.75	945.71	1090.15	1227.40	1290.15
呼和浩特	42.14	78.58	300.69	569.76	747.86	902.56	1027.70	1136.31	1224.05	1263.00
武汉	251.59	333.81	573.91	1009.44	1133.40	1438.17	1960.72	2125.83	2289.27	2626.27
长沙	709.57	978.23	1123.52	1321.56	1499.36	1650.06	1792.16	1956.14	2142.25	2302.41
郑州	393.52	400.16	493.95	661.13	829.18	940.75	1008.07	1098.91	1387.17	1811.77
南昌	72.02	144.47	181.51	221.51	247.39	299.97	333.01	377.56	412.20	509.10
成都	698.98	989.88	1139.49	1370.00	1500.75	1651.09	1866.54	2036.27	2351.19	2698.23
重庆	1137.09	1519.55	1958.12	2851.75	3176.22	3706.88	4243.02	4791.28	5350.28	6312.64
昆明	284.70	386.97	378.46	397.98	483.05	539.99	717.67	857.23	1118.01	1300.62
贵阳	402.91	483.30	576.60	657.20	836.21	948.28	1013.40	1033.62	1070.56	1350.31
广州	531.86	733.14	942.08	1154.00	1285.90	1425.43	1515.10	1689.56	1745.45	1955.49
深圳	137.23	217.50	253.45	273.05	306.77	306.77	332.22	351.90	450.46	470.96
福州	203.56	309.37	371.17	513.05	551.88	594.69	797.45	864.95	1020.69	1451.48
厦门	34.05	71.38	150.93	228.71	259.42	405.10	431.84	552.52	600.39	722.45
海口	33.38	59.69	75.31	86.60	95.51	95.96	126.56	171.89	193.76	240.68
南宁	246.28	377.03	450.35	564.56	670.92	733.97	771.28	805.66	856.56	967.56
西安	324.39	453.70	645.67	947.78	1071.07	1240.99	1415.91	1615.58	1859.65	2043.82
太原	58.73	77.39	153.03	216.26	256.45	329.39	394.56	496.02	622.62	687.02
兰州	41.67	97.65	172.10	204.59	232.51	237.57	299.30	330.89	372.52	406.19
乌鲁木齐	12.44	61.44	130.20	228.92	277.36	373.05	561.17	628.05	659.19	719.71
西宁	188.13	278.66	326.21	417.27	459.58	474.24	494.47	536.70	538.79	552.06
银川	71.68	217.19	366.97	520.51	626.68	729.00	777.94	826.80	908.17	959.43
大连	157.84	229.66	396.15	653.24	683.21	810.04	990.90	1234.99	1637.97	1837.30
沈阳	346.41	674.37	1268.94	2098.74	2495.61	2802.90	3170.67	3479.21	3554.55	3655.44
长春	17.70	69.56	333.55	692.63	782.99	955.01	1079.36	1140.24	1268.10	1283.89
哈尔滨	11.06	151.46	349.29	499.91	649.48	817.01	960.73	1167.93	1344.94	1589.49

数据来源：国家及各地统计局、统计公报

表3-49 全国及三十五个大中城市2006—2010年住宅新开工面积

单位：万平方米

	2006年	2007年	2008年	2009年	2010年
全国	64 403.80	78 135.98	79 889.10	92 463.47	129 467.93
上海	2112.10	1633.94	1762.01	1721.02	2111.11
南京	896.97	941.94	751.59	803.45	1236.75
杭州	705.23	879.84	914.91	760.41	1267.43
合肥	798.58	864.43	949.78	1097.41	1327.34
宁波	609.38	610.00	488.02	502.10	776.99
北京	1870.26	1639.94	1565.30	1380.28	2063.40
天津	1534.78	1611.91	1889.22	1904.46	2026.89
济南	348.99	348.75	389.61	371.17	758.87
青岛	993.00	950.12	867.67	951.43	1319.03
石家庄	287.98	365.32	272.07	1130.27	1047.59
呼和浩特	585.71	623.77	516.83	364.40	1901.16
武汉	968.06	1038.12	1232.98	1247.61	1931.53
长沙	878.36	1093.54	1403.40	1464.90	1899.02
郑州	918.56	1118.62	1040.02	1158.78	1315.10
南昌	523.98	568.46	467.84	279.59	416.69
成都	1705.80	1764.19	1466.63	1162.27	1980.06
重庆	2176.75	2903.82	2857.70	2989.72	5268.76
昆明	292.62	686.97	518.57	811.09	1016.51
贵阳	365.51	484.24	631.09	553.05	1106.11
广州	856.39	1160.25	756.45	682.55	1313.76
深圳	609.46	621.91	471.80	328.04	355.17
福州	549.20	678.92	458.08	474.99	1119.54
厦门	462.21	759.84	282.66	135.34	421.56
海口	133.53	170.51	148.30	174.57	167.43
南宁	530.28	550.79	417.41	515.39	767.78
西安	461.34	611.46	762.64	1467.03	1771.33
太原	233.56	189.83	222.52	366.19	555.61
兰州	182.04	172.48	224.63	301.20	318.38
乌鲁木齐	354.37	479.33	470.69	472.88	617.69
西宁	161.29	227.09	200.75	332.02	441.26
银川	335.71	269.28	355.17	420.51	743.33
大连	931.09	1003.22	957.31	920.93	1416.46
沈阳	1253.58	2483.69	1879.29	1879.75	2916.66
长春	799.52	980.59	937.42	972.61	1059.36
哈尔滨	504.82	536.01	680.97	957.22	1299.20

数据来源：国家及各地统计局、统计公报

表3-50 全国及三十五个大中城市2010年月度累积住宅新开工面积

单位：万平方米

	1~3月	1~4月	1~5月	1~6月	1~7月	1~8月	1~9月	1~10月	1~11月	1~12月
全国	25 945.96	36 372.44	48 662.12	63 663.60	73 276.34	83 244.42	94 408.23	104 171.79	114 721.53	129 467.93
上海	510.00	647.24	779.95	974.67	1160.72	1341.49	1486.96	1678.28	1836.19	2111.11
南京	230.42	381.04	514.64	653.79	712.16	767.88	823.24	950.00	1131.34	1236.75
杭州	206.34	310.10	406.12	497.43	557.71	698.24	809.09	908.74	1076.85	1267.43
合肥	426.77	514.03	696.41	810.68	914.53	1020.38	1104.09	1195.51	1240.67	1327.34
宁波	94.46	219.49	264.49	279.49	336.64	390.11	592.37	666.56	732.95	776.99
北京	340.79	482.88	614.72	780.81	915.33	996.49	1226.15	1437.96	1680.54	2063.40
天津	298.14	383.29	421.61	481.32	523.52	559.68	652.08	696.43	772.00	2026.89
济南	203.28	308.58	321.64	411.82	461.07	550.53	568.67	576.45	694.32	758.87
青岛	401.96	508.58	671.76	767.41	858.57	1024.92	1065.10	1125.05	1211.23	1319.03
石家庄	60.35	135.08	243.50	490.71	527.34	580.37	766.00	889.34	1006.92	1047.59
呼和浩特	32.32	55.33	211.92	414.12	558.80	661.63	763.75	848.69	921.72	1901.16
武汉	218.24	287.60	495.51	834.64	928.97	1160.95	1438.87	1569.79	1657.56	1931.53
长沙	585.79	831.87	943.21	1093.67	1239.67	1366.50	1482.11	1612.91	1760.01	1899.02
郑州	272.00	289.13	366.19	501.03	635.63	702.73	750.19	825.84	1039.08	1315.10
南昌	53.74	112.62	147.19	180.86	201.18	244.69	276.66	316.31	345.20	416.69
成都	536.07	743.38	845.91	983.00	1092.49	1205.75	1350.73	1489.64	1688.08	1980.06
重庆	924.45	1234.34	1619.43	2375.81	2634.52	3104.99	3581.69	4057.62	4549.02	5268.76
昆明	256.05	308.17	293.32	302.59	356.76	395.82	531.32	646.50	858.64	1016.51
贵阳	340.00	409.63	493.36	559.02	691.99	788.41	823.30	840.35	873.47	1106.11
广州	310.46	448.18	605.56	791.10	888.80	973.25	1037.42	1157.70	1189.89	1313.76
深圳	115.65	180.65	209.71	224.83	242.19	242.02	257.90	272.83	337.10	355.17
福州	181.35	267.09	323.70	425.80	458.31	494.58	641.95	702.79	844.98	1119.54
厦门	23.09	31.42	94.02	151.05	167.66	229.46	252.04	313.26	359.79	421.56
海口	15.55	34.76	46.66	55.95	60.26	60.71	83.20	108.73	124.70	167.43
南宁	207.89	311.61	376.84	467.10	539.45	583.33	613.22	630.11	672.76	767.78
西安	275.65	401.64	549.85	797.38	899.74	1059.60	1206.29	1395.33	1610.41	1771.33
太原	58.17	70.08	128.38	189.32	218.39	286.98	331.06	396.77	505.65	555.61
兰州	36.99	80.47	143.24	143.24	171.17	176.22	226.66	252.37	289.11	318.38
乌鲁木齐	12.29	58.08	111.60	198.31	233.73	320.58	477.54	535.43	564.11	617.69
西宁	149.33	218.56	255.60	338.29	361.25	372.95	391.00	427.96	430.05	441.26
银川	55.63	170.27	284.81	412.05	493.53	567.30	608.02	645.88	705.08	743.33
大连	125.73	188.43	332.85	533.55	557.18	668.69	788.95	971.78	1242.99	1416.46
沈阳	281.51	540.12	980.04	1596.11	1943.85	2216.70	2493.90	2754.93	2818.11	2916.66
长春	15.50	57.75	275.23	581.57	650.77	784.26	883.63	939.28	1043.87	1059.36
哈尔滨	9.93	133.23	289.60	407.05	533.28	666.37	787.87	953.60	1097.63	1299.20

数据来源：国家及各地统计局、统计公报

表3-51 全国及三十五个大中城市2006—2010年办公用房新开工面积

单位：万平方米

	2006年	2007年	2008年	2009年	2010年
全国	2134.94	2136.57	2284.20	2813.57	3678.01
上海	154.76	201.06	262.64	164.93	147.39
南京	32.68	17.44	18.54	16.54	66.72
杭州	118.84	73.63	101.08	105.63	152.07
合肥	53.89	54.95	53.23	105.28	102.00
宁波	77.43	97.17	26.01	45.47	165.29
北京	323.65	264.82	159.75	255.96	203.29
天津	100.45	56.55	141.25	179.63	206.73
济南	8.71	13.09	19.55	27.39	29.20
青岛	68.00	56.41	36.71	38.03	19.43
石家庄	1.31	0.83	10.15	31.80	26.22
呼和浩特	22.31	25.76	25.98	12.62	60.71
武汉	11.48	25.71	35.28	77.75	60.76
长沙	18.23	21.16	11.95	22.88	28.06
郑州	63.21	72.46	66.90	47.08	144.93
南昌	3.69	5.70	2.16	20.87	31.58
成都	37.87	27.11	30.71	52.22	119.57
重庆	48.02	53.49	22.33	62.98	57.20
昆明	14.38	6.49	25.02	34.66	42.68
贵阳	16.63	3.46	11.61	18.81	15.37
广州	93.80	38.00	94.59	90.52	89.11
深圳	19.91	40.06	46.61	31.79	15.26
福州	9.43	7.00	5.05	2.88	54.35
厦门	24.14	18.72	18.69	41.47	94.51
海口	6.27	5.14	21.94	0.69	10.21
南宁	5.77	17.13	3.12	20.64	5.93
西安	35.84	16.88	45.57	35.64	32.90
太原	8.73	3.36	5.89	7.78	29.79
兰州	10.89	1.78	0.89	6.57	5.61
乌鲁木齐	4.47	1.99	31.50	17.00	10.25
西宁	8.06	7.69	1.40	3.38	17.22
银川	18.80	16.60	17.14	32.89	16.62
大连	8.94	16.22	14.97	11.73	31.91
沈阳	15.68	59.56	33.84	99.10	97.50
长春	25.82	17.84	12.73	22.00	11.02
哈尔滨	3.50	2.87	19.11	9.16	18.36

数据来源：国家及各地统计局、统计公报

表3-52 全国及三十五个大中城市2010年月度累积办公用房新开工面积

单位：万平方米

	1~3月	1~4月	1~5月	1~6月	1~7月	1~8月	1~9月	1~10月	1~11月	1~12月
全国	653.19	980.72	1455.60	1867.07	2036.92	2372.84	2693.96	2973.04	3227.23	3678.01
上海	37.39	48.65	51.93	61.99	71.61	80.76	90.68	99.24	112.97	147.39
南京	13.29	23.28	25.93	26.68	28.55	56.35	57.15	63.63	64.05	66.72
杭州	0.88	1.14	2.11	22.23	27.57	54.87	110.62	135.27	147.12	152.07
合肥	27.51	35.17	46.30	63.39	81.46	85.84	86.16	91.79	91.82	102.00
宁波	23.42	38.52	47.24	79.23	84.48	96.74	102.32	121.60	158.18	165.29
北京	34.82	35.74	62.81	76.03	88.06	112.05	117.20	140.70	149.13	203.29
天津	20.11	30.88	134.03	136.95	136.95	136.95	140.53	140.53	146.4	206.73
济南	8.33	10.24	12.24	22.26	23.04	23.55	27.74	27.74	29.19	29.20
青岛	2.10	3.11	3.83	6.91	7.57	12.75	13.83	14.49	17.81	19.43
石家庄	0.49	2.54	7.28	12.10	12.31	12.53	26.82	28.28	31.03	26.22
呼和浩特	0.12	3.43	32.67	42.10	44.31	52.87	55.00	56.30	59.96	60.71
武汉	6.21	9.66	17.27	24.19	25.84	43.54	47.77	57.91	58.25	60.76
长沙	1.44	4.94	13.98	18.42	20.58	21.09	23.44	25.88	26.11	28.06
郑州	36.20	36.11	36.84	41.65	48.17	54.08	62.12	62.12	98.92	144.93
南昌	4.66	15.25	15.74	15.74	18.71	18.71	18.71	18.71	20.58	31.58
成都	14.59	21.90	34.93	61.55	65.75	76.38	78.35	84.02	118.0	119.57
重庆	12.32	15.29	16.33	18.73	19.86	22.97	23.65	32.89	34.64	57.20
昆明	0.11	15.84	15.49	17.84	21.72	21.63	25.83	34.48	36.89	42.68
贵阳	10.96	11.34	11.56	11.59	11.60	14.10	14.30	15.25	15.32	15.37
广州	44.72	56.31	59.35	60.32	67.08	73.15	76.37	76.96	76.96	89.11
深圳	1.85	2.13	2.69	2.69	12.41	12.41	12.41	13.32	15.26	15.26
福州	7.08	7.08	7.77	10.25	10.53	10.53	20.48	20.93	21.03	54.35
厦门	—	26.54	26.54	26.54	35.02	56.64	48.16	66.51	66.51	94.51
海口	9.04	9.04	9.04	9.04	9.04	9.04	10.21	10.21	10.21	10.21
南宁	1.01	1.01	1.18	2.20	2.23	2.23	2.23	5.73	5.73	5.93
西安	—	—	6.06	12.87	21.64	26.07	26.90	30.10	31.01	32.90
太原	—	0.75	3.34	5.09	12.25	5.30	12.75	24.27	29.07	29.79
兰州	0.05	2.60	3.07	3.20	3.20	3.20	5.54	5.59	5.61	5.61
乌鲁木齐	—	0.21	2.20	3.18	5.06	7.67	9.60	10.17	10.17	10.25
西宁	1.22	11.51	12.13	12.13	16.39	16.39	16.39	17.13	17.13	17.22
银川	2.61	2.61	10.53	11.19	11.19	13.42	13.42	13.67	13.67	16.62
大连	0.50	0.85	4.46	5.23	6.66	9.62	14.06	15.09	30.29	31.91
沈阳	3.75	6.63	17.23	71.01	76.87	77.62	87.73	96.96	97.44	97.50
长春	—	—	2.20	2.20	2.66	10.96	10.96	10.96	11.02	11.02
哈尔滨	—	—	1.70	2.04	4.72	8.76	8.76	11.12	12.83	18.36

数据来源：国家及各地统计局、统计公报

表3-53 全国及三十五个大中城市2006—2010年商业用房新开工面积

单位：万平方米

	2006年	2007年	2008年	2009年	2010年
全国	8473.23	8979.87	9321.15	12 352.16	17 460.98
上海	239.06	202.89	248.80	205.92	298.10
南京	65.13	54.64	77.49	159.19	147.47
杭州	87.96	92.74	93.15	78.05	161.73
合肥	85.26	70.89	90.98	171.09	177.00
宁波	69.16	113.16	85.86	81.75	135.06
北京	428.38	253.79	287.07	228.45	242.42
天津	194.69	260.41	210.53	315.17	407.83
济南	29.10	16.53	52.43	53.82	125.99
青岛	88.00	185.03	107.40	186.27	172.31
石家庄	10.38	14.51	31.00	138.97	157.60
呼和浩特	71.74	71.57	16.11	73.61	182.14
武汉	34.21	68.84	57.88	163.65	274.66
长沙	76.46	114.89	69.29	92.42	130.43
郑州	133.14	139.35	138.57	118.50	157.59
南昌	53.12	39.97	30.72	44.63	38.73
成都	126.64	95.78	107.43	84.19	214.80
重庆	283.62	316.68	325.37	404.15	433.68
昆明	33.72	57.59	37.74	156.35	106.29
贵阳	40.00	48.05	53.62	63.33	78.02
广州	88.66	112.51	149.53	95.33	192.38
深圳	69.98	72.94	84.90	61.05	38.69
福州	29.97	37.82	35.23	23.30	91.42
厦门	24.18	61.31	11.80	32.52	44.98
海口	13.52	15.95	13.63	17.16	10.39
南宁	46.74	33.03	60.36	73.60	59.60
西安	23.07	61.40	58.17	112.75	148.60
太原	34.93	16.68	13.80	24.53	60.23
兰州	23.72	15.77	17.35	30.44	48.87
乌鲁木齐	21.31	29.61	26.78	28.04	50.87
西宁	24.07	17.94	15.00	49.86	49.13
银川	73.47	53.09	51.60	48.28	107.50
大连	92.75	93.86	70.90	117.67	204.99
沈阳	150.04	286.57	322.60	395.46	495.94
长春	117.91	132.59	116.34	137.92	125.37
哈尔滨	104.01	96.14	91.31	115.30	148.53

数据来源：国家及各地统计局、统计公报

表3-54 全国及三十五个大中城市2010年月度累积商业用房新开工面积

单位：万平方米

	1~3月	1~4月	1~5月	1~6月	1~7月	1~8月	1~9月	1~10月	1~11月	1~12月
全国	3343.99	4905.69	6783.06	8931.19	10 022.84	11 352.30	12 975.42	14 235.29	15 609.23	17 460.98
上海	81.53	94.99	112.87	138.09	164.08	213.36	230.73	252.99	267.69	298.10
南京	39.28	51.03	75.22	94.13	99.65	108.14	117.79	123.13	137.80	147.47
杭州	14.96	28.24	33.95	49.71	62.31	74.69	105.29	123.86	134.71	161.73
合肥	59.14	85.12	95.89	105.33	139.69	149.24	157.05	160.71	163.28	177.00
宁波	21.16	59.35	70.91	81.08	89.53	91.23	105.52	116.48	128.75	135.06
北京	46.12	52.52	78.82	95.03	109.92	123.62	145.24	157.99	224.26	242.42
天津	44.03	101.55	164.62	224.43	227.01	230.16	253.97	257.26	280.50	407.83
济南	80.47	85.32	86.59	99.64	102.64	103.32	116.43	118.07	123.25	125.99
青岛	61.72	76.59	86.22	95.35	103.80	140.75	147.86	152.12	161.85	172.31
石家庄	50.55	44.69	54.61	60.89	65.60	66.44	79.66	93.87	104.19	157.60
呼和浩特	6.84	14.85	38.23	81.87	101.26	141.62	158.36	174.31	178.45	182.14
武汉	22.67	29.21	45.69	72.57	98.49	134.78	184.62	198.16	234.82	274.66
长沙	22.63	41.71	47.16	64.32	73.80	87.02	97.94	116.42	123.52	130.43
郑州	49.85	47.34	58.07	66.42	75.52	96.50	105.54	111.55	128.46	157.59
南昌	9.57	11.60	13.04	14.82	17.06	25.28	26.23	27.55	30.46	38.73
成都	45.89	68.59	88.58	108.31	112.34	116.72	159.15	169.46	200.17	214.80
重庆	99.05	130.11	147.17	198.54	226.74	252.07	275.93	295.94	322.05	433.68
昆明	21.91	31.77	34.52	40.28	57.71	63.95	84.14	87.45	98.94	106.29
贵阳	23.58	26.70	30.26	32.35	43.39	47.65	57.66	59.35	60.86	78.02
广州	76.76	89.32	100.36	108.52	121.62	146.23	158.69	174.61	175.01	192.38
深圳	11.65	14.10	15.69	18.76	22.32	22.50	23.53	23.89	36.44	38.69
福州	5.35	9.75	12.06	30.88	32.53	33.45	45.82	48.55	53.87	91.42
厦门	3.25	3.27	6.77	8.15	8.32	30.82	36.99	44.07	41.35	44.98
海口	0.94	4.42	5.46	5.91	5.91	5.91	6.80	8.55	9.18	10.39
南宁	11.84	16.03	24.05	29.75	38.72	41.70	44.14	53.37	55.67	59.60
西安	39.11	41.37	63.29	83.75	93.27	95.67	111.50	116.78	133.91	148.60
太原	0.56	4.56	12.17	12.71	16.66	15.65	25.74	40.32	52.80	60.23
兰州	1.94	7.20	14.33	46.67	46.67	46.67	46.67	46.67	48.87	48.87
乌鲁木齐	0.14	1.17	5.79	9.08	13.99	18.92	40.78	47.77	49.74	50.87
西宁	19.83	25.58	32.67	40.21	43.42	45.58	45.87	48.36	48.36	49.13
银川	5.64	25.56	40.15	60.47	74.23	84.44	88.60	91.67	95.46	107.50
大连	15.32	20.34	29.52	69.81	71.98	78.26	106.25	124.39	190.13	204.99
沈阳	49.73	96.99	221.66	357.29	383.36	403.32	459.19	480.55	491.44	495.94
长春	0.81	6.88	36.93	60.83	77.59	101.33	112.72	115.39	125.37	125.37
哈尔滨	0.31	5.25	25.38	40.09	55.03	65.65	81.08	112.54	125.35	148.53

数据来源：国家及各地统计局、统计公报

表3-55 全国及三十五个大中城市2006—2010年商品房竣工面积

单位：万平方米

	2006年	2007年	2008年	2009年	2010年
全国	55 830.90	58 235.88	58 502.01	70 218.76	75 960.97
上海	3274.27	3380.12	2475.04	2104.98	1941.25
南京	807.46	682.97	1058.58	1422.53	1039.57
杭州	783.26	947.77	893.24	763.95	1100.18
合肥	534.54	603.65	411.63	600.55	794.61
宁波	736.21	634.07	777.69	665.08	642.47
北京	3193.89	2891.65	2557.99	2678.55	2386.71
天津	1520.24	1723.86	1769.23	1902.06	2098.55
济南	258.78	226.45	172.20	467.22	245.75
青岛	654.22	640.70	657.27	814.24	1020.51
石家庄	277.44	176.35	212.11	268.20	499.05
呼和浩特	168.56	216.31	252.61	456.25	462.78
武汉	873.83	933.37	869.83	945.05	919.40
长沙	547.09	699.90	745.38	1314.71	1392.55
郑州	486.60	665.41	691.78	642.97	944.62
南昌	427.56	371.01	331.06	365.21	399.12
成都	1203.09	1061.87	964.75	1636.85	1577.86
重庆	2224.84	2253.07	2367.94	2907.05	2626.59
昆明	570.51	337.52	445.64	690.14	590.78
贵阳	297.17	230.98	307.59	740.05	532.60
广州	986.22	853.71	943.76	961.24	1094.59
深圳	848.89	630.46	629.73	402.01	344.43
福州	479.54	474.07	256.19	485.90	345.81
厦门	287.49	378.59	618.27	711.08	680.41
海口	80.22	130.02	109.49	80.03	111.40
南宁	363.24	419.77	436.57	439.71	519.41
西安	399.64	483.30	353.88	542.81	463.65
太原	146.79	114.60	154.25	149.83	129.58
兰州	163.41	228.05	144.00	215.09	206.97
乌鲁木齐	213.79	270.58	300.38	339.95	253.90
西宁	120.43	161.03	210.67	146.23	195.75
银川	343.48	311.32	340.98	428.14	458.18
大连	537.80	428.31	748.56	549.65	570.97
沈阳	1185.34	1290.13	1291.65	1293.55	1393.22
长春	331.92	532.21	482.42	580.66	963.73
哈尔滨	667.28	698.24	467.28	529.32	500.78

数据来源：国家及各地统计局、统计公报

表3-56 全国及三十五个大中城市2010年月度累积商品房竣工面积

单位：万平方米

	1~3月	1~4月	1~5月	1~6月	1~7月	1~8月	1~9月	1~10月	1~11月	1~12月
全国	11 116.96	15 020.06	19 158.11	24 423.57	28 603.48	32 347.59	36 874.96	41 966.38	48 497.39	75 960.97
上海	377.69	465.04	563.31	686.46	771.33	875.19	963.63	1153.83	1354.37	1941.25
南京	140.38	209.44	328.96	516.92	538.06	552.99	632.68	653.28	672.46	1039.57
杭州	108.85	148.22	231.47	344.46	464.32	513.78	542.11	621.77	670.16	1100.18
合肥	103.95	146.79	163.81	212.27	287.25	462.35	490.35	512.88	552.10	794.61
宁波	72.36	106.20	165.88	193.28	214.53	243.03	274.20	362.77	429.80	642.47
北京	281.18	420.61	558.14	782.38	868.63	1000.12	1103.47	1465.64	1692.71	2386.71
天津	124.92	153.05	219.78	396.86	431.15	431.15	537.50	562.96	713.82	2098.55
济南	44.93	70.43	84.60	120.27	135.10	151.52	158.61	172.87	183.76	245.75
青岛	198.03	217.14	308.15	385.02	453.30	532.93	591.17	635.14	730.48	1020.51
石家庄	23.65	52.07	110.20	255.78	306.46	307.74	335.59	375.39	390.86	499.05
呼和浩特	8.46	21.31	26.80	68.28	113.08	113.42	125.32	132.98	243.37	462.78
武汉	157.29	172.71	233.99	327.44	361.81	350.42	578.19	693.68	786.74	919.40
长沙	200.50	287.25	351.96	399.23	430.71	467.50	548.61	622.35	691.92	1392.55
郑州	28.30	34.94	48.77	83.35	101.09	169.58	204.46	248.06	285.69	944.62
南昌	120.93	159.63	187.91	189.54	204.66	224.97	229.68	257.51	271.43	399.12
成都	391.20	487.75	602.95	707.02	891.30	925.07	991.33	1083.82	1156.07	1577.86
重庆	658.59	771.28	932.98	1042.96	1161.02	1336.56	1427.30	1661.43	1872.79	2626.59
昆明	151.16	177.98	257.64	349.15	361.37	368.77	395.77	398.12	431.41	590.78
贵阳	91.70	118.88	139.91	161.16	161.27	199.74	279.02	296.60	327.76	532.60
广州	196.78	224.97	267.94	326.09	399.39	449.19	502.59	573.45	665.17	1094.59
深圳	127.50	137.94	156.69	198.22	218.09	220.82	223.92	261.51	273.17	344.43
福州	69.38	81.94	93.61	121.58	145.63	160.39	167.91	174.62	203.38	345.81
厦门	194.72	222.79	302.62	346.54	397.17	436.10	474.70	550.35	633.60	680.41
海口	16.31	21.82	31.82	36.06	40.95	40.95	40.95	44.15	44.15	111.40
南宁	74.40	81.51	97.70	122.98	136.87	141.74	149.31	156.88	218.82	519.41
西安	80.68	83.60	132.25	152.62	232.74	256.21	283.84	301.42	311.13	463.65
太原	8.71	27.23	34.09	42.28	53.01	57.85	64.75	64.99	65.10	129.58
兰州	32.23	59.47	68.12	77.17	97.17	100.40	101.77	111.75	113.48	206.97
乌鲁木齐	40.76	85.77	93.19	116.07	116.07	120.46	124.96	151.93	176.47	253.90
西宁	5.42	5.42	44.93	77.92	53.84	54.24	62.04	73.95	163.42	195.75
银川	7.69	63.47	82.88	87.36	127.92	149.38	168.18	226.00	295.16	458.18
大连	158.24	175.76	207.69	228.28	269.87	282.59	292.09	330.38	374.00	570.97
沈阳	42.07	94.05	189.42	302.87	372.01	524.35	670.88	748.09	809.52	1393.22
长春	—	13.14	27.29	50.57	158.13	175.29	196.69	316.20	434.90	963.73
哈尔滨	—	30.60	30.60	37.64	44.56	44.56	61.69	65.68	97.05	500.78

数据来源：国家及各地统计局、统计公报

表3-57 全国及三十五个大中城市2006—2010年住宅竣工面积

单位：万平方米

	2006年	2007年	2008年	2009年	2010年
全国	45 471.70	47 767.25	47 749.73	57 694.43	61 215.72
上海	2699.11	2752.45	1763.33	1508.81	1396.05
南京	671.43	578.56	891.17	1170.60	737.43
杭州	626.34	772.09	693.54	582.14	802.29
合肥	450.73	506.74	356.53	477.66	579.38
宁波	671.43	398.92	552.49	422.41	371.09
北京	2193.32	1853.95	1462.39	1613.23	1498.48
天津	1308.95	1418.11	1462.39	1580.82	1603.65
济南	215.27	180.45	164.61	374.01	204.10
青岛	545.37	548.23	495.77	644.42	732.72
石家庄	248.36	162.89	184.31	216.71	429.00
呼和浩特	141.79	199.46	224.43	369.33	349.09
武汉	774.47	811.62	768.23	824.58	733.48
长沙	478.38	583.09	631.34	1104.64	1160.47
郑州	411.81	538.57	569.13	530.19	751.86
南昌	352.72	347.39	297.09	326.61	314.04
成都	959.18	862.71	817.90	1377.06	1301.21
重庆	1700.05	1769.19	1951.35	2384.51	2179.81
昆明	492.80	263.99	369.16	585.71	455.19
贵阳	238.05	184.54	255.00	641.83	410.89
广州	770.36	674.85	673.92	715.68	774.69
深圳	581.87	434.70	443.77	269.54	251.11
福州	411.12	411.80	227.07	423.59	294.57
厦门	210.95	241.36	373.99	475.62	433.63
海口	54.49	111.78	84.05	71.71	79.71
南宁	297.01	344.41	352.04	361.03	433.34
西安	342.15	422.47	339.19	453.49	412.44
太原	121.36	89.60	135.62	121.36	99.39
兰州	140.81	191.23	123.97	165.89	155.90
乌鲁木齐	180.89	242.18	267.00	295.16	195.88
西宁	100.60	138.51	191.64	128.06	172.99
银川	262.52	257.17	261.78	342.64	338.64
大连	412.37	356.30	630.11	472.15	461.29
沈阳	1015.34	1090.60	1077.64	1075.75	1107.70
长春	279.39	469.34	414.34	503.76	798.54
哈尔滨	536.80	500.70	394.41	448.15	421.31

数据来源：国家及各地统计局、统计公报

表3-58 全国及三十五个大中城市2010年月度累积住宅竣工面积

单位：万平方米

	1~3月	1~4月	1~5月	1~6月	1~7月	1~8月	1~9月	1~10月	1~11月	1~12月
全国	8913.97	12 027.74	15 290.87	19 646.65	23 093.79	26 179.65	29 880.58	33 971.52	39 321.93	61 215.72
上海	255.15	315.06	402.15	492.25	551.41	622.76	685.36	790.15	945.24	1396.05
南京	104.60	156.62	252.99	372.05	383.29	395.49	454.40	471.62	486.63	737.43
杭州	94.02	99.84	165.51	245.36	346.52	378.50	404.21	472.35	511.12	802.29
合肥	77.46	109.24	120.52	164.59	236.45	345.37	360.87	378.89	404.40	579.38
宁波	46.63	73.00	92.81	107.34	120.40	142.07	160.25	213.14	261.63	371.09
北京	173.33	237.51	315.35	461.50	515.81	618.30	677.69	930.64	1064.61	1498.48
天津	96.66	117.66	169.30	319.19	334.97	334.97	441.32	465.75	570.99	1603.65
济南	31.12	52.60	62.45	94.25	108.99	124.47	130.80	142.75	151.92	204.10
青岛	148.93	154.40	193.52	234.19	287.54	343.02	393.11	434.11	512.70	732.72
石家庄	18.88	39.85	97.97	234.84	276.20	277.48	281.94	316.50	328.16	429.00
呼和浩特	8.10	15.67	19.97	56.55	94.03	94.37	106.27	112.86	201.27	349.09
武汉	135.51	151.84	188.60	269.07	298.60	288.17	465.22	577.63	628.03	733.48
长沙	168.42	236.09	292.71	337.21	365.16	393.68	452.19	514.38	575.50	1160.47
郑州	26.18	32.49	45.22	76.66	84.14	143.86	174.62	214.71	244.19	751.86
南昌	94.62	130.08	156.88	158.21	167.33	183.78	188.49	210.69	219.50	314.04
成都	336.03	413.96	508.68	595.57	743.66	775.51	839.27	916.44	965.07	1301.21
重庆	534.39	627.72	768.11	863.67	964.58	1116.12	1196.75	1396.26	1585.84	2179.81
昆明	120.97	141.15	201.98	267.03	274.76	278.40	298.56	298.76	327.77	455.19
贵阳	66.24	90.92	107.89	125.98	126.72	155.58	227.42	240.86	265.72	410.89
广州	128.59	154.46	182.96	229.55	288.27	302.49	347.03	414.10	488.79	774.69
深圳	101.85	102.83	116.52	153.36	154.25	156.18	156.18	189.65	202.32	251.11
福州	61.20	71.92	79.76	103.12	125.50	137.50	144.25	150.93	177.39	294.57
厦门	131.48	155.21	177.49	205.98	235.88	267.32	296.27	337.76	397.63	433.63
海口	13.35	14.84	23.71	27.95	32.84	32.84	32.84	34.79	34.79	79.71
南宁	61.40	66.73	80.64	104.35	116.33	120.45	126.19	133.10	188.42	433.34
西安	68.69	71.50	115.27	132.56	207.93	231.16	254.39	264.17	273.87	412.44
太原	1.31	10.53	17.39	21.59	28.75	33.59	40.37	40.61	40.72	99.39
兰州	22.39	45.79	53.40	61.36	61.36	64.51	64.51	74.33	75.98	155.90
乌鲁木齐	32.74	54.80	61.88	82.52	82.52	85.50	89.80	112.19	134.72	195.88
西宁	3.97	3.97	39.39	71.77	48.24	48.64	54.46	63.16	146.69	172.99
银川	7.69	49.38	64.47	67.73	95.39	112.67	125.80	164.00	223.75	338.64
大连	128.43	141.20	167.18	184.43	224.13	233.97	241.27	270.96	306.58	461.29
沈阳	37.47	82.79	138.37	237.70	272.22	413.38	545.57	615.83	652.21	1107.70
长春	—	13.14	25.29	45.22	143.19	157.56	173.80	268.21	360.74	798.54
哈尔滨	—	25.66	25.66	30.97	36.28	36.28	53.41	56.58	83.20	421.31

数据来源：国家及各地统计局、统计公报

表3-59 全国及三十五个大中城市2006—2010年办公用房竣工面积

单位：万平方米

	2006年	2007年	2008年	2009年	2010年
全国	1335.78	1511.34	1647.97	1606.55	1748.44
上海	108.53	138.89	205.67	135.02	1150.69
南京	23.36	30.88	28.12	24.07	54.36
杭州	34.54	40.76	41.61	25.07	61.34
合肥	18.23	35.17	17.78	42.35	35.35
宁波	25.14	60.93	44.76	45.36	61.28
北京	304.40	314.83	364.60	316.59	198.42
天津	43.68	49.54	48.18	83.67	102.42
济南	7.63	7.55	0.58	52.32	4.21
青岛	15.85	17.91	31.23	32.35	36.41
石家庄	1.27	1.20	8.29	2.73	12.04
呼和浩特	4.05	4.60	6.26	30.32	16.58
武汉	30.82	37.18	20.51	17.53	32.39
长沙	5.39	5.24	12.15	28.34	17.59
郑州	12.57	34.41	39.59	17.06	35.89
南昌	6.21	5.35	2.58	0.08	15.53
成都	15.24	16.72	13.28	35.04	26.10
重庆	57.43	45.17	45.18	46.36	30.03
昆明	7.01	11.43	13.22	22.48	8.85
贵阳	16.00	5.16	4.54	16.88	8.89
广州	55.39	34.87	84.37	44.68	64.83
深圳	36.83	32.38	27.55	25.05	32.05
福州	9.14	2.62	2.18	5.00	1.38
厦门	23.88	43.91	66.04	25.70	25.14
海口	1.90	3.62	2.80	—	10.90
南宁	4.78	6.29	6.38	4.78	10.07
西安	18.89	10.96	3.10	24.09	7.63
太原	4.22	7.61	2.53	5.15	5.30
兰州	3.90	2.14	6.49	11.21	4.07
乌鲁木齐	5.23	4.36	2.02	10.69	10.63
西宁	2.33	3.70	—	1.54	3.86
银川	12.10	7.97	15.73	11.54	15.27
大连	5.71	8.68	8.08	7.84	23.25
沈阳	15.13	40.04	26.58	15.42	21.12
长春	20.89	9.36	13.20	5.29	7.63
哈尔滨	22.16	13.98	2.74	3.88	4.60

数据来源：国家及各地统计局、统计公报

表3-60 全国及三十五个大中城市2010年月度累积办公用房竣工面积

单位：万平方米

	1~3月	1~4月	1~5月	1~6月	1~7月	1~8月	1~9月	1~10月	1~11月	1~12月
全国	268.53	331.81	434.19	538.49	606.62	651.46	736.55	890.81	981.65	1748.44
上海	28.67	32.98	36.53	43.03	46.54	53.73	62.19	112.50	125.22	1150.69
南京	0.05	6.65	6.65	23.02	24.40	24.40	26.47	26.47	27.78	54.36
杭州	1.22	5.13	9.73	12.97	14.23	20.73	20.73	20.84	24.91	61.34
合肥	5.03	5.55	9.20	9.20	9.20	9.31	14.82	17.82	21.32	35.35
宁波	4.15	4.15	11.69	11.69	12.06	12.06	13.73	26.55	26.55	61.28
北京	51.19	53.51	63.90	90.40	95.42	102.36	119.93	127.68	139.16	198.42
天津	0.85	0.85	6.91	11.81	11.81	11.81	11.81	11.81	15.21	102.42
济南	0.21	0.21	0.21	0.21	0.21	0.21	0.21	0.21	0.21	4.21
青岛	10.16	16.60	16.60	27.87	27.87	28.89	28.89	28.89	29.99	36.41
石家庄	—	5.40	5.40	7.50	7.50	7.50	7.50	9.00	11.29	12.04
呼和浩特	—	—	—	2.73	2.73	2.73	2.73	2.73	7.54	16.58
武汉	5.56	5.56	16.08	19.27	21.62	21.62	23.34	23.18	23.18	32.39
长沙	1.21	3.31	3.31	3.31	4.27	4.27	5.90	5.90	5.93	17.59
郑州	—	—	—	—	4.89	4.89	4.89	4.89	4.89	35.89
南昌	—	—	—	—	6.00	6.00	6.00	6.00	6.00	15.53
成都	0.12	0.12	0.92	1.09	1.11	1.11	1.16	4.52	4.54	26.10
重庆	10.75	10.76	11.42	12.96	13.05	13.30	13.64	13.67	13.91	30.03
昆明	8.30	8.30	8.30	8.41	8.41	8.41	8.41	8.41	8.85	8.85
贵阳	1.55	1.68	1.99	1.99	1.99	1.99	2.05	3.64	3.64	8.89
广州	6.82	6.82	11.46	12.00	13.05	18.91	19.54	19.54	28.82	64.83
深圳	1.97	5.88	5.88	5.88	20.14	20.14	20.14	20.14	20.15	32.05
福州	0.10	0.10	0.37	0.37	0.41	0.41	0.41	0.41	1.23	1.38
厦门	—	—	—	—	2.77	2.77	2.77	21.70	24.26	25.14
海口	—	0.15	0.15	0.15	0.15	0.15	0.15	0.15	0.15	10.90
南宁	—	—	—	0.07	1.41	1.41	1.41	1.41	1.14	10.07
西安	3.50	3.50	3.50	3.50	3.50	3.50	3.50	6.80	6.80	7.63
太原	5.30	5.30	5.30	5.30	5.30	5.30	5.30	5.30	5.30	5.30
兰州	1.70	1.70	1.70	1.70	1.70	1.70	3.06	3.06	3.06	4.07
乌鲁木齐	—	4.12	4.12	4.12	4.12	4.12	4.12	4.12	4.12	10.63
西宁	0.97	0.97	2.02	2.02	2.02	2.02	2.73	2.73	3.86	3.86
银川	—	4.83	4.83	4.92	5.56	5.56	7.81	11.64	14.06	15.27
大连	4.93	6.13	6.13	6.61	6.79	6.79	8.76	8.76	8.76	23.25
沈阳	1.35	1.64	1.64	5.23	8.79	8.79	10.76	10.76	10.76	21.12
长春	—	—	—	—	—	—	3.00	4.19	4.25	7.63
哈尔滨	—	—	—	—	—	—	—	—	—	4.60

数据来源：国家及各地统计局、统计公报

表3-61 全国及三十五个大中城市2006—2010年商业用房竣工面积

单位：万平方米

	2006年	2007年	2008年	2009年	2010年
全国	5900.60	5923.40	5488.58	6515.36	7931.40
上海	239.39	256.46	221.56	201.05	176.41
南京	66.46	34.28	74.47	104.38	116.20
杭州	48.44	75.07	48.58	60.57	96.59
合肥	49.15	28.91	13.97	56.95	120.77
宁波	54.58	83.50	51.57	58.95	73.19
北京	289.22	315.10	313.11	322.45	271.92
天津	139.29	133.59	187.72	115.85	235.29
济南	19.33	26.09	4.04	21.87	17.98
青岛	53.45	47.02	55.40	76.14	154.50
石家庄	25.70	9.74	18.97	16.34	39.29
呼和浩特	20.84	10.90	16.16	33.65	72.84
武汉	45.06	56.76	43.93	40.58	96.44
长沙	39.12	59.13	54.70	69.28	68.21
郑州	45.54	56.25	55.48	59.83	79.20
南昌	45.13	13.22	24.53	32.20	51.43
成都	152.21	105.36	55.59	64.56	80.84
重庆	328.55	270.47	215.56	258.40	229.44
昆明	38.02	31.42	29.44	54.84	55.69
贵阳	30.55	27.21	30.41	40.75	58.20
广州	70.95	67.63	72.65	86.26	131.46
深圳	126.63	73.74	59.79	32.20	25.27
福州	41.41	32.77	9.36	17.33	23.37
厦门	18.54	33.64	56.36	41.63	31.88
海口	19.60	10.18	12.13	4.91	10.53
南宁	34.95	24.07	36.68	21.66	25.93
西安	28.74	40.57	10.12	54.79	23.82
太原	15.60	14.38	7.99	17.32	19.14
兰州	11.13	19.41	7.06	23.09	31.37
乌鲁木齐	21.05	17.43	19.14	15.96	28.48
西宁	16.66	17.37	15.16	14.40	15.32
银川	59.12	36.26	52.83	57.05	65.88
大连	78.70	29.49	54.85	42.26	55.31
沈阳	128.02	109.95	127.31	164.77	202.86
长春	24.82	34.47	40.91	50.19	99.43
哈尔滨	80.45	142.19	50.72	51.23	48.61

数据来源：国家及各地统计局、统计公报

表3-62 全国及三十五个大中城市2010年月度累积商业用房竣工面积

单位：万平方米

	1~3月	1~4月	1~5月	1~6月	1~7月	1~8月	1~9月	1~10月	1~11月	1~12月
全国	1182.43	1642	2089.58	2552.77	2961.13	3372.77	3866.74	4400.45	5067.36	7931.40
上海	64.39	79.75	80.78	97.45	102.48	113.09	118.71	129.57	140.16	176.41
南京	25.07	30.58	36.25	59.81	65.01	65.22	69.51	70.83	73.58	116.20
杭州	6.52	34.24	43.04	44.24	49.03	52.01	52.75	55.66	59.24	96.59
合肥	13.65	23.68	25.42	26.76	27.2	72.01	75.77	76.71	85.43	120.77
宁波	6.34	7.68	23.38	30.16	33.84	36.53	42.13	46.46	49.26	73.19
北京	19.09	64.88	92.16	113.57	126.17	133.21	138.63	193.68	225.39	271.92
天津	7.27	7.99	14.44	32.30	35.10	35.10	35.10	35.49	57.98	235.29
济南	6.26	6.26	9.44	11.70	11.70	12.43	13.18	14.41	15.68	17.98
青岛	25.05	29.27	73.94	87.38	95.4	112.76	116.18	117.08	124.31	154.50
石家庄	3.92	4.36	4.36	8.34	9.11	9.11	31.51	33.90	34.42	39.29
呼和浩特	0.36	5.64	6.83	9.01	15.27	15.27	15.27	16.34	24.18	72.84
武汉	6.58	5.67	12.75	18.73	19.61	19.28	58.67	60.85	90.64	96.44
长沙	8.04	16.54	18.19	18.59	19.10	24.51	32.32	37.09	40.35	68.21
郑州	0.95	1.28	1.62	2.30	4.52	10.08	13.88	14.08	19.83	79.20
南昌	19.92	22.28	22.71	23.02	23.02	26.88	26.88	29.52	34.62	51.43
成都	18.57	24.35	28.77	36.82	48.65	49.12	50.52	54.12	63.85	80.84
重庆	68.69	82.44	89.61	96.09	103.73	116.67	120.46	136.48	145.33	229.44
昆明	3.22	5.84	6.21	6.21	9.82	13.15	34.92	36.69	39.59	55.69
贵阳	19.84	20.67	23.32	24.76	24.12	28.21	32.98	34.41	38.55	58.20
广州	44.16	44.41	47.38	51.36	59.12	83.53	87.68	89.81	90.33	131.46
深圳	12.45	12.59	13.02	15.21	19.51	19.81	22.91	24.35	23.04	25.27
福州	6.73	8.29	10.01	11.20	11.67	13.82	14.58	14.58	15.09	23.37
厦门	6.47	6.95	11.87	14.31	18.35	19.51	23.54	25.62	29.44	31.88
海口	0.90	4.77	5.50	5.50	5.50	5.50	5.50	6.08	6.08	10.53
南宁	4.26	5.52	6.54	7.50	7.56	8.31	8.73	8.88	9.93	25.93
西安	3.38	3.38	6.03	7.28	9.88	10.01	10.46	13.36	13.36	23.82
太原	0.48	9.78	9.78	13.77	14.84	14.84	14.96	14.96	14.96	19.14
兰州	7.32	9.36	10.34	11.36	31.37	31.37	31.37	31.37	31.37	31.37
乌鲁木齐	5.88	15.35	15.57	17.13	17.13	18.33	18.47	21.02	22.50	28.48
西宁	0.48	0.48	2.78	3.38	2.81	2.81	4.08	6.62	10.57	15.32
银川	—	6.20	7.97	8.80	17.66	20.08	22.98	36.59	40.37	65.88
大连	17.51	18.49	23.82	25.02	26.19	29.01	29.01	35.54	39.91	55.31
沈阳	3.17	5.15	42.8	48.71	77.79	88.24	100.61	105.91	128.86	202.86
长春	—	—	0.80	3.68	7.47	8.07	8.47	17.50	36.73	99.43
哈尔滨	—	1.16	1.16	2.65	3.75	3.75	3.75	4.28	7.56	48.61

数据来源：国家及各地统计局、统计公报

十、全国及三十五个大中城市房地产销售数据

表3-63 全国及三十五个大中城市2006—2010年商品房销售面积

单位：万平方米

	2006年	2007年	2008年	2009年	2010年
全国	61 857.10	76 192.70	62 088.94	93 713.00	104 349.11
上海	3025.40	3694.96	2296.12	3372.45	2055.53
南京	1010.50	1137.88	699.34	1187.27	823.17
杭州	761.76	1150.66	716.38	1441.18	988.34
合肥	640.92	1028.35	921.90	1297.95	1004.91
宁波	609.31	767.21	434.12	815.18	688.34
北京	2607.62	2176.57	1335.37	2362.25	1639.53
天津	1458.60	1552.26	1252.04	1590.02	1564.52
济南	284.66	318.13	361.42	439.77	531.49
青岛	718.41	833.29	769.15	1261.86	1360.69
石家庄	303.53	369.15	292.65	340.66	469.31
呼和浩特	215.32	225.89	331.08	374.99	471.60
武汉	960.88	1135.41	732.07	1086.99	1207.97
长沙	741.69	985.09	822.59	1407.30	1680.21
郑州	800.82	1097.90	699.64	1200.61	1558.72
南昌	383.51	478.99	335.48	494.69	520.84
成都	1590.56	2243.27	1273.54	2693.10	2559.28
重庆	2228.46	3552.92	2872.19	4002.89	4314.39
昆明	913.30	912.76	560.16	821.93	1242.48
贵阳	387.72	436.62	412.56	818.16	801.56
广州	1316.88	1473.59	1079.68	1375.42	1405.13
深圳	797.66	555.11	466.71	762.15	465.59
福州	664.58	645.63	344.10	690.13	597.83
厦门	433.27	497.70	408.04	529.29	426.77
海口	141.64	172.99	168.93	190.68	209.76
南宁	456.02	628.84	484.79	731.74	666.48
西安	621.50	833.92	758.84	1256.02	1587.81
太原	137.23	161.80	169.17	183.04	258.82
兰州	206.17	268.98	178.35	241.89	228.21
乌鲁木齐	413.05	446.46	263.63	479.15	431.78
西宁	106.44	139.55	105.46	154.68	217.10
银川	239.99	299.70	253.81	437.71	464.94
大连	628.78	828.24	821.93	1152.68	1215.33
沈阳	1243.79	1462.04	1465.05	1532.93	1746.52
长春	408.25	508.51	571.41	715.72	863.08
哈尔滨	674.41	748.95	586.13	704.06	881.75

数据来源：国家及各地统计局、统计公报

表3-64 全国及三十五个大中城市2010年月度累积商品房销售面积

单位：万平方米

	1~3月	1~4月	1~5月	1~6月	1~7月	1~8月	1~9月	1~10月	1~11月	1~12月
全国	15 360.92	23 412.16	30 189.43	39 352.53	45 818.61	52 704.47	63 150.23	72 428.55	82 541.27	104 349.11
上海	485.12	689.43	865.36	1009.13	1104.08	1301.26	1503.76	1650.20	1793.95	2055.53
南京	135.40	237.77	301.63	359.07	404.91	450.06	541.84	623.54	687.14	823.17
杭州	150.21	259.40	316.48	358.56	429.02	510.93	625.15	721.36	815.22	988.34
合肥	260.33	363.10	432.51	493.92	563.96	640.68	712.37	795.07	895.96	1004.91
宁波	121.21	177.70	224.27	262.29	313.82	358.26	458.18	496.39	547.74	688.34
北京	347.70	522.87	610.49	679.84	764.68	854.89	998.73	1169.65	1375.50	1639.53
天津	251.05	353.55	510.79	614.67	676.14	757.61	866.13	1017.02	1154.37	1564.52
济南	79.78	99.82	126.86	171.37	208.52	281.81	353.41	393.20	434.72	531.49
青岛	169.37	250.60	344.42	452.59	535.07	647.21	814.08	941.00	1083.24	1360.69
石家庄	82.40	98.09	119.37	219.12	249.73	280.64	325.07	355.06	373.63	469.31
呼和浩特	16.79	38.19	66.84	105.22	159.47	213.70	242.18	279.60	370.64	471.60
武汉	199.05	297.73	387.54	519.51	627.77	679.89	778.37	851.75	908.40	1207.97
长沙	297.95	438.89	576.38	704.89	872.98	1000.70	1141.27	1325.11	1463.15	1680.21
郑州	194.19	297.33	371.22	481.82	587.73	687.08	820.53	934.96	1115.32	1558.72
南昌	72.81	113.90	154.22	191.57	230.93	267.49	333.34	373.81	420.41	520.84
成都	425.98	689.36	853.12	1010.84	1146.88	1317.07	1543.05	1807.92	2123.52	2559.28
重庆	765.68	1063.99	1338.35	1689.57	1969.41	2227.78	2614.87	3033.31	3477.31	4314.39
昆明	238.72	277.44	303.40	444.41	510.13	603.73	753.87	798.14	903.82	1242.48
贵阳	104.89	186.91	234.71	297.27	342.10	437.94	519.95	596.50	656.78	801.56
广州	214.12	293.15	394.67	506.36	592.42	687.47	856.94	1012.38	1152.90	1405.13
深圳	78.42	145.52	181.57	203.16	218.38	259.54	318.07	369.87	407.98	465.59
福州	118.41	160.19	196.15	236.63	260.56	307.41	366.08	423.60	511.72	597.83
厦门	71.11	147.84	180.43	206.69	237.23	274.31	295.35	330.47	367.87	426.77
海口	52.05	63.43	69.44	83.89	102.93	112.43	134.08	152.35	166.20	209.76
南宁	92.80	149.56	188.65	238.33	287.93	339.17	411.44	482.19	546.65	666.48
西安	151.88	294.70	431.98	608.20	703.76	805.96	1026.17	1177.83	1309.48	1587.81
太原	24.92	49.24	59.72	84.24	112.64	127.53	174.83	195.58	217.45	258.82
兰州	31.07	61.00	76.09	90.77	107.19	125.94	147.94	166.23	181.54	228.21
乌鲁木齐	34.15	65.41	96.79	130.94	171.78	207.70	259.45	319.41	368.67	431.78
西宁	21.81	40.75	64.58	100.07	97.21	123.44	164.81	179.14	209.79	217.10
银川	43.10	71.84	117.85	139.33	183.98	220.43	275.84	316.85	351.20	464.94
大连	124.17	212.87	273.09	373.07	422.54	472.24	534.92	663.15	862.43	1215.33
沈阳	166.08	254.95	369.45	615.25	755.05	903.91	1134.55	1255.20	1438.57	1746.52
长春	17.55	65.08	109.33	224.13	311.25	382.51	453.39	523.80	608.21	863.08
哈尔滨	26.42	87.12	159.41	312.51	395.00	450.71	525.79	591.36	665.41	881.75

数据来源：国家及各地统计局、统计公报

表3-65 全国及三十五个大中城市2006—2010年住宅销售面积

单位：万平方米

	2006年	2007年	2008年	2009年	2010年
全国	55 422.95	69 103.79	55 886.47	85 294.42	93 051.56
上海	2615.49	3279.17	1965.86	2928.04	1685.35
南京	940.99	1064.52	655.27	1114.03	754.82
杭州	679.96	1042.82	627.48	1300.99	797.59
合肥	575.51	939.23	863.01	1180.33	863.86
宁波	512.63	631.47	343.74	651.97	492.59
北京	2205.03	1731.48	1031.43	1880.45	1201.39
天津	1332.49	1405.51	1135.35	1461.47	1352.61
济南	256.84	289.41	320.32	403.50	477.31
青岛	646.00	769.73	689.78	1151.15	1209.87
石家庄	287.96	353.38	286.51	324.44	446.43
呼和浩特	193.85	213.33	307.34	309.10	394.46
武汉	908.92	1069.89	683.24	1041.39	1091.49
长沙	693.91	934.68	767.12	1358.48	1624.04
郑州	753.93	1005.20	625.27	1085.14	1428.61
南昌	359.99	460.34	326.46	463.63	489.30
成都	1482.18	2101.73	1191.36	2531.99	2289.92
重庆	2011.70	3310.13	2669.93	3771.22	3986.31
昆明	841.67	847.63	494.32	751.22	1097.42
贵阳	355.62	405.65	390.56	760.39	733.55
广州	1156.33	1280.87	933.05	1253.60	1111.66
深圳	704.89	500.35	413.65	717.39	413.80
福州	621.42	592.53	320.68	648.28	531.10
厦门	317.39	369.56	169.64	401.30	238.68
海口	133.48	163.87	161.60	182.29	199.70
南宁	419.79	585.47	443.47	685.08	601.83
西安	584.06	782.91	710.47	1202.12	1523.24
太原	124.84	146.97	147.43	168.67	235.49
兰州	193.87	255.28	170.75	221.97	206.81
乌鲁木齐	381.50	422.58	236.10	453.95	394.89
西宁	98.44	133.05	100.78	148.08	206.78
银川	212.23	264.50	222.69	382.75	404.32
大连	570.21	783.91	770.07	1093.41	1126.68
沈阳	1150.65	1358.11	1307.18	1369.31	1516.06
长春	369.97	468.76	517.42	653.91	786.19
哈尔滨	575.23	667.81	503.89	626.70	809.89

数据来源：国家及各地统计局、统计公报

表3-66 全国及三十五个大中城市2010年月度累积住宅销售面积

单位：万平方米

	1~3月	1~4月	1~5月	1~6月	1~7月	1~8月	1~9月	1~10月	1~11月	1~12月
全国	13 861.89	21 110.54	27 223.13	35 496.62	41 223.02	47 352.96	56 759.35	65 095.59	74 056.52	93 051.56
上海	405.11	582.55	719.17	840.51	910.54	1068.53	1248.42	1351.47	1451.54	1685.35
南京	125.68	225.75	281.30	326.69	368.13	410.65	496.48	575.05	635.62	754.82
杭州	118.85	211.06	257.04	289.88	343.71	411.93	512.16	597.36	667.97	797.59
合肥	226.53	315.01	374.96	430.35	492.15	557.87	619.70	692.05	779.23	863.86
宁波	94.71	137.54	169.73	192.34	231.62	259.23	337.06	367.02	408.45	492.59
北京	264.49	383.24	445.01	485.39	551.94	615.21	717.85	847.79	998.97	1201.39
天津	230.68	321.55	462.14	562.90	620.02	695.73	796.69	930.26	1033.25	1352.61
济南	76.51	93.17	116.03	154.83	189.11	250.09	318.98	355.38	394.56	477.31
青岛	156.19	229.16	315.66	416.79	493.18	596.70	746.70	858.24	985.31	1209.87
石家庄	72.06	89.67	108.92	204.21	234.29	263.81	307.13	336.02	354.32	446.43
呼和浩特	11.16	28.31	55.29	91.89	136.76	190.77	218.46	255.04	325.40	394.46
武汉	184.94	282.74	362.10	490.22	592.35	637.89	731.44	802.34	838.56	1091.49
长沙	286.13	421.69	554.36	675.93	838.46	963.78	1100.16	1281.46	1415.61	1624.04
郑州	177.57	274.98	344.13	442.96	539.10	635.05	759.92	868.80	1030.92	1428.61
南昌	68.96	106.85	145.06	180.44	217.22	251.55	316.44	355.93	398.53	489.30
成都	390.48	638.81	784.37	924.10	1041.10	1192.97	1392.23	1633.43	1925.94	2289.92
重庆	728.62	1009.93	1272.93	1602.26	1858.71	2102.92	2458.07	2842.34	3253.81	3986.31
昆明	223.36	248.99	269.55	390.26	448.55	515.83	652.21	688.32	782.03	1097.42
贵阳	93.14	167.52	206.83	267.95	310.60	400.67	481.53	548.05	601.46	733.55
广州	188.63	257.30	333.04	422.32	476.72	547.13	700.18	829.02	946.95	1111.66
深圳	73.18	137.24	166.05	177.87	191.27	229.55	277.86	327.77	362.80	413.80
福州	103.36	143.28	177.44	214.37	233.12	259.33	314.03	369.25	452.90	531.10
厦门	53.01	96.14	114.76	128.39	142.40	164.96	181.31	206.31	211.92	238.68
海口	50.13	59.96	65.09	79.06	97.64	106.94	128.50	146.42	159.92	199.70
南宁	85.06	137.92	175.69	223.28	264.44	300.61	370.95	437.36	495.66	601.83
西安	143.87	278.54	411.30	583.75	674.78	771.29	982.26	1127.21	1254.14	1523.24
太原	20.11	43.87	53.96	76.41	99.50	112.84	158.73	178.09	198.20	235.49
兰州	27.94	56.68	70.50	84.24	98.23	115.32	136.23	153.39	166.88	206.81
乌鲁木齐	31.34	58.90	87.51	116.14	154.28	187.82	236.48	294.48	340.89	394.89
西宁	18.71	36.70	58.70	93.20	90.31	116.15	157.18	169.49	199.95	206.78
银川	33.88	58.17	99.45	118.09	156.57	188.19	235.94	269.96	297.72	404.32
大连	117.12	201.25	257.22	342.65	390.24	436.09	493.72	615.06	799.47	1126.68
沈阳	144.32	226.76	331.34	523.65	633.25	773.48	991.48	1102.61	1266.59	1516.06
长春	15.53	55.80	96.12	202.30	285.73	351.81	418.93	486.74	557.13	786.19
哈尔滨	23.08	81.29	148.98	290.92	367.19	419.65	492.25	551.85	665.41	809.89

数据来源：国家及各地统计局、统计公报

表3-67 全国及三十五个大中城市2006—2010年办公用房销售面积

单位：万平方米

	2006年	2007年	2008年	2009年	2010年
全国	1231.04	1454.19	1110.67	1513.30	1882.00
上海	139.05	150.93	145.87	203.00	162.89
南京	21.75	34.49	15.34	23.53	14.78
杭州	38.03	51.71	49.43	71.73	102.33
合肥	22.39	36.92	20.85	40.16	65.30
宁波	38.49	47.68	25.37	57.06	67.39
北京	260.38	265.67	139.37	255.77	208.15
天津	37.08	42.95	29.30	29.55	35.29
济南	7.90	4.46	19.56	8.21	23.38
青岛	18.88	22.25	16.77	31.17	27.80
石家庄	2.99	2.97	0.27	1.47	8.15
呼和浩特	7.23	3.92	4.35	8.86	8.76
武汉	15.28	7.73	7.81	9.61	20.88
长沙	11.63	13.38	8.75	10.99	11.39
郑州	7.39	37.30	31.54	54.25	50.94
南昌	0.17	1.85	0.66	5.79	12.57
成都	17.45	36.79	24.49	57.86	77.90
重庆	31.30	39.20	34.87	29.15	62.60
昆明	10.47	9.40	19.15	19.81	18.31
贵阳	11.42	13.66	6.70	19.77	23.05
广州	58.15	67.73	57.77	47.26	112.28
深圳	37.64	20.87	5.59	19.63	15.00
福州	3.19	1.37	2.58	3.55	18.00
厦门	26.10	70.02	56.25	22.00	54.75
海口	0.89	4.47	1.34	3.22	5.44
南宁	8.98	8.96	4.45	4.73	11.06
西安	11.23	28.11	29.62	18.23	35.46
太原	1.88	8.41	9.63	5.17	4.04
兰州	4.44	2.28	2.57	4.87	3.71
乌鲁木齐	5.45	6.56	3.72	4.16	11.31
西宁	1.87	1.60	0.92	1.38	1.00
银川	1.69	9.57	6.18	10.38	13.73
大连	9.65	3.63	4.24	7.94	19.96
沈阳	7.53	10.46	15.67	15.40	25.07
长春	8.31	4.59	7.29	4.42	4.04
哈尔滨	15.68	6.01	2.63	12.83	2.54

数据来源：国家及各地统计局、统计公报

表3-68 全国及三十五个大中城市2010年月度累积办公用房销售面积

单位：万平方米

	1~3月	1~4月	1~5月	1~6月	1~7月	1~8月	1~9月	1~10月	1~11月	1~12月
全国	300.59	464.40	597.31	729.97	849.32	973.07	1132.98	1287.55	1481.73	1882.00
上海	30.69	46.91	58.19	72.80	84.21	94.64	108.36	132.11	156.08	162.89
南京	2.46	1.34	6.46	7.33	7.96	8.28	8.82	9.76	10.21	14.78
杭州	20.20	32.28	38.81	44.29	50.38	57.92	63.93	69.69	82.09	102.33
合肥	20.33	24.64	28.04	30.34	34.36	39.24	44.43	49.46	55.51	65.30
宁波	6.80	16.09	22.17	28.29	33.81	41.35	47.52	49.50	52.76	67.39
北京	38.90	73.88	84.13	97.08	103.42	113.04	134.60	155.35	185.31	208.15
天津	4.56	4.83	9.03	10.08	11.37	11.61	11.84	12.72	23.41	35.29
济南	0.80	2.63	3.78	5.30	7.51	17.16	17.51	19.19	19.75	23.38
青岛	1.77	5.63	7.81	9.49	10.78	11.83	17.39	21.35	22.39	27.80
石家庄	0.00	4.54	5.37	7.81	8.03	8.15	8.15	8.15	8.15	8.15
呼和浩特	4.18	4.20	4.31	4.64	4.64	1.64	1.64	1.84	7.29	8.76
武汉	3.86	3.93	5.83	6.99	7.28	7.51	7.73	7.90	9.17	20.88
长沙	1.20	2.02	2.70	7.18	9.16	9.70	10.20	11.24	11.33	11.39
郑州	11.27	14.18	16.72	23.42	29.54	30.81	36.12	38.52	44.25	50.94
南昌	0.87	1.25	2.17	2.56	3.32	3.39	3.44	3.49	5.36	12.57
成都	4.55	8.76	12.89	16.00	21.18	24.93	32.20	38.82	43.82	77.90
重庆	8.06	10.61	12.09	17.26	20.22	22.32	26.24	37.35	44.37	62.60
昆明	3.86	6.25	8.69	9.72	10.74	11.21	13.55	14.34	15.70	18.31
贵阳	3.31	8.94	14.25	14.32	14.50	19.14	19.57	19.67	19.73	23.05
广州	7.53	10.76	25.99	31.75	42.69	48.77	57.17	65.58	70.49	112.28
深圳	0.94	2.00	7.38	7.87	8.36	9.46	11.22	14.02	14.75	15.00
福州	0.51	0.76	0.76	0.97	0.97	16.47	16.87	17.23	17.62	18.00
厦门	3.90	6.01	10.78	12.02	18.84	21.80	22.85	24.47	35.55	54.75
海口	0.11	0.20	1.00	1.32	1.56	1.59	1.62	1.74	2.10	5.44
南宁	1.37	1.64	2.41	2.91	7.07	7.26	7.81	8.40	10.65	11.06
西安	5.83	12.41	14.23	15.06	16.62	21.00	25.03	28.31	31.47	35.46
太原	2.19	2.53	2.64	2.64	2.74	2.99	3.35	3.98	3.98	4.04
兰州	2.02	2.07	2.24	2.25	2.29	2.30	2.41	2.41	3.01	3.71
乌鲁木齐	0.59	2.40	2.74	3.20	3.78	3.91	4.71	5.11	6.04	11.31
西宁	0.96	0.96	1.00	1.00	1.00	1.00	1.00	1.00	1.00	1.00
银川	2.91	3.61	4.44	4.89	6.19	6.94	8.14	8.78	11.67	13.73
大连	1.60	1.94	2.74	11.17	11.39	11.56	11.87	14.36	14.62	19.96
沈阳	3.31	4.90	7.03	14.62	15.91	17.02	17.55	19.73	20.45	25.07
长春	0.03	0.20	0.20	2.68	2.68	2.68	2.68	2.68	2.78	4.04
哈尔滨	0.10	0.36	0.36	0.36	0.73	0.73	0.85	1.32	1.49	2.54

数据来源：国家及各地统计局、统计公报

表3-69 全国及三十五个大中城市2006—2010年商业用房销售面积

单位：万平方米

	2006年	2007年	2008年	2009年	2010年
全国	4337.79	4552.94	3852.07	5222.29	6921.46
上海	188.51	198.38	117.27	126.49	125.56
南京	43.76	31.07	23.87	41.85	43.42
杭州	34.10	37.68	26.46	53.17	70.19
合肥	38.54	43.68	33.22	57.44	63.28
宁波	36.53	50.18	40.65	59.44	73.07
北京	108.63	134.82	112.41	157.07	142.07
天津	61.72	91.40	74.89	60.85	103.64
济南	15.61	16.68	8.11	11.89	13.73
青岛	44.63	32.85	41.93	60.55	89.56
石家庄	11.72	12.80	5.78	6.83	7.64
呼和浩特	13.54	8.21	16.33	50.33	51.80
武汉	30.01	46.42	20.69	25.57	50.37
长沙	33.49	31.70	39.32	28.52	32.66
郑州	35.16	50.76	39.28	57.09	59.70
南昌	21.15	12.84	7.45	19.84	16.23
成都	75.51	77.86	38.36	53.23	71.77
重庆	152.63	169.63	126.53	157.15	194.25
昆明	27.09	34.49	30.84	31.43	53.60
贵阳	18.66	15.76	14.20	28.60	28.17
广州	72.56	72.61	44.50	53.82	119.33
深圳	46.89	30.64	33.58	18.07	21.89
福州	31.37	26.61	11.03	22.00	28.38
厦门	25.87	22.38	8.84	14.16	18.91
海口	6.96	4.47	5.54	4.76	3.93
南宁	19.57	23.22	17.45	20.96	17.40
西安	21.75	18.82	16.14	33.01	22.80
太原	10.34	6.35	7.10	9.14	14.65
兰州	7.18	11.29	4.87	13.75	16.72
乌鲁木齐	22.39	14.82	17.75	17.93	20.29
西宁	5.48	4.56	3.60	4.71	8.92
银川	24.84	23.96	23.81	41.74	37.51
大连	37.46	27.91	35.54	41.98	50.65
沈阳	65.87	82.20	121.40	121.27	167.31
长春	23.25	26.33	35.32	46.23	59.55
哈尔滨	72.02	56.23	66.87	49.46	49.41

数据来源：国家及各地统计局、统计公报

表3-70 全国及三十五个大中城市2010年月度累积商业用房销售面积

单位：万平方米

	1~3月	1~4月	1~5月	1~6月	1~7月	1~8月	1~9月	1~10月	1~11月	1~12月
全国	916.88	1403.92	1784.43	2329.61	2784.25	3235.32	3876.71	4480.34	5190.87	6921.46
上海	31.25	38.41	49.39	52.90	59.69	75.84	80.92	95.02	107.78	125.56
南京	6.28	9.17	9.09	19.03	22.65	24.84	28.41	30.33	32.77	43.42
杭州	9.85	14.06	17.83	20.71	29.75	34.29	40.29	42.74	51.86	70.19
合肥	11.94	21.04	26.73	29.75	32.34	37.86	42.05	46.88	53.53	63.28
宁波	10.84	13.01	19.58	26.75	29.97	35.08	43.16	45.41	48.80	73.07
北京	30.68	46.79	54.73	65.03	71.54	79.22	94.46	109.51	122.15	142.07
天津	7.87	18.38	29.95	31.70	34.46	38.25	42.84	58.11	72.77	103.64
济南	1.01	1.60	3.00	5.96	6.20	7.96	9.03	9.52	9.88	13.73
青岛	9.01	12.41	15.89	20.02	23.89	29.15	36.68	46.83	58.32	89.56
石家庄	5.13	0.85	1.62	3.65	3.74	3.82	4.86	5.54	5.78	7.64
呼和浩特	1.45	5.66	7.22	8.66	16.66	19.88	20.40	20.98	26.69	51.80
武汉	5.92	6.71	7.88	9.99	13.78	15.23	18.43	18.94	29.82	50.37
长沙	8.05	12.50	14.70	16.47	18.46	20.01	22.95	24.28	26.89	32.66
郑州	5.20	7.93	10.06	14.35	16.64	18.69	21.80	24.27	35.89	59.70
南昌	2.55	4.98	5.79	7.23	9.01	10.98	11.59	12.37	14.29	16.23
成都	11.51	16.96	21.19	29.83	34.39	41.21	48.39	55.31	61.71	71.77
重庆	20.14	30.93	38.79	49.62	62.54	70.65	90.65	107.31	124.40	194.25
昆明	7.92	10.05	12.08	16.80	20.06	28.27	33.32	38.70	44.8	53.60
贵阳	5.20	6.45	8.05	8.85	9.77	10.62	11.25	15.13	21.53	28.17
广州	16.28	21.19	26.48	33.16	46.28	59.37	65.10	77.88	92.91	119.33
深圳	2.20	3.69	5.50	6.81	7.36	8.31	12.70	14.65	16.79	21.89
福州	10.66	11.32	12.41	13.18	14.33	18.82	21.14	22.14	23.92	28.38
厦门	2.79	3.71	5.45	6.34	6.84	11.59	12.46	13.69	17.10	18.91
海口	1.49	2.80	2.85	2.91	3.13	3.29	3.35	3.58	3.58	3.93
南宁	3.82	4.95	5.12	5.75	7.06	8.31	9.16	10.17	11.49	17.40
西安	2.00	3.44	5.84	8.30	10.33	11.05	15.12	18.00	19.39	22.80
太原	1.00	1.22	1.51	3.40	6.09	7.38	8.44	9.18	10.57	14.65
兰州	0.91	2.05	3.15	4.02	6.42	8.05	9.05	10.17	11.21	16.72
乌鲁木齐	1.92	3.75	4.91	9.13	10.52	12.54	14.46	15.69	16.96	20.29
西宁	2.11	2.96	4.56	5.54	5.54	5.89	6.23	8.25	8.44	8.92
银川	5.11	8.45	12.13	14.24	18.34	22.28	25.07	30.12	33.74	37.51
大连	4.57	7.15	9.91	12.11	13.46	16.44	18.87	22.75	32.74	50.65
沈阳	15.83	19.84	26.85	64.17	90.35	96.55	108.39	115.24	130.32	167.31
长春	1.02	6.28	9.55	14.63	17.71	21.42	24.62	26.86	40.22	59.55
哈尔滨	2.58	4.19	8.30	12.11	16.80	19.10	20.81	24.63	29.85	49.41

数据来源：国家及各地统计局、统计公报

表3-71 全国及三十五个大中城市2006—2010年商品房销售额

单位：亿元

	2006年	2007年	2008年	2009年	2010年
全国	20 826.00	29 603.87	24 071.41	43 994.54	52 478.72
上海	2177.08	3089.35	1895.45	4330.22	2959.94
南京	452.41	603.51	355.88	853.07	787.38
杭州	473.69	875.69	612.13	1511.45	1396.77
合肥	200.69	342.05	333.65	548.77	593.34
宁波	331.31	481.69	320.56	732.98	775.39
北京	2158.98	2514.65	1658.31	3259.66	2915.36
天津	696.27	899.32	753.16	1094.85	1281.91
济南	100.34	119.61	154.45	215.79	332.64
青岛	305.49	433.36	390.28	703.67	895.29
石家庄	62.78	100.35	78.39	129.55	182.34
呼和浩特	50.98	58.64	90.45	146.03	193.51
武汉	354.53	529.56	350.01	579.22	694.73
长沙	196.11	325.87	273.36	513.58	742.33
郑州	231.31	392.34	279.49	515.20	772.70
南昌	119.88	170.43	116.11	186.72	237.80
成都	579.87	957.13	626.71	1329.00	1519.33
重庆	505.69	967.31	800.00	1377.76	1846.94
昆明	230.15	286.41	215.05	317.96	455.06
贵阳	91.99	126.77	129.85	307.49	353.46
广州	861.95	1218.20	955.86	1286.15	1674.99
深圳	800.77	779.91	591.09	1113.88	892.55
福州	292.18	334.35	194.98	457.61	502.96
厦门	274.70	410.59	238.86	420.82	379.12
海口	39.46	61.09	77.29	102.35	168.12
南宁	131.00	214.06	191.32	333.45	342.84
西安	206.15	281.79	317.56	488.55	707.00
太原	49.11	62.20	65.56	87.71	186.37
兰州	52.70	79.80	55.40	87.36	96.51
乌鲁木齐	89.52	119.87	86.27	168.21	196.37
西宁	21.52	33.78	29.17	44.85	72.25
银川	57.56	75.38	78.45	162.60	186.45
大连	284.54	461.14	474.57	720.32	856.04
沈阳	419.92	539.32	604.69	684.36	945.05
长春	100.29	165.33	198.98	296.42	446.91
哈尔滨	182.29	228.69	222.34	297.59	468.26

数据来源：国家及各地统计局、统计公报

表3-72 全国及三十五个大中城市2010年月度累积商品房销售额

单位：亿元

	1~3月	1~4月	1~5月	1~6月	1~7月	1~8月	1~9月	1~10月	1~11月	1~12月
全国	7976.80	12 425.24	15 760.19	19 819.85	22 885.69	26 418.24	31 916.58	36 992.28	42 277.89	52 478.72
上海	696.06	1056.82	1261.44	1465.55	1633.04	1927.04	2270.97	2595.11	2737.38	2959.94
南京	110.74	203.84	263.88	323.04	357.27	401.87	487.92	571.23	638.56	787.38
杭州	179.87	341.08	412.44	466.94	561.73	678.30	863.67	1019.13	1171.37	1396.77
合肥	129.23	192.37	230.04	267.31	310.77	363.24	412.89	469.45	529.86	593.34
宁波	130.79	209.69	259.43	308.41	365.25	416.23	524.22	578.01	633.54	775.39
北京	613.47	998.88	1159.97	1313.99	1449.70	1618.57	1924.44	2207.32	2517.26	2915.36
天津	187.57	275.33	403.93	476.45	530.58	592.80	694.80	782.98	921.15	1281.91
济南	48.09	59.76	75.29	110.87	132.66	177.37	216.06	246.82	274.09	332.64
青岛	100.93	158.31	214.13	275.89	325.07	377.09	480.28	583.76	696.23	895.29
石家庄	22.31	32.18	41.10	76.35	89.17	102.87	125.15	134.67	143.60	182.34
呼和浩特	9.41	19.96	32.39	46.17	68.21	93.62	103.08	119.06	159.54	193.51
武汉	109.98	164.71	226.06	289.85	345.09	376.45	436.80	475.80	541.44	694.73
长沙	121.72	185.40	242.09	289.32	358.06	414.77	483.71	565.82	630.61	742.33
郑州	92.32	143.06	180.51	230.83	281.94	324.48	389.52	457.49	546.93	772.70
南昌	26.46	45.42	63.99	81.30	100.90	119.66	149.04	169.94	194.49	237.80
成都	239.58	405.49	497.52	589.86	685.54	771.34	886.92	1054.83	1238.71	1519.33
重庆	280.43	416.89	530.39	649.63	752.88	860.57	1036.97	1241.92	1444.22	1846.94
昆明	87.00	103.76	115.73	162.46	200.84	229.53	278.65	298.78	342.10	455.06
贵阳	44.49	77.76	98.98	122.78	142.02	174.20	209.80	250.17	286.63	353.46
广州	220.86	312.73	435.29	549.94	642.28	766.83	940.41	1118.83	1301.30	1674.99
深圳	182.09	272.67	328.69	360.87	391.91	477.49	588.97	708.24	762.13	892.55
福州	89.27	121.95	150.43	184.20	202.07	263.66	316.78	365.37	434.76	502.96
厦门	69.90	130.24	158.28	175.63	195.29	224.68	245.31	281.46	329.16	379.12
海口	49.93	58.77	66.79	77.26	95.09	103.16	116.39	131.15	138.57	168.12
南宁	48.02	77.43	99.35	131.21	154.65	181.96	214.29	250.44	284.31	342.84
西安	69.04	126.52	199.44	288.42	334.92	376.72	482.91	562.39	626.89	707.00
太原	13.34	25.95	31.46	43.49	58.25	67.87	118.02	145.90	159.66	186.37
兰州	11.49	24.44	30.41	36.24	43.49	50.41	62.25	70.75	77.40	96.51
乌鲁木齐	15.24	28.21	41.21	56.11	75.24	89.62	115.48	143.49	164.87	196.37
西宁	7.83	13.89	21.52	31.09	32.75	40.63	53.61	59.36	69.48	72.25
银川	19.77	31.96	50.45	59.67	78.76	92.84	116.82	133.26	148.47	186.45
大连	87.89	145.20	191.21	274.04	309.82	347.77	398.84	494.51	637.66	856.04
沈阳	83.05	133.46	195.17	316.94	394.95	470.35	589.94	666.75	771.83	945.05
长春	10.53	37.33	61.26	115.68	161.73	198.99	237.71	277.02	313.90	446.91
哈尔滨	13.57	47.14	82.47	159.00	198.60	236.10	282.77	315.94	362.25	468.26

数据来源：国家及各地统计局、统计公报

表3-73 全国及三十五个大中城市2006—2010年住宅销售额

单位：亿元

	2006年	2007年	2008年	2009年	2010年
全国	17 287.80	25 323.50	20 424.06	38 157.21	43 953.33
上海	1841.04	2706.30	1608.47	3620.23	2395.35
南京	401.84	533.42	313.59	767.90	696.45
杭州	405.76	775.27	523.76	1374.00	1137.29
合肥	166.39	297.97	298.50	483.38	475.17
宁波	261.70	384.61	241.46	591.18	577.83
北京	1626.30	1845.97	1201.37	2486.77	2060.52
天津	619.51	781.04	635.57	965.36	1069.75
济南	85.24	107.36	136.46	193.55	291.14
青岛	258.30	392.94	328.22	619.64	776.81
石家庄	57.74	93.44	75.81	121.14	169.78
呼和浩特	42.18	52.45	77.21	100.53	143.88
武汉	321.33	483.14	319.79	541.37	606.01
长沙	168.67	298.30	245.52	479.95	701.91
郑州	202.86	334.55	228.09	439.88	656.55
南昌	109.91	161.52	109.71	168.64	211.90
成都	518.61	880.59	580.12	1234.33	1334.38
重庆	418.70	856.73	704.82	1231.71	1610.64
昆明	200.75	255.96	177.69	273.78	373.99
贵阳	76.02	106.30	111.92	265.55	310.48
广州	711.06	1023.79	793.25	1126.80	1180.03
深圳	647.79	668.95	530.41	1032.28	784.30
福州	247.09	290.32	173.01	417.55	418.17
厦门	209.50	329.17	169.29	358.57	276.63
海口	35.68	55.49	72.42	96.94	161.14
南宁	111.50	191.65	164.97	305.75	298.01
西安	179.47	251.74	288.14	450.71	661.27
太原	39.40	52.57	52.43	75.88	165.93
兰州	47.56	74.53	51.72	77.69	84.04
乌鲁木齐	77.13	108.38	73.10	152.32	169.00
西宁	19.10	30.77	26.96	41.62	66.10
银川	46.37	61.74	62.89	129.63	153.70
大连	242.70	424.67	432.55	675.13	761.55
沈阳	366.37	478.71	504.07	574.59	774.55
长春	85.58	146.38	172.89	262.36	400.72
哈尔滨	143.97	196.52	177.13	259.91	419.07

数据来源：国家及各地统计局、统计公报

表3-74 全国及三十五个大中城市2010年月度累积住宅销售额

单位：亿元

	1~3月	1~4月	1~5月	1~6月	1~7月	1~8月	1~9月	1~10月	1~11月	1~12月
全国	6836.18	10 682.55	13 498.79	16 895.21	19 397.93	22 308.19	26 985.85	31 317.57	35 679.48	43 953.33
上海	547.91	863.81	1011.80	1186.13	1287.59	1525.86	1838.67	2074.51	2193.27	2395.35
南京	102.50	191.79	242.91	288.09	316.79	355.91	432.90	513.32	575.94	696.45
杭州	138.76	278.90	339.13	377.29	447.25	545.04	711.78	851.76	964.08	1137.29
合肥	105.71	153.97	185.05	218.51	255.57	295.36	336.78	383.63	430.57	475.17
宁波	103.97	168.15	201.79	230.95	274.57	306.95	395.43	438.20	483.91	577.83
北京	473.75	745.56	861.75	930.12	1035.54	1151.42	1349.51	1554.08	1738.81	2060.52
天津	171.07	240.27	350.88	420.11	469.92	525.95	617.17	691.68	799.94	1069.75
济南	45.73	55.59	67.37	95.97	115.49	151.37	188.38	217.31	242.90	291.14
青岛	92.69	143.19	193.14	249.32	292.87	339.45	431.75	524.00	622.77	776.81
石家庄	20.92	28.08	36.09	69.06	81.61	94.72	114.89	124.00	132.83	169.78
呼和浩特	3.91	10.88	21.20	33.99	47.86	72.92	81.19	96.66	122.08	143.88
武汉	101.55	155.15	210.16	267.96	319.37	346.67	401.63	439.67	481.86	606.01
长沙	112.96	171.36	225.72	270.38	336.07	390.29	455.83	535.60	598.53	701.91
郑州	78.75	124.48	158.45	197.32	240.28	279.20	334.18	395.41	466.47	656.55
南昌	23.79	40.32	57.36	72.55	90.80	107.79	136.47	156.76	178.92	211.90
成都	217.74	372.49	453.57	532.85	614.42	687.43	790.53	937.07	1105.60	1334.38
重庆	257.60	384.76	491.53	598.05	691.11	790.26	945.99	1120.60	1298.53	1610.64
昆明	76.87	89.07	97.19	134.37	168.57	187.09	223.67	238.47	268.55	373.99
贵阳	37.63	66.46	82.93	106.04	123.90	152.01	186.78	221.15	251.39	310.48
广州	187.17	261.05	342.55	427.02	472.11	548.63	692.93	821.86	960.20	1180.03
深圳	170.26	255.05	295.45	316.69	343.09	423.53	524.17	632.59	679.73	784.30
福州	80.44	111.54	138.56	168.50	181.38	202.98	245.35	290.91	355.56	418.17
厦门	59.91	112.39	133.48	146.11	159.26	181.00	197.51	228.38	242.60	276.63
海口	48.23	56.42	63.52	73.67	91.21	99.09	112.28	126.82	134.04	161.14
南宁	41.39	68.80	89.92	120.05	138.58	156.65	186.27	219.93	249.04	298.01
西安	63.30	117.67	183.95	269.56	310.88	349.33	448.04	524.56	585.12	661.27
太原	10.53	22.65	27.81	38.03	48.74	56.28	104.73	131.08	143.62	165.93
兰州	10.45	22.80	28.11	33.35	39.15	44.90	55.95	63.66	69.17	84.04
乌鲁木齐	13.09	23.50	34.70	46.28	63.30	76.14	99.49	125.71	145.17	169.00
西宁	6.32	11.90	18.58	27.72	29.30	37.03	49.67	53.89	63.65	66.10
银川	14.37	24.06	39.98	47.63	63.93	74.36	94.72	107.63	119.06	153.70
大连	81.29	134.80	176.42	238.24	271.97	306.48	351.93	437.91	567.32	761.55
沈阳	66.75	112.13	166.53	256.64	313.20	382.03	493.51	562.70	648.41	774.55
长春	8.87	30.89	52.61	102.20	145.13	178.58	214.52	251.81	284.10	400.72
哈尔滨	11.84	43.87	75.78	145.40	181.29	216.18	260.80	288.40	329.93	419.07

数据来源：国家及各地统计局、统计公报

表3-75 全国及三十五个大中城市2006—2010年办公用房销售额

单位：亿元

	2006年	2007年	2008年	2009年	2010年
全国	983.10	1265.20	954.66	1617.84	2148.81
上海	167.95	214.67	172.29	438.43	307.67
南京	18.07	40.90	19.92	29.53	19.02
杭州	32.98	53.84	57.90	74.82	154.91
合肥	9.57	15.75	11.94	18.69	44.59
宁波	27.89	35.89	26.88	53.53	74.38
北京	352.94	402.54	230.72	431.14	487.32
天津	22.88	31.83	28.67	32.90	48.90
济南	4.53	2.49	10.41	4.13	17.43
青岛	17.73	16.77	15.11	30.32	23.57
石家庄	1.33	1.73	0.24	0.54	4.03
呼和浩特	2.59	1.61	1.68	4.24	5.06
武汉	6.87	4.41	4.91	5.03	11.98
长沙	4.95	7.19	4.48	6.22	5.13
郑州	3.67	17.62	16.13	26.74	47.53
南昌	0.07	0.82	0.47	3.29	12.13
成都	8.15	21.44	14.07	34.03	72.29
重庆	10.34	16.41	16.28	15.08	59.70
昆明	4.96	4.62	10.08	11.70	13.86
贵阳	4.88	6.50	3.20	9.15	12.52
广州	59.19	85.81	72.56	71.27	189.55
深圳	59.33	49.12	10.65	40.99	34.28
福州	1.13	0.47	2.01	2.44	29.63
厦门	17.24	34.80	32.04	15.16	38.00
海口	0.28	2.58	0.78	1.60	3.52
南宁	4.82	4.72	2.62	3.04	9.09
西安	5.38	13.01	17.12	9.62	21.29
太原	1.08	4.26	6.56	3.30	2.79
兰州	1.35	0.77	0.92	2.58	1.67
乌鲁木齐	2.08	3.18	2.55	3.03	10.69
西宁	0.47	0.49	0.30	0.49	0.22
银川	0.51	3.06	2.34	5.63	7.72
大连	7.97	2.37	2.26	4.14	28.42
沈阳	3.63	5.64	10.38	11.77	17.39
长春	3.14	2.37	3.10	1.86	1.84
哈尔滨	6.28	2.02	0.95	5.94	1.65

数据来源：国家及各地统计局、统计公报

表3-76 全国及三十五个大中城市2010年月度累积办公用房销售额

单位：亿元

	1~3月	1~4月	1~5月	1~6月	1~7月	1~8月	1~9月	1~10月	1~11月	1~12月
全国	313.62	509.86	668.57	823.47	978.31	1126.43	1317.79	1540.47	1764.40	2148.81
上海	72.63	108.86	135.38	148.51	199.23	217.95	236.54	296.61	301.5	307.67
南京	1.73	1.52	7.98	8.97	9.77	10.21	10.84	12.01	12.51	19.02
杭州	28.48	43.03	49.79	61.88	76.15	86.69	96.64	106.96	131.08	154.91
合肥	11.55	15.27	17.02	18.33	21.70	25.36	28.54	32.33	37.32	44.59
宁波	8.58	19.51	25.96	32.83	40.29	47.18	53.23	56.75	60.63	74.38
北京	66.31	137.11	160.32	208.74	218.22	244.63	312.19	363.10	442.78	487.32
天津	6.29	6.63	14.94	15.92	17.18	17.30	17.44	18.77	30.09	48.90
济南	0.64	1.45	2.74	3.85	5.68	11.81	12.09	13.26	13.68	17.43
青岛	1.51	4.48	6.60	8.40	9.58	10.66	15.92	19.16	19.84	23.57
石家庄	—	2.00	2.47	3.83	3.96	4.03	4.03	4.03	4.03	4.03
呼和浩特	3.81	3.60	3.85	3.99	3.99	1.15	1.15	1.22	4.24	5.06
武汉	2.13	2.21	3.73	4.71	4.91	5.11	5.24	5.38	6.40	11.98
长沙	0.76	1.19	1.45	2.52	3.39	3.65	4.13	5.03	5.11	5.13
郑州	7.94	10.12	11.72	18.62	24.24	25.83	31.39	35.65	41.93	47.53
南昌	0.35	0.73	1.54	1.90	2.29	2.33	2.38	2.43	3.85	12.13
成都	4.24	8.24	10.90	14.82	21.58	26.22	30.12	37.26	41.68	72.29
重庆	6.67	8.92	9.93	13.52	16.04	18.24	22.15	37.23	43.57	59.70
昆明	2.55	3.69	5.69	6.42	6.83	7.89	10.05	11.50	13.32	13.86
贵阳	1.43	4.39	7.14	7.18	7.30	10.47	10.84	10.89	10.94	12.52
广州	10.53	16.57	38.96	45.73	61.71	72.35	86.52	100.77	109.85	189.55
深圳	1.99	4.92	17.21	18.54	19.93	21.27	26.79	31.84	33.36	34.28
福州	0.26	0.44	0.44	0.64	0.64	26.15	27.15	28.12	29.20	29.63
厦门	2.71	4.34	6.63	7.28	10.88	12.38	13.83	15.35	29.46	38.00
海口	0.14	0.18	1.05	1.28	1.47	1.49	1.52	1.64	1.84	3.52
南宁	1.69	2.06	2.52	3.03	4.90	5.14	5.62	6.35	8.42	9.09
西安	3.37	5.62	9.40	10.02	11.35	13.74	15.52	16.52	19.40	21.29
太原	1.22	1.51	1.58	1.58	1.67	1.89	2.21	2.73	2.73	2.79
兰州	0.45	0.47	0.53	0.53	0.56	0.56	0.60	0.60	1.08	1.67
乌鲁木齐	0.71	2.02	2.26	2.95	3.52	3.61	4.68	5.17	6.03	10.69
西宁	0.21	0.21	0.22	0.22	0.22	0.22	0.22	0.22	0.22	0.22
银川	1.86	2.19	2.69	2.99	3.59	4.00	4.80	5.24	6.55	7.72
大连	0.83	1.24	2.41	16.82	17.12	17.40	17.90	21.13	21.55	28.42
沈阳	2.01	2.99	4.33	9.79	10.80	11.55	12.18	14.64	15.36	17.39
长春	0.03	0.20	0.20	1.03	1.03	1.03	1.03	1.03	1.07	1.84
哈尔滨	0.05	0.24	0.24	0.25	0.63	0.63	0.66	1.18	1.23	1.65

数据来源：国家及各地统计局、统计公报

表3-77 全国及三十五个大中城市2006—2010年商业用房销售额

单位：亿元

	2006年	2007年	2008年	2009年	2010年
全国	2224.32	2649.38	2286.38	3601.36	5354.02
上海	122.13	131.19	77.51	192.73	197.57
南京	30.32	26.31	20.11	51.10	65.64
杭州	30.06	35.79	23.23	55.13	94.20
合肥	22.80	26.86	21.93	41.22	69.38
宁波	32.44	45.66	39.87	64.79	91.93
北京	162.56	237.07	192.76	299.86	318.99
天津	38.63	81.16	77.43	54.49	109.31
济南	9.60	7.81	5.38	13.06	18.33
青岛	25.49	21.40	37.07	49.42	82.32
石家庄	3.49	5.19	2.33	5.70	5.58
呼和浩特	6.05	4.45	10.64	38.42	37.00
武汉	24.46	38.85	16.76	28.54	58.54
长沙	21.82	19.31	21.65	24.36	31.25
郑州	23.84	39.38	34.10	47.01	59.88
南昌	9.14	6.61	5.79	12.63	12.33
成都	48.71	48.23	26.13	46.58	66.70
重庆	69.49	87.10	68.73	112.28	155.46
昆明	19.13	19.17	21.73	25.02	41.94
贵阳	10.37	13.43	14.29	29.72	25.15
广州	74.15	69.16	55.52	72.09	235.76
深圳	85.61	58.52	38.51	33.62	55.08
福州	39.71	35.34	16.32	30.59	43.45
厦门	35.94	35.98	13.06	24.39	33.04
海口	3.30	2.97	3.92	3.56	3.20
南宁	13.14	14.80	17.68	18.08	19.04
西安	19.65	15.18	11.01	27.07	21.46
太原	8.56	5.35	4.80	8.49	16.30
兰州	3.70	4.48	2.71	6.76	10.61
乌鲁木齐	9.62	7.67	9.14	11.35	14.69
西宁	1.88	2.47	1.88	2.65	5.81
银川	10.34	10.33	12.97	26.36	22.38
大连	30.66	27.36	33.57	35.80	50.45
沈阳	40.05	49.46	81.11	86.25	130.30
长春	10.13	13.58	18.64	28.07	38.71
哈尔滨	28.10	24.05	39.62	25.18	36.04

数据来源：国家及各地统计局、统计公报

表3-78 全国及三十五个大中城市2010年月度累积商业用房销售额

单位：亿元

	1~3月	1~4月	1~5月	1~6月	1~7月	1~8月	1~9月	1~10月	1~11月	1~12月
全国	716.24	1068.74	1362.88	1779.35	2120.62	2515.93	3041.34	3487.75	4091.95	5354.02
上海	57.78	64.21	79.78	92.44	102.66	130.33	140.81	165.16	183.58	197.57
南京	6.03	9.78	10.18	22.32	26.94	31.84	38.99	40.49	44.59	65.64
杭州	12.03	18.31	22.39	26.09	36.12	43.73	51.72	55.10	69.20	94.20
合肥	11.45	22.16	26.82	29.06	31.41	40.32	45.21	50.99	59.18	69.38
宁波	13.16	15.89	24.45	36.20	40.22	50.01	61.56	65.76	70.17	91.93
北京	64.87	100.04	116.95	150.24	166.46	186.15	226.01	252.60	293.34	318.99
天津	6.52	24.36	33.70	35.85	38.78	44.18	50.80	62.42	79.18	109.31
济南	1.38	2.07	4.02	8.81	9.13	11.61	12.61	12.95	13.89	18.33
青岛	6.10	9.62	12.63	16.07	20.17	23.28	27.81	35.48	47.89	82.32
石家庄	0.16	0.32	0.61	1.53	1.63	1.77	3.87	4.16	4.26	5.58
呼和浩特	1.70	5.48	7.34	8.16	15.88	19.07	20.07	20.50	27.17	37.00
武汉	5.61	6.60	8.18	12.80	15.70	16.70	19.90	20.65	41.49	58.54
长沙	6.78	11.59	13.36	14.73	16.42	18.55	21.31	22.66	24.22	31.25
郑州	5.55	8.32	10.17	14.31	16.40	18.39	22.81	24.82	36.63	59.88
南昌	2.12	4.07	4.59	6.25	7.19	8.86	9.15	9.61	10.51	12.33
成都	10.50	15.84	21.28	28.10	32.85	38.76	43.63	49.53	56.23	66.70
重庆	14.07	20.61	25.77	32.91	38.99	44.25	58.07	71.53	86.74	155.46
昆明	5.74	7.13	8.68	13.42	16.35	22.43	27.43	30.39	35.77	41.94
贵阳	4.51	5.81	7.20	7.78	8.82	9.55	9.96	13.84	19.77	25.15
广州	21.37	30.22	43.23	55.92	78.97	109.54	122.35	152.25	184.66	235.76
深圳	6.04	7.78	10.99	13.08	14.55	16.65	20.88	26.04	30.80	55.08
福州	6.24	7.01	8.10	10.19	13.17	27.27	36.19	37.56	39.97	43.45
厦门	4.04	5.37	7.66	9.72	10.77	15.05	16.45	18.39	28.65	33.04
海口	1.45	2.03	2.08	2.13	2.23	2.39	2.41	2.50	2.50	3.20
南宁	4.11	5.19	5.39	6.06	8.13	9.98	11.05	12.15	13.30	19.04
西安	2.30	3.09	5.79	8.30	11.58	12.29	17.27	18.97	19.88	21.46
太原	1.28	1.49	1.76	3.46	6.52	8.37	9.75	10.76	11.97	16.30
兰州	0.58	1.16	1.76	2.34	3.77	4.93	5.69	6.48	7.04	10.61
乌鲁木齐	1.27	2.51	3.63	6.09	7.30	8.66	9.92	11.10	11.98	14.69
西宁	1.29	1.72	2.61	3.04	3.12	3.25	3.59	5.12	5.49	5.81
银川	3.15	5.09	7.12	8.36	10.37	13.58	15.54	18.02	20.44	22.38
大连	5.31	7.35	10.24	12.74	14.34	17.13	19.42	24.92	34.82	50.45
沈阳	12.84	16.10	21.51	41.74	61.06	65.92	73.23	78.04	94.80	130.30
长春	1.21	5.08	7.06	10.56	13.48	16.81	19.33	21.19	25.50	38.71
哈尔滨	1.36	2.45	5.67	7.77	10.64	12.26	13.94	18.71	22.40	36.04

数据来源：国家及各地统计局、统计公报

表3-79 全国及三十五个大中城市2006—2010年商品房销售均价

单位：元/米²

	2006年	2007年	2008年	2009年	2010年
全国	3367	3885	3877	4695	5029
上海	7196	8361	8255	12 840	14 400
南京	4477	5304	5089	7185	9565
杭州	6218	7610	8545	10 488	14 132
合肥	3131	3326	3619	4228	5904
宁波	5437	6278	7384	8992	11 265
北京	8280	11 553	12 418	13 799	17 782
天津	4774	5794	6015	6886	8194
济南	3525	3760	4273	4907	6259
青岛	4252	5201	5074	5576	6580
石家庄	2068	2718	2679	3803	3885
呼和浩特	2368	2596	2732	3894	4103
武汉	3690	4664	4781	5329	5751
长沙	2644	3308	3323	3649	4418
郑州	2888	3574	3995	4291	4957
南昌	3126	3558	3461	3774	4566
成都	3646	4267	4921	4935	5937
重庆	2269	2723	2785	3442	4281
昆明	2520	3138	3839	3868	3663
贵阳	2373	2903	3147	3758	4410
广州	6545	8267	8853	9351	11 921
深圳	10 039	14 050	12 665	14 615	19 170
福州	4396	5179	5666	6631	8413
厦门	6340	8250	5854	7951	8883
海口	2786	3531	4575	5368	8015
南宁	2873	3404	3946	4557	5144
西安	3317	3379	4185	3890	4453
太原	3578	3844	3875	4792	7201
兰州	2556	2967	3106	3612	4229
乌鲁木齐	2167	2685	3272	3511	4548
西宁	2022	2421	2766	2900	3328
银川	2399	2515	3091	3715	4010
大连	4525	5568	5774	6249	7044
沈阳	3376	3689	4127	4464	5411
长春	2457	3251	3482	4142	5178
哈尔滨	2703	3053	3793	4227	5311

数据来源：国家及各地统计局、统计公报

表3-80 全国及三十五个大中城市2010年月度累积商品房销售均价

单位：元/米²

	1~3月	1~4月	1~5月	1~6月	1~7月	1~8月	1~9月	1~10月	1~11月	1~12月
全国	5193	5307	5220	5036	4995	5013	5054	5107	5122	5029
上海	14 348	15 329	14 577	14 523	14 791	14 809	15 102	15 726	15 259	14 400
南京	8179	8573	8748	8997	8823	8929	9005	9161	9293	9565
杭州	11 975	13 149	13 032	13 023	13 093	13 276	13 815	14 128	14 369	14 132
合肥	4964	5298	5319	5412	5510	5670	5796	5905	5914	5904
宁波	10 790	11 800	11 568	11 758	11 639	11 618	11 441	11 644	11 566	11 265
北京	17 644	19 104	19 001	19 328	18 958	18 933	19 269	18 872	18 301	17 782
天津	7471	7788	7908	7751	7847	7825	8022	7699	7980	8194
济南	6028	5987	5935	6470	6362	6294	6114	6277	6305	6259
青岛	5959	6317	6217	6096	6075	5826	5900	6204	6427	6580
石家庄	2708	3281	3443	3484	3571	3666	3850	3793	3843	3885
呼和浩特	5605	5226	4846	4388	4277	4381	4256	4258	4304	4103
武汉	5525	5532	5833	5579	5497	5537	5612	5586	5960	5751
长沙	4085	4224	4200	4104	4102	4145	4238	4270	4310	4418
郑州	4754	4811	4863	4791	4797	4723	4747	4893	4904	4957
南昌	3634	3988	4149	4244	4369	4473	4471	4546	4626	4566
成都	5624	5882	5832	5835	5977	5856	5748	5835	5833	5937
重庆	3662	3918	3963	3845	3823	3863	3966	4094	4153	4281
昆明	3644	3740	3814	3656	3937	3802	3696	3744	3785	3663
贵阳	4242	4160	4217	4130	4151	3978	4035	4194	4364	4410
广州	10 315	10 668	11 029	10 861	10 842	11 154	10 974	11 051	11 287	11 921
深圳	23 220	18 738	18 103	17 763	17 946	18 398	18 517	19 148	18 681	19 170
福州	7539	7613	7669	7784	7755	8577	8653	8625	8496	8413
厦门	9830	8810	8772	8497	8232	8191	8306	8517	8948	8883
海口	9593	9265	9618	9210	9238	9175	8681	8608	8338	8015
南宁	5175	5177	5266	5505	5371	5365	5208	5194	5201	5144
西安	4546	4293	4617	4742	4759	4674	4706	4775	4787	4453
太原	5353	5270	5268	5163	5171	5322	6751	7460	7342	7201
兰州	3698	4007	3997	3993	4057	4003	4208	4256	4263	4229
乌鲁木齐	4463	4313	4258	4285	4380	4315	4451	4492	4472	4548
西宁	3590	3409	3332	3107	3369	3291	3253	3313	3312	3328
银川	4587	4449	4281	4283	4281	4212	4235	4206	4227	4010
大连	7078	6821	7002	7346	7332	7364	7456	7457	7394	7044
沈阳	5001	5235	5283	5151	5231	5204	5200	5312	5365	5411
长春	6000	5736	5603	5161	5196	5202	5243	5289	5161	5178
哈尔滨	5136	5411	5173	5088	5028	5238	5378	5343	5444	5311

数据来源：国家及各地统计局、统计公报

表3-81 全国及三十五个大中城市2006—2010年住宅销售均价

单位：元/米²

	2006年	2007年	2008年	2009年	2010年
全国	3139	3665	3655	4474	4724
上海	7039	8253	8182	12 364	14 213
南京	4270	5011	4786	6893	9227
杭州	5967	7434	8347	10 561	14 259
合肥	2891	3172	3459	4095	5501
宁波	5105	6091	7024	9068	11 730
北京	7375	10 661	11 648	13 224	17 151
天津	4649	5557	5598	6605	7909
济南	3319	3710	4260	4797	6100
青岛	3998	5105	4758	5383	6421
石家庄	2005	2644	2646	3734	3803
呼和浩特	2176	2459	2512	3252	3648
武汉	3535	4516	4680	5199	5552
长沙	2431	3191	3201	3533	4322
郑州	2691	3328	3648	4054	4596
南昌	3053	3509	3361	3637	4331
成都	3499	4190	4869	4875	5827
重庆	2081	2588	2640	3266	4040
昆明	2385	3020	3595	3644	3408
贵阳	2138	2620	2866	3492	4233
广州	6149	7993	8502	8989	10 615
深圳	9190	13 370	12 823	14 389	18 954
福州	3976	4900	5395	6441	7874
厦门	6601	8907	9979	8935	11 590
海口	2673	3386	4481	5318	8069
南宁	2656	3273	3720	4463	4952
西安	3073	3215	4056	3749	4341
太原	3156	3577	3556	4499	7046
兰州	2453	2920	3029	3500	4064
乌鲁木齐	2022	2565	3096	3355	4280
西宁	1940	2313	2675	2811	3197
银川	2185	2334	2824	3387	3801
大连	4256	5417	5617	6175	6759
沈阳	3184	3525	3856	4196	5109
长春	2313	3123	3341	4012	5097
哈尔滨	2503	2943	3515	4147	5174

数据来源：国家及各地统计局、统计公报

表3-82 全国及三十五个大中城市2010年月度累积住宅销售均价

单位：元/米^2

	1~3月	1~4月	1~5月	1~6月	1~7月	1~8月	1~9月	1~10月	1~11月	1~12月
全国	4932	5060	4959	4760	4706	4711	4754	4811	4818	4724
上海	13 525	14 828	14 069	14 112	14 141	14 280	14 728	15 350	15 110	14 213
南京	8156	8496	8635	8818	8605	8667	8719	8926	9061	9227
杭州	11 675	13 214	13 194	13 015	13 012	13 231	13 898	14 259	14 433	14 259
合肥	4666	4888	4935	5077	5193	5294	5435	5543	5526	5501
宁波	10 978	12 226	11 889	12 007	11 854	11 841	11 732	11 939	11 847	11 730
北京	17 912	19 454	19 365	19 162	18 762	18 716	18 799	18 331	17 409	17 151
天津	7416	7472	7593	7463	7579	7560	7747	7435	7742	7909
济南	5977	5967	5806	6198	6107	6053	5906	6115	6156	6100
青岛	5934	6248	6119	5982	5938	5689	5782	6106	6321	6421
石家庄	2903	3131	3313	3382	3483	3590	3741	3690	3749	3803
呼和浩特	3504	3843	3834	3699	3500	3822	3716	3790	3752	3648
武汉	5491	5487	5804	5466	5392	5435	5491	5480	5746	5552
长沙	3948	4064	4072	4000	4008	4050	4143	4180	4228	4322
郑州	4435	4527	4604	4455	4457	4397	4398	4551	4525	4596
南昌	3450	3774	3954	4021	4180	4285	4313	4404	4490	4331
成都	5576	5831	5783	5766	5902	5762	5678	5737	5741	5827
重庆	3535	3810	3861	3733	3718	3758	3849	3943	3991	4040
昆明	3442	3577	3606	3443	3758	3627	3429	3465	3434	3408
贵阳	4040	3967	4010	3957	3989	3794	3879	4035	4180	4233
广州	9923	10 146	10 286	10 111	9903	10 027	9896	9914	10 140	10 615
深圳	23 266	18 584	17 793	17 805	17 937	18 450	18 865	19 300	18 735	18 954
福州	7783	7785	7809	7860	7781	7827	7813	7878	7851	7874
厦门	11 302	11 690	11 631	11 380	11 184	10 972	10 893	11 070	11 448	11 590
海口	9621	9410	9759	9318	9341	9266	8738	8661	8382	8069
南宁	4866	4988	5118	5377	5241	5211	5021	5029	5024	4952
西安	4400	4225	4472	4618	4607	4529	4561	4654	4665	4341
太原	5236	5163	5154	4977	4898	4988	6598	7360	7246	7046
兰州	3740	4023	3987	3959	3986	3894	4107	4150	4145	4064
乌鲁木齐	4177	3990	3965	3985	4103	4054	4207	4269	4259	4280
西宁	3378	3243	3165	2974	3244	3188	3160	3180	3184	3197
银川	4241	4136	4020	4033	4083	3951	4015	3987	3999	3801
大连	6941	6698	6859	6953	6969	7028	7128	7120	7096	6759
沈阳	4625	4945	5026	4901	4946	4939	4978	5103	5119	5109
长春	5712	5536	5473	5052	5079	5076	5121	5173	5099	5097
哈尔滨	5130	5397	5087	4998	4937	5151	5298	5226	5327	5174

数据来源：国家及各地统计局、统计公报

表3-83 全国及三十五个大中城市2006—2010年办公用房销售均价

单位：元/米²

	2006年	2007年	2008年	2009年	2010年
全国	7986	8701	8595	10 691	11 418
上海	12 078	14 223	11 811	21 598	18 888
南京	8308	11 859	12 986	12 550	12 869
杭州	8672	10 412	11 714	10 431	15 138
合肥	4274	4266	5727	4654	6828
宁波	7248	7527	10 595	9381	11 037
北京	13 555	15 152	16 554	16 857	23 412
天津	6170	7411	9785	11 134	13 857
济南	5734	5583	5322	5030	7455
青岛	9390	7537	9010	9727	8478
石家庄	4455	5825	8889	3673	4945
呼和浩特	3582	4107	3862	4786	5776
武汉	4496	5705	6287	5234	5738
长沙	4256	5374	5120	5660	4504
郑州	4965	4724	5114	4929	9331
南昌	3988	4432	7121	5682	9650
成都	4668	5828	5745	5881	9280
重庆	3304	4186	4669	5173	9537
昆明	4737	4915	5264	5906	7570
贵阳	4275	4758	4776	4628	5432
广州	10 179	12 669	12 560	15 080	16 882
深圳	15 762	23 536	19 052	20 881	22 853
福州	3542	3431	7791	6873	16 461
厦门	6605	4970	5696	6891	6941
海口	3180	5772	5821	4969	6471
南宁	5367	5268	5888	6427	8219
西安	4791	4628	5780	5277	6004
太原	5721	5065	6812	6383	6906
兰州	3033	3377	3580	5298	4501
乌鲁木齐	3820	4848	6855	7284	9452
西宁	2513	3063	3261	3551	2200
银川	3040	3197	3786	5424	5623
大连	8257	6529	5330	5214	14 238
沈阳	4821	5392	6624	7643	6937
长春	3779	5163	4252	4208	4554
哈尔滨	4001	3361	3612	4630	6496

数据来源：国家及各地统计局、统计公报

表3-84 全国及三十五个大中城市2010年月度累积办公用房销售均价

单位：元/米²

	1~3月	1~4月	1~5月	1~6月	1~7月	1~8月	1~9月	1~10月	1~11月	1~12月
全国	10 433	10 979	11 193	11 280	11 519	11 576	11 631	11 964	11 908	11 418
上海	23 666	23 206	23 265	20 400	23 659	23 029	21 829	22 452	19 317	18 888
南京	7033	11 343	12 353	12 237	12 274	12 331	12 290	12 301	12 253	12 869
杭州	14 099	13 330	12 829	13 972	15 115	14 967	15 117	15 348	15 966	15 138
合肥	5681	6197	6070	6042	6315	6463	6424	6537	6722	6828
宁波	12 618	12 126	11 710	11 605	11 917	11 410	11 202	11 464	11 490	11 037
北京	17 046	18 558	19 056	21 502	21 100	21 641	23 194	23 373	23 893	23 412
天津	13 794	13 727	16 545	15 794	15 110	14 901	14 730	14 761	12 853	13 857
济南	8000	5513	7249	7264	7563	6882	6905	6911	6930	7455
青岛	8531	7957	8451	8851	8887	9011	9155	8975	8861	8478
石家庄	—	4405	4600	4904	4932	4945	4945	4941	4941	4945
呼和浩特	9115	8571	8933	8599	8599	7012	7012	6589	5809	5776
武汉	5518	5623	6398	6738	6745	6804	6779	6807	6979	5738
长沙	6333	5891	5370	3510	3701	3763	4049	4469	4507	4504
郑州	7045	7137	7010	7950	8206	8384	8690	9255	9474	9331
南昌	4023	5840	7097	7422	6898	6873	6919	6974	7178	9650
成都	9319	9406	8456	9263	10 189	10 517	9354	9597	9512	9280
重庆	8275	8407	8213	7833	7933	8172	8441	9968	9820	9537
昆明	6606	5904	6548	6605	6359	7038	7417	8015	8483	7570
贵阳	4320	4911	5011	5014	5034	5470	5539	5539	5545	5432
广州	13 984	15 400	14 990	14 403	14 455	14 835	15 134	15 366	15 582	16 882
深圳	21 170	24 600	23 320	23 558	23 840	22 484	23 877	22 705	22 614	22 853
福州	5098	5789	5789	6598	6598	15 877	16 094	16 317	16 576	16 461
厦门	6949	7221	6150	6057	5775	5679	6053	6272	8287	6941
海口	12 727	9000	10 500	9697	9423	9371	9383	9381	8765	6471
南宁	12 336	12 561	10 456	10 412	6931	7080	7196	7566	7906	8219
西安	5780	4529	6606	6653	6829	6543	6201	5835	6166	6004
太原	5571	5968	5985	5985	6095	6321	6597	6865	6865	6906
兰州	2228	2271	2366	2356	2445	2435	2490	2495	3574	4501
乌鲁木齐	12 034	8417	8248	9219	9312	9233	9936	10 113	9989	9452
西宁	2188	2188	2200	2200	2200	2200	2200	2193	2193	2200
银川	6392	6066	6059	6115	5800	5764	5897	5964	5617	5623
大连	5188	6392	8796	15 058	15 031	15 052	15 080	14 715	14 735	14 238
沈阳	6073	6102	6159	6696	6788	6786	6940	7421	7509	6937
长春	10 000	10 000	10 000	3843	3843	3843	3843	3855	3836	4554
哈尔滨	5000	6667	6667	6944	8630	8630	7765	8931	8240	6496

数据来源：国家及各地统计局、统计公报

表3-85 全国及三十五个大中城市2006—2010年商业用房销售均价

单位：元/米^2

	2006年	2007年	2008年	2009年	2010年
全国	5128	5819	5935	6896	7735
上海	6479	6613	6610	15 237	15 735
南京	6929	8468	8425	12 210	15 117
杭州	8815	9498	8779	10 369	13 421
合肥	5916	6149	6601	7176	10 964
宁波	8881	9099	9808	10 900	12 581
北京	14 965	17 584	17 148	19 091	22 453
天津	6259	8880	10 339	8955	10 547
济南	6150	4682	6634	10 984	13 350
青岛	5712	6514	8841	8162	9192
石家庄	2974	4055	4031	8346	7304
呼和浩特	4468	5420	6516	7634	7143
武汉	8148	8369	8101	11 162	11 622
长沙	6517	6091	5506	8541	9568
郑州	6779	7758	8681	8234	10 030
南昌	4322	5148	7772	6366	7597
成都	6451	6194	6812	8751	9294
重庆	4553	5135	5432	7145	8003
昆明	7062	5558	7046	7961	7825
贵阳	5558	8522	10 063	10 392	8928
广州	10 219	9525	12 476	13 395	19 757
深圳	18 257	19 099	11 468	18 605	25 162
福州	12 659	13 281	14 796	13 905	15 310
厦门	13 893	16 077	14 774	17 225	17 472
海口	4736	6644	7076	7479	8142
南宁	6714	6374	10 132	8626	10 943
西安	9034	8066	6822	8201	9412
太原	8282	8425	6761	9289	11 126
兰州	5154	3968	5565	4916	6346
乌鲁木齐	4299	5175	5149	6330	7240
西宁	3431	5417	5222	5626	6513
银川	4162	4311	5447	6315	5966
大连	8184	9803	9446	8528	9961
沈阳	6080	6017	6681	7112	7788
长春	4357	5158	5277	6072	6500
哈尔滨	3901	4277	5925	5091	7294

数据来源：国家及各地统计局、统计公报

表3-86 全国及三十五个大中城市2010年月度累积商业用房销售均价

单位：元/米²

	1~3月	1~4月	1~5月	1~6月	1~7月	1~8月	1~9月	1~10月	1~11月	1~12月
全国	7812	7613	7638	7638	7616	7776	7845	7785	7883	7735
上海	18 490	16 717	16 153	17 474	17 199	17 185	17 401	17 382	17 032	15 735
南京	9602	10 665	11 199	11 729	11 894	12 818	13 724	13 349	13 606	15 117
杭州	12 213	13 023	12 557	12 598	12 141	12 753	12 837	12 893	13 345	13 421
合肥	9590	10 532	10 034	9768	9712	10 650	10 751	10 876	11 057	10 964
宁波	12 140	12 214	12 487	13 533	13 420	14 256	14 263	14 482	14 381	12 581
北京	21 144	21 381	21 369	23 103	23 268	23 498	23 927	23 067	24 014	22 453
天津	8285	13 254	11 252	11 309	11 254	11 550	11 858	10 742	10 880	10 547
济南	13 663	12 938	13 400	14 782	14 726	14 585	13 965	13 601	14 050	13 350
青岛	6770	7752	7948	8027	8443	7986	7582	7577	8212	9192
石家庄	—	3765	3765	4192	4358	4634	7963	7517	7368	7304
呼和浩特	11 724	9682	10 166	9423	9532	9593	9838	9769	10 182	7143
武汉	9476	9836	10 381	12 813	11 393	10 965	10 798	10 901	13 915	11 622
长沙	8422	9272	9088	8944	8895	9270	9285	9332	9005	9568
郑州	10 673	10 492	10 109	9972	9856	9839	10 463	10 226	10 206	10 030
南昌	8314	8173	7927	8645	7980	8069	7895	7768	7352	7597
成都	9123	9340	10 042	9420	9552	9405	9016	8955	9112	9294
重庆	6986	6663	6643	6632	6234	6263	6406	6666	6973	8003
昆明	7247	7095	7185	7988	8151	7934	8232	7854	7983	7825
贵阳	8673	9008	8944	8791	9028	8992	8853	9144	9182	8928
广州	13 127	14 261	16 326	16 864	17 064	18 450	18 794	19 549	19 874	19 757
深圳	27 455	21 084	19 982	19 207	19 769	20 036	16 441	17 780	18 352	25 162
福州	5854	6193	6527	7731	9191	14 490	17 119	16 968	16 714	15 310
厦门	14 480	14 474	14 055	15 331	15 746	12 985	13 202	13 439	16 756	17 472
海口	9732	7250	7298	7320	7125	7264	7194	6988	6998	8142
南宁	10 759	10 485	10 527	10 539	11 516	12 010	12 063	11 939	11 576	10 943
西安	11 500	8983	9914	10 000	11 210	11 122	11 422	10 538	10 257	9412
太原	12 800	12 213	11 656	10 176	10 706	11 341	11 552	11 716	11 320	11 126
兰州	6374	5659	5587	5821	5872	6124	6287	6366	6279	6346
乌鲁木齐	6615	6693	7393	6670	6939	6906	6860	7071	7065	7240
西宁	6114	5811	5724	5487	5632	5518	5762	6207	6499	6513
银川	6164	6024	5870	5871	5654	6095	6199	5981	6057	5966
大连	11 619	10 280	10 333	10 520	10 654	10 420	10 291	10 951	10 633	9961
沈阳	8111	8115	8011	6505	6758	6828	6756	6772	7275	7788
长春	11 863	8089	7393	7218	7612	7848	7851	7889	6341	6500
哈尔滨	5271	5847	6831	6416	6333	6419	6699	7598	7505	7294

数据来源：国家及各地统计局、统计公报

十一、历年地方财政收入和土地出让金情况

表3-87 近十年我国地方财政收入和土地出让金比较

	地方财政收入（亿元）	增幅（%）	土地出让金（亿元）	增幅（%）	出让金收入占地方财政收入比重（%）
2001年	7803.30	—	1295.89	—	16.6
2002年	8515.00	9.1	2416.79	86.5	28.4
2003年	9849.98	15.7	5421.00	124.3	55.0
2004年	11 893.37	20.7	6412.00	18.3	53.9
2005年	15 100.76	27.0	5884.00	−8.2	39.0
2006年	18 303.58	21.2	7676.89	30.5	41.9
2007年	23 572.62	28.8	11 947.95	55.6	50.7
2008年	28 649.79	21.5	9600.00	−19.7	33.5
2009年	32 581.00	13.7	15 910.20	65.7	48.8
2010年	35 382.97	8.6	27 111.00	70.4	76.6

资料来源：2011.01.13，《南方周末》，采自国土资源部、国家统计局、财政部和其他媒体

表3-88 2009—2010年十城市土地出让金额比较

排名	城市	2010年（亿元）	2009年（亿元）	同比（%）
1	北京	1628.54	927.79	75.50
2	上海	1513.43	1025.29	47.60
3	大连	1157.75	275.29	320.60
4	天津	901.23	739.13	21.90
5	武汉	812.55	360.70	125.30
6	杭州	738.10	1094.95	−32.60
7	南京	572.02	224.25	155.10
8	成都	510.61	356.45	43.30
9	重庆	506.68	448.47	13.00
10	无锡	411.50	220.70	86.50

资料来源：CREIS中指数据

十二、2010年房地产重点上市公司股票价格涨跌幅排名

表3-89 沪市房地产企业涨幅TOP10

排名	证券代码	证券简称	2009年收盘价（元）	2010年收盘价（元）	涨跌幅（%）	最高价（元）	最低价（元）
1	600256	广汇股份	22.90	41.93	138.30	49.68	17.62
2	600773	西藏城投	9.16	18.36	100.40	25.66	6.75
3	600113	浙江东日	9.20	9.16	60.17	10.10	5.26
4	600133	东湖高新	11.00	9.63	59.03	12.98	6.11
5	600617	*ST联华	7.50	11.36	51.50	11.86	7.02
6	600647	同达创业	18.97	13.53	42.60	27.11	9.93
7	600913	*ST联华B	0.548	0.738	34.70	0.77	0.493
8	600193	创兴置业	11.81	14.76	25.00	19.04	11.25
9	600614	鼎立股份	7.86	9.17	16.70	10.05	5.67
10	600503	华丽家族	13.48	14.87	10.30	14.88	8.42

数据来源:上海证券交易所

表3-90 沪市房地产企业跌幅TOP10

排名	证券代码	证券简称	2009年收盘价（元）	2010年收盘价（元）	涨跌幅（%）	最高价（元）	最低价（元）
1	600638	新黄浦	17.25	9.02	-47.71	18.20	8.35
2	600657	信达地产	11.22	6.12	-45.45	11.30	5.80
3	600325	华发股份	18.74	10.14	-45.60	18.85	9.90
4	600162	香江控股	8.82	4.95	-43.56	8.80	4.70
5	600185	格力地产	12.89	7.32	-43.21	13.93	7.10
6	600159	大龙地产	17.96	5.13	-42.87	11.30	4.21
7	600748	上实发展	13.95	8.07	-42.01	15.44	7.28
8	600393	东华实业	11.56	6.66	-41.88	11.45	5.48
9	600052	浙江广厦	8.30	4.87	-41.33	8.72	4.63
10	601588	北辰实业	5.93	3.50	-40.68	5.94	3.40

数据来源:上海证券交易所

表3-91 深市房地产企业涨幅TOP10

排名	证券代码	证券简称	2009年收盘价（元）	2010年收盘价（元）	涨跌幅（%）	最高价（元）	最低价（元）
1	000732	ST三农	—	6.40	143.27	12.42	6.16
2	000711	天伦置业	10.11	14.15	39.96	14.15	7.17
3	000506	中润投资	8.21	11.28	37.15	12.47	5.34
4	000836	鑫茂科技	9.65	10.17	37.01	11.81	5.88
5	200056	深国商B	4.78	6.45	34.94	6.45	4.48
6	000540	中天城投	18.53	13.73	19.01	19.68	7.48
7	000056	深国商	10.09	11.59	14.87	12.90	8.59
8	000671	阳光城	23.90	8.45	13.96	36.97	8.22
9	000926	福星股份	12.09	13.48	12.64	15.08	7.64
10	000979	中弘地产	15.78	17.65	11.85	17.65	9.05

数据来源:深圳证券交易所

表3-92 深市房地产企业跌幅TOP10

排名	证券代码	证券简称	2009年收盘价（元）	2010年收盘价（元）	涨跌幅（%）	最高价（元）	最低价（元）
1	000031	中粮地产	11.23	6.23	−44.37	11.48	6.04
2	000537	广宇发展	14.28	8.26	−42.16	18.00	7.98
3	000656	ST东源	15.80	9.25	−41.46	16.15	7.64
4	000014	沙河股份	15.50	9.19	−40.59	15.71	8.96
5	002305	南国置业	19.57	11.66	−40.11	19.88	10.40
6	000036	华联控股	6.54	3.93	−39.91	6.79	3.56
7	000024	招商地产	26.63	15.95	−39.88	26.56	14.16
8	000638	万方地产	14.09	8.52	−39.53	14.18	7.55
9	000005	世纪星源	6.02	3.67	−39.04	6.77	3.60
10	000918	嘉凯城	16.05	7.82	−38.91	13.80	7.10

数据来源:深圳证券交易所

表3-93 港市内地房地产企业涨跌幅TOP15

排名	证券代码	证券简称	2009年收盘价（元）	2010年收盘价（元）	涨跌幅（%）	最高价（元）	最低价（元）
1	03900	绿城中国	12.16	8.60	-29.28	12.18	7.29
2	02868	首创置业	3.50	2.60	-25.71	3.64	1.95
3	00754	合生创展	11.20	8.36	-25.36	13.44	7.78
4	00813	世茂房地产	14.72	11.74	-20.24	15.80	10.36
5	01109	华润置地	17.64	14.20	-19.5	18.08	12.90
6	02777	广州富力	13.70	11.12	-18.83	14.14	8.55
7	00272	瑞安房地产	4.60	3.74	-18.70	4.68	2.95
8	00688	中国海外	16.40	14.38	-12.32	18.48	13.48
9	03333	恒大地产	4.29	3.78	-11.89	4.29	1.83
10	01207	上置集团	0.83	0.78	-6.02	0.90	0.66
11	02337	上海复地	2.54	2.50	-1.57	2.65	1.90
12	03383	雅居乐	11.40	11.44	0.35	12.82	7.40
13	02007	碧桂园	2.89	2.98	3.11	3.43	1.95
14	00960	龙湖地产	8.75	10.82	23.66	11.50	6.87
15	00410	SOHO中国	4.20	5.78	37.62	6.75	3.60

数据来源：香港证券交易所

十三、2010年企业销售排行榜

表3-94 2010年中国房地产开发企业销售面积TOP20

单位：万平方米

排名	企业名称	2010年住宅销售面积
1	万科	847
2	恒大	831
3	绿地	743
4	保利	723
5	碧桂园	600
6	中海外	530
7	万达	278
8	雅居乐	264
9	龙湖	258
10	绿城	255
11	世纪金源	252
12	富力	247
13	金地	233
14	中信	224
15	华润	223
16	世茂	220
17	中铁	185
18	金科	165
19	远洋	164
20	新城	162

资料来源：中国房地产决策咨询系统（CRIC）

表3-95 2010年中国房地产开发企业销售金额TOP20

单位：亿元

排名	企业名称	2010年住宅销售金额
1	万科	1026
2	保利	660
3	绿地	650
4	中海外	578
5	恒大	527
6	绿城	522
7	万达	369
8	龙湖	336
9	碧桂园	330
10	富力	321
11	雅居乐	295
12	中信	282
13	金地	280
14	世茂	269
15	华润	226
16	远洋	214
17	复地	172
18	招商	143
19	新城	140
20	星河湾	135

资料来源：中国房地产决策咨询系统（CRIC）

表3-96 2010年房企拿地总额排行

排名	企业名称	拿地总价（亿元）	总规划面积（万平方米）	楼面地价（元/米^2）
1	万科集团	659.21	2806.55	2349
2	保利地产	513.72	1735.98	2959
3	绿地集团	282.75	1311.23	2156
4	恒大地产集团	249.41	3567.52	699
5	大连万达	229.40	1170.19	1960
6	远洋地产	220.07	275.94	7975
7	中冶置业	208.80	356.21	5862
8	中海地产	195.09	582.90	3347
9	绿城中国	171.40	460.78	3720
10	龙湖地产	159.33	864.08	1844

资料来源：CREIS中指数据

04 CHAPTER

市场情况

导读
INTRODUCTION

加快构建以政府为主提供基本保障，以市场为主满足多层次需求的住房供应体系，是2010年房地产业发展过程中的一个重要标志。如何完善土地的供应市场，也是社会关注的一大问题。

考虑到房地产市场地域性强、差异性大，本篇中我们选取了三十个重点城市土地市场、二十个重点城市房地产市场做介绍，对各城市开发投资、市场变化、成交结构、项目排行等市场要素进行深入分析。我们力图通过对重点城市的分析，基本展示2010年全国房地产市场的整体状况。从本篇记录中，我们可以看出东部城市受房地产政策调控影响最大，特别是在交易量方面；中西部城市表现较为稳健，房地产市场总体平稳向上。

“市场情况”中数据来源于国家统计局和中国房地产决策咨询系统（CRIC），其中少数空白是因为统计数据尚未发布。全国性的数据未包含我国港、澳、台地区的相关数据。

一、全国房地产市场总体情况

1. 开发投资

2010年以来，不断走稳的宏观经济形势、部分城市房价仍然快速上涨及住房保障加快推进等方面因素，增强了房地产市场预期，促使房地产开发企业加大了开发力度，房地产开发投资依然保持了快速增长态势。2010年全国完成房地产开发投资48 267亿元，同比增长33.2%。

2010年商品住宅投资为34 038亿元，同比增长32.9%，占房地产开发总投资比重的70.5%；办公楼开发投资额为1807亿元，同比增长31.2%，占房地产开发总投资比重的3.7%；商业营业用房开发投资额为5599亿元，同比增长33.9%，占房地产开发总投资比重的11.5%。

2. 资金来源

2010年中国房地产开发资金来源结构良性化调整继续取得新进展。房地产国内贷款总额12 540亿元，结构占比17.3%，比上年下降2.5个百分点；利用外资总额796亿元，结构占比1.1%，比上年增长0.3个百分点；自筹资金总额26 705亿元，结构占比36.8%，比上年增长5.5个百分点；定金及预付款总额19 020亿元，结构占比26.2%，比上年下降1.7个百分点。

3. 商品房供给

2010年全国商品房施工面积405 539万平方米，同比增长26.6%。其中商品住宅施工面积314 943万平方米，同比增长25.3%；办公楼施工面积12 140万平方米，同比增长21.4%；商业用房施工面积44 616万平方米，同比增长29.2%。

2010年全国商品房新开工面积163 777万平方米，同比增长40.7%。其中商品住宅新开工面积129 468万平方米，同比增长38.8%；办公楼新开工面积3678万平方米，同比增长28.6%；商业营业用房新开工面积17 461万平方米，同比增长40.6%。

2010年全国商品房竣工面积75 961万平方米，同比增长4.5%。其中商品住宅竣工面积61 216万平方米，同比增长2.7%；办公楼竣工面积1748万平方米，同比增长5.8%；商业营业用房竣工面积7931万平方米，同比增长16.2%。

4. 商品房销售

2010年全国商品房销售面积104 349万平方米，同比增长10.1%；商品房销售金额52 479亿元，同比增长18.3%。其中全国商品住宅销售面积93 052万平方米，同比增长8.0%，商品住宅销售金额43 953亿元，同比增长14.4%；全国办公楼销售面积1882万平方米，同比增长21.9%，办公楼销售金额2149亿元，同比增长31.2%；全国商业营业用房销售面积6921万平方米，同比增长29.9%，商业营业用房销售金额5354亿元，同比增长46.3%。

5. 商品房价格

2010年全国商品房销售均价5029元/米²，同比增长7.1%；其中商品住宅销售均价4724元/米²，同比增长5.6%；办公楼销售均价11 418元/米²，同比增长6.8%；商业营业用房销售均价7735元/米²，同比增长12.2%。

全国70个大中城市房屋销售价格指数同比2010年1月至4月份呈现逐月递增态势，1月份109.5，4月份112.8，为全年最高点。此后，房屋销售价格指数同比逐月回落，12月份106.4，为全年最低点。

全国70个大中城市房屋销售价格指数环比1月份和4月份为全年高点，分别是101.3和101.4。6月份是99.9，为全年价格唯一负增长月份。此后各月价格指数环比均处于低增长阶段，在100.0和100.5之间波动。

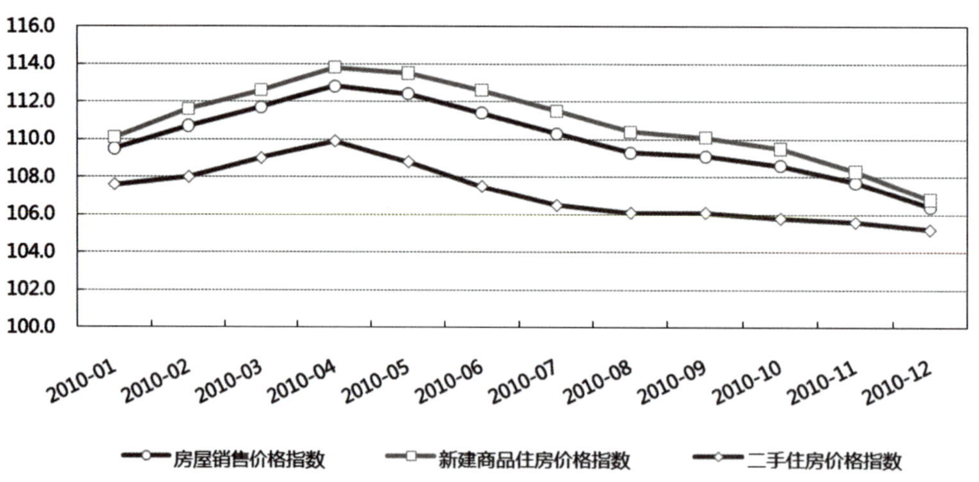

图4-1 全国房屋销售、新建商品住房和二手住房价格指数同比月度走势

数据来源：根据国家统计局数据整理

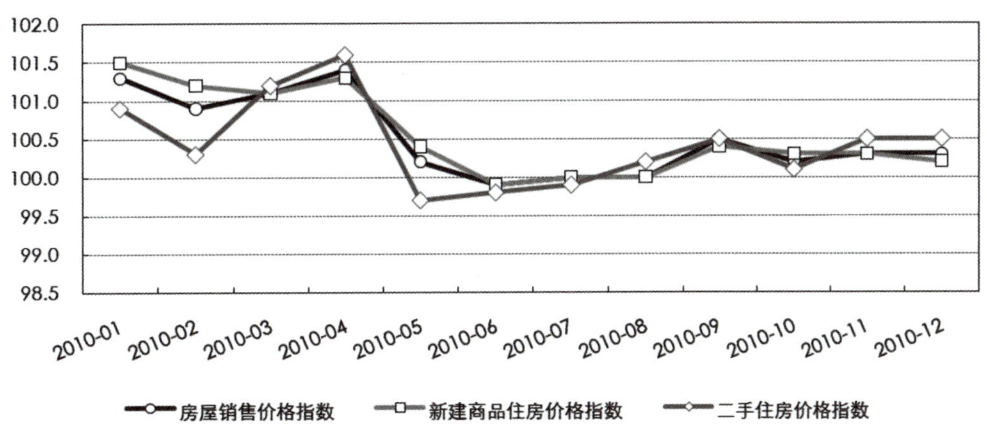

图4-2 全国房屋销售、新建商品住房和二手住房价格指数环比月度走势

数据来源：根据国家统计局数据整理

6. 全国房地产景气指数

2010年全国房地产景气指数整体呈现下行的走势，3月份为全年高点105.89，此后开始连续下跌，到12月份为101.79。

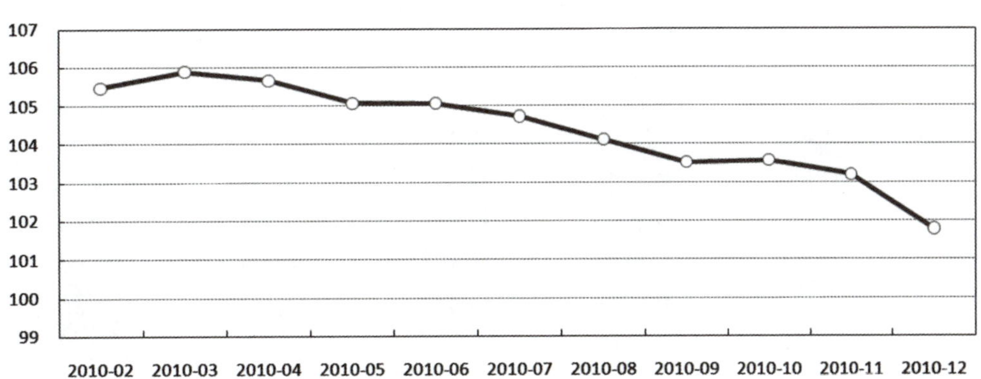

图4-3 2010年国房景气指数月度走势

数据来源：国家统计局

二、全国土地市场总体情况

1. 全国土地供应情况

2010年全国住房用地供地计划为18.47万公顷，实际完成12.54万公顷，同比增加4.9万公顷，增长64.1%，比前五年平均年度实际供地量增加7.07万公顷。

2010年保障性住房用地供应大幅增长，保障性住房、棚户区改造和中小套型商品房用地计划供应量占住房用地计划供应总量的76.6%。在全国住房用地计划中，2010年保障性住房用地2.45万公顷，同比增加124.5%。其中，经济适用房用地占保障性住房用地总量的71%，与2009年实际供地相比增加79%；廉租房用地占保障性住房总量的29%，与2009年实际供地相比增长了4.7倍。（详细数据见保障住房篇，一、全国保障性住房供地计划及完成情况）

2. 全国土地购置情况

2010年全国房地产开发企业完成土地购置面积40 970万平方米，比上年增长28.4%，超过2007年全年4亿平方米的纪录，创历史新高。

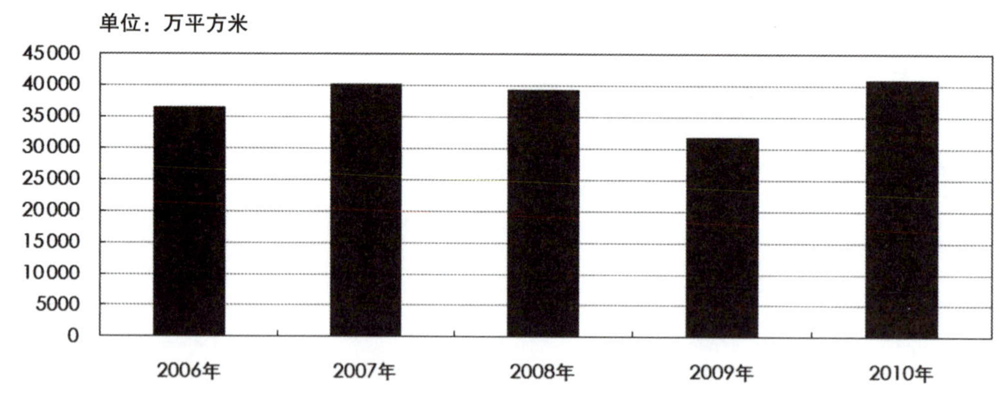

图4-4 全国2006—2010年土地购置面积走势

数据来源：国家统计局

季度走势方面，2010年二季度，土地购置面积达到12 335万平方米的高峰，三季度和四季度土地购置面积依然保持高位。

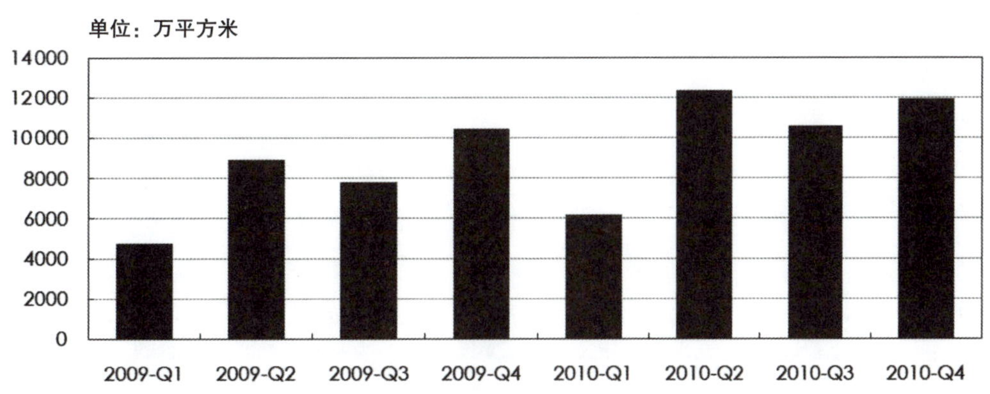

图4-5 全国土地购置面积季度走势

数据来源：国家统计局

2010年4月新政出台后土地购置面积累积同比增长基本保持在30%以上的水平。在经历了三轮调控之后，中国的房地产市场热度依旧，供不应求的局面依然存在。

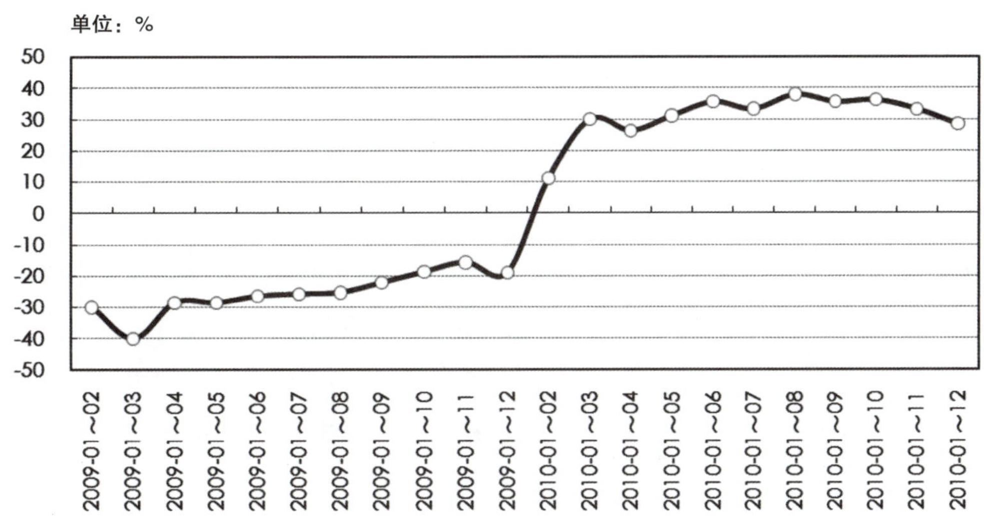

图4-6 2010年全国土地购置面积月度累积同比增幅走势

数据来源：国家统计局

2010年全国土地出让金总额高达27 111亿元，同比增长70.4%，土地市场的“量价齐涨”是2010年全国土地出让金收入大增的主要原因。（2010年3月7日，在十一届全国人大四次会议举行“财政政策和有关问题”记者会上，财政部部长谢旭人宣布2010年土地出让金为29 397亿元。）

土地出让收入依旧是地方财政的重要来源，城市发展对“土地财政”的依赖有增无减。财政部数据显示，2009年全国土地出让收入占到当年地方财政收入的48.8%，2010年全国土地出让收入在地方财政收入中的比重进一步上升到76.6%。

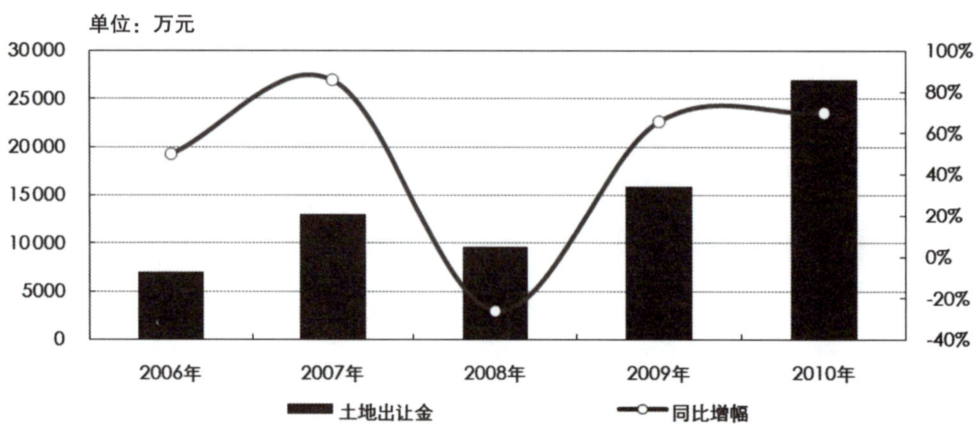

图4-7 全国“十一五”期间土地出让金走势

数据来源：国土资源部

3. 全国土地成交情况

2010年全国平均土地购置单价为2437元/米²，同比大幅上涨28.7%。

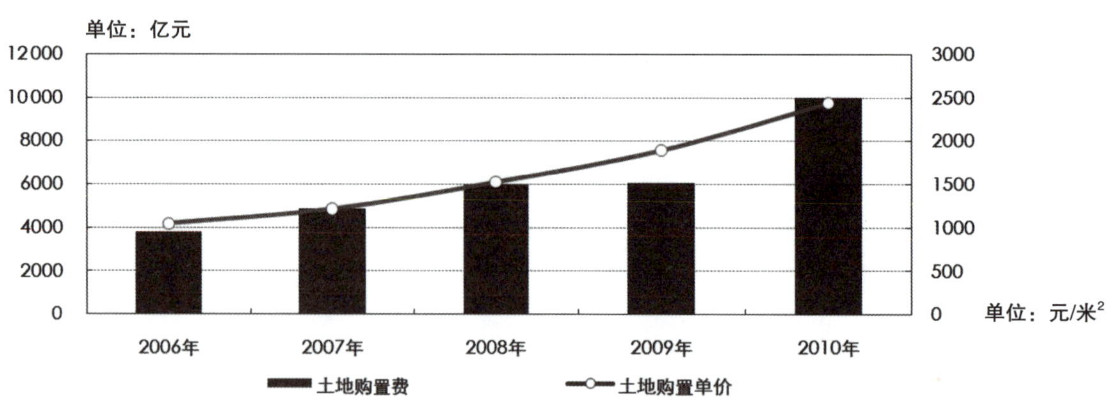

图4-8 全国2006—2010年土地购置费及购置单价走势

数据来源：国家统计局

月度走势方面，2010年6月由于当月土地购置面积的大增，使单月土地购置费亦达到1290亿元的高峰。

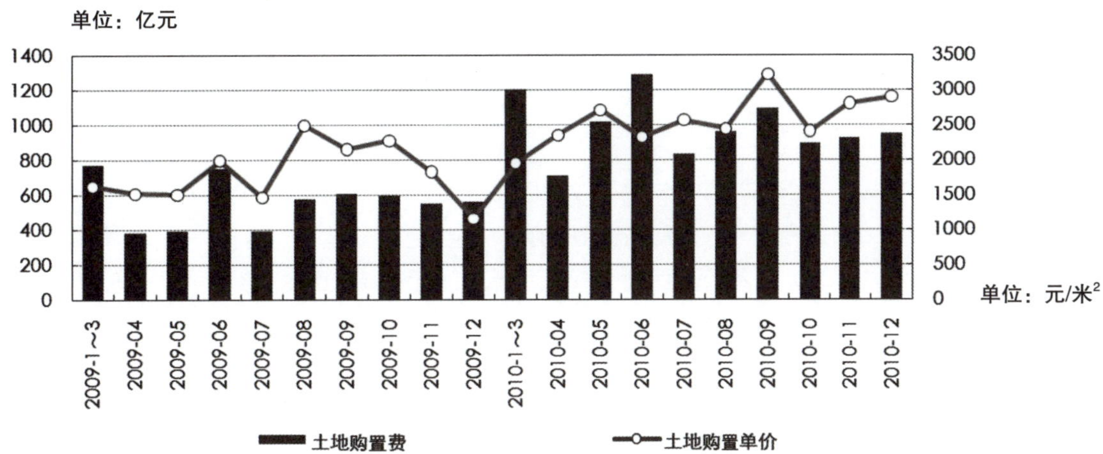

图4-9 2009—2010年全国土地购置费及土地购置单价月度走势图

数据来源：国家统计局

4. 三十大重点城市土地供应情况

2010年全国30大重点城市共供应经营性土地4731幅，2.9亿平方米，同比分别上涨28%和25%。尽管4月新政出台后，土地市场较年初高峰期出现一定降温，但进入第四季度以来，各地方政府加快了推地节奏，11月单月全国30大重点城市经营性土地供应量3887万平方米更是创下近两年的新高。

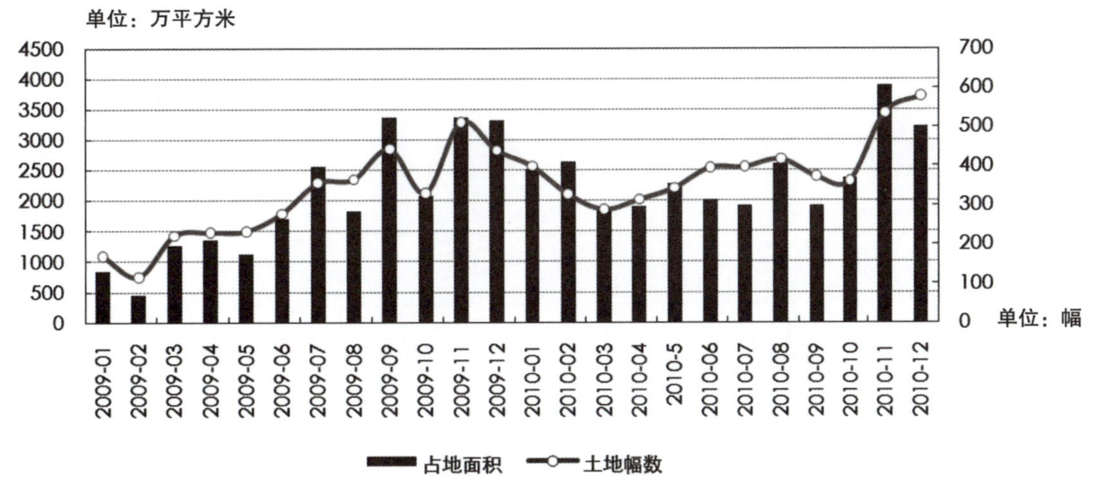

图4-10 全国30大重点城市经营性土地供应走势

数据来源：中国房地产决策咨询系统（CRIC）

供应量集中东部地区，中西部地区同比增幅较大

东部地区2010年供应经营性土地面积19 266.8万平方米，同比上涨14.3%。其中，第四季度土地供应放量明显，土地供应面积一举突破6000万平方米大关，达到年度高峰。

中部地区2010年供应经营性土地面积4562.7万平方米，同比上涨47%。从季度表现来看，前三季度土地供应量均维持在900万~1000万平方米，第四季度供应增幅超过70%。

西部地区2010年供应经营性土地面积5260.2万平方米，同比增幅达到58.9%。从季度表现来看，上半年为供应高峰，第四季度进一步放量。

图4-11 2010年全国重点城市经营性土地供应区域分布

数据来源：中国房地产决策咨询系统（CRIC）

表4-1 2010年东中西部经营性土地供应

单位：万平方米

区域	2010年	2009年	同比	2010年1季度	2010年2季度	2010年3季度	2010年4季度
东部	19 266.8	16 862.3	14.3%	4737.1	3984.7	4329.9	6215.1
中部	4562.7	3103.6	47.0%	1002.6	897.1	962.3	1700.8
西部	5260.2	3309.7	58.9%	1245.8	1312.2	1144.9	1557.2

数据来源：中国房地产决策咨询系统（CRIC）

多城市供地显著增长，北京增幅超一倍

2010年全国住房用地供地计划的大幅增长，30大重点城市中有25个城市经营性土地供应均出现不同程度放量。

从各城市具体表现来看，天津连续两年经营性土地供应量位居全国首位，2010年3288.7万平方米的供应量较2009年仍有近10%的增幅，滨海新区开发的加速继续推动着天津土地供应的放量。

包括天津在内，2010年共有10个城市的土地供应量超过1000万平方米，同比增加3个，其中北京、大连、成都3个城市的供应量超过2000万平方米，北京2010年土地供应量2248.5万平方米，同比涨幅高达130.5%。

常州、杭州、宁波、无锡、贵阳5个城市的供地面积在700万～1000万平方米，其中无锡和贵阳超过一半的供应量集中在2010年一季度的市场高峰期。

除北京外，深圳、青岛、长春、合肥、贵阳、南宁6个城市的土地供应放量均超过一倍。深圳受限于关内土地稀缺及关内、关外一体化规划影响，2010年土地供应量仅有279.2万平方米，但同比增幅仍高达239.4%，位居各重点城市之首。

广州、海口、沈阳、太原4个城市2010年土地供应出现明显缩量。沈阳2009年由于沈北新区开发进程的加快，3352.6万平方米的供地量位居全国之首，2010年则降幅超过50%。广州2010年供地量仅654.8万平方米，对比2009年超过1000万平方米的供地量大幅下跌。

从供地计划完成度来看，北京、上海、广州、深圳四大一线城市2010年的住房供地计划分别为2500公顷、1100公顷、500公顷、407公顷；其中北京、上海、广州供地计划完成度同以往相比均有所改善。

表4-2 2010年全国重点城市经营性土地供应

单位：万平方米

区域	城市	2010年	2009年	同比	2010年1季度	2010年2季度	2010年3季度	2010年4季度
东部	北京	2248.5	975.3	130.5%	495.7	252.0	246.3	1254.4
	上海	1249.7	1151.2	8.6%	157.8	73.8	762.9	255.3
	广州	654.8	1105.5	-40.8%	42.4	208.3	257.2	147.0
	深圳	279.2	82.3	239.4%	156.7	59.6	26.7	36.1
	杭州	865.7	798.0	8.5%	218.2	166.5	231.1	249.9
	南京	573.3	510.7	12.3%	130.0	78.9	191.5	172.9
	天津	3288.7	3010.1	9.3%	1133.4	1294.5	412.5	448.3
	大连	2431.1	1409.3	72.5%	558.8	302.9	486.0	1083.3
	宁波	866.2	556.0	55.8%	137.0	200.4	240.0	288.8
	青岛	1468.6	672.3	118.5%	535.8	237.7	273.6	421.5
	常州	701.3	500.5	40.1%	72.7	187.3	206.7	234.6
	海口	50.1	204.9	-75.6%	0.0	23.7	20.6	5.8
	沈阳	1455.7	3352.6	-56.6%	197.3	334.1	462.6	461.8
	苏州	665.4	690.6	-3.6%	56.6	230.9	75.4	302.6
	济南	689.8	644.0	7.1%	226.1	93.1	127.2	243.4
	无锡	882.8	473.2	86.6%	427.2	106.1	43.7	305.9
	厦门	428.1	326.6	31.1%	112.3	59.5	151.3	105.0
	扬州	467.9	399.3	17.2%	79.3	75.6	114.6	198.4

（续表）

区域	城市	2010年	2009年	同比	2010年1季度	2010年2季度	2010年3季度	2010年4季度
中部	长春	1044.0	466.0	124.1%	189.6	315.0	195.9	343.6
	长沙	331.2	174.8	89.5%	115.6	67.7	67.4	80.4
	合肥	654.4	307.8	112.6%	183.7	154.5	44.2	272.1
	南昌	378.1	328.5	15.1%	100.8	32.2	149.2	95.9
	太原	230.3	557.2	-58.7%	18.8	51.3	60.0	100.2
	武汉	1583.6	1030.1	53.7%	210.0	215.7	422.4	735.5
	郑州	341.0	239.2	42.6%	184.1	60.7	23.3	72.9
西部	成都	2315.6	1425.6	62.4%	493.7	544.9	710.3	566.7
	重庆	1246.9	990.0	25.9%	205.0	267.4	176.2	598.2
	南宁	367.4	133.8	174.7%	55.2	93.1	95.2	123.9
	西安	591.9	440.7	34.3%	97.0	233.1	140.3	121.4
	贵阳	738.3	319.6	131.0%	394.9	173.6	22.9	146.9

数据来源：中国房地产决策咨询系统（CRIC）

商服用地供应比重上升

2010年住宅用地依然是土地供应的主体，商服用地供应比重有所上升。

住宅用地供应2987幅，占比为67.8%，同比下跌2.2个百分点，但幅数同比增加311幅。住宅用地供应中，纯住宅用地为1381幅，含住宅用途的综合用地为1606幅。

商服用地供应1381幅，占比31.3%，同比增加3个百分点，幅数同比增加了302幅；综合用地供应40幅，占比0.9%，幅数较2009年减少了33幅。

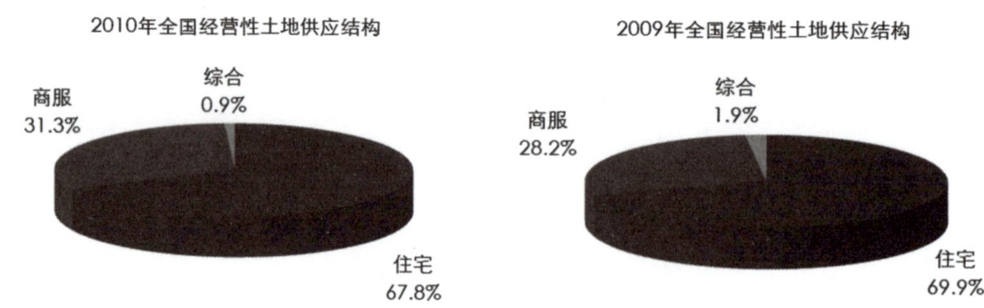

图4-12 2010年与2009年全国重点城市经营性土地供应结构比较

数据来源：中国房地产决策咨询系统（CRIC）

土地成交结构变化不大

2010年各属性用地成交所占比重与2009年基本持平。住宅用地成交2482幅，占比为69.1%，同比基本持平，但幅数较2009年增加400幅。住宅用地供应中，纯住宅用地为1114幅，泛住宅用地为1368幅。

商服用地供应1055幅，占比29.4%，同比增加1个百分点，幅数同比增加了190幅；综合用地供应57幅，与2009年相同。

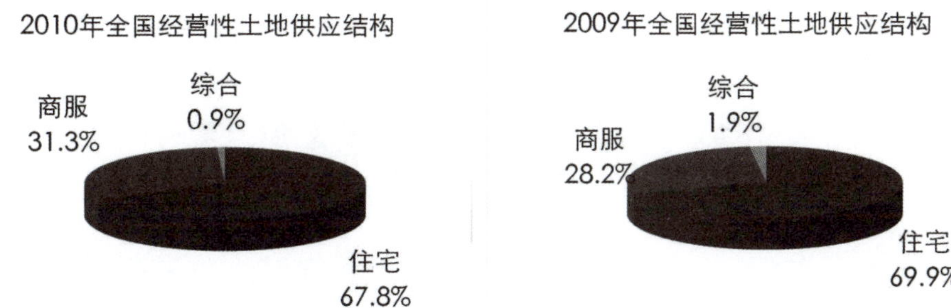

图4-13 2010年与2009年全国重点城市经营性土地成交结构比较

数据来源：中国房地产决策咨询系统（CRIC）

5. 重点城市土地成交情况

2010年全国30大重点城市共成交经营性土地3614幅，占地面积23 242万平方米，同比分别上涨23%和25%。

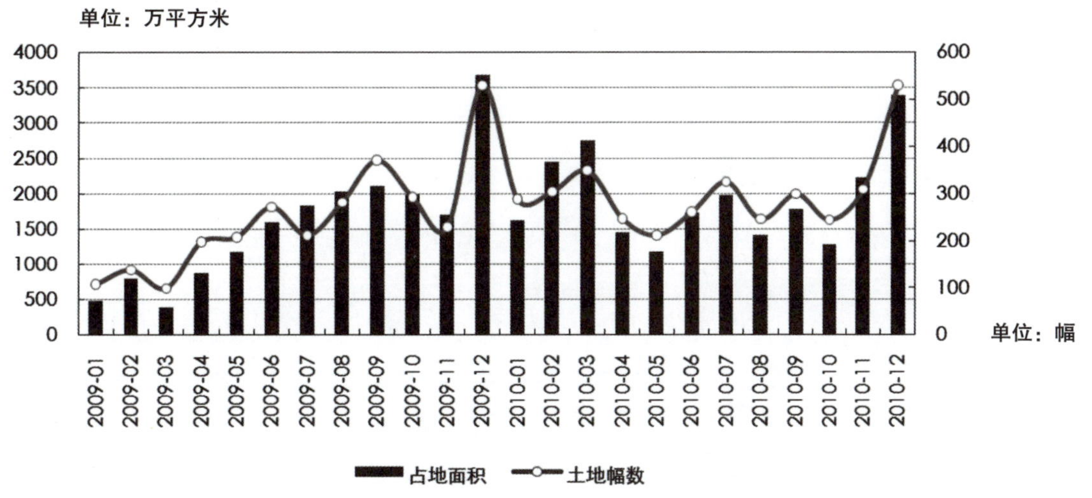

图4-14 全国重点城市经营性土地成交走势

数据来源：中国房地产决策咨询系统（CRIC）

中部地区成交增幅明显，西部地区小幅回落

东部地区2010年共成交经营性土地占地面积15 931.2万平方米，同比上涨23.9%。

中部地区2010年共成交经营性土地占地面积4072.2万平方米，同比上涨71%。

西部地区2010年共成交经营性土地占地面积3238.8万平方米，同比下跌4.4%。经历1季度成交高峰后，西部地区土地市场整体略显低迷，成都、重庆两大西部重点城市2010年土地成交量均同比有所回落。

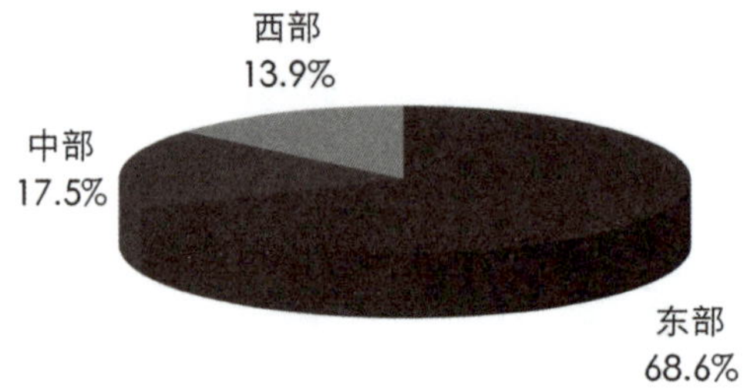

图4-15 2010年全国重点城市经营性土地成交区域分布

数据来源：中国房地产决策咨询系统（CRIC）

表4-3 2010年全国各区域经营性土地成交

单位：万平方米

区域	2010年	2009年	同比	2010年1季度	2010年2季度	2010年3季度	2010年4季度
东部	15 931.2	12 862.0	23.9%	4331.0	2979.5	3629.7	4991.0
中部	4072.2	2381.9	71.0%	1058.6	677.2	1039.6	1296.7
西部	3238.8	3388.7	−4.4%	1432.0	699.1	499.4	608.3

数据来源：中国房地产决策咨询系统（CRIC）

多数城市同比增长，天津连续两年居首

2010年全国30大重点城市中有三分之二的城市经营性土地成交面积同比增长。受供地节奏影响，年末多个城市争相卖地，把土地市场重新推向繁荣，开发商购地步伐也随之再度加快。

从各城市具体表现来看，北京、大连、上海、沈阳、天津、武汉、成都7个城市经营性土地成交占地面积均在1000万平方米以上。其中，天津作为2009年唯一一个成交面积超过2000万平方米的城市，2010年成交量仍然高达2873.7万平方米，虽较2009年小幅回落2.5%，但继续蝉联成交量榜首。

一线城市中，北京、上海、深圳经营性土地成交面积均同比增长，广州则出现约50%的下跌。北京4季度多幅优质住宅用地集中入市，CBD中服地王6幅地块最终得主揭晓，推动12月成交量再创年内新高。年末一线城市推出的大量优质地块也加速了整体土地市场的回暖。

广州、杭州、南京、宁波、青岛、苏州、无锡、长春、贵阳、重庆10个城市的土地成交面积均在500万～1000万平方米。其中，长春2010年土地成交量为856.2万平方米，同比增幅近200%，居各重点城市之首。

30大重点城市中仅有深圳、海口两城市土地成交面积在200万平方米以下。深圳2010年土地成交量为132.7万平方米，同上年基本持平。关内土地稀缺加之关外土地短期内难以释放，2011年深圳整体成交量预计仍将在低位徘徊。

表4-4 2010年全国30大重点城市经营性土地成交

单位：万平方米

区域	城市	2010年	2009年	同比	2010年1季度	2010年2季度	2010年3季度	2010年4季度
东部	北京	1440.4	1148.1	25.5%	267.8	192.0	194.7	785.9
	上海	1356.7	843.2	60.9%	349.0	82.8	568.4	356.5
	广州	554.9	1123.7	-50.6%	24.1	175.7	107.7	247.4
	深圳	148.1	128.1	15.6%	28.2	57.1	3.7	59.1
	杭州	688.7	746.0	-7.7%	244.8	114.2	172.5	157.2
	南京	517.0	461.9	11.9%	80.6	84.2	123.8	228.4
	天津	2873.7	2948.4	-2.5%	995.2	747.2	813.2	318.1
	大连	2784.8	1036.7	168.6%	560.7	348.1	513.6	1362.5
	宁波	797.9	479.0	66.6%	241.4	129.4	195.1	232.0
	青岛	771.1	521.8	47.8%	190.6	303.5	143.4	133.6
	常州	571.6	569.6	0.3%	93.5	93.7	126.9	257.5
	海口	55.8	201.9	-72.4%	1.5	8.7	35.4	10.1
	沈阳	1081.0	607.0	78.1%	372.9	132.7	199.4	376.0
	苏州	528.5	522.9	1.1%	250.4	195.1	41.9	41.1
	济南	302.8	425.6	-28.9%	143.0	57.7	68.3	33.8
	无锡	686.4	459.0	49.6%	278.8	131.6	115.7	160.4
	厦门	402.3	334.2	20.4%	83.4	86.3	91.0	141.6
	扬州	369.4	305.1	21.1%	125.1	39.5	115.0	89.8
中部	长春	937.9	292.4	220.7%	109.9	168.2	307.3	352.5
	长沙	271.6	150.5	80.4%	30.6	101.8	37.8	101.4
	合肥	435.9	398.6	9.4%	139.8	120.4	43.2	132.5
	南昌	350.7	290.2	20.8%	113.3	29.2	129.0	79.2
	太原	213.7	437.1	-51.1%	122.6	17.3	35.0	38.7
	武汉	1577.3	541.1	191.5%	447.0	120.4	471.0	538.9
	郑州	285.1	271.9	4.8%	95.5	120.0	16.2	53.5
西部	成都	1464.9	1486.7	-1.5%	696.4	303.3	160.6	304.7
	重庆	563.1	856.3	-34.2%	225.8	202.2	134.7	0.5
	南宁	240.7	289.9	-17.0%	49.9	1.1	35.0	154.7
	西安	329.2	441.4	-25.4%	89.8	73.6	104.3	61.5
	贵阳	640.8	314.4	103.8%	370.1	118.9	64.8	87.0

数据来源：中国房地产决策咨询系统（CRIC）

流标率与2009年持平，基本未受新政影响

2010年全国30大重点城市经营性土地流标率为4.4%，与2009年基本持平。尽管年内面临调控，但并未出现2008年全国多个城市大面积流标的现象。

从经营性土地流标率季度走势来看，2010年的流标率走势曲线与2009年基本相仿，流标地块主要集中在上半年，尤其是1季度，之后有所回落，3季度土地流标率最低，仅为1.8%。

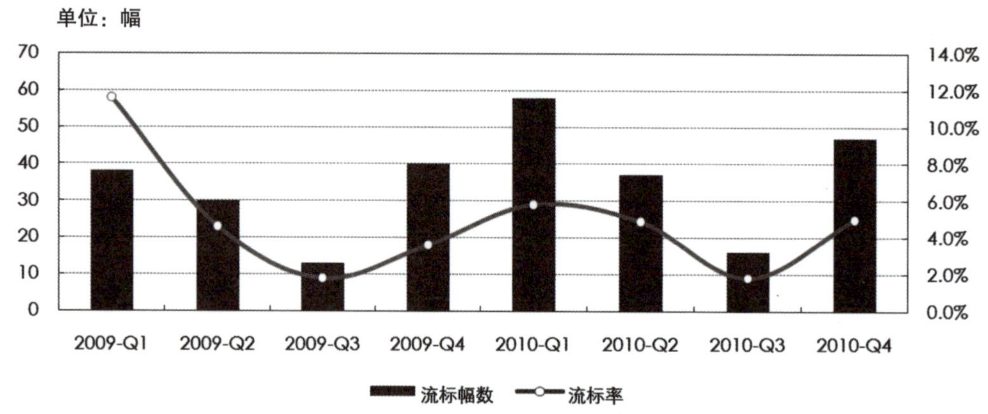

图4-16 全国重点城市经营性土地流标率走势

数据来源：中国房地产决策咨询系统（CRIC）

流标集中在个别城市，沈阳流标幅数最多

从流标地块城市分布来看，流标土地仅集中在个别城市。沈阳、大连两个城市的土地流标幅数分别为44幅和21幅，北京、天津、成都3个城市的土地流标幅数也均超过10幅，5个城市流标地块合计99幅，占到全部流标地块的62.7%。

表4-5 2009—2010年全国重点城市经营性用地流标情况

区域	城市	2010年		2009年	
		流标幅数	流标率	流标幅数	流标率
东部	北京	11	8.5%	0	0.0%
	上海	1	0.5%	1	0.7%
	广州	7	7.5%	3	1.3%
	深圳	0	0.0%	4	10.8%
	杭州	1	0.5%	2	1.1%
	南京	2	2.7%	1	1.2%
	天津	11	3.7%	15	6.9%
	大连	21	7.2%	33	12.7%
	宁波	2	0.9%	1	0.9%
	青岛	1	0.6%	1	1.1%
	常州	0	0.0%	0	0.0%
	海口	0	0.0%	0	0.0%
	沈阳	44	21.0%	0	0.0%
	苏州	2	1.5%	2	1.8%
	济南	3	3.8%	0	0.0%
	无锡	3	4.0%	0	0.0%
	厦门	5	8.3%	0	0.0%
	扬州	0	0.0%	0	0.0%
中部	长春	0	0.0%	0	0.0%
	长沙	7	11.5%	21	32.8%
	合肥	8	8.6%	16	16.3%
	南昌	1	1.6%	0	0.0%
	太原	0	0.0%	0	0.0%
	武汉	3	1.7%	3	5.2%
	郑州	4	6.3%	2	4.3%
西部	成都	12	5.1%	10	6.4%
	重庆	0	0.0%	0	0.0%
	南宁	3	3.4%	0	0.0%
	西安	0	0.0%	0	0.0%
	贵阳	6	11.1%	6	15.2%
合计		158	4.4%	121	4.4%

数据来源：中国房地产决策咨询系统（CRIC）

6. 重点城市土地价格情况

2010年全国30大重点城市共成交经营性土地总金额为11 816亿元，同比上涨50%。在全国总计2.9万亿元的土地出让金中，30大重点城市成交金额所占比重达到约45%。经营性土地成交楼板价为2329元/米^2，同比上涨8%。2010年地价在经历了数轮调控政策后，虽然涨幅已显著回落，但全年平均成交楼板价依旧保持了稳步上涨态势。

从月度价格走势上来看，第二轮新政出台后，土地市场出现降温，但伴随着年末各城市放量推地，加上众多实力房企均超额完成了全年销售指标，对后市预期的转好致使各重点城市的经营性土地成交总价和楼板价被再度推高。

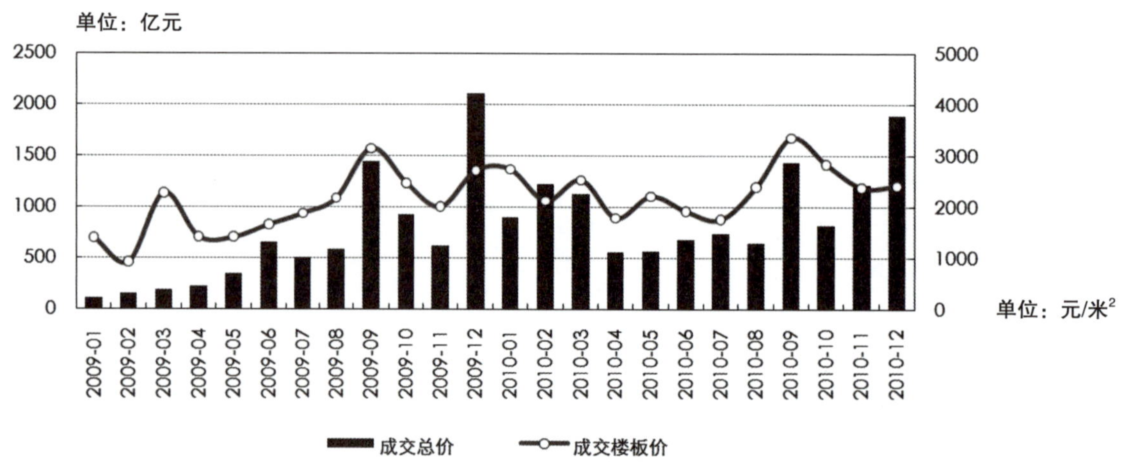

图4-17 全国重点城市土地成交价格走势

数据来源：中国房地产决策咨询系统（CRIC）

东部成交金额继续攀高，中西部地价增长较快

东部地区2010年共成交经营性土地总金额为9008亿元，同比上涨36.9%；经营性土地成交楼板价为2948元/米^2，同比上涨4.9%。

中部地区2010年共成交经营性土地总金额为1649亿元，同比涨幅超过一倍；经营性土地成交楼板价为1529元/米^2，同比上涨13.1%。区域内长春、长沙、南昌、武汉4个城市的成交金额同比涨幅均超过100%。

西部地区2010年共成交经营性土地总金额为1159亿元，同比上涨8.9%；经营性土地成交楼板价为1252元/米^2，同比上涨16.8%。区域成交总金额涨幅较小主要是由于重庆2010年出现大幅下跌，从而拉低区域整体水平。

表4-6 2010年全国各区域经营性土地成交金额与楼板价

区域	2010年 成交金额（亿元）	2009年 成交金额（亿元）	同比	2010年 成交楼板价（元/米^2）	2009年 成交楼板价（元/米^2）	同比
东部	9008	6580	36.9%	2948	2811	4.9%
中部	1649	764	116.0%	1529	1351	13.1%
西部	1159	1064	8.9%	1252	1072	16.8%

数据来源：中国房地产决策咨询系统（CRIC）

京、沪成交金额破千亿，各城市地价依然普遍上涨

2010年全国30大重点城市中有三分之二的城市经营性土地成交金额均同比上涨。从全年平均成交楼板价来看，即使2010年全国加大了土地成本较低的保障性住房用地的供应量，各城市地价较上年依然普遍上涨。

2010年京、沪两大一线城市的经营性土地成交金额均突破1000亿元大关，同比分别大幅上涨71.8%和58.6%。临近岁末，北京土地市场迎来又一高峰，众多大牌开发商扎堆抢地。保利、龙湖、金融街斥资86亿元在大兴区拿地；万科海淀区再度中标项目；CBD核心区6块黄金宝地合计总价近223亿。仅最后一个月，众多地产大鳄已在北京土地市场砸下超过500亿元的土地出让金。北京2010年成交楼板价也已高过7000元/米^2，位列全国之首，同比涨幅达40%。

上海以6463元/米^{2}的平均成交楼板价紧随其后，但同比下跌约5%，主要由于上海2010年保障性住房用地供应较2009年显著放量，出让了多幅大型动迁安置房居住社区用地，分布于宝山、崇明、青浦、松江等郊区县，地价水平受此影响而被拉低。但在2010年成交楼板价前20地块列表中，上海一座城市即占据了榜单超过半数的席位，且前6位均为上海所成交地块，由此可以看出上海热点区域的优质地块，其地价水平仍然领跑全国。

除北京、上海外，大连、天津两个城市的经营性土地成交金额也离千亿不远，分别为872亿元和805亿元，大连同比涨幅更是高达177.4%。2009年卖地唯一破千亿的杭州，2010年总成交金额则跌至787亿元。

此外，土地成交金额接近或超过500亿元的城市还有南京、武汉、成都3个城市，其中南京、武汉同比涨幅均超过一倍。各重点城市土地成交金额跌幅最大的为重庆，同比大幅下跌近50%。

表4-7 2010年全国重点城市经营性土地成交金额与楼板价

区域	城市	成交金额							成交楼板价		
		2010年（亿元）	2009年（亿元）	同比	2010年1季度（亿元）	2010年2季度（亿元）	2010年3季度（亿元）	2010年4季度（亿元）	2010年（元/米^2）	2009年（元/米^2）	同比
东部	北京	1492	869	71.8%	474	126	183	710	7067	5047	40.0%
	上海	1477	932	58.6%	520	91	604	262	6463	6830	-5.4%
	广州	382	575	-33.5%	9	35	79	258	4225	2937	43.9%
	深圳	121	115	5.5%	20	1	10	91	4310	4024	7.1%
	杭州	787	1008	-21.9%	276	121	175	214	4809	5595	-14.1%
	南京	552	227	143.2%	67	30	233	222	4563	2854	59.9%
	天津	805	600	34.1%	251	256	182	116	1810	1363	32.8%
	大连	872	314	177.4%	197	133	297	245	1453	1697	-14.3%
	宁波	413	372	11.0%	93	82	110	128	2780	3929	-29.2%
	青岛	272	192	41.6%	108	76	43	45	1978	1989	-0.6%
	常州	246	185	33.3%	38	32	57	119	1906	1294	47.3%
	海口	31	43	-29.0%	1	7	22	1	2154	1378	56.3%
	沈阳	310	171	81.1%	81	37	46	146	1148	1103	4.1%
	苏州	322	266	21.1%	165	122	9	28	3645	3676	-0.8%
	济南	143	157	-9.3%	40	52	24	27	1458	1837	-20.6%
	无锡	385	211	83.0%	143	70	63	109	2651	2155	23.0%
	厦门	293	299	-1.7%	54	67	73	99	3571	3533	1.1%
	扬州	104	45	130.8%	33	4	35	32	1903	727	161.8%
中部	长春	269	78	245.0%	19	37	83	130	1216	1464	-16.9%
	长沙	157	40	293.2%	13	60	24	60	1709	921	85.6%
	合肥	221	175	26.1%	81	32	22	85	1801	1793	0.4%
	南昌	119	49	141.3%	24	22	42	32	1683	1611	4.4%
	太原	51	66	-23.2%	12	4	18	17	1069	698	53.2%
	武汉	743	281	164.3%	165	19	241	319	1825	2029	-10.0%
	郑州	89	73	21.1%	27	20	6	36	756	688	9.9%
西部	成都	612	418	46.4%	171	128	46	268	1224	976	25.4%
	重庆	212	411	-48.6%	70	99	42	0	1723	1706	1.0%
	南宁	156	93	68.0%	47	0	16	94	1819	1110	63.8%
	西安	100	111	-9.7%	31	16	25	27	934	857	8.9%
	贵阳	79	30	157.6%	33	22	12	11	715	277	157.8%

数据来源：中国房地产决策咨询系统（CRIC）

7. 土地流标情况

因地块限制条件较多而流标

南京NO.2010G46栖霞区宁镇公路以南地块因无人报名最终流拍，地块公告文件中注明受让方需代建用地面积不少于3000平方米的社会停车场，由受让方出资建设，建成后无偿移交政府。

青岛四方区瑞海北路17号，177号I-C-2010-19-X地块其出让公告中说明，地块组团中的1号宗地为保障性住房配建用地，需配建经济适用住房，建筑面积约59 698平方米，不少于903套。同时地块总价较高，对于开发商资金压力较大，故最终无人问津。

广州琶洲编号AH040218号商业金融地块因无人报名最终流拍，这是广州楼市新政细则出台后首宗流拍个案。地块对竞拍人资产、营业额等做出较高的资金要求，如此苛刻的出让条件加之调控加码的大环境下，开发商拿地更加谨慎和小心，对资金压力更为敏感，故最终无人问津。

表4-8 因地块限制条件较多而流标地块

城市	地块名称	区域	土地用途	占地面积（万平方米）	建筑面积（万平方米）	起始总价（万元）	起始楼板价（元/米^2）
南京	NO.2010G46栖霞区宁镇公路以南地块	栖霞	商服	43 398	65 097	22 000	3380
青岛	四方区瑞海北路17号,177号I-C-2010-19-X地块	四方	住宅、公建	293 213	800 627	292 229	3650
广州	琶洲AH040218地块	海珠	商服	19 742	98 710	48 862	4950

数据来源：中国房地产决策咨询系统（CRIC）

因地段偏远区域成熟度不够而流标

厦门岛外3地块流标主要原因可以归结为：1. 岛外环东海域片区配套不成熟；2. 地块小不成规模；3. 地块所处位置较周边地块区位较差；4. 开发商都把目光投向岛内，岛外拿地热情降低。

无锡新区1住商办地块流标，主要由于目前区域整体环境较差，周边以工厂为主，虽据称政府未来有计划建造大学或其他教育机构，但短期内前景不被看好，故最终无人问津。

广州从化市5幅地块集体流标，由于从化本身离广州距离仍然较远，加之区域成熟度不够，开发商对于发展前景并不确定，因此流标。

表4-9 因地段偏远区域成熟度不够而流标地块

城市	地块名称	区域	土地属性	占地面积（平方米）	建筑面积（平方米）	起始总价（万元）	起始楼板价（元/米²）
厦门	2010TP09地块	同安区	住；商	38 936	88 680	21 250	2396
	2010TP10地块	同安区	住；商	25 489	62 360	14 400	2309
	2010TP11地块	同安区	住；商	22 306	49 510	12 030	2430
广州	鳌头镇高平村地段地块	从化市	商服	18 921	30 273	610	202
	鳌头镇小坑村地段地块	从化市	商服	8969	17 937	300	167
	街口街旺城南区地段地块	从化市	住宅	7867	15 733	1300	826
	温泉镇云星村105国道边地段	从化市	商服	110 634	110 634	3780	342
	太平镇何家埔村地段	从化市	住宅	69 597	69 945	5675	811
无锡	XDG（XQ）-2010-2地块	新区	住；商；办	48 767	136 547	31 431	2302

数据来源：中国房地产决策咨询系统（CRIC）

8. 土地溢价情况

2010年全国经营性土地绝大多数以底价[1]成交，同比看溢价成交地块所占比重明显增加，达64.7%。虽然经营性土地溢价率在50%以上地块所占比重略低于2009年同期（同比下降了7.2个百分点），但溢价率在5%~50%的比例同比大幅增加，涨幅达25.7个百分点，占据了市场主力地位。高溢价率土地只是在发展成熟以及有规划的城市较为集中，且高溢价地块多为城市最优质地块，而大部分出让土地的溢价率还是集中在5%~50%。

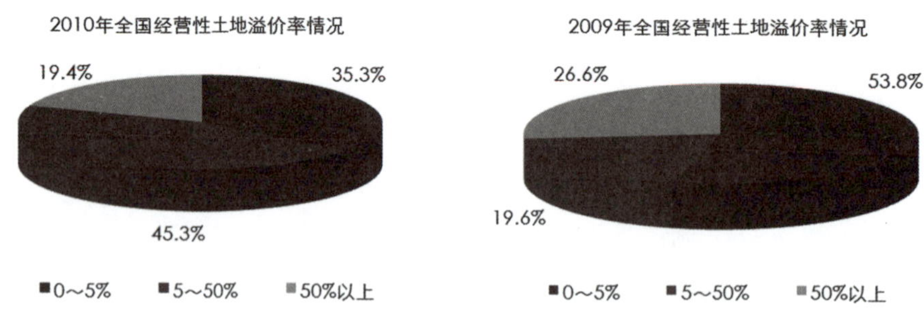

图4-18 2010年与2009年全国重点城市经营性土地溢价情况对比

数据来源：中国房地产决策咨询系统（CRIC）

1. 底价成交是指溢价率在5%及以下地块，高溢价率是指溢价率在50%及以上地块

下半年溢价率明显回升

从2010年全国重点城市经营性土地溢价率分布走势来看，4月新政出台后，土地市场整体溢价率较1季度的高位有所下调，但进入3季度后，高溢价率地块比重开始不断增多。年末整体市场呈现出供需两旺的活跃态势，带动了平均溢价水平的进一步回升。同时，伴随着政府加大保障性住房供地量，未来纯商品住宅供地量预期偏紧，开发商对于稀缺资源的渴望也是优质宅地屡现高溢价的原因之一。

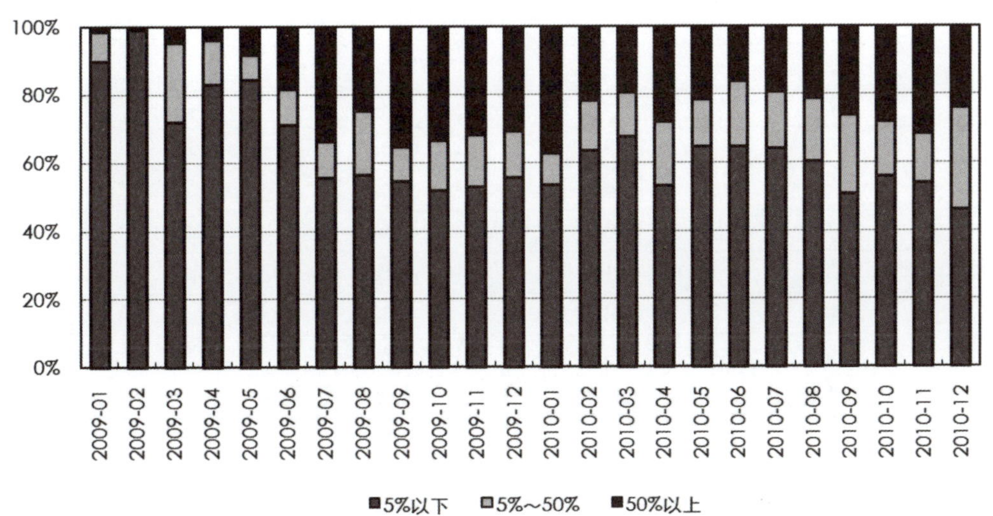

图4-19 全国重点城市经营性土地溢价率分布

数据来源：中国房地产决策咨询系统（CRIC）

高溢价率地块沪、杭、蓉最多

从城市分布来看，上海、杭州、成都3个城市成交的高溢价率地块最多，均超过60幅，高溢价率地块所占城市总成交量比重超过四分之一。上海、杭州、南京、北京等东部经济发达城市，房价的高企加剧了众开发商对土地的渴求，对城市稀缺优质地块的激烈竞争，使土地溢价率居高不下。伴随4季度土地市场开始升温，整体溢价水平也是水涨船高。

10月上海出让的航头中心镇A1储备地块被金地以总价22.86亿元竞得，溢价率高达328%，参与现场竞拍的开发商达到18家。地块所处的周康板块内需求旺盛，住宅类地块稀缺，规划前景广阔，地块本身具有规模优势，因此最终拍卖结果再创区域地价新高。

同样10月末，南京江北3幅宅地拍卖，雅居乐拿下2幅江北“地王”，最高溢价率达到572.22%。江北地区发展趋势向好，且地块紧靠过江隧道，又有七里河和长江的优势，诸多综合条件的利好推高了开发商竞价的心理预期，因此引发激烈争夺，其中一幅地块的竞拍轮次竟然高达350轮，创下南京拍地史上之最。

表4-10 2010年全国重点城市经营性土地溢价情况

区域	城市	底价成交地块		高溢价率地块	
		幅数	比重	幅数	比重
东部	北京	16	12%	42	31%
	上海	58	26%	68	31%
	广州	47	55%	22	26%
	深圳	21	75%	2	7%
	杭州	78	38%	63	31%
	南京	24	30%	29	37%
	天津	185	65%	41	14%
	大连	42	15%	2	1%
	宁波	108	48%	32	14%
	青岛	110	60%	48	26%
	常州	49	45%	27	25%
	海口	9	35%	9	35%
	沈阳	72	42%	11	6%
	苏州	50	39%	35	27%
	济南	4	5%	3	4%
	无锡	18	23%	21	27%
	厦门	18	32%	13	23%
	扬州	21	46%	11	24%
中部	长春	47	39%	3	3%
	长沙	21	35%	22	37%
	合肥	26	29%	37	41%
	南昌	26	40%	16	25%
	太原	3	13%	3	13%
	武汉	73	37%	13	7%
	郑州	26	43%	5	8%
西部	成都	86	37%	62	27%
	重庆	28	35%	23	29%
	南宁	32	28%	42	37%
	西安	29	29%	2	2%
	贵阳	26	53%	5	10%

注：溢价率仅统计有成交总价和出让底价的地块
数据来源：中国房地产决策咨询系统（CRIC）

三、二十重点城市房地产市场情况

1. 北京房地产市场情况

（1）2010年房地产行业数据

表4-11 北京2010年房地产行业数据表

类别	指标	2009年	2010年
宏观	GDP（亿元）	11 865.90	13 777.90
	同比增幅（%）	13.14	10.20
	进出口总额（亿美元）	2127.60	3014.10
	同比增幅（%）	–21.74	40.30
	固定资产投资（亿元）	4858.40	5493.50
	同比增幅（%）	26.24	13.10
	社会消费品零售总额（亿元）	5309.90	6229.30
	同比增幅（%）	15.71	17.30
行业	房地产开发投资（亿元）	2337.71	2901.07
	同比增幅（%）	22.50	24.10
	商品房新开工面积（万平方米）	2246.60	2974.24
	同比增幅（%）	–3.90	32.40
	商品房施工面积（万平方米）	9719.08	10 300.86
	同比增幅（%）	–2.90	6.00
	商品房竣工面积（万平方米）	2678.55	2386.71
	同比增幅（%）	4.70	–10.90

（续表）

类别	指标	2009年	2010年
土地	土地购置面积（万平方米）	625.01	858.75
	同比增幅（%）	-24.10	37.40
	土地购置金额（亿元）	587.71	1292.75
	同比增幅（%）	-8.00	120.00
	土地开发面积（万平方米）	364.02	48.44
	同比增幅（%）	3.60	-86.70
市场	商品房销售面积（万平方米）	2362.25	1639.53
	同比增幅（%）	76.90	-30.60
	商品房销售金额（亿元）	3259.66	2915.36
	同比增幅（%）	96.60	-10.60

数据来源：国家统计局

表4-12 北京土地市场与商品住宅市场运行情况

类别	指标	2009年	2010年
土地	土地供应量（万平方米）	975.30	2248.50
	土地成交量（万平方米）	1148.10	1440.40
	土地成交金额（亿元）	868.53	1492.00
市场	商品住宅供应量（万平方米）	1168.19	1200.52
	商品住宅成交量（万平方米）	2043.11	1199.15
	商品住宅成交均价（元/米^2）	14 284.00	20 338.00

数据来源：中国房地产决策咨询系统（CRIC）

（2）综述：开发投资热力不减，市场成交回落，小户型走势向好

2010年北京市房地产开发投资总额仍呈增长态势，建设规模自2005年以来首次出现正增长。受调控影响开发商推案谨慎、购房者观望等因素影响，市场供应量、成交量均出现下滑，但房价却始终保持高位。在投资性需求受打压的情况下，中小户型成交比重上扬，朝阳区成交遥遥领先其他区域。

（3）投资建设：住宅投资力度明显加大，施工新开工增速大幅上升

2010年北京房地产开发投资额达到2901.07亿元，同比增长24.1%，其中住宅开发投资额完成1608.95亿元，同比大幅度上涨66.4%。

2010年北京房地产施工面积为10 300.86万平方米，同比上涨6%。2005—2009年北京房地产施工面积持续负增长，2010年首次出现增长，其中，住宅施工面积为6167.02万平方米，同比上涨11.2%；商品房新开工面积为

2974.24万平方米，同比上涨32.4%；商品房竣工面积为2366.71万平方米，同比下降10.9%。商品房新开工面积大幅上涨，竣工面积下降，说明北京房地产市场短期供应较紧张，中期供应会适度宽松。

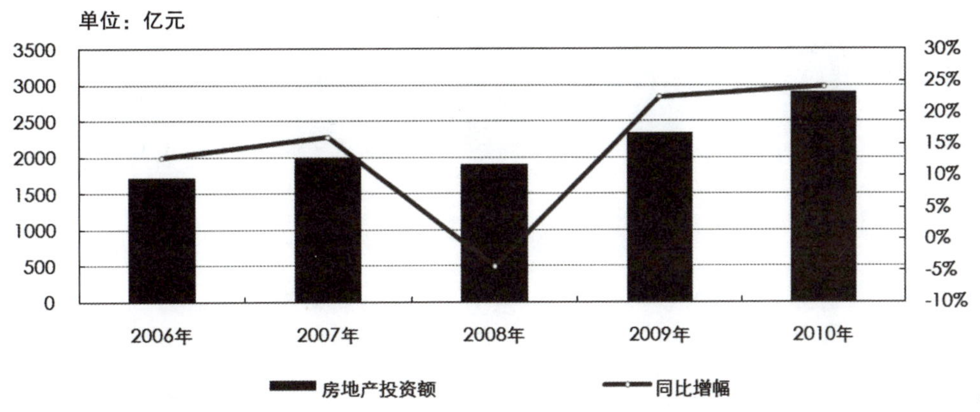

图4-20 2006—2010年北京房地产投资额年度走势及同比增幅

数据来源：国家统计局

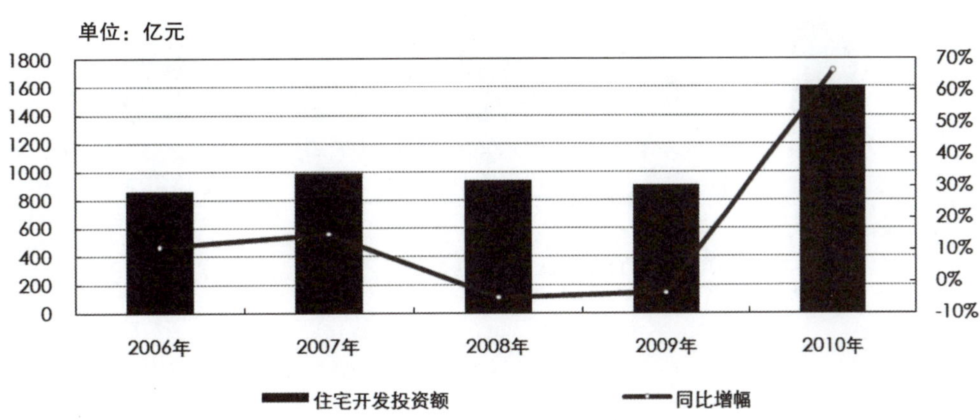

图4-21 2006—2010年北京住宅开发投资额年度走势及同比增幅

数据来源：国家统计局

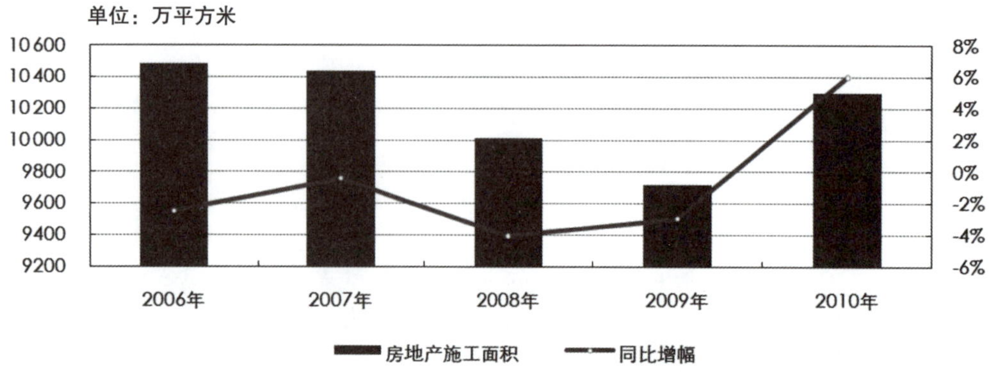

图4-22 2006—2010年北京房地产施工面积及同比增幅

数据来源：国家统计局

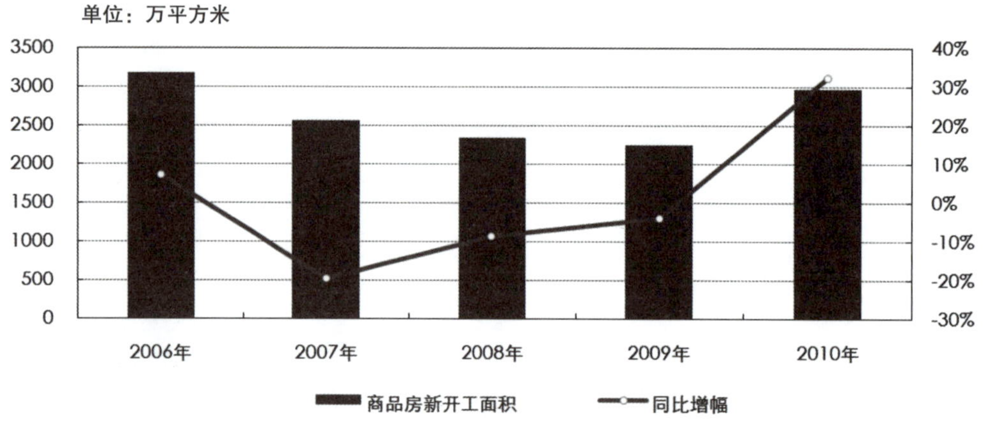

图4-23 2006—2010年北京商品房新开工面积及同比增幅

数据来源：国家统计局

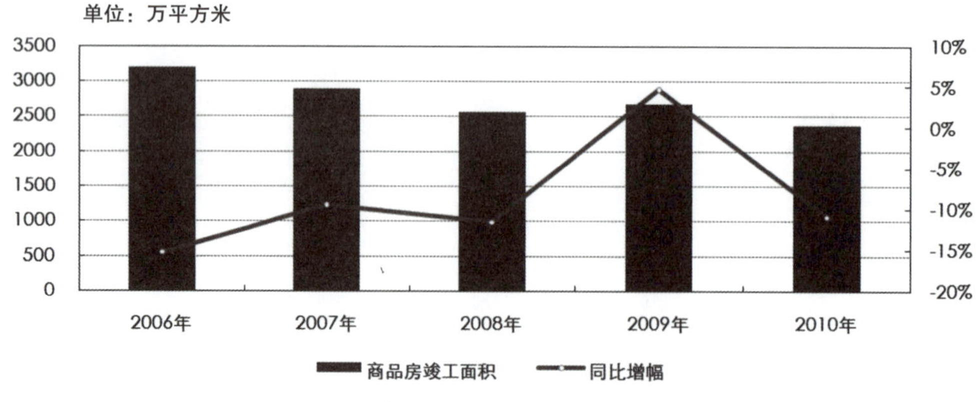

图4-24 2006—2010年北京商品房竣工面积及同比增幅

数据来源：国家统计局

（4）市场表现：供求双降，趋于平衡，价格高位运行

由于2010年的政策调控，开发商推案谨慎，致使2010年供应量增长不大。商品住宅成交量较2009年大幅下降。从全年成交走势看，1月至4月成交量维持较高水平，国十条出台后，5月份成交量骤然降温，随后4个月成交量逐步回升；9月开始市场回暖，但之后第三轮调控政策出台，成交量又有所回落，至12月成交再度出现回升趋势。

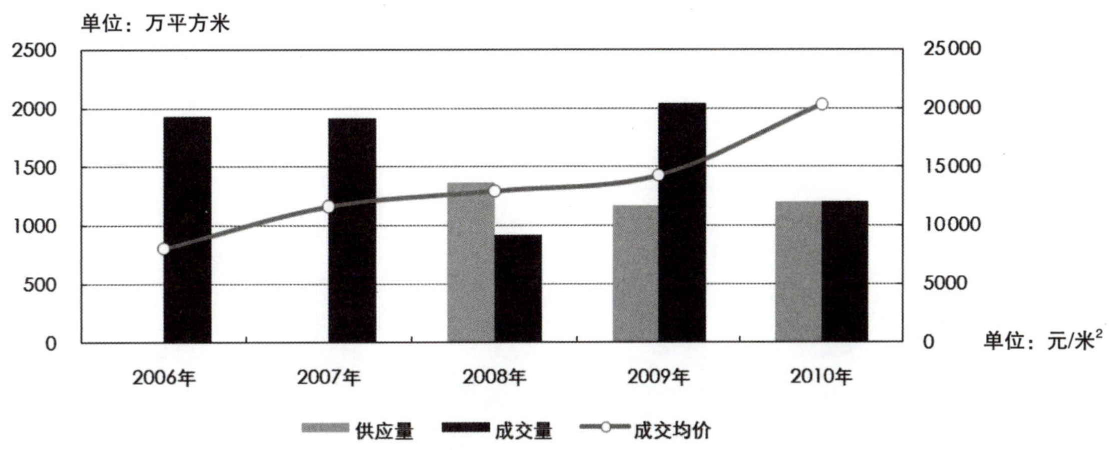

图4-25 2006—2010年北京商品住宅供求及均价走势

数据来源：中国房地产决策咨询系统（CRIC）

从商品住宅成交均价来看，全年呈现波浪形态势。商品住宅成交价格从1月的19 177元/米²，攀升至4月的22 494元/米²，上涨17.3%；受政府对房地产市场调控影响，6月商品住宅均价下调至18 436元/米²，相比4月下降18.0%，之后价格开始回升，但仍持续小幅波动，11月为21 912元/米²。

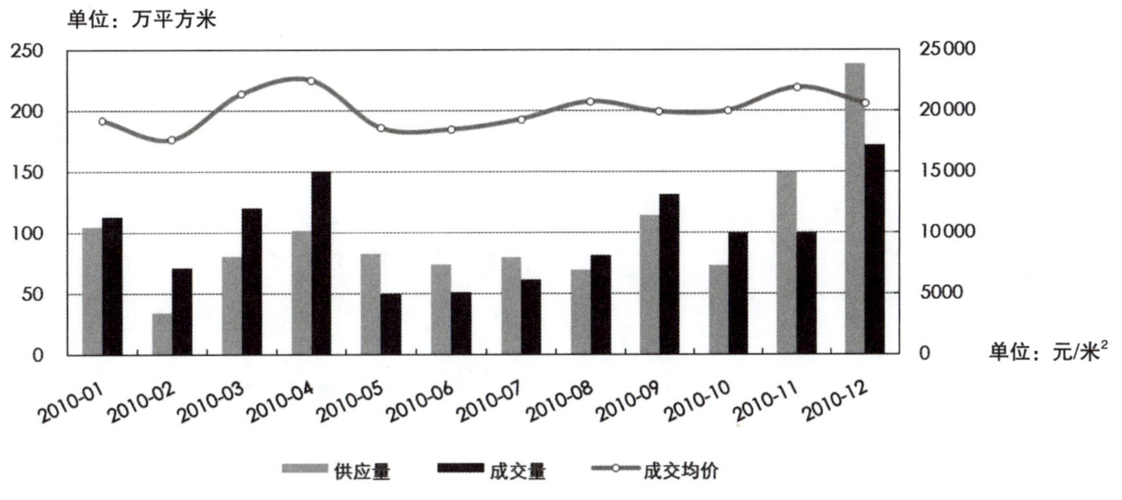

图4-26 2010年1月至12月北京商品住宅供求及均价走势

数据来源：中国房地产决策咨询系统（CRIC）

（5）成交结构：中小户型成交比重上扬，朝阳成交遥遥领先

2010年，北京住宅成交中占比最大的是90平方米以上面积段，成交面积占成交总量的37%；中小户型的成交比重较2009年大幅上扬，刚性需求仍为市场成交主力；其次是200以上平方米面积段，占成交总量的29%，大户型的成交比重继2009年又有提升。

从区域成交结构来看，商品住宅成交的仍以朝阳区最多，占成交总量的24.1%；其次，顺义区成交面积占成交总量的10%左右；海淀、通州和房山区也表现不错，成交占比在8%左右。此外，远郊区县中，门头沟和延庆县的成交情况和供应基本相同，属于关注较为薄弱的区域。

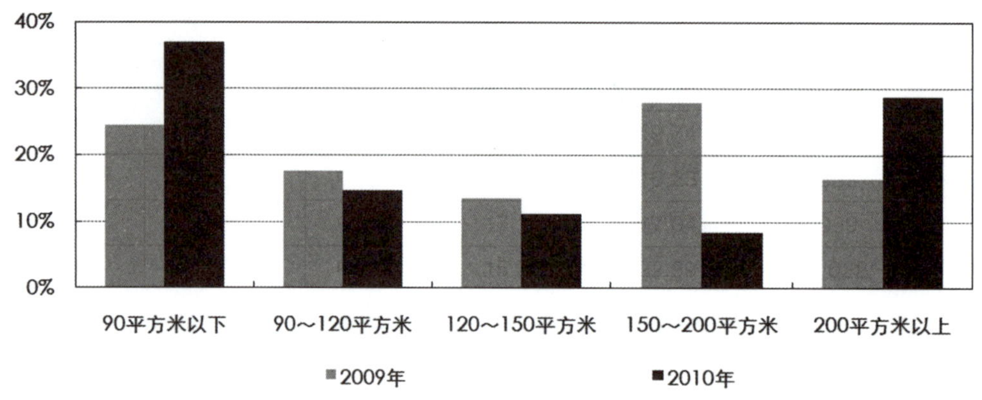

图4-27 2009—2010年北京商品住宅面积成交结构

数据来源：中国房地产决策咨询系统（CRIC）

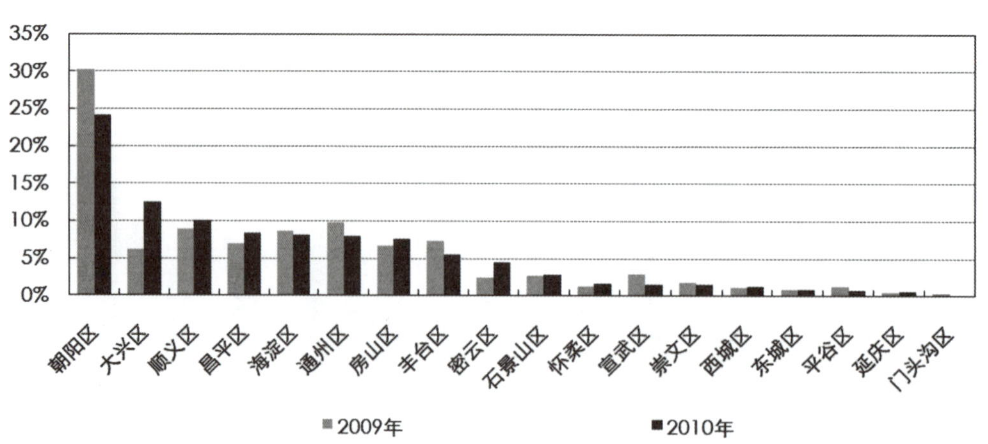

图4-28 2009—2010年北京商品住宅区域成交结构

数据来源：中国房地产决策咨询系统（CRIC）

（6）项目排行榜：朝阳、顺义表现突出，中档项目占据主力地位

从2010年北京商品住宅项目排行榜来看，顺义区和朝阳区表现突出，有较多项目进入排行榜前十名。这些项目的普遍特点：首先，这些项目多为房地产知名开发商，如保利、绿地、中粮万科、中海、龙湖等。在楼市调控频出的情况下，大品牌企业更受到市场青睐；其次这些上榜项目多数属于中档产品，位于顺义、大兴、房山等房价相对较低的区域，在价位上更符合刚性需求购房者的承受能力，因此成交持续火热。

表4-13 2010年北京商品住宅项目成交面积排行榜

排行	项目名称	区域	档次	成交面积（万平方米）	成交金额（亿元）	成交均价（元/米^2）	开发商
1	新里西斯莱公馆	大兴区	中高档	28.15	55.24	19 623	北京绿地
2	茉莉公馆	大兴区	中档	20.72	36.08	17 414	北京保利
3	加州水郡	房山区	中档	19.01	16.66	8765	北京日兴
4	鲁能顺义新城	顺义区	中低档	17.22	4.93	2864	北京顺义新城
5	非中心-中弘国际商务花园	朝阳区	中高档	16.42	32.72	19 931	北京中弘投资
6	中粮万科长阳半岛	房山区	中档	16.07	23.53	14 643	北京中粮万科
7	龙湖香醍溪岸	顺义区	中档	14.22	20.73	14 581	北京龙湖庆华
8	保利花园	密云区	中低档	13.20	10.23	7749	保利（北京）
9	香悦四季	顺义区	中档	12.99	21.00	16 164	北京合景
10	融景城	石景山区	中档	12.45	17.21	13 827	金融街控股

数据来源：中国房地产决策咨询系统（CRIC）

表4-14 2010年北京商品住宅项目成交金额排行榜

排行	项目名称	区域	档次	成交金额（亿元）	成交面积（万平方米）	成交均价（元/米^2）	开发商
1	新里西斯莱公馆	大兴区	中高档	55.24	28.15	19 623	北京绿地
2	茉莉公馆	大兴区	中档	36.08	20.72	17 414	北京保利
3	非中心-中弘国际商务花园	朝阳区	中高档	32.72	16.42	19 931	北京中弘
4	西苑好山居	海淀区	高档	32.52	4.77	68 211	北京龙湖
5	万科蓝山	朝阳区	中高档	31.03	8.34	37 212	朝阳万科
6	首城国际中心	朝阳区	中高档	30.94	10.90	28 378	北京惠明置业
7	合生·霄云路8号	朝阳区	高档	25.60	3.88	65 910	北京新京润
8	北京华贸城	朝阳区	中档	24.98	9.35	26 712	北京华贸奥苑
9	中海紫御公馆	崇文区	中高档	24.48	6.70	36 556	中海发展
10	远洋沁山水	石景山区	中档	24.35	9.24	26 367	远洋地产

数据来源：中国房地产决策咨询系统（CRIC）

2. 上海房地产市场情况

（1）2010年房地产行业数据表

表4-15 上海2010年房地产行业数据

类别	指标	2009年	2010年
宏观	GDP（亿元）	15 046.45	16 872.42
	同比增幅（%）	6.94	9.90
	进出口总额（亿美元）	2777.31	3688.69
	同比增幅（%）	−13.79	32.80
	固定资产投资（亿元）	5273.33	5317.67
	同比增幅（%）	9.19	0.80
	社会消费品零售总额（亿元）	5173.24	6036.86
	同比增幅（%）	13.02	17.50
行业	房地产开发投资（亿元）	1464.18	1980.68
	同比增幅（%）	7.10	35.30
	商品房新开工面积（万平方米）	2490.63	3030.59
	同比增幅（%）	−3.70	21.70
	商品房施工面积（万平方米）	9961.60	11 295.03
	同比增幅（%）	−4.10	13.40
	商品房竣工面积（万平方米）	2104.98	1941.25
	同比增幅（%）	−15.00	−7.80
土地	土地购置面积（万平方米）	185.30	432.44
	同比增幅（%）	−31.70	133.40
	土地购置金额（亿元）	214.85	449.27
	同比增幅（%）	14.90	109.10
	土地开发面积（万平方米）	87.85	237.79
	同比增幅（%）	−28.90	170.70
市场	商品房销售面积（万平方米）	3372.45	2055.53
	同比增幅（%）	46.90	−39.00
	商品房销售金额（亿元）	4330.22	2959.94
	同比增幅（%）	128.50	−31.60
	商品住宅成交均价（元/米^2）	15 499.00	21 999.00

数据来源：国家统计局

表4-16 上海土地市场与商品住宅市场运行情况

类别	指标	2009年	2010年
土地	土地供应量（万平方米）	1151.22	1249.70
	土地成交量（万平方米）	843.19	1356.70
	土地成交金额（亿元）	931.66	1477.00
市场	商品住宅供应量（万平方米）	1350.41	1099.00
	商品住宅成交量（万平方米）	1886.12	971.00
	商品住宅成交均价（元/米^2）	15499.00	21 999.00

数据来源：中国房地产决策咨询系统（CRIC）

（2）综述：整体走势好于预期，高端项目成热点

2010年上海房地产市场在国家政策调控之下，整体走势好于预期。投资依然保持了快速增长，房地产施工面积、商品房新开工面积增速上升，但竣工面积增速放缓，短期市场供应存在一定压力。从2010年全年楼市的成交情况看，成交量虽有所下滑，但成交价格依然高位运行，部分高端楼盘的热销成为年度焦点。

（3）投资建设：投资力度明显加大，施工新开工增速大幅上升

2010年，上海房地产开发投资同比快速增长，结束了2005年以来的个位数增长态势。全年房地产累计开发投资额1980.68亿元，同比大幅上涨35.5%。

全年商品房施工面积为11 295万平方米，同比上涨13.5%；商品房新开工面积为3030万平方米，同比上涨31.2%；竣工面积为1941万平方米，同比下跌7.8%。

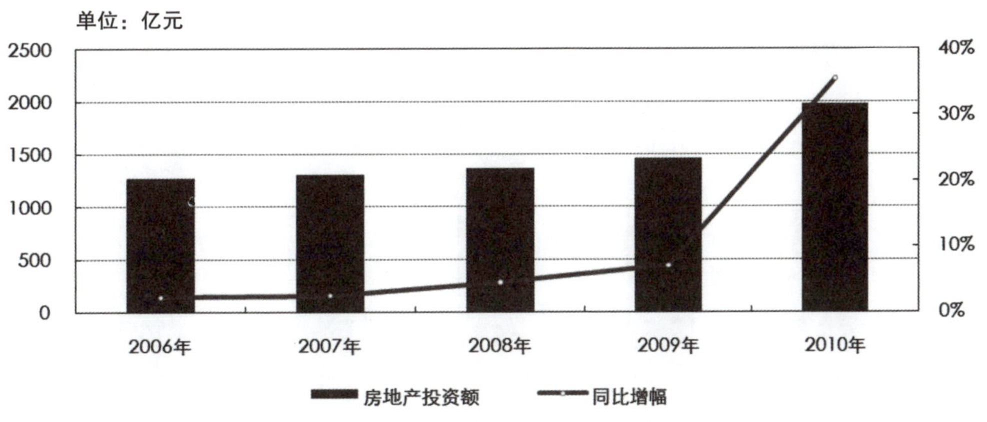

图4-29 2006—2010年上海房地产投资额年度走势及同比增幅

数据来源：国家统计局

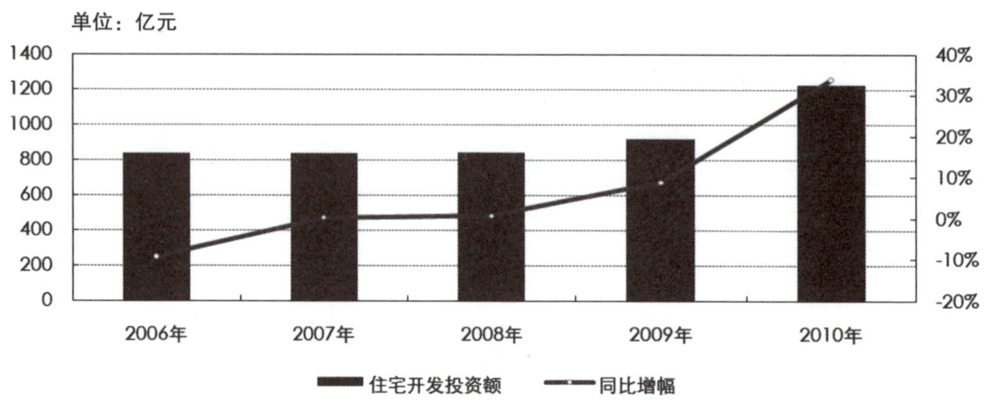

图4-30 2006—2010年上海住宅开发投资额年度走势及同比增幅

数据来源：国家统计局

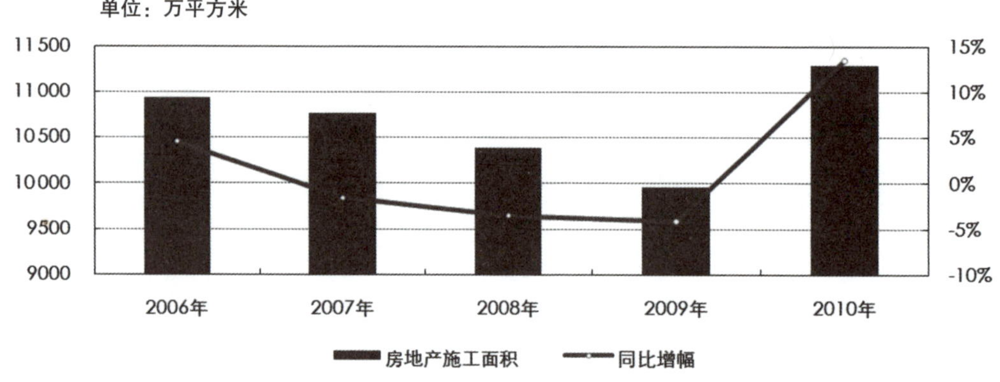

图4-31 2006—2010年上海房地产施工面积及同比增幅

数据来源：国家统计局

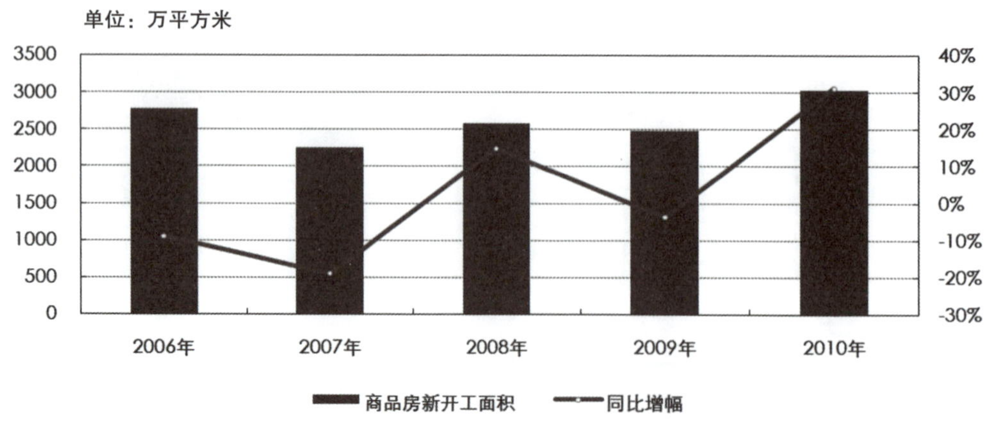

图4-32 2006—2010年上海商品房新开工面积及同比增幅

数据来源：国家统计局

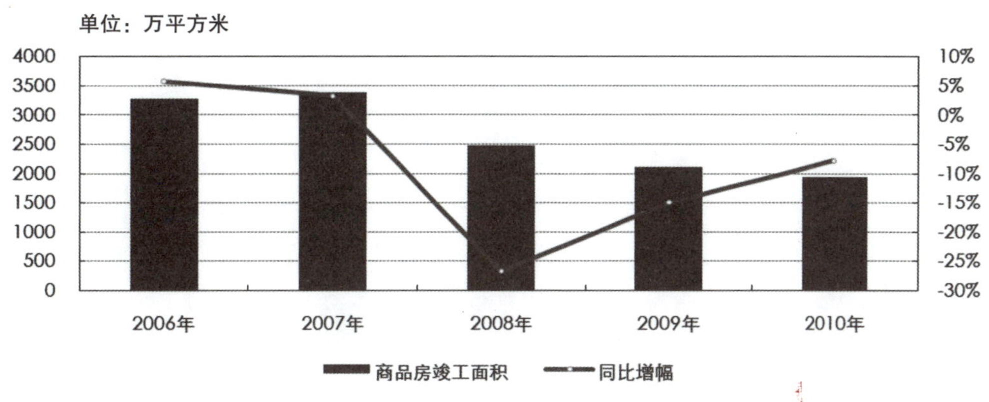

图4-33 2006—2010年上海商品房竣工面积及同比增幅

数据来源：国家统计局

（4）市场表现：2010年供求双降，成交价格同比继续上扬

2010年上海市商品住宅成交量呈现两头高中间低，价格呈现先抑后扬的走势。全年供应量1099万平方米，同比下跌18.6%；成交量971万平方米，同比下跌48.5%。分月度看，4月“国十条”出台之后，市场成交量快速下滑，5月份环比下跌70.6%。进入6月之后，成交环比逐步增加，9月份市场成交量达到131.4万平方米。虽然11月成交量随着9月底新一轮调控政策出台环比下跌28.2%，但12月成交量再度攀至全年最高点，达到139.7万平方米。2010年，全市商品住宅成交均价25 080元/米^2，同比上升了19.58%。

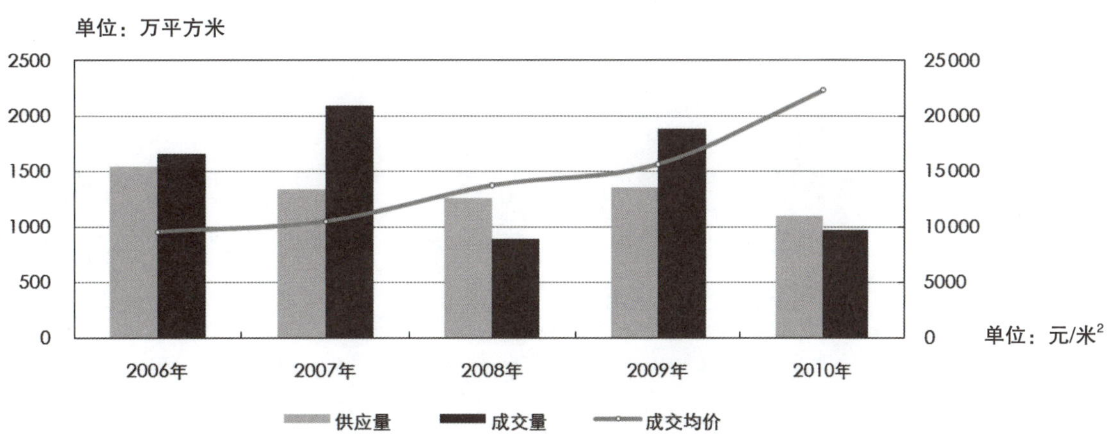

图4-34 2006—2010年上海商品住宅供求及均价走势

数据来源：中国房地产决策咨询系统（CRIC）

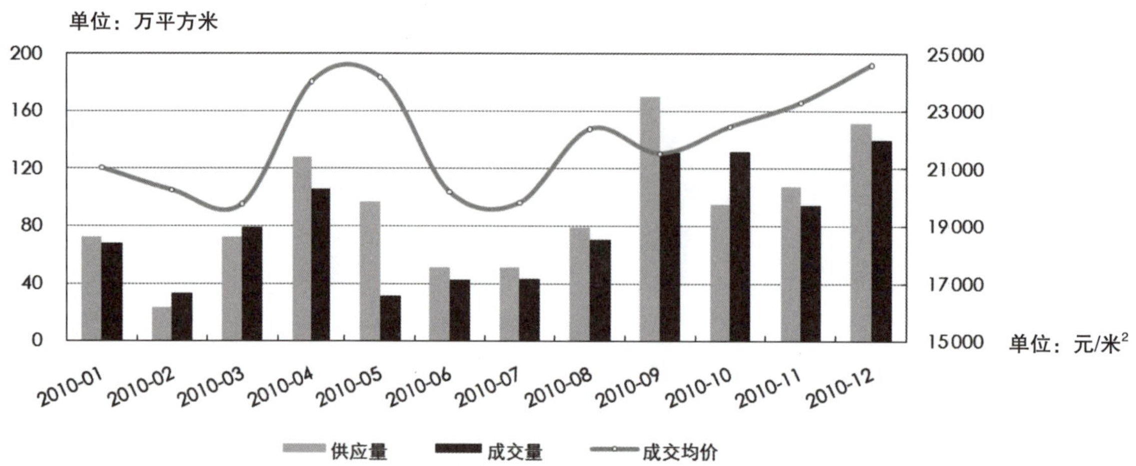

图4-35 2010年1月至12月上海商品住宅供求及均价走势

数据来源：中国房地产决策咨询系统（CRIC）

（5）成交结构：中小户型成交比重上扬，宝山、嘉定、松江地位稳固

2010年，上海楼市中小户型成交持续走好，其中90平方米以下户型成交占比29%，同比增长1%；90~120平方米户型占比26%，同比增长3%。

从区域成交结构来看，成交明显外移，宝山、南汇、奉贤等郊县成交占比较2009年同期增加。一方面是由于这些区域的项目推量较多，另一方面则是区域内价格相对较低，受到刚性需求的关注。

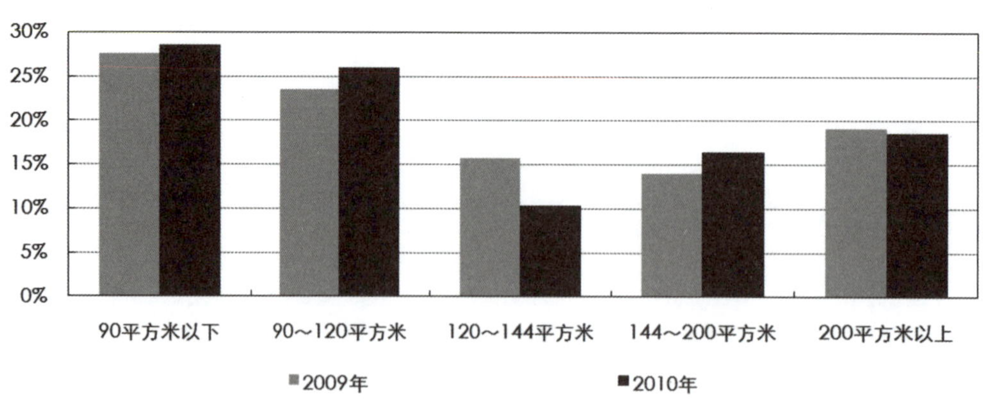

图4-36 2009—2010年上海商品住宅面积成交结构

数据来源：中国房地产决策咨询系统（CRIC）

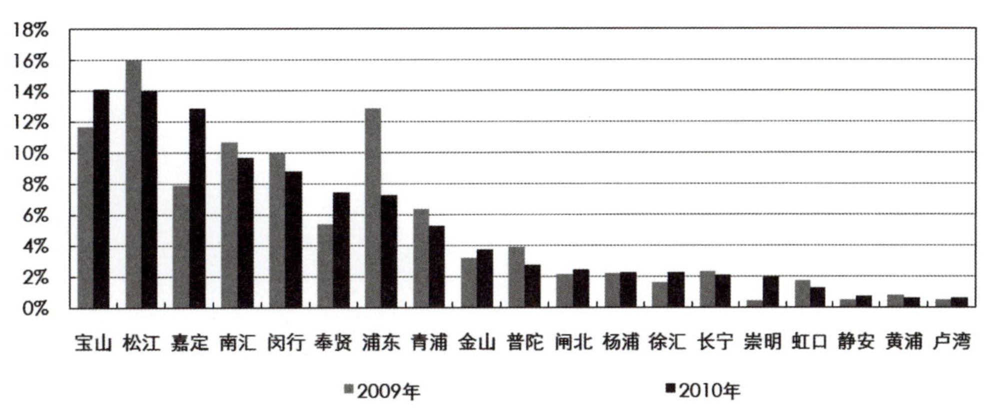

图4-37 2009—2010年上海商品住宅区域成交结构

数据来源：中国房地产决策咨询系统（CRIC）

（6）项目排行榜：郊区大盘成交良好，高端项目表现抢眼

从项目排行榜来看，在楼市调控的压力下，项目成交呈现了以下几个特点：中档项目成交明显增加，如保利叶都、恒盛湖畔豪庭等郊区项目因性价比受刚性需求的欢迎；高端住宅因其地段优势、产品品质以及通胀下保值增值性依旧被市场高度认可。

表4-17 2010年上海商品住宅项目成交面积排行榜

排行	项目名称	区域	档次	成交面积（万平方米）	成交金额（亿元）	成交均价（元/米^2）	开发商
1	保利叶都	宝山	中档	20.21	38.18	18 889	保利地产
2	恒盛湖畔豪庭	奉贤	中档	18.54	23.57	12 715	恒盛地产
3	绿地松江名邸	松江	中档	15.58	23.86	15 308	绿地集团
4	印象春城	浦东	中档	14.65	22.65	15 461	中华企业
5	绿地富强新苑	浦东	中低档	12.72	17.59	13 829	绿地集团
6	龙湖郦城	嘉定	中高档	12.55	24.81	19 773	龙湖集团
7	金地格林风范城	嘉定	中高档	12.21	26.48	21 683	金地集团
8	万达城市公寓	嘉定	中档	10.95	18.61	16 988	大连万达
9	新浦江城	闵行	中高档	10.90	24.08	22 091	华侨城
10	滨河华城	宝山	中档	9.82	19.26	19 604	大华集团

数据来源：中国房地产决策咨询系统（CRIC）

表4-18 2010年上海商品住宅项目成交金额排行榜

排行	项目名称	区域	档次	成交金额（亿元）	成交面积（万平方米）	成交均价（元/米^2）	开发商
1	保利叶都	宝山	中档	38.18	20.21	18 889	保利地产
2	上海星河湾花园	闵行	高档	31.24	6.50	48 080	星河湾
3	四季雅苑	浦东	高档	30.79	3.36	91 623	和记黄埔
4	新天地河滨花园	长宁	中高档	26.69	9.20	29 017	上海新天地置业发展有限公司
5	尚海湾豪庭	徐汇	高档	26.53	5.44	48 780	恒盛地产
6	金地格林风范城	嘉定	中高档	26.48	12.21	21 683	金地集团
7	仁恒河滨城	浦东	高档	25.42	4.83	52 644	仁恒集团
8	龙湖郦城	嘉定	中高档	24.81	12.55	19 773	龙湖集团
9	新浦江城	闵行	中高档	24.08	10.90	22 091	华侨城
10	绿地松江名邸	松江	中档	23.86	15.58	15 308	绿地集团

数据来源：中国房地产决策咨询系统（CRIC）

3. 广州房地产市场情况

（1）2010年房地产行业数据表

表4-19 广州2010年房地产行业数据

类别	指标	2009年	2010年
宏观	GDP（亿元）	9112.76	10 604.48
	同比增幅（%）	11.50	10.20
	进出口总额（亿美元）	766.85	1037.76
	同比增幅（%）	-6.40	35.30
	固定资产投资（亿元）	2659.85	3263.57
	同比增幅（%）	22.30	22.70
	社会消费品零售总额（亿元）	3615.77	4476.00
	同比增幅（%）	16.20	23.80

（续表）

类别	指标	2009年	2010年
行业	房地产开发投资（亿元）	817.34	983.66
	同比增幅（%）	7.20	20.30
	商品房新开工面积（万平方米）	1073.79	1955.49
	同比增幅（%）	-10.10	82.10
	商品房施工面积（万平方米）	5505.56	6464.12
	同比增幅（%）	0.10	17.40
	商品房竣工面积（万平方米）	961.24	1094.59
	同比增幅（%）	1.90	13.90
土地	土地购置面积（万平方米）	565.64	156.90
	同比增幅（%）	203.50	-72.30
	土地购置金额（亿元）	140.79	154.31
	同比增幅（%）	24.4%	9.60
	土地开发面积（万平方米）	224.34	489.14
	同比增幅（%）	16.30	118.00
市场	商品房销售面积（万平方米）	1375.42	1405.13
	同比增幅（%）	27.40	2.20
	商品房销售金额（亿元）	1286.15	1674.99
	同比增幅（%）	34.60	30.20

数据来源：国家统计局

表4-20 广州土地市场与商品住宅市场运行情况

类别	指标	2009年	2010年
土地	土地供应量（万平方米）	1105.54	654.80
	土地成交量（万平方米）	1123.66	554.90
	土地成交金额（亿元）	574.52	382.00
市场	商品住宅供应量（万平方米）	754.78	1063.00
	商品住宅成交量（万平方米）	914.04	963.00
	商品住宅成交均价（元/米^2）	9399.00	11 603.00

数据来源：中国房地产决策咨询系统（CRIC）

（2）综述：市场较为稳定，品牌开发商项目占据主力地位

2010年，虽然历经三轮政策调控，但广州房地产市场受调控影响相对较小。就投资情况来看，广州2010年全年房地产投资建设力度继续加大，建设指标呈上涨走势；供求情况上，受亚运利好和亚运城开盘等因素影响，

商品住宅供应量同比上涨，成交量虽有小幅下滑，但成交均价仍稳步上扬；项目表现上，在调控压力下，中等户型、品牌开发商的产品成交火热。

（3）投资建设：投资力度明显加大，建设指标持续上涨

最近几年，广州房地产投资建设力度逐渐加大，投资额度逐年上涨。2010年，广州亚运会期间，包含地产开发项目在内的大多数扬尘性建设工地停工。但房地产开发投资和房地产竣工面积仍保持上涨态势，全年房地产投资额983.66亿元，同比上涨20.3%；竣工面积1094.59万平方米，同比上涨13.9%；房地产施工面积6464.12万平方米，同比上涨17.4%；新开工面积1955.49万平方米，同比上涨82.1%。

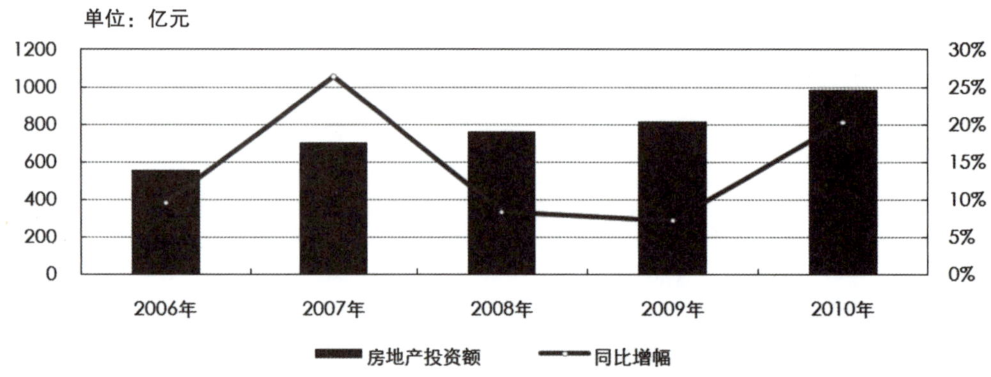

图4-38 2006—2010年广州房地产投资额年度走势及同比增幅

数据来源：国家统计局

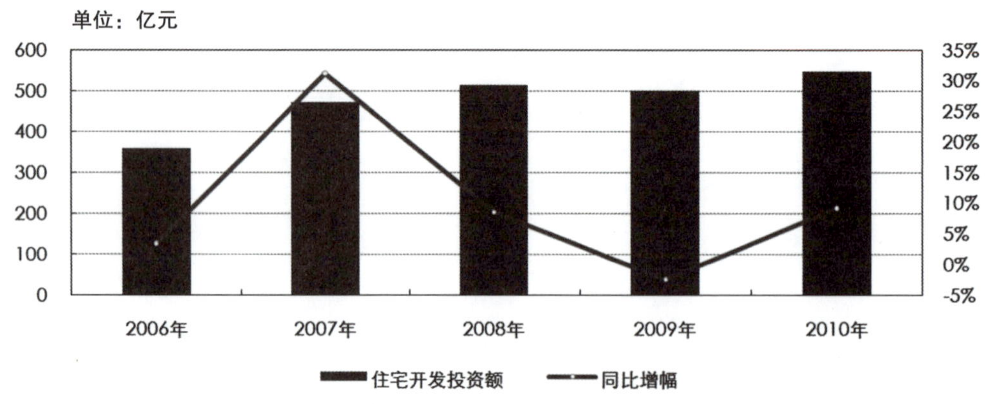

图4-39 2006—2010年广州住宅开发投资额年度走势及同比增幅

数据来源：国家统计局

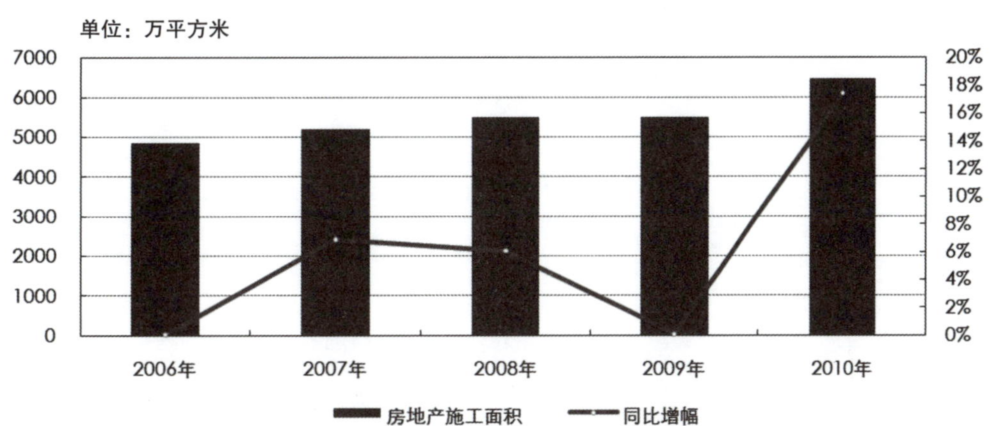

图4-40 2006—2010年广州房地产施工面积及同比增幅

数据来源：国家统计局

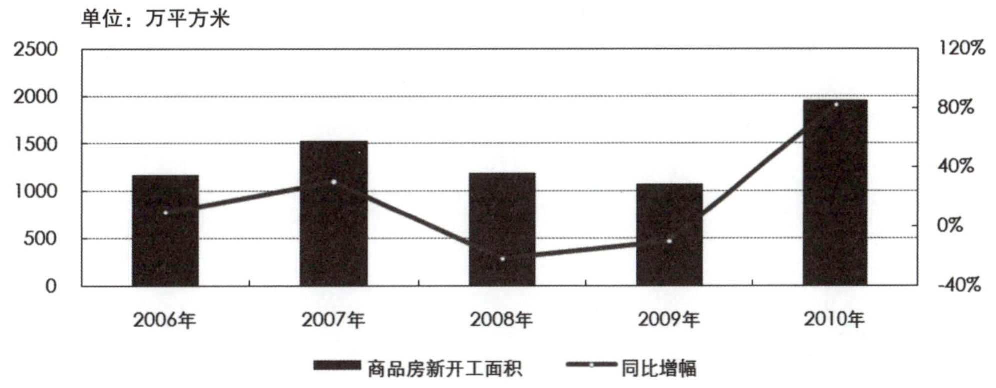

图4-41 2006—2010年广州商品房新开工面积及同比增幅

数据来源：国家统计局

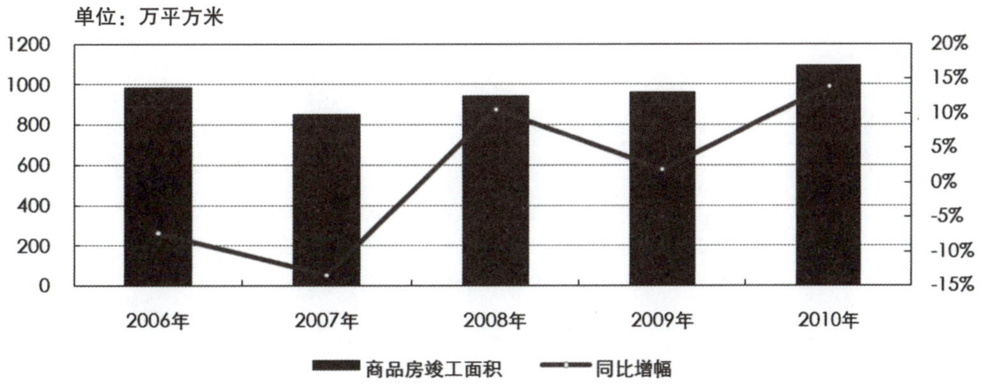

图4-42 2006—2010年广州商品房竣工面积及同比增幅

数据来源：国家统计局

（4）市场表现：成交量小幅下降，成交价格上涨

从近几年广州商品住宅供求走势来看，2010年受调控影响，成交量小幅下降，但成交均价保持上涨；新建商品住宅供应面积超过全年成交面积，市场处于供大于求状态。从月度市场表现看，受调控政策影响，1月至8月市场成交量低位徘徊，进入9月后，成交量有所上涨，10月191万平方米成交量为全年最高。成交价格上，全年价格呈现波动上涨态势。整体来看，政策调控影响力低于预期。

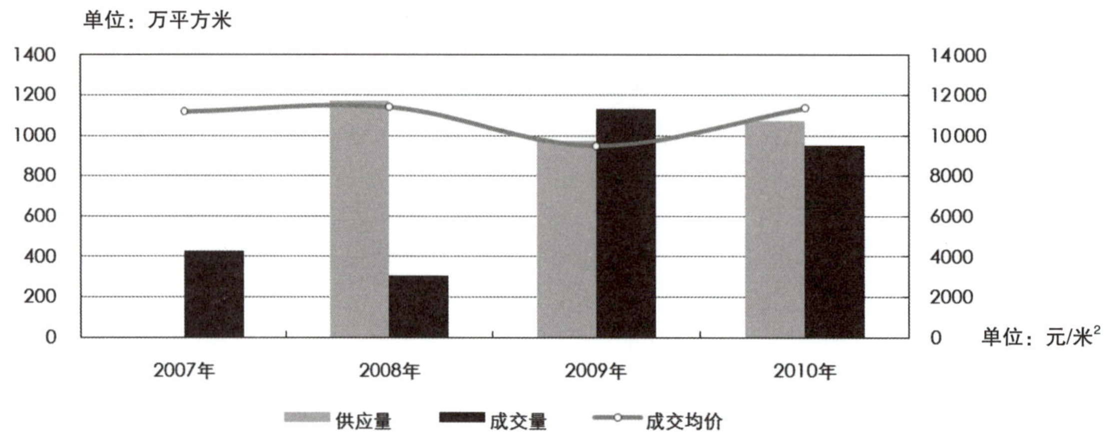

图4-43 2007—2010年广州商品住宅供求及均价走势

数据来源：中国房地产决策咨询系统（CRIC）

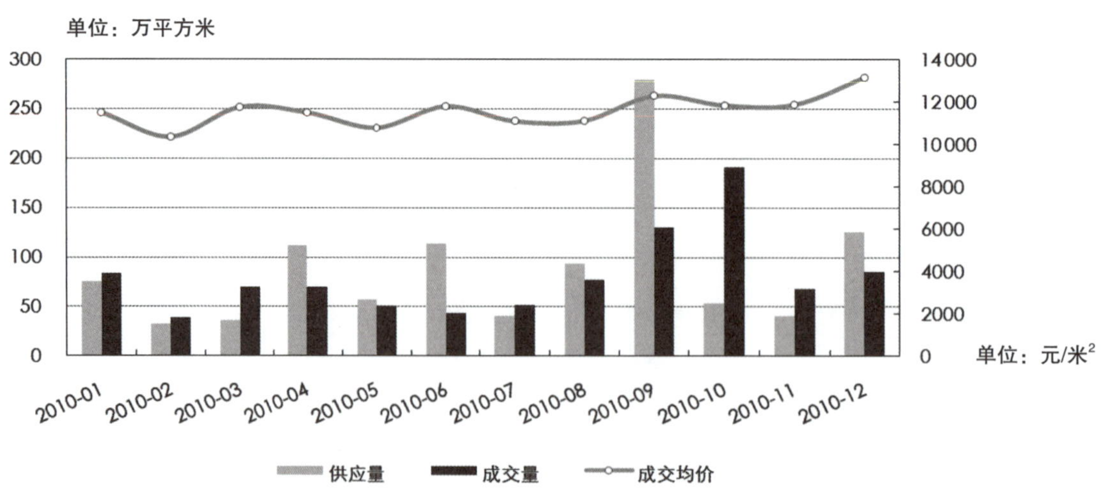

图4-44 2010年1月至12月广州商品住宅供求及均价走势

数据来源：中国房地产决策咨询系统（CRIC）

（5）成交结构：中等户型成交比重上扬，增城成交贡献加大

从成交结构来看，2010年广州商品住宅成交面积段主要集中在90~120平方米和90平方米以下区间段，其中，前者占比24%，同比下跌2%，后者占比38%，同比上涨7%。当前客户需求仍以刚性需求和首次改善性需求为主。

从成交区域来看，随着市区房价的逐步攀升，相对较远且升值潜力较大的区域受到购房者的重点关注，增城成交总量占比明显加大，占全市区域成交比重的21%，较2009年增加四个百分点。原因一方面是增城新推项目较多，另一方面则由于增城项目相对价格较低，受到广大刚性需求购房者的关注。

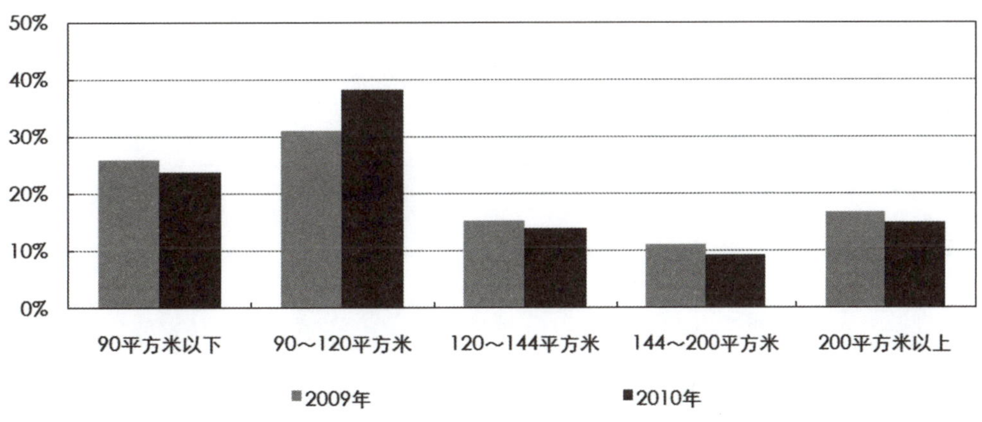

图4-45 2009—2010年广州商品住宅面积成交结构

数据来源：中国房地产决策咨询系统（CRIC）

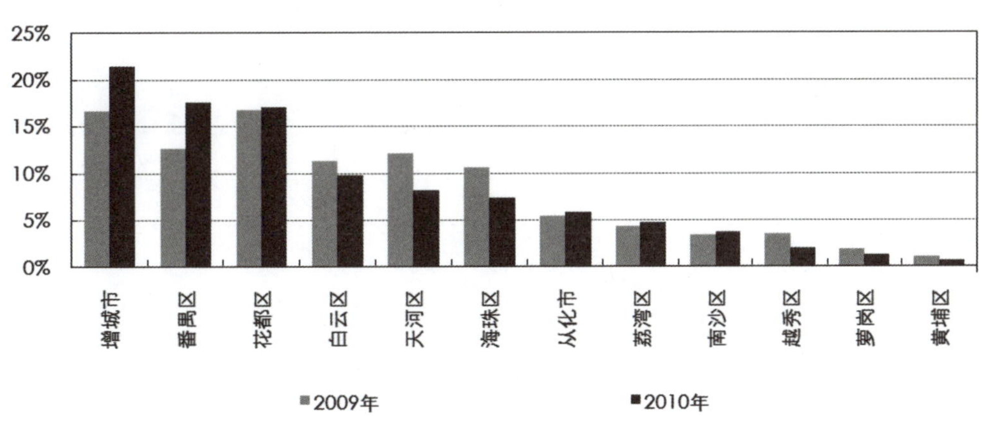

图4-46 2009—2010年广州商品住宅区域成交结构

数据来源：中国房地产决策咨询系统（CRIC）

（6）项目排行榜：品牌开发商占据主力地位，项目成交向两极分化

在楼市调控的压力下，项目成交呈现了以下三个特点：一是客户更信任品牌开发商产品的品质，推动品牌开发企业项目成交放量；二是性价比高的中档项目更受刚性需求的欢迎；三是增城、花都等区域供应充足，价格相对较低，受到了普通购房者的重点关注。

表4-21 2010年广州商品住宅项目成交面积排行榜

排行	项目名称	区域	档次	成交面积（万平方米）	成交金额（亿元）	成交均价（元/米^2）	开发商
1	广州亚运城	番禺区	中档	36.71	45.81	12 479	广州利合地产
2	碧桂园凤凰城	增城市	中档	31.75	23.23	7315	碧桂园物业
3	广州雅居乐花园	番禺区	中高档	17.35	23.33	13 449	雅居乐地产
4	富力金港城	花都区	中档	15.20	9.00	5919	富力地产
5	光大花园	海珠区	中高档	13.76	27.73	20 154	光大花园地产
6	汇景新城	天河区	中高档	12.85	34.30	26 691	广州招商地产
7	金山谷花园	番禺区	中档	11.96	11.66	9744	广州保利置业
8	奥晨留学家园	增城市	中高档	11.92	7.61	6386	万锦房地产 新恒基地产
9	保利城	花都区	中档	11.46	7.44	6491	恒大地产
10	天马河公馆	花都区	高档	11.34	6.71	5918	广州侨鑫地产

数据来源：中国房地产决策咨询系统（CRIC）

表4-22 2010年广州商品住宅项目成交金额排行榜

排行	项目名称	区域	档次	成交金额（亿元）	成交面积（万平方米）	成交均价（元/米^2）	开发商
1	广州亚运城	番禺区	中高档	45.80	36.71	12 479	广州利合地产
2	汇景新城	天河区	高档	34.30	12.85	26 691	广州侨鑫地产
3	碧桂园凤凰城	增城市	中低档	29.54	36.09	8185	碧桂园物业
4	光大花园	海珠区	高档	27.73	13.76	20 154	光大花园地产
5	广州雅居乐花园	番禺区	中档	23.33	17.35	13 449	雅居乐地产
6	凯旋新世界	天河区	高档	19.18	3.54	54 193	广州新翊地产
7	雅居乐剑桥郡	番禺区	中高档	19.08	11.31	16 865	雅居乐房地产
8	碧桂园豪园	增城市	中低档	15.85	20.73	7644	碧桂园物业
9	江南新苑	海珠区	中高档	15.84	8.13	19 479	广州市城市建设开发有限公司
10	万科天河御品	白云区	中档	15.49	10.75	14 412	万锦地产 新恒基地产

数据来源：中国房地产决策咨询系统（CRIC）

4. 深圳房地产市场情况

（1）2010年房地产行业数据表

表4-23 深圳2010年房地产行业数据

类别	指标	2009年	2010年
宏观	GDP（亿元）	8201.23	9510.91
	同比增幅（%）	5.06	12.00
	进出口总额（亿美元）	2702.00	3467.49
	同比增幅（%）	-9.93	28.40
	固定资产投资（亿元）	1709.15	1944.70
	同比增幅（%）	16.46	13.80
	社会消费品零售总额（亿元）	2598.68	3000.76
	同比增幅（%）	15.40	17.20
行业	房地产开发投资（亿元）	437.46	458.47
	同比增幅（%）	-0.70	4.80
	商品房新开工面积（万平方米）	492.40	470.96
	同比增幅（%）	-34.60	-4.40
	商品房施工面积（万平方米）	3112.36	2939.94
	同比增幅（%）	-5.00	-5.50
	商品房竣工面积（万平方米）	402.01	344.43
	同比增幅（%）	-36.20	-14.30
土地	土地购置面积（万平方米）	30.42	13.87
	同比增幅（%）	6.10	-54.40
	土地购置金额（亿元）	45.25	60.99
	同比增幅（%）	-31.40	34.80
	土地开发面积（万平方米）	20.58	20.29
	同比增幅（%）	-50.80	-1.40
市场	商品房销售面积（万平方米）	762.15	465.59
	同比增幅（%）	63.30	-38.90
	商品房销售金额（亿元）	1113.88	892.55
	同比增幅（%）	88.40	-19.90

数据来源：国家统计局

表4-24 深圳土地市场与商品住宅市场运行情况

类别	指标	2009年	2010年
土地	土地供应量（万平方米）	82.25	279.20
	土地成交量（万平方米）	128.14	148.10
	土地成交金额（亿元）	115.00	121.00
市场	商品住宅供应量（万平方米）	539.79	482.00
	商品住宅成交量（万平方米）	691.52	369.00
	商品住宅成交均价（元/米^2）	16 862.00	22 285.00

数据来源：中国房地产决策咨询系统（CRIC）

（2）综述：成交受政策影响较大，刚需带动小户型比重上升

2010年深圳房地产受政策影响较大。虽然投资力度逐步加大，但多项房地产建设指标仍呈负增长，市场供不应求的状况仍未改变；从2010年全年楼市来看，在调控政策频出的情况下，楼市供求双双下滑，但成交价格依然保持坚挺；同时，小户型产品、高端项目以及龙岗区域成为市场的焦点。

（3）投资建设：投资力度加大，建设指标仍呈负增长

2010年深圳房地产开发投资累计总额结束连续三年的负增长态势，全年房地产开发投资458.47亿元，同比增长4.8% 。全年住宅开发投资为304.89亿元，同比增长5.2%。

全年商品房施工面积、新开工和竣工面积均呈负增长态势，同比分别下滑5.5%、4.4%和14.3%。由于商品房建设速度将直接影响到市场的供求关系，因此从近两年商品房建设负增长的趋势来看，未来市场供求紧张的压力将会更大，供不应求的关系可能还会长期持续。

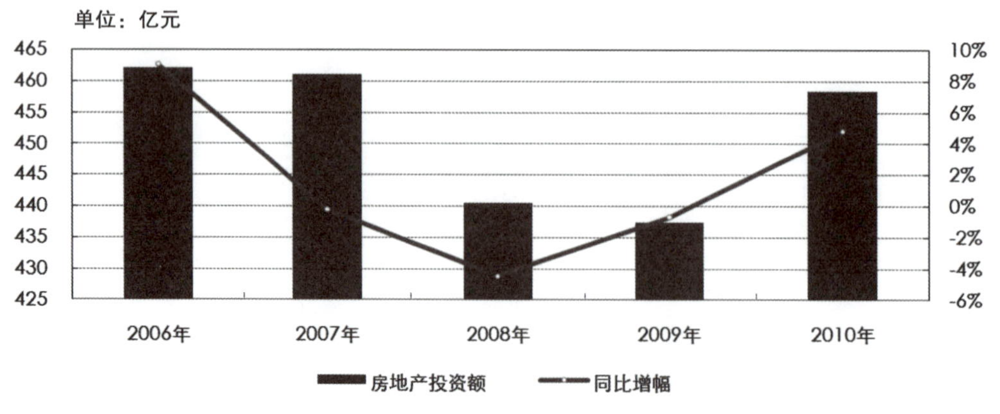

图4-47 2006—2010年深圳房地产投资额年度走势及同比增幅

数据来源：国家统计局

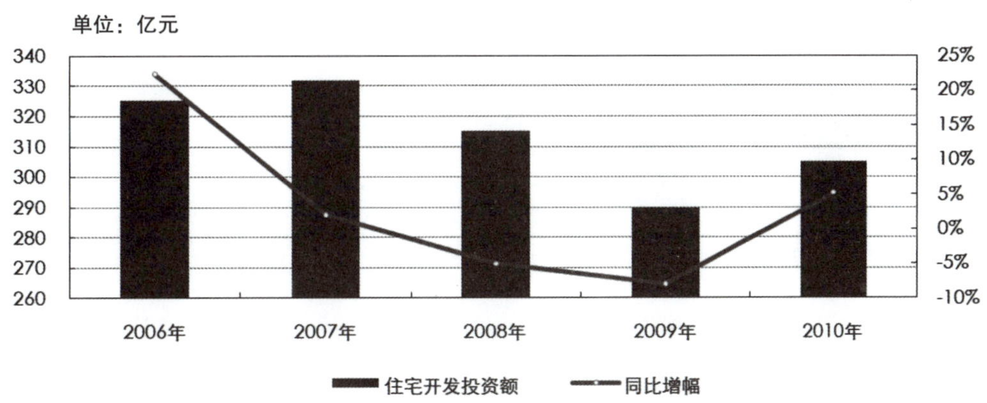

图4-48 2006—2010年深圳住宅开发投资额年度走势及同比增幅

数据来源：国家统计局

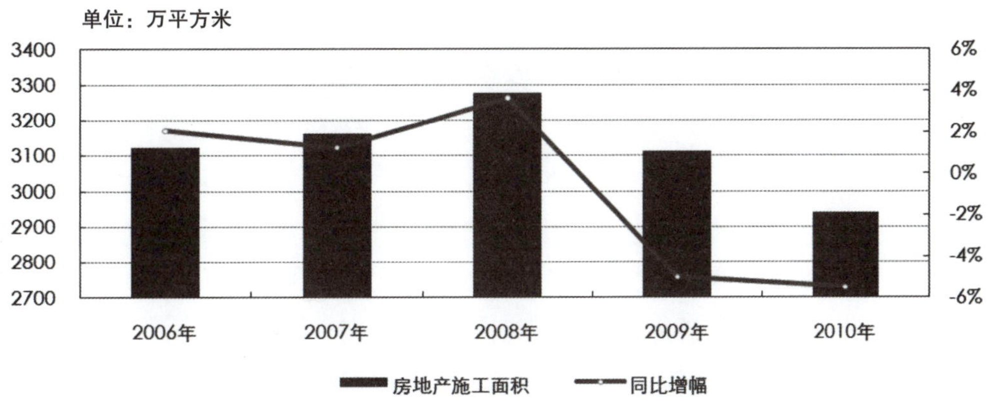

图4-49 2006—2010年深圳房地产施工面积及同比增幅

数据来源：国家统计局

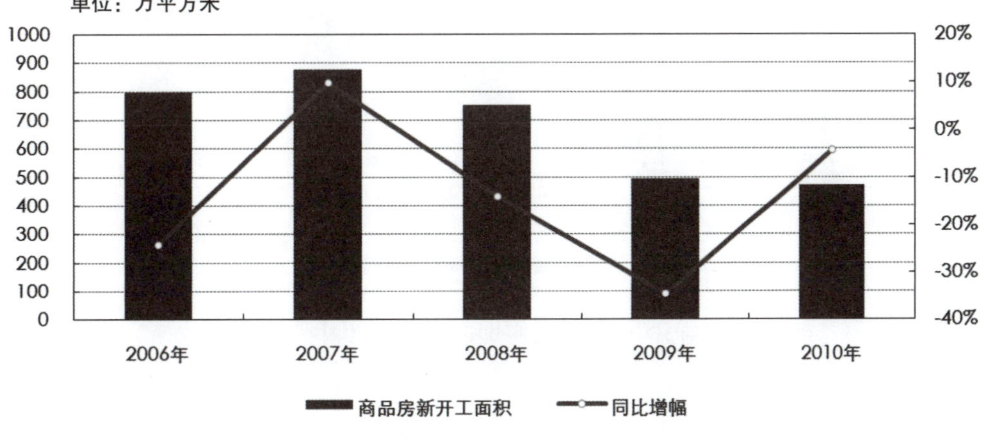

图4-50 2006—2010年深圳商品房新开工面积及同比增幅

数据来源：国家统计局

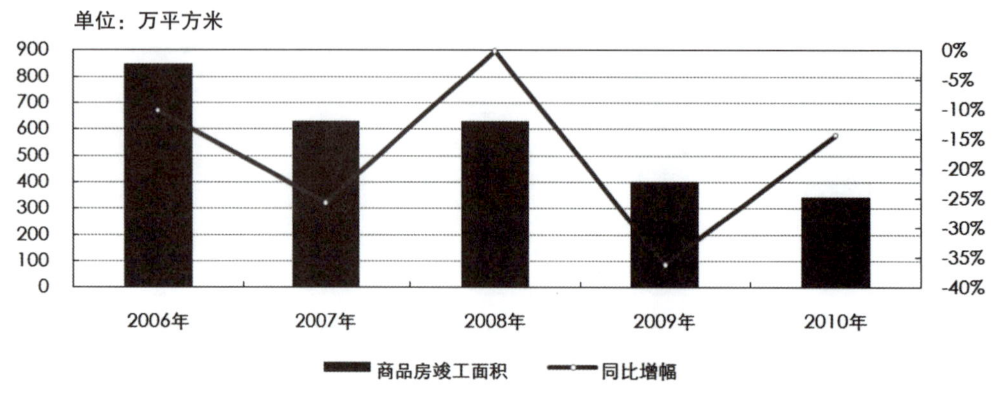

图4-51 2006—2010年深圳商品房竣工面积及同比增幅

数据来源：国家统计局

（4）市场表现：供求双双下滑，受政策调控影响较为明显

受2010年三轮调控政策出台的影响，深圳房地产市场表现大致可分为三个阶段：1月至4月为第一阶段，楼市延续2009年热销态势，供销两旺，价格在2月达到历史最高值；5月至9月为第二阶段，这阶段楼市呈现出先抑后扬的情况，在调控政策出台后，市场成交量快速下滑，而商家的价格坚守导致了需求的长期压制，在降价期待成为泡影后，成交量在9月突然井喷；10月至12月为第三阶段，这阶段楼市呈现出下滑趋势，限购、限贷措施的出台，使得客户群大幅缩减，成交结构更偏重于中小户型，呈现出量跌价滞的情况。

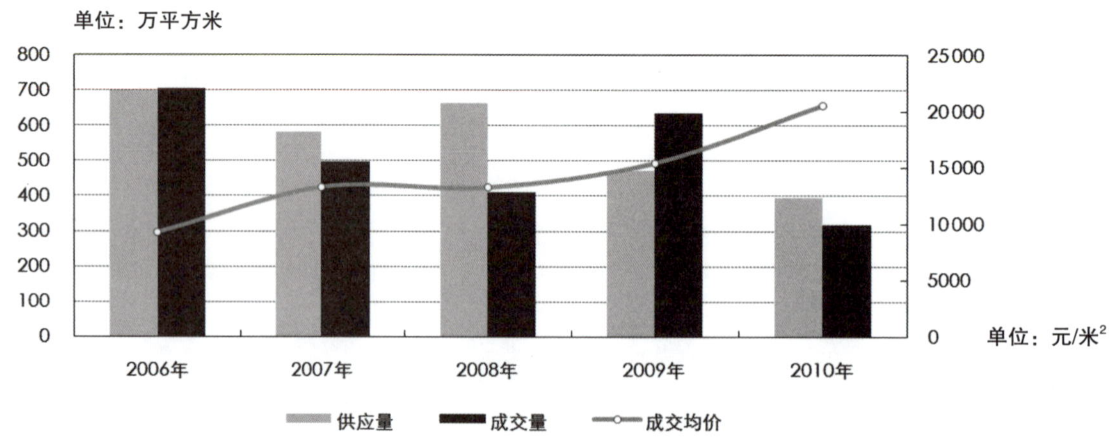

图4-52 2006—2010年深圳商品住宅供求及均价走势

数据来源：中国房地产决策咨询系统（CRIC）

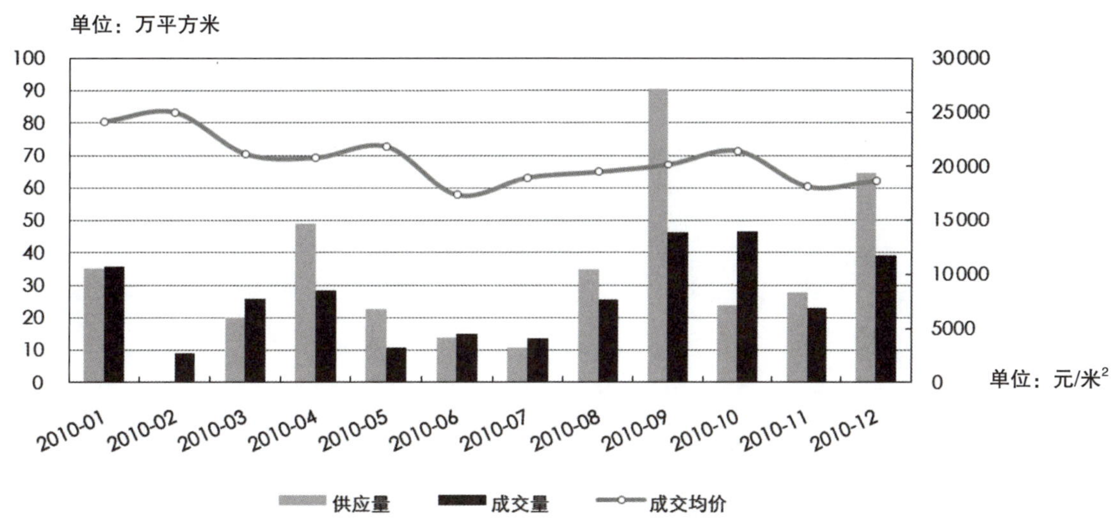

图4-53 2010年1月至12月深圳商品住宅供求及均价走势

数据来源：中国房地产决策咨询系统（CRIC）

（5）成交结构：小户型成交比重明显上升，龙岗区为成交主力

2010年深圳楼市呈现了两端走热的现象，小户型和大户型成交量持续走好，其中90平方米以下的小户型产品成交量比重上涨6%，144平方米以上的大户型产品成交比重上涨2%。主要是在楼市调控政策之下，刚性需求仍然旺盛，不少改善性需求却逐步退出市场，而在通胀压力之下，高端产品成交量走势持续向好。

从区域成交结构来看，成交量明显外移，龙岗成交比重达46%，同比上涨11%，占据了深圳近半的市场份额。一方面是由于龙岗区供应量充足，另一方面较低的价格，受到众多刚性需求的关注。

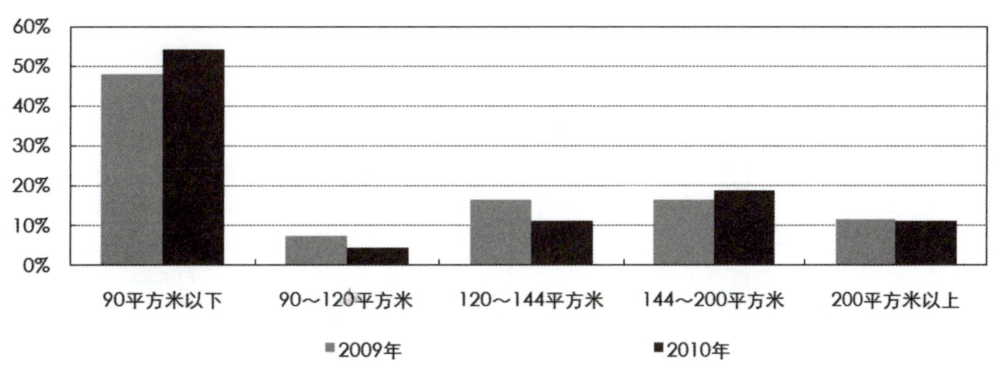

图4-54 2009—2010年深圳商品住宅面积成交结构

数据来源：中国房地产决策咨询系统（CRIC）

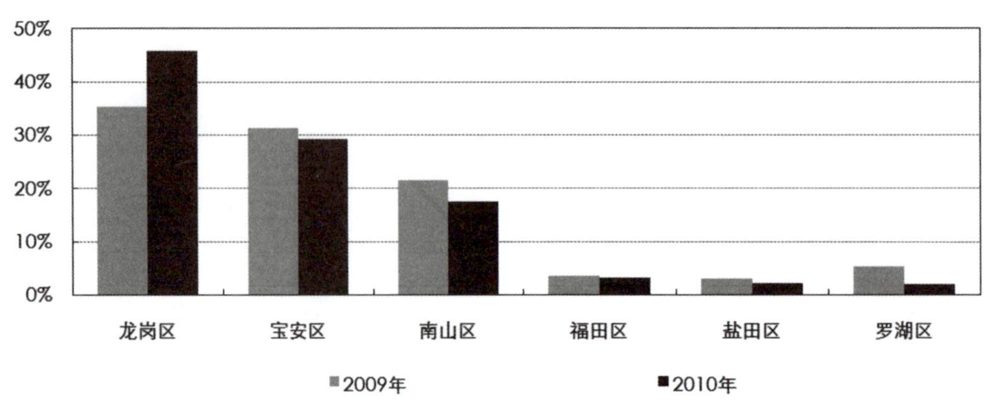

图4-55 2009—2010年深圳商品住宅区域成交结构

数据来源：中国房地产决策咨询系统（CRIC）

（6）项目排行榜：龙岗、宝安项目频频上榜，中档项目受市场欢迎

在楼市调控的压力下，项目成交呈现了以下三个特点：一是品牌开发企业项目受青睐；二是价格相对合理的中档项目更受刚性需求的欢迎；三是供应充足、选择多样的龙岗区、宝安区，成为2010年的成交热点区域。

表4-25 2010年深圳商品住宅项目成交面积排行榜

排行	项目名称	区域	档次	成交面积（万平方米）	成交金额（亿元）	成交均价（元/米²）	开发商
1	莱蒙水榭春天	宝安区	中档	13.65	26.35	19 307	水榭花都地产
2	万科千林山居三期	龙岗区	中档	11.72	16.21	13 825	万科道霖
3	振业城二、三、四、五期	龙岗区	中档	10.14	14.54	14 337	振业集团
4	阳光天健城	龙岗区	中档	10.10	12.84	12 706	天健龙岗地产
5	万科金色半山	龙岗区	中档	9.27	16.99	18 324	万科华昱花园地产
6	佳兆业上品雅园	龙岗区	中档	9.10	12.44	13 673	佳昌信投
7	宝能太古城花园	南山区	中高档	8.06	27.46	34 080	宝能地产
8	玉湖湾	宝安区	中档	7.60	10.75	14 152	玉湖地产
9	招商澜园	宝安区	中档	7.54	8.93	11 844	深圳招商地产
10	金地上塘道花园	宝安区	中档	7.41	13.38	18 057	金地新城地产

数据来源：中国房地产决策咨询系统（CRIC）

表4-26 2010年深圳商品住宅项目成交金额排行榜

排行	项目名称	区域	档次	成交金额（亿元）	成交面积（万平方米）	成交均价（元/米^2）	开发商
1	宝能太古城花园	南山区	中高档	27.46	8.06	34 080	宝能地产
2	莱蒙水榭春天	宝安区	中档	26.35	13.65	19 307	水榭花都地产
3	鸿威海怡湾畔	南山区	高档	23.35	5.76	40 519	海怡湾畔地产
4	华侨城纯水岸香山里花园一期	南山区	高档	18.43	5.10	36 179	深圳华侨城地产
5	万科金色半山	龙岗区	中档	16.99	9.27	18 324	万科华昱花园地产
6	万科金域华府二期	宝安区	中档	16.58	6.15	26 959	万科兴业地产
7	万科千林山居三期	龙岗区	中档	16.21	11.72	13 825	万科道霖
8	东部华侨城别墅天麓八区	盐田区	高档	15.50	1.20	129 167	东部华侨城
9	振业城二、三、四、五期	龙岗区	中档	14.54	10.14	14 337	振业集团
10	金地上塘道花园	宝安区	中档	13.38	7.41	18 057	金地新城地产

数据来源：中国房地产决策咨询系统（CRIC）

5. 南京房地产市场情况

（1）2010年房地产行业数据表

表4-27 南京2010年房地产行业数据

类别	指标	2009年	2010年
宏观	GDP（亿元）	4230.26	5010.00
	同比增幅（%）	12.06	18.40
	进出口总额（亿美元）	337.45	456.01
	同比增幅（%）	–16.87	35.10
	固定资产投资（亿元）	2668.03	3306.05
	同比增幅（%）	23.85	23.90
	社会消费品零售总额（亿元）	1961.58	2267.77
	同比增幅（%）	18.75	18.50

（续表）

类别	指标	2009年	2010年
行业	房地产开发投资（亿元）	595.68	748.35
	同比增幅（%）	17.20	25.60
	商品房新开工面积（万平方米）	1157.46	1702.26
	同比增幅（%）	23.50	47.10
	商品房施工面积（万平方米）	4366.07	4517.97
	同比增幅（%）	6.50	3.50
	商品房竣工面积（万平方米）	1422.53	1039.57
	同比增幅（%）	34.40	–26.90
土地	土地购置面积（万平方米）	284.92	150.80
	同比增幅（%）	5.70	–47.10
	土地购置金额（亿元）	125.82	220.19
	同比增幅（%）	3.20	65.60
	土地开发面积（万平方米）	114.11	19.53
	同比增幅（%）	–24.90	–82.90
市场	商品房销售面积（万平方米）	1187.27	823.17
	同比增幅（%）	69.80	–30.70
	商品房销售金额（亿元）	853.07	787.38
	同比增幅（%）	139.70	–7.70

数据来源：国家统计局

表4–28 南京土地市场与商品住宅市场运行情况

类别	指标	2009年	2010年
土地	土地供应量（万平方米）	510.66	573.30
	土地成交量（万平方米）	461.86	517.00
	土地成交金额（亿元）	227.08	552.00
市场	商品住宅供应量（万平方米）	666.76	687.00
	商品住宅成交量（万平方米）	1149.67	590.00
	商品住宅成交均价（元/米^2）	7505.00	10 786.00

数据来源：中国房地产决策咨询系统（CRIC）

（2）综述：成交量下滑明显，后续供应不足或使价格依旧坚挺

2010年，在三轮楼市调控之下，南京房地产市场出现较大波动。部分房地产开发建设指标呈负增长走势，第

二季度为市场成交低点；全年成交量527.8万平方米，同比下滑55.3%。房价依然高位运行；中小户型成交比重明显上扬，各区域成交平衡，低价楼盘成为市场成交的热点。

（3）投资建设：开发投资继续稳步增长，部分建设指标呈负增长

2010年南京房地产开发投资继续稳步增长，全年投资748.35亿元，同比增长25.6% 。住宅开发投资额570.62亿元，同比增长29.9%。

全年商品房施工面积、新开工呈正增长态势，商品房竣工面积则呈负增长态势。其中，商品房施工面积4517.97万平方米，同比上涨3.5%；新开工面积1702.26万平方米，同比上涨47.1%；商品房竣工面积1039.57万平方米，同比下跌26.9%。这也表明短期供应将下降，但中长期市场供应将较为充足。

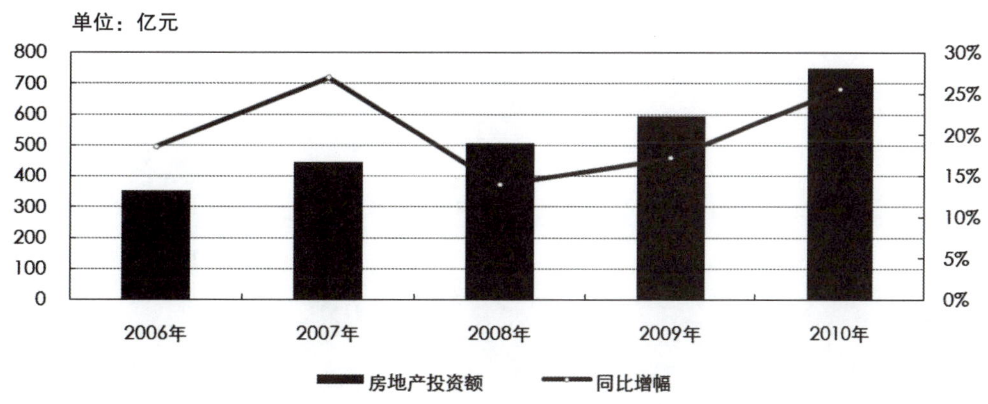

图4-56 2006—2010年南京房地产投资额年度走势及同比增幅

数据来源：国家统计局

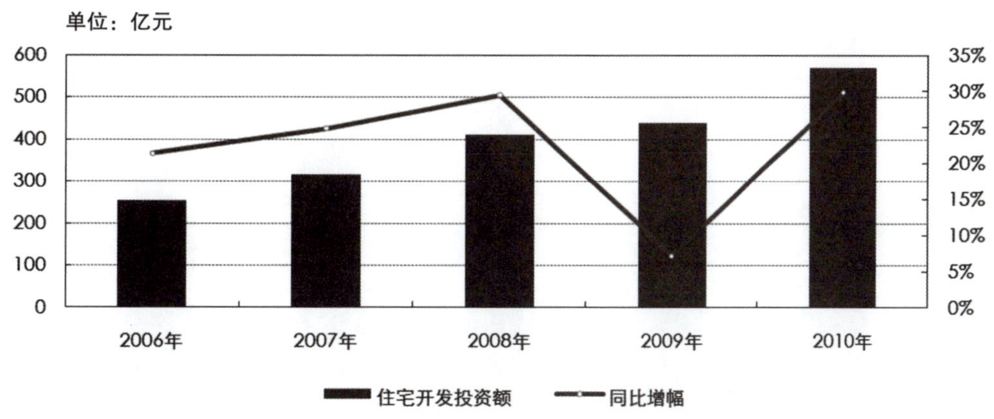

图4-57 2006—2010年南京住宅开发投资额年度走势及同比增幅

数据来源：国家统计局

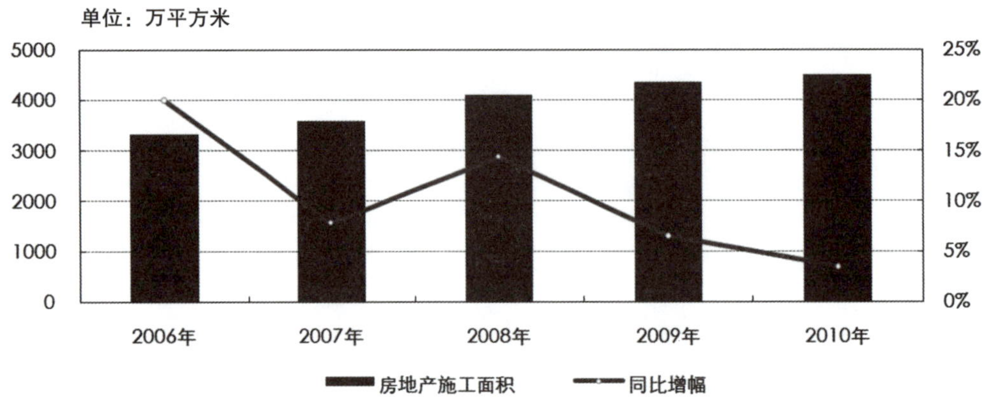

图4-58 2006—2010年南京房地产施工面积及同比增幅

数据来源：国家统计局

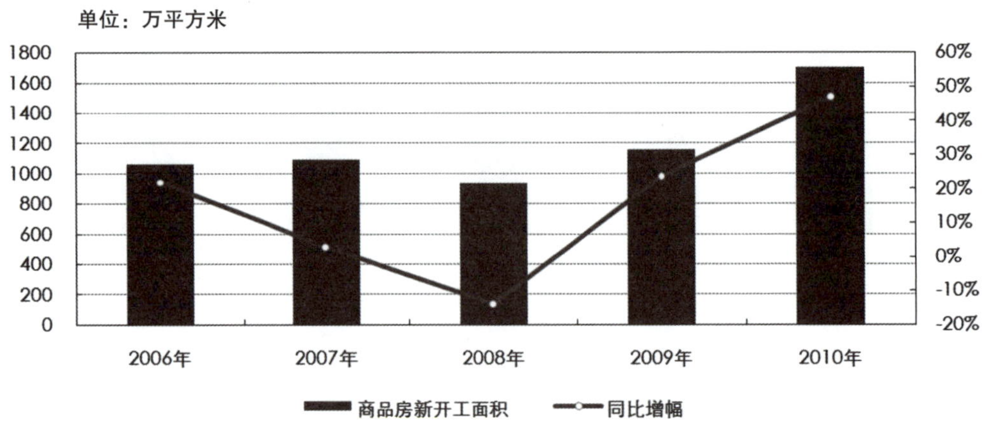

图4-59 2006—2010年南京房新开工面积及同比增幅

数据来源：国家统计局

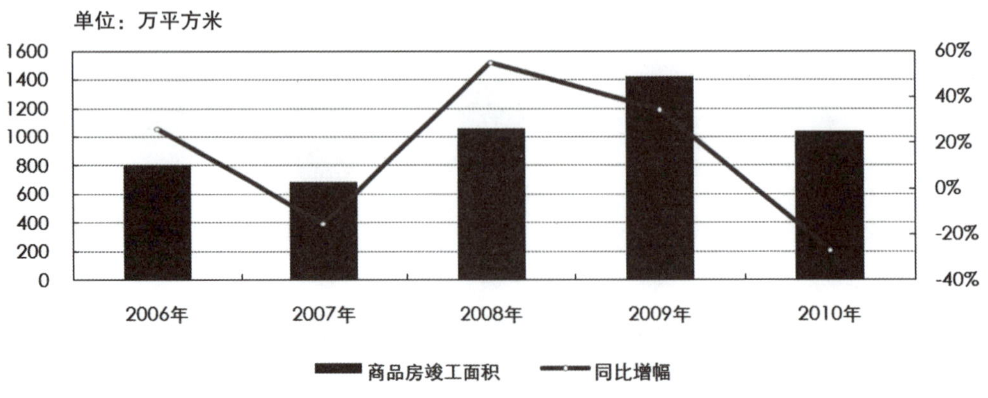

图4-60 2006—2010年南京商品房竣工面积及同比增幅

数据来源：国家统计局

（4）市场表现：成交萎缩而供应不减，市场供过于求

受2010年三轮调控政策出台的影响，南京房地产市场表现大致可分为三个阶段：1月至4月为第一阶段，成交量先跌后涨，市场持续热销；5月至9月为第二阶段，这阶段楼市呈现出先抑后扬的情况，4月政策出台之后，成交快速下滑，但随着政策效应的减弱、通胀的加速，成交量在7月之后快速攀升；10月至12月为第三阶段，9月底限购政策的出台，使得成交量再度下滑。

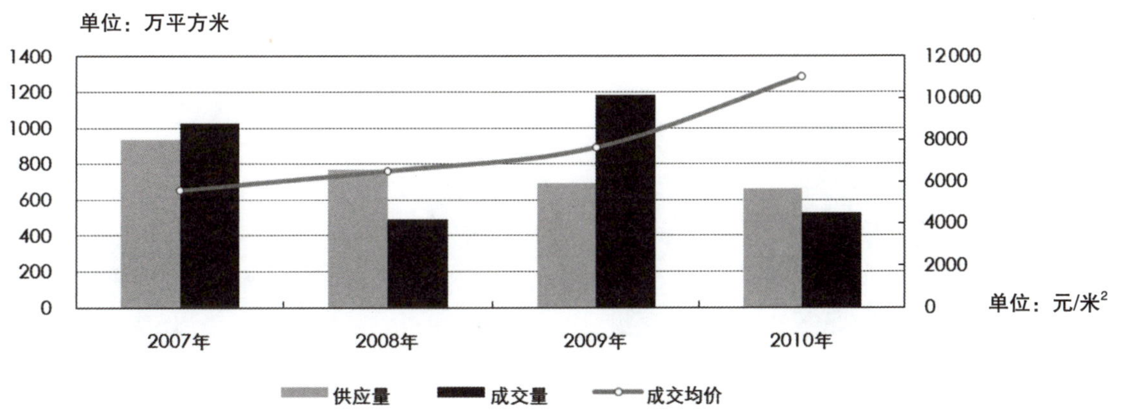

图4-61 2007—2010年南京商品住宅供求及均价走势

数据来源：中国房地产决策咨询系统（CRIC）

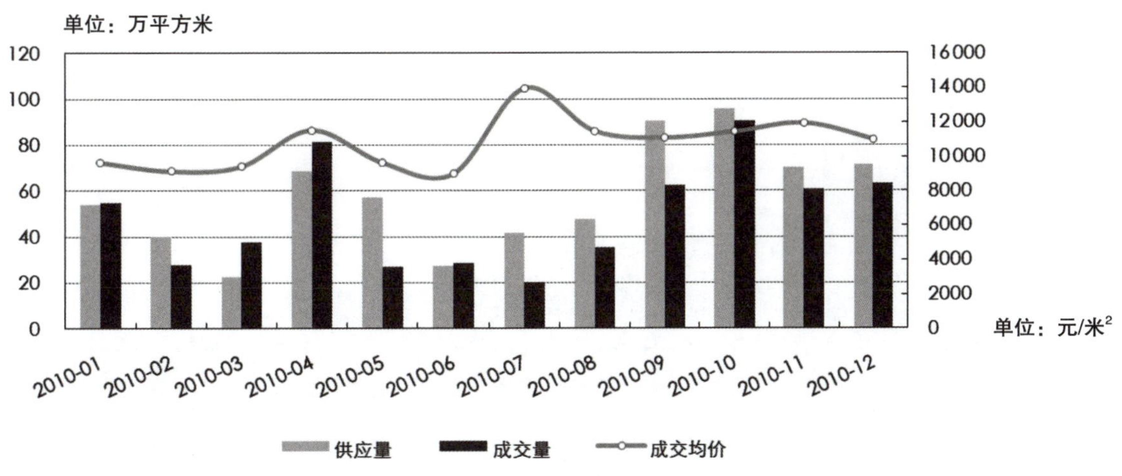

图4-62 2010年1月至12月南京商品住宅供求及均价走势

数据来源：中国房地产决策咨询系统（CRIC）

（5）成交结构：中小户型成交比重上扬，各区成交趋于平衡

2010年南京中小户型成交仍占绝大比重，且同比有所上涨。2010年，面积段为70~90平方米经济型二房、90~110平方米的紧凑三房和120~144平方米的舒适三房的市场供销比例最大。小户型成交持续走好，其中90平方米以下的产品成交比重上涨六个百分点，90~120平方米的上涨两个百分点，市场刚性需求旺盛。

从区域成交结构来看，各区域成交较为平衡，江宁、浦口两区成交占比最高，均为17%，主要由于两大区域相对而言房价较低，未来升值潜力较大，受到了多数购房者的重点关注。

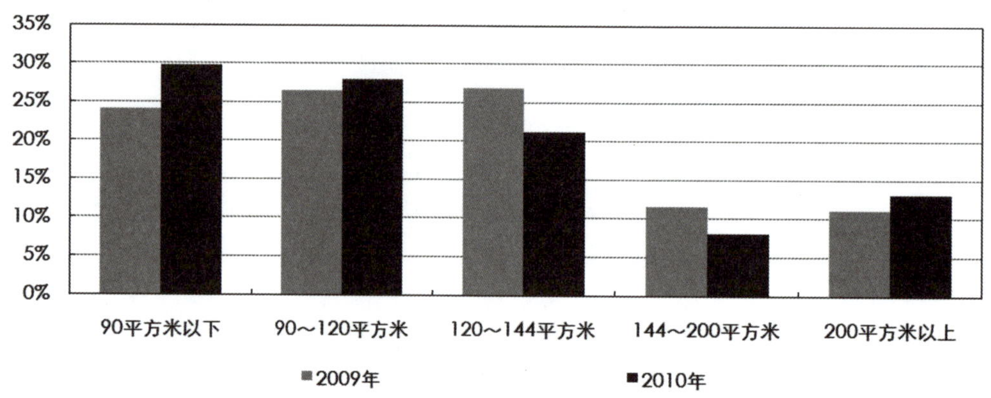

图4-63 2009—2010年南京商品住宅面积成交结构

数据来源：中国房地产决策咨询系统（CRIC）

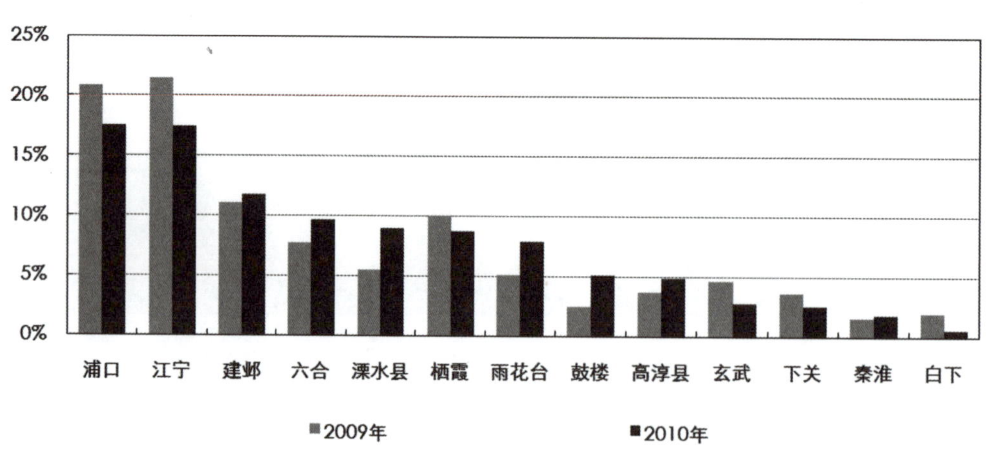

图4-64 2009—2010年南京商品住宅区域成交结构

数据来源：中国房地产决策咨询系统（CRIC）

（6）项目排行榜：河西项目成交良好，低价楼盘成市场热点

在楼市调控的压力下，项目成交呈现了以下特点，即价格相对合理的中档项目更受刚性需求的欢迎。中档项目相对价格较低，且大多位于浦口、江宁等潜力区域，因此更受消费者的关注。

表4-29 2010年南京商品住宅项目成交面积排行榜

排行	项目名称	区域	档次	成交面积（万平方米）	成交金额（亿元）	成交均价（元/米^2）	开发商
1	金地自在城	城南	中档	20.98	19.51	9301	金地集团
2	天润城	浦口	中低档	20.65	15.84	7670	南京苏宁地产
3	万达广场东坊壹街区	河西	中档	14.59	23.51	16 107	万达集团
4	苏宁国际银河社区	河西	中档	12.13	20.65	17 017	苏宁置业集团
5	九岛梦都城	江宁	中高档	12.08	4.55	3768	南京金梦都房地产开发有限责任公司
6	香槟国际花园	河西	中档	12.00	21.01	17 509	保利地产
7	恒大金碧天下国际花园	溧水	中档	11.78	6.25	5308	恒大富丰置业
8	旭日爱上城	浦口区	中低档	11.77	8.70	7392	红太阳地产
9	北外滩水城	浦口区	中低档	11.01	8.99	8162	浦东地产
10	龙湖半岛花园	江北	中低档	9.17	4.48	4888	南京华欧舜都置业有限公司

数据来源：中国房地产决策咨询系统（CRIC）

表4-30 2010年南京商品住宅项目成交金额排行榜

排行	项目名称	区域	档次	成交金额（亿元）	成交面积（万平方米）	成交均价（元/米^2）	开发商
1	万达广场东坊壹街区	河西	中档	23.51	14.59	16 108	万达集团
2	中海凤凰熙岸	河西	中高档	21.32	8.51	25 059	南京海润地产
3	香槟国际花园	河西	中档	21.01	12.00	17 509	保利地产
4	苏宁国际银河社区	河西	中档	20.65	12.13	17 017	苏宁置业集团
5	金地自在城	城南	中档	19.51	20.98	9302	金地集团
6	天润城	浦口	中低档	15.84	20.65	7670	南京苏宁地产
7	雅居乐花园	城南	中高档	15.56	8.50	18 317	雅居乐地产开
8	仁恒晶园	河西	中高档	13.89	6.47	21 469	南京仁恒置业
9	万科金域蓝湾	江宁	中高档	13.65	8.86	15 404	南京金域蓝湾置业有限公司
10	御江金城	河西	中高档	11.66	6.36	18 343	五矿地产

数据来源：中国房地产决策咨询系统（CRIC）

6. 杭州房地产市场情况

（1）2010年房地产行业数据表

表4-31 杭州2010年房地产行业数据

类别	指标	2009年	2010年
宏观	GDP（亿元）	5098.66	5945.82
	同比增幅（%）	6.63	12.00
	进出口总额（亿美元）	404.20	523.55
	同比增幅（%）	-15.91	29.50
	固定资产投资（亿元）	2291.65	2753.13
	同比增幅（%）	16.82	20.10
	社会消费品零售总额（亿元）	1804.93	2146.08
	同比增幅（%）	15.82	19.90
行业	房地产开发投资（亿元）	704.68	956.20
	同比增幅（%）	18.10	35.70
	商品房新开工面积（万平方米）	1081.12	1929.08
	同比增幅（%）	-13.80	78.40
	商品房施工面积（万平方米）	5121.49	6227.05
	同比增幅（%）	3.40	21.10
	商品房竣工面积（万平方米）	763.95	1100.18
	同比增幅（%）	-14.50	31.50
土地	土地购置面积（万平方米）	375.67	435.90
	同比增幅（%）	-11.80	17.40
	土地购置金额（亿元）	243.83	408.98
	同比增幅（%）	27.90	67.70
	土地开发面积（万平方米）	37.16	39.73
	同比增幅（%）	-73.50	6.90
市场	商品房销售面积（万平方米）	1441.18	988.34
	同比增幅（%）	101.20	-32.10
	商品房销售金额（亿元）	1511.45	1396.77
	同比增幅（%）	146.90	-9.10

数据来源：国家统计局

表4-32 杭州土地市场与商品住宅市场运行情况

类别	指标	2009年	2010年
土地	土地供应量（万平方米）	798.01	865.70
	土地成交量（万平方米）	746.01	688.70
	土地成交金额（亿元）	1007.62	787.00
市场	商品住宅供应量（万平方米）	510.25	554.00
	商品住宅成交量（万平方米）	722.98	402.00
	商品住宅成交均价（元/米^2）	14 335.00	19 695.00

数据来源：中国房地产决策咨询系统（CRIC）

（2）综述：量跌价升，高端项目成热点

2010年杭州房地产市场虽然受到政策影响而有所波动，但整体依然保持高位运行。就投资力度来看，房地产建设各项指标继续快速增长，竣工面积增速由负转正，总体市场供过于求；就楼市成交量来看，商品住宅成交量大幅下滑，成交价格在高端项目热销等因素的支撑下，前三季度依然保持高位波动的走势，第四季度在政策加码和成交结构变化的双重影响下，均价有所回落，但依然保持较高位。

（3）投资建设：投资力度加大，竣工面积增速由负转正

2010年杭州完成房地产开发投资956.2亿元，同比增长35.7%。其中，商品住宅开发投资676.27亿元，同比增长32.7%。

全年商品房施工面积6227.05万平方米，同比增长21.1%，增幅较2009年大幅增长；商品房新开工面积1929.08万平方米，同比增长78.4%；商品房竣工面积1100.18万平方米，同比增长31.5%，已经恢复到金融危机之前的水平。商品房施工面积、新开工面积及竣工面积的齐齐上涨，也表明未来杭州房地产市场供应量将较为充足。

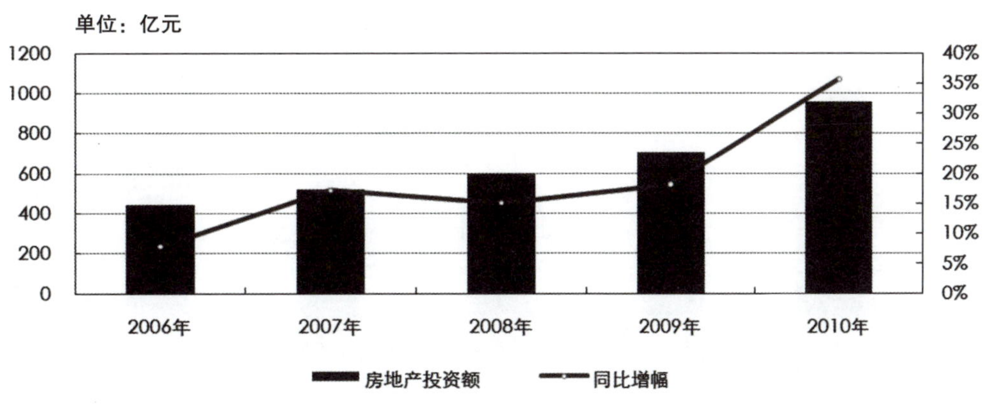

图4-65 2006—2010年杭州房地产投资额年度走势及同比增幅

数据来源：国家统计局

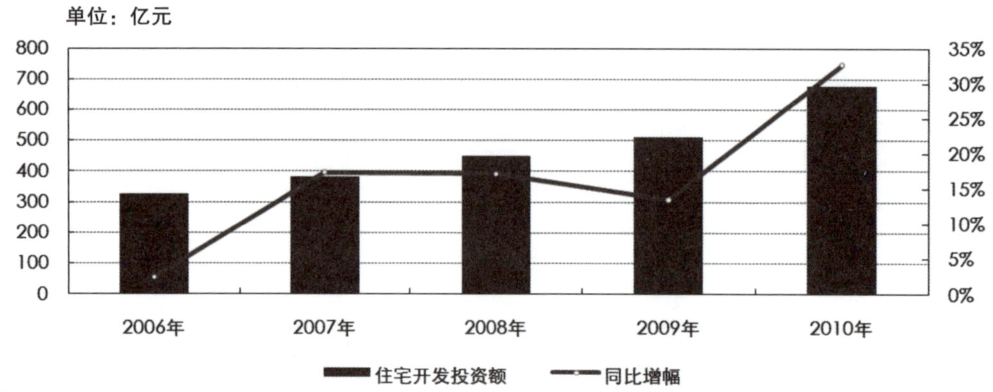

图4-66 2006—2010年杭州住宅开发投资额年度走势及同比增幅

数据来源：国家统计局

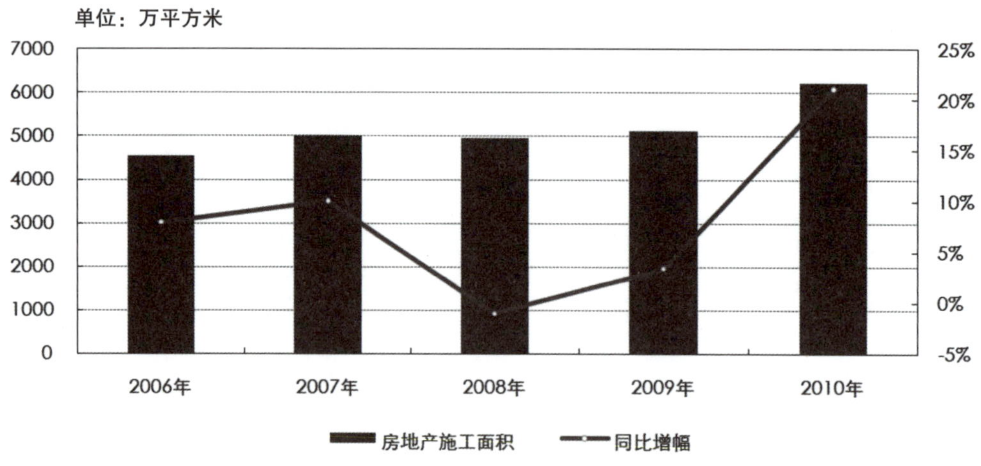

图4-67 2006—2010年杭州商品房施工面积及同比增幅

数据来源：国家统计局

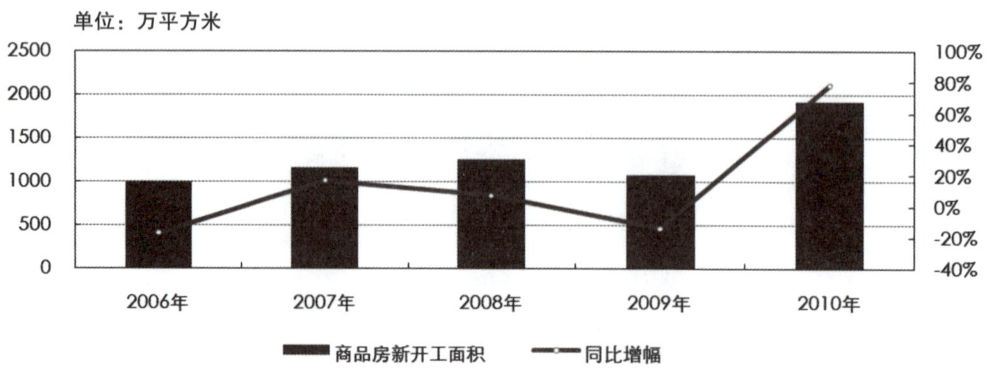

图4-68 2006—2010年杭州商品房新开工面积及同比增幅

数据来源：国家统计局

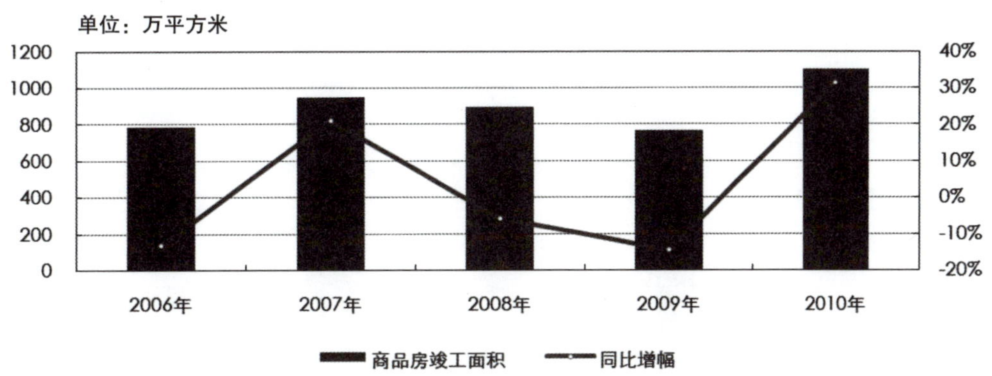

图4-69 2006—2010年杭州商品房竣工面积及同比增幅

数据来源：国家统计局

（4）市场表现：供过于求，四季度均价有所回落，但仍处高位

2010年杭州楼市经历了三轮宏观调控，商品住宅供应量、成交量同比皆有所下降。其中，成交量下降幅度明显，经历了由高到低再转高的一个发展过程，在4月、9月创下年度销售高峰，而5月、6月则是住宅市场的冰冻时期。

价格上看，2010年杭州主城区商品住宅成交均价为22 099元/米^2，同比上涨52.22%，较2009年大幅提升。成交均价的大幅上涨得益于高端项目加大了市场供应，在市场前景不够明朗、通胀加剧等背景下，高端住宅保值增值的优势凸显。

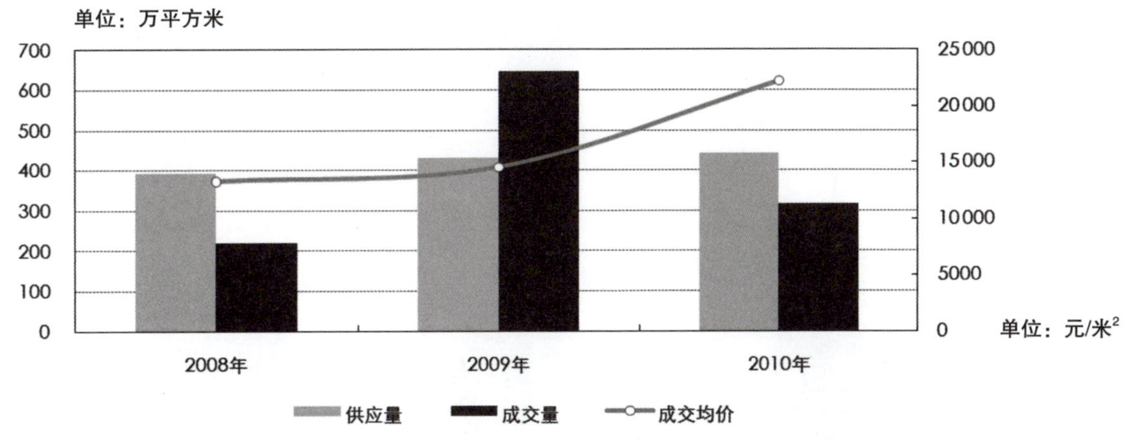

图4-70 2008—2010年杭州商品住宅供求及均价走势

数据来源：中国房地产决策咨询系统（CRIC）

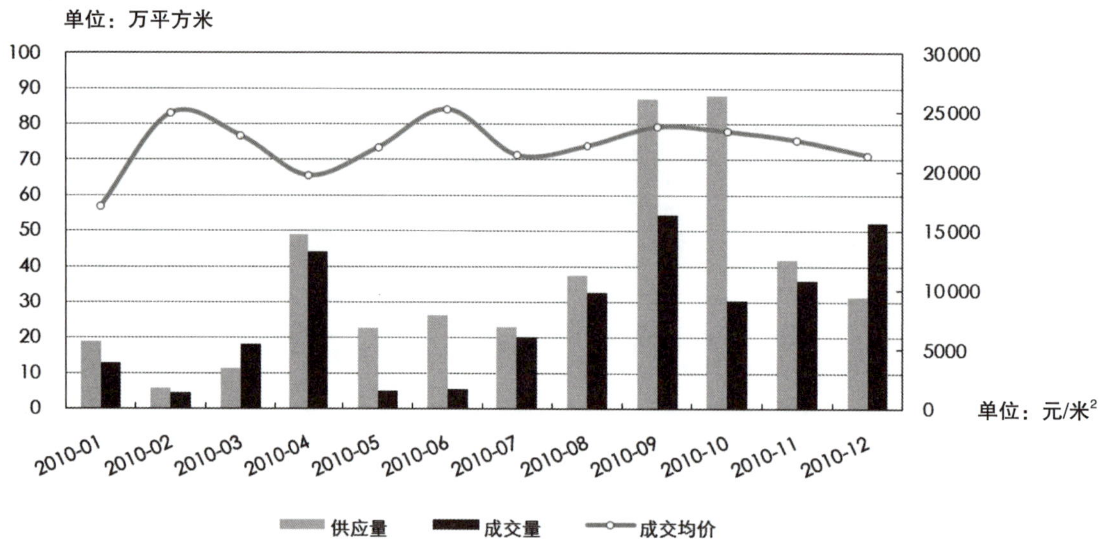

图4-71 2010年1月至12月杭州商品住宅供求及均价走势

数据来源：中国房地产决策咨询系统（CRIC）

（5）成交结构：刚性需求占据主导，下沙区成交大幅上涨

2010年90平方米以下户型仍是市场主流产品，这部分产品因为面积小总价低受到市场的青睐。与此同时，开发企业在户型上也在创新，打造小三房概念与LOFT概念，受到市场的认可。

2010年杭州住宅成交主要以下沙区为主，江干区和西湖区紧随其后。在市场进入胶着期后下沙区域首先通过降价促销等方式撬动市场，区域的让利幅度位居全市之首，其中又以沿江板块为主；随着价格的下滑，加上近几年东部区域的迅速扩张发展，区域价值受到认可。西湖区的成交主力来自金地自在城、西溪诚园、西溪蝶园以及后半段时间内成交发力的中海紫藤苑。

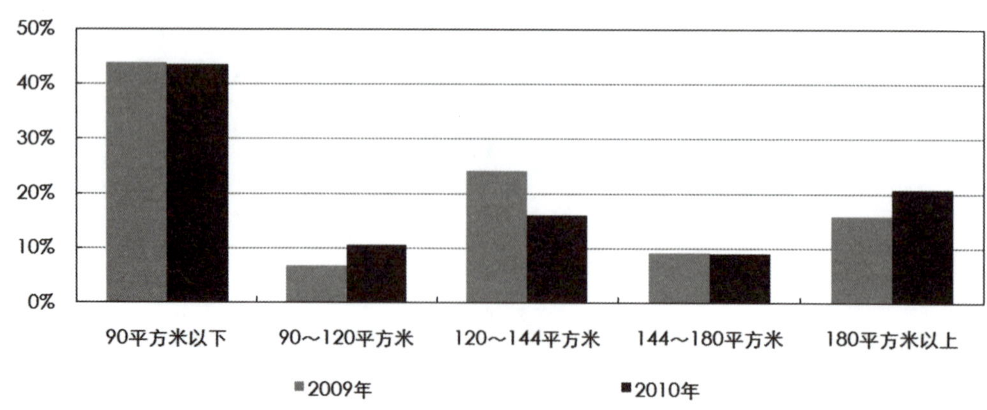

图4-72 2009—2010年杭州商品住宅面积成交结构

数据来源：中国房地产决策咨询系统（CRIC）

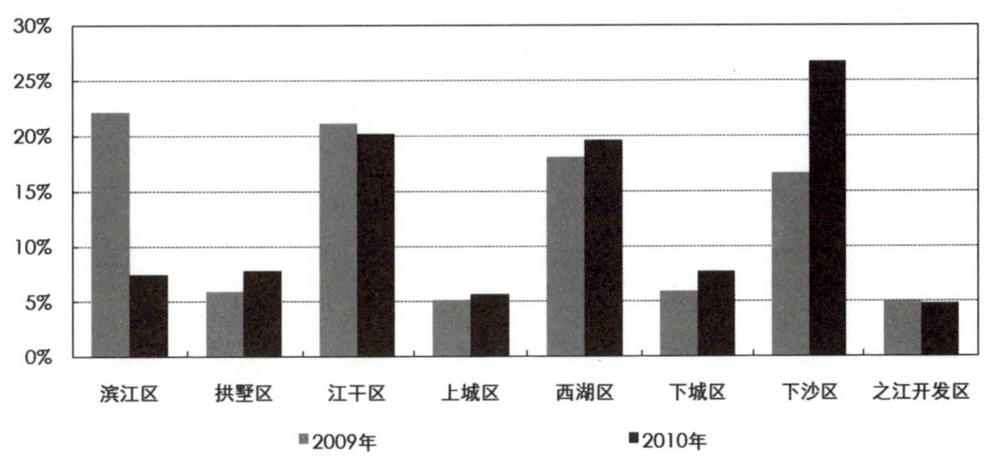

图4-73 2009—2010年杭州商品住宅区域成交结构

数据来源：中国房地产决策咨询系统（CRIC）

（6）项目排行榜：近郊大盘成交良好，高端项目表现优异

从项目排行榜来看，在楼市调控的压力下，项目成交呈现了以下两个特点：万家星城、金地自在城等性价比高的中档项目受刚性需求的欢迎；均价30 000元/米^{2}以上的上榜项目增加，高端住宅因其地段优势、产品品质以及品牌房企保障受到市场认可，推动项目成交。

表4-33 2010年杭州商品住宅项目成交面积排行榜

排行	项目名称	区域	档次	成交面积（万平方米）	成交金额（亿元）	成交均价（元/米^2）	开发商
1	保利东湾	下沙区	中档	20.63	32.39	15 697	保利地产
2	金地自在城	西湖区	中档	18.58	35.42	19 064	金地自在城
3	世茂江滨花园	下沙区	中档	16.68	22.17	13 294	世茂置业
4	万家星城	下城区	中档	14.69	32.04	21 813	万家星城
5	上东城	江干区	中档	12.75	17.17	13 462	广宇紫丁香
6	西溪诚园	西湖区	高档	11.35	36.70	32 332	绿城
7	城市之星花园	江干区	高档	10.23	44.42	43 432	杭州滨江房产
8	西溪蝶园	西湖区	中高档	8.27	21.41	25 890	杭州万坤置业
9	观澜时代	下沙区	中档	8.21	13.02	15 870	金隅地产
10	远洋公寓	拱墅区	高档	8.11	27.75	34 222	远洋天祺

数据来源：中国房地产决策咨询系统（CRIC）

表4-34 2010年杭州商品住宅项目成交金额排行榜

排行	项目名称	区域	档次	成交金额（亿元）	成交面积（万平方米）	成交均价（元/米^2）	开发商
1	城市之星花园	江干区	高档	44.42	10.23	43 432	滨江房产集团
2	蓝色钱江公寓	上城区	高档	41.20	8.07	51 067	绿城海企地产
3	西溪诚园	西湖区	高档	36.70	11.35	32 332	绿城
4	金地自在城	西湖区	中档	35.42	18.58	19 064	金地自在城
5	保利东湾	下沙区	中档	32.39	20.63	15 697	保利地产
6	万家星城	下城区	中档	32.04	14.69	21 813	万家星城地产
7	远洋公寓	拱墅区	高档	27.75	8.11	34 222	远洋天祺
8	世茂江滨花园	下沙区	中档	22.17	16.68	13 294	世茂置业
9	西溪蝶园	西湖区	中高档	21.41	8.27	25 890	万坤置业
10	上东城	江干区	中档	17.17	12.75	13 462	广宇紫丁香

数据来源：中国房地产决策咨询系统（CRIC）

7. 天津房地产市场情况

（1）2010年房地产行业数据表

表4-35 天津2010年房地产行业数据

类别	指标	2009年	2010年
宏观	GDP（亿元）	7500.00	9108.83
	同比增幅（%）	16.50	17.40
	进出口总额（亿美元）	639.44	822.01
	同比增幅（%）	−20.60	28.80
	固定资产投资（亿元）	5006.32	6511.42
	同比增幅（%）	47.07	30.10
	社会消费品零售总额（亿元）	2430.00	2902.00
	同比增幅（%）	21.48	19.40

（续表）

类别	指标	2009年	2010年
行业	房地产开发投资（亿元）	735.18	866.64
	同比增幅（%）	12.50	17.90
	商品房新开工面积（万平方米）	2555.50	2911.66
	同比增幅（%）	4.70	13.90
	商品房施工面积（万平方米）	6052.16	7160.74
	同比增幅（%）	6.10	18.30
	商品房竣工面积（万平方米）	1902.06	2098.55
	同比增幅（%）	7.50	10.30
土地	土地购置面积（万平方米）	444.78	652.46
	同比增幅（%）	–13.30	46.70
	土地购置金额（亿元）	88.37	134.08
	同比增幅（%）	–11.90	51.70
	土地开发面积（万平方米）	369.81	352.88
	同比增幅（%）	–61.10	–4.60
市场	商品房销售面积（万平方米）	1590.02	1564.52
	同比增幅（%）	27.00	–1.60
	商品房销售金额（亿元）	1094.85	1281.91
	同比增幅（%）	45.40	17.10

数据来源：国家统计局

表4–36 天津土地市场与商品住宅市场运行情况

类别	指标	2009年	2010年
土地	土地供应量（万平方米）	3010.08	3288.70
	土地成交量（万平方米）	2948.41	2873.70
	土地成交金额（亿元）	600.01	805.00
市场	商品住宅供应量（万平方米）	1189.69	1717.00
	商品住宅成交量（万平方米）	1512.11	1222.00
	商品住宅成交均价（元/米^2）	7523.00	9646.00

数据来源：中国房地产决策咨询系统（CRIC）

（2）综述：三季度成交明显反弹，后市供应或将加大

受到经济增长和2009年房地产市场良好走势影响，2010年天津商品房开工建设项目大大增多，后市供应充足。从全年楼市供求来看，由于年底供应大增导致全年供应量较前两年有所增长；而受政策影响，成交量呈现回

落态势，全年呈现供大于求态势。

（3）投资建设：投资平稳增长，施工增速大幅上升

2010年，全市共完成房地产开发投资866.64亿元，同比增长17.9%。其中，住宅项目投资额达到565.39亿元，同比增长14.3%，占到整体投资额度的65%。

2010年，全市房地产施工面积为7160.74万平方米，同比增长18.3%；住宅施工面积为5117.6万平方米，同比增长13.3%；商品房新开工面积为2911.67万平方米，同比增长13.9%。商品房竣工面积为2098.55万平方米，同比增长10.3%。

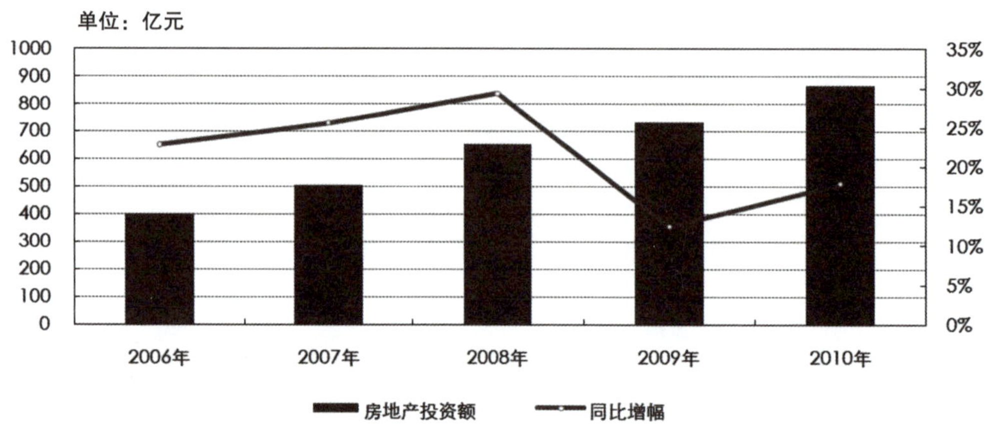

图4-74 2006—2010年天津房地产投资额年度走势及同比增幅

数据来源：国家统计局

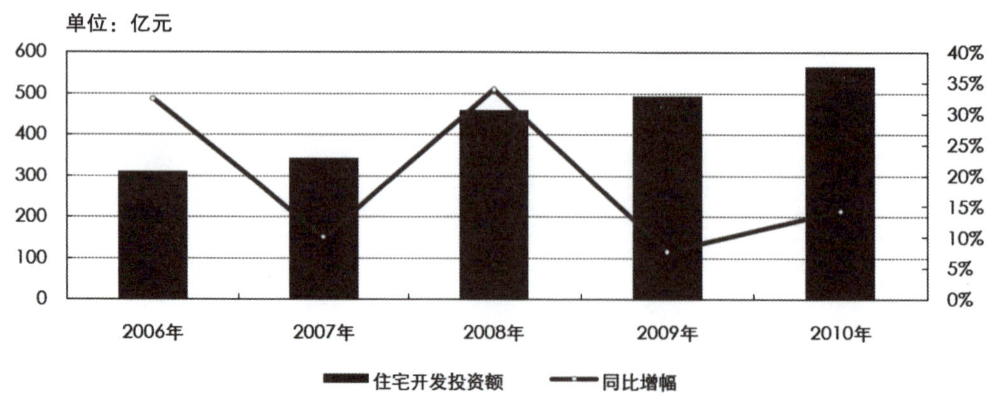

图4-75 2006—2010年天津住宅开发投资额年度走势及同比增幅

数据来源：国家统计局

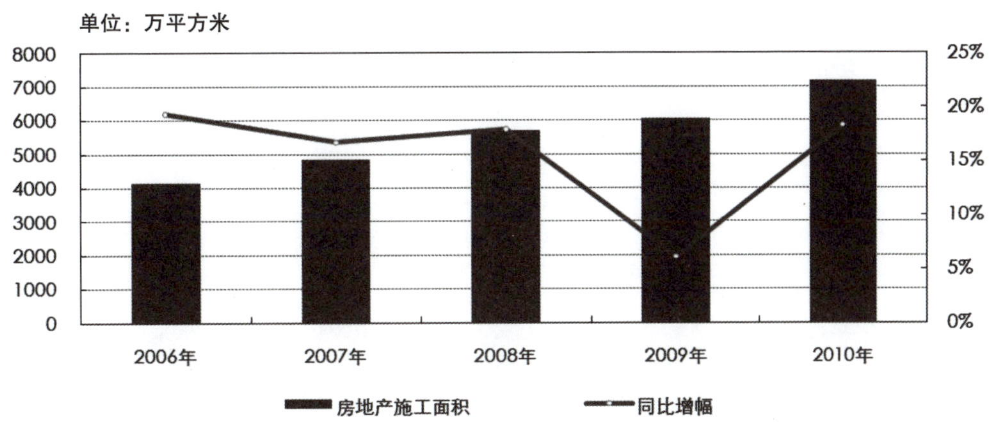

图4-76 2006—2010年天津房地产施工面积及同比增幅

数据来源：国家统计局

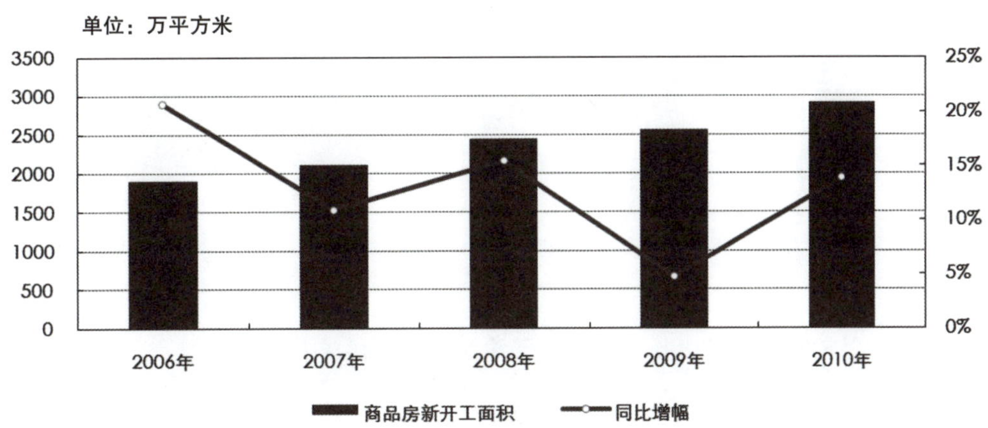

图4-77 2006—2010年天津商品房新开工面积及同比增幅

数据来源：国家统计局

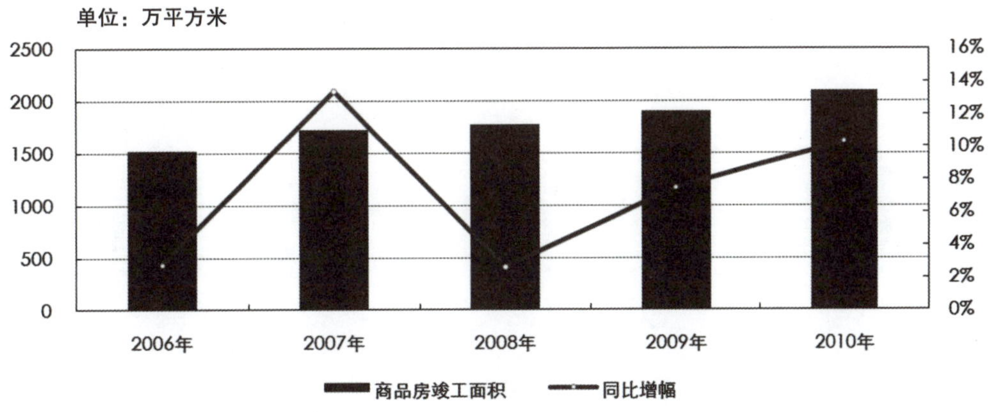

图4-78 2006—2010年天津商品房竣工面积及同比增幅

数据来源：国家统计局

（4）市场表现：年底供应加大，全年成交回落但均价稳步上扬

虽然2010年调控政策频出，但天津市供应同比仍上涨29.3%。从月度走势来看，前8个月供应保持低位运行，9月后供应大幅放量。

2010年全市商品住宅成交量1024.79万平方米，同比下降22.93%。分月看，4月“国十条”出台之后，成交量开始回落。6月后，随着政策效应的减弱，成交量逐步攀升；虽然国家在9月又出台了调控政策，但政策的滞后性，加上通胀压力的增加，促使全市成交持续上涨。

2010年全市商品住宅成交均价9297元/米^2，同比上涨22.52%。2010年商品住宅成交均价总体呈现波动上行态势，4月份“国十条”后，价格出现短暂的调整期，但是很快重新恢复上行。

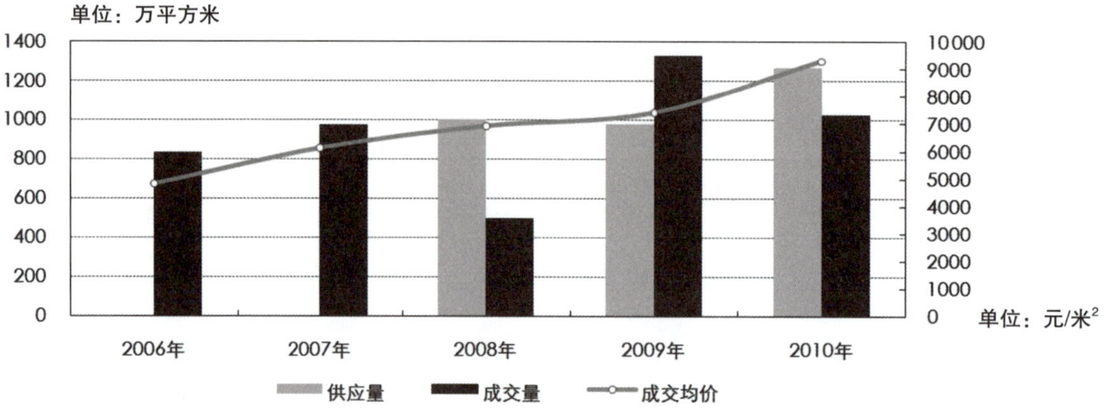

图4-79 2005—2010年天津商品住宅供求及均价走势

数据来源：中国房地产决策咨询系统（CRIC）

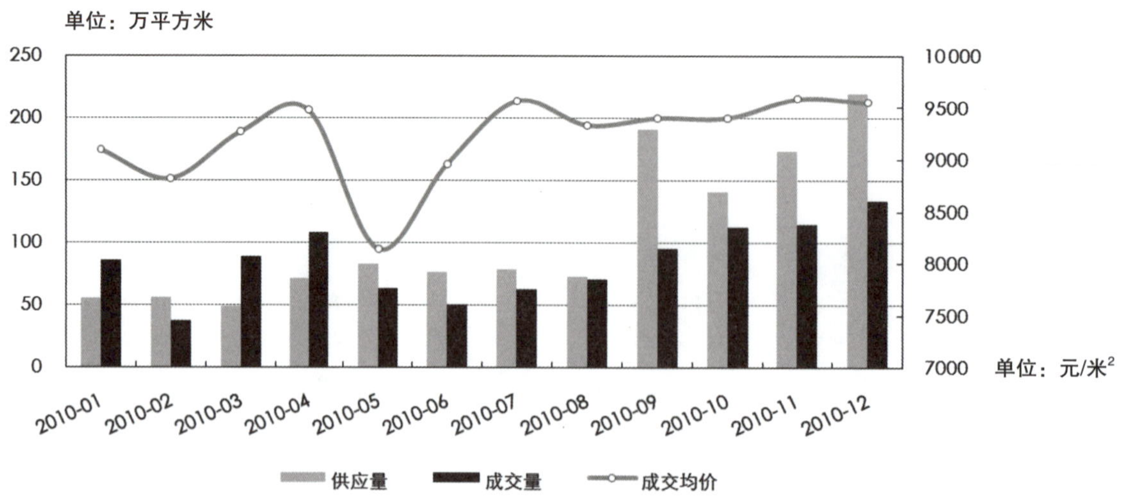

图4-80 2010年1月至12月天津商品住宅供求及均价走势

数据来源：中国房地产决策咨询系统（CRIC）

（5）成交结构：首置、首改需求主导，西青、津南、武清成交占比较高

从新建商品住宅成交的面积结构来看，90~120平方米户型为全市新建商品住宅成交的主力，占总体成交的38%；其次是90平方米以下的户型，占31%；再次是120~144平方米户型，占13%。120平方米以下的首置、首改需求占天津市场的主力位置。

从区域成交结构来看，商品住宅成交以西青、津南、武清区为成交主力区域，成交占比均超过10%；其次塘沽、静海、宝坻及东丽区成交面积占比在7~9%；其他区域成交占比均在5%以下，其中宁河和红桥区的成交最少。

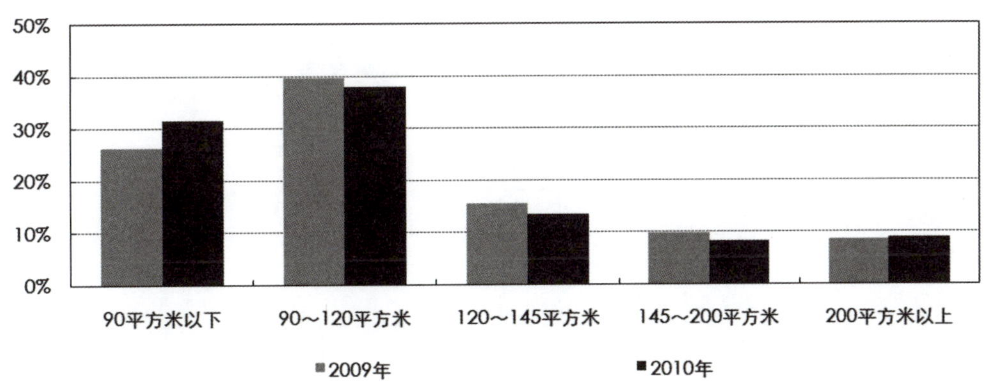

图4-81 2009—2010年天津商品住宅面积成交结构

数据来源：中国房地产决策咨询系统（CRIC）

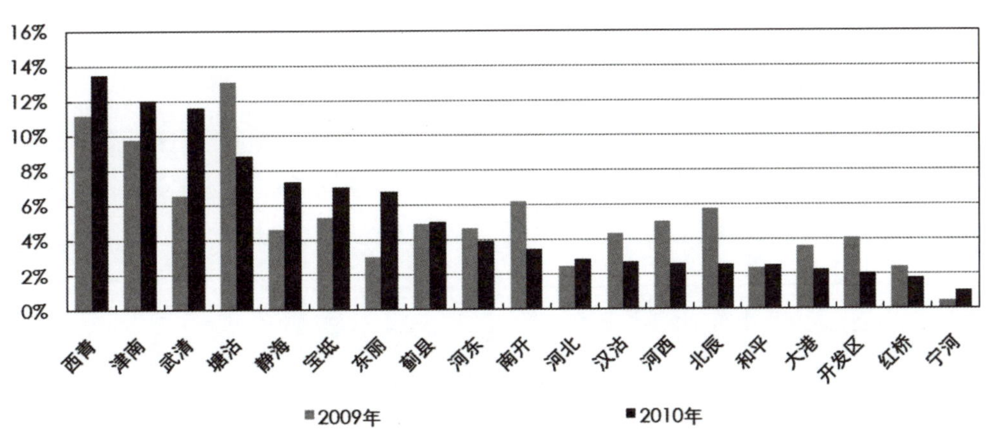

图4-82 2009—2010年天津商品住宅区域成交结构

数据来源：中国房地产决策咨询系统（CRIC）

（6）项目排行榜：区域标杆项目成交较好，高端物业热度不减

从天津商品住宅项目成交面积和金额排行榜来看，天津市场呈现出以下两个特点：第一，高端物业热度不减，上榜项目八成以上为高档、中高档项目，原因在于通货膨胀的加剧使客户保值增值需求增加；第二，知名企业的区域标杆项目受到市场追捧，成交量表现突出，如保利上河雅颂、金地格林世界、红磡领世郡等大盘一直保持良好的口碑，成为区域的典型。

表4-37 2010年天津商品住宅项目成交面积排行榜

排行	项目名称	区域	档次	成交面积（万平方米）	成交金额（亿元）	成交均价（元/米^2）	开发商
1	保利上河雅颂	武清	中档	25.91	18.38	7094	保利地产
2	远洋城	塘沽	中高档	21.29	19.74	9271	天津普利达
3	金地格林世界	津南	中高档	18.90	16.23	8589	金地地产
4	红磡领世郡	津南	中高档	17.11	17.04	9959	天津红磐
5	富力津门湖	西青	中高档	15.30	22.99	15 022	天津耀华
6	天一海馨园	静海	中档	14.64	8.28	5660	天津市鑫贺房地产开发有限公司
7	碧桂园	津南	中高档	13.76	10.75	7816	碧桂园
8	万科假日润园	西青	中高档	13.49	20.58	15 247	天津中天
9	河东万达广场	河东	高档	12.88	16.22	12 599	万达
10	首创国际城	塘沽	中高档	12.49	13.01	10 420	天津伴山人家

数据来源：中国房地产决策咨询系统（CRIC）

表4-38 2010年天津商品住宅项目成交金额排行榜

排行	项目名称	区域	档次	成交金额（亿元）	成交面积（万平方米）	成交均价（元/米^2）	开发商
1	富力津门湖	西青	中高档	22.99	15.30	15 022	天津耀华
2	万科假日润园	西青	中高档	20.58	13.49	15 247	天津中天
3	远洋城	塘沽	中高档	19.74	21.29	9271	天津普利达
4	保利上河雅颂	武清	中档	18.38	25.91	7094	保利地产
5	红磡领世郡	津南	中高档	17.04	17.11	9959	天津红磐
6	金地格林世界	津南	中高档	16.23	18.90	8589	金地集团
7	河东万达广场	河东	高档	16.22	12.88	12 599	万达
8	君临天下	河北	高档	15.77	3.45	45 733	天津星际
9	天津大都会	和平	高档	14.37	6.95	20 688	天津盛世鑫和
10	首创国际城	塘沽	中高档	13.01	12.49	10 420	天津伴山人家

数据来源：中国房地产决策咨询系统（CRIC）

8. 武汉房地产市场情况

（1）2010年房地产行业数据表

表4-39 武汉2010年房地产行业数据

类别	指标	2009年	2010年
宏观	GDP（亿元）	4621.00	5516.00
	同比增幅（%）	15.16	19.40
	进出口总额（亿美元）	114.73	180.50
	同比增幅（%）	-17.92	57.60
	固定资产投资（亿元）	3001.10	3753.17
	同比增幅（%）	33.26	25.10
	社会消费品零售总额（亿元）	2164.09	2523.20
	同比增幅（%）	16.97	19.50
行业	房地产开发投资（亿元）	778.59	1017.40
	同比增幅（%）	36.50	30.70
	商品房新开工面积（万平方米）	1651.17	2626.27
	同比增幅（%）	14.10	59.10
	商品房施工面积（万平方米）	4487.38	5068.42
	同比增幅（%）	18.10	12.90
	商品房竣工面积（万平方米）	945.05	919.40
	同比增幅（%）	8.60	-2.70
土地	土地购置面积（万平方米）	228.78	274.55
	同比增幅（%）	-28.80	20.00
	土地购置金额（亿元）	103.92	219.43
	同比增幅（%）	83.50	111.20
	土地开发面积（万平方米）	884.98	650.32
	同比增幅（%）	93.70	-26.50
市场	商品房销售面积（万平方米）	1086.99	1207.97
	同比增幅（%）	48.50	11.10
	商品房销售金额（亿元）	579.22	694.73
	同比增幅（%）	65.50	19.90

数据来源：国家统计局

表4-40 武汉土地市场与商品住宅市场运行情况

类别	指标	2009年	2010年
土地	土地供应量（万平方米）	1030.13	1583.60
	土地成交量（万平方米）	541.12	1577.30
	土地成交金额（亿元）	281.27	743.00
市场	商品住宅供应量（万平方米）	—	—
	商品住宅成交量（万平方米）	1195.00	638.78
	商品住宅成交均价（元/米^2）	7296.00	5128.00

数据来源：中国房地产决策咨询系统（CRIC）

（2）综述：整体走势好于预期，中档项目成热点

2010年武汉房地产市场在刚性需求的支撑下，整体情况好于预期。2010年武汉住宅开发投资力度同比继续攀升；虽然政策对市场成交起到了一定的抑制作用，但在供应增加以及市场刚需的支撑下，成交好于预期，成交价格稳中有升，创下历史新高；就成交结构来看，小户型产品成交比重上扬明显。

（3）投资建设：住宅投资继续攀升，竣工面积有所下滑

2010年，武汉房地产投资额再创新高，但增幅有所回落。全年投资额达1017.4亿元，同比增幅30.7%。随着武汉城市化进程加快，房地产开发投资仍将保持高速增长。

2010年全市商品房新开工、施工面积增幅同比上升，竣工面积同比小幅回落。新开工面积2626.27万平方米，同比上涨59.1%；施工面积5068.42万平方米，同比上涨12.9%；竣工面积919.4万平方米，同比下跌2.7%。

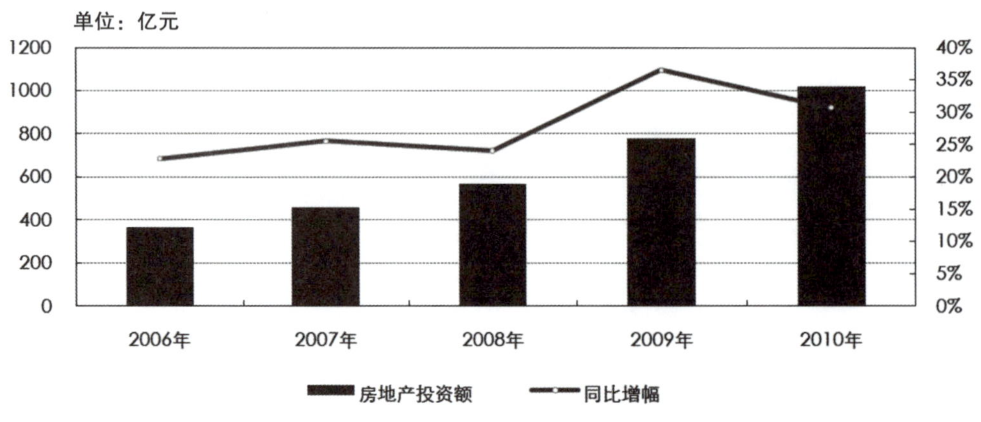

图4-83 2006—2010年武汉房地产投资额年度走势及同比增幅

数据来源：国家统计局

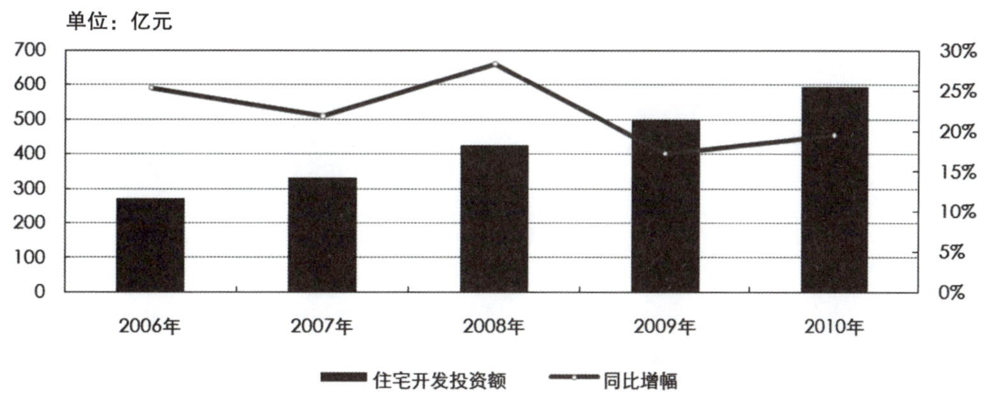

图4-84 2006—2010年武汉住宅开发投资额年度走势及同比增幅

数据来源：国家统计局

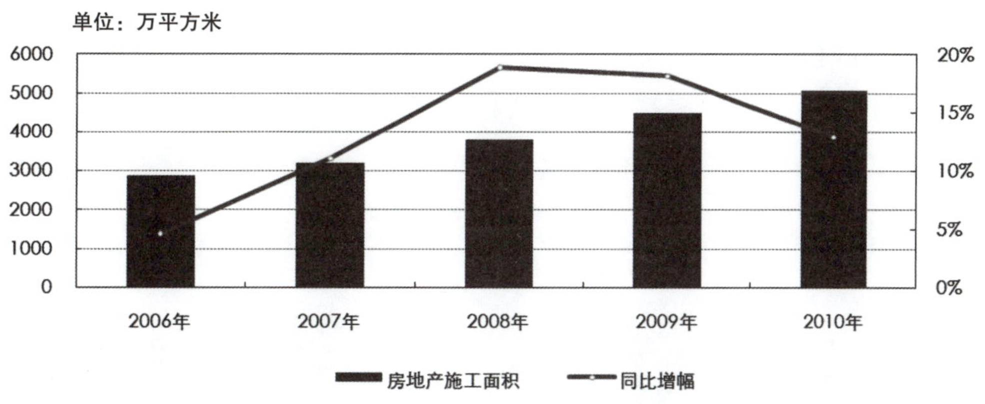

图4-85 2006—2010年武汉房地产施工面积及同比增幅

数据来源：国家统计局

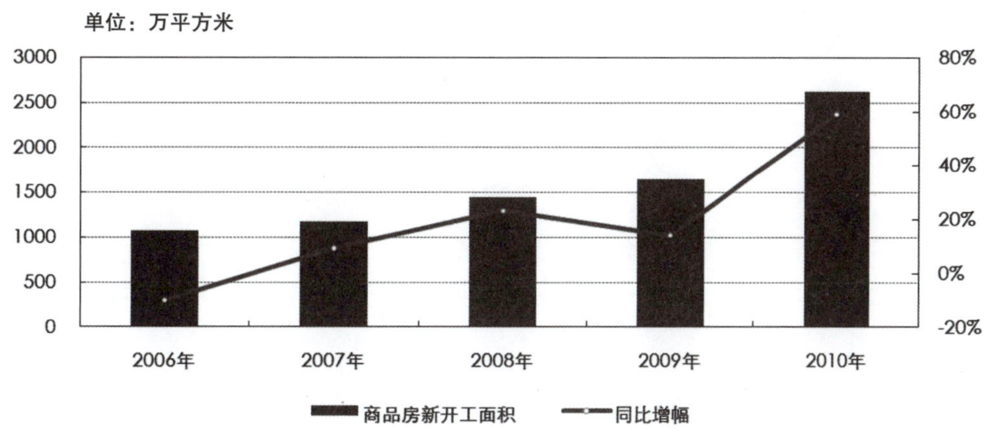

图4-86 2006—2010年武汉商品房新开工面积及同比增幅

数据来源：国家统计局

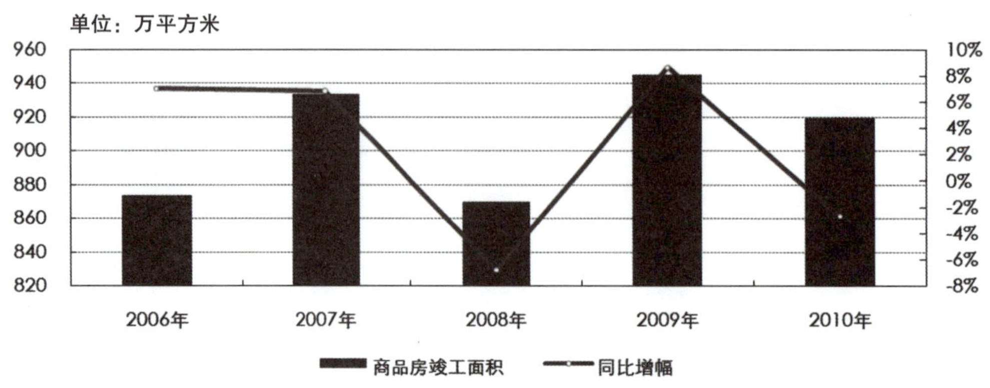

图4-87 2006—2010年武汉商品房竣工面积及同比增幅

数据来源：国家统计局

（4）市场表现：供应增加，成交好于预期

2010年，武汉楼市供应量有所增加，成交量好于预期，全年供应略大于需求。成交价格创历史新高，达到6827元/米^2，同比增幅26%。从月度价格变化看，全年商品住宅价格保持稳步上扬态势，12月成交均价为7408元/米^2。

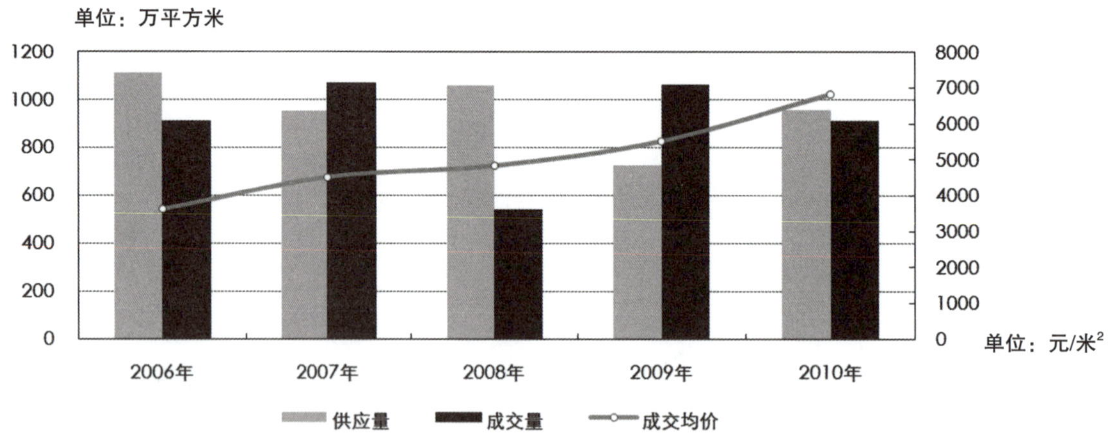

图4-88 2006—2010年武汉商品住宅供求及均价走势

数据来源：中国房地产决策咨询系统（CRIC）

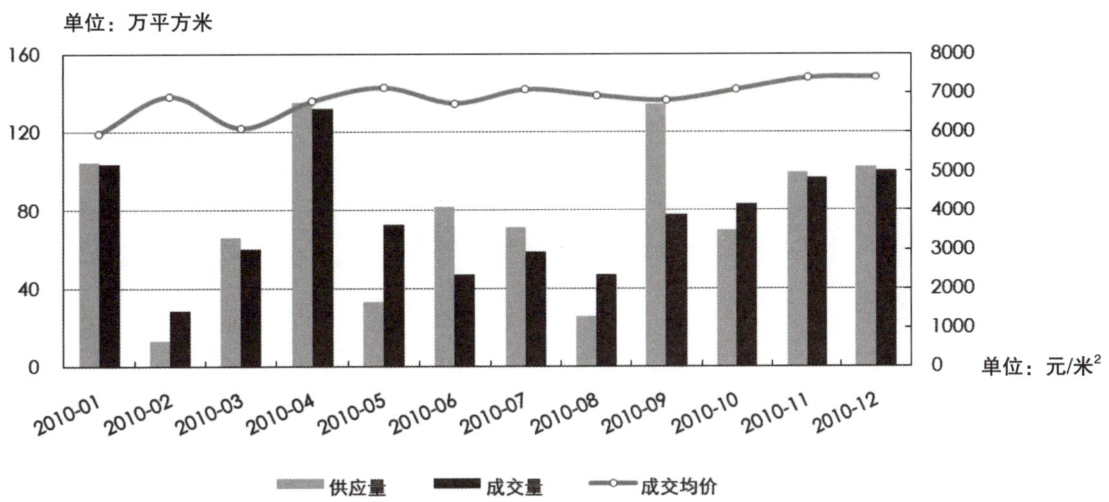

图4-89 2010年1月至12月武汉商品住宅供求及均价走势

数据来源：中国房地产决策咨询系统（CRIC）

（5）成交结构：小户型成交比重上扬，东湖高新地位稳固

2010年武汉楼市小户型成交比重上扬，90平方米以下的小户型产品成交比重上涨4%，市场刚性需求旺盛。同时，120~144平方米的户型占比也有所增加，改善性需求凸显。

从区域成交结构来看，2010年武汉区域成交结构基本不变。成交依旧集中在东湖高新区，占比18%，主要受该区域充足供应量影响。

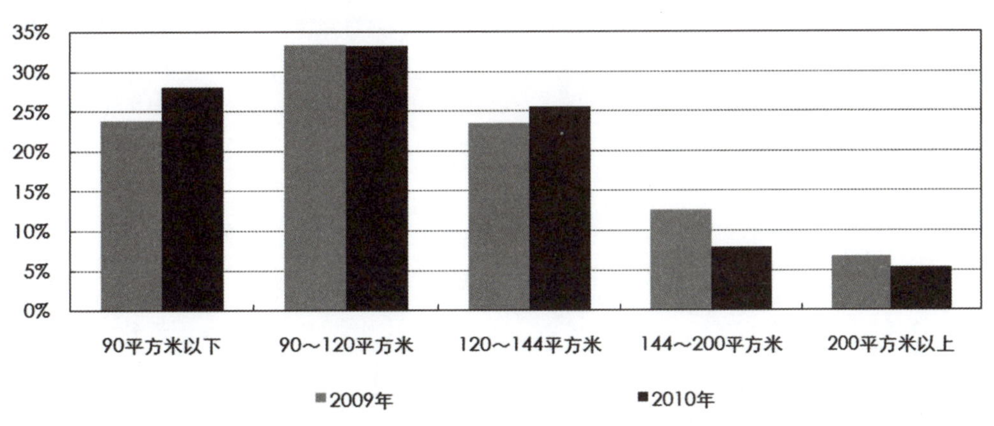

图4-90 2009—2010年武汉商品住宅面积成交结构

数据来源：中国房地产决策咨询系统（CRIC）

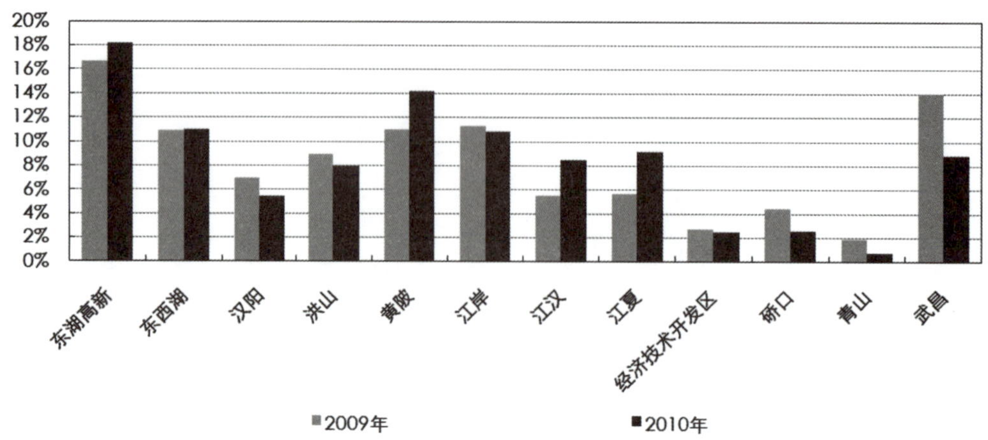

图4-91 2009—2010年武汉商品住宅区域成交结构

数据来源：中国房地产决策咨询系统（CRIC）

（6）项目排行榜：江汉、光谷项目表现不俗，中端项目成交良好

在楼市调控的压力下，武汉项目成交呈现了以下三个特点：一是品牌开发商产品品质优、服务好，推动项目成交火热；二是价格相对合理的中端项目深受刚性需求的欢迎；三是江汉、光谷区域供应充足，选择多样，成交表现不俗。

表4-41 2010年武汉商品住宅项目成交面积排行榜

排行	项目名称	区域	档次	成交面积（万平方米）	成交金额（亿元）	成交均价（元/米^2）	开发商
1	菱角湖万达	江汉	高端	22.79	22.82	10 016	万达
2	保利心语	光谷	中端	22.38	14.50	6479	保利
3	航天双城	江岸	中高端	15.85	15.19	9582	三江
4	名流人和天地	黄陂	低端	14.69	5.06	3442	名流置业
5	魅力之城	光谷	中端	14.30	10.23	7154	万科
6	百步亭	江岸	中端	13.36	8.99	6730	百步亭集团
7	广电江湾新城	硚口	中端	12.57	9.18	7304	广电海格
8	西岸故事	江岸	中端	12.47	8.14	6594	金地集团
9	世界城	光谷	中高端	11.76	9.04	7686	利嘉
10	金域华府	武昌	高端	11.76	14.45	12 290	万科

数据来源：中国房地产决策咨询系统（CRIC）

表4-42 2010年武汉商品住宅项目成交金额排行榜

排行	项目名称	区域	档次	成交金额（亿元）	成交面积（万平方米）	成交均价（元/米²）	开发商
1	菱角湖万达	江汉	高端	22.82	22.79	10 016	万达
2	航天双城	江岸	中高端	15.19	15.85	9582	三江
3	保利心语	光谷	中端	14.50	22.38	6479	保利
4	金域华府	武昌	高端	14.45	11.76	12 290	万科
5	融侨华府	武昌	中高端	10.72	11.02	9726	融侨
6	魅力之城	光谷	中端	10.23	14.30	7154	万科
7	广电江湾新城	硚口	中端	9.18	12.57	7304	广电海格
8	世茂锦绣长江	汉阳	中高端	9.06	9.69	9358	世茂
9	世界城	光谷	中高端	9.04	11.76	7686	利嘉
10	百步亭	江岸	中端	8.99	13.36	6730	百步亭集团

数据来源：中国房地产决策咨询系统（CRIC）

9. 成都房地产市场情况

（1）2010年房地产行业数据表

表4-43 成都2010年房地产行业数据

类别	指标	2009年	2010年
宏观	GDP（亿元）	4503.00	5551.30
	同比增幅（%）	14.70	15.00
	进出口总额（亿美元）	178.60	246.60
	同比增幅（%）	15.89	38.60
	固定资产投资（亿元）	4026.00	—
	同比增幅（%）	33.62	—
	社会消费品零售总额（亿元）	1950.00	—
	同比增幅（%）	20.23	—

（续表）

类别	指标	2009年	2010年
行业	房地产开发投资（亿元）	945.14	1278.34
	同比增幅（%）	3.60	35.30
	商品房新开工面积（万平方米）	1413.62	2698.23
	同比增幅（%）	-20.80	70.10
	商品房施工面积（万平方米）	8317.09	9778.90
	同比增幅（%）	12.50	16.30
	商品房竣工面积（万平方米）	1636.85	1577.86
	同比增幅（%）	69.70	-9.40
土地	土地购置面积（万平方米）	217.80	218.25
	同比增幅（%）	-21.90	1.10
	土地购置金额（亿元）	146.98	231.26
	同比增幅（%）	-35.80	58.90
	土地开发面积（万平方米）	299.69	115.25
	同比增幅（%）	10.80	-61.30
市场	商品房销售面积（万平方米）	2693.10	2559.28
	同比增幅（%）	111.50	-5.50
	商品房销售金额（亿元）	1329.00	1519.33
	同比增幅（%）	112.10	13.90
	商品住宅成交均价（元/米^2）	4992.00	6265.00

数据来源：国家统计局

表4-44 成都土地市场与商品住宅市场运行情况

类别	指标	2009年	2010年
土地	土地供应量（万平方米）	1425.60	2315.60
	土地成交量（万平方米）	1486.70	1464.90
	土地成交金额（亿元）	418.03	612.00
市场	商品住宅供应量（万平方米）	1863.80	1953.00
	商品住宅成交量（万平方米）	2823.94	2024.00

数据来源：中国房地产决策咨询系统（CRIC）

（2）综述：全年成交量先抑后扬，中小户型仍是成交重心

2010年成都房地产市场在政策调控和市场需求的双重影响下，整体表现先抑后扬。全年度商品住宅成交量同

比出现明显下滑；分月度看，成交量随着三轮调控政策的出台呈现波浪式形态，在4月、11月出现阶段高点；由于成都楼市中刚性需求群体依然占大多数，房价水平相对较低的郊区项目受关注程度越来越高，120平方米以下的中小户型房源成交占比高达67%。

（3）投资建设：投资力度明显加大，结束近几年投资增幅低位徘徊的状态

2010年成都房地产开发投资额达到1278.34亿元，同比增长35.3%；住宅开发投资804.29亿元，同比增长26.7%。

全年商品房施工面积、新开工面积呈现增长态势，而竣工面积却出现萎缩。其中施工面积9778.9万平方米，同比上涨16.3%；新开工面积2698.23万平方米，同比上涨70.1%；竣工面积1577.86万平方米，同比下跌9.4%。

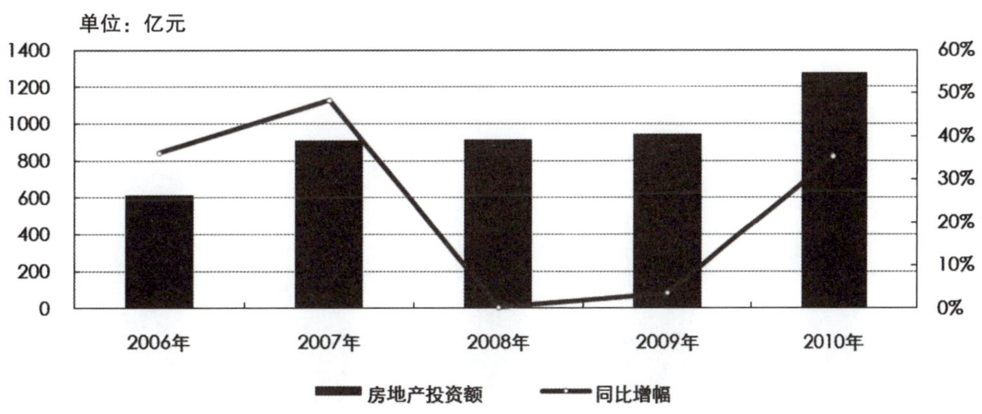

图4-92 2006—2010年成都房地产投资额年度走势及同比增幅

数据来源：国家统计局

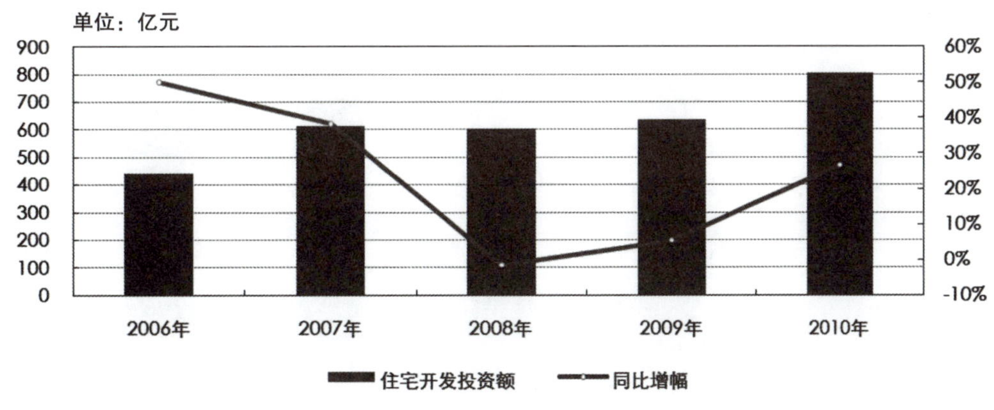

图4-93 2006—2010年成都住宅开发投资额年度走势及同比增幅

数据来源：国家统计局

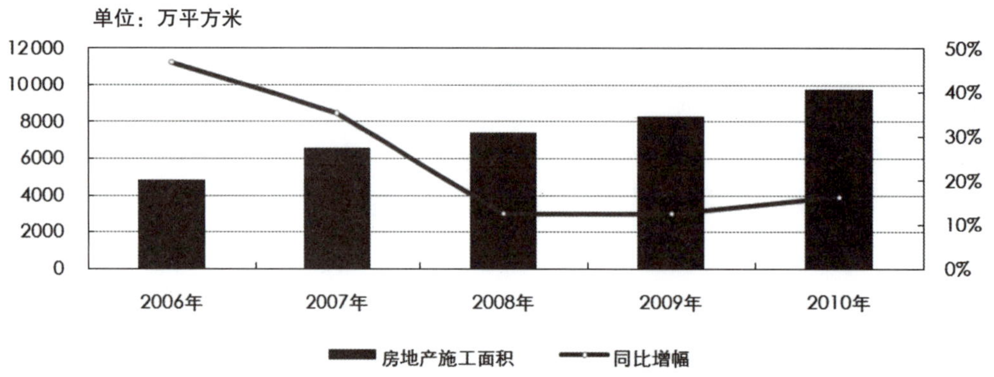

图4-94 2006—2010年成都房地产施工面积及同比增幅

数据来源：国家统计局

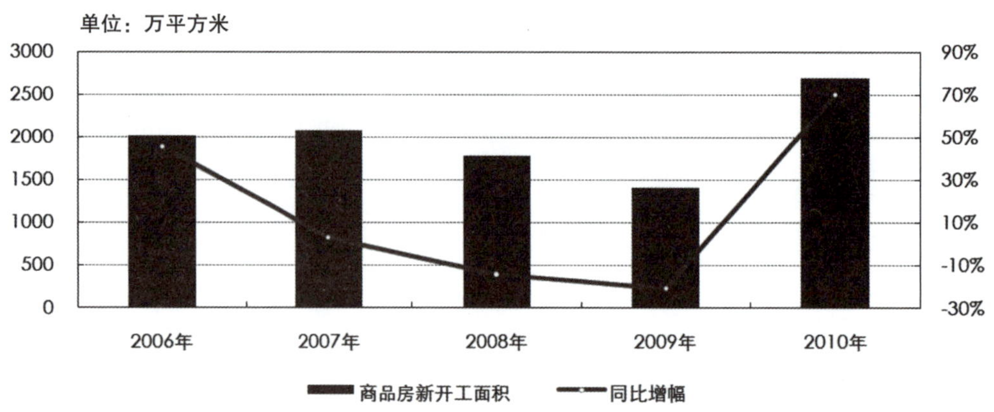

图4-95 2006—2010年成都商品房新开工面积及同比增幅

数据来源：国家统计局

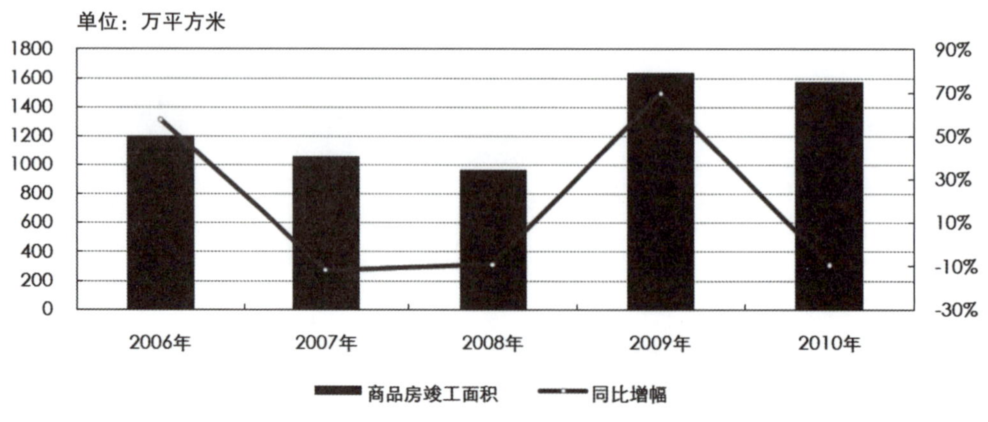

图4-96 2006—2010年成都商品房竣工面积及同比增幅

数据来源：国家统计局

（4）市场表现：2010年供求平衡，下半年成交价格大幅上扬

2010年，成都商品住宅供求基本持平，其中供应面积1952.7万平方米，同比上涨6.1%；成交面积2023.8万平方米，同比下跌28.3%。主要原因是2010年的三轮调控，抑制了市场需求，部分购房者选择观望。全年均价6333元/米²，同比上涨24.1%。

从商品住宅月度成交走势上看，4月“国十条”出台之后，市场成交快速下滑，其中7月达到全年最低点的90.4万平方米；随着政策效应的减弱、通胀压力的增加，7月后，成交量快速攀升，至11月达到全年最高点309.8万平方米。

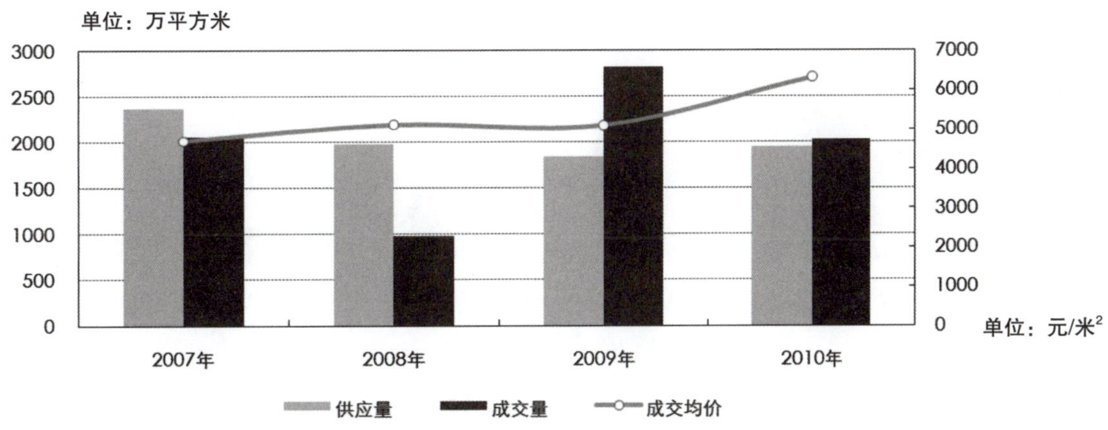

图4-97 2007—2010年成都商品住宅供求及均价走势

数据来源：中国房地产决策咨询系统（CRIC）

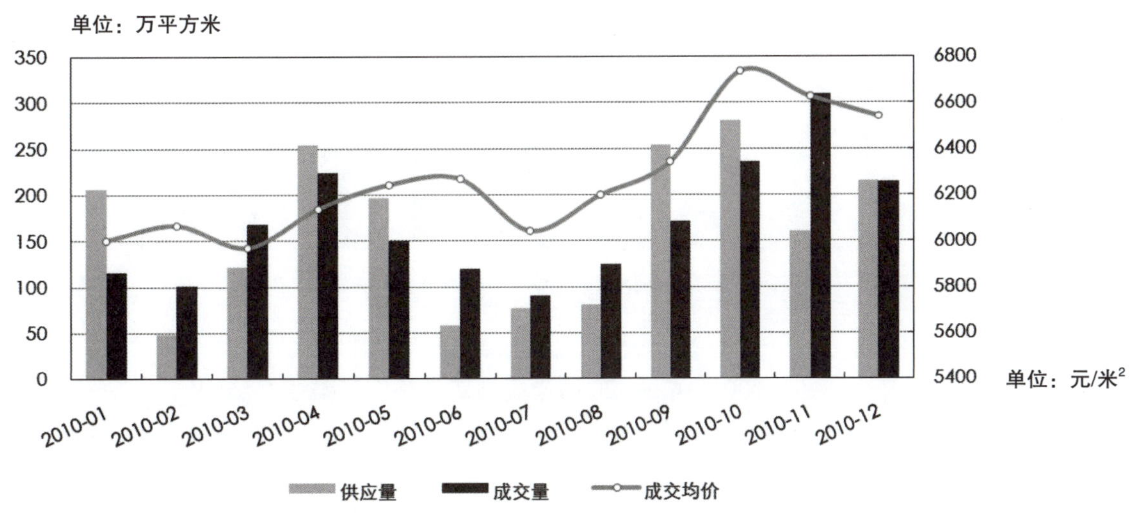

图4-98 2010年1月至12月成都商品住宅供求及均价走势

数据来源：中国房地产决策咨询系统（CRIC）

（5）成交结构：首置首改为主，郊区板块受关注程度提升

在面积成交结构上，由于首次置业或首次改善的刚性需求依然是成都楼市的主力，90平方米以下和90~120平方米之间成交占比最高，二者相加占总体的67%。

从区域成交结构来看，郊区板块逐渐成为成都楼市的重点成交区域，2010年双流区商品住宅成交占比达23%。这一方面由于中心城区价格上涨带来的挤出效应；另一方面，地铁1号线的运营、郊区开发力度的上升，使得这些区域受到的关注度逐步提高。

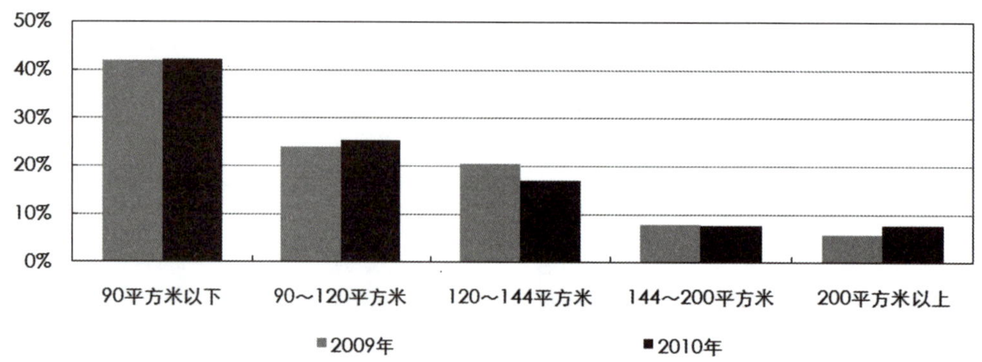

图4-99 2009—2010年成都商品住宅面积成交结构

数据来源：中国房地产决策咨询系统（CRIC）

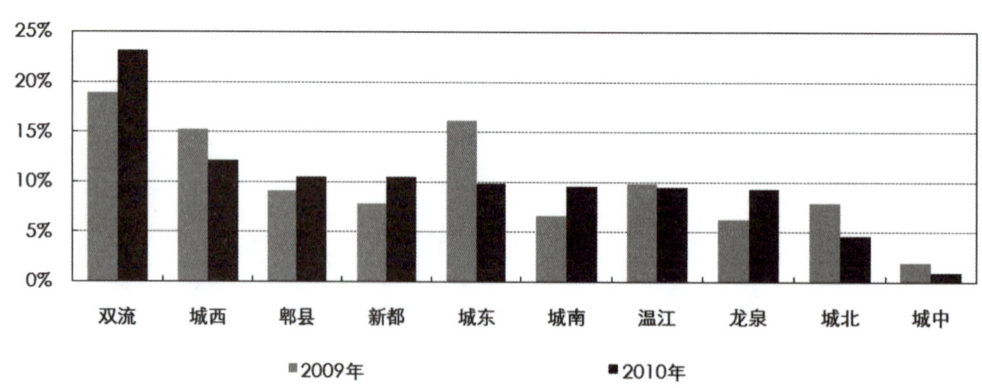

图4-100 2009—2010年成都商品住宅区域成交结构

数据来源：中国房地产决策咨询系统（CRIC）

（6）项目排行榜：双流项目异军突起，高端项目因保值增值性成交较好

从全年来看双流区两大项目南湖国际社区和麓山国际社区成交体量均突破30万平方米，其中麓山国际社区均价达到15 000~16 000元/米²，高档住宅的保值增值功能在国内通货膨胀的大环境下受到投资资金的追捧。

表4-45 2010年成都商品住宅项目成交面积排行榜

排行	项目名称	区域	档次	成交面积（万平方米）	成交金额（亿元）	成交均价（元/米²）	开发商
1	南湖国际社区	双流	中高档	36.61	21.60	5900	成都森宇
2	麓山国际社区	双流	高档	32.59	50.97	15 643	成都万华
3	保利公园198	新都	中高档	27.58	15.99	5797	保利投资
4	圣菲TOWN城	双流	中低档	24.65	12.32	4998	成都双流和骏
5	合能四季映像	龙泉	中低档	22.36	9.74	4355	成都合能龙泉
6	上锦颐园	郫县	中低档	18.64	7.67	4115	桂溪地产
7	果壳里的城	龙泉	中低档	18.16	7.74	4265	中铁地产
8	恒大城	温江	中档	17.83	9.15	5131	鑫金康置业
9	卓锦城	城东	中档	17.03	10.63	6239	盛吉立地产
10	丽晶港	温江	中档	17.01	9.36	5505	四川天姿置业

数据来源：中国房地产决策咨询系统（CRIC）

表4-46 2010年成都商品住宅项目成交金额排行榜

排行	项目名称	区域	档次	成交金额（亿元）	成交面积（万平方米）	成交均价（元/米²）	开发商
1	麓山国际社区	双流	高档	50.97	32.59	15 643	万华地产
2	南湖国际社区	双流	中高档	21.60	36.61	5900	森宇实业集团
3	誉峰	城南	高档	16.27	7.63	21 312	中天盈地产
4	保利公园198	新都	中高档	15.99	27.58	5797	保利投资
5	华侨城	城北	中高档	13.97	14.47	9650	天府华侨城
6	保利心语花园	城南	中高档	13.22	14.92	8859	保利地产
7	华润翡翠城	城东	中高档	13.16	11.43	11 514	华润置地
8	南城都汇	城南	中档	12.90	15.98	8073	和记黄埔地产
9	华润凤凰城	城南	中高档	12.76	15.27	8356	华润置地
10	圣菲TOWN城	双流	中低档	12.32	24.65	4998	成都双流和骏

数据来源：中国房地产决策咨询系统（CRIC）

10. 重庆房地产市场情况

（1）2010年房地产行业数据表

表4-47 重庆2010年房地产行业数据

类别	指标	2009年	2010年
宏观	GDP（亿元）	6528.70	7894.24
	同比增幅（%）	28.10	17.10
	进出口总额（亿美元）	77.08	124.26
	同比增幅（%）	-19.00	61.10
	固定资产投资（亿元）	5317.90	6934.80
	同比增幅（%）	31.50	30.40
	社会消费品零售总额（亿元）	2479.00	2878.04
	同比增幅（%）	15.50	19.00
行业	房地产开发投资（亿元）	1238.91	1620.26
	同比增幅（%）	25.00	30.80
	商品房新开工面积（万平方米）	3813.68	6312.64
	同比增幅（%）	8.70	65.50
	商品房施工面积（万平方米）	13 052.60	17 138.50
	同比增幅（%）	12.10	31.30
	商品房竣工面积（万平方米）	2907.05	2626.59
	同比增幅（%）	22.80	-9.60
土地	土地购置面积（万平方米）	1227.79	1369.22
	同比增幅（%）	5.40	11.50
	土地购置金额（亿元）	238.11	371.44
	同比增幅（%）	33.20	56.00
	土地开发面积（万平方米）	1050.88	649.07
	同比增幅（%）	7.80	-38.20
市场	商品房销售面积（万平方米）	4002.89	4314.39
	同比增幅（%）	39.40	7.80
	商品房销售金额（亿元）	1377.76	1846.94
	同比增幅（%）	72.20	34.10

数据来源：国家统计局

表4-48 重庆土地市场与商品住宅市场运行情况

类别	指标	2009年	2010年
土地	土地供应量（万平方米）	990.00	1246.90
	土地成交量（万平方米）	856.30	563.10
	土地成交金额（亿元）	411.46	212.00
市场	商品住宅供应量（万平方米）	1160.40	1751.90
	商品住宅成交量（万平方米）	980.20	1254.28
	商品住宅成交均价（元/米^2）	1396.03	6238.00

数据来源：中国房地产决策咨询系统（CRIC）

（2）综述：整体走势较好，中低档项目为市场关注热点

2010年重庆房地产开发投资继续拉升，新开工、施工面积指标快速增长；全年商品住宅新增供应同比大增，成交量则呈现年底翘尾的态势，在金九银十后，商品住宅市场出现明显回暖。成交结构上，中小户型、中低档房源成交占比较高。

（3）投资建设：受西部政策利好带动，房地产开发投资继续拉升

近年来受国家西部开发战略的利好带动，重庆房地产开发投资额逐年上升，2010年投资额为1620.26亿元，同比增长30.8%；其中住宅投资额也已经达到1091.49亿元，同比增长38.3%。

从房地产建设指标来看，2010年重庆市房屋施工面积和新开工面积同比分别增长31.3%和65.5%，而房屋竣工面积同比却下降9.6%。新开工面积剧增主要是由于2009年楼市火爆、开发企业在土地市场上频繁拿地，2010年集中开工所致；而竣工面积的下滑则是因为2008年金融危机，开发企业放缓拿地步骤所致。

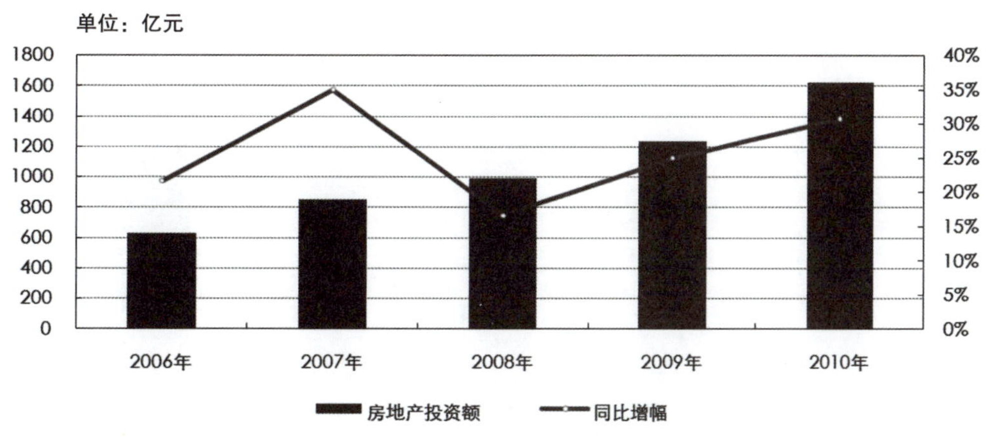

图4-101 2006—2010年重庆房地产投资额年度走势及同比增幅

数据来源：国家统计局

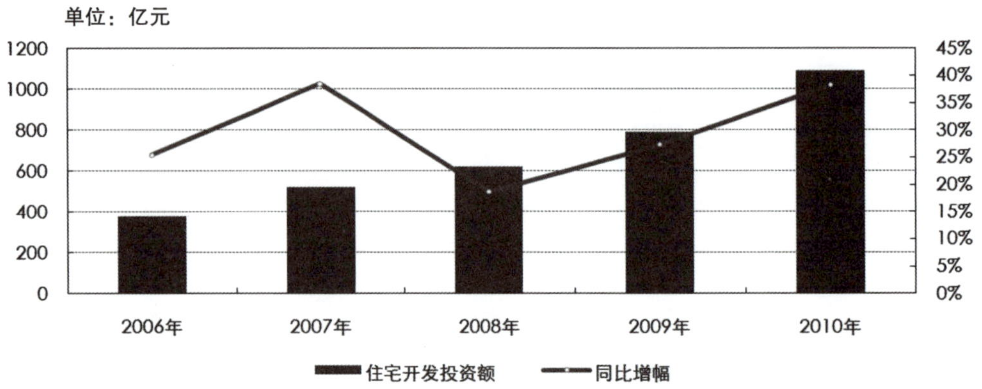

图4-102 2006—2010年重庆住宅开发投资额年度走势及同比增幅

数据来源：国家统计局

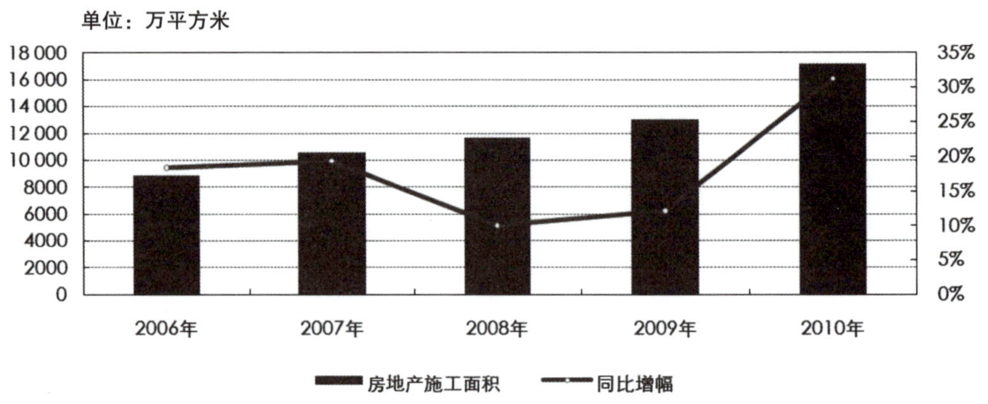

图4-103 2006—2010年重庆房地产施工面积及同比增幅

数据来源：国家统计局

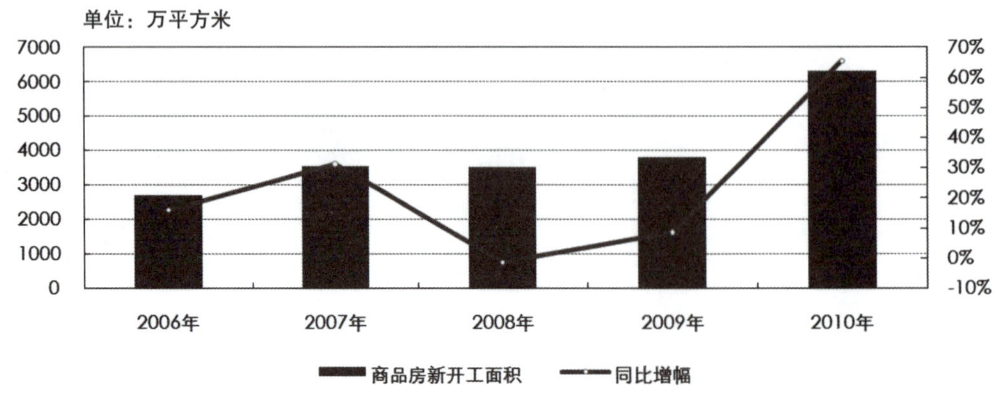

图4-104 2006—2010年重庆商品房新开工面积及同比增幅

数据来源：国家统计局

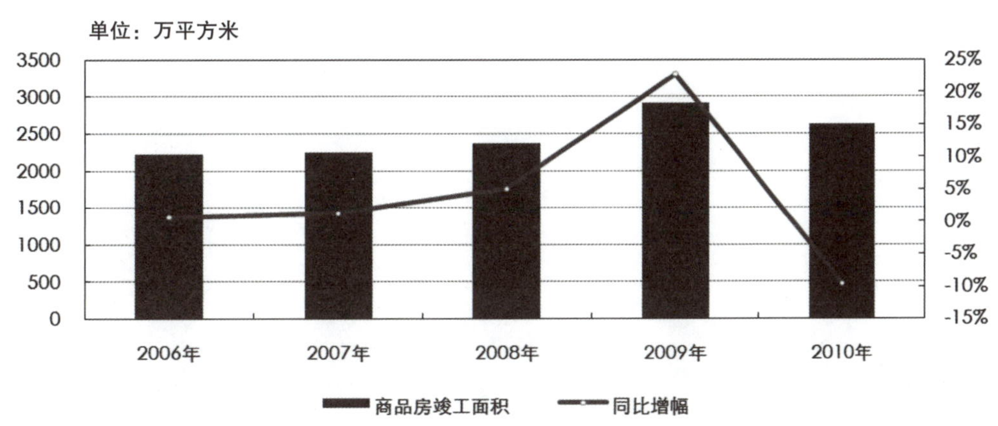

图4-105 2006—2010年重庆商品房竣工面积及同比增幅

数据来源：国家统计局

（4）市场表现：供应加大，量价均处高位，受三轮调控影响较小

2010年重庆商品住宅新增供应1751.90万平方米，同比大增78.73%。由于2009年商品房市场成交火爆，土地市场表现活跃，2010年大量的新项目面市。

从成交方面来看，4月份“国十条”出台之后，成交逐步下滑；进入金九银十后，由于前期政策逐渐被市场消化，而房价回调却迟迟未到，原先观望的购房者开始纷纷入市。全年商品住宅成交1254.28万平方米，虽然同比下跌10.15%，但仍处历史高位。

房价方面，2010年重庆商品住宅成交均价为6238元/米^2，同比上涨34.93%，涨幅较2009年明显扩大。

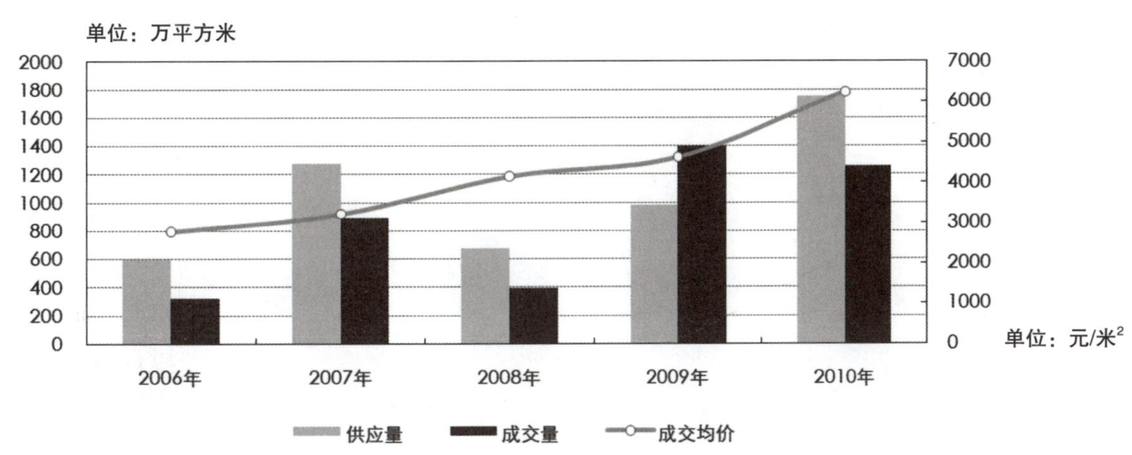

图4-106 2006—2010年重庆商品住宅供求及均价走势

数据来源：中国房地产决策咨询系统（CRIC）

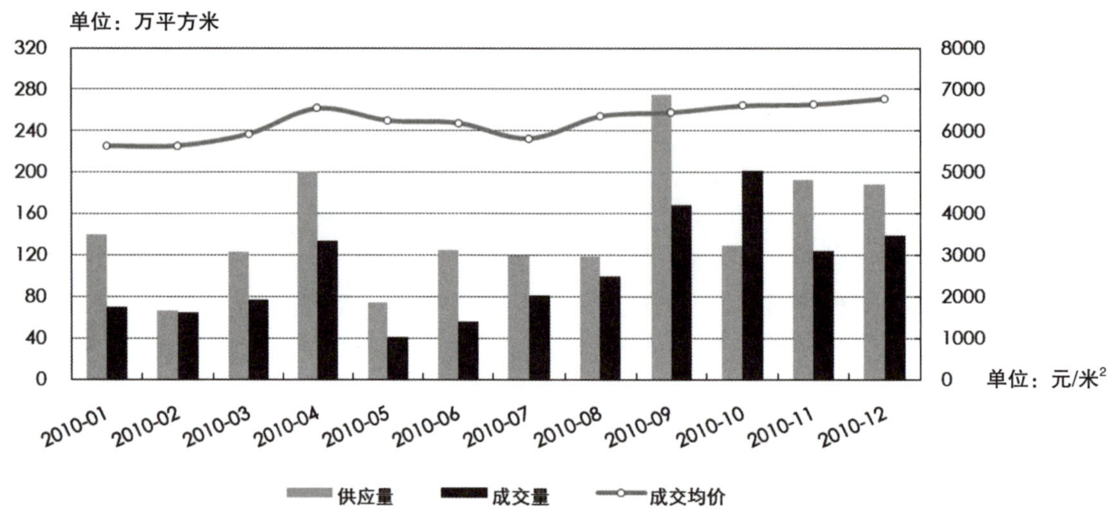

图4-107 2010年1月至12月重庆商品住宅供求及均价走势

数据来源：中国房地产决策咨询系统（CRIC）

（5）成交结构：120平方米以下房源成交占比超七成，渝北区、沙坪坝区地位稳固

从成交面积段分布来看，中低端产品依然是市场的成交主体，80平方米以下房源成交占比为29%，80~120平方米的房源成交占42%，两者总和占比超过七成。主要原因是重庆主要以本地刚性需求为主，外来的高端投资需求规模相对较小。

在区域分布上，渝北区和沙坪坝区成交占比分别达到27.32%和18%，其余如九龙坡区、南岸区和江北区等区域成交也较为集中，中心城区依然是重庆楼市的成交重心。

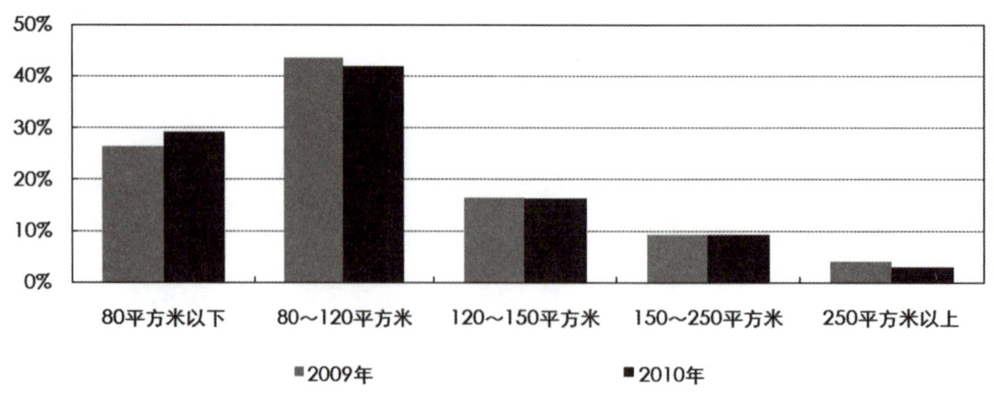

图4-108 2009—2010年重庆商品住宅面积成交结构

数据来源：中国房地产决策咨询系统（CRIC）

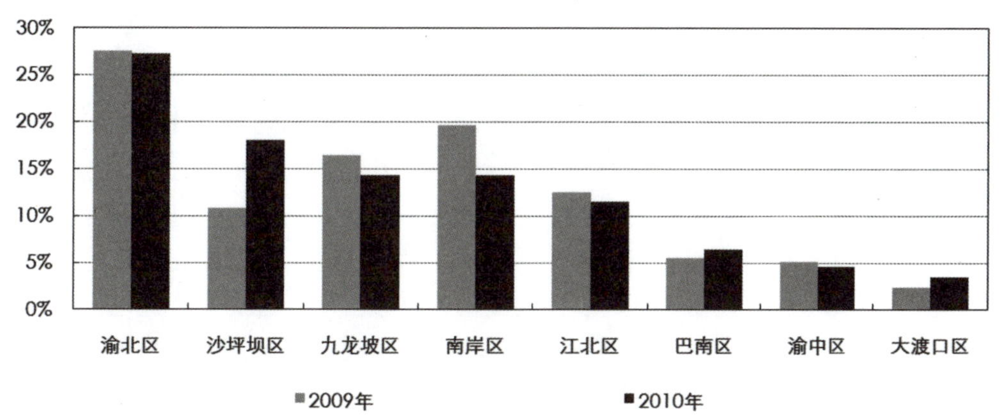

图4-109 2009—2010年重庆商品住宅区域成交结构

数据来源：中国房地产决策咨询系统（CRIC）

（6）项目排行榜：品牌房企项目表现突出，中低档项目为市场青睐

从项目热销排行来看，均价在5000~7000元/米²的中低档项目受市场追捧程度较高，而恒大地产、保利地产和华润置地等品牌开发商的产品由于品质较好，客户信任度高，所以也推动项目成交上涨。

表4-49 2010年重庆商品住宅项目成交面积排行榜

排行	项目名称	区域	档次	成交面积（万平方米）	成交金额（亿元）	成交均价（元/米²）	开发商
1	富力城	沙坪坝区	中低档	20.05	12.28	6124	富力城地产
2	恒大名都	渝中区	中档	19.80	14.94	7543	恒大地产
3	南方康桥	渝北区	低档	19.63	9.68	4932	南方集团
4	金科·10年城	江北区	中低档	16.75	10.46	6244	金科集团
5	华润二十四城	九龙坡区	中档	16.43	11.58	7051	华润置地
6	重庆奥林匹克花园	渝北区	中档	16.26	11.60	7133	奥林匹克集团
7	中交丽景	大渡口区	低档	14.06	7.25	5158	中交集团
8	保利·心语花园	九龙坡区	中低档	13.07	6.75	5166	保利地产
9	融汇半岛	巴南区	中低档	12.68	12.28	6124	重庆融汇投资
10	恒大绿洲	九龙坡区	中档	12.57	14.94	7543	恒大地产

数据来源：中国房地产决策咨询系统（CRIC）

表4-50 2010年重庆商品住宅项目成交金额排行榜

排行	项目名称	区域	档次	成交金额（亿元）	成交面积（万平方米）	成交均价（元/米^2）	开发商
1	恒大名都	渝中区	中档	14.94	19.80	7543	恒大地产
2	瑞安重庆天地	渝中区	中高档	13.23	12.44	10 641	重庆瑞安天地
3	富力城	沙坪坝区	中低档	12.28	20.05	6124	富力城地产
4	重庆奥林匹克花园	渝北区	中档	11.60	16.26	7133	奥林匹克集团
5	华润二十四城	九龙坡区	中档	11.58	16.43	7051	华润置地
6	金科·10年城	江北区	中低档	10.46	16.75	6244	金科集团
7	龙湖·春森彼岸	江北区	中高档	10.08	9.62	10 477	龙湖地产
8	万科锦程	渝中区	中高档	9.90	12.11	8177	万科集团
9	南方康桥	渝北区	低档	9.68	19.63	4932	南方集团
10	庆隆南山高尔夫国际社区	南岸区	中高档	9.03	7.27	12 428	重庆庆隆屋业发展有限公司

数据来源：中国房地产决策咨询系统（CRIC）

11. 宁波房地产市场情况

（1）2010年房地产行业数据表

表4-51 宁波2010年房地产行业数据

类别	指标	2009年	2010年
宏观	GDP（亿元）	4214.00	5125.80
	同比增幅（%）	8.60	12.40
	进出口总额（亿美元）	608.10	1613.40
	同比增幅（%）	-10.40	38.00
	固定资产投资（亿元）	2004.20	2206.50
	同比增幅（%）	16.00	10.10
	社会消费品零售总额（亿元）	1434.40	1704.50
	同比增幅（%）	15.90	19.20

（续表）

类别	指标	2009年	2010年
行业	房地产开发投资（亿元）	374.51	557.27
	同比增幅（%）	21.70	48.80
	商品房新开工面积（万平方米）	812.03	1406.02
	同比增幅（%）	6.30	73.10
	商品房施工面积（万平方米）	3104.34	3820.70
	同比增幅（%）	1.50	23.10
	商品房竣工面积（万平方米）	665.08	642.47
	同比增幅（%）	−14.50	−3.40
土地	土地购置面积（万平方米）	196.14	286.72
	同比增幅（%）	18.90	46.20
	土地购置金额（亿元）	108.60	218.81
	同比增幅（%）	37.20	101.50
	土地开发面积（万平方米）	323.67	484.62
	同比增幅（%）	11.10	49.70
市场	商品房销售面积（万平方米）	815.18	688.34
	同比增幅（%）	87.80	−15.60
	商品房销售金额（亿元）	732.98	775.39
	同比增幅（%）	128.70	5.80

数据来源：国家统计局

表4-52 宁波土地市场与商品住宅市场运行情况

类别	指标	2009年	2010年
土地	土地供应量（万平方米）	254.00	706.00
	土地成交量（万平方米）	349.00	567.00
	土地成交金额（亿元）	372.00	413.00
市场	商品住宅供应量（万平方米）	223.76	376.46
	商品住宅成交量（万平方米）	451.74	247.75
	商品住宅成交均价（元/米^2）	10 123.00	15 000.00

数据来源：中国房地产决策咨询系统（CRIC）

（2）综述：成交明显下滑，市场供过于求

2010年，宁波房地产市场受政策影响整体表现为量跌价涨。全年商品住宅供应量同比大幅增加70.4%，但成

交量下滑44.2%，整体呈现供过于求局势。在成交面积段结构上，各面积段户型分布较为均衡，同比基本持平。客户看好品牌开发商产品的品质，推动名企项目成交火热。

（3）市场表现：供应回升，成交大幅下滑

2010年，宁波商品住宅市场新增供应量为376万平方米，同比增长了70.4%；但在国家三轮调控压力之下，成交量同比下滑44.2%，仅为247.7万平方米；全年均价15 331元/米^2，同比大幅上涨55.7%。从月度走势来看，在三轮政策调控及市场自然规律的综合作用下，全年住宅市场呈现折线式变化，分别在4、9、12月出现高点，其余月份整体较为低迷。

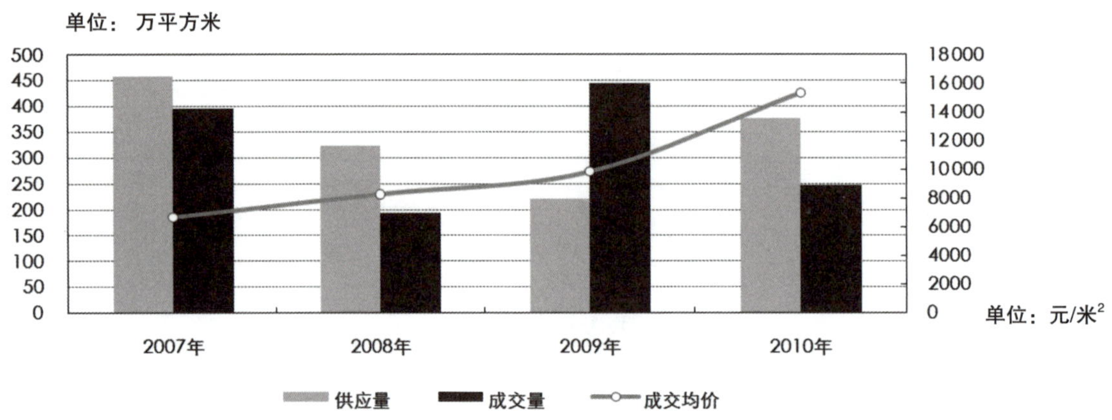

图4-110 2007—2010年宁波商品住宅供求及均价走势

数据来源：中国房地产决策咨询系统（CRIC）

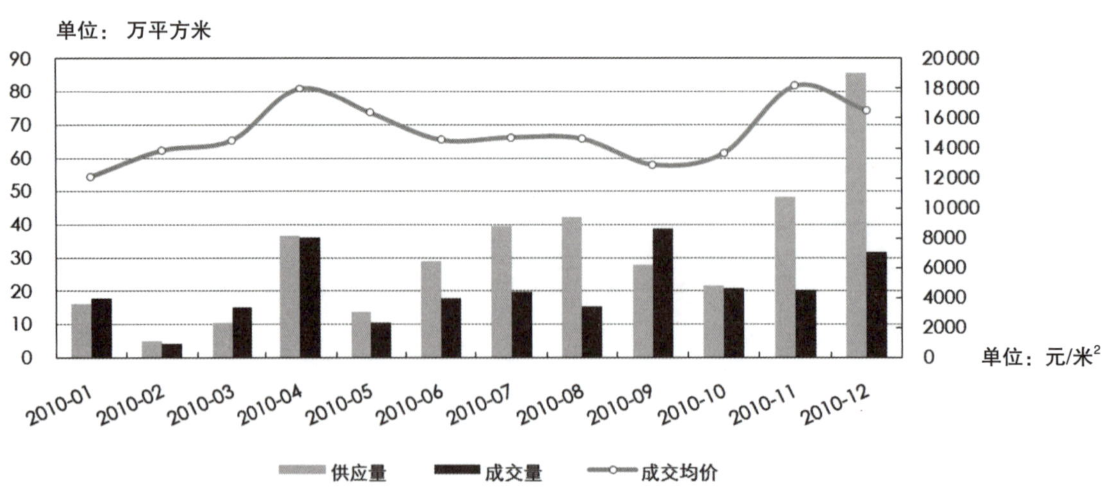

图4-111 2010年1月至12月宁波商品住宅供求及均价走势

数据来源：中国房地产决策咨询系统（CRIC）

（4）成交结构：各面积段户型分布均衡，鄞州市场份额扩大

成交面积段结构上，同比基本保持平衡。90平方米仍为主力成交户型，但比重同比下滑3个百分点。在通胀压力之下，别墅以其保值增值能力、稀缺性，产品品质受追捧，市场成交较好，使得200平方米以上的产品同比上涨3%，占20%。

从区域成交量来看，各区域的成交变化幅度较大。北仑、镇海区的引领地位退却，市场份额大幅缩减；江东、鄞州的市场份额扩大，尤其是鄞州，一跃占据了市场三成份额，位居第一。

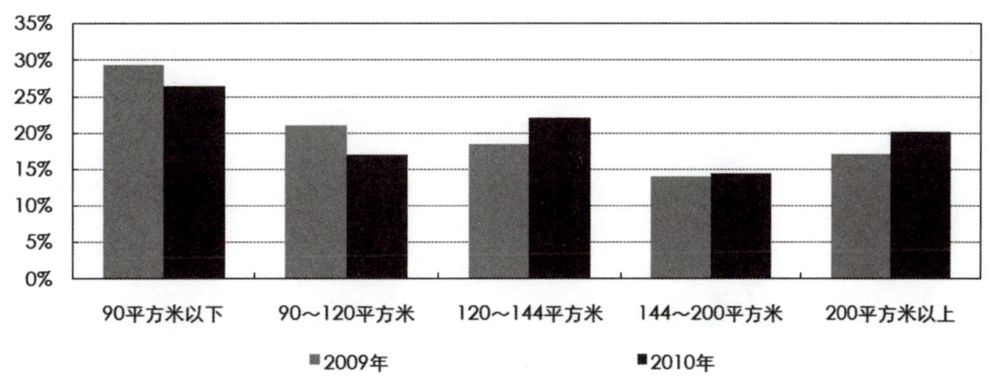

图4-112 2009—2010年宁波商品住宅面积成交结构

数据来源：中国房地产决策咨询系统（CRIC）

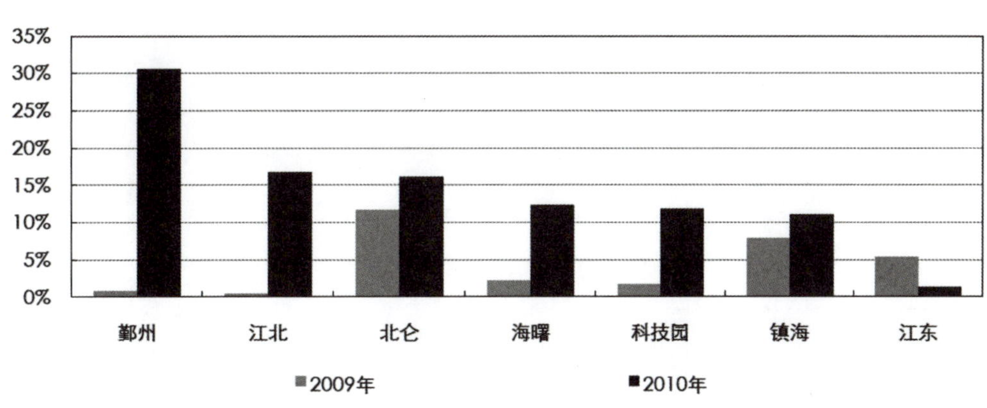

图4-113 2009—2010年宁波商品住宅区域成交结构

数据来源：中国房地产决策咨询系统（CRIC）

（5）项目排行榜：名企项目受欢迎，中高档项目表现良好

纵观2010年宁波楼市，项目成交呈现了以下两个特点：一是名企项目受欢迎，品牌企业产品品质受认可，推动项目成交火热；二是中高端项目仍受追捧，通胀压力之下，中高端产品凭借良好的保值增值性博得广泛关注，而开发企业也在积极改进、开发该类产品，促成中高端项目的热销。

表4-53 2010年宁波商品住宅项目成交面积排行榜

城市	项目名称	区域	档次	成交面积（万平方米）	成交金额（亿元）	成交均价（元/米^2）	开发商
1	世茂世界湾	北仑	中档	14.76	15.38	10 423	宁波世茂地产
2	雅戈尔长岛花园	江北	高档	13.36	41.13	30 786	雅戈尔置业
3	青林湾	海曙	中高档	13.25	23.27	17 567	宁波房地产
4	中海·雍城世家	鄞州	中高档	10.61	20.58	19 393	中海和协置业
5	永和居易	海曙	中高档	10.47	16.41	15 667	永和建设
6	维拉小镇	江北	中高档	9.65	12.00	12 595	宁波城投置业
7	江北万达广场	江北	中档	7.90	9.53	12 055	大连万达集团
8	风景九园	镇海	中高档	6.46	6.82	10 553	华荣时代置业
9	万科金色水岸	鄞州	中高档	6.17	14.74	23 899	万科地产
10	合生国际城	镇海	中高档	6.00	8.23	13 726	合生创展地产

数据来源：中国房地产决策咨询系统（CRIC）

表4-54 2010宁波商品住宅项目成交金额排行榜

城市	项目名称	区域	档次	成交金额（亿元）	成交面积（万平方米）	成交均价（元/米^2）	开发商
1	雅戈尔长岛花园	江北	高档	41.13	13.36	30 786	雅戈尔置业
2	青林湾	海曙	中高档	23.27	13.25	17 567	宁波房地产
3	中海·雍城世家	鄞州	中高档	20.58	10.61	19 393	中海和协置业
4	永和居易	海曙	中高档	16.41	10.47	15 667	永和建设
5	世茂世界湾	北仑	中档	15.38	14.76	10 423	宁波世茂地产
6	万科金色水岸	鄞州	中高档	14.74	6.17	23 899	万科地产
7	雅戈尔御玺园	鄞州	高档	12.00	3.21	38 843	雅戈尔置业
8	维拉小镇	江北	中高档	12.00	9.65	12 595	宁波城投置业
9	皇冠花园	科技园	中高档	9.70	5.88	16 508	绿城集团
10	江北万达广场	江北	中档	9.53	7.90	12 055	大连万达集团

数据来源：中国房地产决策咨询系统（CRIC）

12. 合肥房地产市场情况

（1）2010年房地产行业数据表

表4-55 合肥2010年房地产行业数据

类别	指标	2009年	2010年
宏观	GDP（亿元）	2102.12	2702.50
	同比增幅（%）	26.27	17.50
	进出口总额（亿美元）	64.28	99.58
	同比增幅（%）	-16.60	54.90
	固定资产投资（亿元）	2468.40	3066.97
	同比增幅（%）	34.25	24.20
	社会消费品零售总额（亿元）	703.70	839.02
	同比增幅（%）	19.60	19.80
行业	房地产开发投资（亿元）	670.36	802.65
	同比增幅（%）	18.60	19.70
	商品房新开工面积（万平方米）	1477.09	1750.70
	同比增幅（%）	28.20	18.50
	商品房施工面积（万平方米）	4751.29	5338.63
	同比增幅（%）	24.80	12.40
	商品房竣工面积（万平方米）	600.55	794.61
	同比增幅（%）	45.90	32.30
土地	土地购置面积（万平方米）	324.46	325.54
	同比增幅（%）	12.40	0.30
	土地购置金额（亿元）	102.78	199.71
	同比增幅（%）	14.20	94.30
	土地开发面积（万平方米）	118.96	114.08
	同比增幅（%）	-36.10	-4.10
市场	商品房销售面积（万平方米）	1297.95	1004.91
	同比增幅（%）	40.80	-22.60
	商品房销售金额（亿元）	548.77	593.34
	同比增幅（%）	64.50	8.10

数据来源：国家统计局

表4-56 合肥土地市场与商品住宅市场运行情况

类别	指标	2009年	2010年
土地	土地供应量（万平方米）	307.78	654.40
	土地成交量（万平方米）	398.55	435.90
	土地成交金额（亿元）	175.49	221.00
市场	商品住宅供应量（万平方米）	856.98	809.00
	商品住宅成交量（万平方米）	1105.14	754.00
	商品住宅成交均价（元/米^2）	4324.00	6183.00

数据来源：中国房地产决策咨询系统（CRIC）

（2）综述：市场相对稳定，中高档项目走势看好

2010年合肥房地产市场量跌价涨，受调控政策影响市场成交量明显降低，在三轮调控压力之下，成交量下滑明显，但成交价格稳步上扬。首置、首改型需求逐渐占据市场主导，90平方米以下及90~120平方米户型相对热销。从区域来看，蜀山区和瑶海区是本年成交主力区域。

（3）市场表现：供求趋于平衡，成交价格稳步上扬

受楼市政策调控影响，2010年成交量下滑明显，全年商品住宅成交量为754.72万平方米，同比下降31.3%。除了1、3、4月份外，各月商品住宅成交量同比均有下滑。这与合肥房市的限购令以及楼市的观望态度有较大的关系。全年均价6182元/米^2，同比上涨40.5%。

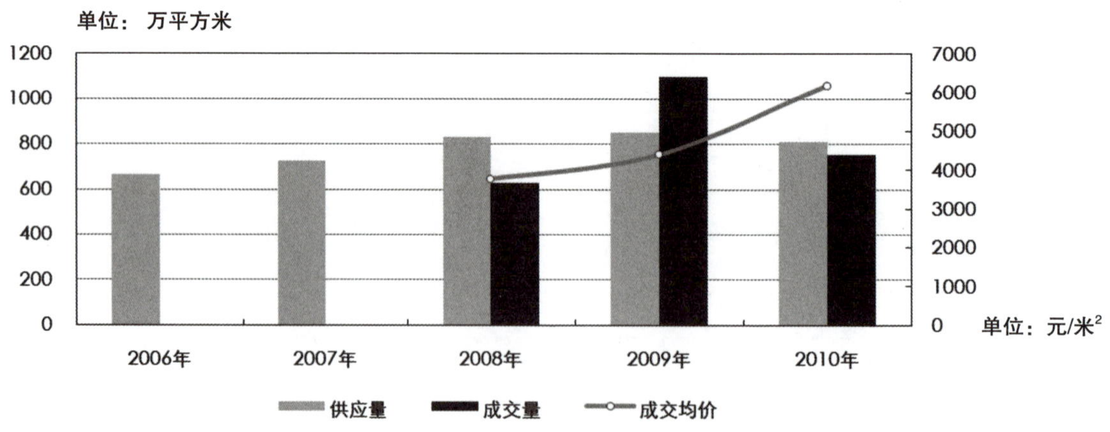

图4-114 2006—2010年合肥商品住宅供求及均价走势

数据来源：中国房地产决策咨询系统（CRIC）

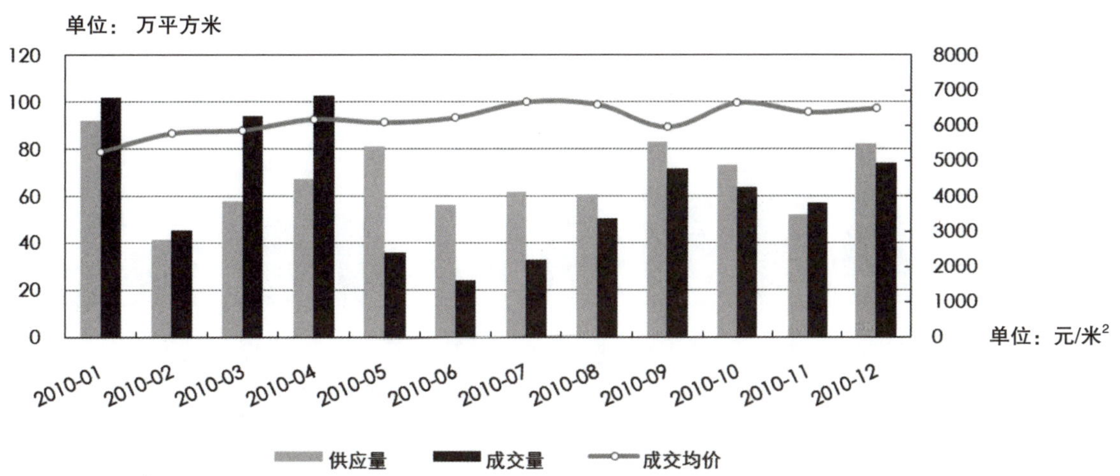

图4-115 2010年1月至12月合肥商品住宅供求及均价走势

数据来源：中国房地产决策咨询系统（CRIC）

（4）成交结构：200平方米以上户型比重增加，瑶海区成交占比大幅上涨

2010年90平方米以下仍为置业者的首选面积区间，占35%；其次是90~120平方米户型，占31%。表明首置、首改型需求占据主导。从区域来看，蜀山区、瑶海区是本年成交主力区域，均占全年成交量的18%；其中瑶海区成交同比上涨10%；而滨海区占11%，同比下跌15%，下滑幅度最大。

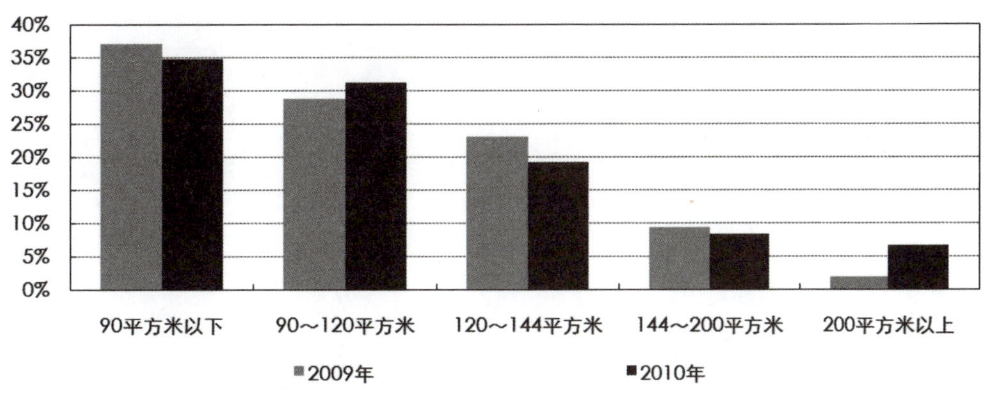

图4-116 2009—2010年合肥商品住宅面积成交结构

数据来源：中国房地产决策咨询系统（CRIC）

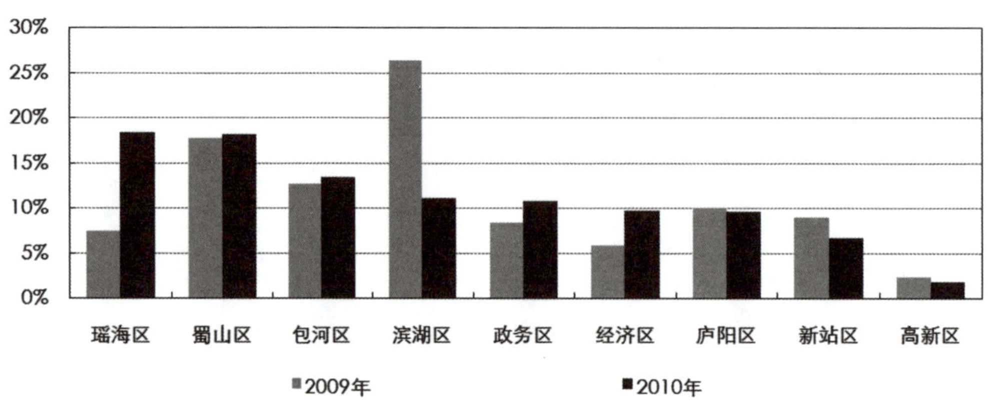

图4-117 2009—2010年合肥商品住宅区域成交结构

数据来源：中国房地产决策咨询系统（CRIC）

（5）项目排行榜：经典大盘带动成交，中高档项目表现不俗

在楼市调控的压力下，2010年合肥项目成交主要呈现了以下两个特点：一是经典的大盘项目成交依旧强劲；二是中高档、高档项目成交因其地段以及保值、增值等优势受到购房者的青睐。

表4-57 2010年合肥商品住宅项目成交面积排行榜

排行	项目名称	区域	档次	成交面积（万平方米）	成交金额（亿元）	成交均价（元/米^2）	开发商
1	滨湖假日花园	滨湖区	中高档	32.58	20.15	6186	安徽蓝盛置地
2	恒大城	瑶海区	中档	16.94	9.06	5346	安徽三林置业
3	恒大华府	政务区	中高档	16.69	11.04	6615	恒大地产
4	中铁广园	庐阳区	中档	16.11	9.14	5677	中铁集团
5	滨湖世纪城·琼林苑	滨湖区	中高档	13.43	8.17	6087	世纪金源
6	万达广场	包河区	高档	12.63	12.97	10 271	大连万达
7	恒盛豪庭	瑶海区	中高档	12.44	7.92	6367	安徽恒茂地产
8	滨湖时代广场	滨湖区	中档	12.42	6.84	5509	安徽高速公路房地产
9	金色名郡	蜀山区	高档	11.90	10.72	9008	合肥一航万科
10	信旺·华府骏苑	蜀山区	中档	11.55	6.36	5502	合肥大唐置业

数据来源：中国房地产决策咨询系统（CRIC）

表4-58 2010年合肥商品住宅项目成交金额排行榜

排行	项目名称	区域	档次	成交金额（亿元）	成交面积（万平方米）	成交均价（元/米^2）	开发商
1	滨湖假日花园	滨湖区	中高档	20.15	32.58	6186	安徽蓝盛置地
2	万达广场	包河区	高档	12.97	12.63	10 271	大连万达
3	恒大华府	政务区	中高档	11.04	16.69	6615	恒大地产
4	金色名郡	蜀山区	高档	10.72	11.90	9008	合肥一航万科
5	中铁广园	庐阳区	中档	9.14	16.11	5677	中铁集团
6	恒大城	瑶海区	中档	9.06	16.94	5346	安徽三林置业
7	滨湖世纪城·琼林苑	滨湖区	中高档	8.17	13.43	6087	世纪金源
8	恒盛豪庭	瑶海区	中高档	7.92	12.44	6367	安徽恒茂地产
9	华润紫云府	瑶海区	高档	7.22	10.29	7020	华润置地
10	滨湖时代广场	滨湖区	中档	6.84	12.42	5509	安徽高速公路房地产

数据来源：中国房地产决策咨询系统（CRIC）

13. 长春房地产市场情况

（1）2010年房地产行业数据表

表4-59 长春2010年房地产行业数据

类别	指标	2009年	2010年
宏观	GDP（亿元）	2848.60	3369.70
	同比增幅（%）	11.19	15.60
	进出口总额（亿美元）	85.50	—
	同比增幅（%）	-2.79	—
	固定资产投资（亿元）	2300.30	3000.00
	同比增幅（%）	26.47	30.90
	社会消费品零售总额（亿元）	1089.40	—
	同比增幅（%）	15.19	—

（续表）

类别	指标	2009年	2010年
行业	房地产开发投资（亿元）	443.93	542.76
	同比增幅（%）	25.80	22.30
	商品房新开工面积（万平方米）	1217.29	1283.89
	同比增幅（%）	9.10	5.50
	商品房施工面积（万平方米）	2377.10	3089.42
	同比增幅（%）	8.90	30.00
	商品房竣工面积（万平方米）	580.66	963.73
	同比增幅（%）	20.40	66.00
土地	土地购置面积（万平方米）	485.17	499.55
	同比增幅（%）	11.40	3.00
	土地购置金额（亿元）	54.25	86.63
	同比增幅（%）	26.80	59.70
市场	商品房销售面积（万平方米）	715.72	863.08
	同比增幅（%）	25.30	20.60
	商品房销售金额（亿元）	296.42	446.91
	同比增幅（%）	49.00	50.80

数据来源：国家统计局

表4-60 长春土地市场与商品住宅市场运行情况

类别	指标	2009年	2010年
土地	土地供应量（万平方米）	466.00	1044.00
	土地成交量（万平方米）	292.40	937.90
	土地成交金额（亿元）	78.00	269.00
市场	商品住宅供应量（万平方米）	300.68	361.00
	商品住宅成交量（万平方米）	607.37	450.00
	商品住宅成交均价（元/米^2）	4369.00	5866.00

数据来源：中国房地产决策咨询系统（CRIC）

（2）综述：供不应求态势依旧，中高端项目进入热销行列

2010年长春受楼市调控影响，成交出现下滑，但总体影响较小，整体走势相对平稳，房价仍保持在较高水平。由于近两年供应水平较低，整体市场仍呈现供不应求态势。从项目成交情况来看，中档、中高档项目成交向好，其中保利、中海的项目表现抢眼。区域结构上，分布较为均衡，其中经开、宽城、绿园成交比重列前三。

（3）市场表现：供应增加而成交下降，市场仍旧供不应求

2010年市场供应量361万平方米，同比小幅上涨，但仍低于2008年水平，整体市场供应不足的情况仍较为严重；受此影响成交量也有所下滑，全年成交量449.7万平方米，同比下跌26.2%。总体来说调控对长春影响不大，月度成交走势较为平稳，价格呈平稳小幅上行趋势。

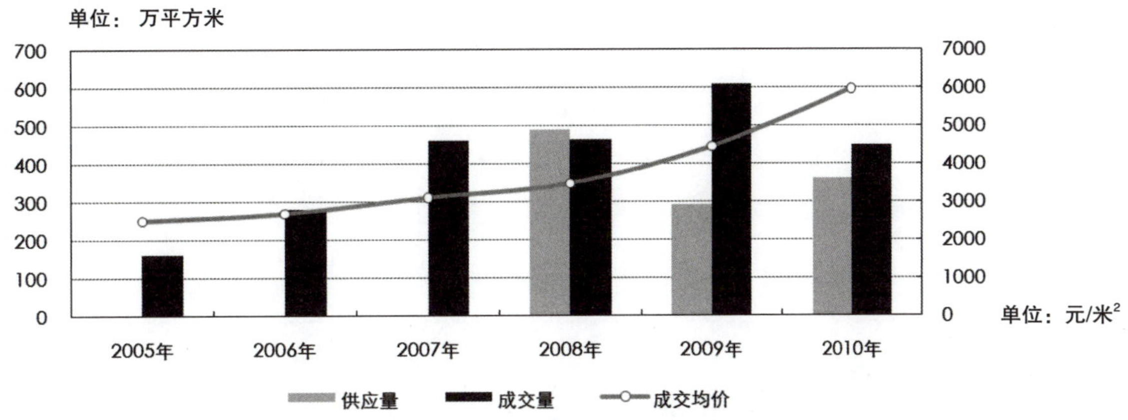

图4-118 2006—2010年长春商品住宅供求及均价走势

数据来源：中国房地产决策咨询系统（CRIC）

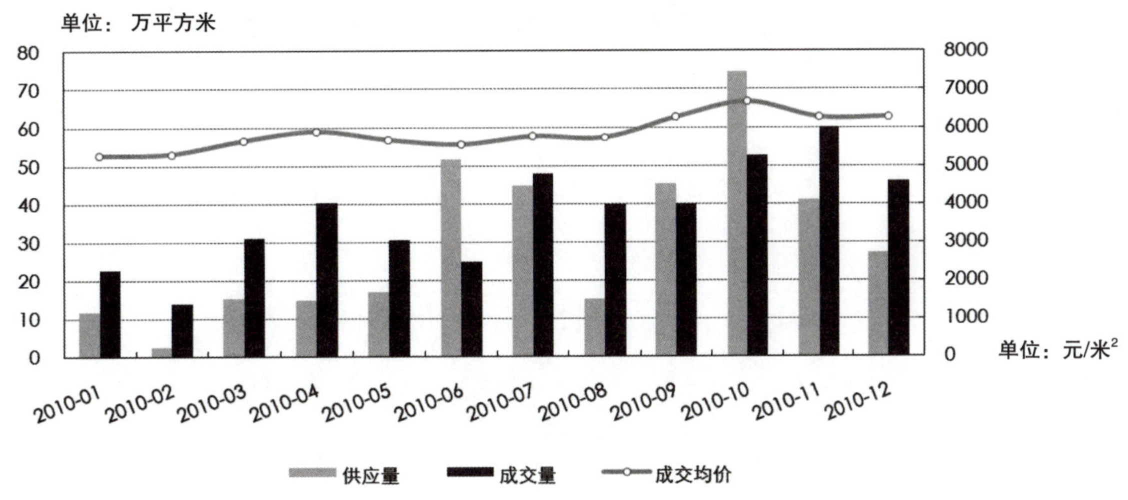

图4-119 2010年1月至12月长春商品住宅供求及均价走势

数据来源：中国房地产决策咨询系统（CRIC）

（4）成交结构：成交面积较为稳定，各区成交较为均衡

2010年长春成交面积表现较为稳定，基本与2009年保持一致，这主要是由于市场受调控影响不大，客户需求整体保持平稳。区域成交分布也较为均衡，其中经开、宽城、绿园成交比重列前三，成为年度占市场份额相对较大的区域。

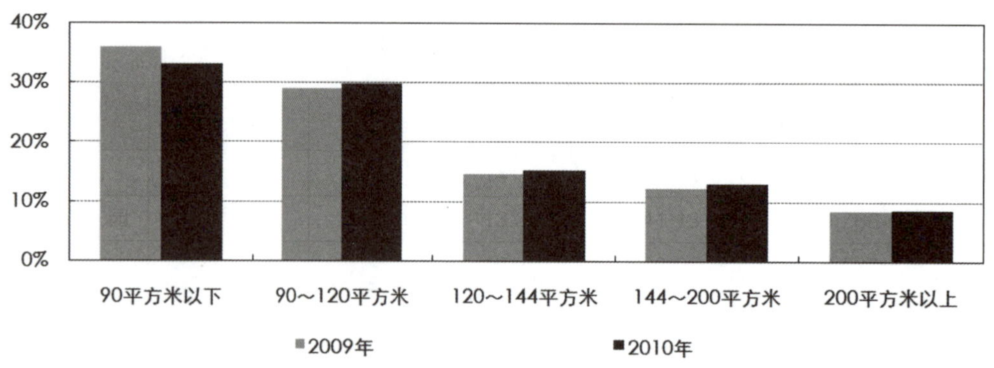

图4-120 2009—2010年长春商品住宅面积成交结构

数据来源：中国房地产决策咨询系统（CRIC）

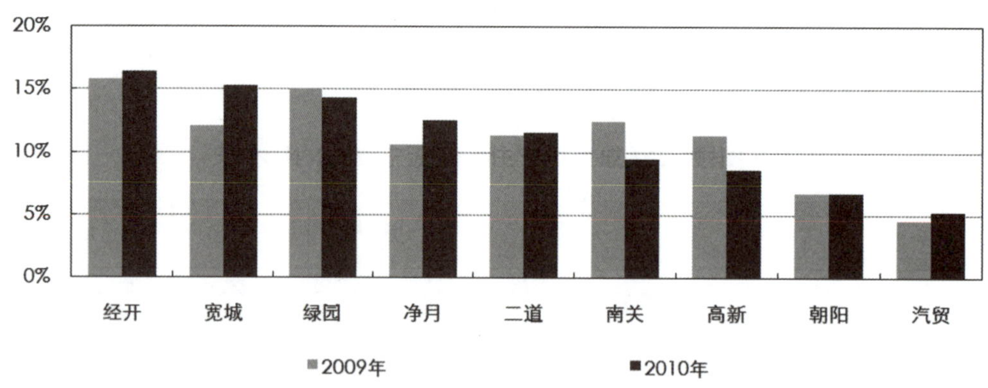

图4-121 2009—2010年长春商品住宅区域成交结构

数据来源：中国房地产决策咨询系统（CRIC）

（5）项目排行榜：保利项目突出重围，中高端项目进入热销行列

项目成交以中档和中高档为主，其中和记黄埔的御翠园进入成交金额排行榜前三，主要是受投资客的推动。此外，保利两个项目同时上了成交面积和成交金额排行榜，成为2010年长春表现最为突出的企业。

表4-61 2010年长春商品住宅项目成交面积排行榜

排行	项目名称	区域	档次	成交面积（万平方米）	成交金额（亿元）	成交均价（元/米^2）	开发商
1	中信城	净月	中高档	17.53	13.31	7590	长春中信鸿泰
2	中海国际社区	南关	中高档	16.33	11.86	7260	长春海华地产
3	锦绣东方	经开	中档	16.03	7.75	4840	长春泰恒
4	华大天朗国际社区	宽城	低档	13.75	5.78	4200	长春华大地产
5	保利百合香湾	二道	中档	11.98	5.91	4940	沈阳广田地产
6	万龙北斗星城	宽城	中档	10.83	5.63	5200	长春万龙地产
7	保利罗兰香谷	高新	中高档	10.54	7.12	6750	长春轻轨六合地产
8	万盛理想国	绿园	中档	10.07	5.15	5120	长春万盛禹实置业
9	融创上城	高新	中高档	9.20	6.41	6980	融创置地地产
10	吴中印象	宽城	中档	8.75	4.43	5060	吉林吴中置业

数据来源：中国房地产决策咨询系统（CRIC）

表4-62 2010年长春商品住宅项目成交金额排行榜

排行	项目名称	区域	档次	成交金额（亿元）	成交面积（万平方米）	成交均价（元/米^2）	开发商
1	中信城	净月	中高档	13.31	17.53	7590	长春中信鸿泰
2	中海国际社区	南关	中高档	11.86	16.33	7260	长春海华地产
3	御翠园	净月	高档	10.51	6.89	15 260	和记黄埔地产
4	锦绣东方	经开	中档	7.75	16.03	4840	长春泰恒房屋开发
5	保利罗兰香谷	高新	中高档	7.12	10.54	6750	长春轻轨六合地产
6	融创上城	高新	中高档	6.41	9.20	6980	融创置地地产
7	万达广场	朝阳	中高档	6.22	8.10	7680	吉林地王置业
8	保利百合香湾	二道	中档	5.91	11.98	4940	沈阳广田地产
9	华大天朗国际社区	宽城	低档	5.78	13.75	4200	长春华大地产
10	万龙北斗星城	宽城	中档	5.63	10.83	5200	长春万龙地产

数据来源：中国房地产决策咨询系统（CRIC）

14. 大连房地产市场情况

（1）2010年房地产行业数据表

表4-63 大连2010年房地产行业数据

类别	指标	2009年	2010年
宏观	GDP（亿元）	4417.70	5158.10
	同比增幅（%）	14.50	15.20
	进出口总额（亿美元）	422.41	501.95
	同比增幅（%）	-10.19	24.40
	固定资产投资（亿元）	3273.50	4047.90
	同比增幅（%）	30.24	30.60
	社会消费品零售总额（亿元）	1396.70	1639.80
	同比增幅（%）	18.10	18.50
行业	房地产开发投资（亿元）	578.94	768.02
	同比增幅（%）	16.80	32.70
	商品房新开工面积（万平方米）	1131.91	1837.30
	同比增幅（%）	1.80	62.30
	商品房施工面积（万平方米）	3489.06	5060.54
	同比增幅（%）	4.80	45.00
	商品房竣工面积（万平方米）	549.65	570.97
	同比增幅（%）	-26.60	3.90
土地	土地购置面积（万平方米）	427.04	624.31
	同比增幅（%）	108.30	46.20
	土地购置金额（亿元）	85.72	121.28
	同比增幅（%）	86.90	41.50
	土地开发面积（万平方米）	393.08	365.54
	同比增幅（%）	40.50	-7.00
市场	商品房销售面积（万平方米）	1152.68	1215.33
	同比增幅（%）	40.20	5.40
	商品房销售金额（亿元）	720.32	856.04
	同比增幅（%）	51.80	18.80

数据来源：国家统计局

表4-64 大连土地市场与商品住宅市场运行情况

类别	指标	2009年	2010年
土地	土地供应量（万平方米）	1409.30	2431.10
	土地成交量（万平方米）	1036.70	2784.80
	土地成交金额（亿元）	314.00	872.00
市场	商品住宅供应量（万平方米）	365.03	613.00
	商品住宅成交量（万平方米）	841.13	712.00
	商品住宅成交均价（元/米^2）	7195.00	8950.00

数据来源：中国房地产决策咨询系统（CRIC）

（2）综述：整体走势较好，高端项目成热点

2010年大连房地产市场整体运行情况稳健。从全年来看，市场新增供应同比回升，而成交量出现下滑，房价稳步上涨。成交下降一方面是受楼市调控影响，另一方面是由于供应持续不足。项目表现来看，90平方米以下的小户型产品成交占据近一半的市场份额，说明市场仍以刚性需求为主；而另一方面，在通货膨胀的压力下，投资需求加大，高端物业成交走好。

（3）市场表现：年底限购成交回落，但调控影响低于预期

2010年大连随着三轮调控政策，成交出现了比较明显的变化，4月调控出台之后，成交量开始下滑，7月份为一个市场低谷；年末出台限购政策后，成交再现下滑态势，但总体来看影响小于预期。房价仍保持平稳上升的态势。

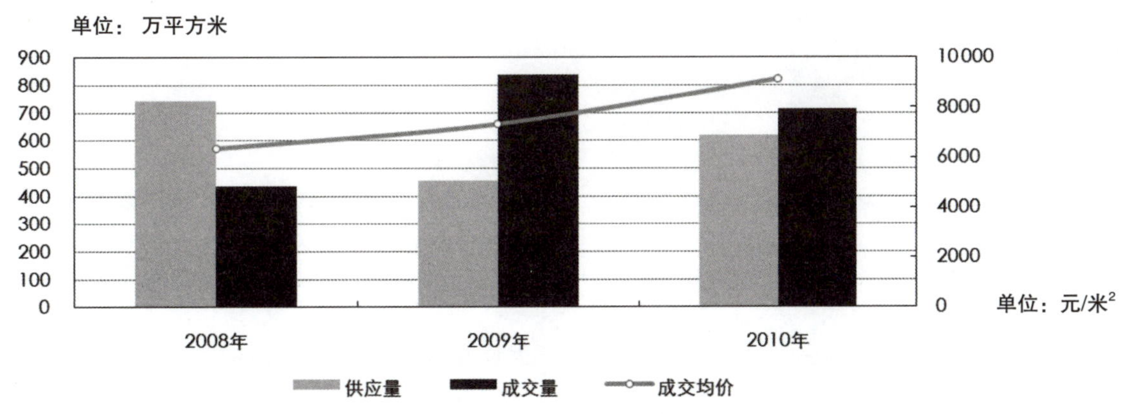

图4-122 2008—2010年大连商品住宅供求及均价走势

数据来源：中国房地产决策咨询系统（CRIC）

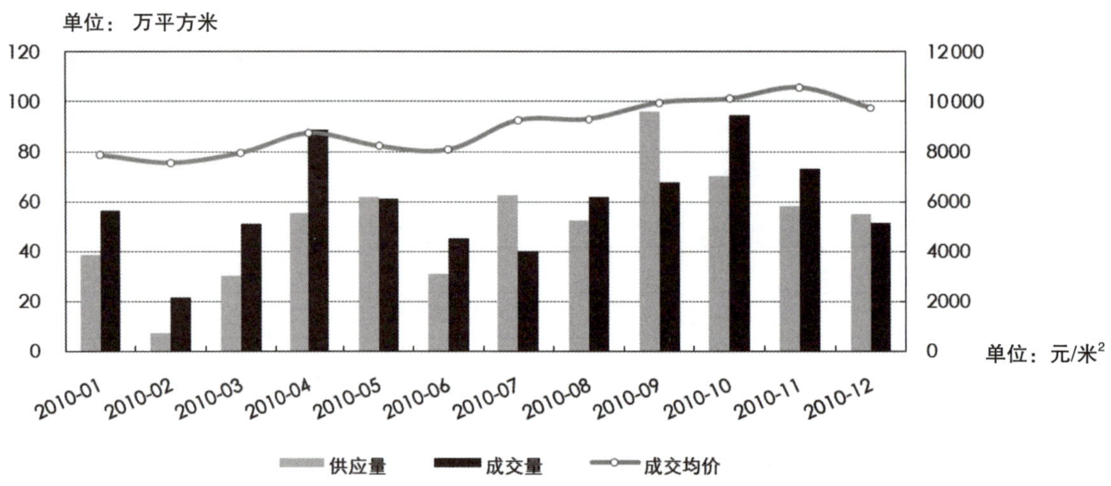

图4-123 2010年1月至12月大连商品住宅供求及均价走势

数据来源：中国房地产决策咨询系统（CRIC）

（4）成交结构：成交面积段结构表现平稳，甘井子区地位稳固

2010年大连市场成交面积段结构同比表现平稳，小户型产品仍是大连的成交主力，占据了48%的市场份额，其次是90~120平方米之间的中小户型，占27%。从区域结构来看，甘井子区占了近三成的市场份额，其次是开发区、金州区、旅顺口区。

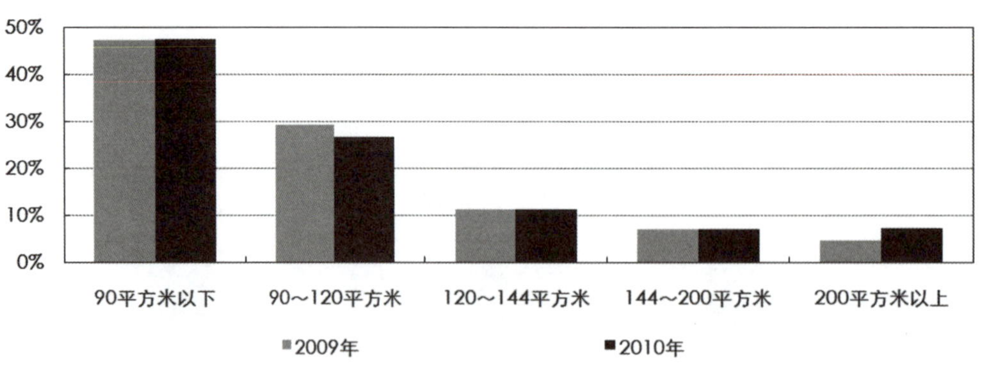

图4-124 2009—2010年大连商品住宅面积成交结构

数据来源：中国房地产决策咨询系统（CRIC）

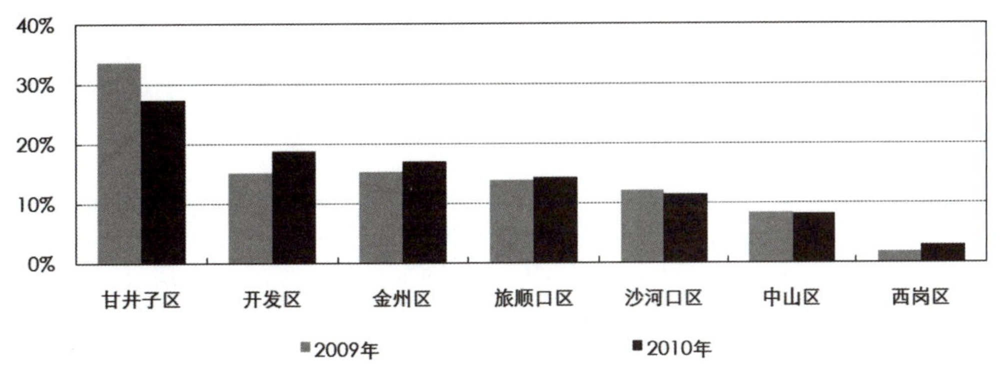

图4-125 2009—2010年大连商品住宅区域成交结构

数据来源：中国房地产决策咨询系统（CRIC）

（5）项目排行榜：开发区楼盘成交良好，高端项目成市场热点

从项目成交表现来看，有以下特点：开发区的项目表现良好，占据了成交面积排行榜半壁江山；受通货膨胀的影响，高端项目以其保值增值能力，逐渐成为市场热点，三个高端项目登上了成交金额排行榜。

表4-65 2010年大连商品住宅项目成交面积排行榜

排行	项目名称	区域	档次	成交面积（万平方米）	成交金额（亿元）	成交均价（元/米^2）	开发商
1	华通·和平海岸	旅顺口区	低档	21.20	9.14	4312	大连华通夕阳红房屋开发有限公司
2	华润·海中国	开发区	中档	18.46	15.70	8503	华润置地
3	金润花园	金州区	低档	15.95	8.33	5222	大连辽大地产
4	万科魅力之城	甘井子区	中档	15.91	15.67	9853	万科
5	红星海·世界观	开发区	中高档	15.21	21.23	13 952	大连正乾置业大连明远置业
6	岭湾峰尚	开发区	中低档	14.49	8.72	6020	大连益宁地产
7	明秀山庄	中山区	中高档	12.11	20.13	16 620	大连澳南
8	幸福E家五期	沙河口区	中高档	11.95	17.07	14 285	大连正源
9	吉祥e家	开发区	中低档	10.99	6.01	5470	大连仁安
10	东方优山美地	开发区	中高档	10.42	7.93	7611	大连鲁能置业

数据来源：中国房地产决策咨询系统（CRIC）

表4-66 2010年大连商品住宅项目成交金额排行榜

排行	项目名称	区域	档次	成交金额（亿元）	成交面积（万平方米）	成交均价（元/米^2）	开发商
1	万达中心	中山区	高档	21.89	8.10	27 028	大连万达地产
2	红星海·世界观	开发区	中高档	21.23	15.21	13 952	正乾置业、明远置业
3	明秀山庄	中山区	中高档	20.13	12.11	16 620	大连澳南
4	幸福E家五期	沙河口区	中高档	17.07	11.95	14 285	大连正源
5	华润·海中国	开发区	中档	15.70	18.46	8503	华润置地
6	万科魅力之城	甘井子区	中档	15.67	15.91	9853	万科
7	大连中心·裕景	中山区	高档	11.54	5.40	21 358	裕景兴业
8	华业·玫瑰东方	沙河口区	高档	11.09	7.28	15 238	大连晟鼎地产
9	东方圣克拉一期	甘井子区	中高档	10.52	7.43	14 159	大连软件园开发
10	中海英伦观邸	沙河口区	中高档	10.42	8.27	12 605	大连中海地产

数据来源：中国房地产决策咨询系统（CRIC）

15. 兰州房地产市场情况

（1）2010年房地产行业数据表

表4-67 兰州2010年房地产行业数据

类别	指标	2009年	2010年
宏观	GDP（亿元）	925.98	1100.39
	同比增幅（%）	9.42	12.80
	进出口总额（亿美元）	4.88	—
	同比增幅（%）	-31.75	—
	固定资产投资（亿元）	506.18	660.69
	同比增幅（%）	17.18	30.52
	社会消费品零售总额（亿元）	469.77	545.11
	同比增幅（%）	18.92	18.51

（续表）

类别	指标	2009年	2010年
行业	房地产开发投资（亿元）	98.61	118.28
	同比增幅（%）	6.60	19.40
	商品房新开工面积（万平方米）	395.08	406.19
	同比增幅（%）	52.10	6.00
	商品房施工面积（万平方米）	1256.06	1467.21
	同比增幅（%）	26.70	16.50
	商品房竣工面积（万平方米）	215.09	206.97
	同比增幅（%）	49.40	-1.20
土地	土地购置面积（万平方米）	197.09	119.71
	同比增幅（%）	60.40	-39.30
	土地购置金额（亿元）	16.18	16.26
	同比增幅（%）	4.00	0.40
	土地开发面积（万平方米）	45.97	56.96
	同比增幅（%）	-24.40	40.10
市场	商品房销售面积（万平方米）	241.89	228.21
	同比增幅（%）	35.60	-5.90
	商品房销售金额（亿元）	87.36	96.51
	同比增幅（%）	57.70	9.50

数据来源：国家统计局

表4-68 兰州土地市场与商品住宅市场运行情况

类别	指标	2009年	2010年
土地	土地供应量（万平方米）	—	—
	土地成交量（万平方米）	—	—
	土地成交金额（亿元）	—	—
市场	商品住宅供应量（万平方米）	76.91	115.00
	商品住宅成交量（万平方米）	99.26	93.00
	商品住宅成交均价（元/米^2）	4763.00	5880.00

数据来源：中国房地产决策咨询系统（CRIC）

（2）综述：成交受政策影响较大，中档项目为成交主力

2010年，在三轮政策调控下，兰州房地产市场出现较大的波动，成交量出现大幅下滑，成交均价仍保持高位运行。刚性需求客户成为市场主力，而中小户型和中档项目由于价格相对较低，成为市场成交的主要产品。

（3）市场表现：全年供过于求，成交价格波动中上升

从年度走势来看，兰州商品住宅全年呈现供大于求的状态，成交均价再创新高。全年供应商品住宅114.8万平方米，同比上涨35.9%；成交92.9万平方米，同比下跌6.1%；成交均价6049元/米^2，同比上涨25.9%，创下来历年来的新高。

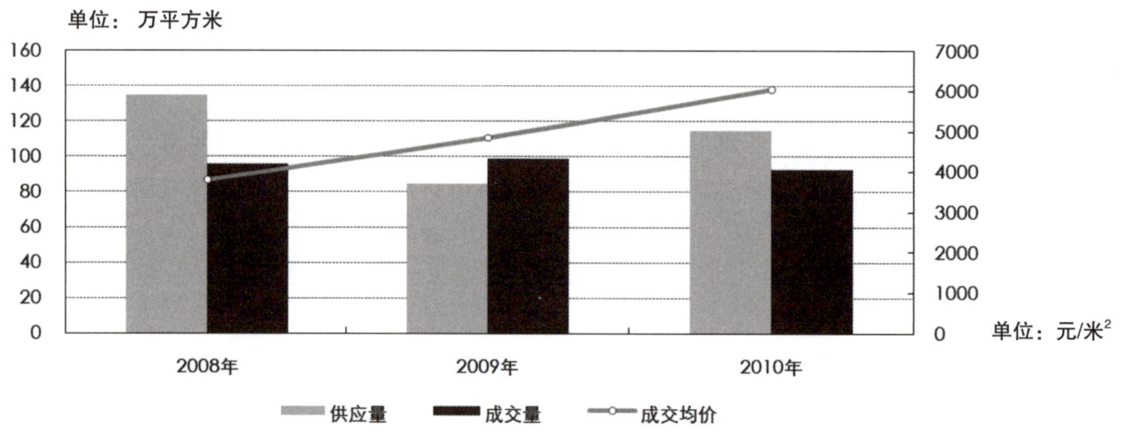

图4-126 2008—2010年兰州商品住宅供求及均价走势

数据来源：中国房地产决策咨询系统（CRIC）

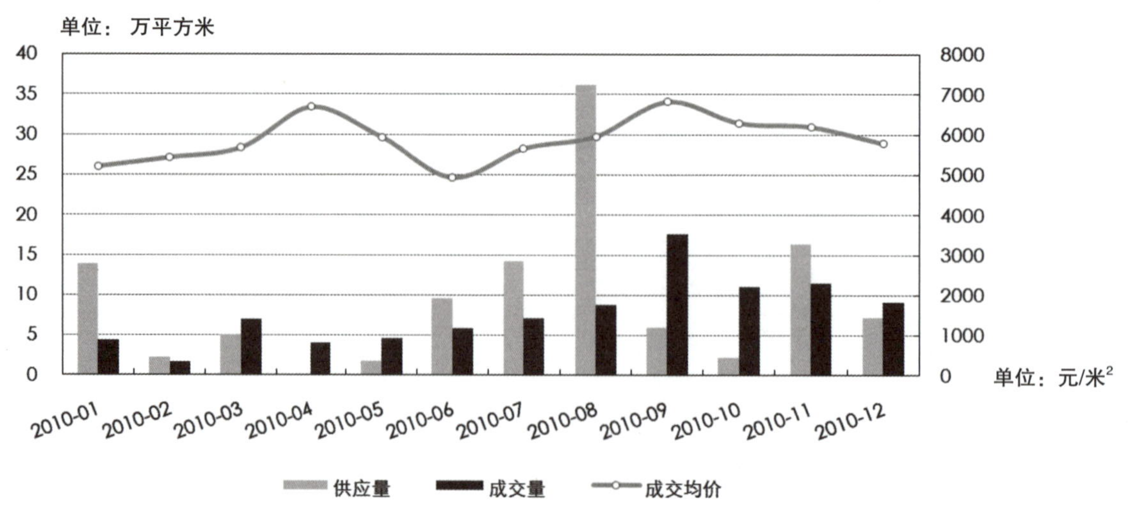

图4-127 2010年1月至12月兰州商品住宅供求及均价走势

数据来源：中国房地产决策咨询系统（CRIC）

（4）成交结构：中小户型成交比重大幅增加，城关地位稳固但比重明显下滑

从成交结构看，兰州中小户型成交比重大幅增加，其中80~130平方米成交面积占全市总量的68%，同比上涨了11个百分点。成交区域来看，城关区占比51%，仍处主导地位，但比重明显下滑，同比下跌17%。这主要是由于2010年受调控影响，客户多为刚性需求，购买力较低，城关区域总体房价偏高，刚需客户较少。

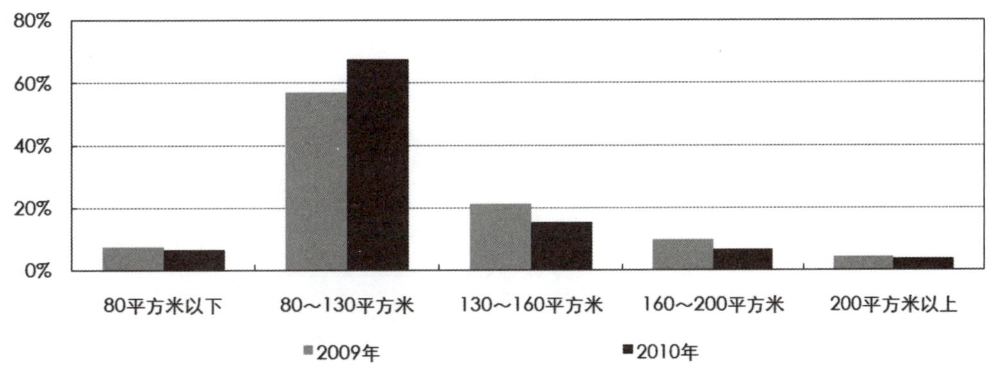

图4-128 2009—2010年兰州商品住宅面积成交结构

数据来源：中国房地产决策咨询系统（CRIC）

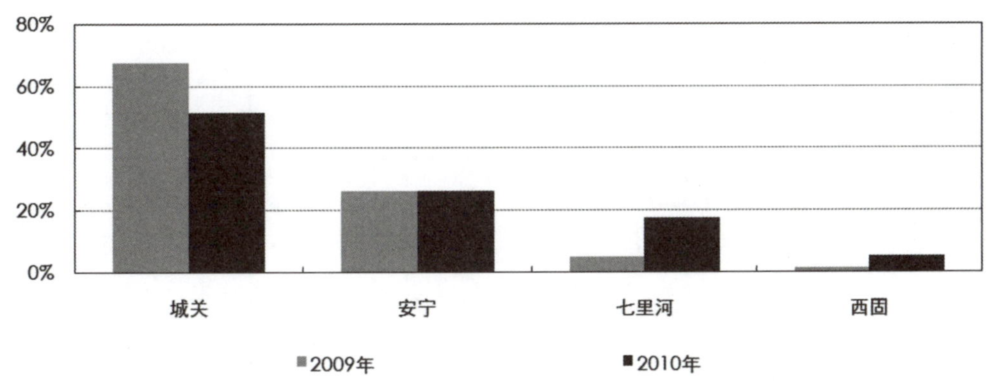

图4-129 2009—2010年兰州商品住宅区域成交结构

数据来源：中国房地产决策咨询系统（CRIC）

（5）项目排行榜：郊区楼盘成交良好，中档项目为成交主力

在楼市调控的压力下，项目成交呈现了以下特点，即郊区楼盘成交良好，中档项目成为成交主力。郊区楼盘和中档项目价格均相对较低，获得刚性需求客户关注。

表4-69 2010年兰州商品住宅项目成交面积排行榜

排行	项目名称	区域	档次	成交面积（万平方米）	成交金额（亿元）	成交均价（元/米^2）	开发商
1	东瓯逸璟	城关	中高档	6.58	4.65	7058	东部永新地产
2	新厦水岸天成	安宁	中档	6.55	3.64	5559	甘肃新厦地产
3	仁恒·美林郡	七里河	中高档	6.26	5.39	8608	兰州仁恒地产
4	天庆莱茵小镇	城关	中高档	6.09	5.13	8423	甘肃天庆地产
5	飞天世纪新城	安宁	中档	4.15	2.40	5776	兰州市市政建设开发有限公司
6	和泰家园	七里河	中低档	4.02	1.76	4378	兰州和泰地产
7	安宁庭院	安宁	中高档	3.35	2.44	7276	兰州正和地产
8	格兰绿都	七里河	中档	3.33	2.16	6469	甘肃普天地产
9	基业豪庭	城关	中档	2.95	1.95	6624	兰州基业地产
10	众邦金水湾	安宁	中档	2.61	1.66	6382	兰州众邦地产

数据来源：中国房地产决策咨询系统（CRIC）

表4-70 2010年兰州商品住宅项目成交金额排行榜

排行	项目名称	区域	档次	成交金额（亿元）	成交面积（万平方米）	成交均价（元/米^2）	开发商
1	仁恒·美林郡	七里河	中高档	5.39	6.26	8608	兰州仁恒地产
2	天庆莱茵小镇	城关	中高档	5.13	6.09	8423	甘肃天庆地产
3	东瓯逸璟	城关	中高档	4.65	6.58	7058	东部永新地产
4	新厦水岸天成	安宁	中档	3.64	6.55	5559	甘肃新厦地产
5	安宁庭院	安宁	中高档	2.44	3.35	7276	兰州正和地产
6	飞天世纪新城	安宁	中档	2.40	4.15	5776	兰州市市政建设开发有限公司
7	格兰绿都	七里河	中档	2.16	3.33	6469	甘肃普天地产
8	基业豪庭	城关	中档	1.95	2.95	6624	兰州基业地产
9	和泰家园	七里河	中低档	1.57	3.64	4308	兰州和泰地产
10	众邦金水湾	安宁	中档	1.66	2.61	6382	兰州众邦地产

数据来源：中国房地产决策咨询系统（CRIC）

16. 青岛房地产市场情况

（1）2010年房地产行业数据表

表4-71 青岛2010年房地产行业数据

类别	指标	2009年	2010年
宏观	GDP（亿元）	4890.33	5666.20
	同比增幅（%）	10.24	12.90
	进出口总额（亿美元）	448.51	561.50
	同比增幅（%）	−16.38	32.00
	固定资产投资（亿元）	2458.90	3022.50
	同比增幅（%）	21.79	22.90
	社会消费品零售总额（亿元）	1744.00	1902.70
	同比增幅（%）	22.14	18.70
行业	房地产开发投资（亿元）	459.48	602.44
	同比增幅（%）	23.10	31.10
	住宅开发投资（亿元）	1329.88	1712.39
	同比增幅（%）	16.30	28.80
	商品房施工面积（万平方米）	4309.94	5058.40
	同比增幅（%）	16.30	17.40
	商品房竣工面积（万平方米）	814.24	1020.51
	同比增幅（%）	23.90	25.30
土地	土地购置面积（万平方米）	301.83	478.81
	同比增幅（%）	−15.60	58.60
	土地购置金额（亿元）	103.36	149.24
	同比增幅（%）	91.60	44.40
	土地开发面积（万平方米）	378.59	396.26
	同比增幅（%）	−17.30	4.70
市场	商品房销售面积（万平方米）	1261.86	1360.69
	同比增幅（%）	64.10	7.80
	商品房销售金额（万平方米）	703.67	895.29
	同比增幅（%）	80.30	27.20

数据来源：国家统计局

表4-72 青岛土地市场与商品住宅市场运行情况

类别	指标	2009年	2010年
土地	土地供应量（万平方米）	672.26	1468.60
	土地成交量（万平方米）	521.75	771.10
	土地成交金额（亿元）	192.11	272.00
市场	商品住宅供应量（万平方米）	428.89	700.00
	商品住宅成交量（万平方米）	648.84	754.00
	商品住宅成交均价（元/米^2）	7177.00	7935.00

数据来源：中国房地产决策咨询系统（CRIC）

（2）综述：整体走势好于预期，中低档项目成交较好

2010年，虽受三轮调控影响，但青岛楼市整体走势好于预期。住宅市场整体供不应求，成交价格也大幅上涨。城阳、胶南、黄岛三区市场成交份额位居各区域前列；中低档项目由于价格较低，成为市场成交的主力。

（3）市场表现：市场供不应求，价格大幅增长

2010年全年青岛市住宅市场整体供不应求，供应量、成交量同比双双上涨。全年供应量693.9万平方米，同比上涨61.2%；成交量754.3万平方米，上涨16.3%；成交价格8209元/米^2，上涨14.4%。这一方面是因为青岛是三级城市，政策传导较慢；另一方面通胀高企，对成交起推波助澜的作用。

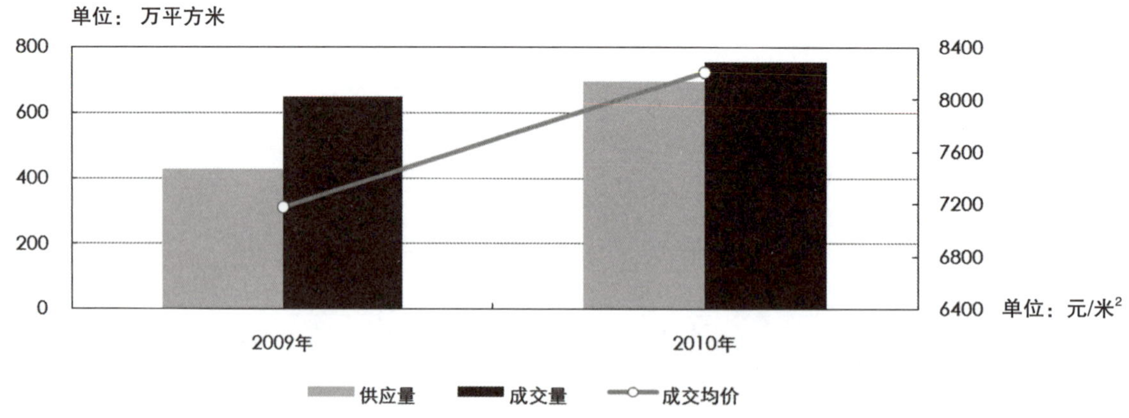

图4-130 2009—2010年青岛商品住宅供求及均价走势

数据来源：中国房地产决策咨询系统（CRIC）

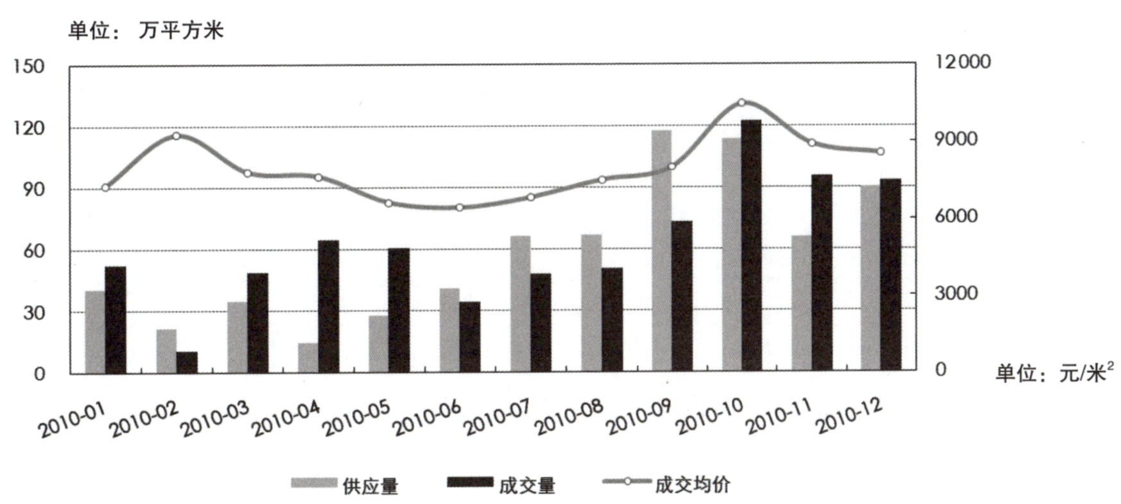

图4-131 2010年1月至12月青岛商品住宅供求及均价走势

数据来源：中国房地产决策咨询系统（CRIC）

（4）成交结构：城阳、胶南、黄岛市场份额列前三

2010年，城阳、胶南、黄岛三区成交总量依然占据各区成交总量的前三。同比看，城阳区所占市场份额有所下滑，胶南和黄岛所占市场份额则有所增加。原因在于，调控之下，刚性客户需求成为市场消费的主力，黄岛和胶南区域以价格优势、升值潜力，受到刚性需求客户的青睐。

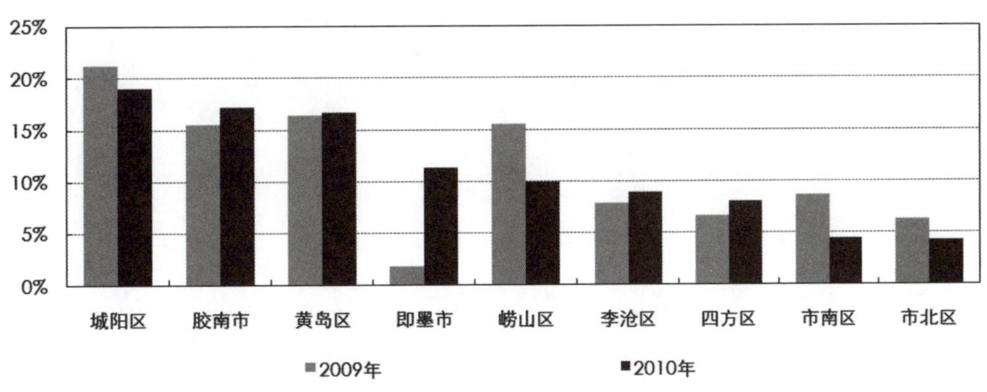

图4-132 2009—2010年青岛商品住宅区域成交结构

数据来源：中国房地产决策咨询系统（CRIC）

（5）项目排行榜：中低档项目成交较好

在楼市调控的压力下，中低档项目成为市场成交的主力，其中胶南、即墨等偏远区域由于供应量较大，选择较多，再加上房价较低，更受客户关注。

表4-73 2010年青岛商品住宅项目成交面积排行榜

排行	项目名称	区域	档次	成交面积（万平方米）	成交金额（亿元）	成交均价（元/米^2）	开发商
1	山海湾	黄岛区	中档	18.99	19.08	10 050	青岛海尔物业
2	幸福之城	李沧区	中低档	15.21	12.76	8392	金茂嘉业地产
3	鲁信含章花园	崂山区	中档	14.60	17.31	11 854	山东鲁信置业
4	中海·熙岸	胶南市	低档	11.51	6.48	5626	中海鼎业地产
5	李沧宝龙城市广场	李沧区	中低档	10.87	9.72	8948	青岛宝龙地产
6	保利·百合花园西区	四方区	中低档	10.75	9.10	8464	青岛西海地产
7	风河美居	胶南市	低档	10.63	3.68	3465	青岛灵山湾开发建设有限公司
8	龙山花园	即墨市	低档	10.40	3.00	2887	青岛硕辉置业
9	卓越·蔚蓝群岛	城阳区	中低档	9.95	6.80	6831	卓越置业集团
10	永合弘丰苑	即墨市	低档	9.77	3.04	3115	青岛诚丰置业

数据来源：中国房地产决策咨询系统（CRIC）

表4-74 2010年青岛商品住宅项目成交金额排行榜

排行	项目名称	区域	档次	成交金额（亿元）	成交面积（万平方米）	成交均价（元/米^2）	开发商
1	山海湾	黄岛区	中档	19.08	18.99	10 050	青岛海尔物业
2	鲁信含章花园	崂山区	中档	17.31	14.60	11 854	山东鲁信置业
3	滟澜海岸	城阳区	中高档	15.13	9.30	16 267	龙湖置业
4	麦岛金岸	崂山区	高档	13.96	3.65	38 237	青岛海信地产
5	鲁商中心	市南区	高档	13.62	5.17	26 361	鲁商置业
6	海上嘉年华	黄岛区	中高档	13.23	8.76	15 097	海上嘉年华
7	幸福之城	李沧区	中低档	12.76	15.21	8392	金茂嘉业地产
8	万科蓝山	市北区	中高档	9.91	6.41	15 446	万科
9	李沧宝龙城市广场	李沧区	中低档	9.72	10.87	8948	青岛宝龙地产
10	万科城	四方区	中低档	9.40	7.47	12 584	万科城地产

数据来源：中国房地产决策咨询系统（CRIC）

17. 沈阳房地产市场情况

（1）2010年房地产行业数据表

表4–75 沈阳2010年房地产行业数据

类别	指标	2009年	2010年
宏观	GDP（亿元）	4352.90	5016.97
	同比增幅（%）	12.75	14.10
	进出口总额（亿美元）	65.70	78.56
	同比增幅（%）	–7.85	19.50
	固定资产投资（亿元）	3676.00	5007.40
	同比增幅（%）	22.18	36.20
	社会消费品零售总额（亿元）	1778.60	2065.87
	同比增幅（%）	18.14	18.50
行业	房地产开发投资（亿元）	1188.70	1450.08
	同比增幅（%）	17.60	22.00
	住宅开发投资（亿元）	2451.10	3655.44
	同比增幅（%）	3.60	49.10
	商品房新开工面积（万平方米）	6847.89	8851.45
	同比增幅（%）	17.10	29.30
	商品房施工面积（万平方米）	1293.55	1393.22
	同比增幅（%）	0.10	7.70
	商品房竣工面积（万平方米）	475.73	1314.00
	同比增幅（%）	–69.30	176.20
土地	土地购置面积（万平方米）	154.92	237.29
	同比增幅（%）	3.30	53.20
	土地购置金额（亿元）	216.86	361.46
	同比增幅（%）	–54.40	66.70
	土地开发面积（万平方米）	1532.93	1746.52
	同比增幅（%）	4.60	13.90
市场	商品房销售面积（万平方米）	684.36	945.05
	同比增幅（%）	13.20	38.10
	商品房销售金额（万平方米）	1188.70	1450.08
	同比增幅（%）	17.60	22.00

数据来源：国家统计局

表4-76 沈阳土地市场与商品住宅市场运行情况

类别	指标	2009年	2010年
土地	土地供应量（万平方米）	3352.55	1455.70
	土地成交量（万平方米）	607.02	1081.00
	土地成交金额（亿元）	171.34	310.00
市场	商品住宅供应量（万平方米）	1055.77	1436.00
	商品住宅成交量（万平方米）	1504.06	1389.00
	商品住宅成交均价（元/米^2）	4780.00	5432.00

数据来源：中国房地产决策咨询系统（CRIC）

（2）市场综述：成交表现稳健，低总价中档项目受欢迎

2010年沈阳市房地产市场表现稳健，整体运行情况良好。全年市场供求基本均衡，商品住宅供应量同比大幅上涨，成交量同比小幅下滑，但仍处高位；成交价格涨速明显，全年涨幅超过12%，尤其是10月份以后，房价表现出普涨快速拉升态势。从成交面积结构来看，小户型成交比重上扬；从区域结构来看，铁西区和于洪区地位稳固。

（3）市场表现：全年供求趋于平衡，成交均价波动上行

2010年商品住宅供应量为1436.33万平方米，同比大幅上升了62.51%；成交量为1388.8万平方米，同比小幅下滑7.52%；商品住宅成交均价为5504元/米^2，同比上涨13.6%。主要原因在于沈城房地产主要的消费，以刚性需求为主，受调控的影响较小。分月度看，各月成交量呈现平稳上升态势，仅在年底小幅下滑；成交价格波动上涨。

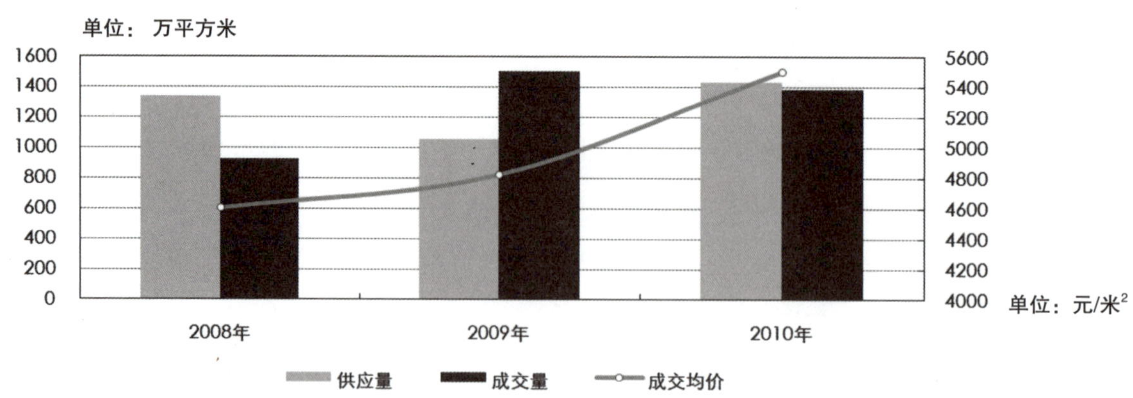

图4-133 2008—2010年沈阳商品住宅供求及均价走势

数据来源：中国房地产决策咨询系统（CRIC）

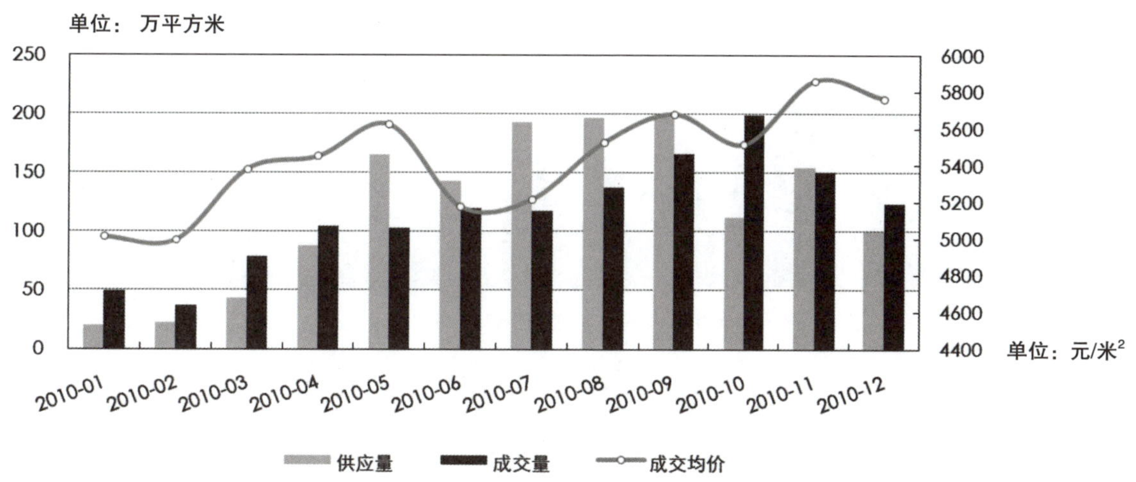

图4-134 2010年1月至12月沈阳商品住宅供求及均价走势

数据来源：中国房地产决策咨询系统（CRIC）

（4）成交结构：小户型成交比重上扬，铁西、于洪地位稳固

全年沈阳市商品住宅成交面积段中，90平方米以下户型占44%，为2010年市场成交的主力面积段；90~120平方米的户型次之，占比29%。从区域成交结构来看，铁西区和于洪区为成交主力区域，成交占比分别为21%和19%，其成交主力地位长期稳固，其次为浑南新区和和平区，成交面积占比分别为14%和11%。

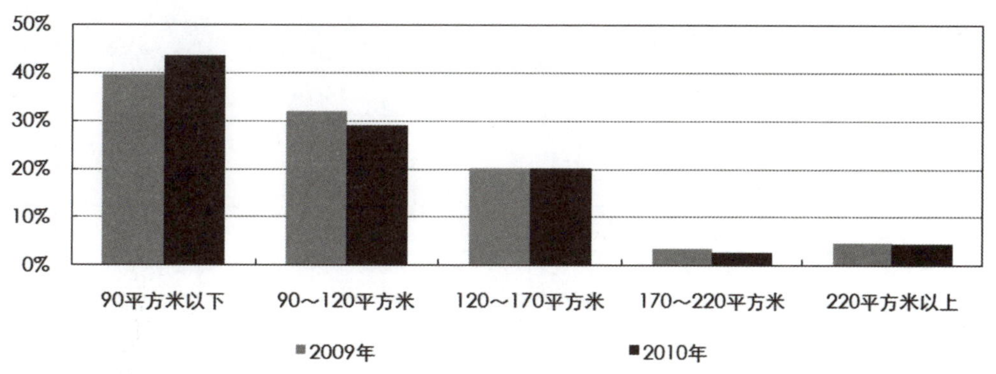

图4-135 2009—2010年沈阳商品住宅面积成交结构

数据来源：中国房地产决策咨询系统（CRIC）

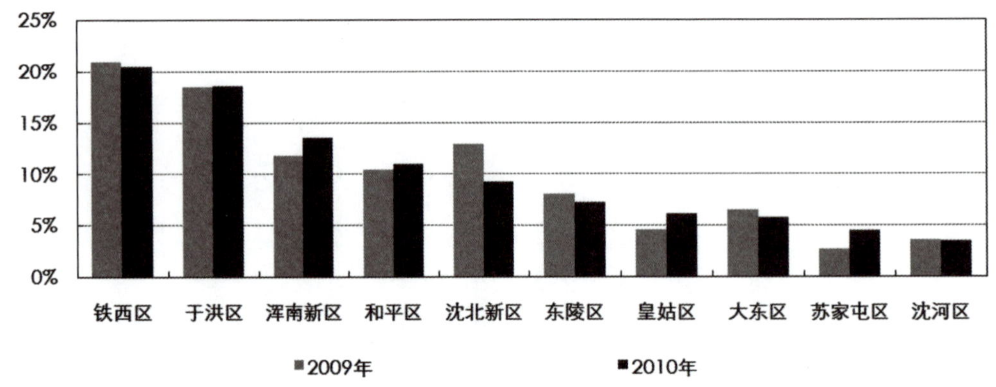

图4-136 2009—2010年沈阳商品住宅区域成交结构

数据来源：中国房地产决策咨询系统（CRIC）

（5）项目排行榜：中海项目连连上榜，低总价中档项目受欢迎

沈阳市场呈现出以下两个特点：第一，中档项目受关注，在国家不断加大调控的情况下，中档项目由于总价较低，受市场刚性需求的普遍欢迎；第二，知名企业开发接连上榜，如保利、中海、恒大、万达等，其中中海有多个项目上榜，成交表现突出。

表4-77 2010年沈阳商品住宅项目成交面积排行榜

排行	项目名称	区域	档次	成交面积（万平方米）	成交金额（亿元）	成交均价（元/米^2）	开发商
1	恒大绿洲	于洪区	中档	24.56	14.74	6000	恒大长基置业
2	中海·寰宇天下	皇姑区	中高档	21.03	15.78	7500	中海地产
3	恒大城	于洪区	中档	18.04	10.76	5966	恒大鑫源置业
4	远洋天地	和平区	中高档	17.90	13.45	7511	辽宁万祥置业
5	保利花园	沈河区	中档	17.80	9.08	5102	保利地产
6	沈阳铁西万达商业广场	铁西区	中档	17.62	10.29	5842	大连万达集团
7	中海城	于洪区	中档	17.55	9.41	5361	中海新海汇置业
8	假日蓝湾	铁西区	中档	16.38	10.14	6190	西城蓝湾地产
9	中海国际社区	和平区	高档	15.95	12.09	7584	中海地产
10	恒大名都	苏家屯区	中档	15.31	8.42	5500	沈阳悦通置业

数据来源：中国房地产决策咨询系统（CRIC）

表4-78 2010年沈阳商品住宅项目成交金额排行榜

排行	项目名称	区域	档次	成交金额（亿元）	成交面积（万平方米）	成交均价（元/米^2）	开发商
1	中海·寰宇天下	皇姑区	中高档	15.78	21.03	7500	中海地产
2	恒大绿洲	于洪区	中档	14.74	24.56	6000	恒大长基置业
3	远洋天地	和平区	中高档	13.45	17.90	7511	辽宁万祥置业
4	中海国际社区	和平区	高档	12.09	15.95	7584	中海地产
5	恒大城	于洪区	中档	10.76	18.04	5966	恒大鑫源置业
6	新世界花园二期	和平区	中高档	10.32	14.25	7239	新世界地产
7	沈阳铁西万达商业广场	铁西区	中档	10.29	17.62	5842	大连万达集团
8	万科城	和平区	中高档	10.16	13.00	7818	万科地产
9	假日蓝湾	铁西区	中档	10.14	16.38	6190	西城蓝湾房地产
10	万科金域蓝湾	浑南新区	高档	9.60	11.71	8203	万科地产

数据来源：中国房地产决策咨询系统（CRIC）

18. 海口房地产市场情况

（1）2010年房地产行业数据表

表4-79 海口2010年房地产行业数据

类别	指标	2009年	2010年
宏观	GDP（亿元）	495.33	590.55
	同比增幅（%）	11.10	17.50
	进出口总额（亿美元）	38.10	39.45
	同比增幅（%）	5.60	3.60
	固定资产投资（亿元）	277.03	352.60
	同比增幅（%）	25.10	27.30
	社会消费品零售总额（亿元）	277.20	326.94
	同比增幅（%）	18.08	21.20

（续表）

类别	指标	2009年	2010年
行业	房地产开发投资（亿元）	78.00	103.79
	同比增幅（%）	9.50	32.30
	商品房新开工面积（万平方米）	206.02	240.68
	同比增幅（%）	5.00	16.80
	商品房施工面积（万平方米）	673.25	874.24
	同比增幅（%）	3.60	29.90
	商品房竣工面积（万平方米）	117.42	111.40
	同比增幅（%）	15.60	-5.40
土地	土地购置面积（万平方米）	72.75	53.91
	同比增幅（%）	-57.80	-25.90
	土地购置金额（亿元）	4.71	4.89
	同比增幅（%）	-16.60	3.80
	土地开发面积（万平方米）	59.81	2.61
	同比增幅（%）	89.10	-95.60
市场	商品房销售面积（万平方米）	190.68	209.76
	同比增幅（%）	12.90	10.00
	商品房销售金额（亿元）	102.35	168.12
	同比增幅（%）	32.40	64.30

数据来源：国家统计局

表4-80 海口土地市场与商品住宅市场运行情况

类别	指标	2009年	2010年
土地	土地供应量（万平方米）	204.92	—
	土地成交量（万平方米）	201.88	50.32
	土地成交金额（亿元）	43.31	10.39
市场	商品住宅供应量（万平方米）	210.73	212.78
	商品住宅成交量（万平方米）	231.28	220.52
	商品住宅成交均价（元/米^2）	4968.00	7887.00

数据来源：中国房地产决策咨询系统（CRIC）

（2）综述：供应年末放量，成交均价稳步高升，中高端项目引领市场

从2010年全年楼市来看，海口房地产市场波动剧烈，成交量跌价涨。从月度来看，受国际旅游岛获批的利好政策、三轮楼市调控政策出台的利空影响，成交量出现先扬后抑的态势。由于市场供不应求的矛盾短期内依然

末有明显改变，房价依然维持稳步上扬的走势。从项目来看，在楼市调控的高压下，中高档项目销售情况相对较好；区域分布来看，秀英区成交较集中。

（3）市场表现：全年成交均价稳步上升；供应年末放量，整体持稳

总体来看，2010年海口市房地产市场主要经历了三个阶段：政策利好期、震荡调整期、市场稳定期。1~4月份政策利好期，受国际旅游岛利好政策影响因素较大，表现在市场交易量的猛增和市场价格的快速拉升；5~9月为震荡调整期，4月调控政策的出台使得成交出现了显著下降，购房者开始变得理性，市场观望气氛浓厚，市场开始了为期近半年的调整，表现在成交量持续走低和市场价格的高位震荡调整；10月后为市场稳定期，部分岛外度假客户回返，成交量回升，价格稳步上扬。

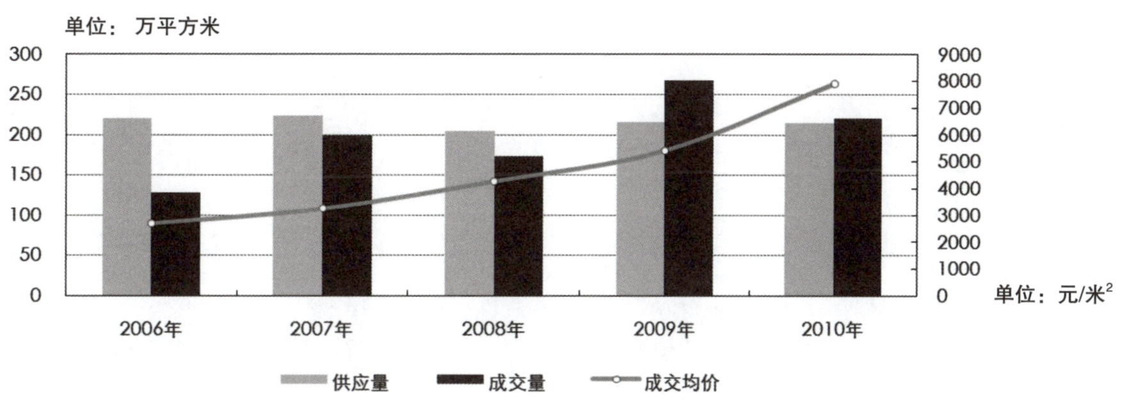

图4-137 2006—2010年海口商品住宅供求及均价走势

数据来源：中国房地产决策咨询系统（CRIC）

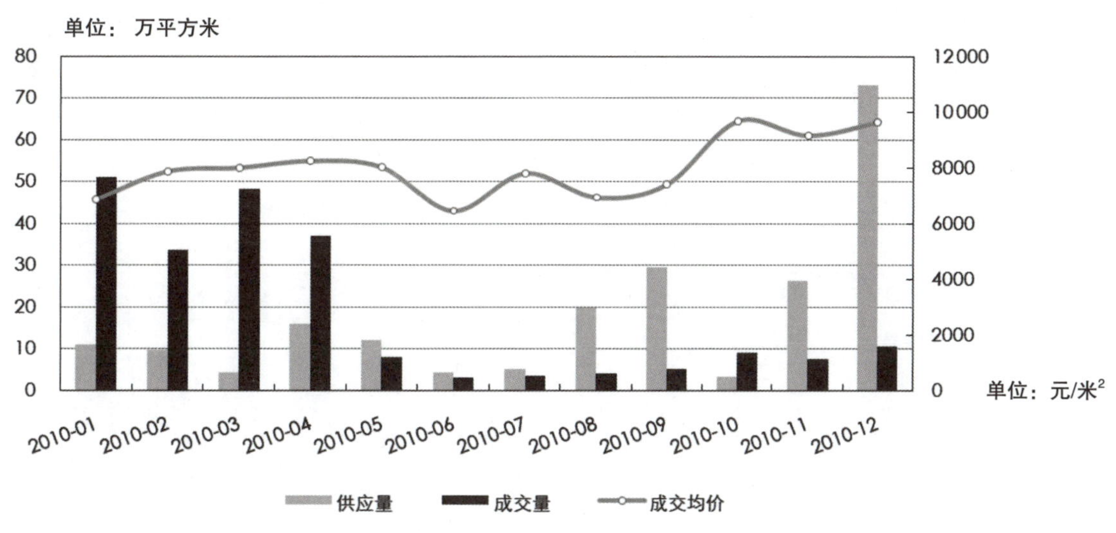

图4-138 2010年1月至12月海口商品住宅供求及均价走势

数据来源：中国房地产决策咨询系统（CRIC）

（4）项目排行榜：中高档项目成市场主力，秀英区成交向好

在楼市调控的压力下，项目成交呈现了以下三个特点：一是中高档项目成为市场主力；二是本地开发商项目受消费者热捧；三是受供应及区位的影响，秀英区及美兰区成为2010年海口房地产成交热点区域。

表4-81 2010年海口商品住宅项目成交面积排行榜

排行	项目名称	区域	档次	成交面积（万平方米）	成交金额（亿元）	成交均价（元/米^2）	开发商
1	荣域	美兰	中高档	6.38	6.38	10 001	海南建桥置业
2	滨江帝景	琼山	中档	6.25	4.10	6568	海南六合农产品批发市场有限公司
3	阳光西海岸	秀英	中档	5.80	4.12	7110	海口富力
4	兆南·和园	秀英	中档	5.53	4.23	7639	海南兆南
5	夏威夷海岸	秀英	中高档	5.11	6.70	13 120	海南鑫基
6	兆南丽湾	美兰	中高档	4.64	3.83	8242	海南兆南
7	外滩中心	龙华	中高档	4.62	5.88	12 740	海口世纪海港城置业
8	鲁能·海蓝椰风	美兰	中高档	4.44	4.32	9720	海南英大
9	宝安·滨海豪庭	龙华	中高档	4.37	4.14	9456	海南合峰
10	文博府	秀英	中档	4.31	2.29	5312	海南达凯

数据来源：中国房地产决策咨询系统（CRIC）

表4-82 2010年海口住宅项目成交金额排行榜

排行	项目名称	区域	档次	成交金额（亿元）	成交面积（万平方米）	成交均价（元/米^2）	开发商
1	夏威夷海岸	秀英	中高档	6.70	5.11	13 120	海南鑫基
2	荣域	美兰	中高档	6.38	6.38	10 001	海南建桥置业
3	外滩中心	龙华	中高档	5.88	4.62	12 740	海口世纪海港城
4	宝安·江南城	美兰	中高档	4.67	3.88	12 050	中国宝安集团
5	鲁能·海蓝椰风	美兰	中高档	4.32	4.44	9720	海南英大
6	兆南·和园	秀英	中档	4.23	5.53	7639	海南兆南
7	宝安·滨海豪庭	龙华	中高档	4.14	4.37	9456	海南合峰
8	阳光西海岸	秀英	中高档	4.12	5.80	7110	海口富力
9	滨江帝景	琼山	中档	4.10	6.25	6568	海南六合农产品批发市场有限公司
10	兆南丽湾	美兰	中高档	3.83	4.64	8242	海南兆南

数据来源：中国房地产决策咨询系统（CRIC）

19. 厦门房地产市场情况

（1）2010年房地产行业数据表

表4-83 厦门2010年房地产行业数据

类别	指标	2009年	2010年
宏观	GDP（亿元）	1623.21	2053.74
	同比增幅（%）	8.00	15.10
	进出口总额（亿美元）	352.00	570.36
	同比增幅（%）	-7.00	31.70
	固定资产投资（亿元）	676.84	1009.98
	同比增幅（%）	-9.40	14.50
	社会消费品零售总额（亿元）	438.27	696.55
	同比增幅（%）	14.10	21.00
行业	房地产开发投资（亿元）	267.42	396.13
	同比增幅（%）	-17.50	48.10
	商品房新开工面积（万平方米）	249.27	722.45
	同比增幅（%）	-40.90	189.80
	商品房施工面积（万平方米）	3094.96	3088.53
	同比增幅（%）	-8.10	-0.20
	商品房竣工面积（万平方米）	711.08	680.41
	同比增幅（%）	15.00	-4.30
土地	土地购置面积（万平方米）	210.45	309.92
	同比增幅（%）	33.70	47.30
	土地购置金额（亿元）	132.56	250.34
	同比增幅（%）	1.70	88.90
	土地开发面积（万平方米）	—	—
	同比增幅（%）	—	—
市场	商品房销售面积（万平方米）	529.29	426.77
	同比增幅（%）	29.70	-19.40
	商品房销售金额（亿元）	420.82	379.12
	同比增幅（%）	76.20	-9.90

数据来源：国家统计局

表4-84 厦门土地市场与商品住宅市场运行情况

类别	指标	2009年	2010年
土地	土地供应量（万平方米）	326.60	444.85
	土地成交量（万平方米）	334.24	434.11
	土地成交金额（亿元）	298.55	146.9
市场	商品住宅供应量（万平方米）	145.50	227.00
	商品住宅成交量（万平方米）	408.83	231.00
	商品住宅成交均价（元/米^2）	9067.00	11 492.00

数据来源：中国房地产决策咨询系统（CRIC）

（2）综述：整体供求基本持平，中小户型为成交主力

2010年厦门的房地产市场量跌价涨，整体运行平稳。供求基本持平，楼市成交量虽同比下滑明显，但成交价格在震荡中上行，再创新高。从成交结构来看，受刚性需求推动，中小户型成交比重明显加大；从具体项目来看，湖里区中高端项目集中热销，万科金域华府表现尤其突出。

（3）市场表现：供求基本持平，成交均价在震荡中上行

2010年厦门商品住宅供应量228.5万平方米，同比增24.0%；成交量231.1万平方米，同比下滑43.5%；全年均价11 672元/米^2，同比上涨31.4%。分阶段看，一季度受传统淡季影响较大，供应不足，市场表现冷淡；4月份起，随着宏观调控政策的实施，开发商暂缓推盘计划，二季度供应、成交双双呈现调整和回落，7月份达到低谷；随后，传统销售旺季来临，9月份开发商集中供应，刚性需求积极入市，成交量攀升。

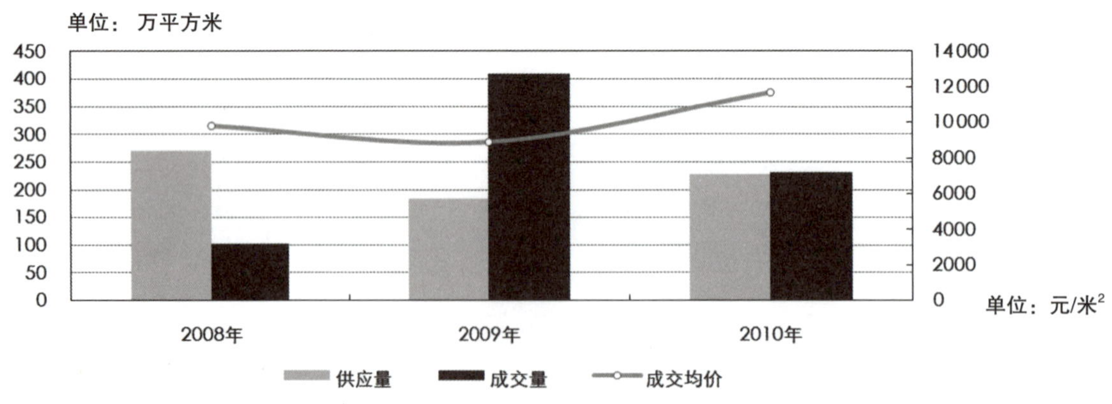

图4-139 2008—2010年厦门商品住宅供求及均价走势

数据来源：中国房地产决策咨询系统（CRIC）

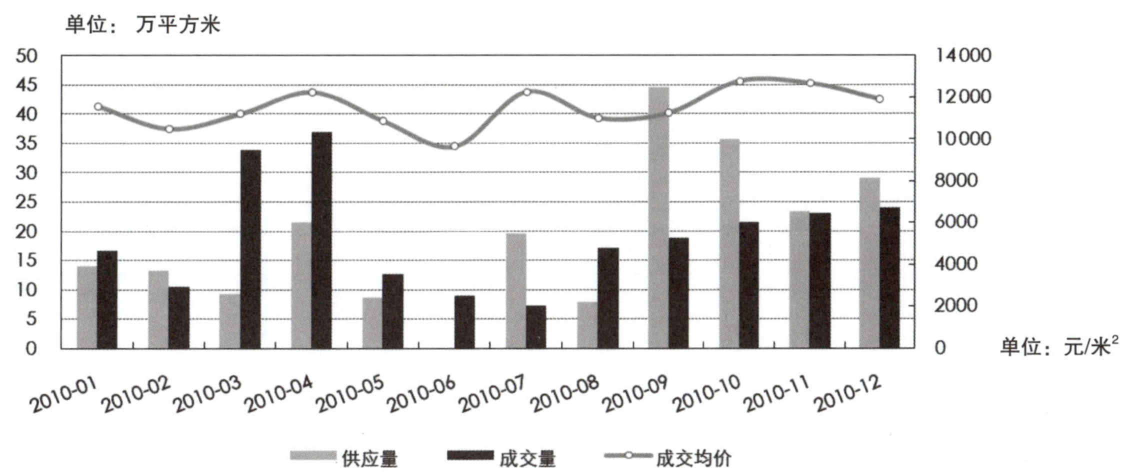

图4-140 2010年1月至12月厦门商品住宅供求及均价走势

数据来源：中国房地产决策咨询系统（CRIC）

（4）成交结构：中小户型成交比重明显加大

2010年厦门楼市中小户型成交比重明显加大，其中90平方米以下及90~120平方米的中小户型产品成交比重分别上涨了9%和6%，主要是由于在楼市调控政策的打压下，不少投资客退出市场，刚性需求较为旺盛。

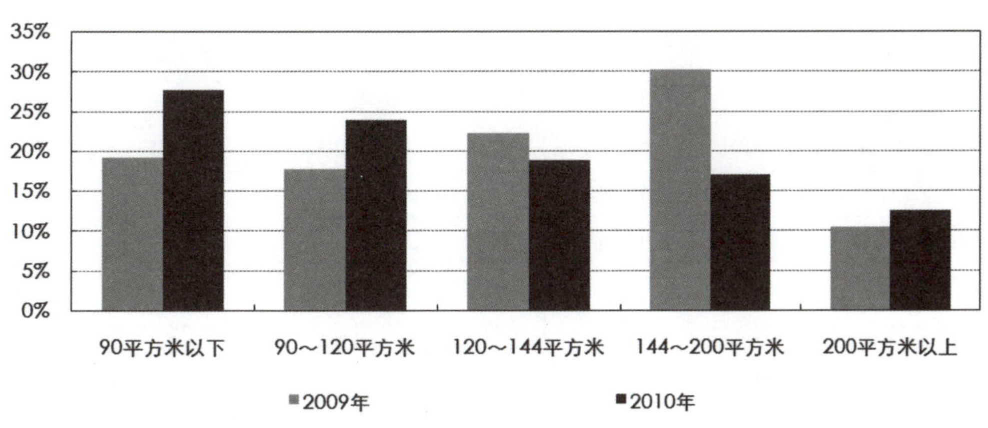

图4-141 2009—2010年厦门商品住宅面积成交结构

数据来源：中国房地产决策咨询系统（CRIC）

（5）项目排行榜：湖里区中高端项目集中热销

从项目排行榜来看，表现在两个方面：其一，热销项目集中于湖里区的中高端项目，万科金域华府以10.42万平方米的成绩位列成交面积排行榜之冠；其二，知名品牌开发商旗下项目为消费者热捧对象。

表4-85 2010年厦门商品住宅项目成交面积排行榜

排行	项目名称	区域	档次	成交面积（万平方米）	成交金额（亿元）	成交均价（元/米^2）	开发商
1	万科金域华府	集美区	中高档	10.42	11.42	10 954	万科
2	未来海岸系天湖	海沧区	中高档	10.15	9.31	9166	厦门海投
3	万科金色悦城	翔安区	中档	9.47	7.54	7964	万科
4	禹洲城上城	湖里区	中高档	9.28	14.96	16 116	厦门禹洲
5	中央美地（南山美苑）	湖里区	中高档	8.89	12.82	14 420	建发房地产
6	特房美地雅登	翔安区	中档	8.64	5.68	6572	厦门经济特区房地产
7	联发五缘湾1号	湖里区	中高档	8.35	14.03	16 810	厦门联发集团
8	禹洲大学城	同安区	中档	7.98	5.39	6750	厦门禹洲
9	国际邮轮城	湖里区	中高档	7.84	12.96	16 531	厦门港务控股
10	绿苑新城	海沧区	中档	7.68	6.18	8042	厦门海投

数据来源：中国房地产决策咨询系统（CRIC）

表4-86 2010年厦门商品住宅项目成交金额排行榜

排行	项目名称	区域	档次	成交金额（亿元）	成交面积（万平方米）	成交均价（元/米^2）	开发商
1	禹洲城上城	湖里区	中高档	14.96	9.28	16 116	厦门禹洲
2	联发五缘湾1号	湖里区	中高档	14.03	8.35	16 810	厦门联发集团
3	国际邮轮城	湖里区	中高档	12.96	7.84	16 531	厦门港务控股
4	中央美地（南山美苑）	湖里区	中高档	12.82	8.89	14 420	建发房地产
5	万科金域华府	集美区	中高档	11.42	10.42	10 954	万科
6	未来海岸系天湖	海沧区	中高档	9.31	10.15	9166	厦门海投
7	海峡国际社区	思明区	高档	8.35	4.35	19 190	厦门滕王阁房地产
8	源昌鑫海湾	湖里区	高档	8.17	3.54	23 103	厦门源昌
9	云顶至尊（世界山庄）	思明区	高档	8.08	3.30	24 510	厦门福康经济发展有限公司
10	万科金色悦城	翔安区	中档	7.54	9.47	7964	万科

数据来源：中国房地产决策咨询系统（CRIC）

20. 长沙房地产市场情况

（1）2010年房地产行业数据表

表4-87 长沙2010年房地产行业数据

类别	指标	2009年	2010年
宏观	GDP（亿元）	3744.76	4547.06
	同比增幅（%）	24.78	15.50
	进出口总额（亿美元）	41.18	60.89
	同比增幅（%）	-20.32	47.90
	固定资产投资（亿元）	2441.78	3192.57
	同比增幅（%）	30.34	30.70
	社会消费品零售总额（亿元）	1524.90	1812.08
	同比增幅（%）	19.71	20.00
行业	房地产开发投资（亿元）	497.36	683.98
	同比增幅（%）	5.90	37.50
	商品房新开工面积（万平方米）	1781.30	2302.41
	同比增幅（%）	9.10	28.80
	商品房施工面积（万平方米）	6172.75	6687.29
	同比增幅（%）	46.30	8.40
	商品房竣工面积（万平方米）	1314.71	1392.55
	同比增幅（%）	76.40	5.90
土地	土地购置面积（万平方米）	392.60	288.48
	同比增幅（%）	-59.30	-26.50
	土地购置金额（亿元）	60.53	102.35
	同比增幅（%）	-23.40	69.10
	土地开发面积（万平方米）	640.19	216.78
	同比增幅（%）	10.00	-66.10
市场	商品房销售面积（万平方米）	1407.30	1680.21
	同比增幅（%）	71.10	19.50
	商品房销售金额（亿元）	513.58	742.33
	同比增幅（%）	87.90	44.70

数据来源：国家统计局

表4-88 长沙土地市场与商品住宅市场运行情况

类别	指标	2009年	2010年
土地	土地供应量（万平方米）	174.80	—
	土地成交量（万平方米）	150.55	—
	土地成交金额（亿元）	39.82	—
市场	商品住宅供应量（万平方米）	738.05	948.12
	商品住宅成交量（万平方米）	1311.10	1027.51
	商品住宅成交均价（元/米^2）	4105.33	5477.92

数据来源：中国房地产决策咨询系统（CRIC）

（2）综述：刚性需求依旧旺盛，成交价格快速攀升

2010年市场整体运行状况良好，新增供应量大幅增长，成交量也继续保持高位。房价方面，由于长沙市场价格基数较低、需求层活跃以及本年内精装项目占比增大等因素影响，成交均价稳步上涨；项目成交结构方面，中档以上项目呈现热销局面，保利、恒大等品牌开发商产品受市场关注程度较高。

（3）市场表现：2010年成交量下滑但仍处高位；成交均价大幅上涨，整体形势向好

2010年全市新增供应948.12万平方米，同比上升27.34%，创年度供应历史新高。上半年受调控政策出台影响，部分开发商延迟新推计划；而随着9月市场回暖，市场出现集中大量面市现象，年末最后四个月供应占到了全年的55.61%。全年成交量1027.50万平方米，同比下跌21.9%，但仍处历史高位，市场的刚性需求依旧旺盛。

房价方面，受市场价格基数相对较低、需求旺盛以及精装项目占比增大等因素的影响，全年均价同比大幅上涨32.7%，达到5477元/米^2。全年呈平稳上涨之势。

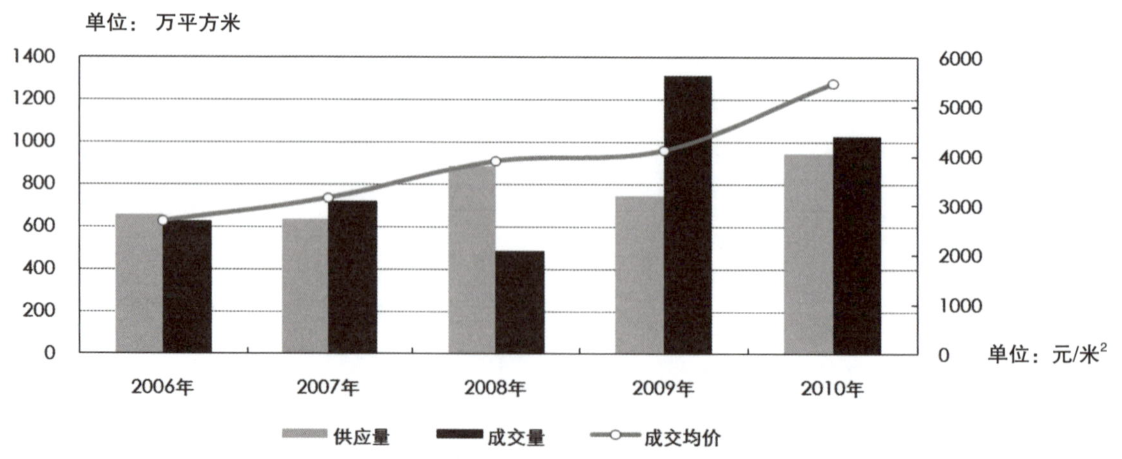

图4-142 2006—2010年长沙商品住宅供求及均价走势

数据来源：中国房地产决策咨询系统（CRIC）

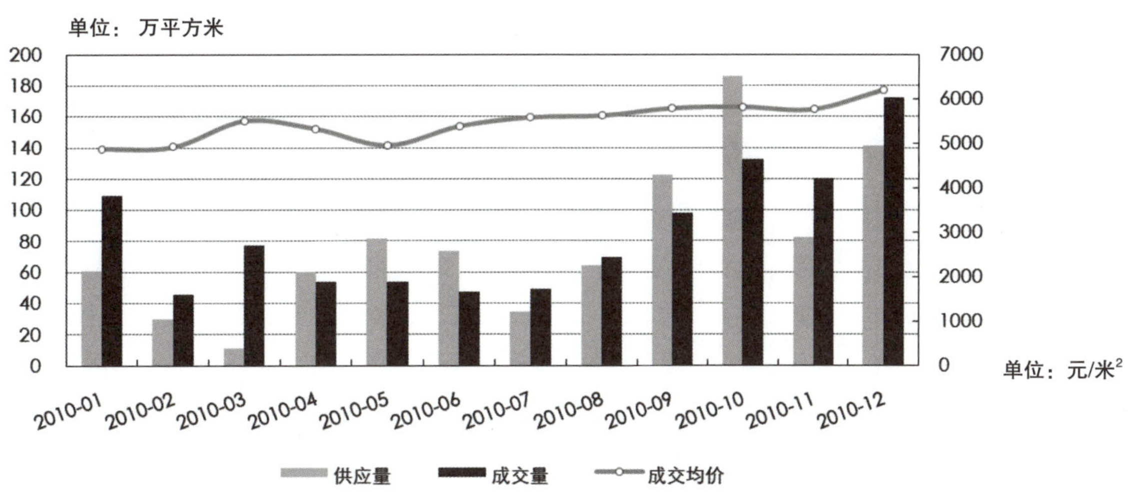

图4-143 2010年1月至12月长沙商品住宅供求及均价走势

数据来源：中国房地产决策咨询系统（CRIC）

（4）项目排行榜：中高档项目热销，保利、恒大表现不俗

在2010年楼市政策调控的压力下，长沙市项目成交呈现出中档以上项目热销的特点，其主要原因：一是客户对品牌开发商产品的认同感较强。如保利、恒大等知名企业开发的项目一经开盘使吸引了大量购房者；二是中高档项目投资需求旺盛。通胀的压力，加上中高档项目购房客户对信贷的依赖度不高，受政策影响小，使得中高档项目保值增值需求受青睐。

表4-89 2010年长沙商品住宅项目成交面积排行榜

排行	项目名称	区域	档次	成交面积（万平方米）	成交金额（亿元）	成交均价（元/米²）	开发商
1	保利·麓谷林语	岳麓区	中高档	29.25	14.11	4826	湖南保利
2	恒大绿洲	雨花区	中高档	23.76	14.76	6215	长沙天玺置业
3	湘江世纪城	开福区	中高档	21.63	11.87	5491	湖南湘水雅境
4	长沙恒大城	雨花区	中高档	20.24	11.27	5568	恒大地产
5	保利花园	天心区	中档	15.58	8.71	5589	湖南保利
6	恒大雅苑	开福区	中档	14.57	9.33	6404	长沙宝瑞
7	融科东南海	雨花区	中高档	14.27	8.40	5888	长沙融科智地
8	宜居花园（莱茵城）	岳麓区	中档	11.82	5.74	4855	湖南省天元
9	钰龙天下	岳麓区	中档	11.20	5.86	5235	湖南恒东
10	长大彩虹都	天心区	中档	10.71	5.22	4876	湖南长大投资

数据来源：中国房地产决策咨询系统（CRIC）

表4-90 2010年长沙商品住宅项目成交金额排行榜

排行	项目名称	区域	档次	成交金额（亿元）	成交面积（万平方米）	成交均价（元/米^2）	开发商
1	恒大绿洲	雨花区	中高档	14.76	23.76	6215	长沙天玺置业
2	保利·麓谷林语	岳麓区	中高档	14.11	29.25	4826	湖南保利
3	湘江世纪城	开福区	中高档	11.87	21.63	5491	湖南湘水雅境
4	长沙恒大城	雨花区	中高档档	11.27	20.24	5568	恒大地产
5	恒大雅苑	开福区	中档	9.33	14.57	6404	长沙宝瑞
6	保利花园	天心区	中档	8.71	15.58	5589	湖南保利
7	融科东南海	雨花区	中高档	8.40	14.27	5888	长沙融科智地
8	北辰新河三角洲	开福区	中高档	7.01	9.14	7670	长沙北辰
9	万科金域华府	雨花区	中档	6.27	9.18	6831	长沙万科
10	钰龙天下	岳麓区	中档	5.86	11.20	5235	湖南恒东

数据来源：中国房地产决策咨询系统（CRIC）

2010
中国房地产年鉴

05
CHAPTER
保障住房

导读
INTRODUCTION

2010年是我国保障性安居工程取得实质性推进的一年。当年全国共开工建设保障性住房和棚户区改造房590万套，基本建成370万套，保障性住房形成了由廉租房、公共租赁住房、经济适用房和限价房等种类构成的保障性住房体系；在建设资金来源渠道上，确立了财政支出、土地出让金净收益一部分、商业银行贷款、住房公积金管理增值部分、单位企业自有或自筹资金、个人购买或租赁等多种来源方式；中央经济工作会议上还首次提出了建立我国商品住房和保障性住房“双体系”的发展思路。

本篇内容分成了三个部分，分别介绍全国保障性安居工程建设情况、供地计划及完成情况和部分重点省市的保障房推进情况，从而让读者能从整体和局部上了解我国保障性住房的发展进程和执行状况。

一、2010年我国保障性安居工程建设情况

1. 我国保障性住房制度的沿革

我国的保障性住房制度是伴随着住房制度改革的推进、完善而逐步产生与完善的。

1994年，《国务院关于深化城镇住房制度改革的决定》提出要建立以中低收入家庭为对象、具有社会保障性质的经济适用住房供应体系。同年12月，建设部等三部门联合发布的《城镇经济适用住房建设管理办法》，将经济适用住房定义为“以中低收入家庭住房困难户为供应对象，并按国家住宅建设标准建设的普通住宅。”经济适用住房制度正式诞生。

1998年，《国务院关于进一步深化城镇住房制度改革加快住房建设的通知》提出停止住房实物分配，推进住房市场化和社会化，建立和完善以经济适用住房为主的多层次城镇住房供应体系，逐步形成高收入者购买或者租赁普通商品住房、中低收入者购买经济适用住房、最低收入者租用政府或单位提供的廉租住房的住房供应和消费格局。廉租住房制度正式诞生。1999年，建设部印发《城镇廉租住房管理办法》，对廉租住房的供给、定价、建设标准、审批等管理进行了规定，正式明确了建立我国城镇廉租住房供应体系的政策框架。2003年，《国务院关于促进房地产市场持续健康发展的通知》明确经济适用住房是具有保障性质的政策性商品住房。同年12月，建设部等四部门共同印发了《城镇最低收入家庭廉租住房管理办法》，对廉租住房的保障方式、资金来源、准入退出等作出规定。

2006年，国务院办公厅转发建设部等部门《关于调整住房供应结构稳定住房价格的意见》，将经济适用住房的供应对象调整为低收入家庭。

2007年，国务院颁布《关于解决城市低收入家庭住房困难的若干意见》，要求改进和规范经济适用住房制度，明确经济适用住房供应对象为城市低收入住房困难家庭，并与廉租住房保障对象衔接。经国务院同意，建设部等七部门印发《经济适用住房管理办法》,明确经济适用住房制度是解决城市低收入家庭住房困难政策体系的组成部分。同年，建设部等九部门印发《廉租住房保障办法》，进一步完善了廉租住房政策。

2008年，《国务院办公厅关于促进房地产市场健康发展的若干意见》提出要通过加大廉租住房建设力度和实施城市棚户区改造等方式，解决城市低收入住房困难家庭的住房问题，加快实施国有林区、垦区、中西部地区、中央下放地方煤矿的棚户区和采煤沉陷区民房搬迁维修改造工程，解决棚户区住房困难家庭的住房问题，加强经济适用住房建设，增加经济适用住房供给。

2009年12月，经国务院同意，建设部等五部门印发《关于推进城市和国有工矿棚户区改造工作的指导意见》，对推进棚户区改造工作作了具体规定。

2010年6月，经国务院同意，建设部等七部门印发《关于加快发展公共租赁住房的指导意见》，对发展公共租赁住房的具体政策作了规定。

2011年3月14日，第十一届全国人大第四次会议通过的“十二五”规划，正式明确“对城镇低收入住房困难家庭，实行廉租住房制度。对中等偏下收入住房困难家庭，实行公共租赁住房保障”。

2. 城镇保障性安居工程分类政策

目前，我国城镇保障性安居工程包括廉租住房、经济适用住房、棚户区改造安置住房、公共租赁住房、限价商品住房等主要类型，其主要建设政策分别为：

廉租住房 由财政投资，实行土地划拨和税费减免，以低租金出租，供应对象为城镇低收入住房困难家庭；实行货币补贴和实物配租相结合，以实物配租为主的保障方式。廉租住房建设标准为单套建筑面积50平方米以内，保证基本居住功能。以在商品房中配建为主，集中建设为辅的方式建设。

经济适用住房 主要由政府组织、投资建设，实行土地划拨、税费减免、信贷支持，按照保本微利原则出售给住房困难的城镇低收入家庭，房价过高、上涨过快的城市可适当放宽供应对象。单套建筑面积为60平方米左右。购房人拥有有限产权，购房满5年可转让，但应按照规定补缴土地收益等价款，政府可以优先回购。此外，一些企业按照规定组织的集资建房也纳入经济适用住房管理。

棚户区改造安置住房 主要是城市棚户区和国有工矿、林区、垦区棚户区改造的安置住房。按照政府主导、市场运作、群众参与的原则进行改造和建设。供应对象是居住在棚户区中的家庭。其中大多为低收入住房困难家庭、对棚改安置住房中按廉租住房和经济适用住房建设和分配的，实行土地划拨。国家也对棚改安置房在资金、土地、税费等方面给予一定的政策支持。

公共租赁住房 用于解决城镇中等偏下收入家庭、新就业职工和外来务工人员等“夹心层”群体的阶段性住房问题。目前主要由政府组织建设，同时积极引导社会力量参与，鼓励外来务工人员集中的开发区和工业园区建设公共租赁住房。公共租赁住房建设标准单套建筑面积控制在60平方米以下。原则上只租不售，也有地方规定租住一定年限后可以购买。中央决定将公共租赁住房建设作为未来保障性住房建设的重点，给予资金、土地、税费等政策优惠，并积极探索推进公共租赁住房发展的一系列政策措施。

限价商品住房 主要是一些房价过高、上涨过快的城市为解决住房困难的中等收入家庭而提供的一种普通商品住房。其特点是在土地出让条件中，预先限定住房价格、销售对象、套型面积，由开发企业公开竞争取得土地。目前国家尚未出台关于限价商品住房具体建设政策的统一规定。

3. 2008年以来保障性安居工程建设的基本情况和2010年采取的主要措施

近年来，党中央、国务院把保障性安居工程建设作为调结构、促发展、惠民生的重要工作。2008年第四季度，中央把加快建设保障性安居工程作为应对国际金融危机十项措施之一。2009年以来，国务院先后六次召开会议，研究部署保障性安居工程工作。各地区、各部门认真贯彻落实中央的决策部署，逐步完善政策，加大资金投入，健全体制机制，取得了显著成效。

住房保障政策框架初步形成 初步形成了以廉租住房、经济适用住房、公共租赁住房为主要内容的住房保障制度，逐步明确了资金、土地、税收、金融等相关政策。

工作机制初步形成 建立了规划计划制度；实行了目标责任制和任务分解机制；成立了保障性安居工程协调小组，建立了协调机制；完善了准入退出、配售配租、使用管理等制度。

城镇低收入家庭住房困难明显缓解 2010年国务院确定建设保障性住房和各类棚户区改造住房580万套，全年开工建设590万套，基本建成370万套，超额完成了年度开工建设目标任务。到2010年末，全国以实物保障性住房方式解决了2178万户中低收入家庭的住房困难，发放租赁补贴418万户，住房保障户数占城镇常住入口户数比例的11.7%，为实现住有所居目标奠定了坚实基础。

4. 2010年推进保障性安居工程采取的主要措施

完善政策措施 住房和城乡建设部等有关部门，按照国务院的总体要求，完善政策措施，实施分类指导。制定了《关于加快发展公共租赁住房的指导意见》，出台了《关于保障性安居工程资金使用管理有关问题的通知》《中央补助廉租住房保障专项资金管理办法》，下达保障性安居工程中央补助资金802亿元，提高了中西部财政困难地区新建廉租住房投资补助标准；印发了《关于加强房地产用地供应和监管有关问题的通知》，确保保障性住房、棚户改造和自住性中小套型商品房建房用地，确保上述用地不低于住房建设用地供应总量的70%。

推行目标责任制 2010年5月，全国保障性安居工程协调小组与各省级人民政府签订了《2010年住房保障工作目标责任书》，将工作任务及时分解落实到各省（区、市），实施目标责任制管理。

推进管理创新 国务院相关部门出台了加强经济适用住房、廉租住房等管理的有关制度措施，推进保障性住房建管并重。重点抓好准入审核管理、使用过程管理、建立健全监督机制，努刀提高保障性住房管理水平；严格资金管理，强化建设项目监督，加强分配使用管理监督；开展住房保障规范化管理检查工作，通报各地进展情况，推广交流经验。

加强监督检查 国家发改委、财政部、国土资源部、住房和城乡建设部等10个部门，先后两轮对30个省（区、市）保障性安居工程建设情况进行了全面督查。按照中央扩内需促增长检查工作领导小组的部署，有关部门组成中央保障性住房专业检查组，对海南、重庆、内蒙古的保障性安居工程建设情况进行了检查；配合全国八大调研组、全国政协考察组开展了相关检查调研工作，将保障性安居工程作为检查重点，督促各地落实资金、土地、税费政策，加快建设进度，强化工程质量监管。

二、全国保障性住房供地计划及完成情况

1. 2010年度供地计划

表5-1 2010年各省、自治区、直辖市保障住房供地计划汇总

行政辖区	住房建设用地供应总量（公顷）	保障性住房用地（公顷）		棚改房用地（公顷）	中小套型商品房用地（公顷）	三类用地占总量比例（%）
		廉租房	经济适用房			
合计	184 748.85	7051.29	17 402.30	36 605.56	80 430.99	76.60
北京	2500.00	10.00	200.00	820.00	720.00	70.00
天津	1740.00	0.00	228.00	0.00	1059.00	74.00
河北	10 825.91	292.32	427.37	3068.34	4104.87	72.90
山西	4730.02	357.34	674.63	1355.04	1274.23	77.40
内蒙古	10 488.93	347.15	950.28	3447.37	3465.11	78.30
辽宁	12 708.37	98.42	982.52	1576.79	7729.8	81.70
吉林	5564.90	237.81	166.25	2535.67	1630.44	82.10
黑龙江	8753.30	298.48	600.54	3525.47	2590.62	80.10
上海	1100.00	0.00	250.00	450.00	70.00	70.00
江苏	13 009.53	155.90	1890.12	2183.53	5288.20	73.20
浙江	8239.92	115.37	459.99	1919.98	3526.66	73.10
安徽	10 673.73	548.46	875.60	2728.92	3969.75	76.10
福建	4234.26	138.69	178.20	556.15	2484.97	79.30
江西	4391.00	368.64	198.95	791.04	2030.25	77.20
山东	18 165.02	134.72	1091.37	3364.24	9233.97	76.10
河南	7372.35	451.97	1172.07	1649.01	3176.73	87.50
湖北	5548.11	305.23	433.67	583.51	2821.24	74.70
湖南	3180.15	319.27	421.80	583.97	1022.12	73.80
广东	7503.55	172.15	239.25	124.02	4844.68	71.70
广西	5002.09	176.07	726.54	305.69	2430.97	72.80
海南	1564.00	44.92	348.67	62.59	672.46	72.20
重庆	6449.01	264.88	1279.74	191.39	3033.01	73.90
四川	8160.23	351.02	1033.29	682.63	4137.40	76.00

（续表）

行政辖区	住房建设用地供应总量（公顷）	保障性住房用地（公顷）		棚改房用地（公顷）	中小套型商品房用地（公顷）	三类用地占总量比例（%）
		廉租房	经济适用房			
贵州	4543.71	393.42	456.98	551.74	2086.52	76.80
云南	4969.78	336.23	192.91	603.44	2408.87	71.30
西藏	0.00	0.00	0.00	0.00	0.00	0.00
陕西	3465.94	297.45	795.91	513.27	1085.85	77.70
甘肃	2420.41	240.47	243.72	447.68	1011.48	80.30
青海	835.41	77.59	37.40	304.65	158.59	69.20
宁夏	1787.47	71.35	224.06	166.99	838.60	72.80
新疆	4821.74	445.99	622.47	1512.44	1524.60	85.10

数据来源：国土资源部

备注：

1.为统一统计口径，住房用地分为保障性住房用地、棚改房用地、中小套型普通商品房用地、大户高档房用地。

2.北京市的棚改用地为定向安置房用地。

3.用划拨土地建设的租赁住房，土地供应计划纳入经济适用房供应计划中。

4.2009年全国实际供应住房用地76 461公顷，保障性住房用地供应10 958公顷。

2. 全国住房用地供应计划执行情况

为贯彻落实国办发［2010］4号和国发［2010］10号文件精神，切实增加住房建设用地特别是保障性住房用地供应，稳定房地产市场预期，国土资源部2010年初组织各地首次编制指导性的城市住房用地供应计划，并于4月上旬向社会公布。一年来，先后制定发布国土资发［2010］34号、151号、204号文件，进一步明确房地产用地供应调控政策，推进信息公开，强化实施监管，加强监督检查，督促计划落实。地方各级国土资源主管部门积极工作、稳步推进、确保实效，促进住房用地供应计划有效落实。国土资源部将各省、自治区、直辖市上报的2010年住房用地供应计划执行情况进行了汇总分析。

（1）2010年住房用地供应大幅增长，供地计划总体执行情况较好

全国30个省区市（不含西藏、新疆建设兵团）住房供地计划18.47万公顷，实际完成12.54万公顷，比2009年住房供地增加4.9万公顷，同比增长64.1%。其中，保障性住房用地2.47万公顷，同比增加124.5%。与前几年的供地情况同口径相比，保障性住房、中小套型普通商品房和其他住房实际用地10.89万公顷，同比增长42.5%。

从计划完成情况看，全国住房供地计划实际完成67.9%。其中，保障性住房（指经济适用房和廉租房）用地完成计划的65.2%；棚改房用地1.47万公顷，完成计划的40.2%；中小套型商品房用地6.51万公顷，完成计划的

80.9%；其他住房用地2.96万公顷，完成计划的68.5%。

（2）主要热点城市住房用地供应计划落实情况普遍较好

上海、宁波、北京住房用地供应计划完成比例分别为105.6%、103.4%、101%，超计划完成；南京、杭州、厦门完成比例分别为94.5%、87.2%、85.2%。深圳和广州保障房用地完成比例分别为228%和163.8%，完成情况较好。北京、上海、杭州、宁波、南京、青岛、厦门、广州和深圳九城市的保障性住房、棚户区改造住房和中小套型商品房实际用地占全年住房实际用地的比重均达到或超过70%。

（3）保障性住房用地优先供应，中央确定的580万套用地应保尽保

2010年全国保障性住房用地实际分为两类，除直接安排的1.59万公顷经济适用房和廉租房用地外，在棚户区改造用地中还安排了8722.06公顷的保障性住房用地。因此，保障性住房用地全年实际供应量为2.47万公顷，占住房用地总量的19.7%，创历史新高。中央确定的580万套保障性安居工程建设目标用地得到应保尽保。

（4）“三类”住房供地超70%，供地结构进一步优化

保障性住房、棚户区改造住房和中小套型商品房实际用地9.58万公顷，占全年住房用地实际供应量的76.4%。分省看，28个省（区、市）“三类”住房用地供应占全部住房用地供应的比例均超过70%。占比超过80%的有10个省（区、市），其中甘肃、黑龙江占比超过90%。从地级城市看，有333个占比超过70%，仅有18个占比低于70%。

（5）供地计划完成不平衡，东部地区落实力度大

分区域看，东部地区住房供地计划完成76.1%，执行情况好于中、西部；分省看，有14个省（市）计划完成比例超过70%，其中，天津、湖南、上海、北京超计划完成，比例分别为135.9%、120.9%、105.6%、101%，内蒙古和贵州完成率较低，分别为43.9%和36%；从地级城市计划完成情况看，近半数完成比例超过70%，66个超计划完成。

总体来看，2010年全国住房用地供应计划执行情况普遍较好，但也存在计划落实不平衡的问题，主要原因一是2010年是住房用地供应计划编制的第一年，各地前期调研和论证不够充分，预测不够准确；二是住房供地计划、住房建设计划之间的衔接不够。从2009年情况看，住房供地计划编制公布在前，保障性住房建设计划和棚户区改造计划编制在后，虽然有一定的衔接，但由于保障房目标尚未确定、计划下达较晚，使得供地计划规模编制偏大；三是一些地区出于争取补助资金和年度新增建设用地计划指标的考虑，住房建设计划规模和用地计划规模偏大；四是部分地区地方财政困难，融资渠道有限，资金落实不了，建设项目难以推进；五是少数项目用地仍实行毛地出让，在房价上涨带动拆迁成本上升的背景下，征地拆迁进展缓慢，造成已批准的土地不能及时转变成有

效供给，影响了供地计划的实施。

下一步，各省、自治区、直辖市国土资源主管部门要总结、分析2010年住房供地计划和实际供地用地情况，抓紧完善相关审批手续，加快已供土地的开发建设。对已安排的保障性住房用地，要严格监管、督促按期开工建设。同时，要按照“稳总量、调结构、保民生、促开发、强监管”的原则，提早谋划2011年住房建设用地管理工作，采取有力措施，加大调控监管力度，继续有效增加保障性住房和中小套型限价普通商品住房建设供地总量，促进土地市场健康发展。

资料来源：国土资源部

表5-2 2010年全国住房用地供应情况汇总

单位：公顷

行政辖区	住房用地		保障性住房用地			棚改房用地			中小套型商品房用地				其他
	住房用地全年实际	住房用地全年计划	保障房用地全年实际	其中 廉租房	其中 经济适用房	棚改房用地全年实际	其中 保障房	其中 中小套型	中小套型商品房用地全年实际	其中 普通	其中 限价	其中 公租	
合计	125 382	184 748	15 950	3510	12 439	14 724	8722	6002	65 083	63 344	1555	192	29 621
北京	2525	2500	184	20	164	912	0	912	713	477	191	45	716
天津	2364	1740	247	0	247	0	0	0	1482	1289	193	0	635
河北	5716	10 826	486	189	297	682	341	341	3017	2994	19	5	1531
山西	1961	4730	449	149	300	401	108	293	730	679	25	27	381
内蒙古	4602	10 489	670	233	437	730	163	567	2446	2387	60	0	756
辽宁	9448	12 708	638	12	626	440	235	205	5628	5628	0	0	2742
吉林	2965	5565	241	94	147	766	242	524	1635	1635	0	0	323
黑龙江	5261	8753	264	110	154	2209	1532	677	2346	2342	4	0	443
上海	1162	1100	220	0	220	615	615	0	54	54	0	0	273
江苏	12 862	13 010	2102	51	2051	1728	1144	584	5699	5258	412	29	3333
浙江	6911	8240	275	40	235	2295	1550	745	2553	2534	14	5	1788
安徽	6477	10 674	1527	199	1327	727	521	206	2714	2679	14	21	1509
福建	2002	4234	119	62	57	216	25	191	1252	1243	5	4	415
江西	3194	4391	496	247	248	323	262	62	1659	1645	12	3	716
山东	12 227	18 165	796	48	748	194	39	155	8811	8738	74	0	2425
河南	5795	7372	915	180	736	639	508	132	3522	3520	3	0	718
湖北	3776	5548	360	84	276	95	90	5	2565	2552	13	0	757
湖南	3846	3180	406	67	339	0	0	0	200	200	0	0	3239
广东	4570	7504	295	31	263	13	0	13	3200	3142	39	20	1062
广西	2846	5002	406	81	325	121	43	78	1792	1685	107	0	527
海南	1491	1564	601	80	521	82	82	0	427	242	182	2	381
重庆	2887	6449	648	137	511	4	3	1	1641	1641	0	0	594
四川	6129	8160	754	173	581	210	123	86	3959	3901	53	5	1206

（续表）

行政辖区	住房用地		保障性住房用地			棚改房用地			中小套型商品房用地				其他
	住房用地全年实际	住房用地全年计划	保障房用地全年实际	其中		棚改房用地全年实际	其中		中小套型商品房用地全年实际	其中			
				廉租房	经济适用房		保障房	中小套型		普通	限价	公租	
贵州	1636	4544	501	89	412	0	0	0	803	803	0	0	332
云南	2929	4970	225	159	66	32	32	0	1989	1970	19	0	682
陕西	2347	3466	416	165	252	247	223	23	1167	1155	5	6	517
甘肃	1555	2420	376	220	157	245	149	96	809	771	35	4	124
青海	643	835	147	78	68	121	119	2	98	98	0	0	277
宁夏	1467	1787	232	65	167	122	122	0	674	674	0	0	439
新疆	3788	4822	954	447	507	555	451	104	1498	1407	76	16	781

数据来源：国土资源部

备注：

1.北京市的棚改用地为定向安置房用地。

2.用划拨土地建设的租赁住房，土地供应计划放入经济适用房供应计划中。

3.西藏、新疆生产建设兵团2010年住房用地实际供应量分别为56.46公顷、900.22公顷，由于网络原因，两地填报计划滞后，未列入报送国务院的统计表，故此表不包括西藏、新疆生产建设兵团。

3. 2011年我国保障住房开发建设计划

表5-3 2011年我国保障住房开发建设计划

计划建设总套数	经济适用房、两限房	棚户区改造	廉租房	公共租赁住房
1000万套	200多万套	400多万套	160多万套	220多万套

数据来源：住房和城乡建设部

三、部分省市保障性住房计划及完成状况

1 北京市 | Beijing

（1）计划及完成情况

2010年计划目标：廉租房、经济适用房、限价商品房、公共租赁房建设用地占全市住宅供地面积的50%以上，建设套数占全市住宅新开工建设套数的50%以上，确保完成新开工建设和收购13.4万套，竣工交用4.6万套。住宅土地供应计划是商品住宅和保障房各占1250公顷。

2010年完成情况：政策性住房实际供地1332公顷，同比增长1倍，占全市住宅用地供应量的52.8%。新建和收购政策性住房22.5万套，占全市住宅新开工套数的61.5%。竣工各类政策性住房5万套，完成年度计划的108.7%。公共租赁住房落实房源2.6万套，廉租住房基本实现了实物配租应保尽保。

2011年计划：保障房要确保新建和收购20万套，力争竣工10万套。2011年保障性住房建设用地占住宅用地供应的比例要超过50%，确保保障性住房、棚户区改造和自住性中小套型商品房用地不低于住宅用地供应总量的70%，确保2011年新开工、收购20万套保障性住房用地供应。（来源：《2011北京市政府工作报告》、北京市国土资源部）

（2）2010年相关政策

北京市公共租赁住房建设技术导则（试行）

❶ 总则

1.1 为了规范本市公共租赁住房建设和管理，依照国家和本市有关规定，制定本导则。

1.2 本导则适用于北京市范围内成套公共租赁住房建设，非成套公共租赁住房建设标准另行制定。

1.3 公共租赁住房以满足住房困难家庭的阶段性需求为导向，坚持安全、环保、实用和经济原则，合理选择实用的建设技术和建筑工程材料，达到节地、节能、节水、节材和环境保护的要求。

1.4 公共租赁住房设计、施工应当逐步推进住宅产业化发展。

❷ 规划与单体建筑设计

2.1 规划设计

2.1.1 公共租赁住房规划应当采取“大分散、小集中”的方式，选址宜在地质条件安全可靠、交通便利、市政配套齐全或产业功能聚集的区域。

2.1.2 为了提高土地使用效率，兼顾规模和经济效益，公共租赁住房可适当提高容积率和建筑密度。

2.1.3 公共租赁住房规划公共服务设施按照《北京市居住公共服务设施规划设计指标》《北京市城市建设节约用地标准》的规定，适当提高托幼、小学、社区医疗卫生等配套标准，配置洗衣房、食堂、文化活动室等便民设施，适当在地上安排运动健身器械区和残疾人助力车、小型三轮车及自行车停车位，方便居民使用。

2.1.4 公共租赁住房机动车位按照不低于经济适用住房标准设置，每户自行车位不应少于2辆，宜利用地下空间集中设置停车库。

2.1.5 公共租赁住房绿化景观应做到集中与分散结合，立体与平面结合，观赏与功能结合；小区景观和绿化应采用节水设施，提高用水效率。

2.1.6 公共租赁住房规划设计应当布局合理、空间紧凑、利用充分，根据需求确定合理的规划户型比例。

2.2 建筑设计

2.2.1 公共租赁住房户型设计面积标准如下表2.2.1-1。

表2.2.1-1

户型	建筑面积（平方米）	厨房使用面积（平方米）	卫生间使用面积（平方米）	阳台建筑面积（平方米）
单居套型（厅室合一）	30左右	应具备使用简单电加热和排烟厨具的条件	≥3	≤4
小套型	40左右	≥4	≥3	≤4
中套型	50左右	≥4	≥3	≤4
大套型	60以下	≥4	≥3	≤4

注1：上表所称“左右”是指根据不同平面和结构类型上下浮动不超过5%。

注2：设计户型应以中小套型为主，适当配置大套型。

注3：单居套型可参照《宿舍建筑设计规范》JGJ36-2005进行设计。

2.2.2 层高应为2.7米。

2.2.3 厨房应当配备灶台、洗菜盆、操作台，满足基本生活需要；宜采用厨房整体式橱柜。单面布置厨具或双面布置厨具时，操作净空不小于0.9米。

2.2.4 卫生间应配备洗面盆、盥洗镜、坐便器、淋浴喷头、排风扇等必要设施设备。

2.2.5 户内应预留洗衣机位置，并设置上、下水管线。

2.2.6 阳台宜采用封闭式，应配备晾晒衣物的设施。

2.2.7 户内应预留分体空调的外墙预留孔，具备冷凝水集中排放和室外机安装条件。

2.2.8 不采暖楼梯间户门应有保温措施，当传热系数小于2.0W/m^2·K时，不得设计落地窗、外飘窗。

2.3 结构设计

2.3.1 应当逐步采用工业化程度、标准化程度较高的建筑部品、产品，提高部品化率，减少现场加工材料所造成的浪费和污染。公共租赁住房可以采用六类预制部品：第一类为非砌筑类型的建筑内、外墙板；第二类为满足建筑装饰用的制品；第三类为预制钢筋混凝土构件，包括楼梯、叠合楼板、阳台、雨篷等；第四类为预制主体结构构件，包括预制梁、柱及承重墙等；第五类为钢结构和轻型钢结构用的构配件；第六类为其他符合标准化设计、工厂加工、现场安装条件的建筑部品。

2.3.2 高层建筑应优先采用轻质高强材料，减小结构自重和材料用量；设计方案中应提高高强钢材使用率，降低钢材消耗量。

2.4 设备设计

2.4.1 生活给水系统应充分利用市政给水管网的水压直接供水；需加压供水时，应当选用既节能、又保障用户水压稳定的给水加压设备。

2.4.2 公共租赁住房应采用太阳能热水系统，并优先考虑集中制热分户供热与建筑一体化的太阳能热水系统；当太阳能热水系统不能完全满足需求时，可采用太阳能热水系统与辅助技术系统相结合的方式。凡用集中式太阳能热水系统时应设分户计量装置。热水供应循环系统应采用支管或立管循环方式，减少热水系统的无效冷水量。

2.4.3 公共租赁住房应采取集中供热方式供暖：供暖热源优先选择城市热力网，或采用清洁能源的集中供热方式；锅炉房供热出口、热力站换热器的二次水出口以及各楼栋供热入口均应配置热量计量装置，户内应设置温控装置，并应设置分户热量计量或分配装置。

2.4.4 公共租赁住房在市政中水输配水管线覆盖范围内的建设项目，应优先使用市政中水；没有市政中水的，建筑面积5万平方米以上的小区，应配套设计、建设中水系统。

2.4.5 公共租赁住房室外景观和绿化用水应使用中水或收集处理后的雨水，景观水系统应采用循环处理方式；应建设雨水收集利用设施和节水设施，推广雨水收集、处理、利用技术，小区内道路、场地的竖向设计和材料选择应利于雨水收集和综合利用；屋顶或地表雨水经收集处理后，用于绿化、回补地下水、景观补水或作为中水系统的补充；采用节水设备和器具、利用再生水资源，节水设施应当与主体工程同时设计、同时施工、同时投入使用。

2.4.6 生活水、中水、燃气等计量应使用IC卡技术，实现计量付费一体化。

2.4.7 公共租赁住房应当采用节水型用水器具和配件，其节水性能指标须达到《节水型生活用水器具》CJ164-2002和《用水器具节水技术条件》DB11/343-2006的要求。

2.5 电气设计

2.5.1 每套住宅设独立的预付费式电度表（或采用IC卡技术，实现计量付费一体化），电表箱安装在楼内公共区域。

2.5.2 用电指标见表2.5.2-1。

表2.5.2-1

套 型	用电指标
单居套型	4.0kW
小套型	3.0kW
中套型	3.0kW
大套型	4.0kW

2.5.3 在公共区域内配备可视监控系统。

2.5.4 弱电设计标准见表2.5.4-1。

表2.5.4-1

套 型	电话插座	宽带插座	有线电视接口
单居套型	1	1	1
小套型	1	1	1
中套型	2	1	2
大套型	2	1	2

2.6 室内外装修设计标准

2.6.1 公共租赁住房室内按照环保、耐用、经济的原则，装修一次到位。装修标准不低于表2.6.1–1标准。

表2.6.1–1

序号	部件	装修或选材要求
1	单元门（含地下室门）	钢制电控防盗门
2	户门	钢制保温防盗门（传热系数≤2.0W/m²·K）
3	室门	实木复合门
4	外窗	中空玻璃塑钢窗（传热系数≤2.8W/m²·K）
5	楼梯间墙面、休息平台底面及踏步面	保温墙面（传热系数≤1.5W/m²·K）：内墙腻子、水性内墙耐擦洗环保涂料；休息平台底面：水性内墙耐擦洗环保涂料；踏步面：水泥砂浆。
6	阳台	门窗：普通塑钢窗；墙面：水性内墙耐擦洗环保涂料；地面：防滑地砖、石塑地板、石英地板；天棚：水性内墙耐擦洗环保涂料并配置晾衣杆。
7	起居室、卧室	墙面、天棚面：内墙腻子、水性内墙耐擦洗环保涂料；窗帘杆：简装配置；窗台：水泥刷环保涂料或贴面砖；地面：防滑地砖、石塑地板、石英地板；踢脚：水泥刷环保涂料。
8	厨房	地面：防滑地砖；墙面：贴瓷砖到顶；天棚：铝扣板吊顶，配吸顶灯；配备整体橱柜、灶具、排烟机、洗菜盆、节水型龙头。
9	卫生间	地面：防滑地砖；墙面：贴瓷砖到顶；天棚：铝扣板吊顶，配吸顶灯、排风扇；配备洗面盆、盥洗镜、节水座便器、节水型淋浴喷头。
10	空调外机框架	金属护栏
11	首层窗防盗栏	金属防盗护栏
12	封闭阳台栏板	预制混凝土栏板（保温随外墙做法）

2.6.2 公共租赁住房室内装修保修期原则上不少于5年。

2.6.3 室外装修风格应当与小区其他住房协调融合。

❸ 附则

3.0.1 本导则未尽事宜依照国家和本市有关规定执行，公共租赁住房建安成本在样本采集完成后由相关部门另行制定。

3.0.2 本导则自发布之日起实施，在建项目应当参照本导则执行。

北京市经济适用住房、限价商品住房申请家庭原住房腾退办法

第一条 为做好本市经济适用住房、限价商品住房申请家庭原住房腾退工作，根据《北京市人民政府关于印发北京市经济适用住房管理办法（试行）的通知》（京政发［2007］27号）和《北京市人民政府关于印发北京市限价商品住房管理办法（试行）的通知》（京政发［2008］8号）文件规定，结合本市实际，制定本办法。

第二条 本市经济适用住房、限价商品住房申请家庭的原住房腾退工作按本办法执行。

第三条 本办法所称申请家庭原住房是指经济适用住房、限价商品住房申请家庭的申请人和申请家庭成员在本市所承租的公房和拥有的私有住房。

第四条 申请家庭原住房腾退工作坚持以下原则：

（一）申请家庭原住房位于首都功能核心区的，必须腾退。首都功能核心区是指东城区、西城区。

（二）申请家庭原住房位于首都功能核心区之外的区县，但已列入本市棚户区改造范围或地铁工程、市政道路工程、城中村整治、保障性住房建设等公益性项目（以下统称公益性项目）拆迁范围的，必须腾退。

（三）除上述两类情况，申请家庭可自愿选择原住房腾退或不腾退。愿意腾退原住房的，按标准配售；不腾退的，降档配售。

第五条 申请家庭原住房为承租公房（包括直管、自管）的，承租人应将原住房腾退给产权单位。申请家庭承租的公有住房为申请家庭成员与其他承租人2人以上共同租赁的，原住房可由其他共同承租人继续承租。

产权单位已不存在或不收回房屋或没有其他承租人的，承租人应当将原住房腾退给户口所在地区县住房保障部门或其委托的单位，由区（县）住房保障管理部门或其委托单位与公房产权单位办理承租人变更手续。区县住房保障管理部门可按照腾退住房面积给予腾退家庭一次性的腾房经济补助，经济补助标准由各区县政府按照本区（县）实际情况制定。

申请家庭原住房为承租的军产房的，可参照上述原则办理。

第六条 申请家庭原住房为私有住房需要腾退的，应当将产权过户给区县住房保障管理部门或其委托的单位。申请家庭应当承诺原住房不涉及抵押、查封等限制权利情形，涉及产权纠纷的，不予腾退。

各区县可根据实际情况，对申请家庭原住房腾退给予适当货币补偿。具体标准可由各区县参照《关于进一步做好本市房屋拆迁安置和补偿工作的若干意见》（京建拆［2009］431号）精神，综合考虑腾退房屋的区位、用途以及申请家庭人口、原房屋建筑面积、本区县拟公开摇号配售的经济适用住房、限价商品住房区位、价格等因素综合确定。

第七条 申请家庭获得的原住房腾房经济补助或货币补偿与该家庭其他资产总和不能超过该家庭所申请的政策性住房申请条件中规定的家庭总资产标准。

第八条 申请家庭原住房腾房经济补助或货币补偿所需资金由各区县财政安排。各区县住房保障管理部门也可委托市或本区县公租房管理中心收购申请家庭腾退的原住房。腾退住房作为廉租住房使用的，所需收购资金在廉租住房保障资金中列支，由市、区县政府按规定比例分担。

第九条 申请家庭原住房腾退程序：

（一）需腾退原住房的家庭在申请经济适用住房、限价商品住房时，原住房应腾退给产权单位的，需提供与原住房产权单位签订的腾退原住房协议；原住房需腾退给区县住房保障管理部门的，申请家庭需书面承诺将原住房腾退给区县住房保障管理部门或区县住房保障管理部门委托的单位。

（二）腾退家庭在参加经济适用住房或限价商品住房公开摇号选定的政策性住房签订购房合同以前，应与区县住房保障管理部门或其委托的单位签订腾退原住房协议，并办理原住房承租人变更或房屋转移登记，承租人变更或房屋转移登记手续办结后方可签约购买经济适用住房或限价商品住房，申请家庭原住房所在区县房管部门应协助办理有关手续。需要经济补偿的，区县住房保障管理部门或其委托的单位应及时向申请家庭支付腾房经济补助或货币补偿金。

（三）腾退家庭应在所购买的经济适用住房或限价商品住房交房入住半年内腾空原住房，并交给原住房产权单位或区县住房保障管理部门或其委托的单位。

第十条 申请家庭在签订购房合同前，未在规定时间内与区县住房保障管理部门或其委托的单位签订腾退原住房协议，或未在规定时间内办理承租人变更或房屋转移登记手续的，视为放弃本次购房资格。

第十一条 申请家庭已签订腾退原住房协议并办理承租人变更或房屋转移登记手续，但未在规定时间内腾空原住房的，区县住房保障管理部门或其委托单位可向原房所在地人民法院提起诉讼。

第十二条 各区县住房保障管理部门可依据本办法精神，结合实际情况，制定本区县申请经济适用住房、限价商品住房原住房腾退办法，报市住房保障工作领导小组办公室备案后实施。

第十三条 本办法自发布之日起施行。

二〇一〇年九月二十八日

2 天津市 | Tianjin

（1）计划及完成情况

2010年计划目标：全年将开工建设保障性住房650万平方米、8.5万套，其中经济适用住房500万平方米、6.5万套；限价商品房150万平方米2万套。

2011年计划：全年开工建设保障性住房1200万平方米、19万套，其中，公共租赁住房建设485万平方米、10万套；经济适用住房建设290万平方米、3.8万套；限价商品住房425万平方米、5.2万套。 （来源：《天津日报》）

（2）2010年相关政策

关于廉租住房实物配租有关问题的通知

市内六区房管局：

为加快实施廉租住房实物配租工作，解决拆迁中生活、住房“双困”家庭的住房问题，使符合实物配租条件的家庭尽早入住廉租住房，现就廉租住房实物配租有关问题通知如下：

❶ 关于申请人与拆迁住房的产权人（承租人）不一致问题

（一）廉租住房实物配租申请人长期居住的公有住房承租人为父母或子女的，因历史原因，形成承租人与申请人不一致，只要承租人同意全额缴存拆迁补偿安置费，可以申请人的名义申请廉租住房实物配租。

（二）廉租住房实物配租申请人长期居住的私有住房产权人为父母或子女，但考虑到申请人与产权人长期居住的事实，只要产权人同意全额缴交拆迁补偿安置费，可以申请人的名义申请廉租住房实物配租。

（三）以上两种情况的申请人申请廉租住房实物配租的，除执行《天津市廉租住房管理办法》（津政发［2008］38号）和《天津市廉租住房实物配租操作规定》（津国土房改［2008］290号）的规定外，还应当提供以下材料：

1. 经公证的承租人或产权人及配偶的声明书（声明书样本见附件1、2）；

2. 街道办事处出具申请人与父母或子女长期共同居住及其关系的证明（证明样本见附件3）；

由申请人持公证书和街道办事处证明，向拆迁房屋所在地街道办事处申请廉租住房实物配租。

❷ 拆迁补偿安置费的认定

拆迁补偿安置费全额指被拆迁住宅房屋货币补偿金额（含被拆迁房屋房地产市场评估价格和安置补贴金额）、按房屋面积确定的搬迁奖励费、对违章建筑的安置补助费和各种困难补助费总和。

申请人全额拆迁补偿安置费的复核工作由各区房委办负责，被拆迁房屋所在区拆迁办协调有关拆迁单位进行确认。

❸ 关于跨区、跨街申请问题

拆迁住房与户籍地址跨区、跨街的“双困”家庭申请廉租住房实物配租，首先由户籍所在地街道办事处会同房管部门核实其低保资格和住房情况，并出具有关情况证明（样本见附件4）后，然后“双困”家庭到拆迁房屋所在地街道办事处申请廉租住房实物配租。拆迁房屋所在区负担配租廉租住房的补贴资金。

❹ 廉租住房实物配租摇号选房规则

（一）摇号规则

1. 摇号前，区房管局（区房委办）应向廉租住房实物配租申请人书面送达《廉租住房配租摇号通知书》（见附件5）。

2. 所有廉租住房实物配租申请人应参加摇号活动，因疾病、残疾等特殊原因不能参加的，书面委托他人参加。申请人（或被委托人）持摇号通知书、本人身份证（被委托人须持委托人和本人身份证、委托书）按规定时间到指定地点参加摇号活动。

3. 摇号采用摇号机选号，按摇出姓名、身份证号的先后确定申请人选房顺序。摇号分组进行，残疾人家庭（指有肢体残疾一、二级或视力残疾一、二级人员的家庭）单独摇号。

（1）分组方式：

残疾人家庭（指有肢体残疾一、二级或视力残疾一、二级人员的家庭）分为：A组（独单）、B组（偏单）；其他配租家庭分为：C组（独单）、D组（偏单）。

（2）摇号顺序：按照A、B、C、D分组顺序依次进行。

（3）摇号方式：采取在现场由选定的代表上台启动摇号机，随机摇号，每次摇号确定一名配租申请人选房顺序号。

（4）摇号所需软件由市住保办统一制作，摇号所需相关设备由各区自行解决。

4. 摇号的场地各区可根据参加摇号的人数多少自行确定，必须确保安全。

5. 摇号全过程应在公证人员的监督下进行，公证人员应现场确认摇号结果并出具公证文书。摇号可邀请区、街有关部门领导出席。

6. 参加摇号申请人的姓名、身份证号等数据应提前分组输入计算机，录入完毕后，由公证人员对摇号机进行签封，在摇号现场由公证人员现场公开启封。

7. 摇号结果现场公布，一经当场公布并公证，即为最终结果，任何单位或个人均不得以任何理由进行更改。

8. 摇号结果公布后，工作人员应当场与廉租住房实物配租申请人确认排序结果，并开具《廉租住房选房通知书》（见附件6），作为申请人选房的凭证。

（二）选房规则

1. 实物配租申请人持《廉租住房选房通知书》、本人身份证按规定时间、地点进行选房。因疾病、残疾等特殊原因，申请人不能亲自选房的，可书面委托他人代选，被委托人应持本人和委托人身份证、委托书及《廉租住房选房通知书》参加选房。

2. 选房

（1）A组（残疾人家庭独单组）选房之后，C组（其他配租家庭独单组）再选房；

（2）B组（残疾人家庭偏单组）选房之后，D组（其他配租家庭偏单组）再选房；

（3）A、B组与C、D组可同时进行选房。

3. 各区结合实际情况，规定申请人选房时间。在规定时间内，未参加或未选定房屋的申请人，其选房顺序排至本组最后，依次类推。对超过选房规定时间5日内仍未参加选房或未选定住房的，视为放弃。

4. 实物配租申请人房屋选定后不得更改，由工作人员将选房结果记录在《区廉租住房选房登记表》（见附件7）上，同时出具由区房委办加盖公章的《拆迁补偿安置费缴存通知书》（见附件8）。

本通知自2010年10月1日起施行,至2015年9月30日废止。原天津市房地产管理局印发的《关于配租廉租住房有关问题的通知》（津房改［2004］341号）和《关于做好廉租住房配租摇号、选房、缴款、入住工作的通知》（津房改［2004］435号）同时废止。

3 上海市 | Shanghai

（1）计划及完成情况

2010年计划目标：住宅用地供应总量1100公顷，带有政府保障性质的“保障性住房”“棚户区改造”和“自住性中小套型商品房”用地分别为250公顷、450公顷以及70公顷，占总量的70%。（来源：上海市2010年住房供地计划）

2010年完成情况：2010年上海共完成保障性住房用地供应840公顷，占全部住宅供地的76%，保障性住房新开工建设超过1200万平方米。经适房竣工200万平方米、开工403万平方米，动迁安置房开工806万平方米。此外，目前上海各级政府、园区单位在建、新建等多渠道筹措公租房超过700万平方米。

2011年计划：新开工建设和筹措保障性住房1500万平方米、22万套（间），供应1150万平方米、17万套（间）左右。（来源：上海市第十三届人民代表大会第四次会议的《上海政府工作报告》）

（2）2010年相关政策

贯彻《本市发展公共租赁住房的实施意见》的若干规定

为切实推进本市公共租赁住房工作，建立健全住房保障体系，根据《本市发展公共租赁住房的实施意见》（沪府发［2010］32号）的有关规定，就具体贯彻事项规定如下：

❶ 关于利用农村集体建设用地建造公共租赁住房

公共租赁住房运营机构可根据农村集体建设用地流转和投资建设有关规定，受让或租赁农村集体建设用地，或与农村集体经济组织合作，投资建设和经营管理公共租赁住房。

❷ 关于非居住房屋改建公共租赁住房

非居住房屋改建或改造为公共租赁住房，是指运营机构在房屋用地性质不变的前提下，利用或部分利用原有非居住房屋结构，按规定将非居住房屋改建和改造为公共租赁住房。运营机构可利用自有非居住房屋投资改建或改造；也可与产权单位合作利用非居住房屋投资改建或改造。

❸ 关于准入条件

1. 持有《上海市居住证》应达到二年以上，并且连续缴纳社会保险金（含城镇社会保险）应达到一年以上。

2. 各区（县）制定具体准入条件时，申请人员与本市就业单位签订劳动或工作合同的年限可设定不同标准，对具有本市常住户口的申请人员可根据工作性质设定年限标准，对持有《上海市居住证》人员可根据居住证类型设定年限标准。

3. 以家庭申请租赁公共租赁住房的，家庭范围应限制在申请对象本人、配偶、未婚子女范围内。

❹ 关于申请审核

1. 申请对象通过所在单位集体申请公共租赁住房的，由所在单位对申请对象初步审查确认后，交运营机构审核，由运营机构出具登录证明。

2. 市级统筹的公共租赁住房项目分配各区使用的，由相关区政府指定的运营机构负责申请审核工作，并出具登录证明。

❺ 关于申请对象住房建筑面积

申请对象具有本市常住户口的，原则上参照本市经济适用住房面积核查办法确定其人均住房建筑面积，区（县）住房保障机构可按照实际，对面积核查办法做适当调整，调整方案报市住房保障事务中心备案。

申请对象持有《上海市居住证》的，根据申请对象在本市有无产权住房或承租公有住房确定其住房状况和人均住房建筑面积。其中以家庭申请租赁公共租赁住房的，根据申请对象家庭成员在本市有无产权住房或承租公有住房确定其住房状况和人均住房建筑面积。

❻ 关于运营机构委托核查申请对象住房状况

公共租赁住房运营机构应通过书面形式，委托区县住房保障机构核查申请对象以下情况：

1. 申请对象住房建筑面积；

2. 申请对象是否已申请或者已享受本市廉租住房、经济适用住房政策。

区（县）住房保障机构收到委托书后，应在十五个工作日内完成核查，并将核查结果书面通知运营机构。

❼ 关于住房保障机构检查申请审核工作

区（县）住房保障机构应制定规范化的公共租赁住房申请审核检查办法，通过定期检查或随机抽查方式，对运营机构申请审核情况进行检查。定期检查每半年不少于一次，随机抽查每季度不少于一次。

❽ 关于公共租赁住房租金

公共租赁住房租金按略低于市场租金的原则确定。市场租金的评估由运营机构委托信誉好的专业估价机构实施，运营机构依据市场租金评估价研究制订公共租赁住房租金水平。市场租金评估工作应在公布公共租赁住房租金之前完成，市场租金评估价有效期为一年。

运营机构制定的公共租赁住房租金，应在公布公共租赁住房租金之前报送住房所在地的区（县）物价和房管部门办理备案手续。

❾ 关于公共租赁住房租赁服务

运营机构应根据公共租赁住房服务管理和安全使用要求、入住对象群体结构特点和承受能力，配置相关服务及设施，制定安全使用制度、公共租赁住房服务规范和承租人自我约束规范，并与承租人签订《公共租赁住房租赁合同》，在首批承租人入住公共租赁住房之前报区（县）房管部门备案。

❿ 关于运营机构通报承租人欠租等情况

承租人拖欠公共租赁住房租金和其他费用三个月以上的，运营机构可按合同约定通报承租人和同住人所在单位，要求承租人所在单位从承租人工资收入中直接划扣，承租人单位应当予以配合。

⓫ 其他

在普通商品住房建设项目中配建公共租赁住房的，参照《上海市经济适用住房配建暂行意见》（沪府［2010］46号）执行。

本规定实施中，涉及相关法律、法规和政府规章的，应按相关规定执行。

⓬ 施行日期

本规定自发布之日起施行，有效期至2013年12月31日。

本市公共租赁住房项目认定的若干规定

为推进本市保障性住房建设，贯彻落实《本市发展公共租赁住房的实施意见》（沪府发［2010］32号）要求，规范公共租赁住房各类建设项目的管理，现就公共租赁住房的项目认定做如下规定：

❶ 新建的公共租赁住房项目

（一）国有土地上的新建项目

1. 在国有土地上新建的公共租赁住房项目，建设单位应先向项目所在地的区（县）房屋行政管理部门（以下简称“房管局”）提出认定申请，填写《公共租赁住房建设项目认定表》，说明项目用地范围、用地面积、建筑面积、套型面积和比例、主要用途等事项，并提供以下文件：

项目建议书；企业营业执照或者法人证书复印件，组织机构代码证复印件；项目用地权属证明及附图；环保部门出具的环境影响评价文件的审批意见；法律法规规定提交的其他文件。

2. 对区级自筹项目，由区（县）房管局会同区建交委、区发改委、区规土局、区财政局共同审核后，出具认定文件并报市房管局备案；对市级统筹项目，由区（县）房管局会同相关部门初审，同意后报市房管局，由市房管局会同市建交委、市发改委、市规土局、市财政局共同审核，出具认定文件。

（二）农村集体建设用地上的新建项目

在农村集体建设用地上新建的公共租赁住房项目，应提供投资建设单位与农村集体经济组织的合作协议书（意向），并参照单位租赁房的项目要求予以认定，由项目所在地的区（县）房管局出具认定文件，并报市房管局备案。

（三）公共租赁住房建设项目应按照国家和本市有关固定资产投资管理的要求，办理相应建设工程行政审批手续。

❷改建的公共租赁住房项目

（一）公共租赁住房运营机构投资或合作投资改建非居住房屋用作公共租赁住房的，应向项目所在地的区（县）房管局提出认定申请，并提供《房地产权证》及合作投资协议书，填写《公共租赁住房建设项目认定表》，说明项目用地范围、建筑面积、套型面积和比例、主要用途等事项，并提供以下文件：

项目建议书；企业营业执照或者法人证书复印件，组织机构代码证复印件；项目用地权属证明及附图；环保部门出具的环境影响评价文件的审批意见；法律法规规定提交的其他文件。

（二）项目所在地的区（县）房管局征询相关部门意见后，出具认定文件，并报市房管局备案。

（三）公共租赁住房运营机构应按照国家和本市有关固定资产投资管理的要求，办理相应建设工程行政审批手续。

❸收储的公共租赁住房项目

收储商品住房作为公共租赁住房项目的，由收储单位凭项目收储协议（合同）提出申请，由房管部门征询相关部门意见后出具认定文件，其中市级单位收储的公共租赁住房由市房管局出具，区（县）级单位收储的公共租赁住房由区（县）房管局出具，并报市房管局备案。

❹转化的公共租赁住房项目

从在建、建成的经济适用住房或其他保障性住房中转化的公共租赁住房项目，应在房地产初始登记办理之后，按下列要求予以认定：

1. 区级自筹建设项目由建设单位报区（县）房管局核实，经区（县）政府同意，报市房管局；市级统筹建设项目由建设单位报市住宅建设发展中心核实，报市房管局。

2. 具体认定程序由市房管局会同相关部门另行制定。

❺其他

（一）配建的公共租赁住房参照《上海市经济适用住房配建暂行意见》执行。

（二）本规定自发布之日起施行，有效期至2013年12月31日。

本市发展公共租赁住房的实施意见

为进一步建立健全本市住房保障体系，积极发展公共租赁住房，根据国务院《关于解决城市低收入家庭住房困难的若干意见》（国发［2007］24号）、《关于坚决遏制部分城市房价过快上涨的通知》（国发［2010］10号）以及住房城乡建设部等七部门《关于加快发展公共租赁住房的指导意见》（建保［2010］87号）的精神，结合实际，现就本市发展公共租赁住房提出如下实施意见：

❶明确总体要求

（一）基本思路。公共租赁住房是政府提供政策支持，由专业机构采用市场机制运营，根据基本居住要求限定住房面积和条件，按略低于市场水平的租赁价格，向规定对象供应的保障性租赁住房。发展公共租赁住房，要符合深化住房制度改革和加快完善住房保障体系的总体要求，符合“以居住为主、以市民消费为主、以普通商品住房为主”的原则，有效缓解本市青年职工、引进人才和来沪务工人员及其他常住人口的阶段性居住困难，进一步扩大住房保障政策覆盖面，促进住房租赁市场的规范和健康发展。

（二）基本原则。一是科学规划，合理布局。发展公共租赁住房应符合城市经济社会发展规划、土地利用总体规划和城镇规划，采取大分散、小集中的方式布局，集中设置的项目尽可能在交通较便捷、公共设施较齐全的区域安排。二是规范管理，只租不售。公共租赁住房着重解决阶段性居住困难，满足基本居住需要，应规范供应程序和租赁管理，对规定对象实行有期限租赁并只租不售。三是政府支持，机构运作。政府采取政策优惠、专项投入等方式，支持一批公共租赁住房专业运营机构，通过各种渠道筹集并经营公共租赁住房。四是市、区（县）联手，以区（县）为主。市政府主要负责全市公共租赁住房的政策制定、规划统筹和资源调配；区（县）政府作为公共租赁住房工作的责任主体，应因地制宜、规范管理，组织开展本区（县）公共租赁住房的实施。

（三）落实管理部门。市住房保障领导小组负责对本市公共租赁住房的政策、发展规划和阶段性任务等重大事项进行决策协调。市住房保障房屋管理局是本市公共租赁住房工作的行政主管部门。区（县）政府按照属地化管理原则，负责本辖区公共租赁住房建设、筹集和供应的实施管理。区（县）住房保障房屋管理部门是本区（县）公共租赁住房工作的管理部门。市和区（县）发展改革、城乡建设、规划土地、财政、税务、工商、国资、民政、金融、人力资源社会保障、农业、经济信息化、公安、监察等部门按照职责分工，负责公共租赁住房的相关管理与监督工作。

（四）积极组建公共租赁住房运营机构。由市、区（县）政府组织和扶持一批从事公共租赁住房投资和经营管理的专业运营机构（以下简称运营机构），负责公共租赁住房投资、建设筹措、供应和租赁管理，并引导各类投资主体积极参与。运营机构应按公司法有关规定组建，具有法人资格，采取市场机制进行运作，以保本微利为营运目标，着重体现公共服务的功能。

（五）认真编制公共租赁住房发展规划和实施计划。区（县）政府应根据本区域经济发展水平、市场租赁住房供应情况和规定对象的需求等因素，统筹安排，合理布局，确定公共租赁住房供应规模，编制公共租赁住房的发展规划和年度实施计划，报市住房保障领导小组备案。公共租赁住房建设用地应符合土地利用总体规划和城镇规划，纳入年度土地供应计划，规划和土地部门应予重点保障，并将所建公共租赁住房相关要求作为土地供应的前置条件。

❷多渠道筹集房源

（一）拓展房源筹集渠道。由市、区（县）政府统一安排和协调房源筹集工作，运营机构可利用多种渠道筹集公共租赁住房，主要为：结合旧城区改造、产业结构调整、市政基础设施建设、大型居住社区建设等项目，合理选址、集中新建或配建；从新建、配建的经济适用住房和其他保障性住房中，经规定程序批准转化；按有关规定，综合利用农村集体建设用地，适当集中新建；对因产业结构和城市结构调整而闲置的厂房、仓库、办公等非居住用房进行改建或改造；收购或代理经租闲置的存量住房。特别要积极探索房地产开发企业或社会机构定向投资建设和提供房源。

（二）明确房源要求和标准。公共租赁住房主要为成套小户型住宅或集体宿舍。新建公共租赁住房，应符合安全卫生标准和节能环保要求，确保工程质量和安全。成套建设的公共租赁住房要综合考虑住宅使用功能与空间组合、居住人口等要素，合理确定套型比例和结构，套均建筑面积一般控制在40~50平方米。以集体宿舍形式建设的公共租赁住房，应符合宿舍建筑设计规范的有关规定。公共租赁住房出租的房屋条件和人均承租面积标准，应符合《上海市居住房屋租赁管理实施办法》的规定。公共租赁住房在使用前可进行简易装修，配置必要的家具和家用电器等设备。

（三）严格权属管理。公共租赁住房建设实行“谁投资、谁所有”，投资者权益可按有关规定依法转让。要加强公共租赁住房权籍管理，做好权属登记工作。

❸ 规范供应管理机制

（一）制定符合实际的准入条件。申请公共租赁住房的对象（包括单身和家庭）应同时具备四项条件：一是具有本市常住户口，或持有《上海市居住证》和连续缴纳社会保险金达到规定年限；二是已与本市就业单位签订一定年限的劳动或工作合同；三是在本市无自有住房或人均住房建筑面积低于15平方米，因结婚分室居住有困难的，人均面积可适当放宽；四是申请时未享受本市其他住房保障政策。各区（县）政府根据上述基本条件，可结合本区（县）经济社会发展等情况，制定具体的准入标准，并可适时调整；准入标准应向社会公布，公布前，应报市住房保障领导小组备案。

（二）严格申请和审核程序。申请对象主要向工作单位所在地的运营机构提出申请，也可以向本市户籍所在地的运营机构提出申请。申请对象应如实填报申请表，按要求提交户籍证明或居住证、身份证、劳动或工作合同、住房状况等资料，承诺对提交资料的真实有效性负责，经申请对象所在单位确认后，交运营机构审核。对审核通过的申请对象，运营机构应出具登记证明，报区（县）住房保障机构备案。区（县）住房保障机构应对申请审核情况进行检查，发现有不符合规定的，向运营机构提出整改意见，运营机构应及时落实整改。

（三）提高房源使用效率。各区（县）应根据申请对象的人口结构、住房需求、承受能力等情况，制定公共租赁住房的租赁供应标准；可根据房源供应等情况，实行轮候供应制度。

（四）加快建立租赁信息管理平台。市、区（县）应建立全市联网的公共租赁住房服务信息平台，并与房地产租赁合同登记信息系统、实有人口管理信息系统相衔接，形成完整的全市住房租赁服务信息网络系统，发布房源信息、提供租赁服务、实行监督管理。公共租赁住房信息、居住人口信息的管理和使用按《上海市实有人口业务数据信息共享管理办法》（沪府办［2010］12号）规定执行。

❹ 健全租赁管理机制

（一）合理确定租赁价格。按略低于市场租金水平，确定公共租赁住房的租赁价格，具体由各运营机构按规定制定，报送住房所在地的区（县）物价部门和住房保障部门备案后实施。在租赁合同期限内，运营机构不可单方面调整租赁价格。

（二）保证租金支付。承租人应根据合同约定，按时支付租金，符合条件的可按规定申请提取公积金账户内的存储余额，用于支付租金。用人单位可根据本单位的有关规定，向承租公共租赁住房的职工发放相应的租金补贴，租金补贴可直接支付给出租单位。用人单位集体安排承租的，应配合运营机构建立租金支付或租金汇集交付制度。

（三）规范租赁行为。公共租赁住房的租赁服务和管理可由运营机构自行实施，也可委托专业机构实施。出租单位应与承租人签订租赁合同，使用统一的住房租赁合同示范文本，并办理租赁合同登记手续。租赁合同期限一般不低于2年，合同到期后承租人仍需租赁的，运营机构应重新进行资格审核，符合条件的可续租，租赁总年限一般不超过6年。单位集体租赁的，出租单位应与用人单位签订租赁合同。

（四）强化退出管理。租赁双方应严格按合同约定承担责任和义务。对承租人发生将所承租的公共租赁住房出借、转租或闲置的，擅自改变承租住房居住用途的，享受其他住房保障政策的，违反物业管理公约拒不整改的，以及其他违反租赁合同约定情况的，出租单位可与其解除租赁合同。对承租人拖欠租金和其他费用的，可通报其所在单位，从其工资收入中直接划扣。

对承租人按合同约定应腾退住房而不腾退的，出租单位可要求用人单位协同督促腾退；拒不腾退的，严格按合同约定履行，必要时可通过司法途径解决，并可采取在适当范围公告通报、纳入本市个人信用联合征信系统、5年内不得享受本市住房保障政策等措施。

❺ 加大政策支持力度

（一）保证政府投入。公共租赁住房建设涉及的行政事业性收费和政府性基金，按经济适用住房的相关政策执行；建设用地可采用出让、租赁或作价入股等方式有偿使用。市和区（县）政府可投资入股运营机构，通过合理让渡或不参与分配租赁收益等方式，支持和保证运营机构持续发展公共租赁住房：在国有土地上单独选址、集中建设的公共租赁住房，可将土地出让金作为政府的投入部分作价入股；市和区（县）政府提供其他土地、房产的，其中低于市场价部分可折价入股。市和区（县）政府对公共租赁住房建设和运营给予资金支持。

（二）完善配套政策。市、区（县）政府完善相关配套政策，支持和推动公共租赁住房健康、有序发展。运营机构在公共租赁住房建设、筹集和运营中所涉及的税收，按相关优惠政策执行。新建的公共租赁住房，特别是集体宿舍，可根据实际情况，适度增加建筑容积率和建筑覆盖率；有条件的公共租赁住房项目，可增加建设一部分商业等经营性设施。公共租赁住房项目的水、电、燃气等设施的建设和收费标准，按居住类房屋标准执行，实际使用量按居民生活用水、用电、用气标准计价。结合实有人口管理要求，相关部门应对公共租赁住房承租人的户籍管理、就学和就医等问题制定相关的配套政策。

（三）创新投融资机制。市有关部门及金融管理部门应按有关规定，结合本市实际，积极支持金融机构、公共租赁住房运营机构和有关单位，探索创新公共租赁住房的投融资机制。鼓励金融机构发放公共租赁住房中长期贷款；支持符合条件的企业通过发行中长期债券等方式筹集资金；探索运用保险资金、信托资金和房地产信托投资基金，拓展公共租赁住房融资渠道。政府投资建设的公共租赁住房，纳入住房公积金贷款支持保障性住房建设试点范围。同时，积极研究其他融资渠道及投融资机制。

❻ 加强管理和监督

（一）市和区（县）住房保障房屋管理、发展改革、城乡建设、规划土地、财政、税务、工商、国资、民政、金融、人力资源社会保障、农业、经济信息化、公安、监察等部门要根据各自职责，加强对公共租赁住房建设筹集、申请审核、供应分配和租后管理工作的监督，依法查处违法违规行为。公共租赁住房建设筹集、申请审核、供应分配和租后管理工作接受社会监督，有关部门要及时受理监督举报，并向社会公开处理结果。

（二）市、区（县）住房保障房屋管理部门要加强对公共租赁住房运营的监督管理。对公共租赁住房建设、经营和管理过程中存在滥用职权、玩忽职守、徇私舞弊等违法违规行为的，各相关职能部门要依法依纪严肃追究相关单位和人员的责任。

（三）继续鼓励有条件的单位（含经济、科技、产业等园区）利用自用土地发展单位租赁房，按市政府办公厅《关于单位租赁房建设和使用管理的试行意见》（沪府办发［2009］30号）等规定，规范运行方式，完善管理机制。本意见自发布之日起实施。市相关部门可根据各自职责，制定相关配套实施办法；区（县）政府可结合本区域实际情况，制定相关实施细则。

二〇一〇年九月一日

4 江苏省 | Jiangsu

（1）计划及完成情况

2010年计划目标：全省新增廉租住房1.2万套，新开工经济适用房6万套，完成城市棚改户区（危旧房）改造530万平方米以上，实现公共租赁住房累计供应20万间（套）以上。

（来源：《江苏省关于促进房地产市场平稳健康发展的指导意见》）

2011年计划：新增公共租赁住房、廉租住房15万套（间），新建经济适用住房6万套，发放廉租住房租赁补贴4万户，完成各类棚户区危旧房改造20万户，解决45万户家庭的住房困难。（来源：《扬子晚报》）

（2）2010年相关政策

关于大力发展公共租赁住房的指导意见

住房是群众的基本需求，住房问题是重要的民生问题，直接关系经济健康发展与社会和谐稳定。近年来，各地各有关部门大力推进廉租住房、经济适用住房建设和城市危旧房（棚户区）改造工作，下大力气解决城市低收入家庭等群体的住房困难，取得了良好成效。但也应当看到，我省保障性住房供应体系和住房保障管理体系还不完善，特别是城市部分中等偏下收入家庭、新就业人员和外来务工人员住房困难的矛盾仍较突出。为进一步加大保障性住房建设力度，根据《省委省政府关于切实加强民生工作若干问题的决定》（苏发［2008］14号）、《省政府关于解决城市低收入家庭住房困难的实施意见》（苏政发［2008］44号）、住房城乡建设部等部委《关于加快发展公共租赁住房的指导意见》（建保［2010］87号）精神，现就我省大力发展公共租赁住房提出如下指导意见：

❶ 明确推进公共租赁住房建设的总体要求

（一）指导思想。以邓小平理论和“三个代表”重要思想为指导，深入贯彻落实科学发展观，紧紧围绕“低保家庭住得上廉租房、低收入家庭住得上经济适用房、新就业人员租得起房”的目标，大力推进公共租赁住房建设，积极培育和发展住房租赁市场，着力解决城市中等偏下收入家庭、新就业人员和外来务工人员的住房困难，推动住房保障制度体系的完善，进一步引导住房合理消费，加快实现“住有所居”。

（二）基本原则。

1. 政府主导、社会参与、市场运作。加大政府对公共租赁住房建设的投入，制定和落实引导、鼓励社会力量参与公共租赁住房投资建设的政策措施。公共租赁住房运营与管理实行市场化运作。

2. 统筹规划、分步实施。认真分析城市中等偏下收入住房困难家庭、新就业人员和外来务工人员的住房需求，科学制定公共租赁住房发展规划和年度实施计划，并纳入“十二五”住房保障规划，有计划、分步骤地推进公共租赁住房建设。

3. 因地制宜、分类指导。根据经济社会发展和住房价格水平，合理确定公共租赁住房的供应规模和保障对象。商品住房价格较高、小户型租赁住房供应紧张的城市，切实加大公共租赁住房建设力度。加强对公共租赁住房工作的分类指导，规范开发区、街道、乡镇和各类企事业单位公共租赁住房投资建设行为。

4. 综合开发、配套建设。按照“集中开发、就近选址、合理布局、配套建设”的要求，建设和发展公共租赁住房。组织新就业人员、外来务工人员较多的开发区、街道、乡镇、工矿企事业单位集中建设公共租赁住房。新建的公共租赁住房项目配套建设生活服务设施。

❷ 合理确定公共租赁住房保障对象和保障标准

（三）保障对象。我省公共租赁住房的保障对象为城市中等偏下收入住房困难家庭、新就业人员和外来务工人员。城市中等偏下收入住房困难家庭逐步纳入经济适用住房制度保障，买不起经济适用住房的城市中等偏下收入、低收入住房困难家庭，纳入公共租赁住房保障范围。新就业人员是指具有大中专学历、工作不满5年并在城市有稳定职业的人员，外来务工人员是指在城市有稳定职业并在就业地居住一定年限的非就业地户籍的从业人员，公共租赁住房重点解决新就业人员初始工作和外来务工人员在就业地工作期间的租房问题。

（四）保障标准。各地要结合实际，合理确定公共租赁住房套型及建筑面积标准。供应城市中等偏下收入、低收入住房困难家庭的成套公共租赁住房，单套建筑面积严格控制在60平方米以下。中等偏下收入家庭的收入线标准，由城市人民政府按当地人均可支配收入80%左右的比例确定；住房困难条件，由城市人民政府根据经济社会发展和住房价格水平确定。

❸ 多渠道多样化供应公共租赁住房

（五）按计划建设公共租赁住房。各市、县人民政府要根据公共租赁住房发展规划和实施计划，每年安排一定的建设资金，建设一定规模的公共租赁住房。同时，积极引导新就业和外来务工人员相对集中的开发区、街道、乡镇投资建设公共租赁住房，鼓励各类企事业单位和社会经济组织以独资、集资或者股份制的方式投资建设公共租赁住房。建立多元化的运行机制，鼓励各地由企业投资和持有公共租赁住房产权，负责公共租赁住房建设、租赁和维修等日常工作。这类企业可由社会机构出资设立，也可由社会机构和政府共同出资组建。

（六）合理配租公共租赁住房。各地要根据城市中等偏下收入、低收入住房困难家庭和新就业人员、外来务工人员的不同租住需求配租公共租赁住房，单身生活的可以租住集体宿舍或职工公寓，居家生活的可以租住成套住房。公共租赁住房要进行基本室内装修，具备直接入住条件。

（七）加强公共租赁住房产权管理。公共租赁住房只能用于承租人自住，不得出借、转租或闲置，也不得用于从事其他经营活动。禁止承租人以房产交易的方式变相分割所承租的房屋所有权、使用权。

❹ 建立稳定的公共租赁住房资金渠道

（八）加大政府投入。各市、县人民政府要通过直接投资、资本金注入、投资补助、贷款贴息等方式，加大对公共租赁住房建设和运营的投入。省级财政安排一定的专项资金对困难地区予以支持。住房保障部门及其实施机构建设、收购的公共租赁住房，建设、收购资金从当地财政年度预算安排的公共租赁住房保障资金和中央、省级财政专项补助资金中列支，不足部分可使用当地按规定提取的廉租住房保障资金。

（九）拓宽融资渠道。鼓励金融机构发放公共租赁住房中长期贷款。支持符合条件的企业通过发行中长期债券等方式筹集资金，专项用于公共租赁住房建设和运营。探索运用保险资金、信托资金和房地产信托投资基金拓展公共租赁住房融资渠道。政府投资建设的公共租赁住房，纳入住房公积金贷款支持保障性住房建设试点范围。政府投资建设任务重、资金需求量大的地区，经同级人民政府批准可组建保障性住房融资平台，向商业银行贷款，用于政府投资的公共租赁住房建设，还贷资金由同级人民政府通过公共租赁住房建设资金和归集的廉租住房保障资金等渠道解决。

❺ 加大对公共租赁住房的政策支持力度

（十）保障土地供应。各市、县人民政府要把公共租赁住房建设用地纳入年度土地供应计划，实行计划单列、专地专供，予以重点保障。面向经济适用住房保障对象供应的公共租赁住房，建设用地实行划拨供应。其他方式投资的公共租赁住房，建设用地可采用出让、租赁或作价入股等方式有偿使用，并将所建公共租赁住房的租金水平、套型结构、建设标准和设施条件等作为土地供应的前置条件，所建住房只能租赁、不得出售。

（十一）给予政策优惠。公共租赁住房建设涉及的行政事业性收费和政府性基金，按经济适用住房和廉租住房的相关政策执行。公共租赁住房的建设和运营，按国家有关规定享受税收优惠政策。

（十二）维护投资权益。公共租赁住房实行“谁投资、谁所有”，投资者权益可依法转让。

❻ 规范公共租赁住房运营管理

（十三）完善管理制度。各市、县人民政府要建立健全公共租赁住房申请、审核、公示、配租和租后管理等制度。住房保障部门要按照规定程序严格准入审批，加强运营监督管理，做到配租过程公开透明、配租结果公平公正。对滥用职权、玩忽职守、徇私舞弊等违法违规行为，要依法依纪严肃追究相关单位和人员的责任。

（十四）实行轮候保障。政府投资建设的公共租赁住房按照登记在册的申请人名单顺序实行轮候保障，就近就地安置。保障对象为城市中等偏下收入或低收入住房困难家庭的，由保障对象作为承租人并提供担保人，与住房保障部门共同签订公共租赁住房租赁合同；保障对象为新就业和外来务工人员的，由保障对象作为承租人、用人单位作为担保人，与住房保障部门共同签订公共租赁住房租赁合同。开发区、街道、乡镇、企事业单位投资建设的公共租赁住房，优先提供给本辖区或本单位的新就业和外来务工人员租住，剩余房源由市、县住房保障部门调剂安置其他符合公共租赁住房保障条件的对象租住。

（十五）明确租金标准。公共租赁住房初次承租期一般为3~5年，初次承租期内的租金标准为政府指导下的准市场租金。初次承租期满后，承租人符合保障条件的可以继续承租，其中新就业人员续租期最多不超过5年，续租期租金标准为市场租金。公共租赁住房具体租金标准由市、县政府物价部门会同财政部门、住房保障部门测定，按年度实行动态调整并向社会公布。低收入住房困难家庭承租公共租赁住房的，可申请廉租住房租赁补贴。公共租赁住房产权所有部门应当承担物业管理责任，为承租人提供日常居住服务，公共租赁住房物业管理、有偿居住服务等费用由承租人负担。

（十六）规范收入管理。政府投资建设的公共租赁住房租金收入，按政府非税收入管理规定缴入同级国库，实行“收支两条线”管理；租金收入专项用于公共租赁住房的维护、管理和投资补助，结余部分用于偿还由政府投资建设的公共租赁住房贷款。

❼ 加强对公共租赁住房工作的组织领导

（十七）强化政府责任。市、县人民政府是公共租赁住房工作的责任主体，要充分认识做好这项工作的重要意义，把加快推进公共租赁住房建设摆上重要议事日程，切实加强组织领导，认真扎实加以推进。要充分发挥城市住房和房地产工作领导小组或联席会议的作用，及时协调解决工作中的重大问题。各级住房保障部门负责公共租赁住房的行政管理工作，发展改革、财政、国土资源、物价、监察等有关部门按照各自职责负责相关工作。

（十八）严格目标考核。自2010年起，将公共租赁住房建设纳入省住房保障目标管理考核重要内容。各地各有关部门要细化分解任务，明确工作措施，把公共租赁住房目标任务的完成情况与当地住房保障和改善民生实绩挂钩，形成一级抓一级、层层抓落实的工作机制。要一手抓房源建设、一手抓配租保障，加强对规划、项目、土地、资金、税收等政策落实以及目标任务完成情况的监督检查，并定期通报结果，确保公共租赁住房工作顺利实施，真正使城市中等偏下收入住房困难家庭、新就业人员和外来务工人员得到住房改善的实惠。

5 浙江省 | Zhejiang

（1）计划及完成情况

2010年计划目标：新增廉租房受益家庭1万户以上，新建廉租住房、经济适用房等保障性住房300万平方米以上。

（来源：《青年时报》）

2011年计划：全年全省要新增廉租住房受益家庭1万户以上，新开工建设各类保障性住房8万套、500万平方米以上，其中公共租赁住房5万套、300万平方米以上；完成旧住宅区（危旧房）改造100万平方米以上，新开工建设限价商品房等政策支持性住房300万平方米以上；完成农村住房改造建设30万户，其中农村困难家庭危房改造4.2万户。

（来源：陈加元副省长在全省住房和城乡建设工作会议上的讲话要点）

（2）2010年相关政策

浙江省人民政府关于修改《浙江省经济适用住房管理办法》的决定

浙江省人民政府决定对《浙江省经济适用住房管理办法》做如下修改：

一、将本办法中的"城镇中低收入家庭"修改为："城镇低收入家庭"。

二、第八条第一款修改为："经济适用住房建设用地应当符合土地利用总体规划，实行行政划拨方式供应。经济适用住房建设用地应当纳入当地土地供应年度计划，在申报年度用地指标时单独列出，确保优先供应。"

三、第十条修改为："经济适用住房建设应当布局合理，基础设施、公共设施配套完善，方便群众生活。"

四、第十四条第一款修改为："经济适用住房套型建筑面积控制在60平方米左右，高层、小高层可以适当增加建筑面积，但增加的建筑面积一般不超过10平方米。"

五、第十六条修改为："经济适用住房建设项目免收城市基础设施配套费等各种行政事业性收费和政府性基金。经济适用住房项目以外的基础设施建设费用，由市、县人民政府承担。

开发单位可以按照国家规定以在建的经济适用住房项目作抵押，向商业银行申请住房开发贷款。

购买经济适用住房的个人向商业银行申请贷款，除符合《个人住房贷款管理办法》规定外，还应当出具市、县经济适用住房主管部门准予购房的核准文件（以下简称"准购证"）。购买经济适用住房的个人可以提取个人住房公积金，优先办理住房公积金贷款。"

六、第二十条修改为："申请购买经济适用住房，由家庭户主向户籍所在地的街道办事处或者镇人民政府提出书面申请，并提交下列材料：

（一）户口簿、家庭成员身份证明；

（二）家庭收入状况的证明材料；

（三）现有住房情况证明；

（四）县级以上人民政府规定的其他材料。

申请人提出申请时，应当同时提出核定其家庭收入状况的申请。"

七、增加两条，作为第二十一条、第二十二条：

“第二十一条 县（市、区）民政部门以及街道办事处或者镇人民政府应当通过书面审查、入户调查、信息查证、邻里访问以及信函索证等方式，对申请人家庭收入状况进行调查核实。具体程序按照国家和省有关规定办理。

经调查核实，申请人符合市、县人民政府规定的低收入家庭收入标准的，县（市、区）民政部门应当为其出具家庭收入核定证明。

第二十二条 街道办事处或者镇人民政府应当自受理申请之日起15日内完成对申请人住房状况的初审，并将初审意见和申请材料一并报送市、县经济适用住房主管部门。”

八、第二十一条改为第二十三条，第一款修改为：“市、县经济适用住房主管部门收到街道办事处或者镇人民政府报送的初审意见和申请材料后，应当通过查阅房产登记资料等方式，对申请人的住房等情况进行核查。核查期限为20日。”

九、第二十七条改为第二十九条，修改为：“购房人对经济适用住房拥有有限产权。购买的经济适用住房不满5年的，不得直接上市交易；确需转让的，由市、县人民政府予以回购。具体回购办法由市、县人民政府规定。

购买的经济适用住房满5年的，购房人可以转让，但应当按照届时同地段普通商品住房价格或者经济适用住房转让成交价与原购买价格差价的一定比例向市、县人民政府交纳土地收益等价款，具体交纳比例由县级以上人民政府确定。同等条件下，市、县人民政府可以优先回购上市交易的经济适用住房。

市、县人民政府回购的经济适用住房，应当向符合条件的城镇低收入住房困难家庭出售或者出租。

购房人可以按照县级以上人民政府规定的标准交纳土地收益等价款后，取得完全产权。购房人未取得完全产权前，不得将经济适用住房用于出租。

经济适用住房未满本条第一款规定限制年限上市出售的，有关部门不予以办理房地产权属变更登记手续。”

十、第二十八条改为第三十条，在第一款“供具有经济适用住房购买资格但无经济能力购买的家庭承租”后面增加“也可以先租后买”。

十一、删除第二十九条。

此外，对有关条文的顺序和个别文字作相应的调整。

本决定自公布之日起施行。

《浙江省经济适用住房管理办法》根据本决定作相应的修改，重新公布。

6 福建省 | Fujian

（1）计划及完成情况

2010年计划目标： 2010年国家与福建省签订的建设各类保障性住房、棚户区改造责任目标分别为6.38万套、4.84万套。其中福州市保障性住房25 750套、租赁补贴1500户、各类棚户区改造13 247户；厦门市保障性住房10 000套、租赁补贴1000户；泉州市保障性住房7771套、租赁补贴1800户、各类棚户区改造7379户；漳州市保障性住房3554套、租赁补贴1000户、各类棚户区改造4015户。 （来源：住房和城乡建设部网站）

2010年完成情况：至2010年12月底，已开工建设76 180套，竣工40 321套（其中2008、2009年结转项目竣工7557套）。开工率119.44%，竣工率63.22%。各类棚户区（危旧房）改造目标任务48 443户，至2010年12月底，已签订拆迁安置协议58 517户，完成拆迁面积646.5万平方米。此外，开工建设安置房28 493套，其中已竣工8431套。各类保障性住房及各类棚户区改造项目到位资金238.5亿元，占年度计划投资的105.9%。项目完成投资额229亿元，占年度计划投资的101.6%。（来源：福建省政府）

2011年计划：计划安排25.195万套（户）保障性住房建设任务。其中，建设保障房17.69万套，包括廉租住房1.18万套、经济适用住房1.91万套、公租房和限价房各7万套，新增租赁补贴6000户；全年将完成棚户区改造7.5万户。

（来源：住房和城乡建设部网站）

（2）2010年相关政策

福建省公共租赁住房建设导则（试行）

❶ 总则

1.1 为加快我省公共租赁住房建设进程，缓解城市中等偏下收入家庭以及外来务工人员等其他群体的阶段性居住困难，规范公共租赁住房建设，提高建设水平，依据国家有关规定，制定本导则。

1.2 本导则所称公共租赁住房，是指以城市中等偏下收入住房困难家庭、新就业职工和有稳定职业并在城市居住一定年限的外来务工人员等居住困难群体为主要供应对象的住房。

按照供应的对象不同，公共租赁住房分为住宅类公共租赁住房和宿舍类公共租赁住房。

1.3 本导则适用于全省新建、改建、配建公共租赁住房建设活动。

1.4 本导则的规定为对公共租赁住房的基本要求，当与法律、行政法规的规定相抵触时，应按法律、行政法规的规定执行。

1.5 公共租赁住房的建设、使用和维护，应符合经国家批准或备案的有关标准的规定。

❷ 规划设计

2.1 公共租赁住房建设应符合城乡规划、土地利用规划及住房建设规划的要求，保障居住者的基本生活条件和环境。

2.2 公共租赁住房建设要根据当地经济社会发展水平，以满足小户型租赁住房需求为主，制定公共租赁住房发展规划和年度计划，并纳入保障性住房建设规划，分年度组织实施。

2.3 公共租赁住房规划设计应符合《城市居住区规划设计规范》和当地《城市规划管理技术规定》等规范、规定的要求。

2.4 集中新建公共租赁住房，项目选址要充分考虑居民就业和生活的要求，尽量安排在交通较便捷、生活配套设施较完善的区域。

2.5 鼓励在主干道通达、公交便捷的城市新区、城乡结合部建设以公共租赁住房为主、配套设施完善的城市综合体。

2.6 鼓励在普通商品住房项目中配建公共租赁住房，并在用地规划、国有土地使用权出让合同中，明确配套的建筑面积、套数、户型比例、建设标准、设施条件以及建成后移交或回购等事项。配建的公共租赁住房与其所属项目实行统一规划、统一配套、统一建设、统一管理。

2.7 公共租赁住房规划设计中，应按照国家《城市居住区规划设计规范》的规定，配套建设商业用房、物业用房、文化活动室、社区医疗站、警务室、租赁管理用房等便民设施。宿舍类公共租赁住房应配建集中洗衣房、公共食堂等。

2.8 公共租赁住房项目底层架空层作为公共活动空间的，高度宜为3.6~4.5米，面积不计入容积率。

2.9 公共租赁住房机动车位按照0.1～0.2辆/户配置，非机动车位按照不少于2辆/户配置，适当配置残疾人助力车、小型三轮车停车位，方便居民使用。宜利用地下空间集中设置停车库。

2.10 总平面布局宜功能分区明确、空间布局紧凑合理、充分利用地形、节约用地。根据需求确定合理的户型比例，路网结构分级有序、便捷通顺。对建筑群体、工程竖向、道路、场地景观、管线设计进行全面考虑、统筹兼顾，以达到整体性经济合理。

❸ 建筑

3.1 基本规定

3.1.1 公共租赁住房建筑设计应力求在平面、立面和空间处理方面有所创新，做到适用、经济、美观、安全、卫生、舒适，提高居住品质。

3.1.2 本导则未涉及的公共租赁住房设计技术内容，应符合《住宅建筑规范》《住宅设计规范》《宿舍建筑设计规范》等有关规范。

3.1.3 住宅类公共租赁住房设计执行《住宅设计规范》。每套住宅应设卧室、起居室（厅）、厨房和卫生间等基本空间。

3.1.4 住宅类公共租赁住房单居室套型，可以3个左右居室共用一个起居室（厅）、一个厨房，卫生间可以共用，也可以单设。居室入户门应满足防盗、隔音的要求。一个居室宜按2人居住考虑，使用面积不宜超过12.0平方米（居室单设卫生间的不应超过15.0平方米）。

3.1.5 宿舍类公共租赁住房设计执行《宿舍建筑设计规范》。户型应在每个居室内设有卫生间、阳台等基本空间。卧室宜按4人居住考虑，开间尺寸不宜大于3.6米；单居室套型卧室兼起居室时，使用面积宜为12.0~16.0平方米。

3.1.6 新建公共租赁住房应考虑全寿命周期使用功能调整的灵活性要求，优先采用可灵活划分空间的框架结构体系。

3.1.7 厨房应有直接采光、自然通风。厨房内应设置洗涤池、案台、炉灶等设施，装配排油烟机或预留位置。

3.1.8 卫生间宜直接采光，自然通风。无外窗的卫生间应有通风措施。卫生间不应直接布置在下层住户的起居室（厅）、卧室、餐厅和厨房的上层。

3.1.9 七层及以上住宅类公共租赁住房或住户入口层楼面距室外设计地面的高度超过16米以上的必须设置电梯。

3.1.10 七层及以上宿舍类公共租赁住房或居室最高入口层楼面距室外设计地面的高度超过20米以上的必须设置电梯。

3.2 建筑设计

3.2.1 成套建设的住宅类公共租赁住房，其套型建筑面积不大于60平方米，高层套型建筑面积不大于66平方米（其中以居室为单位安排非同一家庭多人居住的套型建筑面积，可根据实际适当调整。但居室不得超过4个，套型建筑面积不得超过120平方米）。

3.2.2 宿舍类公共租赁住房，其套型建筑面积不大于30平方米，高层套型建筑面积不大于33平方米。

3.2.3 住宅类公共租赁住房标准层使用面积系数不宜低于70%。

3.2.4 住宅类和单层床宿舍类公共租赁住房的层高不低于2.80米，双层床宿舍类公共租赁住房的层高不低于3.60米。

3.2.5 卧室最小使用面积为：单人间为6平方米，双人间为10平方米，兼起居厅（室）为12平方米。双居室的卧室，其中一间卧室使用面积不应小于10平方米。

3.2.6 厨房最小使用面积为4平方米。厨房应设置外窗，窗地面积比不应小于1/7。

3.2.7卫生间最小使用面积：三件洁具（坐式马桶、洗脸盆、淋浴设施）为3平方米。

3.3 日照

3.3.1 每套住宅类公共租赁住房至少有一个居住空间能获得日照。

3.3.2 建筑物的朝向宜采用南北或接近南北向。日照时数、住宅间距应符合现行规范的要求。

3.4 节能

3.4.1 新建公共租赁住房应严格执行《福建省居住建筑节能设计标准实施细则》规定。

3.4.2 节能设计应优先考虑建筑遮阳、外窗遮阳以及提高东、西外墙隔热性能。建筑南向的外窗宜利用南面外廊实现外遮阳，其他朝向的外窗宜结合建筑立面设计采用经济合理的遮阳形式。

3.4.3 外墙应优先采用自保温墙体，当所在地缺乏自保温墙体材料，或当地常用的墙体材料达不到节能标准要求时，宜考虑通过增加墙体厚度等措施达到外墙节能要求，尽量避免采用墙体内、外保温措施。

3.5 防火

3.5.1 新建、改建公共租赁住房应按现行的《建筑设计防火规范》和《高层民用建筑设计防火规范》有关条款执行。

3.5.2 住宅类公共租赁住房当其中一层或若干层的层高超过3米时，应按《住宅建筑规范》第9.1.6条注2进行层数折算，而后进行防火设计。

❹设备

4.1 给水排水

4.1.1 公共租赁住房应设室内给水排水系统。

4.1.2 公共租赁住房的给水总立管、雨水立管、消防立管不应布置在套内。

4.1.3 公共租赁住房的给水应采用“一户一表”的供水方式，条件允许时可采用智能水表技术，实现计量付费一体化。

4.1.4 生活给水系统应充分利用市政给水管网的水压直接供水；在增压供水时，应选用节能、安全、可靠的加压设施和供水方式。

4.1.5 套内分户用水点的给水压力不应小于0.05MPa，入户管的给水压力大于0.35MPa时，应设置减压措施。

4.1.6 给排水管道应施工完整，非集中供热水的卫生间应预留热水器安装位置及冷热水管道。

4.1.7 户内应预留洗衣机位置，并设置相应的上、下水管道。

4.1.8 公共租赁住房配置洗涤盆的阳台应设置相应的给排水管道。

4.1.9 公共租赁住房应采用节水型用水器具和配件，其节水性能指标须达到《节水型生活用水器具》CJ164-2002和《用水器具节水技术条件》DB11/343-2006的要求。坐便器一次冲洗水量不得大于6L，并宜采用大、小便分档的冲洗水箱。

4.1.10 公共租赁住房应根据相关规定设置太阳能热水系统，系统采用与建筑一体化设计，并优先考虑集中制热分户供热的太阳能热水系统。采用集中式太阳能热水系统时应设分户计量装置，并优先采用智能水表技术，实现计量付费一体化。

4.1.11 公共租赁住房有条件时，宜考虑雨水利用技术。设置雨水利用系统时，小区内道路、场地的竖向设计和材料选择应利于雨水收集和综合利用。

4.2 暖通

4.2.1 公共租赁住房应预留安装空调机的位置,并结合立面设计统一考虑室外机的安装及其冷凝水的排放。

4.2.2 无外窗的卫生间必须设置排风装置或应具备可设置集中排风系统的条件。

4.2.3 厨房应有安装排油烟机的条件和合适的位置。

4.2.4优先考虑管道煤气。如果没有管道煤气，多层可采用瓶装液化石油气，十层及以上公共租赁住房内不得使用瓶装液化石油气。

4.2.5 生活用燃气设备严禁设置在卧室内。

4.3 电气

4.3.1 电力负荷分级应根据对供电可靠性的要求及中断供电在对人身安全、经济损失上所造成的影响程度进行分级，划分为一级负荷、二级负荷和三级负荷。一级负荷采用双重电源供电，二级负荷宜由二回线路供电，市电供电不能满足双重电源供电条件时，应增设用户自备应急电源。

4.3.2 建筑物变配电用房、备用发电机房、消控中心应尽量设置在一层及一层以上。变配电用房、发电机房不得设置在地下二层及二层以下；设置在地下一层的，不应设置在地势低洼和可能积水的场所，并应采取预防洪水、消防水或积水从地下室入口部或其他途径进入而淹渍配、变、发电设备的措施。

4.3.3 每套住宅设置独立电度表，低层建筑电表箱集中安装在楼内底层公共区域或配电间。高层建筑及宿舍类建筑电表箱集中安装在楼层公共区域或配电间。

4.3.4 用电指标见表4.3.4−1。

表4.3.4−1

套 型	用电指数
宿舍类（面积30～33㎡）	3.5kW
小套型住宅（一居室）	4.0kW
中套型住宅（二居室）	6.0kW
大套型住宅（三居室）	6.0kW

4.3.5 每套住宅（宿舍）的空调插座、一般电源插座与照明应分路配电设计；厨房电源插座和卫生间电源插座应分别设置单独回路供电。所有插座回路均应设置剩余电流保护装置。

4.3.6 卧室、起居室每个房间至少设置三个插座（含空调插座），厨房至少设置四个插座（含抽油烟机插座）；洗衣机、电冰箱等处应设置专用插座。

4.3.7 住宅进户线截面不应小于10平方毫米，宿舍进户线截面不应小于6平方毫米；分支回路截面不应小于2.5平方毫米。

4.3.8 如有太阳能设施应考虑其供电电源。

4.3.9 室内外照明应采用高光效节能光源，在满足眩光限制的条件下，优先选用效率高的灯具以及开启式直接照明灯具。

4.3.10 楼梯间、公共走道的照明，采用节能自熄开关。应急照明灯具有应急时自动点亮的措施。

4.3.11 弱电设计标准见表4.3.11−1。

表4.3.11−1

套 型	电话插座	宽带插座	有线电视接口
宿舍类	1	1	1
小套型住宅	1	1	1
中套型住宅	2	1	2
大套型住宅	2	1	2

4.3.12 在梯位的主要出入口、高层建筑的电梯轿厢等区域配备可视监控系统。

4.3.13 户内设置对讲系统，并设置煤气探测器（如需要）、紧急呼叫按钮、门磁窗磁等安防设施，尽量将安防设施与对讲系统合并信号传输线路至值班室。

4.3.14 有线电视系统按双向传输网标准设计。

4.3.15 楼内强弱电干线管道不应布置在户内。

❺ 装修

5.1 公共租赁住房室内外装修应遵循经济、适用、宜居和环保的原则，一次装修到位。

5.2 室内装修标准必须达到“表5.2”中“基本装修标准”的要求。在有条件的地市根据具体情况也可按“推荐装修标准”进行装修。

表5.2

序号	部件	基本装修标准	推荐装修标准
1	单元门（含地下室门）	钢制电控防盗门	同左
2	户门	钢制保温防盗门或防火门	同左
3	室门	镶板门或夹板门	同左
4	楼梯间、休息平台底面及踏步面	墙面：内墙腻子、水性内墙耐擦洗环保涂料；休息平台底面：水性内墙耐擦洗环保涂料；踏步面：水泥砂浆	墙面：内墙腻子、水性内墙耐擦洗环保涂料；休息平台底面：水性内墙耐擦洗环保涂料；踏步面：防滑地砖
5	阳台	地面：防滑地砖；配置成品晾衣杆及洗涤池。天棚配吸顶灯	同左
6	起居室、卧室	墙面、天棚面：内墙腻子、水性内墙耐擦洗环保涂料；窗帘杆：简配装置；地面：地砖；天棚配吸顶灯	墙面、天棚面：内墙腻子、水性内墙耐擦洗环保涂料；窗帘杆：简配装置；地面：金刚木地板
7	厨房	地面：防滑地砖；墙面：贴瓷砖到顶；洗菜盆、贴磁砖灶台板、灶具、节水型龙头、预留排气扇位置和插座、吊柜；天棚面同卧室	加配铝扣板吊顶、吸顶灯、排气扇；配备整体橱柜、排油烟机
8	卫生间	地面：防滑地砖；墙面：贴瓷砖到顶；配备洗面盆、节水座便器、节水型淋浴喷头、电热水器、预留排气扇位置和插座；天棚面同卧室	加配铝扣板吊顶、配吸顶灯、排气扇、盥洗镜

5.3 公共租赁住房的外装修风格、色彩应与小区其他建筑相协调。

❻ 施工和验收

6.1 公共租赁住房的施工应满足国家和地方相关政策、法规和规范、标准的规定。

6.2 施工单位要严格执行施工图设计文件和技术标准，强化质量过程控制，严格材料进场检验、工序检查和验收制度，不得偷工减料，不得使用不合格的建筑材料和非环保材料，确保施工质量。

6.3 公共租赁住房建设应严格执行工程竣工验收备案程序。

6.4 建设单位要按照有关规定，组织勘察设计、施工、监理等有关单位进行验收，验收合格后，方可交付使用；未经验收或验收不合格的，不得交付使用。

6.5 公共租赁住房必须通过公安机关消防机构组织的消防专项验收。

6.6 公共租赁住房交付验收工作，应全面实施质量分户验收。确保交付使用的公共租赁住房的供水、供电、燃气、电视、电信等设施都达到使用或者可申请开通的条件。

6.7 质量监督机构应加强对工程竣工验收的监督检查，对竣工验收程序不符合有关规定，或工程质量、使用功能存在明显缺陷的，要责令整改，并停止竣工验收；整改合格后，重新组织竣工验收。

6.8 公共租赁住房工程的最低保修期限为：地基基础和主体结构工程，为设计文件规定的该工程的合理使用年限；屋面防水工程、有防水要求的卫生间、房间和外墙面的防渗漏，为5年；供热与供冷系统，为2个采暖期、供冷期；电气系统、给排水管道、设备安装，为2年；装修工程，为2年。

7 山东省 | Shandong

（1）计划及完成情况

2010年计划目标：新增廉租住房保障2万户；建成经济适用住房4万套；改造城市棚户区400万平方米。

（来源：《齐鲁晚报》）

2010年完成情况：新增保障性住房10.63万套，改造各类棚户区住房8.74万套。同时，去年全省农村住房整村改造建设126万户，农村危房改造完成25万户。（来源：《山东2010经济和社会发展情况与2011计划草案》）

2011年计划：计划建设各类保障性住房32.43万套，其中公共租赁住房7.4万套、廉租住房1.2万户、经济适用住房8.7万套、限价商品住房3.32万套、棚户区改造11.81万户；新增廉租住房租赁补贴0.8万户。

（来源：《2011年全省住房和城乡建设工作要点》）

（2）2010年相关政策

山东省人民政府关于保持全省房地产市场稳定健康发展的意见

各市人民政府，各县（市、区）人民政府，省政府各部门、各直属机构，各大企业，各高等院校：

为保持我省房地产市场稳定健康发展、改善人民群众居住条件、促进经济社会又好又快发展，根据《国务院关于坚决遏制部分城市房价过快上涨的通知》（国发［2010］10号）及《国务院办公厅关于促进房地产市场平稳健康发展的通知》（国办发［2010］4号）精神，结合我省实际，提出如下意见：

❶ 增加面向城市普通居民的住房供应

（一）加快编制实施住房建设规划。各地要以国民经济和社会发展规划、土地利用总体规划、城市总体规划为依据，深入分析当地居民合理住房需求和供应能力，统筹考虑土地、能源、水资源和环境等综合承载力，科学确定住房供应规模和比例，尽快组织编制2010—2012年住房建设规划。规划要以满足城市居民基本住房需求为出发点，重点明确中低价位、中小套型普通商品住房和限价商品住房、保障性住房的建设数量和比例，把各类房源落实到建设项目上，落实到住房用地年度供应计划中，落实到具体地块。编制住房建设规划，由住房城乡建设部门牵头，发展改革、财政、国土资源、规划等部门配合。各地要在7月底前编制完成3年住房建设规划并向上一级政府主管部门备案，同时向社会公布，稳定房地产投资者和消费者的心理预期。要同步配套建立保障性住房与房地产开发项目库，明确每个项目的建设时序、规划要求、住房套型结构比例、保障性住房配建比例等控制性指标，保证住房建设规划有效实施。

（二）进一步优化住房供应结构。在保持住房供求总量基本平衡的同时，着力增加中低价位、中小套型普通商品住房供应，合理安排经济适用住房建设规模，全面开展公共租赁住房试点工作，扩大廉租住房保障范围。住房城乡建设部门要加快对普通商品住房的规划、开工建设和预售的审批，尽快形成有效供应。保障性住房、棚户区改造和中小套型普通商品住房用地不低于住房建设用地供应总量的70%，并优先保证供应。城乡规划、房地产主管部门要积极配合国土资源部门，将住房销售价位、套数、套型面积、保障性住房配建比例以及开竣工时间、违约处罚条款等纳入土地出让合同，确保中小套型住房供应结构比例严格按照有关规定落实到位，满足不同收入居民的合理居住需求。

（三）组织建设限价商品住房。外来购房者较多、房价收入比偏高的城市，可根据当地实际情况，组织建设限价商品住房。要选择交通便利、配套设施齐全的地块，按照"政府组织协调、企业市场运作"的原则，组织建设限价商品住房，定向供应本地的城市中等偏下收入无住房家庭。限价商品住房的套型要控制在90平方米以下，建设标准、对外销售和供应对象的条件由当地政府制定，住房城乡建设、国土资源、规划、房管等部门要根据各自职责做好相关工作。限价商品住房也可在普通商品住房项目中按一定比例配建。

❷ 深入推进保障性安居工程建设

各地要进一步完善城市住房保障体系，建立健全向低收入家庭提供廉租住房和经济适用住房，向中低偏下收入家庭及新就业职工、外来务工人员提供公共租赁住房的城市住房保障制度。同时，加快推进城市和国有工矿棚户区改造，改善棚户区居民住房条件，使住房保障制度惠及更多的住房困难群体。

（一）抓紧编制保障性住房建设规划。各地要深入分析中低收入居民基本住房需求，抓紧组织编制2010—2012年保障性住房建设规划，明确近3年廉租住房、经济适用住房、公共租赁住房建设和棚户区改造目标及分年度计划，并落实到具体项目和地块。各地的保障性住房建设规划要于2010年7月底前编制完成，并向社会公布。设区城市的保障性住房建设规划报省住房城乡建设厅、省发展改革委、省财政厅备案。

（二）加快解决城市低收入家庭住房困难。通过新建、改建、政府购置和棚户区改造等方式，增加廉租住房和经济适用住房房源，2010—2012年解决23万户城市低收入家庭的住房困难。扩大廉租住房覆盖范围，尽快实现廉租住房和经济适用住房准入标准并轨，3年新增保障性住房6万户（每年不少于2万户），其中新建、筹集廉租住房3万套，不断提高实物配租在廉租住房保障中所占比重；通过棚户区改造，解决符合廉租住房保障条件的低收入家庭5万户。保持合理的经济适用住房建设规模，3年竣工12万套，每年不少于4万套。

（三）加快推进城市和国有工矿棚户区改造。坚持科学规划、政府主导、政策扶持、市场运作、群众参与，确保用3年时间基本完成1188万平方米、17.29万户棚户区改造任务。分清轻重缓急，把握工作节奏，优先改造规模大、条件差、安全隐患严重、群众要求迫切的棚户区，逐步解决零星分散的棚户区。对城市棚户区，要与相邻的棚户区、危旧房、旧厂区及城中村统筹安排，采取就近整合、项目捆绑方式集中连片统一改造。对远离城镇的国有工矿棚户区，凡符合国家城乡建设用地增减挂钩政策的，可将其纳入增减挂钩项目区规划，将安置小区调整到城市近郊或小城镇周边地区。

（四）加快发展公共租赁住房。公共租赁住房是解决中等偏下收入家庭和新就业职工、外来务工人员（含农民工）等特殊群体阶段性基本居住需求的重要措施。各地要按照政府组织、社会参与的原则，加快发展公共租赁住房。各级政府要加大投入，设区城市和外来务工人员较多的县（市），2010年内要全面启动公共租赁住房试点。根据供应对象的基本居住需求，公共租赁住房既可是成套住房，也可以是集体宿舍。要引导鼓励大中型企业、各类产业园区建设和筹集公共租赁住房，也可在城中村、城边村改造项目和普通商品住房项目中配建，政府给予相应的优惠政策支持。公共租赁住房实行准入管理，逐步建立健全申请、审核、公示、轮候、配租和退出等机制。

（五）加大对保障性安居工程建设的支持力度。要切实落实国家和省确定的土地供应、资金投入和税费优惠等政策，确保完成计划任务。廉租住房、经济适用住房、棚户区改造项目，免收城市基础设施配套费、防空地下室易地建设费等行政事业性收费和政府性基金，涉及经济适用住房和廉租住房建设项目安置房用地实行行政划拨，列入省建设投资计划的廉租住房和经济适用住房项目所需新增建设用地的应予以重点支持，切实保证供应；加强成本审核，合理确定经济适用住房基准价格和廉租住房租金标准；廉租住房和经济适用住房的建设、经营、管理，严格执行财政部、国家税务总局有关税收优惠政策。省级财政在安排廉租住房保障奖补资金支持各地廉租住房制度建设的同时，还将对廉租住房中央预算内投资项目给予适当补助。各地要落实保障性安居工程项目建设用地和资金，并及时向社会公布建设计划、建设进度、资金使用等情况。

（六）切实发挥住房公积金对住房保障的促进作用。继续扩大住房公积金制度覆盖范围，重点督促外资企业、民营企业、社会团体为职工缴存住房公积金，力求覆盖所有在职职工。单位和职工住房公积金缴存比例均不得低于5%，并逐步上调至不高于12%。搞好住房公积金贷款支持保障性住房建设试点，定向用于建设经济适用住房、列入保障性住房规划的棚户区改造安置房、政府投资的公共租赁住房。

❸ 合理引导住房消费

（一）加大差别化信贷政策执行力度。金融机构要继续支持居民首次贷款购买普通自住房，同时严格二套住房购房贷款管理，抑制投资投机性购房需求。对购买首套自住房且套型建筑面积在90平方米以上的家庭（包括借款人、配偶及未成年子女，下同），贷款首付款比例不得低于30%；对贷款购买第二套住房的家庭，贷款首付款比例不得低于50%，贷款利率不得低于基准利率的1.1倍；对贷款购买第三套及以上住房的，贷款首付款比例和贷款利率应大幅度提高，具体由商业银行根据风险管理原则自主确定，各级住房城乡建设部门要积极提供房屋权属登记等相关信息。

要严格限制各种名目的炒房和投机性购房。商品住房价格过高、上涨过快、供应紧张的城市，商业银行可根据风险状况，暂停发放购买第三套及以上住房贷款；对不能提供1年以上当地纳税证明或社会保险缴纳证明的非本地居民暂停发放购买住房贷款。人民银行、银监部门要指导和监督商业银行严格住房消费贷款管理。各市人民政府可根据实际情况，采取临时性措施，在一定时期内限定购房套数。对境外机构和个人在境内投资购买房地产的，要严格执行国家现行政策。

（二）继续实施差别化的住房税收政策。严格执行国家有关引导个人合理住房消费和调节个人房产收益的差别化税收政策。对不符合规定条件的，一律不得给予相关税收优惠。税务部门要严格按照税法和有关政策规定，认真做好土地增值税的征收管理工作，对定价过高、涨幅过快的房地产开发项目进行重点清算和稽查。

❹ 切实加强房地产市场监管

（一）加强房地产开发用地管理。国土资源部门要指导督促各地及时制定并公布以住房为主的房地产供地计划，并切实予以落实。房价上涨过快的城市，要增加居住用地的供应总量。各地要综合考虑土地价格、价款缴纳、合同约定开发时限及企业闲置地情况等因素，合理确定土地供应方式和内容，探索土地出让综合评标方法，在坚持和完善土地招拍挂制度的同时，探索“综合评标”“一次竞价”“双向竞价”等出让方式，抑制居住用地出让价格非理性上涨。对拖欠土地价款、违反合同约定、存在严重不良行为的单位和个人，要限制其参与土地出让活动。对收回的闲置土地，要优先安排用于普通住房建设。从严控制商品住房项目单宗土地出让面积。

（二）完善房地产开发经营管理机制。强化过程监控机制，加强商品房预售管理，规划条件、建设条件不落实的，不予核发商品房预售许可证；结合当地实际，合理确定商品房预售许可的最低规模，不得分层、分单元办理预售许可；督导取得预售许可的房地产开发企业，对取得预售许可或者办理现房销售备案的房地产开发项目，要在规定时间内一次性公开全部销售房源，严格按照申报价格，明码标价对外销售；严格执行新建商品房买卖合同网上备案和商品房预售资金监管制度，维护消费者权益。健全终端控制机制，全面实行房地产开发项目综合验收制度，达不到要求的不得交付使用。

（三）加强房地产信贷风险管理。金融机构要进一步完善房地产信贷风险管理制度，坚持公平有序竞争，严格执行信贷标准。要严格执行房地产项目资本金要求，严禁对不符合信贷政策规定的房地产开发企业或开发项目发放房地产开发贷款。人民银行、银监部门要加大对金融机构房地产贷款业务的监督管理和窗口指导。有关部门要加强对信贷资金流向和跨境投融资活动的监控，防范信贷资金违规进入房地产市场。

（四）提升住房品质和房地产业竞争力。加强对住房工程的质量安全监管，深入开展住宅工程质量通病再治理活动，实行分户验收制度、住宅品质状况表制度和物业质量保修金制度。推广新建住宅全装修，减少资源浪费和污染；推行住宅部品认证制度，推进厨卫、隔墙等住宅部品通用化、标准化、工业化。以大型房地产开发企业为龙头、住宅部品骨干企业为依托、科研单位为技术支撑，提高房地产业转化应用先进适用技术和产品的技术集成水平。选择我省部分实力强、业绩优、信誉好、管理规范、技术先进的房地产开发骨干企业，予以重点培育和扶持，促进其进一步做大做强，提高在全国房地产市场的竞争力。

（五）继续规范房地产市场秩序。住房城乡建设部门要会同有关部门，组织开展房地产市场秩序专项检查，对已发放预售许可证的商品住房项目进行清理，对存在捂盘惜售、囤积房源、哄抬房价等行为的房地产开发企业，要加大曝光和处罚力度，问题严重的要取消经营资格，对存在违法违规行为的要追究相关人员的责任。住房城乡建设部门要会同有关部门抓紧制定房屋租赁管理办法，规范发展租赁市场。国土资源部门要加大专项整治和清理力度，严格土地出让价款的收缴，规范分期缴纳行为，深化合同执行监管。房地产开发企业在参与土地竞拍和开发建设过程中，其股东不得违规对其提供借款、转贷、担保或其他相关融资便利。国有资产和金融监管部门要加大对非房地产主业的国有及国有控股企业参与商业性土地开发和房地产经营行为的查处力度。价格等有关部门要强化商品住房价格与涉房收费监管，依法查处在房地产开发、销售和中介服务中的价格欺诈、哄抬房价以及违反明码标价规定等行为。税务部门要进一步加大对房地产开发企业偷漏税行为的查处力度。各设区城市人民政府要对本地区房地产开发企业经营行为进行一次检查，及时纠正和严肃处理违法违规行为，检查处理结果要于2010年6月20日之前报省政府。住房城乡建设部门要会同有关部门组织抽查，确保检查工作取得实效。

（六）进一步加强房地产市场监测。各地要及时向社会公布住房建设计划和住房用地年度供应计划。各级政府要加大资金投入，加快推进房地产市场信息系统建设，由住房城乡建设部门牵头，发展改革、国土资源、规划、财政、税务、公安、价格、金融等部门配合，尽快实现省、市、县三级联网，搭建统一规范、数据共享的信息平台。要依托房地产市场信息系统，加强统计、分析和监测，及时发布能够反映不同区位、不同类型住房价格变动的信息，稳定市场预期，引导理性消费。

❺ 加强对房地产市场调控工作的组织领导

（一）统一思想，提高认识。住房问题关系国计民生，既是经济问题，也是影响社会稳定的重要民生问题。房价过高、上涨过快，加大了居民通过市场解决住房问题的难度，增加了金融风险，不利于经济社会协调发展。各地、各有关部门要充分认识保持房地产市场稳定健康发展的重要意义，认真落实中央确定的房地产市场调控政策，根据各地实际情况，分类施策，不搞一刀切。当前，房价仍过快上涨的地方，要采取坚决措施予以遏制，努力促进经济社会和谐稳定发展。

（二）落实责任，建立考核问责机制。稳定房价和住房保障工作，实行省级人民政府负总责，市、县（市、区）人民政府抓落实的工作责任制。继续实行省、市住房保障和房地产市场宏观调控联席会议制度，落实各有关部门的职责分工，加强协调配合，把国家和省各项政策落到实处。各级政府要定期分析形势，依据当地情况研究制定相应的政策措施，保障居民住房的正常供应，确保房地产市场稳定健康发展。省住房城乡建设厅、监察厅等部门要加强督查，对相关工作进行检查考核，对稳定房价、推进保障性住房建设工作不力，影响社会发展和稳定的，要追究责任。

（三）坚持正确的舆论导向，引导理性住房消费。进一步健全房地产市场信息发布机制，增加市场透明度。各有关部门、新闻媒体要客观、公正、全面地做好房地产市场信息披露、市场价格以及走势等的宣传报道，营造公开、公正、透明有序的房地产市场环境；引导居民树立合理、节约的住房消费观念，根据自身居住状况和经济承受能力理性消费，形成有利于房地产市场稳定健康发展的社会氛围。

山东省人民政府

二〇一〇年六月十六日

8 广东省 | Guangdong

（1）计划及完成情况

2010年计划目标： 保障性住房的目标任务为5.64万套，其中廉租房2.73万套，经济适用房1.6万套，公共租赁房3000套，国有工矿住房1500套，林业棚户区住房8500套。（来源：广东省人民政府）

2010年完成情况： 广东住房保障就完成投资89.6亿元，新开工各类住房12.5万套，竣工各类住房6.1万套，同比增长165%，完成国家下达我省目标责任的202%。（来源：住房和城乡建设部网站）

2011年计划： 广东计划建设、筹集保障性住房31万套，其中初步确定新建和筹集廉租房4.79万套，其中以租赁补贴形式完成1.02万套、以实物分配方式3.77万套；经济适用房3.08万套；公租房9.28万套；限价房11.5万套；此外，还有棚户区改造2.35万套。（来源：住房和城乡建设部网站）

（2）2010年相关政策

关于加快发展公共租赁住房的实施意见

大力发展公共租赁住房，是完善住房供应体系，满足城市中等偏下收入家庭、新就业职工和外来务工人员基本住房需求的重要举措，是引导城镇居民合理住房消费，调整房地产市场供应结构的必然要求。为加快解决我省城市中等偏下收入住房困难家庭的阶段性居住问题，根据《国务院关于坚决遏制部分城市房价过快上涨的通知》（国发［2010］10号）、《国务院办公厅关于促进房地产市场平稳健康发展的通知》（国办发［2010］4号）和住房城乡建设部等七部门《关于加快发展公共租赁住房的指导意见》（建保［2010］87号）等文件精神，现就加快发展我省公共租赁住房提出如下实施意见：

❶ 明确发展总体要求

（一）指导思想。

以科学发展观为指导，认真贯彻落实《珠江三角洲地区改革发展规划纲要（2008—2020年）》，坚持以人为本，因地制宜，创新投融资、土地利用及建设管理等方式，大力推进公共租赁住房建设，积极培育和发展住房租赁市场，完善住房保障体系，进一步引导住房合理消费，加快实现“住有所居”的目标。

（二）基本原则。

1.政府主导、社会参与。加强政府公共租赁住房发展政策制订和落实的引导作用，增加投入，采取土地、财税、金融等支持政策，鼓励社会力量参与，充分发挥市场机制的作用，积极推动公共租赁住房投资、建设、运营与管理市场化运作。

2.因地制宜、分类指导。从各地实际出发，合理确定公共租赁住房的供应规模和保障对象；加强对不同地区公共租赁住房工作的分类指导，科学制订发展规划和年度实施计划，综合开发，配套建设，分步实施。

3.创新机制、全面推进。先行先试，积极探索创新具有广东特色的公共租赁住房投资、建设、营运和管理的体制与机制；以点带面，全面推进，确保完成公共租赁住房建设目标。

4.只租不售、循环使用。公共租赁住房着重解决规定对象的阶段性居住困难，满足基本居住需求，定向出租，只租不售，超标退出，循环使用，规范管理；坚持“谁投资、谁所有”，投资者权益可以依法转让，但公共租赁住房性质不变。

❷ 合理确定保障对象和保障标准

（三）保障对象。公共租赁住房是由政府主导投资、建设和管理，或由政府提供政策支持、其他各类主体投资建设、纳入政府统一管理，限定建设标准和租金水平，向符合条件的住房困难家庭和单身居民出租的保障性住房。保障对象主要是城市中等偏下收入住房困难家庭和新就业职工；有条件的地区可以将有稳定职业并在就业地居住满一定年限、符合保障条件的外来务工人员逐步纳入保障范围。

（四）保障标准。各地要结合实际，合理确定本地区公共租赁住房套型及建筑面积标准。新建的成套公共租赁住房，单套建筑面积严格控制在60平方米以下，并可根据申请家庭的人口规模配租不同面积的套型住房。具体保障对象条件及收入线标准由市、县政府确定，定期向社会公布。

已享受廉租住房实物配租和政府购房优惠政策（包括经济适用住房、限价商品住房等）及已租住直管公房或单位自管公房的家庭，不得租住公共租赁住房。

❸ 采取多种形式筹集房源

（五）多渠道筹集房源。公共租赁住房可以由政府投资建设，也可以由企业和其他机构投资建设。公共租赁住房房源可以通过新建、改建、配建、收购、租赁等方式多渠道筹集，具体可以通过以下方式筹集：

1.政府投资建设、收购的住房；

2.在商品住房开发以及“三旧”（旧城镇、旧厂房、旧村庄）改造中的商品住房项目中按一定比例配套建设的住房；

3.各类产业园区集中配套建设的职工公寓和集体宿舍；

4.企业和其他机构投资建设的住房；

5.政府在市场上租赁的住房；

6.廉租住房、经济适用住房按照有关规定改转为公共租赁住房；

7.机关企事业单位的现有存量公房、直管公房改造成公共租赁住房；

8.社会捐赠及其他渠道筹集的住房。

（六）约定配建要求。在商品住房开发及“三旧”改造项目中配套建设公共租赁住房的，城乡规划、国土资源部门应当在建设项目用地出让条件中，明确配套建设的公共租赁住房总建筑面积、单套建筑面积、套数、套型比例、建设标准、房屋权属等事项，并在土地出让合同中约定。房地产开发企业未按规定配套建设公共租赁住房的，应当依法承担相应违约责任。

（七）鼓励社会建设。外来务工人员集中的开发区、工业园区和产业园区，各市、县政府应当统筹规划，按照集约用地、集中建设的原则，引导各类投资主体建设公共租赁住房，面向用工单位或者园区就业人员出租；鼓励各类企业和其他机构以独资、集资或股份制的方式投资建设公共租赁住房，并给予享受公共租赁住房建设和运营的有关优惠政策。

（八）规范单位自建。住房困难职工较多的单位，在符合城乡规划的前提下，经市、县政府批准，可以利用自用土地建设公共租赁住房，纳入当地政府公共租赁住房规划（计划）实行统一管理，优先向本单位符合条件的职工出租；剩余房源可由当地政府以成本价收购后纳入公共租赁住房管理，也可由该单位严格按照规定的公共租赁住房准入条件、租金水平、退出机制等要求自行管理并接受当地政府监督。

（九）严格执行规范。新建公共租赁住房应当满足基本居住需求，符合安全卫生标准，并按照经济、节能和环保的原则进行一次性装修。以集体宿舍形式建设的公共租赁住房，应严格执行宿舍建筑设计规范的有关规定。各地可根据实际情况制订公共租赁住房建设技术导则。

（十）合理规划布局。公共租赁住房的筹集和建设要结合城市总体规划、近期建设规划、新城建设（含卫星城、中心镇）、轨道交通建设等情况，充分考虑居民对交通、就业、入学、就医等要求，尽可能安排在交通便利、公共设施较为齐全的区域。新建公共租赁住房以配建为主，也可以相对集中建设或结合“三旧”改造项目统筹安排。

❹ 建立稳定的资金来源渠道

（十一）多渠道筹集建设资金。公共租赁住房资金来源主要包括：

1.中央和省安排的专项补助资金；

2.当地财政年度预算安排资金；

3.土地出让收入提取一定比例的资金；

4.通过创新投融资方式和公积金贷款筹集的资金；

5.出租公共租赁住房及出租、出售配套设施回收的资金；

6.发行企业专项债券；

7.社会捐赠的资金；

8.经当地政府批准可纳入公共租赁住房筹集资金使用范围的其他资金。

（十二）加大政府资金投入。各市、县政府应当通过直接投资、资本金注入、投资补助、贷款贴息等方式，加大对公共租赁住房建设和运营的投入。省财政每年安排一定的公共租赁住房专项补助资金，支持粤东西北地区建设公共租赁住房，具体补助办法由省财政部门会同省住房城乡建设部门另行制定。

（十三）开展金融创新试点。在公共租赁住房建设任务重、资金需求量大的城市，积极创造条件支持其开展政府出资与社会筹资相结合的公共租赁住房股权信托基金融资试点，探索运用房地产投资信托基金加快推进公共租赁住房建设。

（十四）积极拓宽融资渠道。政府投资建设的公共租赁住房，纳入住房公积金贷款支持保障性住房建设试点范围。鼓励金融机构发放公共租赁住房中长期贷款。有关金融机构发放公共租赁住房中长期贷款的具体办法按照中国人民银行和中国银监会的有关规定执行。支持符合条件的企业通过发行中长期债券等方式筹集资金，专项用于公共租赁住房建设和运营。积极探索运用保险资金、信托资金、社保基金及其他金融工具投资公共租赁住房建设。

（十五）严格资金管理。公共租赁住房建设资金实行专款专用，不得挪作他用。政府投资建设公共租赁住房的租金收入，应按照政府非税收入管理的规定缴入同级国库，实行“收支两条线”管理。

（十六）确保资金偿还。公共租赁住房租金收入专项用于偿还公共租赁住房贷款，以及公共租赁住房的维护、管理和投资补助。各类企业和其他机构投资建设的公共租赁住房租金收入，应优先用于归还公共租赁住房建设贷款以及公共租赁住房的维护和管理支出。租金收入仍不足偿还贷款及信托融资等本金及利息的差额部分，经有关部门批准后可以其他收入的方式偿还。

❺ 加大配套政策支持力度

（十七）保障建设用地供应。各地应加快建立健全公共租赁住房土地储备制度。国土资源部门应将公共租赁住房建设用地纳入年度土地利用供应计划，予以重点保障。城乡规划、住房保障等部门在编制近期建设规划、控制性详细规划、保障性住房建设规划时，应当明确公共租赁住房建设用地的规模、空间布局和具体地块。

（十八）拓宽土地供应方式。面向经济适用住房对象供应的公共租赁住房，建设用地实行划拨供应。其他方式投资的公共租赁住房，建设用地可以采用出让、作价入股等方式有偿使用，并将所建公共租赁住房的租金水平、套型结构、建设标准和设施条件等作为土地供应的前置条件，所建住房只能租赁，不得出售。公共租赁住房建设项目中的配套设施建设应按国家和省有关规定执行，并依法办理相关手续。鼓励各地创新土地供应方式，拓宽土地供应渠道。

（十九）加大税费扶持力度。对公共租赁住房的建设和运营给予税收优惠，具体实施办法按照财政部和国家税务总局的相关规定执行。公共租赁住房建设涉及的行政事业性收费和政府性基金，按照经济适用住房的相关政策执行。

（二十）明晰产权归属关系。公共租赁住房建设实行“谁投资、谁所有”，并在房地产登记簿和权属证书上载明公共租赁住房性质；属于共有的，应当注明共有份额。在公共租赁住房性质不变的前提下，投资者权益可以依法转让。

❻ 规范运营管理和监督机制

（二十一）加强制度建设。各市、县政府要建立健全公共租赁住房申请、审核、公示、配租、租后管理等制度。可设立专业运行机构具体负责公共租赁住房的投资、建设、租赁和运行管理等工作。各级住房保障管理部门要按照规定程序严格准入审批，加强对公共租赁住房运营的监督管理，做到配租过程公开透明、配租结果公平公正。各类企业和其他机构投资、建设、运营公共租赁住房，必须严格按照政府确定的准入条件、租金水平、租赁期限、退出要求等进行规范管理。

（二十二）建立信息化监督平台。各市、县要配合省住房城乡建设部门建立健全全省联网的公共租赁住房服务信息平台，完善纸质档案和电子档案的收集、管理和利用等工作，保证档案数据的完整、准确。要通过形成完整的全省住房租赁服务信息网络系统，并与全省电子监察平台联网，实现网上实时动态管理和监督。

（二十三）规范配租安置。每个符合公共租赁住房供应的家庭只能承租一套公共租赁住房。政府投资建设的公共租赁住房实行轮候保障，尽可能就近就地安置。企业和其他机构投资建设的公共租赁住房，优先提供给本单位的新就业职工和外来务工人员租住，剩余房源由当地住房保障管理部门调剂安置其他符合保障条件的对象租住。

（二十四）强化合同管理。公共租赁住房实行合同管理制度，出租人与承租人应当签订书面租赁合同，租赁合同示范文本由省住房城乡建设部门会同有关部门制订。公共租赁住房租赁合同期限一般为3~5年，租赁合同期满后承租人经资格审核仍符合规定条件的，可以申请续租。承租人应当按照合同约定合理使用住房，及时缴纳租金和其他费用。

（二十五）合理确定租金。公共租赁住房租金水平由各市、县价格主管部门会同住房保障管理部门，根据租赁对象的经济承受能力、租房区域、位置条件和建设管理成本等，按照不高于同期、同区域、同类型普通商品住房平均租金的80%和住房困难群体的收入水平分层次确定，并报同级政府批准后实施。租金的具体标准按年度实行动态调整，并及时向社会公布。符合廉租住房保障条件的家庭承租公共租赁住房的，可以申请廉租住房租赁补贴。

（二十六）健全退出机制。承租人不再符合政府规定的公共租赁住房保障条件时，应当及时向当地住房保障管理部门报告并退出。确有困难暂不能退出的，经当地住房保障管理部门同意，可以向出租人申请最长不超过6个月的延长租住期，延长期内，出租人可按同区域同类住房市场租金收取租金。

（二十七）查处违约行为。对不再符合公共租赁住房保障条件或延长期届满后仍不退出承租住房的承租人，住房保障管理部门应当责令其退出；出租人可按同区域同类住房市场租金的2倍计收其超期居住的租金。承租人拒不退出公共租赁住房的，出租人可依法申请人民法院强制搬迁。

公共租赁住房只能用于承租人自住，不得出借、转租或闲置，也不得用于从事其他经营活动。承租人违反规定使用公共租赁住房的，住房保障管理部门应当责令其退出。承租人拖欠租金和其他费用的，住房保障管理部门可以通报其所在单位，并从其工资收入中直接划扣。

（二十八）严惩违纪行为。对在公共租赁住房投资、建设、运营、管理中出现严重失职、滥用职权、营私舞弊、索贿受贿以及侵害公共租赁住房申请人、承租人合法权益等违法违规行为的，要严肃查处，依法依规追究相关单位和人员的责任。涉嫌犯罪的，依法移送司法机关处理。

（二十九）加强社会监督。公共租赁住房建设筹集、申请审核、供应分配和租后管理等工作要主动接受社会监督。公共租赁住房的建设资金、建设套数、开工和竣工时间、使用分配等情况应当在当地政府有关网站和新闻媒体上公示，充分发挥社会各界和新闻媒体的监督作用，促进公共租赁住房制度公开、公平和公正实施。

❼ 加强组织领导

（三十）强化各级政府责任。发展公共租赁住房实行省政府负总责、市县政府抓落实的责任制。各市、县政府要加强组织领导，明确工作责任，加大工作力度，健全住房保障管理机制，充实人员，落实经费，确保公共租赁住房保障工作顺利实施。各级住房保障管理部门负责公共租赁住房的行政管理工作，各级发展改革、监察、财政、国土资源、城乡规划、民政、物价、税收和银监、人民银行等有关部门要各司其职、密切配合，加快制定相关配套政策或具体办法。

（三十一）抓紧制订规划。各市、县政府要根据当地经济发展水平、房价水平和市场小户型租赁住房供需情况等因素，科学制订公共租赁住房发展规划和年度计划，并纳入当地2010—2012年保障性住房建设规划和“十二五”住房保障规划，分年度组织实施。

（三十二）严格目标考核。省住房城乡建设部门要会同有关部门，加强对各地公共租赁住房工作的指导和监督。自2010年起，将公共租赁住房建设纳入省住房保障目标管理考核重要内容。各级政府、各有关部门要细化分解任务，层层落实责任，加强对规划、项目、土地、资金、税收等政策落实以及目标任务完成情况的监督检查，并定期通报结果。对工作不落实、措施不到位的地区和单位及相关责任人，要依照有关规定进行行政问责。

（三十三）加快制订实施细则。各地级以上市政府要根据住房城乡建设部等七部门《关于加快发展公共租赁住房的指导意见》（建保［2010］87号）和本实施意见，结合当地实际情况抓紧制订实施细则，于2010年底前报省住房城乡建设厅备案。各地已经出台的政策性租赁住房、经济租赁住房、农民工公寓（集体宿舍）等政策，统一按建保［2010］87号文和本实施意见的规定进行调整。

9 海南省 | Hainan

（1）计划及完成情况

2010年计划目标： 计划建设10.09万套保障性住房，危房改造1万户。（来源：人民网）

2010年完成情况： 全省保障性住房建设完成投资62.98亿元，实际开工12.63万套、1057.09万平方米，占全年计划的125%，竣工7.4万套、561.72万平方米，超额完成国家下达任务。危房改造已完成改造12 889户，开工建设19 466户，也超额完成改造1万户年度计划的任务。（来源：2010年海南省住房和城乡建设厅工作报告）

2011年计划： 新建各类保障性住房9.15万套、631万平方米。改造3万户农村危房和1万户库区危房，全面完成国有林区林场危旧房改造。（来源：海南省政府工作报告）

（2）2010年相关政策

海南省人民政府关于加快发展保障性住房的意见

各市、县、自治县人民政府，省政府直属各单位：

实施保障性安居工程，实现百姓住有所居，是党中央、国务院的重大决策，也是省委、省政府确定的一号民生工程。为推进海南国际旅游岛建设和强岛富民战略，加快解决城镇中低收入家庭住房困难问题，建设好海南人民的幸福家园，根据国务院及有关部门文件精神，结合海南实际，提出以下意见：

❶ 目标任务

2010—2012年，加大保障性安居工程投入力度，建立健全分层次、多渠道的住房保障体系，加快推进危旧房改造，解决30万户城镇住房困难家庭的住房问题。其中，建设保障性住房15万套，完成各类危旧房（城市、工矿、农垦、林业棚户区及旧住宅区等）改造15万套，努力使城镇住房困难家庭住有所居、各得其所。

❷ 建立健全保障性住房体系

城镇保障性住房体系包括廉租住房、公共租赁住房、经济适用住房和限价商品住房，分别面向不同收入家庭供应。

（一）廉租住房由政府出资新建、改建、购买或租赁，并实行实物配租和货币补贴相结合的保障方式。建设用地实行划拨供应，建设资金由中央、省财政补助和市、县政府投入。供应对象为人均住房建筑面积13平方米以下的城镇低收入（含低保）住房困难家庭。套型建筑面积以50平方米以下为主。租金实行政府定价管理。有条件的市、县可以探索廉租住房租售并举、共有产权运营管理模式。

（二）公共租赁住房通过新建、改建、收购、在市场上长期租赁住房等方式多渠道筹集房源。新建公共租赁住房由政府直接投资新建、企事业单位利用自用土地自建或开发企业等社会机构投资建设。政府投资的公共租赁住房，建设用地实行划拨供应；其他方式投资的公共租赁住房，建设用地可采取出让、租赁或作价入股等方式有偿使用。

公共租赁住房的供应对象为暂无支付能力购买经济适用住房的城镇中等偏下收入家庭、新就业职工和外来务工人员住房困难者。套型建筑面积以60平方米以下为主。租金实行政府指导价管理。

（三）经济适用住房由政府部门、非营利机构或房地产开发企业投资建设，通过销售住房所得价款回收投资。建设用地实行划拨供应。套型建筑面积可参照我省职工住宅建筑面积标准，以60平方米左右为主。销售价格实行政府指导价管理，具体价格按土地取得成本和开发成本、建筑安装成本、税金、利息和利润（不超过3%）等因素确定。

经济适用住房的供应对象为有一定支付能力包括机关、企事业单位职工在内的中等偏下收入住房困难家庭。购房人在取得房屋所有权证5年内不得转让，确需转让的，由政府指定的专门机构进行回购；届满5年转让的，购房人要按同地段普通商品房与经济适用住房差价的一定比例向政府交纳土地收益等相关价款，具体交纳比例由市、县政府确定，政府指定的专门机构可优先回购。

（四）限价商品住房由以项目法人招标方式选择的房地产开发企业投资建设，通过销售住房所得价款回收投资。建设用地可以基准地价为底价、通过招标或挂牌方式出让。经市、县政府或当地土地出让协调决策机构同意，土地出让金可以合同方式约定在2年内全部缴清。销售价位要在土地出让前提出，并作为相关土地出让的前置条件，实行政府指导价管理。具体销售价格按土地出让价格和开发成本、建筑安装成本、税费和利润（不得超过6%）等完全成本因素确定。

限价商品住房的供应对象为包括财政供养人员在内的、需要改善住房条件但支付能力欠缺、难以进入商品房市场的中等和中等偏下收入住房困难家庭。套型建筑面积以90平方米以下为主，最大不超过120平方米。购房人在取得房屋所有权证5年内不得转让，确需转让的，由政府指定的专门机构进行回购；届满5年转让的，购房人要向政府交纳一定比例土地溢价等相关价款，具体办法由市、县政府确定，政府指定的专门机构可优先回购。

❸ 加快推进危旧房改造和旧住宅区整治

（一）全面启动城市和国有工矿危旧房改造，进一步推进垦区、林区及水库移民区危旧房改造。各市、县住房城乡建设［住房保障］主管部门及相关部门要指导垦区危房改造、林区棚户区（危旧房）改造工作，协助辖区农场、林场依法完善规划编制、规划报建、施工报建、工程质量监督及房屋权属登记等工作。

（二）危旧住房较多、住房困难职工较多的机关、企事业单位，按属地原则纳入当地政府保障性住房建设规划，统一改造，统筹安排。其中，有闲置居住用地且符合城市规划的单位，经省或市、县政府批准，可结合危旧房改造计划建设有一定规模的保障性住房。在优先满足本单位符合住房保障条件的职工需求的基础上，剩余住房由市、县政府统筹安排，向符合相应保障条件的其他居民家庭出租或出售。出售价格不得低于全成本，要考虑所在地段现行基准地价综合确定。

危旧房（棚户区）改造中的安置住房建设和管理，按拆迁安置的有关政策办理。

（三）鼓励各单位对房屋、道路和各种管线年久失修、服务设施不配套、环境脏乱差的旧住宅小区进行综合整治，使住房质量、小区环境、基础和公共配套设施明显改善。

（四）鼓励有条件的市、县积极招商引资，充分利用市场机制加快旧城区改造。旧城区改造项目要配建一定数量的保障性住房。

❹ 加强规划建设和租售运营管理

（一）保障性住房房源通过新建、购买、改建、租赁、旧房腾退和鼓励社会捐赠等多种渠道筹集。新建项目要统筹规划、合理布局，优先选择在地质条件安全可靠、环境适宜、公共交通相对便利和公共服务设施及市政配套相对完善的区域，采取集中、分散和配建相结合的方式建设。

（二）保障性住房容积率、建筑密度等规划设计指标依据《海南省保障性住房建设技术规定》确定。12层以下（含12层）的保障性住房要安装使用太阳能热水系统，并与主体建筑同步规划设计，同步施工，同步竣工验收、同步交付使用。

（三）保障性住房项目必须严格按照有关规定程序报批、建设，严格执行施工图审查、工程招投标、施工许可、质量安全监督、工程监理、竣工验收、备案等建设程序，严格执行国家有关保障性住房建设的技术标准和强制性条文，确保工程质量、安全和进度。

（四）符合市、县政府规定条件的居民家庭或单身居民只能租赁或购买一套保障性住房。购买经济适用住房的职工，要退出房改所购政策性住房。通过房改享受政策优惠面积已达到职工住宅面积标准的，不得再申请购买经济适用住房或限价商品住房。经济适用住房和限价商品住房实行超面积加价。

（五）保障性住房管理实行申请、审核、公示、轮候、退出制度。保障性住房只能用于自住，不得出借、转租或闲置，也不得用于从事其他经营活动。

（六）各市、县和省直有关机构要切实抓好各类保障性住房的租售及其后续运营管理，创新机制，做好各项具体工作，确保国有住房资产的完整和保值、物业管理等住房保障日常工作健康有序开展。

❺ 切实落实各项支持政策

（一）各市、县要采用计划单列方式足额保证列入年度建设计划的保障性住房建设用地需求，突破计划指标的可先行办理转用和供地审批手续，并同时办理追加指标审批手续。

（二）政府投入保障性住房的各类资金可以统筹使用。省级财政在安排一般预算支出（包括政府债券）和基金支出（包括土地出让金省级统筹部分）时，要向保障性住房建设项目倾斜。各市、县要从土地出让金收入、城镇建设税、城镇公用事业附加费、城镇基础设施配套费以及市、县新增财力中安排资金保证廉租住房、经济适用住房和公共租赁住房的建设需要。有条件的地区可对公共租赁住房建设和经营贷款给予适当贴息。

（三）放宽住房公积金提取、贷款条件，符合租、购保障性住房条件的职工家庭可用住房公积金支付租金、房价款。引导金融机构加大信贷支持力度，在贷款期限和利息方面给予适当优惠。

（四）廉租住房、公共租赁住房、经济适用住房建设及城市和国有工矿棚户区改造项目，免征城市基础设施配套费等各类行政事业性收费和政府性基金。限价商品住房项目城市基础设施配套费按收费标准的50%征收。廉租住房、经济适用住房减半收取防空地下室易地建设费。城市和国有工矿棚户区改造安置住房建设和通过收购筹集安置房源的，执行经济适用住房的税收优惠政策。林区、垦区危旧房改造享受廉租住房建设有关优惠政策。

有关税收支持政策，按《财政部、国家税务总局关于廉租住房经济适用住房和住房租赁有关税收政策的通知》（财税［2008］24号）执行。

❻ 加强组织领导和监督管理

（一）发展保障性住房是各级政府的重要职责。省政府对全省保障性住房建设负总责，对各市、县政府实行目标责任制管理，加强监督和指导。各市、县政府是保障性住房建设的责任主体，要在省政府的统一领导下，制定具体的规划、计划和落实措施，周密部署，规范管理程序。

（二）省和各市、县要按照决策、管理、实施相分离的要求，建立健全住房保障的决策机构、管理机构和实施机构（住房保障中心），并落实人员和经费，为加快发展保障性住房创造有利条件。

（三）省和市、县发展改革、财政、公安、监察、民政、国土、规划建设、统计、税务、物价等部门要增强大局意识，加强协调配合，按各自职责制定相关配套政策，形成合力，推动保障性住房建设工作。

（四）街道办事处（镇政府）要设立住房保障的审核受理窗口，配备专职人员，并充分发挥居委会的作用，承担保障性住房租售环节的基础性事务工作。

（五）省和市、县要在城镇居民家庭住房、收入和财产状况调查的基础上，划定住房保障收入线标准和住房困难标准，加快编制2010—2012年保障性住房建设规划和“十二五”住房保障规划并及时向社会公布。

（六）省政府有关部门要加强对市、县工作的指导、监督和检查。各市、县政府要加强对规划、土地、资金等政策落实情况及工程进度、质量安全、租售运营等实施情况的监督检查。要畅通信访举报渠道，加强社会监督。同时加强舆论引导，争取社会各方面的支持。

（七）居民家庭或个人以弄虚作假、瞒报、贿赂等不正当手段取得保障性住房的，由市、县住房保障管理机构取消其住房保障资格。有关工作人员在保障性住房规划建设、租售及运营管理过程中滥用职权、玩忽职守、徇私舞弊的，依法依纪追究责任。

（八）各市、县及农垦、林业等部门要严格执行《海南省廉租住房实物配租管理暂行办法》《海南省经济适用住房管理实施办法》和《海南省保障性住房管理暂行办法》《海南省公共租赁住房管理办法（试行）》《海南省限价商品住房管理办法（试行）》，并可结合本意见制订具体实施细则。

二〇一〇年八月三十一日

海南省限价商品住房管理办法［试行］

为建立和完善住房保障制度，规范限价商品住房的管理工作，根据《国务院办公厅关于促进房地产市场平稳健康发展的通知》（国办发［2010］4号）、《海南省人民政府办公厅贯彻国务院办公厅关于促进房地产市场平稳健康发展通知的实施意见》（琼府办［2010］19号）和《海南省人民政府关于加快发展保障性住房的意见》（琼府［2010］64号）等有关规定，结合我省实际，制定本办法。

第一章　总则

第一条 本办法所称限价商品住房，是指由市、县人民政府限定套型结构比例（限定套型面积）和控制销售价位（限定销售价格），并定向销售（限定销售对象）的中低价位、中小套型普通商品住房。

本省行政区域内限价商品住房的建设、供应、运营和管理工作，适用本办法。

第二条 限价商品住房的建设和管理工作坚持政府主导、社会参与；公开透明、公平公正；严格交易、动态监管的原则。

第三条 市、县人民政府负责限价商品住房规划、建设、销售、运营和管理等工作。省住房和城乡建设行政主管部门会同发展和改革、物价、监察、财政、国土环境资源、税务及金融管理机构，按照各自职责，指导和监督全省限价商品住房管理工作。

第二章　开发建设

第四条 限价商品住房开发建设主体为以项目法人招标方式选择的房地产开发企业。限价商品住房建设应当严格执行国家和本省有关保障性住房技术规定及基本建设程序，通过集中、分散、配建等方式开发建设。

第五条 集中建设限价商品住房是指市、县人民政府根据住房发展规划和年度建设计划，确定限价商品住房建设项目，由住房保障实施机构统一组织实施、统一规划建设、统一配售管理的建设方式。

第六条 分散建设限价商品住房是指危旧房较多、住房困难职工较多的机关、企事业单位，利用现有土地资源、危旧房改造等方式获得建设用地，经市、县人民政府批准，个人按综合成本价购买，政府给予信贷政策支持，由建设主体实施的建设方式。

第七条 配建限价商品住房是指市、县人民政府采取招标、拍卖、挂牌方式出让商品住房用地时，或者进行城市棚户区改造时，由开发企业在商品住房小区中配套建设限价商品住房的建设方式。

市、县人民政府应当明确项目配建限价商品住房的总面积、单套建筑面积、套数、套型比例、建设标准以及建成后移交或者回购等事项，并以合同方式约定。供地公告中应当注明配建的开发条件。

第八条 限价商品住房套型面积以90平方米以下为主，最大不超过120平方米。

第九条 限价商品住房项目建设应当首先向项目属地发展和改革部门进行备案；建设用地必须符合土地利用总体规划和城市总体规划，纳入土地利用年度计划统筹安排，优先安排使用存量闲置建设用地，优先保障供应。

限价商品住房建设用地可以基准地价为底价、通过招标或者挂牌方式出让，经市、县人民政府或者当地土地出让协调决策机构集体同意，土地出让金可以合同方式约定在2年内全部缴清，首次缴纳比例不得低于全部土地出让价款的50%。

第十条 限价商品住房开发建设享受以下优惠政策:

（一）限价商品住房项目城市基础设施配套费按收费标准的50%征收。开发建设环节收取的工程设计费、工程招标代理服务费、工程造价咨询服务费、建筑幕墙、门窗物理性能检测服务费等各项经营服务性收费实行优惠，具体由省物价局结合实际确定。

（二）各金融机构可以向限价商品住房建设单位发放开发贷款，建设单位可以以在建项目作抵押向商业银行申请住房开发贷款。

（三）购买限价商品住房提取住房公积金或者办理住房公积金贷款，按照促进住房公积金支持保障性住房建设的相关办法执行。

第三章　分配管理

第十一条 限价商品住房保障对象为包括财政供养人员在内的、需要改善住房条件但支付能力欠缺、难以进入商品房市场的中等和中等偏下收入住房困难家庭。符合下列条件的家庭可以申请购买1套限价商品住房:

（一）满足市、县人民政府规定的户籍、劳动关系和各项社会保险要求;

（二）无房或者现住房面积低于市、县人民政府规定标准的住房困难家庭;

（三）家庭收入符合市、县人民政府划定的中等收入线或者中等偏下收入线标准;

（四）市、县人民政府规定的其他条件。

第十二条 居民申请购买限价商品住房应当提供以下材料:

（一）家庭成员身份证件、户口簿等;

（二）家庭成员婚姻状况证明、收入证明;

（三）用人单位证明、劳动用工合同及社保证明;

（四）所在单位或者居住地街道办事处（镇人民政府）出具的住房情况证明;

（五）市、县人民政府规定的其他需要提供的材料。

第十三条 居民申请购买限价商品住房按以下程序进行审核:

（一）初审：收到申请后进行初审，经过初审符合本办法第十一条规定的，应当予以受理。

（二）复审：受理申请后，通过查阅房产登记资料、入户调查、邻里访问以及信函索证等方式对申请者的情况进行审查。

（三）公示：对符合条件的申请者，应当在申请者现户籍地及居住地社区和当地媒体予以公示。公示内容包括申请者姓名、家庭收入及住房情况等。

（四）批准：公示后没有投诉举报的，由住房保障实施机构发放准予购买限价商品住房核准通知。公示后有投诉举报的，由住房保障管理机构会同有关部门进行调查、核实。对不符合规定条件的申请人，取消其申请资格并以书面形式告知；对投诉举报经查证不属实的，应当发放准予购买限价商品住房的核准通知，注明可以购买的面积标准。

第十四条 申请人凭准购通知书购买限价商品住房。由住房保障实施机构会同人事劳动等有关部门采取抽签、摇号或者打分等方式确定轮侯及分房顺序。监察部门对分房过程实行监督。

对残疾人员、优抚对象、复转军人等住房困难家庭应当优先安排。

第十五条 通过房改享受政策优惠面积已达到职工住宅面积标准的，不得再申请购买限价商品住房。

第四章　运营管理

第十六条 市、县人民政府应当根据地段等因素核定限价商品住房指导价。指导价由同级价格主管部门会同住房保障管理机构审核确定，报同级人民政府批准后执行并向社会公布。

第十七条 限价商品住房销售价位应当在土地出让前提出，并作为相关土地出让的前置条件。具体销售价格应当按土地出让价格和开发成本、建筑安装成本、税费和利润（不得超过6%）等完全成本因素确定。

限价商品住房销售应当实行明码标价，价格主管部门应当依法进行监督管理。

第十八条 购买限价商品住房实行超面积加价。购房面积小于、等于90平方米的不加价；家庭户籍人口在4人以上的，不加价购房面积放宽至120平方米。所核定面积按完全成本价格购买，超出面积按同地段普通商品住房价格购买。超出完全成本价的差额收益纳入城市住房基金管理。

购买限价商品住房应当退出原购政策性住房。

第十九条 限价商品住房应当按照有关规定建立健全物业专项维修基金制度。限价商品住房的维修费用、物业服务费及水、电、气等费用均由使用人承担。

第二十条 购买限价商品住房的，应当按照规定办理土地、房产权属登记。权属登记部门应当在权属登记簿中注明限价商品住房、购买价格、准购面积和实际购买面积等内容。

第二十一条 限价商品住房在取得房屋所有权证5年内不得上市交易，确需转让的，由政府进行回购；满5年上市转让的，政府可优先回购。上市交易后购房人应当向政府交纳一定比例土地溢价等相关价款。回购的具体办法和交纳相关价款的比例由市、县人民政府确定。

第五章 监督管理

第二十二条 限价商品住房建设单位将建设用地用于其他房地产开发经营的，由国土资源行政主管部门依照土地管理法律、法规予以处罚。

第二十三条 限价商品住房建设单位擅自提高销售价格或者有其他违反价格管理行为的，由价格行政主管部门责令限期退还收取的差价款，并依法进行处罚。

第二十四条 弄虚作假、隐瞒家庭收入和住房条件等真实情况，骗购限价商品住房的，由住房保障管理机构责令购房人退回。原限价商品住房由市、县人民政府按规定及合同约定回购。

违规出售、出租限价商品住房或者擅自改变住房用途且拒不整改的，由市、县人民政府按规定及合同约定收回。

第二十五条 住房保障管理及实施机构和有关单位的工作人员，有下列行为之一的，依法依纪追究责任：

（一）索取和收受他人财物的；

（二）未按规定程序和条件进行购房资格审查的；

（三）弄虚作假，协助当事人隐瞒真实情况或者为限价商品住房购买人提供虚假证明材料的；

（四）不履行或者不正确履行法定职责并造成严重后果的。

第六章 附 则

第二十六条 各市、县人民政府可根据当地的实际情况制定具体细则。

第二十七条 本办法自发布之日起施行。

海南省公共租赁住房管理办法（试行）

第一章 总 则

第一条 为建立和完善住房保障制度，规范公共租赁住房的管理工作，根据《国务院办公厅关于促进房地产市场平稳健康发展的通知》（国办发［2010］4号）、住房城乡建设部等7部委《关于加快发展公共租赁住房的指导意见》（建保［2010］87号）、《海南省人民政府办公厅贯彻国务院办公厅关于促进房地产市场平稳健康发展通知的实施意见》（琼府办［2010］19号）和《海南省人民政府关于加快发展保障性住房的意见》（琼府［2010］64号）等有关规定，结合我省实际，制定本办法。

第二条 本办法所称公共租赁住房，是指政府给予土地、财税、信贷政策支持，通过地方政府组织建设、企事业单位自建和开发企业等社会机构建设等方式建设（筹集）的各类政策性租赁住房，包括集体宿舍、农民工公寓、青年公寓、教师公寓、人才公寓、周转住房等。

本省行政区域内公共租赁住房的建设、供应、运营和管理工作，适用本办法。

第三条 公共租赁住房建设、分配和管理工作遵循以下原则：政府主导、市场运作；多方建设、动态管理；公平公开、严格监管。

第四条 各市、县人民政府负责做好本市、县范围内公共租赁住房的建设和管理工作。省住房和城乡建设、发展和改革、物价、监察、财政、国土环境资源、税务、国资、人行海口中心支行、住房公积金管理等有关部门按照各自职责分工，做好公共租赁住房相关指导、监督管理工作。

第二章 保障对象

第五条 公共租赁住房保障对象为暂无支付能力购买经济适用住房的中等偏下收入家庭、新就业职工和外来务工人员住房困难者。

第六条 开发企业建设的公共租赁住房，保障对象的认定标准由建设单位报经同级住房保障管理机构核准、备案。企事业单位自建用于本单位职工的公共租赁住房，由建设单位报同级住房保障管理机构备案。

第七条 领取廉租住房租赁补贴的家庭，以及符合经济适用住房保障条件但无能力购买的家庭，可以租赁公共租赁住房。具体条件由市、县人民政府确定，并向社会公布。

第三章 建设管理

第八条 公共租赁住房通过新建、改建、收购、在市场上长期租赁住房等方式多渠道筹集房源。

公共租赁住房套型建筑面积以60平方米以下小户型为主，可根据新就业职工和外来务工人员的情况适当调整。

第九条 政府投资建设或者使用政府性资金建设的，由项目属地发展和改革部门根据政府投资项目的有关规定审批可行性研究报告、初步设计与概算。使用省级政府性或者项目单位为省级单位的应当由省发展和改革部门审批。非财政拨款的企事业单位、开发企业等非政府性资金投资建设的由项目属地发展和改革部门备案。

第十条 公共租赁住房建设涉及的行政事业性收费和政府性基金，按照经济适用住房的相关政策执行。

第十一条 公共租赁住房建设用地纳入年度土地供应计划，予以重点保障。政府投资的公共租赁住房，建设用地实行划拨供应。其他方式投资的公共租赁住房，建设用地可以采取出让、租赁或者作价入股等方式有偿使用。

第十二条 新建公共租赁住房采取地方政府建设、开发企业等社会机构建设、企事业单位自建以及在普通商品住房建设项目、城市棚户区改造项目中配套建设等方式。在符合土地利用规划的前提下，政府可以组织新职工较多的单位利用自用土地建设周转过渡性住房；外来务工人员集中的开发区，可以集中建设集体宿舍、农民工公寓或者人才公寓等，供租赁使用。

第四章 运营管理

第十三条 公共租赁住房租金实行政府指导价管理。租金成本由房屋的折旧费、维修费、管理费、贷款利息构成。由市、县物价部门定期发布公共租赁住房的租赁指导价格，加强对实际租赁价格的监督检查。

第十四条 政府投资建设的公共租赁住房租金收入，应当按照政府非税收入管理的规定缴入同级国库，实行收支两条线管理，可用于公共租赁住房的建设、管理和维修等。企事业单位、开发企业等社会机构建设的公共租赁住房租金收入由建设单位自行管理。

第十五条 市、县人民政府应当通过直接投资、资本金注入、投资补助、贷款贴息等方式，加大对公共租赁住房建设和运营的投入。省财政要给予资金支持。鼓励金融机构发放公共租赁住房中长期贷款。引导保险资金、信托资金投入公共租赁住房建设和运营。政府投资建设的公共租赁住房，纳入住房公积金贷款支持保障性住房建设试点范围。

第十六条 公共租赁住房按投资的主体确定房屋的权属,实行“谁投资、谁所有、谁收益”。政府权属的公共租赁住房只租不售。

企事业单位、开发企业等社会机构建设的公共租赁住房，10年内不得上市交易，并在房屋权属证上予以标注。10年后上市交易时，应当补交土地出让金等土地收益价款和相关优惠税费。

第十七条 公共租赁住房的维修、养护、管理由产权单位负责，产权单位也可委托专业服务企业管理。应当为承租人提供物业管理，物业管理费由承租人负担。应当完善公共服务设施，提供安全、文明、卫生、方便、舒适的居住环境和社会环境。

住房保障实施机构必须加强租赁行业监管，公安机关应当加强就业人员暂住证和治安管理，计生部门加强计生指导，卫生防疫和食品卫生部门定期检查公共卫生和食品卫生状况。

第五章 分配管理

第十八条 符合下列条件的可以申请租赁政府开发建设的公共租赁住房：

（一）无自有住房或者未租住公有住房；

（二）已与当地用人单位签订并履行2年以上劳动用工合同；

（三）家庭收入符合市、县人民政府划定的中等偏下收入线标准；

（四）市、县人民政府规定的其他条件。

第十九条 申请租赁政府开发建设的公共租赁住房应当提交以下材料：

（一）家庭成员身份证件、户口簿等；

（二）家庭成员婚姻状况证明、收入证明；

（三）用人单位证明、劳动用工合同及社保证明；

（四）所在单位或者居住地街道办事处（镇人民政府）出具的住房情况证明；

（五）市、县人民政府规定的其他需要提供的材料。

第二十条 申请租赁政府开发建设的公共租赁住房按以下程序办理：

（一）初审。收到申请后进行初审，经过初审符合本办法第十八条规定的，应当予以受理。

（二）复审。受理申请后，通过查阅房产登记资料、入户调查、邻里访问以及信函索证等方式对申请者的情况进行审查。

（三）公示。对符合条件的申请者，应当在申请者现户籍地、居住地社区、所在单位和当地媒体予以公示。公示内容包括申请者姓名、家庭收入及住房情况等。

（四）批准。公示后有投诉举报的，由住房保障管理机构会同有关部门进行调查、核实；对不符合规定条件的申请人，取消其申请资格并以书面形式告知；经公示无异议或者异议不成立的，作为公共租赁住房保障对象予以登记并向社会公开登记结果。

（五）入住。对于已登记的家庭，由住房保障实施机构会同人事劳动等有关部门采取抽签、摇号或者打分等方式确定轮侯及分房顺序。监察部门对分房过程实行监督。

第二十一条 企事业单位、开发企业等社会机构建设的公共租赁住房实行公开配租制度，由产权单位编制配租方案报住房保障管理机构核准、备案后组织配租。

第二十二条 租住公共租赁住房应当签订租赁合同后方可入住。租赁合同应当注明住房状况、租赁期限、租金标准、物业服务及违约责任等内容。合同期满后承租人仍符合规定条件的，可以申请续租。

第六章 退出管理

第二十三条 租住公共租赁住房有下列情况之一的，由产权单位作出取消保障资格的决定，收回承租的住房：

（一）采用虚报隐瞒户籍、家庭人口、收入以及住房等欺骗方式取得公共租赁住房的；

（二）家庭的收入、人口、住房等情况发生重大变化，不再符合公共租赁住房保障条件的；

（三）擅自改变房屋用途且拒不整改的；

（四）将承租的公共租赁住房转借、转租的；

（五）无正当理由连续6个月以上未在公共租赁住房居住的；

（六）无正当理由连续6个月以上未交纳公共租赁住房租金的；

（七）其他违反合同约定行为的。

第二十四条 公共租赁住房产权单位作出取消保障资格的决定后，应当在5日内书面通知当事人，说明理由。享受公共租赁住房的家庭应当在规定的期限内退回住房。逾期不退回的，产权单位可以依法申请人民法院强制执行。

第二十五条 腾退公共租赁住房前原承租人应当及时结清租金、水电费、电视电话费、燃气费等。

第七章 监督管理

第二十六条 产权单位在租赁合同存续期间不按规定的租金标准收缴租金的由价格主管部门依法查处；擅自向不符合条件的家庭出租公共租赁住房的,住房保障实施机构应当责令其限期整改并退回租金。

第二十七条 承租人隐瞒有关情况或者提供虚假材料申请公共租赁住房的，市、县住房保障实施机构不予受理。对以欺骗等不正当手段，取得审核同意或者获得公共租赁住房的，由市、县住房保障实施机构责令退出。

第二十八条 住房保障管理及实施机构和有关单位的工作人员，违反本办法规定，在公共租赁住房管理工作中利用职务上的便利，收受他人财物或者其他好处的，对已批准的公共租赁住房不依法履行监督管理职责的，或者发现违法行为不予查处的，依法给予处分；构成犯罪的，依法追究刑事责任。

第八章 附 则

第二十九条 各市、县人民政府可根据当地的实际情况制定具体细则。

第三十条 本办法自发布之日起施行。

海南省保障性住房管理暂行办法

第一章 总则

第一条 为建立和完善我省保障性住房供应体系，分层次、多渠道、系统解决城镇低保、低收入、中等偏下收入、中等收入家庭的住房困难，根据《国务院关于解决城市低收入家庭住房困难的若干意见》（国发［2007］24号）、《国务院关于坚决遏制部分城市房价过快上涨的通知》（国发［2010］10号）、原建设部等七部门印发的《经济适用住房管理办法》（建住房［2007］258号）、原建设部等九部门印发的《廉租住房保障办法》（建设部令第162号）、住房和城乡建设部等七部门《关于加快发展公共租赁住房的指导意见》（建保［2010］87号）等规定，结合我省实际，制定本办法。

第二条 本办法适用于本省行政区域内保障性住房的规划、建设、分配、使用、运营和监督等管理工作。

本办法所称保障性住房，是指政府提供政策优惠，向本省城镇低保、低收入、中等偏下收入、中等收入住房困难家庭出售或出租、具有保障性质的政策性住房。包括廉租住房、公共租赁住房、经济适用住房、限价商品住房。

第三条 本办法所称低保、低收入、中等偏下收入、中等收入住房困难家庭，是指家庭收入、资产、住房状况等符合市、县人民政府规定条件的家庭。

第四条 省人民政府对本省保障性住房建设、管理工作负总责，并对省直有关机构和各市、县人民政府实施目标责任制管理。

建立健全全省保障性住房建设实施管理体系。省住房和城乡建设行政主管部门负责编制和公布全省保障性住房建设规划，并会同发展改革、国土、财政、民政、监察、税务、物价等部门，按照各自职责，指导和监督全省保障性住房建设、管理工作。

市、县人民政府负责做好本辖区范围内保障性住房的建设和管理工作。应当结合当地社会经济发展水平、财政能力、居民收入水平，开展城镇居民家庭收入和住房状况调查，划定城镇居民低保、低收入、中等偏下收入和中等收入线标准、资产标准和住房困难标准。

第五条 建立机构完善、权责一致、分工合理、决策科学、执行顺畅、监督有力的住房保障建设、管理运行体制。

决策机构：省和市、县及有关部门保障性住房建设工作领导小组，负责保障性住房的制度、政策、规划和计划等重大事项的决策；协调所辖组织实施该行政区域内保障性住房的建设、供应、使用及监督管理。

管理机构：省住房和城乡建设厅、市县住房城乡建设（住房保障）局是保障性住房工作的行政管理部门。应当制定具体的规划、计划和落实措施，完善规章制度，规范管理程序，健全准入和退出机制。

实施机构：省和市、县应当设立保障性住房事务机构（住房保障中心）或者委托其他企事业单位，组织与实施保障性住房具体项目的立项、可研、选址、报建、招标、建设、租售、运营等工作。

街道办事处（镇政府）应当设立住房保障的审核受理窗口，配备专职人员，并充分发挥居委会的作用，承担保障性住房租售环节的基础性事务工作。

第六条 保障性住房建设、管理坚持下列原则：分层保障，相互衔接；统筹规划，分步实施；政府主导，社会参与；因地制宜，分别决策。

第二章 规划与设计

第七条 市、县人民政府应当在开展城镇居民家庭收入、财产和住房状况调查的基础上，结合当地财政能力、资源环境条件、人口规模和家庭结构等，编制保障性住房总体规划、年度计划，明确保障性住房建设规模、土地、资金安排、项目布局、套型结构和工作机制等内容，并向社会公布。

保障性住房建设应当符合土地利用总体规划、城市总体规划，坚持发展节能省地环保型住宅，遵循经济适用、生活设施配套齐全、满足基本使用功能等要求，优选规划设计方案。市、县人民政府投资建设的保障性住房，由发展改革部门依照经批准的住房保障年度计划和政府投资项目管理的有关规定统一立项，规划部门根据立项按期选址，市、县主管部门会同相关部门组织开发建设。

第八条 保障性住房建设项目应当根据经批准的城市规划，做到科学规划、合理布局，充分利用储备土地、闲置土地、产业结构调整土地。

项目选址，应当优先选择在地质条件安全可靠、环境适宜、公共交通相对便利和商业、教育、医疗、文化等公共设施及市政配套相对完善的区域。

第九条 保障性住房的建筑设计必须符合节能、省地、环保要求，明确合理密度和适当的容积率。保障性住房项目，容积率原则上不低于1.2，海口、三亚等中心城市的保障性住房容积率一般应当高于1.5。12层以下（含12层）的，应当安装使用太阳能热水系统，与主体建筑同步规划设计，同步施工，同步竣工验收，同步交付使用。

保障性住房规划设计应当积极推广应用先进、成熟、适用、安全的新技术、新工艺、新材料、新设备。

第三章 土地与资金

第十条 保障性住房建设用地应当纳入年度土地供应计划，市、县人民政府采用计划单列方式足额保证用地需求，优先安排使用存量闲置建设用地，优先保障供应。

廉租住房和经济适用住房建设用地采用划拨方式供地。

政府投资的公共租赁住房，建设用地采取划拨方式供应；其他方式投资的公共租赁住房，建设用地可以采取出让、租赁或者作价入股等方式有偿使用。

限价商品住房建设用地可以基准地价为底价、通过招标或者挂牌方式出让。经市、县人民政府或者当地土地出让协调决策机构同意，土地出让金可以合同方式约定在2年内全部缴清。

第十一条 市、县人民政府应当建立保障性住房用地审批绿色通道，提高审批效率。对于急需建设的保障性住房项目应当优先使用政府储备土地，采取即报即批方式，进一步缩短审批时限，加快供地速度。

第十二条 市、县人民政府应当加强对保障性住房建设用地证后监管工作，对行政区域内保障性住房项目取得《国有土地划拨决定书》或者签订《国有建设用地使用权土地出让合同》，取得无地上物《国有土地使用证》后开发建设过程进行监管。

证后监管采取定期巡查、抽查以及专项治理的方式进行现场查验。市、县住房保障行政主管部门组织对保障性住房项目的现场检查、核实，监管数据汇总、统计、上报等工作。

第十三条 保障性住房建设资金按下列渠道筹集：

（一）年度财政预算安排的专项建设资金；

（二）提取贷款风险准备金和管理费用后的住房公积金增值收益余额；

（三）不低于10%的土地出让净收益；

（四）中央和省级财政预算安排的专项补助资金；

（五）保障性住房建设融资（包括银行贷款和住房公积金贷款等）；

（六）保障性住房售房款；

（七）发行地方债券；

（八）捐赠资金；

（九）其他方式筹集的资金。

第十四条 放宽住房公积金提取、贷款条件，符合租、购保障性住房条件的职工家庭可用住房公积金支付保障性住房房价款、租金。推进住房公积金贷款支持保障性住房建设的试点。

第四章 建设管理

第十五条 保障性住房项目必须严格按照有关规划建设管理的规定程序报批、建设，不得变更批准的项目规模、套型结构和用途。必须严格执行施工图审查、工程招标、施工许可、质量监督、工程监理、竣工验收备案等建设程序，严格执行国家有关保障性住房建设的技术标准和强制性规定。

第十六条 廉租住房由政府出资并组织新建、改建、购买或租赁；

公共租赁住房通过新建、改建、收购、在市场上长期租赁住房等方式多渠道筹集房源。新建公共租赁住房由政府直接投资建设、企事业单位利用自用土地自建或开发企业等社会机构投资建设；

经济适用住房由政府部门、非营利机构或者房地产开发企业出资建设；

限价商品住房由以项目法人招标的方式选择的房地产开发企业出资建设。

第十七条 对保障性住房配套市政基础设施和公共服务设施，应当明确市、县人民政府与开发建设单位的相关责任。对新建保障性住房项目，应当按照责任划分明确投资建设主体，使配套设施与项目主体工程同时开工或者提前开工建设，并保证与主体工程一同竣工交付使用，为居民生活提供方便。

第十八条 保障性住房建设坚持以中小套型为主，套型建筑面积应当按下列标准控制：

廉租住房以50平方米以下为主；

公共租赁住房以60平方米以下为主；

经济适用住房以60平方米左右为主，可参照我省职工住宅建筑面积标准适度控制；

限价商品住房以90平方米以下为主，最大不超过120平方米。

第十九条 市、县建设主管部门依法对保障性住房的工程质量、安全及造价等工程建设活动进行监督管理。开发建设单位应当对其开发建设的保障性住房项目的质量承担责任。已通过竣工验收的保障性住房项目，出现重大质量问题应当依法追究建设主管部门负责人和直接责任人的责任。

第二十条 廉租住房、公共租赁住房、经济适用住房建设及城市和国有工矿棚户区改造项目，免征城市基础设施配套费等各类行政事业性收费和政府性基金。限价商品住房项目城市基础设施配套费按收费标准的50%征收。廉租住房、经济适用住房减半收取防空地下室易地建设费。城市和国有工矿棚户区改造安置住房建设和通过收购筹集安置房源的，执行经济适用住房的税收优惠政策。有关税收支持政策，按《财政部、国家税务总局关于廉租住房经济适用住房和住房租赁有关税收政策的通知》（财税［2008］24号）执行。

第五章 分配管理

第二十一条 廉租住房保障对象为人均住房建筑面积13平方米以下城镇（城市和县人民政府所在地的镇）低保和低收入住房困难家庭。同时，实行实物配租和货币补贴相结合的保障方式。

公共租赁住房保障对象为暂无支付能力购买经济适用住房的城镇中等偏下收入家庭、新就业职工和外来务工人员住房困难者。

经济适用住房保障对象为有一定支付能力包括机关、企事业单位职工在内的中等偏下收入住房困难家庭。

限价商品住房保障对象为包括财政供养人员在内的、需要改善住房条件但支付能力欠缺、难以进入商品房市场的中等和中等偏下收入住房困难家庭。

第二十二条 本省城镇中等收入以下住房困难家庭，符合下列条件的可依照本办法申请租赁或者购买一套保障性住房：

（一）满足市、县人民政府规定的户籍、劳动关系和各项社会保险要求；

（二）符合市、县人民政府划定的收入和财产标准；

（三）无房或者现住房面积低于市、县人民政府规定的住房困难标准。

（四）市、县人民政府规定的其他条件。

第二十三条 居民申请租用、购买保障性住房应当提供以下材料：

（一）家庭成员身份证件、户口簿等；

（二）家庭成员婚姻状况证明、收入证明；

（三）用人单位证明、劳动用工合同及社保证明；

（四）所在单位或者居住地街道办事处（镇人民政府）出具的住房情况证明；

（五）市、县人民政府规定的其他需要提供的材料。

第二十四条 保障性住房分配实行准入制度。申请保障性住房，按照下列程序办理：

家庭申请保障性住房的，全体成员为共同申请人，应当推举一名具有完全民事行为能力的成员作为申请人代表。单身居民申请保障性住房的，本人为申请人。

申请人代表和单身申请人（以下合称申请人），应当由申请人向户籍所在地社区居民委员会或者所在单位提出申请并提交相关资料。申报人应当签署同意接受收入、财产和住房状况核查的书面文件。

第二十五条 审核程序：

初审：社区居民委员会对申请家庭成员的户籍、收入、资产、住房等情况进行调查核实并在社区内公示10天。申请家庭成员户籍所在地与实际居住地不一致的，实际居住地社区居民委员会应当同时做好相应调查核实、公示工作，并在规定时限内将调查核实情况转交申请人户籍所在地社区居民委员会。公示期满后由户籍所在地社区居民委员会将申请材料及公示情况报送街道办事处（镇人民政府）。

二审：街道办事处（镇人民政府）、区人民政府住房保障实施机构对申请材料进行审查，对申请人的家庭收入、财产、住房状况等是否符合规定条件进行认定，并报市、县住房保障实施机构。

复审：市、县住房保障实施机构对申请家庭进行审核，并对符合条件的家庭公示10天。公示期满无异议的，按规定组织选房，住房保障实施机构与申请家庭签订保障性住房买卖合同或租赁合同。对不符合条件的取消轮候资格，书面通知申请人并说明理由。

公示：公示地点应当选在便于大众周知的地点。海口市和三亚市对符合条件的申请人予以社区居民委员会、区、市三级公示，其它市、县予以社区居民委员会、市县二级公示。公示内容包括申请人姓名、收入、财产、住房等情况。

核准：公示后有投诉举报的，住房保障管理机构应当会同有关部门进行调查、核实。对不符合规定条件的申请人，取消其申请资格并以书面形式告知；对投诉举报经查证不属实的，应当发放准予租赁或者购买保障性住房的核准通知。

第二十六条 保障性住房实行轮候分配制度。保障性住房按抽签、摇号或者打分等方式确定轮候及分房顺序。保障性住房申请家庭在轮候期间，家庭人口、户籍、收入、财产、住房等情况发生变化不再符合保障性住房申请条件的，应当如实主动向市、县有关住房保障实施机构申报，并退出轮候。

第二十七条 有下列情形之一的住房困难家庭，予以优先分配：

（一）享受最低生活保障的家庭；

（二）孤寡老人；

（三）家庭成员属于残疾、重点优抚对象、复转军人、离休干部以及获得省级以上见义勇为表彰、特殊贡献奖励、劳动模范称号的；

（四）居住在危房的；

（五）市、县人民政府规定的其他条件。

第二十八条 危旧住房较多、住房困难职工较多的机关、企事业单位，结合危旧房改造利用闲置居住用地建设保障性住房，须经省和市、县人民政府批准；具体建设、分配方案应当报同级住房保障管理部门核准、备案后组织实施。政府部门不得擅自改变自用土地性质用于自建职工住宅。

第六章 运营管理

第二十九条 保障性住房运营管理的责任主体为住房保障实施机构。中央驻琼机构及省直行政和事业单位的保障性住房运营管理工作，由省住房保障实施机构或者所在市、县住房保障实施机构负责；省属国有企业的保障性住房运营管理工作，由省国资委负责。

省及市、县应成立或者指定住房保障实施机构，负责保障性住房运营管理工作，并通过自建、联建、购买等方式集中储备房源，为居民提供保障性住房。有条件的街道办事处（镇人民政府）应当设立相应机构，开设受理窗口。

第三十条 省住房和城乡建设行政主管部门应当建立全省统一的个人住房信息系统和住房保障信息管理系统。

市、县住房保障主管部门应当运用计算机等现代化手段对保障性住房数据进行统计、分析，建立相应的电子档案，并及时更新保障性住房管理系统的有关数据，健全保障性住房档案检索体系，做好档案的录入、保管、利用、移出等情况的详细记录，并按相关要求及时将有关数据上报省住房和城乡建设行政主管部门汇总。

第三十一条 保障性住房的租金和销售价格实行政府定价或者指导价管理，由物价部门会同住房保障管理机构制定，报同级政府批准后公布执行。

第三十二条 廉租住房租金实行政府定价。租金成本由房屋的维修费和管理费构成，并与城镇低收入家庭的经济承受能力相适应。廉租住房保障对象如有购买意愿和一定支付能力，可以申请购买廉租住房的部分或者全部产权。

公共租赁住房租金实行政府指导价管理。租金成本由房屋的折旧费、维修费、管理费、贷款利息等构成。

保障性住房租金标准，应当根据当地社会经济发展状况、物价变动情况和住房保障水平等适时进行调整。

第三十三条 经济适用住房和限价商品住房实行政府指导价管理。

经济适用住房具体销售价格按区域土地取得和开发平均成本、建筑安装成本、税金、利息和利润（不超过3%）等因素确定。

限价商品住房销售价位应当在土地出让前提出，并作为相关土地出让的前置条件，具体销售价格应当按土地出让价格和开发成本、建筑安装成本、税费和利润（不超过6%）等完全成本因素确定。

第三十四条 购买保障性住房的，应当进行房屋权属登记，并在房屋权属登记簿上注明保障性住房种类、价格和实际购买面积等内容。

第三十五条 购买经济适用住房和限价商品住房在取得房屋所有权证5年内不得上市交易，确需转让的，由政府指定的专门机构进行回购；满5年上市转让的，政府指定的专门机构可优先回购。回购的具体办法由市、县人民政府制定。

市、县人民政府可在售房之初约定经济适用住房上市交易后购房人应当向政府交纳一定比例土地溢价等相关价款。

限价商品住房上市交易后，购房人应当向政府交纳一定比例土地溢价等相关价款。

第三十六条 保障性住房的物业管理，按照省物业管理有关办法执行，物业管理服务费由使用人承担。

第七章 退出管理

第三十七条 享受保障性住房保障的家庭有下列情况之一的，由市、县住房保障管理机构作出取消保障资格的决定，收回或者回购保障性住房：

（一）虚报隐瞒户籍、家庭人口、收入、财产、住房等情况取得保障性住房的；

（二）违规出售、出租、出借，或者擅自改变住房用途且拒不整改的；

（三）无正当理由连续6个月以上未在廉租住房或者公共租赁住房居住的；

（四）无正当理由连续6个月以上未交纳保障性住房租金的；

（五）家庭的收入、财产、人口、住房等情况发生重大变化，不再符合住房保障条件的；

（六）其他违反合同约定行为的。

第三十八条 已经购买经济适用住房的家庭又购买其他住房的，必须办理退出手续。原经济适用住房由政府按规定及合同约定回购，或者通过补交土地收益等价款取得完全产权。

第三十九条 符合市、县人民政府规定条件的居民家庭或者单身居民只能租赁或者购买一套保障性住房。通过房改享受政策优惠面积已达到职工住宅面积标准的，不得再申请购买经济适用住房或者限价商品住房。

保障性住房管理部门作出取消保障资格的决定后，应当在5日内书面通知当事人，说明理由。当事人应当在规定的期限内退回住房。

腾退保障性住房前，应当及时结清租金、水电费、电视电话费、燃气费等。

第八章 监督管理

第四十条 保障性住房建设单位将建设用地用于其他房地产开发经营的，由国土资源行政主管部门依照土地管理法律、法规予以处罚。

第四十一条 保障性住房只能自住，不得出租、转租、转借、调换，不得作为经营性用房，不得违反规定转让。

保障性住房住户不得擅自改变房屋用途，不得损毁、破坏和改变房屋结构、装修和配套设施。

第四十二条 住房保障管理和实施机构应当加强保障性住房的成本控制，实行明码标价，不得在标价之外收取任何未予标明的费用。物价部门应当依法进行监督管理。

擅自提高保障性住房租金和销售价格或者有其他违反价格管理行为的，由物价部门责令限期退还收取的差价款，并依法进行处罚。

第四十三条 市、县有关行政管理部门应当加强对保障性住房分配房源、分配方案、分配结果及使用情况的监督管理。市、县住房保障管理机构应当依法履行监督管理职能，定期或者不定期对保障性住房进行监督检查，监督检查结果要及时向社会公布。

省和市、县应当设立并公布举报电话、信箱、电子邮箱等，畅通信访举报渠道，采取多种方式接受社会监督。

第九章 法律责任

第四十四条 违反本办法规定，应当退出保障性住房而拒不退出的，由市、县有关行政管理部门依法申请强制执行。

保障性住房申请家庭以欺骗、贿赂等不正当手段取得住房保障的，由市、县住房保障主管部门终止住房保障。其中，承租保障性住房的，责令按照市场租赁价格补缴承租期间的租金和利息并收回所租住房；承购保障性住房的，限期按照原价格并考虑折旧等因素作价收回所购住房；获得住房货币补贴的，责令全额退还补贴资金和利息。申请家庭在5年内不得再次提出住房保障申请。

第四十五条 享受保障性住房的家庭违反本办法，擅自转让、互换、出租、转租、出借、抵押其所承租或者购买的保障性住房的，由市、县住房保障管理机构责令限期改正；情节严重、拒不改正的，由市、县住房保障管理机构终止住房保障，收回保障性住房；被终止住房保障的家庭在5年内不得再次提出住房保障申请。

第四十六条 住房保障管理机构、实施机构和其他相关管理部门的工作人员在住房保障管理工作中玩忽职守、滥用职权的，由其所在部门或者监察部门依法给予行政处分；构成犯罪的，依法追究刑事责任。

第十章 附则

第四十七条 本办法未尽事宜，按照国家的有关规定执行。

本办法由省住房和城乡建设厅会同相关部门负责解释。

第四十八条 本办法自公布之日起施行。

10 安徽省 | Anhui

（1）计划及完成情况

2010年计划及完成情况：截至9月底，2010年计划新开工廉租住房项目185个，已开工项目174个，开工率94%；新增廉租住房（含新建和购改租）目标任务67 973套，实际完成57 530套，完成率85%；廉租住房竣工目标任务70 029套，已竣工50 607套，完成率72%。全省开工公共租赁住房8676套，完成年度目标任务的186%。各地还新开工经济适用住房9939套，完成年度目标任务的90%。 （来源：安徽省住房和城乡建设厅）

2011年计划：全年计划将建43.13万套各类保障房。其中，公租房将成为2010年推进保障房项目的重点，预计将达到9万余套。

（来源：住房和城乡建设部网站）

（2）2010年相关政策

安徽省人民政府关于加快保障性住房建设促进房地产市场平稳健康发展的通知

各市、县人民政府，省政府各部门、各直属机构：

为认真贯彻落实《国务院关于坚决遏制部分城市房价过快上涨的通知》（国发［2010］10号），加快推进保障性住房建设，促进我省房地产市场平稳健康发展，现就有关工作通知如下：

❶ 提高思想认识

各地、各有关部门要从贯彻落实科学发展观、构建社会主义和谐社会的高度，充分认识做好住房保障和稳定房价工作的重要意义，加强组织领导，认真落实政策，采取有效措施，加快推进保障性住房建设，加强房地产市场宏观调控，保持房地产市场健康发展，促进民生改善和社会和谐稳定。

❷ 加快保障性住房建设

（一）科学编制住房保障规划

各地要坚持以满足基本住房需要为原则，统筹考虑当地社会经济发展水平、城镇化进程、家庭人口结构、住房支付能力以及土地资源禀赋等约束条件，组织编制"十二五"住房保障规划，科学制定年度住房保障目标，合理确定保障方式和保障标准，于2010年9月底前编制完成。规划期内要着力解决低收入家庭住房困难，努力解决中等偏下收入家庭住房困难，加快各类棚户区改造和旧住宅区综合整治，发展公共租赁住房，建立和完善住房保障政策，逐步改善城镇居民基本居住条件。

（二）确保完成年度保障性安居工程建设任务

今年全省保障性安居工程建设目标任务是：新建成廉租住房不低于7万套，新开工建设廉租住房不低于6.17万套，廉租住房保障户数不低于16万户，新建经济适用住房不低于0.8万套，新建公共租赁住房不低于0.36万套，城市棚户区改造住房不低于18万户，林业棚户区改造住房不低于0.74万户，国有工矿棚户区改造住房不低于2万户。各地要细化目标，将任务分解到具体项目，落实责任单位和责任人。要加快审批进度，促进项目及早开工建设。要加强调度，及时协调解决项目推进中的困难和问题，推动项目按计划顺利实施。要认真落实土地供应、税费优惠等政策，加大地方配套资金投入，确保完成年度目标任务。

（三）积极发展公共租赁住房

各地要认真贯彻《关于加快发展公共租赁住房的指导意见》（建保［2010］87号），统一思想，提高认识，精心组织，积极稳妥地推进公共租赁住房建设，努力解决城市中等偏下收入家庭的住房困难。要将公共租赁住房建设纳入当地"十二五"住房保障规划，分年度组织实施。要根据当地经济发展水平和市场小户型租赁住房供需情况等因素，合理确定公共租赁住房的供应规模和供应对象。要统筹考虑当地住房市场租金水平和供应对象的支付能力等因素，合理确定公共租赁住房的租金水平。要通过新建、改建、收购、在市场上长期租赁住房等方式，多渠道筹集公共租赁住房房源。新建公共租赁住房以配建为主，成套建设的公共租赁住房，单套建筑面积要严格控制在60平方米以下。要切实做好皖江城市带承接产业转移示范区集中区的公共租赁住房建设试点工作，积极探索公共租赁住房投融资、建设和管理机制。

❸ 认真落实房地产市场调控政策

（一）切实增加普通商品住房有效供给

各市要抓紧编制2010—2012年住房建设规划，明确保障性住房、中小套型普通商品住房的建设数量和比例，于2010年9月底前向社会公布。各有关部门要加强协调服务，加快审批效率，促进普通商品住房项目尽早开工建设和销售，尽快形成有效供应。各地要及时制定并公布以住房为主的房地产供地计划，将保障性住房、棚户区改造用地单列，确保保障性住房、棚户区改造和中小套型普通商品住房用地不低于住房建设用地供应总量的70%，并优先保证供应。各地要将住房销售价位、套数、套型面积、保障性住房配建比例以及开竣工时间、违约处罚条款等纳入土地出让合同，确保中小套型住房供应结构比例严格按照有关规定落实到位。要遏制土地粗放供应行为，严格控制单宗大面积出让经营性房地产开发用地。要通过限期开竣工、征收土地闲置费、纳入政府储备、依法收回土地使用权等方式，加快处置闲置房地产用地，收回的闲置土地要优先安排用于普通住房建设。

（二）加大房地产市场监管力度

各地、各有关部门要加强对房地产开发企业购地和融资的监管，严格查处违法违规行为。要加强商品房预售监督管理，完善预售资金监管机制，已取得预售许可或者办理现房销售备案的房地产开发项目，要在10日内一次性公开全部销售房源，并严格按照申报价格明码标价对外销售。组织开展对已发放预售许可证的商品住房项目清理工作，对存在捂盘惜售、囤积房源、哄抬房价等行为的房地产开发企业，要加大曝光和处罚力度，问题严重的要取消经营资格，追究相关人员的责任。要加强存量房交易、房屋租赁、房地产销售代理、房地产经纪及房屋交付使用的监督管理。

（三）加强市场监测分析

各地要加强房地产市场的统计、分析和监测，完善房地产市场分析与沟通协调机制，及时发布市场调控和相关统计信息，稳定市场预期，针对新情况、新问题研究相关措施和办法。

❹ 确保住房保障和稳定房价工作取得明显成效

（一）落实政府责任

各市、县人民政府要对本地住房保障和稳定房价工作切实负起责任，确保政策到位、措施到位、投入到位、监管到位。省住房城乡建设厅、省监察厅等部门，要对各地住房保障等工作进行考核，加强监督检查和指导，建立巡查制度，对房价上涨过快的城市进行重点督查，确保国务院要求的各项工作措施落到实处。

（二）强化工作措施

各地要结合实际，抓紧研究制定加快保障性住房建设和促进房地产市场平稳健康发展的具体措施，并认真执行，落到实处。要健全住房保障管理机制和工作机构，落实人员和经费，加快住房保障业务信息化建设，确保住房保障工作顺利实施。

（三）加强宣传引导

新闻媒体要通过多种形式，加强正面引导，大力宣传保障性住房建设成果和房地产市场调控政策，引导居民住房理性消费，形成有利于房地产市场平稳健康发展的舆论氛围。

安徽省人民政府
二〇一〇年七月二十三日

11 湖北省 | Hubei

（1）计划及完成情况

2010年计划目标：新开工建设廉租住房、棚户区改造、农村危房改造等保障性住房240万平方米。

（来源：《湖北省政府工作报告》）

2010年完成情况：截至11月底，全省新开工建设廉租住房243.5万平方米。截至12月20日新增廉租住房4.42万套，超出目标任务4700套；新增公租房1.08万套，超出目标任务800套。（来源：湖北省人民政府）

2011年计划：全省保障性安居工程目标任务为36.86万套，其中新增廉租住房3.5万套，新增发放租赁住房补贴4万户，新增公共租赁住房9万套，新建经济适用住房3万套，新建限价商品住房2万套，城市棚户区改造10万户，国有工矿棚户区改造2万户，林业棚户区（危旧房）改造1.1万户，垦区危房改造2.26万户。

（来源：湖北省住房和城乡建设厅）

（2）2010年相关政策

湖北省人民政府关于进一步加强住房保障工作的意见

各市、州、县人民政府，省政府各部门：

为了进一步推进全省住房保障工作，根据党中央、国务院关于加快保障性住房建设和促进房地产市场健康发展的一系列方针政策和决策部署，现提出如下意见：

❶ 总体目标和任务

坚持以科学发展观为指导，以解决城乡中低收入家庭住房困难、实现群众住有所居为目标，完善住房保障体系和管理机制，积极推进住房保障的各项工作，促进房地产市场健康发展。

（一）加大廉租住房保障力度。按照《湖北省2009—2011年廉租住房规划》确定的目标要求，通过租赁补贴和实物配租，2010年筹集廉租住房房源3.8万套，2011年筹集廉租住房房源3.2万套。不断推进租赁补贴扩面提标工作，2010年新增租赁补贴10.9万户，2011年新增租赁补贴9万户。

（二）全面启动棚户区改造。从今年起，用三年时间，改造各类棚户区2303万平方米，改善34.0472万户居民居住条件。其中2010年，改造城市棚户区550万平方米，国有工矿棚户区320万平方米，国有林场危旧房42.5万平方米，国有农场危旧房40万平方米，改善14.3783万户居民居住条件；2011年，改造城市棚户区532万平方米，国有工矿棚户区68万平方米，国有林场危旧房42.5万平方米，国有农场危旧房70万平方米，改善10.5902万户居民居住条件；2012年，改造城市棚户区486万平方米，国有工矿棚户区64万平方米，国有林场危旧房18万平方米，国有农场危旧房80万平方米，改善9.0787万户棚户区居民居住条件。

（三）扎实推进农村危房改造。2010年至2012年，完成全省农村特困家庭危房改造任务19.71万户。其中，通过国家农村危房改造专项资金每年改造农村危房3万户；通过福利彩票公益金每年改造农村危房1万户；通过财政扶贫资金每年实施贫困地区搬迁扶贫建房1万户；市（州）自筹资金每年改造农村危房不少于1.57万户。

（四）规范经济适用住房制度。总结经济适用住房制度实施过程中的经验和教训，进一步加强经济适用住房管理，严格建设质量、规范准入审核、强化使用监督、加强交易管理、完善监督机制。2010年至2012年，每年新开工建设经济适用住房260万平方米，竣工180万平方米，解决3万户有一定购买能力的低收入家庭的住房困难问题。

（五）加强房地产市场监管。要在努力增加普通商品住房供应的同时，着重加强需求管理，抑制投资投机性购房，进一步加强市场监管。房价过高、上涨过快和住房供应不足的城市，要限制购置多套房或大批量购置住房的炒房行为。对捂盘惜售、囤积房源、哄抬房价等违法违规行为，要公开曝光，严肃处理，促进房地产市场健康发展。

❷政策措施

（一）做好前期基础性工作。各地要严格按照保障性住房发展规划，落实年度计划，优先安排项目选址、土地审批、环评、初步设计、施工许可等审批工作，实行项目审批“绿色通道”制度，保证项目前期工作符合国家有关政策要求，以争取国家资金支持。保障性住房项目要合理布局，尽可能安排在交通便利、公共设施较为齐全的区域。按照“安全、经济、实用、省地”的基本标准，提高项目规划设计水平。进一步做好低收入家庭的认定和可供收购、改建、租赁房源的摸底工作，分别按户建立收入档案、按套建立房屋档案，为住房保障工作提供基础资料。

（二）多渠道筹措资金。规范使用中央保障性住房建设资金。要加强资金管理，专户储存，专款专用，不得截留、挪用。中央廉租住房专项补助资金首先要用于保证租赁补贴工作，在满足租赁补贴开支需要后仍有结余的，可用于弥补购买、改建、租赁廉租住房支出。

加大省级财政对住房保障工作的支持。2010年、2011年，对12万套廉租住房房源中享受西部政策的37个县（市、区）新建廉租住房，采取以奖代补方式每平方米补助200元。省财政每年预算安排廉租住房专项补助资金3000万元。对城市和国有工矿棚户区改造，省级财政采取以奖代补方式给予资金支持。福利彩票公益金安排1万户农村危房改造资金4000万元。

落实地方配套资金。廉租住房建设资金要纳入同级财政年度预算安排，住房公积金增值收益扣除风险准备金和管理费用后的余额全部用于廉租住房建设，土地出让净收益用于廉租住房保障的资金比例不得低于10%。在棚户区改造中，市、县人民政府要从城市维护建设税、城镇公用事业附加、城市基础设施配套费、土地出让等收入中，按规定安排资金用于符合条件的棚户区改造；有条件的地区可对城市和国有工矿棚户区改造项目给予贷款贴息。在国家代地方发行债券中，要最大限度地优先安排保障性住房建设项目资金。特别是要认真做好廉租住房建设资金需求测算工作，充分使用好中央代地方发行债券资金，努力解决好地方配套资金不足问题。涉及棚户区改造的国有工矿企业也要积极筹集资金，参与棚户区改造。

鼓励金融机构支持保障性住房建设。支持省住房和城乡建设部门与国家开发银行湖北省分行签订保障性住房金融合作协议。鼓励金融机构创新金融产品，向符合贷款条件的保障性住房建设项目提供贷款利率、期限等方面的优惠贷款；廉租住房建设项目、城市和国有工矿棚户区改造项目资本金不低于项目总投资20%的比例，改建廉租住房项目资本金不低于项目总投资的30%的比例；实行抵押、质押或保证等多种有效担保方式，包括但不限于土地使用权抵押、委托待建或回购协议项下的应收账款质押等方式。同时，要充分吸收城市投资等机构的投资和社会资金，运用市场机制参与保障性住房建设。

（三）落实税费支持政策。涉及廉租住房、经济适用住房、城市和国有工矿棚户区改造等保障性住房税收优惠政策，按《财政部、国家税务总局关于廉租住房经济适用住房和住房租赁有关税收政策的通知》（财税［2008］24号）以及住房和城乡建设部、国家发展和改革委员会、财政部等五部委《关于推进城市和国有工矿棚户区改造工作的指导意见》（建保［2009］295号）等文件执行。

保障性住房建设一律免收城市基础设施配套费等各种行政事业性收费和政府性基金。免征、缓征或减征廉租住房和经济适用住房的服务性收费。廉租住房建设服务性收费中，免征规划咨询费、建筑用地拨地定桩测绘收费、建筑物放线费、建设工程施工图纸审查咨询费；按现行标准的下限收取地籍测绘费、规划设计费、城市建设工程竣工档案整理综合服务费、房产测绘费（分户图）、建设工程质量检测试验收费、新、扩、改建建筑物防雷装置设计技术审查费、防雷装置施工跟踪检测服务费、建筑消防设施检测服务费、防震减灾技术服务费、建设施工安全技术服务费等。

电力、通讯、市政公用事业等单位要对保障性住房建设给予支持。廉租住房、经济适用住房和新建棚户区改造安置小区有线电视和供水、供电、供气、供热、排水、通讯、道路等市政公用设施，由各相关单位出资配套建设，并适当减免入网、管网增容等经营性收费。

（四）优先供应建设用地。各地要根据土地利用总体规划和年度计划、住房建设规划和计划及棚户区改造规划，结合本地区已供土地开发利用情况和闲置土地处置情况，科学编制保障性住房用地供应计划，确保保障性住房、棚户区改造和自住性中小套型商品房建房用地不低于住房建设用地供应总量的70%。根据用地供应计划，优先确定保障性住房用地地块，确保保障性住房用地计划落实。城市和国有工矿棚户区改造原则上实行原址改造、盘保存置土地、优化用地结构，完善服务功能，节约集约用地。落实保障性用地供应计划涉及占用农用地的，要优先安排农转用计划指标，按要求及时组织申报，加快审批征收。

各地对列入年度供地计划的保障性住房用地，要应保尽保、及时供地。保障性住房以及城市和国有工矿棚户区改造中符合保障性住房条件的安置用地，应以划拨方式供应。保障性住房建设项目中配建的商服等经营性项目用地，应按市场价有偿使用。商品房建设项目中配建保障性住房的，必须在土地出让合同中明确保障性住房的建筑总面积、分摊的土地面积、套数、套型建筑面积、建成后由政府收回或收购的条件、保障性住房与商品住房同步建设等约束性条件。

要强化保障性住房用地供后监管。保障性住房用地不得从事商业性房地产开发，因城市规划调整需要改变的，应由政府收回，另选地块供应。对没有按约定配建保障性住房的，要按照出让合同或划拨决定书约定处理。对违法违规的企业，要依法查处。

（五）稳步推进制度创新。积极发展公共租赁住房。公共租赁住房，是政府提供优惠政策、限定套型面积和租赁价格、面向住房困难和购买能力不足家庭出租的、具有保障性质的非盈利性租赁住房。积极培育住房租赁市场，鼓励政府和企业投资开发建设面向社会出租的中小户型商品住房，为暂时无力购买普通商品房的“夹心层”“新生代”和外来务工人员等群体提供房源。各地要采取政府投资和引导社会资金投资等多种形式，抓紧建设公共租赁住房，解决新就业大学生和外来务工人员等群体的住房问题。探索开展廉租住房等保障性住房租售并举和共有产权试点。试点市县和试点办法由省住房和城乡建设部门商有关部门确定，取得经验后逐步推开。探索在推进城镇化过程中，把在城市居住一定年限，有相对稳定工作的农民工纳入城镇住房保障体系并积极开展试点工作。

鼓励引导企业和用工单位参与保障性住房建设。鼓励国有大中型企业和所在地区人民政府共建廉租住房、公共租赁住房，实行共有产权管理，解决本企业低收入家庭住房困难。距离城区较远的独立工矿企业和住房困难户较多的企业，在符合土地利用规划、城市规划、住房建设规划的前提下，经市、县人民政府的批准，可以利用单位自用土地进行集资合作建房，解决本企业低收入家庭住房困难。在农民工相对集中的城镇、开发区和工业园区，按照政府主导、市场运作的原则，以企业为主体，比照经济适用住房政策，集中建设符合农民工特点、满足农民工居住需求的保障性租赁住房。

在武汉市试点探索利用住房公积金闲置资金支持保障性住房建设办法，取得经验后逐步推开。

（六）促进房地产市场健康发展。认真贯彻落实《国务院关于坚决遏制部分城市房价过快上涨的通知》（国发［2010］10号）、《国务院办公厅关于促进房地产市场平稳健康发展的通知》（国办发［2010］4号）精神，加强市场调控和市场监管，加快中低价位、中小套型普通商品住房建设，督促房地产开发企业加快已批未建、已建未售的普通商品住房项目建设和上市销售，增加普通商品住房有效供给。严格执行差别化信贷和税收政策，鼓励首次贷款购买普通自住房，合理引导住房消费。继续整顿房地产市场。住房和城乡建设部门要加大房地产市场整治力度，督促已取得预售许可的房地产开发企业，在规定时间内一次性公开全部房源，严格按照申报价格，明码标价对外销售；进一步建立健全新建商品房、存量房交易合同网上备案制度，建立交易资金专款帐户，加大交易资金监管力度；扎实推进房地产市场信息化建设，国土资源、住房和城乡建设部门要进一步完善土地市场动态监测与监管等系统，建立房地产市场监测、预警、信息共享和发布制度；严厉查处捂盘惜售、囤积房源，散布虚假信息、扰乱市场秩序等各种违法违规行为。国土资源、价格、税务等部门要按照各自职能，严格执行国家闲置用地处置规定，严厉查处不依法征缴土地出让价款、囤地炒地、哄抬房价、偷税漏税等违法违规行为。

❸组织领导

（一）明确责任主体。各市（州）、县（市）人民政府是本行政区域住房保障工作的实施主体，市（州）长、县（市）长是第一责任人。各地要结合机构改革，建立健全住房保障管理机构，配备精干人员，并将住房保障工作经费纳入财政预算安排。各有关部门要加强协调，通力合作，按照职责分工，认真履行职能，合力推进住房保障工作。

（二）加强目标管理。要加强住房保障工作目标责任考核。由省人民政府与各市（州）长签订住房保障工作目标责任书，明确年度工作目标任务，落实工作责任。市（州）人民政府要层层落实住房保障工作责任制，建立完善住房保障责任和考核机制，切实形成一级抓一级、逐级抓落实的工作体系。各级住房保障行政主管部门负责会同有关部门编制住房保障工作规划和年度计划，组织实施、指导协调和监督检查住房保障工作；发展改革部门负责会同有关部门做好项目立项、可研报告和初步设计等项目基本建设程序审批工作，负责做好编报中央预算内投资计划和申请国家资金工作，做好投资计划分解下达等工作；财政部门负责住房保障资金筹措和补助资金下达、资金监管等工作；国土资源管理部门负责落实保障性住房建设用地工作；民政部门负责低收入家庭资格认定和除国家扶贫开发重点县、省扶贫开发重点县以外的县市农村危房改造实施工作；扶贫部门负责省扶贫开发重点县中贫困村里的贫困户农村危房改造实施工作；林业、农垦部门负责做好本系统棚户区改造组织实施工作；监察机关要会同住房和城乡建设等部门加强对本意见执行情况的监督检查，对工作不落实、措施不到位、进度缓慢的地区和单位，要通报批评、限期整改，并追究有关领导的责任。其他有关部门根据职能职责要求做好相关工作。各有关国有大中型企业按照当地政府的安排部署，对本单位低收入家庭的住房保障工作切实负起责任。

（三）强化监督检查。省政府定期对全省各地保障性住房建设情况进行通报。省住房和城乡建设部门要会同有关部门加强对各地住房保障情况的监督检查，检查重点为保障性住房年度计划执行情况；抓紧建立健全住房保障工作统计和信息上报制度，会同统计部门加强对统计工作的组织领导和协调，依法确保统计上报数据的全面、及时、准确、有效。财政、审计等部门要加强对住房保障资金筹集和使用情况的监督、检查与审计，确保建设资金安全和高效使用。国土资源部门要加强对保障性住房土地供应和利用情况的检查。监察机关对在住房保障工作中疏于管理、玩忽职守、以权谋私、贪污挤占挪用住房保障专项资金等行为，要严肃查处，依法依纪追究有关责任人的纪律责任。涉嫌犯罪的，要移送司法机关依法处理。

二〇一〇年五月七日

12 重庆市 | Chongqing

（1）计划及完成情况

2010年计划目标：一是在主城区一、二环间启动建设500万平方米公共租赁住房，逐步解决中等偏下收入家庭的住房困难；二是廉租住房建设与城市和国有工矿棚户区改造结合起来，全年计划新开工廉租住房170万平方米，建成220万平方米；三是新开工建设经济适用住房180万平方米；四是开工建设农民工公寓25万平方米；五是改造危旧房156万平方米；六是启动53个城中村征地拆迁。（来源：重庆市政府公众信息网）

2010年完成情况：2010年开工建设1300万平方米公租房。（来源：重庆市国土资源和房屋管理局公众信息网）

2011年计划：全年开工建设公租房1350万平方米，督促已开工项目加快进度，年内竣工公租房1000万平方米，年内分两批摇号配租公租房1000万平方米。（来源：重庆市国土资源和房屋管理局公众信息网）

（2）2010年相关政策

重庆市公共租赁住房管理暂行办法

各区县（自治县）人民政府、市政府有关部门、有关单位：

《重庆市公共租赁住房管理暂行办法》已经2010年5月24日市人民政府第71次常务会议通过，现印发给你们，请遵照执行。

第一章 总则

第一条　为加快推进统筹城乡发展，完善我市住房保障体系，解决城市住房困难群体的住房问题，根据《国务院关于解决城市低收入家庭住房困难的若干意见》（国发［2007］24号）精神，按照市人民政府“低端有保障，中端有市场，高端有遏制”的住房保障体系建设原则，结合本市实际，制定本办法。

第二条　本办法适用于本市行政区域内公共租赁住房规划、建设、分配、使用、管理及监督。

第三条　本办法所称公共租赁住房，是指政府投资并提供政策支持，限定套型面积和按优惠租金标准向符合条件的家庭供应的保障性住房。

第四条　市国土资源和房屋管理部门是全市公共租赁住房的行政管理部门，牵头协调规划、计划、建设、管理和政策研究工作，并对区县（自治县）公共租赁住房的管理工作进行指导、监督与检查。市级有关部门按职责分工，各司其职，负责公共租赁住房的有关管理与监督工作。

第五条　市住房保障机构负责公共租赁住房的管理，组织主城区公共租赁住房申请对象的审核、建库、配租、租金收取和交易审核以及住房出售、回购管理工作；配合有关部门制定规划、计划、租金标准和住房销售价格；指导区县住房保障业务工作。

第六条　主城区外各区县（自治县）的公共租赁住房规划、计划和建设、管理工作由所在地的区县（自治县）人民政府根据本办法负责具体组织实施。

第二章 规划建设

第七条 公共租赁住房建设规划和年度住房建设计划由市国土资源和房屋管理部门会同市发展改革、财政、城乡建设、规划等部门，结合我市经济社会发展状况、城乡总体规划、土地利用总体规划、产业政策、人口政策以及公共租赁住房的需求情况编制，报市政府批准后实施。

第八条 公共租赁住房建设用地，纳入国有年度建设用地供应计划，在申报年度用地指标时单独列出。

第九条 公共租赁住房由市、区县（自治县）人民政府指定的机构负责建设，房屋产权由政府指定的机构拥有。

第十条 公共租赁住房通过新建、收购、改建等多种渠道筹集。新建公共租赁住房可以是成套住房，也可以是集体宿舍。

第三章 资金管理和政策支持

第十一条 公共租赁住房建设资金的来源渠道：

（一）中央安排的专项资金；

（二）财政年度预算安排资金；

（三）土地出让收益的5%；

（四）银行、非银行金融机构和公积金贷款；

（五）发行债券。

第十二条 公共租赁住房建设贷款的本金和利息由公共租赁住房租售收入和财政性资金等偿还。

第十三条 公共租赁住房建设资金、租售收入实行专户管理，专款专用，不得挪作他用。

第十四条 公共租赁住房建设用地以划拨方式供应；有偿方式出让的，土地出让收益、税费在地方政府权限范围内的，全额安排用于公共租赁住房建设。

公共租赁住房建设用地涉及新征土地的，新增建设用地有偿使用费地方留成部分、耕地开垦费、耕地占用税全额安排用于公共租赁住房建设。

第十五条 公共租赁住房建设涉及的城市建设配套费、异地安置人防建设费、集中绿化建设费、建设工程规划综合费等行政事业性收费和政府性基金，全额安排用于公共租赁住房建设。

第十六条 公共租赁住房建设、租赁和出售过程中的建安营业税及附加、营业税及附加、房产税、土地使用税、土地增值税、契税、印花税等相关税费，全额安排用于公共租赁住房建设和管理。

第四章 准入管理

第十七条 申请公共租赁住房以家庭为申请单位，每个家庭确定1名符合申请条件的家庭成员为申请人，其他家庭成员为共同申请人。单身人士申请公共租赁住房本人为申请人。申请人和共同申请人只限申请承租1套公共租赁住房。

第十八条 申请人应年满18周岁，在重庆有稳定工作和收入来源，具有租金支付能力，符合政府规定收入限制的本市无住房或家庭人均住房建筑面积低于13平方米的住房困难家庭、大中专院校及职校毕业后就业和进城务工及外地来渝工作的无住房人员。

第十九条 申请公共租赁住房的收入限制：单身人士月收入不高于2000元；家庭月收入不高于3000元。政府将根据经济发展水平、人均可支配收入、物价指数等因素的变化定期调整，并向社会公布。

市、区政府引进的特殊专业人才和在重庆工作的全国、省部级劳模、全国英模、荣立二等功以上的复转军人住房困难家庭按属地申请公共租赁住房，不受收入限制。

第二十条 申请人在申请公共租赁住房所在地其直系亲属有住房资助能力的，不能申请公共租赁住房。

第二十一条 符合廉租住房条件的家庭，未实行实物配租和领取租金补贴的，可申请公共租赁住房，按《重庆市廉租住房保障申请办理办法（试行）》规定的程序办理。

第二十二条 申请主城区公共租赁住房，申请人限在主城区工作，由住房保障机构接受申请。申请主城区外的公共租赁住房，申请人限向工作所在地的住房保障机构提出申请。

第二十三条 申请租赁公共租赁住房，应提交以下材料：

（一）《公共租赁住房申请表》；

（二）身份证或户口簿复印件；

（三）工作单位提供的工作收入证明和社会保险经办机构提供的社会保险缴费证明；

（四）住房情况证明；

（五）其他需要提供的材料。

第二十四条 申请人可登录重庆市公共租赁住房网站申请，并于申请后15个工作日内将纸质材料提交住房保障机构。申请人也可到住房保障机构公布的申请点申请。

第二十五条 主城区由市住房保障机构委托的单位受理申请人的申请材料，并在20个工作日内完成初审工作；市住房保障机构应在7个工作日内完成对初审的复审工作。申请人提交的材料经审查合格后，申请人的资格将以适当的方式公示，经公示无异议的，申请人进入轮候库。

主城区外的区县（自治县）可参照“两级审核，一次公示”的原则执行。

第五章 配租管理

第二十六条 公共租赁住房配租面积与申请人的家庭人数相对应，2人以下（含2人）选择建筑面积40平方米以下住房，3人以下（含3人）选择建筑面积60平方米以下住房，4人以上（含4人）可选择建筑面积80平方米以内的住房。

第二十七条 对符合条件的申请人，按申请的时间段、选择的公共租赁住房地点和相对应的户型面积摇号配租，并向获得配租的申请人发放配租确认通知书。对本次摇号未能获得配租的申请人，进入下一轮摇号配租。

第二十八条 符合廉租住房条件的家庭，市、区政府引进的特殊专业人才，在重庆工作的全国、省部级劳模、全国英模、荣立二等功以上的复转军人符合公共租赁住房申请条件的，优先轮候配租。

第二十九条 领取配租确认通知书的申请人应在收到市住房保障机构发出入住通知后的30日内，到市住房保障机构指定的地点签订《重庆市公共租赁住房租赁合同》，未按期签订合同的，将视为自动放弃，本次配租作废，但可重新申请。

第六章 租赁管理

第三十条 《重庆市公共租赁住房租赁合同》为格式合同，每次合同期限最长为5年。

第三十一条 承租人享有按合同约定租赁期限使用公共租赁住房的权利。

承租人应爱护并合理使用房屋及附属设施，不得擅自对房屋进行装修。因使用不当造成房屋或附属设施损坏的，应负责维修或赔偿。

第三十二条 公共租赁住房的租金标准按照贷款利息、维护费并根据不同地段、不同房屋类别等因素，由市物价部门会同市财政、市住房保障机构等相关部门研究确定。租金实行动态调整，每两年向社会公布一次。

第三十三条 承租人应当按时交纳政府规定的公共租赁住房租金和房屋使用过程中发生的水、电、气、通讯、电视、物业服务等费用。

第三十四条 因人员变动申请换租相应规定面积的公共租赁住房，应向市住房保障机构提出申请，由市住房保障机构按换租规定进行配租。

第三十五条 公共租赁住房小区物业管理，由市住房保障机构组建或选聘的专业物业服务公司承担；物业服务费由市物价部门会同市住房保障机构及相关部门研究核定。

第七章 退出管理

第三十六条 承租人租赁合同期满，应退出公共租赁住房。需要续租的，应在合同期满3个月前重新申请，经审核符合条件的，重新签订租赁合同。

第三十七条 承租人通过购买、获赠、继承等方式在申请公共租赁住房地区获得其他住房的，或在租赁期内超过政府规定的收入标准的，应当退出公共租赁住房。

第三十八条 公共租赁住房承租人和购买人有下列行为之一的，解除租售合同，收回公共租赁住房，其行为记入信用档案，五年内不得申请公共租赁住房：

（一）采取提供虚假证明材料等欺骗方式取得公共租赁住房的；

（二）转租、出借的；

（三）改变公共租赁住房结构或使用性质的；

（四）承租人无正当理由连续空置6个月以上的；

（五）拖欠租金累计6个月以上的；

（六）在公共租赁房中从事违法活动的；

（七）违反租赁合同约定的。

第三十九条 承租人在合同期满或终止租赁合同的应当退出。确有特殊困难的，给予一定的过渡期限；拒不腾退的，按合同约定处理，并在适当范围内公告，必要时市住房保障机构申请人民法院强制执行。

第八章 出售管理

第四十条 承租人在租赁五年期满后，可选择申请购买居住的公共租赁住房。

第四十一条 公共租赁住房出售价格以综合造价为基准，具体价格由市物价部门会同市住房保障、市财政等部门研究确定，定期向社会公布。

第四十二条 购买公共租赁住房，可选择一次性付款或分期付款。一次性付款后，不再支付租金；分期付款时，未付款面积按照规定交纳租金。

第四十三条 购买人与产权人或受托人书面签订销售合同，明确付款价格、付款方式、修缮责任，以及双方其他的权利和义务，付清全款后向房屋和土地权属部门办理登记。

第四十四条 购买的公共租赁住房不得进行出租、转让、赠予等市场交易，可以继承、抵押。

第四十五条 公共租赁住房购买后抵押，抵押值不得超过房屋购买原值的70%。

第四十六条 购买人通过购买、获赠、继承等方式在购买公共租赁住房所在地获得其他住房的，或因特殊原因需要转让以及抵押处置时，由政府回购，回购价格为原销售价格加同期银行存款活期利息。

第九章 监督管理

第四十七条 市住房保障机构应当建立公共租赁住房档案，详细记载规划、计划、建设和住房使用，承租人和购房人的申请、审核、轮候、配租、配售以及违法违约情况等有关信息。

第四十八条 住房保障机构应当组织对承租或购买公共租赁住房人员履行合同约定的情况进行监督检查，有关单位和个人予以配合，如实提供资料；在监督检查中，住房保障机构有权采取以下措施：

（一）2名以上工作人员可持工作证明，在至少1名成年家庭成员在场的情况下，进入公共租赁住房检查使用情况；

（二）对违法违规行为予以制止并责令改正。

第四十九条 承租人隐瞒或伪造住房、收入等情况，骗取公共租赁住房和查实社会单位为申请人出具虚假证明材料的，由有关部门对承租人和直接出具虚假证明材料的主管人员及直接责任人依法依纪追究责任。

第五十条 房地产中介机构为公共租赁住房接受委托代理转让、出租或者转租的，由相关部门对房地产中介机构依法处理。

第五十一条 公共租赁住房的规划、计划、建设、分配、使用和管理工作接受社会的监督。有关部门接到对违法违纪行为进行检举和控告的，应当依照各自职责及时核实并做出处理。

第五十二条 有关行政管理部门的工作人员在公共租赁住房规划、计划、建设、分配、使用和管理过程中滥用职权、玩忽职守、徇私舞弊、索贿受贿的，要依法依纪追究责任。

第十章 附则

第五十三条 开发区和园区集中建设向用工单位或园区就业人员出租的集体宿舍，由开发区和园区实施住房管理。

第五十四条 市国土资源和房屋管理部门根据本办法制定实施细则。

第五十五条 本办法自2010年7月1日起施行。

二○一○年六月八日

13 四川省 | Sichuan

（1）计划及完成情况

2010年计划目标： 住房保障力争完成投资300亿元，筹集12.6万套房源解决符合廉租住房保障条件的城市低收入家庭住房困难，改造棚户区10万户。 （来源：《2010年四川省政府工作报告》、四川省住房和城乡建设厅）

2010年完成情况： 保障性住房建设、棚户区改造和农村危房改造共开工34.3万套，超出国家下达计划的25%，完成23.8万套，完成率87.4%。供应保障性住房用地754.1公顷，棚户改造用地209.8公顷，普通中小套型商品住房用地3958.7公顷。 （来源：《四川日报》）

2011年计划： 全省将建设公租房、廉租房和经济适用房等保障性住房和改造棚户区34.7万套，比2010年计划增长71%，改造农村危房15万户，增长114%。 （来源：《四川日报》）

（2）2010年相关政策

四川省2009—2011年廉租住房保障规划

近年来，我省深入贯彻落实《国务院关于解决城市低收入家庭住房困难的若干意见》（国发［2007］24号）精神，把解决城市低收入家庭住房困难作为改善民生的重要内容，不断完善政策、健全制度、加大力度，深入推进住房保障工作。全省各市（州）、各县（市、区）基本建立了以廉租住房为主的住房保障制度，全省最低收入（低保）住房困难家庭基本实现应保尽保，解决城市低收入家庭住房困难工作取得了明显成效。但也要看到，我省廉租住房制度建设还处于起步阶段，保障房源短缺，大量低收入群众和职工还居住在城市、林区或煤矿等各类棚户区或危旧房中，住房条件亟待改善。为全面深入实施廉租住房制度，抓住中央大力推进保障性安居工程建设的历史机遇，集中力量尽快解决全省低收入群众住房困难，根据住房和城乡建设部、国家发展改革委和财政部《关于印发2009—2011年廉租住房保障规划的通知》（建保［2009］91号）精神，结合我省实际，制定本规划。

❶ 指导思想和基本原则

（一）指导思想

以邓小平理论和“三个代表”重要思想为指导，深入贯彻落实科学发展观，坚持以人为本，按照保增长、保民生、保稳定的总体要求，把解决城市低收入家庭住房困难作为全省各级政府公共服务的重要职责。进一步加大廉租住房建设力度，完善廉租住房租赁补贴制度，加快建立健全以廉租住房制度为重点的城市住房保障体系。结合汶川地震灾后城镇住房恢复重建、各类棚户区及危旧房改造，多渠道解决低收入居民家庭住房困难，促进民生改善和社会和谐。力争到2011年底，基本解决我省城市低收入居民家庭住房困难问题。

（二）基本原则

1. 结合实际，统筹规划。综合考虑全省经济社会发展水平，城镇低收入住房困难家庭现状及住房需求，地方财政承受能力等因素，坚持以满足基本住房需要为原则，明确保障目标和任务，确定解决途径，有计划、有步骤地组织实施。

2. 创新发展，多措并举。以解决低收入居民家庭住房困难问题为根本目标，创新保障体制、机制，健全发展政策措施，建立健全可持续实施的长效保障机制。在加大财政投入、加快廉租住房建设的同时，加快推进棚户区改造，充分利用社会资源，调动企业、个人积极性，多形式多渠道解决低收入居民家庭住房困难。

3. 广覆盖，严审核。适当放宽廉租住房保障限制条件，降低保障准入门槛，逐步扩大保障范围，将更多城市低收入住房困难家庭和独立工矿（煤矿）棚户区、林区棚户区困难职工纳入保障范围。严格审核申请人收入水平和住房困难情况，严把准入关，确保廉租住房房源和保障资金用于符合条件的申请对象。

4. 省级督导，市、县落实。建立住房保障绩效评价和考核制度，实行目标责任制管理。省级有关部门要加强对廉租住房工作的指导和监督，市、县人民政府具体负责房源筹集、分配、管理和租赁补贴发放等工作。

❷ 总体目标和年度工作任务

（一）总体目标

从2009年起到2011年，争取用三年时间，基本解决60余万户现有城市低收入居民家庭和各类棚户区中困难职工家庭的住房问题。在2008年已开工建设廉租住房2.6万套，发放租赁补贴13.2万户的基础上，三年内再新增解决低收入居民家庭住房困难的房源

（简称“新增房源”，下同）33.6万套、新增发放租赁补贴9.8万户（各市、州任务分解见附表）。进一步健全实物配租和租赁补贴相结合的廉租住房制度，并以此为重点，加快城市住房保障体系建设，完善相关的土地、财税和信贷支持政策。

（二）年度工作任务

1. 2009年，解决29万户低收入住房困难家庭的住房问题。其中，新增房源10万套，新增发放租赁补贴5.8万户，当年发放租赁补贴19万户。

2. 2010年，解决34.2万户低收入住房困难家庭的住房问题。其中，新增房源12.6万套，新增发放租赁补贴2.6万户，当年发放租赁补贴21.6万户。

3. 2011年，解决34万户低收入住房困难家庭的住房问题。其中，新增房源11万套，新增发放租赁补贴1.4万户，当年发放租赁补贴23万户。

❸保障方式和保障标准

（一）保障方式

加大廉租住房建设力度，加快筹集廉租住房房源，不断提高实物配租比例。加快推进灾后城镇住房重建和各类棚户区改造，多渠道、多形式解决城市低收入家庭的住房困难问题。深化实施租赁补贴制度，调整完善发放方式，加快发放进度。

1. 加快筹集廉租住房房源。通过新建（配建）、购置、改造、政府长期租赁等方式多渠道筹集廉租住房房源。新建廉租住房采用统一集中建设和配建两种方式。新建廉租住房主要在经济适用住房、普通商品住房、棚户区改造项目和灾区安居住房中配建，配建的具体比例，由市、县人民政府根据当地有关住房建设和城市棚户区改造规模，以及实物配租需要量等因素确定。政府采购廉租住房的，不得采购现房；采购在建住房的，须保证中央及省补助资金全部形成新的实物工作量。

2. 加快推进汶川地震灾区灾后城镇住房重建和棚户区改造。鼓励各地结合灾后城镇住房重建、各类棚户区改造，通过灾区重建住房、拆迁安置住房（永久性实物安置或货币安置）、经济适用住房（集资建房）、公房安置等方式，多渠道、多途径为符合廉租住房保障条件的城镇低收入住房困难家庭提供房源，更好、更快地解决上述困难群众的住房问题。通过以上方式解决符合廉租住房保障条件的低收入家庭住房困难的，纳入本规划范畴管理及考核。

3. 鼓励各地结合地方实际，调整租赁补贴发放方式，加快发放进度。低收入住房困难居民家庭提出租赁补贴申请，经审核符合廉租住房保障条件的，即可发放租赁补贴。各地应采取措施，保证资金用于改善保障对象的居住条件。租赁补贴可以分批分期集中统一发放，也可以审核一户发放一户，具体方式由各地自行确定，但应尽快将租赁补贴发到保障对象手中。

（二）保障标准

各地要合理确定低收入线划分标准和住房困难面积标准，放宽限制条件，将更多低收入住房困难家庭特别是仍居住在各类棚户区中的困难职工家庭纳入保障范畴。低收入标准应当根据当地经济和社会发展水平，统筹考虑居民人均可支配收入、最低生活保障标准、最低工资标准等确定。原则上低收入线可以按不低于当地上年度城镇人均可支配收入的40%确定，住房困难面积标准应达到当地上年度城镇人均住房建筑面积的40%。有条件的地方可进一步放宽保障条件，具体标准由市、县政府确定。

廉租住房保障标准控制在人均住房建筑面积16平方米左右，新建廉租住房套型建筑面积控制在50平方米以内，保证基本的居住功能。租赁补贴额根据当地平均市场租金标准、家庭住房支付能力合理确定。

通过汶川地震灾区城镇重建住房、各类棚户区及危旧房改造拆迁安置（货币安置或实物安置）、经济适用住房（集资建房）或其他住房解决的，其住房面积控制标准国家和省有规定的，按规定执行。

❹政策措施

（一）多渠道筹措资金

1. 市、县人民政府按照有关规定多渠道筹集廉租住房保障资金。市、县财政要将廉租住房保障资金纳入年度预算安排。住房公积金增值收益在扣除提取风险准备金和管理费用后要全部用于廉租住房建设。保证土地出让净收益用于廉租住房保障的比例不低于10%。中央代发的地方债券资金，各地要优先安排用于廉租住房建设、棚户区改造等保障性安居工程建设。

2. 建立完善省级廉租住房专项补助资金制度，加大对市县支持力度。在中央廉租住房补助基础上，省级财政再给予一定配套补助，重点支持廉租住房工作开展较好、保障任务较重的困难地区。各地可根据实际，统筹使用中央和省下拨的预算内投资补助和廉租住房保障专项补助资金。

3. 充分发挥政府投资拉动效应，积极吸纳各方资金投入。各地要结合实际，建立健全政府投融资机构，搭建融资平台，积极争取金融机构贷款支持；积极引导房地产开发企业投资；鼓励低收入居民家庭及其所在单位出资。汶川地震受援重灾区要积极争取援建省市的支持，加快灾区廉租住房建设。

（二）积极推进棚户区改造

城市棚户区、独立工矿（煤矿）棚户区、林区棚户区等各类棚户区（含危旧房，下同）内低收入住房困难家庭较为集中，推进各类棚户区改造有利于大范围解决低收入家庭的住房困难，集中改善居住条件，促进社会和谐稳定。要充分发挥政府的组织协调作用，在政策与资金上给予必要的支持。对棚户区改造中解决低收入群体住房困难的非廉租住房建设项目，可享受经济适用住房土地、税费等优惠政策。各地要按照廉租住房三年规划的要求，同步推进各类棚户区改造。要优先通过市场开发、经济适用住房（职工集资建房）等方式解决棚户区居民和职工的住房困难。前述方式难以解决的，对符合廉租住房保障条件的困难群众，政府应提供廉租住房保障，兜底解决低收入困难群众住房问题。

（三）落实土地供应和各项优惠政策

各地区要根据廉租住房保障规划和年度计划，统筹安排廉租住房用地计划，优先安排建设用地，落实支持廉租住房建设的各项税费优惠政策，切实加大政策支持力度，确保按期开工建设。配建廉租住房的套数、建设标准、回购价格或收回条件，要作为土地划拨或出让的前置条件，并在国有建设用地划拨决定书和国有建设用地使用权出让合同中明确约定。廉租住房项目要合理布局，尽可能安排在交通便利、公共设施较为齐全的区域，同步做好小区内外市政配套设施建设。

对其他解决低收入家庭住房困难的建设项目，各地应优先列入土地供应计划，在申报年度用地指标时单独列出，并积极落实相应的税费优惠政策，优先组织实施相关的道路、给排水、供电、供气等市政基础设施建设。有关部门要简化办事程序、缩短审批时限，加快各项审批手续办理。

（四）探索共有产权制度

鼓励各地创新思路，多措并举，探索建立保障性住房建设、管理、回收投资再投入的可持续机制，降低政府保障成本，解决保障对象住房问题。具备条件的市（州）、扩权县（市）经批准后可进行共有产权试点工作。在自愿的前提下，政府可与困难群众共同出资建设廉租住房，按出资比例共享住房权益。已承租廉租住房的保障对象自愿购买承租的廉租住房的，允许其购买部分或全部产权。实施共有产权制度回收的资金，应全部用于廉租住房保障。共有产权住房实行上市准入制度。

❺ 监督管理

（一）落实目标责任制

将解决城市低收入家庭住房困难问题纳入各级政府“八项民生”工程目标管理督办考核。市、县人民政府要根据省政府的统一部署，明确具体措施，健全住房保障工作机构，落实工作人员编制和经费，街道办事处（社区）要安排专人负责住房保障工作，切实做到规划到位、机构人员到位、资金到位、政策到位、监管到位，确保分配公平。住房保障所需工作经费由同级财政预算安排解决。

（二）建立低收入住房困难家庭档案

各市（州）、县（市、区）人民政府要尽快建立健全城镇低收入住房困难家庭档案，对符合廉租住房保障条件或经济适用住房供应条件的城镇居民家庭逐户建档管理。县以上城市（含县）要在2010年6月底前基本完成建档工作。独立工矿（煤矿）棚户区、林区棚户区困难职工家庭纳入所在县以上城市低收入住房困难家庭档案管理。

根据国务院和省政府有关规定，各地住房保障主管部门负责建立和管理低收入住房困难家庭档案，建设（房管）部门负责审核居民家庭住房情况，民政部门负责审核居民家庭收入情况。城镇低保家庭由建设（房管）部门审核住房情况后纳入档案管理，其他低收入居民家庭实行申请审核制。纳入低收入住房困难家庭档案管理的居民家庭，优先纳入廉租住房保障或经济适用住房供应。

（三）确保工程质量和使用功能

廉租住房及其他保障性住房建设项目，要严格执行工程招投标、施工图审查、施工许可、质量监督、工程监理、竣工验收备案等建设程序，加强审批管理，严格执行国家有关住房建设的强制性标准和住宅规范要求，确保建设项目工程质量和住房使用功能。同时，建立行政审批快捷通道，缩短审批时限，确保按期实现工程建设目标。要按照发展省地节能环保型住宅的要求，推广新技术、新材料和新工艺。

（四）严格准入退出管理

要完善保障性住房申请、审核、公示、轮候、复核、退出制度，健全社区、街道和住房保障部门三级审核公示制度，建立由民政部门负责的低收入家庭收入核定机制，通过规范化的收入、财产和住房情况审查制度，形成科学有序、信息共享、办事高效、公开透明的工作机制。要严肃工作纪律，坚决查处弄虚作假、以权谋私等违法违规行为。

（五）加强信息化建设

结合城镇低收入住房困难家庭档案建设，构建住房保障对象、资金、建设、分配、管理等数据库和住房保障信息化综合应用平台，建立健全以廉租住房为主的保障性住房信息化管理系统，优化配置住房保障资源，为住房保障工作的开展提供信息保障，并逐步实现与民政、公安、劳动社保、金融、证券等领域的信息互通与共享，实现解决城镇低收入家庭住房困难工作的信息化。

（六）加强监督检查

省住房和城乡建设厅要会同有关部门抓紧建立健全廉租住房保障工作考核机制，加强对各地区廉租住房保障制度建设和本规划实施情况的监督检查。重点检查廉租住房年度计划执行情况，包括建设用地落实、资金使用和建设工程质量，以及目标任务完成情况等。

各市（州）要根据本规划，制定（修订）本地区2009—2011年廉租住房保障规划，将本规划任务分解下达各县（市、区，含扩权县市），于2010年3月31 日前报四川省住房和城乡建设厅、四川省发展和改革委员会、四川省财政厅备案。

2010
中国房地产年鉴

06
CHAPTER
企业发展

导读
INTRODUCTION

2010年，对于中国房地产企业来说，是极为不平静的一年。年内房地产调控政策频出，市场交易量和交易价格起起伏伏。企业既要遵从国家对产业的调控导向，勇挑社会责任，又要依据产业发展规律和市场变化，实施恰当的营销对策和企业发展战略。

2010年也是不少房地产企业再创辉煌的一年。年内房地产投资金额、商品房销售面积和销售金额都再创历史新高。有近四十家企业年销售额在百亿元以上，万科年销售额首次突破千亿大关。在不断满足社会需求的同时，实现了经济和社会效益的双推进。

本篇选择中国三十家房地产知名企业，收集他们在2010年年度的企业发展和财务数据。之所以选择它们编入年鉴，主要原因是：一是他们具有行业的代表性和市场影响力；二是它们在本年度取得了较好的发展业绩；三是企业经营透明度较高，财务数据相对完整。二十五家排在前列的企业都是上市公司，按资产大小进行排序；五家排在后列的企业为非上市公司，采用随机排序。

鉴于中国房地产企业的市场透明度总体还并不高，这给我们编撰“年鉴”带来了一定的困难。作为编辑中国房地产年鉴的探索，希望有更多的房地产知名企业能将更为真实的情况和宝贵经验提供给我们，以供业内学习与借鉴。

一、2010年度中国房地产开发企业五百强

中国房地产开发企业五百强测评的主要目的是：

（1）有利于引导房地产开发企业的经营行为和市场定位。正确评价房地产开发企业的绩效，可以系统剖析其战略发展和生产经营中存在的问题，减少管理层的短视行为，将短期利益和长远目标结合起来，进行正确的市场定位；

（2）有利于推动房地产开发企业激励约束机制的建立。通过房地产开发企业的绩效评价，将企业主要信息浓缩反映出来，并进行绩效的综合评价和纵横对比，可以让企业经营者更清晰地了解自身在本行业所处的地位，对经营者起到激励和约束作用；

（3）有利于提升房地产开发企业的品牌意识。对房地产开发企业实施绩效评价，将测评结果公开发布，可以客观反映开发企业管理层的有效努力程度，强化对企业的外部监督，提高市场对企业的认可度，有助于增强企业的市场竞争力；

（4）有助于机构和个人投资者进行理性投资。根据测评结果，各种机构和个人投资者能够有效地区分开发企业，判断相关企业经营绩效情况及在行业中的地位，提高其做出正确的投资决策的概率，为减少盲目投资行为提供重要的参考意见；

（5）有利于政府全面掌握房地产行业发展信息，了解房地产开发企业的经营、管理、运营等方面的整体状况，为进行有效的宏观调控提供政策参考依据。

为保证测评结果具有较高的客观性和准确性，本次测评中充分考虑如下几方面的因素：

首先，完整体现房地产市场形势发展变化、行业转型、结构调整以及时代要求。

其次，充分体现了国家宏观调控和产业政策导向，除了反映企业规模的销售面积、总资产等指标外，还考虑了新开工面积、竣工面积、租赁经营情况、新材料新技术的运用等内容；

再次，提高体现企业社会责任指标的权重，强调了企业捐赠、税收贡献、企业参与住房保障建设等内容，以使测评结果更加完整，为促进房地产业健康发展起到一定的推动作用。

1. 企业进入百亿元竞争

2010年许多房地产企业销量上也实现了跨越式增长，全国百强企业销售业绩更是突出，百强企业销售总额为1.41万亿元，同比增长28.06%。其中，万科全年实现销售金额1081.6亿元，销售面积897.7万平方米，继续保持行业标杆企业的地位。

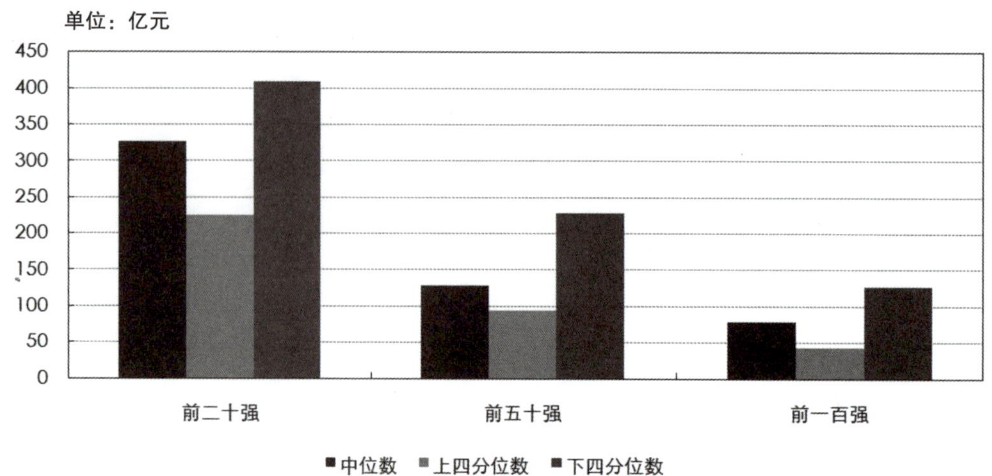

图6-1 百强企业销售金额分布比较

数据来源：中国房地产测评中心

统计数据表明，2010年百强企业的销售金额均值为141.35亿元，标准差为176.98亿元，可以看出百强企业销售业绩上的表现差距甚大。由图可见前二十强房企销售金额的中位数为326亿元，明显大于百强中位数79亿元，门槛起点显著提高。同时也说明，整个行业的竞争已经从前些年数十亿元的竞争态势转向百亿竞争。从百强中居前25%和殿后25%（四分位数）上也可看出，销售金额向排名全国二十强以及五十强企业集中，这些企业的发展状况极大地影响了房地产行业整体的竞争态势。

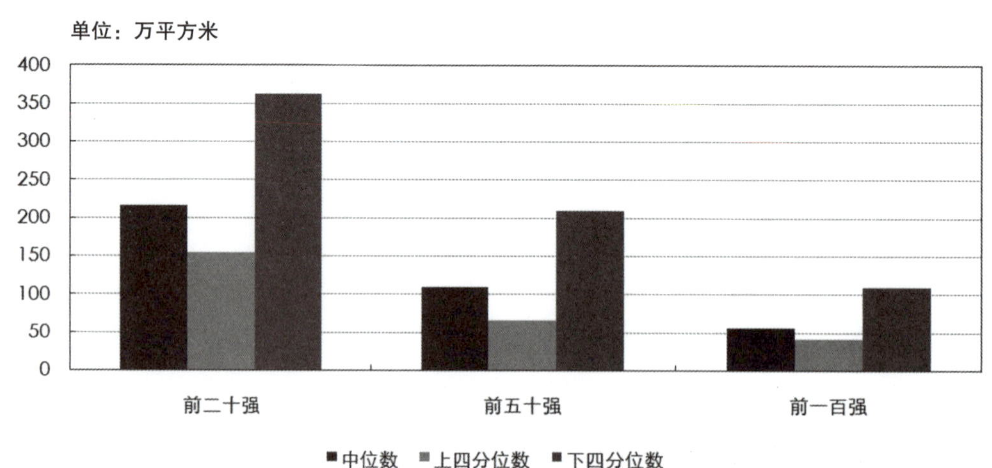

图6-2 百强企业销售面积分布比较

数据来源：中国房地产测评中心

数据显示，2010年百强企业的销售面积均值为130.96万平方米，标准差为176.83万平方米。和销售金额一样，百强房企的销售面积也呈现向前集中的态势，前二十强企业的销售面积占据了整个百强企业的大部分，万科、保利、中海地产等行业标杆企业销售面积均突破500万平方米。

2. 大型企业市场集中优势明显

对比2009年数据，我们发现，百强企业2010年的销售面积和销售金额都有显著增长趋势，其中销售金额更是突飞猛进。由此看出，尽管受到多次宏观调控的影响，百强企业仍能取得靓丽的销售业绩。如万科在2010年的销售面积和销售金额分别比2009年增长了48.5%和74.3%。另一方面，在百强企业实力整体提升的基础上，市场集中趋势越来越明显。前十强所占销售面积达到5893万平方米，占百强销售面积的45%，销售金额达到5936亿元，占百强总销售金额的42%。前二十强、五十强销售金额分别为8442亿元和11 730亿元，占百强总销售金额的59.7%和83%。

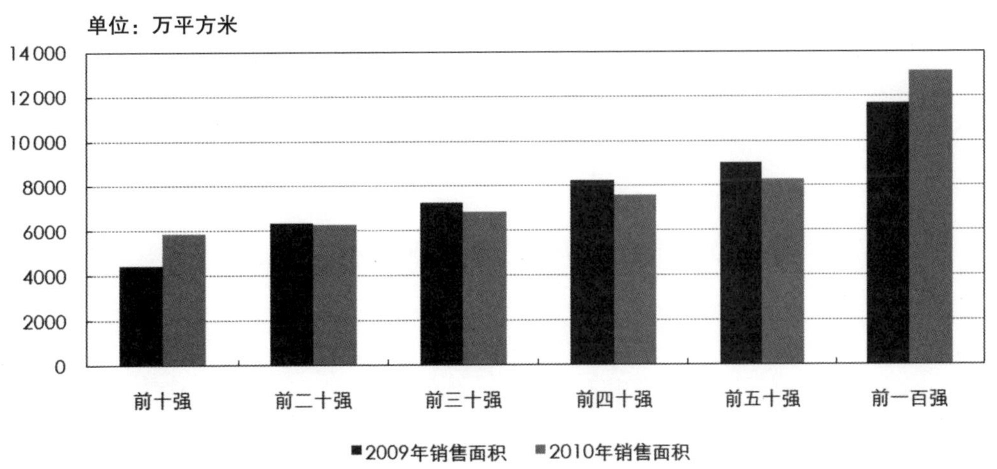

图6-3 2010年和2009年百强企业销售面积累积分布

数据来源：中国房地产测评中心

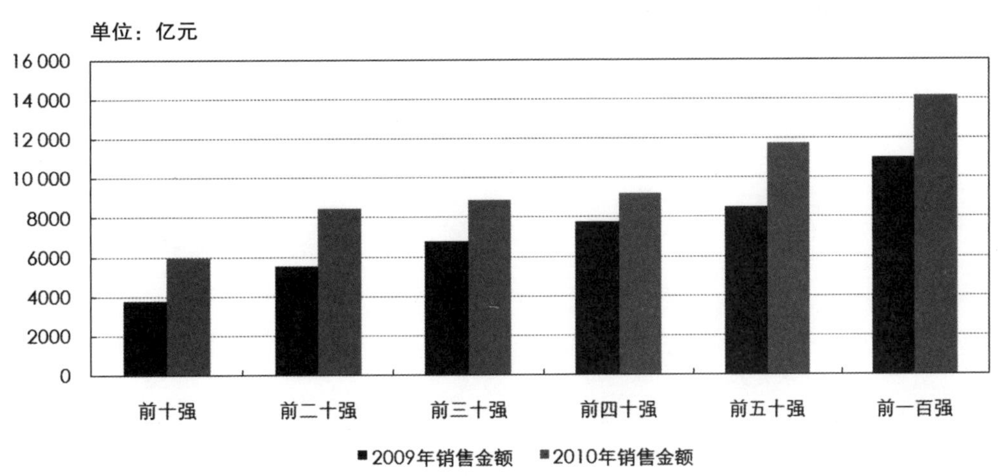

图6-4 2010年和2009年百强企业销售金额累积分布

数据来源：中国房地产测评中心

通过对比2009年和2010年十强、二十强、五十强、百强房地产企业销售金额占整个市场的比重可以看出，优秀房地产企业的市场占有率正在稳步提高。十强、二十强、五十强、百强房地产企业市场占有率分别从2009年的8.57%、12.57%、19.32%、25.00%提升至2010年的11.31%、16.08%、22.33%、26.92%，增幅分别达到31.97%、27.92%、15.58%、7.68%。

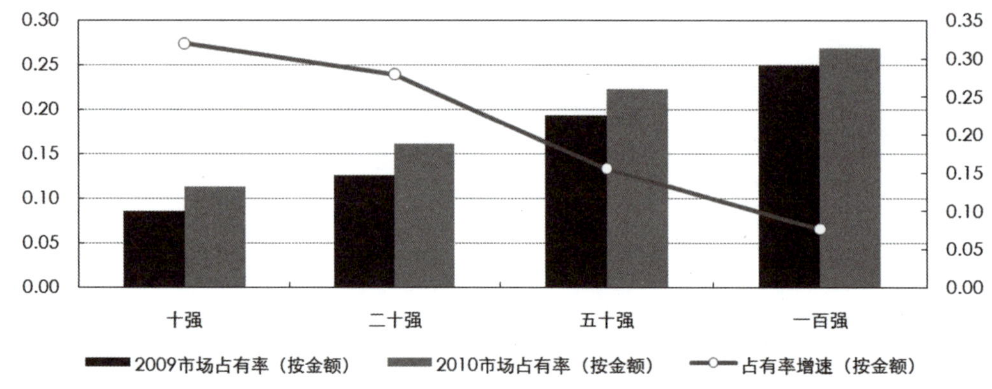

图6-5 2010年和2009年百强企业市场占有率及其变动（1）

数据来源：中国房地产测评中心

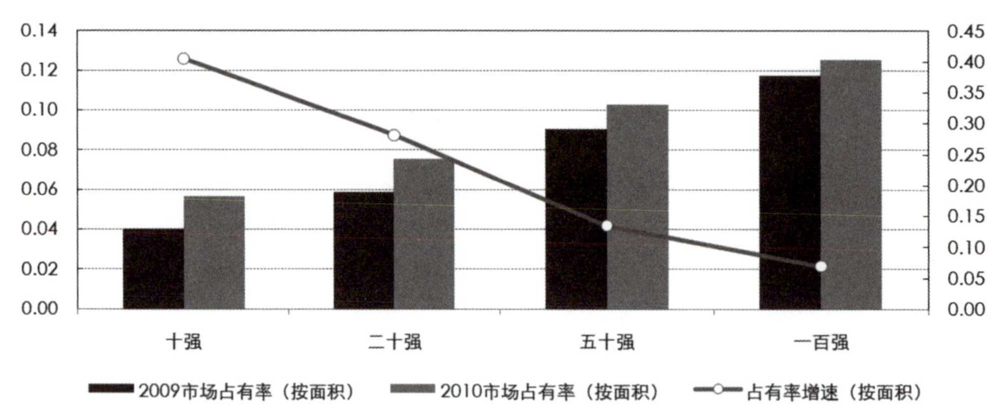

图6-6 2010年和2009年百强企业市场占有率及其变动（2）

数据来源：中国房地产测评中心

从百强企业的销售面积来看，十强、二十强、五十强、百强房地产企业的也表现出了与销售金额一致的趋势。十强、二十强、五十强、百强房地产企业市场占有率分别从2009年的4.02%、5.90%、9.07%、11.74%提升至2010年的5.65%、7.56%、10.30%、12.56%，增幅分别达到40.55%、28.14%、13.56%、6.98%。

百强企业的销售金额和销售面积，都显示出百强企业对整个房地产市场的影响力在不断增强。但从销售金额和销售面积的一些区别上可以看出，百强企业的销售金额所占的市场比重远高于销售面积所占市场比重，这说明百强企业的品牌影响力在不断提升，单位产品的价格逐步提升，并占据市场领先的地位，整体市场呈现不断集中的趋势。

3. 企业区域布局走向二、三线城市

由于土地资源充足、成本较低、竞争激烈程度较小，我国二、三线城市的房地产市场，正以其上升空间大、居民消费能力预期较高以及政策限制少等优势吸引着众多房地产开发企业。

2010年，万科、恒大、佳兆业等一线房企相继在沈阳周边的三线城市拿地，拓展布局区域。2010年万科共获取106块土地，大多数位于二、三线城市。其在年底拿下了13.5万平方米的抚顺南湖项目地块，并计划在5年内建设一座总占地30万平方米以上的高品质滨湖宜居住宅项目。连同在南通、嘉兴、温州的三个新增城市项目，万科已在全国46个城市布局。万科也表示，一线城市的土地竞争相对其他城市更加激烈，为了保证项目的收益水平，2010年新增的项目多数位于沈阳、鞍山、青岛、无锡、佛山、厦门、福州、重庆等城市。同时，万科确定2011年以二、三线城市为投资重点实现“战略纵深”计划。

又如百强企业中排名稍后但发展迅速的四川蓝光，近年也加快了进军四川省二线城市的步伐。2009年，蓝光率先进入南充，一举拿下面积为235亩的地块，2010年开盘时，均价超过4000元/米^2，而最近一批开盘，最好的房源价格超过8000元/米^2。

新世界中国地产也加大了对二三线城市的投资，并且形成了独特的体系。在北京、天津及济南等地参与市中心旧城改造；在北京、上海、武汉、天津及大连的黄金地段建造城市商业地标；在沈阳、武汉、广州、成都、长沙及贵阳等地发展大型住宅区；在珠江三角洲及海口建造及经营休闲度假式物业。而在华南市场，除了广州市场外，还拓展到南海、肇庆、惠州等地。广佛新世界都市综合体项目、惠州项目、珠海项目等全新项目将在2011年登场。

由此可见，百强房企在不断加强市场拓展力度，区域布局开始向全国渐次发展，二三线城市日显重要。

4. 进军商旅地产渐成风潮

2010年以来包括金地、万科、中粮、保利、中海、富力等知名企业均向商业地产拓展。

从2009年起，一直以住宅专业化为目标的万科，开始向商业地产逐步迈进、转型。2009年，万科集中大批商业地产人才，并组建了自己的商业运营团队。在土地拓展上，截至2010年8月，万科共获取商业地块13个，未来可能对整个商业地产格局产生重要影响。

远洋地产确定了主业纵深格局的战略导向。2010年3月远洋地产成立商业地产事业部以来，公司就确定了相应的商业地产发展方向——差异化经营。同时远洋万和城和天津海河新天地We-life未来广场等商业项目也在开发建设过程中。2011年开始，远洋地产将陆续在北京、天津、沈阳、大连、杭州以及中山等城市发展30个以上的商业项目，打造远洋全新的商业地产格局。

保利地产在商业地产方面的拓展就更为主动和积极了。在获得佛山顺德5宗商业地块、天津和平区商业地块、北京大望京商业地块等5宗商业地块后，保利拥有的集中型大规模商业项目已达到15个，完成投资额也已超过百亿。与万科商业布局以社区配套商业为主不同，保利在商业地产上的拓展则瞄准了大规模的综合体项目，尤其是一些包含旅游、文化、会展等目的性消费商业的综合体项目。

目前富力拥有多栋写字楼、酒店以及四家商业中心，已经形成了相对清晰的商业地产选址、开发、运营和招商模式：依托大型居住社区开发区域性商业中心、在CBD核心位置开发写字楼、在CBD或依托大型居住社区开发酒店。富力已经拥有了丰富的商业物业开发经验，且旗下的商业产品也已经开始盈利。

由于宏观调控关注于住宅市场，商业地产又面临激烈的竞争，不少房地产开发企业都在扩大房地产发展领域，寻找新的机遇。对于资金实力较为雄厚的企业而言，旅游地产成为一项新的选择，如万科、万达、龙湖、世茂等房企纷纷宣布提升旅游地产项目的规模。

以海南为代表的全国各地旅游业发展迅速，目前中国房地产开发百强企业中已经有超过60家在海南进行房地产开发。国家统计局的数据显示，在全国多地房地产投资出现萎缩的背景下，2010年前三季度，海南房地产投资占全省城镇固定资产投资的31%，远大于全国平均水平的20%。雅居乐、富力、万科、鲁能、新世界、保利地产等知名地产开发商已纷纷“圈地”，在旅游地产项目上投资数十亿甚至上百亿元。目前在海南的全国性房地产开发企业超过100家，投资总额超过1000亿元。

2010年6—10月间，万达集团斥巨资投入全国各地旅游地产项目，其中，6月17日，投资福州琅岐岛国际旅游度假区、武夷山国际旅游度假区；8月24日，投资500亿元的大连金石国际旅游度假区项目签约；9月10日，投资150亿元的西双版纳国际旅游度假区项目签约；10月中旬，投资规模达200亿元的长白山旅游地产项目开始预售。万达在旅游地产领域的大手笔，标志着万达的一次重要转型，正在从商业地产向旅游地产进行跨越式发展。从2008年至今，一直主营商业地产的万达已斥资近1700亿元，占领了中国旅游地产的半壁江山。

龙湖地产也开始大手笔拿地进军旅游地产，2010年8月份斥资15.2亿元竞得烟台养马岛商住用地；10月份再度拿下该区域多宗土地，合计近7000亩。此外，龙湖还以4.45亿元获得云南玉溪1781亩旅游用地。3个月来，龙湖地产共斥资54亿元拿下8000多亩土地，打造旅游地产项目。龙湖地产也表示，未来发展重点之一就是开拓多类新地产业态，其中包括旅游及养老地产。

2010年12月底，中化集团旗下方兴地产的金茂君悦酒店—金茂世家旅游综合体项目于云南丽江奠基，计划投资26亿元，迈出旅游地产的第一步。华润斥资80亿元进军海南石梅湾滨海度假带；万科、泛海集团、联想集团、一方集团四家民营企业共同打造的总投资500亿元的文化旅游项目也已启动。今年1月24日，恒大地产与河南新乡市政府签约，将在平原新区打造“金碧天下”项目，规划投资超过100亿元，建设一个超大型国际旅游度假中心。1月26日，越秀集团与广东省茂名市政府签署战略合作框架协议，在茂名打造总面积超过5000亩的大型综合体项目，发展内容包括休闲运动公园、旅游度假、高端商务、商业配套等。

5. 2010年中国房地产开发企业五百强榜单

表6-1 2010年中国房地产开发企业五百强榜单

2010年排名	企业名称
1	万科企业股份有限公司
2	恒大地产集团有限公司
3	保利房地产（集团）股份有限公司
4	上海绿地（集团）有限公司
5	大连万达集团股份有限公司
6	中国海外发展有限公司
7	绿城房地产集团有限公司
8	广州富力地产股份有限公司
9	碧桂园控股有限公司
10	雅居乐地产控股有限公司
11	龙湖地产有限公司
12	世茂房地产控股有限公司
13	中信房地产股份有限公司
14	金地（集团）股份有限公司
15	华润置地有限公司
16	远洋地产控股有限公司
17	SOHO中国有限公司
18	金科实业（集团）有限公司
19	复地（集团）股份有限公司
20	新城控股集团有限公司
21	招商局地产控股股份有限公司
22	北京首都开发控股（集团）有限公司
23	中铁置业集团有限公司
24	恒盛地产控股有限公司
25	金辉集团有限公司
26	首创置业股份有限公司
27	星河湾地产控股有限公司
28	保利（香港）投资有限公司
29	合生创展集团有限公司
30	世纪金源集团
31	杭州滨江房产集团股份有限公司
32	新世界中国地产有限公司
33	建业地产股份有限公司
34	越秀地产股份有限公司
35	大连亿达集团有限公司

（续表）

2010年排名	企业名称
36	深圳华侨城控股股份有限公司
37	北京金隅股份有限公司
38	青岛海尔地产集团有限公司
39	雅戈尔集团股份有限公司
40	佳兆业集团控股有限公司
41	嘉凯城集团股份有限公司
42	合景泰富地产控股有限公司
43	大华（集团）有限公司
44	上海城开（集团）有限公司
45	重庆隆鑫地产（集团）有限公司
46	和记黄埔（中国）有限公司
47	北京城建投资发展股份有限公司
48	盛高置地（控股）有限公司
49	重庆协信控股（集团）有限公司
50	路劲地产集团有限公司
51	上海爱家豪庭房地产集团发展有限公司
52	中华企业股份有限公司
53	上海景瑞地产（集团）股份有限公司
54	沿海绿色家园有限公司
55	旭辉集团股份有限公司
56	天津住宅建设发展集团有限公司
57	金融街控股股份有限公司
58	荣盛房地产发展股份有限公司
59	新湖中宝股份有限公司
60	融创中国控股有限公司
61	九龙仓（中国）有限公司
62	四川蓝光和骏实业股份有限公司
63	天津市房地产发展（集团）股份有限公司
64	仁恒置地集团有限公司
65	棕榈泉控股有限公司
66	北京融科智地房地产开发有限公司
67	珠海华发实业股份有限公司
68	上海陆家嘴金融贸易区开发股份有限公司
69	凯德置地（中国）投资有限公司
70	鲁能置业集团有限公司
71	宝龙地产控股有限公司
72	天地源股份有限公司
73	融侨集团股份有限公司
74	上置集团有限公司

（续表）

2010年排名	企业名称
75	上海农工商房地产（集团）有限公司
76	江苏中南建设集团股份有限公司
77	建发房地产集团有限公司
78	新鸿基地产发展有限公司
79	中天城投集团股份有限公司
80	广东珠江投资股份有限公司
81	阳光100集团有限公司
82	升龙投资集团有限公司
83	龙光地产集团
84	中冶置业有限责任公司
85	深圳控股有限公司
86	瑞安房地产有限公司
87	苏宁环球股份有限公司
88	置信房地产开发有限公司
89	厦门禹洲集团股份有限公司
90	河南正商置业有限公司
91	厦门国贸地产有限公司
92	南京朗诗置业股份有限公司
93	莱蒙国际集团有限公司
94	广宇集团股份有限公司
95	厦门海投房地产有限公司
96	上海实业发展股份有限公司
97	上海鹏欣（集团）有限公司
98	新疆华源实业（集团）有限公司
99	厦门明发集团有限公司
100	上海城投控股股份有限公司
101	海信房地产股份有限公司
102	中国奥园地产集团股份有限公司
103	万华房地产开发有限公司
104	鲁商置业股份有限公司
105	南京栖霞建设股份有限公司
106	上海建工房产有限公司
107	新疆广汇实业股份有限公司
108	贵州宏立城集团
109	北京北辰实业股份有限公司
110	海航置业控股（集团）有限公司
111	汤臣集团（中国）有限公司
112	侨鑫集团有限公司
113	鑫苑（中国）置业有限公司

（续表）

2010年排名	企业名称
114	吉宝置业（中国）有限公司
115	上海三盛宏业投资集团
116	北京万通地产股份有限公司
117	保亿集团股份有限公司
118	中信泰富有限公司
119	众安房产有限公司
120	合肥城建发展股份有限公司
121	苏州新区高新技术产业股份有限公司
122	上海证大房地产有限公司
123	北京科技园建设（集团）股份有限公司
124	成都森宇实业集团有限公司
125	重庆中渝物业发展有限公司
126	中粮地产（集团）股份有限公司
127	蓝鼎投资集团
128	时代地产控股有限公司
129	嘉里建设（中国）有限公司
130	大连正源房地产开发有限公司
131	中新苏州工业园区置地有限公司
132	方兴地产（中国）有限公司
133	中骏置业控股有限公司
134	信达地产股份有限公司
135	华远地产股份有限公司
136	海航国际旅游岛开发建设（集团）有限公司
137	广西荣和企业集团有限责任公司
138	江苏吴中地产集团有限公司
139	深圳香江控股股份有限公司
140	北京金泰房地产开发有限责任公司
141	泰禾（福建）集团有限公司
142	江苏阳光置业发展有限公司
143	坤和建设集团有限公司
144	天津松江股份有限公司
145	上投房地产有限公司
146	福建三盛地产集团有限公司
147	花样年控股集团有限公司
148	上海张江高科技园区开发股份有限公司
149	厦门福康经济发展有限公司
150	泛海建设集团股份有限公司
151	安徽省高速地产集团有限公司
152	金都房产集团有限公司

（续表）

2010年排名	企业名称
153	上海三湘股份有限公司
154	西安紫薇地产开发有限公司
155	方圆地产控股有限公司
156	西安天朗地产集团有限公司
157	湖北福星惠誉置业有限公司
158	淮矿地产有限责任公司
159	武汉地产开发投资集团有限公司
160	陕西金泰恒业房地产有限公司
161	北大资源集团
162	天津泰达投资控股有限公司
163	西安高科集团高科房产有限责任公司
164	河南正弘置业有限公司
165	卓越置业集团有限公司
166	沈阳鑫丰房地产开发有限公司
167	深圳市振业（集团）股份有限公司
168	武汉安居工程发展有限公司
169	大连金广建设集团
170	厦门特房集团
171	中弘地产股份有限公司
172	北京华业地产股份有限公司
173	广州力迅投资有限公司
174	亿城集团股份有限公司
175	冠城大通股份有限公司
176	西安格力地产股份有限公司
177	宁夏亘元房地产开发有限公司
178	宁波房地产股份有限公司
179	厦门住宅集团
180	天津市红磡房地产开发有限公司
181	西安海荣房地产集团有限公司
182	宁波联合集团股份有限公司
183	上海金桥出口加工区开发股份有限公司
184	西安高新技术产业开发区房地产开发公司
185	山东鲁信置业有限公司
186	深圳市鸿荣源房地产开发有限公司
187	青岛伟东置业集团
188	深圳市天健房地产开发实业有限公司
189	云南城投置业股份有限公司
190	百仕达地产有限公司
191	江苏国信集团房地产开发有限公司

（续表）

2010年排名	企业名称
192	深圳市京基房地产股份有限公司
193	中航地产股份有限公司
194	重庆东原房地产开发有限公司
195	华丽家族股份有限公司
196	河南骏景地产有限公司
197	重庆华宇物业（集团）有限公司
198	北京中关村科技发展（控股）股份有限公司
199	宁波银亿房地产开发有限公司
200	上海紫江房地产有限公司
201	河南美景鸿城置业有限公司
202	鸿威实业发展（深圳）有限公司
203	江西洪客隆集团
204	西安经发地产有限公司
205	江西世纪风情实业有限公司
206	仁爱房地产集团
207	上海新黄浦置业股份有限公司
208	北京润丰房地产开发有限公司
209	天津市河北区环金安居建设有限公司
210	厦门联发集团
211	郑州康桥房地产开发有限责任公司
212	卧龙地产集团股份有限公司
213	郑州绿都地产集团有限公司
214	重庆同景置业有限公司
215	莱茵达置业股份有限公司
216	上海中房置业股份有限公司
217	名流置业集团股份有限公司
218	荣安地产股份有限公司
219	中国宝安集团股份有限公司
220	浙江广厦股份有限公司
221	上海万业企业股份有限公司
222	南京新港高科技股份有限公司
223	福州世欧房地产开发有限公司
224	厦门源昌房地产开发有限公司
225	天津广宇发展股份有限公司
226	天津市天一房地产开发公司
227	京能置业股份有限公司
228	天同宏基集团股份有限公司
229	北京天润置地集团有限公司
230	泰盈决策集团有限公司

（续表）

2010年排名	企业名称
231	江西恒茂房地产开发有限公司
232	名城地产（福建）有限公司
233	广西盛天集团
234	西安高山流水房地产开发有限公司
235	长春泰恒房屋开发有限公司
236	厦门滕王阁房地产开发有限公司
237	中国重型汽车集团房地产开发公司
238	广西汇东投资置业有限公司
239	四川置信房地产开发有限公司
240	永和建设集团
241	河南天伦集团
242	武汉市利嘉置业有限公司
243	厦门古龙集团房地产有限公司
244	湖北珩生投资有限公司
245	无锡市华夏房地产开发有限公司
246	陕西新兴房地产开发有限公司
247	瑞升实业集团有限公司
248	广州市敏捷投资有限公司
249	信和（郑州）置业有限公司
250	锦艺集团
251	宁波城投置业
252	深圳市绿景房地产开发有限公司
253	河南银基房地产开发有限公司
254	河南金林置业有限公司
255	无锡红地置业有限公司
256	河南民安房地产开发有限公司
257	厦门港务地产有限公司
258	广州珠江实业开发股份有限公司
259	融信集团
260	成都市武侯区桂溪房地产开发公司
261	南宁市龙光房地产开发有限公司
262	湖北长源房地产开发有限责任公司
263	西安浩华置业有限公司
264	中国武夷实业股份有限公司
265	友谊集团
266	京投银泰股份有限公司
267	深圳市信义房地产开发有限公司
268	广西云星房地产开发集团有限公司
269	沈阳格林豪森房地产开发有限公司

（续表）

2010年排名	企业名称
270	鸿隆控股有限公司
271	山东黄金地产旅游集团
272	重庆财信房地产开发有限公司
273	长春市万龙房地产开发有限责任公司
274	重庆南方集团有限公司
275	江西中新置业有限公司
276	齐鲁置业有限公司
277	天津塘沽贻成实业有限公司
278	济南银丰房地产开发有限公司
279	成都兴元房地产开发有限公司
280	沈阳宏发房屋开发有限公司
281	昆仑控股集团
282	隆海集团有限公司
283	天津天保基建股份有限公司
284	伟梦集团
285	青岛百通城市建设集团股份有限公司
286	常州华光地产集团有限公司
287	辽宁信大房屋开发有限公司
288	武汉汉口北信和农贸市场有限公司
289	四川新希望房地产开发有限公司
290	陕西宝天房地产开发有限公司
291	湖北长城建设实业有限公司
292	成都志达房地产开发有限公司
293	人居置业有限公司
294	成都冰娥房地产开发有限公司
295	阳光城集团
296	辽宁时代万恒股份有限公司
297	西安万业房地产开发有限公司
298	深圳市物业发展（集团）股份有限公司
299	武汉世纪华宇置业有限公司
300	河南城开集团
301	成都市华兴住宅房地产开发有限公司
302	银盛泰集团
303	成都华信大足房地产开发有限公司
304	深圳市鸿基（集团）股份有限公司
305	天津星耀投资有限公司
306	吉林澳星海房地产有限公司
307	浙江德信金沙置业有限公司
308	鸿基地产集团股份有限公司

（续表）

2010年排名	企业名称
309	西安中登房地产开发有限公司
310	青岛城市建设集团股份有限公司
311	武汉汉口北商贸市场投资有限公司
312	苏州新港建设集团有限公司
313	隆和置业有限公司
314	广西旺达房地产开发投资有限公司
315	大连新型企业集团
316	浙江省钱江船舶有限公司
317	阳光新业地产股份有限公司
318	中茵股份有限公司
319	广西泳臣房地产开发有限公司
320	重庆晋愉地产（集团）股份有限公司
321	中国国际贸易中心股份有限公司
322	江苏大港股份有限公司
323	陕西润基投资控股有限公司
324	深圳市长城投资控股股份有限公司
325	天津市先行房地产开发有限公司
326	沈阳市城建房地产开发有限公司
327	世纪城房地产开发有限公司
328	本溪华厦房地产综合开发有限责任公司
329	沙河实业股份有限公司
330	武海置业有限公司
331	成都硕成实业发展有限公司
332	广西碧园集团
333	天津盘龙谷文化发展有限公司
334	广西红日东升投资有限公司
335	天津市天舒房地产开发有限公司
336	山西君联房地产开发有限公司
337	河南省高速快运实业有限公司
338	武汉东湖高新集团股份有限公司
339	广西西大房地产开发有限公司
340	顺发恒业股份公司
341	江苏九洲投资集团有限公司
342	山东中润投资控股集团股份有限公司
343	奥宸地产（集团）有限公司
344	武汉当代科技产业集团股份有限公司
345	河南英地置业有限公司
346	长春华大房地产开发有限责任公司
347	纵横（武汉）盘龙城置业有限公司

（续表）

2010年排名	企业名称
348	湖南鑫远投资集团有限公司
349	力旺集团有限公司
350	山西鼎晨集团有限公司
351	杭州宋都房地产集团有限公司
352	大连新星房地产开发集团有限公司
353	博瑞房地产开发有限公司
354	合肥百乐门置业有限公司
355	辰兴房地产发展股份有限公司
356	深圳经济特区房地产（集团）股份有限公司
357	合肥大唐置业有限公司
358	辽宁渥尔夫房地产开发有限公司
359	湖南长大投资置业有限公司
360	苏州建屋房地产开发有限公司
361	安徽中环地产合肥中恒置业有限公司
362	山西凯狄投资有限公司
363	江西省博泰房地产开发有限公司
364	杭州润丰房产有限公司
365	山东天业恒基股份有限公司
366	南昌市筑城房地产开发有限公司
367	成都阳明房地产有限责任公司
368	广州东华实业股份有限公司
369	沈阳千缘房地产开发有限公司
370	苏州永新置地有限公司
371	和昌地产（集团）安徽华昌置业发展有限公司
372	成都高新发展股份有限公司
373	合肥滨湖投资控股集团有限公司
374	济南东拓置业有限公司
375	天津市塘沽城市建设投资公司
376	厦门新景地集团有限公司
377	深圳恒丰房地产有限公司
378	湖北阜城房地产开发有限公司
379	无锡翠竹房地产开发公司
380	广州市番禺祈福新邨房地产有限公司
381	合肥华盛房地产开发有限责任公司
382	湖北天地房地产开发有限公司
383	武汉美联地产有限公司
384	沈阳富禹房屋开发有限公司
385	天津市天山房地产开发有限公司
386	中体产业集团股份有限公司

（续表）

2010年排名	企业名称
387	天津汇辰房地产开发有限公司
388	天津市津房置业发展有限责任公司
389	大连建园集团
390	沈阳发展北大教育科学园房地产开发有限公司
391	常州金新房地产建设发展有限公司
392	安徽华地置业有限公司
393	康大时代房地产开发有限公司
394	长春万盛禹实置业有限责任公司
395	湖北双环房地产开发有限责任公司
396	青岛凤城置业有限公司
397	济南盛都置业有限公司
398	贵阳鸿宇房地产开发有限公司
399	青岛诚基置业有限公司
400	青岛市房地产开发投资股份有限公司
401	杭州颐盛房地产有限公司
402	大连良运房地产开发有限公司
403	四川万润实业有限公司
404	无锡奕淳房地产开发有限公司
405	合肥鸿昌置业有限公司
406	山西鑫大华房地产开发有限公司
407	河南汉飞置业有限公司
408	江西中江地产股份有限公司
409	无锡常工房地产开发有限公司
410	武汉崇文置业发展有限公司
411	山西双明房地产开发有限公司
412	陕西地方电力房地产有限责任公司
413	贵阳大兴房地产开发有限公司
414	名城房地产集团有限公司
415	沈阳银基发展股份有限公司
416	广东元邦房地产开发有限公司
417	武汉中央商务区城建开发有限公司
418	广东中海联地产有限公司
419	南昌平海房地产开发有限公司
420	兰州仁恒房地产有限公司
421	合肥百协置业有限公司
422	吉林亚泰（集团）股份有限公司
423	重庆渝开发股份有限公司
424	青岛锦绣前程房地产开发有限公司
425	上海嘉宝实业（集团）股份有限公司

（续表）

2010年排名	企业名称
426	青岛城市经营有限责任公司
427	甘肃天庆房地产集团有限公司
428	山东省三名投资有限公司
429	青岛大陆嘉园置业有限公司
430	兰州东部永新房地产开发有限公司
431	青岛环宇房地产发展有限公司
432	江苏金洋房地产开发有限公司
433	青岛凯景置业有限公司
434	浙江新帝置业有限公司
435	山东文孚置业有限公司
436	江西高新能源开发有限公司
437	合肥龙岗房地产开发有限责任公司
438	吉林省新发房屋开发有限责任公司
439	陕西成长房地产开发有限公司
440	甘肃新厦房地产开发有限责任公司
441	济南市房地产发展集团
442	山东丁豪房地产开发有限公司
443	贵州贵铝华颐房地产开发有限责任公司
444	杭州欣盛房地产开发有限公司
445	青岛世纪广场投资有限公司
446	武汉城投房地产开发有限公司
447	青岛亚建实业有限公司
448	合肥江南房地产开发有限公司
449	合肥印象西湖房地产投资有限公司
450	山西恒实房地产开发有限公司
451	西安曲江新区唐城投资有限公司
452	贵州德尔房地产开发有限公司
453	杭州西溪投资发展有限公司
454	长春宝雍阁房地产开发有限责任公司
455	贵州澳龙房地产开发有限公司
456	吉林省东兴建设开发集团有限公司
457	安徽瑞吉置业有限公司
458	长春澳海房地产开发有限公司
459	合肥鹏泰投资有限公司
460	四川三利房地产有限责任公司
461	长春广垠房地产开发有限公司
462	重庆东海房地产开发（集团）有限公司
463	深圳市富通房地产开发投资有限公司
464	重庆长安房地产开发有限公司

（续表）

2010年排名	企业名称
465	伟志集团西安仁和房地产开发有限责任公司
466	安徽富世房地产开发有限公司
467	东莞宏远工业区股份有限公司
468	重庆大川集团房地产开发有限公司
469	西安协和置业有限责任公司
470	山西千禧房地产开发有限公司
471	安徽省安高投资有限公司
472	贵阳金阳昆仑房地产开发有限公司
473	贵阳智诚房地产开发有限公司
474	山西多地尔房地产开发有限公司
475	兰州天正房地产开发有限公司
476	太原市福泓房地产开发有限公司
477	阳光控股有限公司
478	贵州华阳房地产开发有限公司
479	山西中正房地产开发有限公司
480	广州尚东置业有限公司
481	太原市嘉隆房地产开发有限公司
482	天津海泰科技发展股份有限公司
483	山西中景泰房地产开发有限公司
484	广东中颐投资集团有限公司
485	山西京门实业有限公司
486	兰州市市政建设开发有限公司
487	美林基业集团有限公司
488	兰州正和房地产开发有限公司
489	连云港金海房地产有限公司
490	甘肃普天房地产开发有限公司
491	重庆南方东银置地有限公司
492	山西文瀛房地产开发有限公司
493	江苏地华房地产开发有限公司
494	山西鸿升房地产开发有限公司
495	重庆渝能产业（集团）有限公司
496	湖南嘉盛房地产开发有限责任公司
497	山西和泰房地产开发有限公司
498	兰州和泰房地产开发有限公司
499	湖南紫竹源房地产有限公司
500	兰州基业房地产开发有限公司

6. 2010年中国房地产开发企业分类十强榜单

表6-2 2010年中国房地产开发企业综合实力十强

2011年排名	企业名称
1	万科企业股份有限公司
2	恒大地产集团有限公司
3	保利房地产（集团）股份有限公司
4	上海绿地（集团）有限公司
5	大连万达集团股份有限公司
6	中国海外发展有限公司
7	绿城房地产集团有限公司
8	广州富力地产股份有限公司
9	碧桂园控股有限公司
10	雅居乐地产控股有限公司

表6-3 2010中国房地产开发企业经营绩效十强

2011年排名	企业名称
1	万科企业股份有限公司
2	中国海外发展有限公司
3	恒盛地产控股有限公司
4	上海绿地（集团）有限公司
5	北京城建投资发展股份有限公司
6	世茂房地产控股有限公司
7	华润置地有限公司
8	旭辉集团股份有限公司
9	龙湖地产有限公司
10	重庆隆鑫地产（集团）有限公司

表6-4 2010中国房地产开发企业综合发展十强

2011年排名	企业名称
1	广州富力地产股份有限公司
2	华润置地有限公司
3	复地（集团）股份有限公司
4	上海城开（集团）有限公司
5	盛高置地（控股）有限公司
6	招商局地产控股股份有限公司
7	青岛海尔地产集团有限公司
8	深圳华侨城控股股份有限公司
9	新世界中国地产有限公司
10	瑞安房地产有限公司

表6-5 2010中国房地产开发企业责任地产十强

2011年排名	企业名称
1	北京首都开发控股（集团）有限公司
2	万科企业股份有限公司
3	恒大地产集团有限公司
4	中国海外发展有限公司
5	保利房地产（集团）股份有限公司
6	越秀地产股份有限公司
7	厦门国贸地产有限公司
8	北京金泰房地产开发有限责任公司
9	上海城投控股股份有限公司
10	青岛海尔地产集团有限公司

表6-6 2010中国房地产开发企业运营效率十强

2011年排名	企业名称
1	保利房地产（集团）股份有限公司
2	万科企业股份有限公司
3	恒大地产集团有限公司
4	新城控股集团有限公司
5	嘉凯城集团股份有限公司
6	上海景瑞地产（集团）股份有限公司
7	厦门福康经济发展有限公司
8	重庆协信控股（集团）有限公司
9	合肥城建发展股份有限公司
10	佳兆业集团控股有限公司

表6-7 2010中国房地产开发企业发展潜力十强

2011年排名	企业名称
1	新城控股集团有限公司
2	金辉集团有限公司
3	金科实业（集团）有限公司
4	旭辉集团股份有限公司
5	越秀地产股份有限公司
6	北京金泰房地产开发有限责任公司
7	天地源股份有限公司
8	广宇集团股份有限公司
9	新疆华源实业（集团）有限公司
10	合肥城建发展股份有限公司

表6-8 2010中国房地产开发企业区域运营十强

2011年排名	企业名称
1	建业地产股份有限公司
2	绿城房地产集团有限公司
3	天津住宅建设发展集团有限公司
4	大连亿达集团有限公司
5	杭州滨江房产集团股份有限公司
6	江苏中南建设集团股份有限公司
7	厦门海投房地产有限公司
8	置信房地产开发有限公司
9	武汉中央商务区城建开发有限公司
10	宁夏中房实业集团股份有限公司

表6-9 2010中国房地产开发企业稳健经营十强

2011年排名	企业名称
1	万科企业股份有限公司
2	中国海外发展有限公司
3	上海爱家豪庭房地产集团发展有限公司
4	远洋地产控股有限公司
5	中国奥园地产集团股份有限公司
6	雅戈尔集团股份有限公司
7	龙湖地产有限公司
8	华润置地有限公司
9	沿海绿色家园有限公司
10	中华企业股份有限公司

表6-10 2010中国房地产开发企业商业地产十强

2011年排名	企业名称
1	大连万达集团股份有限公司
2	SOHO中国有限公司
3	凯德置地（中国）投资有限公司
4	上海绿地（集团）有限公司
5	世茂房地产控股有限公司
6	上海鹏欣（集团）有限公司
7	越秀地产股份有限公司
8	宝龙地产控股有限公司
9	厦门明发集团有限公司
10	上海证大房地产有限公司

表6-11 2010中国外资房地产开发企业十强

2011年排名	企业名称
1	新世界中国地产有限公司
2	和记黄埔（中国）有限公司
3	路劲地产集团有限公司
4	九龙仓（中国）有限公司
5	仁恒置地集团有限公司
6	凯德置地（中国）投资有限公司
7	新鸿基地产发展有限公司
8	瑞安房地产有限公司
9	汤臣集团（中国）有限公司
10	中信泰富有限公司

表6-12 2010中国房地产开发企业城市覆盖十强

2011年排名	企业名称
1	恒大地产集团有限公司
2	大连万达集团股份有限公司
3	万科企业股份有限公司
4	上海绿地（集团）有限公司
5	碧桂园控股有限公司
6	保利房地产（集团）股份有限公司
7	华润置地有限公司
8	绿城房地产集团有限公司
9	世茂房地产控股有限公司
10	中国海外发展有限公司

二、三十家典型企业情况

1. 万科企业股份有限公司

（1）企业综述

万科企业股份有限公司是中国规模最大的房地产公司，位居整个行业的领先地位。虽然2010年房地产市场调控政策频出，但作为国内具有领先地位的房地产企业，万科各项表现突出，全年实现销售金额1081.6亿元，销售面积897.7万平方米，成为国内第一个跨进1000亿俱乐部的房地产企业。同时，为了能够开辟新的更为广阔的运营模式，万科正逐渐提高对商业地产的开发能力，主要目的是更好地为住宅产品服务，得到更大的溢价空间。

2010全年，万科新增87幅土地储备中共有27幅位于华北及东北区域，涉及建筑面积946.35万平方米，占全部新增总量近36%。由于华东区域的地价攀升速度过快，拿地成本较高，万科2010年除了保持在中南部的拿地，比例高达32.42%，还在市场更为平稳的华北及东北增加了大量的土地储备。

万科从2009年开始逐步加大了对商业地产的投入，2010年万科具有商业属性的新增地块遍及14个城市。目前万科在商业上的比重约为9%，企业的目标是控制在20%以内。万科需要加强商业开发能力，主要是为了更好地服务于住宅本身。

万科2010年在拿地方式上也发生了一些改变，加强了与地方政府间的合作，参与了多个旧城改造及保障性住房项目的代建，如深圳的南苑新村旧改项目、龙华扩展区0008地块保障房项目、北京的半步桥和西红门公租房项目等，通过与政府合作的方式获取更多的土地资源。

（2）财务数据

表6-13 资产与负债状况

财务指标	2010年	2009年	2008年
资产总额（万元）	21 563 755.17	13 760 855.48	11 923 657.97
负债总额（万元）	16 105 135.21	9 220 004.24	8 041 803.02
流动负债（万元）	12 965 079.15	6 805 827.98	6 455 372.19
货币资金（万元）	3 781 693.29	2 300 192.38	1 997 828.59
应收账款（万元）	159 402.46	71 319.19	92 277.48
其他应收款（万元）	1 493 831.32	778 580.94	349 609.69
股东权益（万元）	4 423 267.68	3 737 588.81	3 189 192.53
资产负债率（%）	74.68	67.00	67.40
流动比率	1.59	1.91	1.76
速动比率	0.56	0.59	0.43

数据来源：企业公开财务报表

表6-14 现金流量状况

	2010年	2009年	2008年
销售商品收到的现金（万元）	8 811 969.45	5 759 533.35	4 278 325.70
经营活动现金净流量（万元）	223 725.55	925 335.13	−3415.18
现金净流量（万元）	1 309 416.05	202 448.90	293 178.13
销售商品收到现金与主营收入比（%）	173.76	117.83	104.37
经营活动现金流量与净利润比（%）	30.72	173.62	−0.85
现金净流量与净利润比（%）	179.79	37.98	72.69
投资活动的现金净流量（万元）	−219 165.93	−419 066.06	−284 413.74
筹资活动的现金净流量（万元）	1 302 452.98	−302 865.52	586 634.06

数据来源：企业公开财务报表

表6-15 利润构成状况与企业盈利能力

	2010年	2009年	2008年
主营业务收入（万元）	5 071 385.14	4 888 101.31	4 099 177.92
经营费用（万元）	207 909.28	151 371.69	186 035.01
管理费用（万元）	184 636.93	151 371.69	186 035.01
财务费用（万元）	50 422.77	57 368.04	65 725.33
三项费用增长率（%）	25.51	–12.82	22.02
营业利润（万元）	1 189 488.53	868 508.28	636 478.96
投资收益（万元）	77 793.12	92 407.68	20 941.14
营业外收支净额（万元）	4586.73	–6765.50	–4250.39
利润总额（万元）	1 194 075.26	861 742.78	632 228.56
净利润（母公司所有者）（万元）	728 312.70	532 973.77	403 317.00
销售毛利率（%）	40.69	29.39	39.00
净资产收益率（%）	16.47	14.26	12.65
每股收益（元）	0.66	0.48	0.37

数据来源：企业公开财务报表

表6-16 经营发展能力指标

	2010年	2009年	2008年
存货周转率（次）	0.27	0.39	0.33
应收账款周转率（次）	43.96	59.76	45.86
总资产周转率（次）	0.29	0.38	0.37
主营业务收入增长率（%）	3.74	19.25	15.38
营业利润增长率（%）	36.95	36.46	–16.83
税后利润增长率（%）	36.65	32.15	–16.74
净资产增长率（%）	18.34	17.20	8.93
总资产增长率（%）	56.70	15.41	19.12

数据来源：企业公开财务报表

2. 中国海外发展有限公司

（1）企业综述

中国海外发展有限公司是中国大规模的房地产公司之一，在行业中处于领先地位。2010年中海地产依旧延续稳健的战略风格，销售业绩持续增长，企业销售金额增长40.4%，突破500亿元达到590亿元，销售面积增长11.2%，至530万平方米，完成全年目标的104%（全年目标480万平方米）。企业土地成本、三费费率等进一步降低，盈利水平大幅提高。

2010年，中海共新增土地储备987.9万平方米（含230.5万平方米收购宏洋集团所获土地储备以及宏洋集团于2010年下半年获得的347.3万平方米），较上年下降15.46%，而宏洋的土地储备主要位于广州、北京、惠州、呼和浩特、桂林等一线及三、四线城市，使得企业2010年在各城市能级的土储得以平衡发展。

从近三年中海新增土地的属性上看，所获取的土地项目中，商住和住宅类占有绝对的比重优势，同时这些土地中二线城市及华北区域的分量较大。另外，企业还开启了“精装修”战略，进一步提升企业品质战略的向前发展。

（2）财务数据

表6-17 资产与负债状况

财务指标	2010年	2009年	2008年
资产总额（万港元）	16 224 840.10	11 411 739.30	8 557 644.10
负债总额（万港元）	10 430 626.00	7 230 776.20	5 269 205.30
流动负债（万港元）	3 139 835.70	5 019 481.20	2 993 575.80
现金及银行结存（万港元）	3 202 349.40	2 386 272.50	900 614.80
股东权益（万港元）	5 794 214.10	4 180 963.10	3 288 438.80
资产负债率（%）	64.29	63.36	61.57
流动比率	2.05	1.86	2.40
速动比率	0.67	0.85	0.60

数据来源：企业公开财务报表

表6-18 现金流量状况

单位：万港元

	2010年上半年	2009年	2008年
经营活动现金净流量	−745 202.00	885 972.30	−285 250.30
投资活动的现金净流量	−281 237.60	−160 578.00	−529 635.20
融资活动的现金净流量	47 138.60	801 873.20	826 404.70

数据来源：企业公开财务报表

表6-19 利润构成状况与企业盈利能力

	2010年	2009年	2008年
营业收入（万港元）	4 431 301.40	3 732 163.00	1 889 237.30
销售费用（万港元）	59 244.50	52 932.40	67 775.40
管理费用（万港元）	131 432.70	79 748.00	40 520.80
融资成本（万港元）	46 126.40	22 841.40	41 768.20
营业利润（万港元）	2 056 724.40	1 225 924.80	904 081.20
利润总额（万港元）	781 214.60	1 205 375.50	858 530.00
净利润（母公司所有者）（万港元）	1 237 315.10	746 892.80	504 863.70
每股基本盈利（元）	151.00	91.60	64.80
摊薄每股盈利（元）	151.00	91.50	64.60

数据来源：企业公开财务报表

表6-20 经营发展能力指标

	2010年	2009年	2008年
经营利润率（%）	46.70	32.24	45.64
税前利润率（%）	46.41	32.30	45.44
边际利润率（%）	27.92	20.01	26.72
存货周转率（次）	0.52	0.74	0.35
资本运用回报率（%）	12.27	11.68	9.07
总资产回报率（%）	7.63	6.54	5.90

数据来源：企业公开财务报表

3. 保利房地产（集团）股份有限公司

（1） 企业综述

2010年，保利房地产（集团）股份有限公司完成合约销售额661.68亿元，同比增长53%；销售面积为688.39万平方米，同比增长31%。企业销售跨入600亿俱乐部，位列中国房地产企业商品住宅销售排行榜第二。从发展区域上看，保利在2010年完成了既定的向三、四线城市扩展的布局，全年新进入11个城市，全国化布局更加合理。

2010年上半年保利商业地产经营稳步提升，经营面积约55万平方米，实现经营收入约2亿元；4月10日佛山保利洲际酒店正式开业，成为洲际品牌首家开业三个月即实现了正现金流的酒店。

对于商业地产，保利未来会逐步加大其占比，并且通过阶段性的步骤实现自主经营的能力。保利未来在商业地产上资金将较为充裕，企业可通过证券化以及运作基金等方式，解决商业地产占用资金巨大的问题。根据保利的中期目标，到2012年保利将动用30%的投资进入商业地产领域。按照目前的保利投资额推算，预计到2012年，保利的商业地产投资额将达到300亿元。

"养老地产"作为一个较新的产品理念，正日益受到保利的关注，被写入了保利中报中。保利提出这样一个概念的重要原因在于，目前我国60岁以上老年人口已达1.689亿，而且每年以近1000万的速度增加。权威专家估计，老年人口每年将有一万亿元的消费规模。另外，老年产业作为对社会福利保障的有益补充，政府给予更多支持也是有可能的。但保利对于这些产品的开发模式、经营模式以及管理方式尚处在讨论阶段，在这一全新领域是否能取得成功尚需市场的检验。

（2）财务数据

表6-21 资产与负债状况

财务指标	2010年	2009年	2008年
资产总额（万元）	15 232 797.26	8 983 072.39	5 363 216.27
负债总额（万元）	12 030 764.18	6 286 917.51	3 795 902.05
流动负债（万元）	6 889 667.48	3 823 361.70	1 951 471.80
货币资金（万元）	1 915 144.55	1 522 791.20	546 976.05
应收账款（万元）	58 717.99	46 704.86	20 554.61
其他应收款（万元）	366 420.96	47 028.65	37 016.24
股东权益（万元）	2 970 929.01	2 508 823.71	1 407 936.57
资产负债率（%）	78.97	69.99	70.78
流动比率	2.13	2.31	2.73
速动比率	0.53	0.74	0.67

数据来源：企业公开财务报表

表6-22 现金流量状况

	2010年	2009年	2008年
销售商品收到的现金（万元）	5 710 409.00	4 218 627.94	1 636 169.41
经营活动现金净流量（万元）	-2 236 989.59	-114 479.12	-759 047.25
现金净流量（万元）	390 353.36	975 815.14	84 376.81
销售商品收到现金与主营收入比（%）	159.09	183.53	105.42
经营活动现金流量与净利润比（%）	-454.67	-32.53	-339.03
现金净流量与净利润比（%）	79.34	277.28	37.69
投资活动的现金净流量（万元）	-185 734.88	-40291.05	-6182.05
筹资活动的现金净流量（万元）	2 813 264.72	1 130 585.45	849 601.65

数据来源：企业公开财务报表

表6-23 利润构成状况与企业盈利能力

	2010年	2009年	2008年
主营业务收入（万元）	3 589 411.76	2 298 660.76	1 551 990.11
经营费用（万元）	80 283.69	59 078.15	46 240.29
管理费用（万元）	57 253.90	45 671.72	31 120.75
财务费用（万元）	−10241.63	−6617.29	−3321.64
三项费用增长率（%）	29.72	32.54	71.44
营业利润（万元）	742 446.15	522 030.24	383 680.80
投资收益（万元）	4200.21	163.29	9708.97
营业外收支净额（万元）	−1988.68	15874.50	18647.68
利润总额（万元）	740 457.46	537 904.75	402 328.48
净利润（母公司所有者）（万元）	491 998.40	351 922.65	223 886.14
销售毛利率（%）	34.12	36.82	40.80
净资产收益率（%）	16.56	14.03	15.90
每股收益（元）	1.08	1.06	0.91

数据来源：企业公开财务报表

表6-24 经营发展能力指标

	2010年	2009年	2008年
存货周转率（次）	0.28	0.29	0.27
应收账款周转率（次）	68.10	68.35	81.51
总资产周转率（次）	0.30	0.32	0.33
主营业务收入增长率（%）	56.15	48.11	91.24
营业利润增长率（%）	42.22	36.06	86.81
税后利润增长率（%）	39.80	57.19	50.35
净资产增长率（%）	18.41	78.19	18.06
总资产增长率（%）	69.57	67.49	31.15

数据来源：企业公开财务报表

4. 华润置地有限公司

（1）企业综述

2010年，华润置地有限公司依旧秉承其稳健的经营风格，继续加快向“住宅开发+出租物业+增值服务”的模式转型，逐步增加在商业地产和持有物业经营方面的业务比重，华润差异化竞争力和抗风险能力日益提升。2010年在楼市遭遇政策面严厉打击的情况下，华润在成本管控方面取得不错成效，销售费用率、管理费用率等进一步降低。

在新增土地储备方面，华润近两年来坚持以二线城市为主、一线城市为辅的方针。2010年，华润共新增土地储备550万平方米，年末权益土地储备已达到3400万平方米。从区域上来看，华润在长三角、环渤海、海峡两岸及其他经济高速发展区域及城市频频出手，而亚运城项目则标志着企业历史性地进入华南地区开发、进一步确立全国性的版图。

（2）财务数据

表6-25 资产与负债状况

财务指标	2010年	2009年	2008年
资产总额（万元）	12 563 787.50	9 658 433.40	7 075 830.30
负债总额（万元）	7 622 322.20	5 758 427.70	3 461 915.90
流动负债（万元）	4 374 736.80	2 966 381.20	1 593 197.60
现金及银行结存（万元）	1 197 221.20	1 951 357.60	555 344.10
股东权益（万元）	4 941 465.30	3 900 005.70	3 613 914.40
资产负债率（%）	60.67	59.62	48.93
流动比率	2.18	2.54	2.87
速动比率	0.77	1.16	0.84

数据来源：企业公开财务报表

表6-26 现金流量状况

单位：万元

	2010年上半年	2009年	2008年
经营活动现金净流量	-972 373.90	1 080 664.10	-190 598.80
投资活动的现金净流量	-86 632.70	-37 022.80	-85 746.50
融资活动的现金净流量	635 574.20	466 194.00	340 371.70

数据来源：企业公开财务报表

表6-27 利润构成状况与企业盈利能力

	2010年	2009年	2008年
营业收入（万元）	2 572 915.80	1 660 134.80	913 360.50
销售费用（万元）	72 108.60	54 724.90	34 139.00
管理费用（万元）	102 889.30	75 599.00	47 321.60
融资成本（万元）	30 444.50	15 396.10	13 731.20
营业利润（万元）	893 254.60	495 077.10	278 904.00
利润总额（万元）	1 161 449.30	713 574.30	305 692.00
净利润（母公司所有者）（万元）	602 647.00	440 890.90	203 763.10
每股基本盈利（元）	119.80	90.20	46.90
摊薄每股盈利（元）	119.20	89.80	46.50

数据来源：企业公开财务报表

表6-28 经营发展能力指标

	2010年	2009年	2008年
经营利润率（%）	44.99	28.49	28.18
税前利润率（%）	45.14	42.98	32.09
边际利润率（%）	23.42	26.56	21.29
存货周转率（次）	0.42	0.41	0.25
资本运用回报率（%）	7.36	6.59	4.01
总资产回报率（%）	4.80	4.56	2.91

数据来源：企业公开财务报表

5. 绿城中国控股有限公司

（1）企业综述

绿城中国控股有限公司作为中国领先的房地产企业之一，凭借其优秀的产品品质在国内房地产高端市场始终处于领先地位。2010年国家对房地产市场进行了多次调控，对绿城主攻的高端市场带来的影响更大。在这样的环境下绿城并没有选择降价，而是以其多年建立起来的品牌影响力保持了销售业绩的稳定增长。

另外，绿城在2010年9月份成立代建公司，主要是为没有品牌的中小企业进行代建服务，并在溢价上获取收益，到年底代建项目达到30个。绿城的代建业务主要有三类，分别是政府代建、商业代建和资本代建。根据规划，这三类代建业务的比例为4:5:1。通过代建模式，绿城可以在不推高资产负债率的情形下扩大规模。

绿城截至2010年12月底实现销售面积281万平方米，同比下滑20%；销售金额568亿元，同比上涨11%。企业销售业绩有所增加，盈利能力进一步提升。销售单价为20 213元/米^2，同比增幅达41.46%。

从绿城2010年新增土地总建筑面积来看，全年新增19幅土地储备中有16个项目位于华东区域，华东区域新增建筑面积426.65万平方米，占全年新增土地储备建筑面积总量的80.5%。

从新增土地储备项目来看，企业在区域布局方面在原有1+X模式下进一步深化，向周边二、三线城市扩散的力度继续加大，并且借助合作开发，加快华东以外区域扩张。2010年，绿城在华东以外区域新增土地面积达到103.35万平方米，有力地支持了企业未来均衡发展。

（2）财务数据

表6-29 资产与负债状况

财务指标	2010年	2009年	2008年
资产总额（万元）	12 535 895.40	7 547 575.20	4 281 507.60
负债总额（万元）	11 090 626.30	6 302 717.60	2 287 585.90
流动负债（万元）	8 744 130.90	4 693 475.30	3 253 375.00
现金及银行结存（万元）	1 497 289.30	1 178 216.90	171 823.80
股东权益（万元）	1 445 269.10	1 244 857.60	1 028 132.60
资产负债率（%）	88.47	83.51	53.43
流动比率	1.33	1.50	1.72
速动比率	0.43	0.53	0.35

数据来源：企业公开财务报表

表6-30 现金流量状况

单位：万元

	2010年上半年	2009年	2008年
经营活动现金净流量	-541 397.60	363 860.40	-377 536.30
投资活动的现金净流量	-36 578.70	-416 961.90	-87 412.20
融资活动的现金净流量	483 772.50	843 878.80	327 670.30

数据来源：企业公开财务报表

表6-31 利润构成状况与企业盈利能力

	2010年	2009年	2008年
营业收入（万元）	1 116 126.00	872 742.90	663 535.70
销售费用（万元）	54 119.10	43 509.50	29 368.60
管理费用（万元）	111 689.10	81 138.20	44 356.50
融资成本（万元）	34 006.30	65 779.80	40 129.00
营业利润（万元）	228 442.80	134 925.10	120 675.10
利润总额（万元）	300 031.30	157 021.00	119 571.00
净利润（母公司所有者）（万元）	153 177.40	101 212.00	54 028.50
每股基本盈利（元）	93.00	64.00	35.00
摊薄每股盈利（元）	92.00	62.00	34.00

数据来源：企业公开财务报表

表6-32 经营发展能力指标

	2010年上半年	2009年	2008年
经营利润率（%）	25.85	9.26	15.98
税前利润率（%）	26.88	17.99	18.02
边际利润率（%）	13.72	11.60	8.14
存货周转率（次）	0.14	0.19	0.21
资本运用回报率（%）	4.04	3.55	2.71
总资产回报率（%）	1.22	1.34	1.26

数据来源：企业公开财务报表

6. 恒大地产集团

（1）企业综述

2010年的恒大地产集团可谓异军突起，虽然遭遇了有史以来最严厉的调控政策，不过2009年11月才在香港上市的恒大地产却表现出娴熟的危机应变能力，凭着比其他房企更快的反应速度，率先降价，使得业绩逆势而涨。

2010年恒大完成合约销售金额504亿元，同比上涨66.4%；合约销售面积788万平方米，同比上涨40%。

恒大地产在2010年之所以能有亮丽的业绩表现，部分应缘于企业对市场变化的快速反应能力。在4月“国十条”出台后，恒大地产率先做出反应，在全国打出八五折的降价大旗，而且，除了2月春节外，恒大地产2010年上半年每月销售不论是同比还是环比，均为大型上市房地产企业中唯一实现双增长的企业；2010年上半年的合约销售面积超333万平方米，也创下了公布销售业绩公司中全国第一。

在现金流方面，恒大地产一直坚持稳健经营策略，2010年年初计划每月现金余额保持在100亿元港币左右，但实际每月的现金余额都在150亿元港币以上，6月更达到211.9亿元港币的水平，位列全国房企第二；在融资方面，截至2010年6月30日，恒大地产拥有未使用的银行授信额度252.4亿元人民币、尚可收回的合约销售金额57.9亿元人民币，连同期末现金余额，拥有可动用资金495.2亿元人民币。

2010年上半年，恒大地产在天津、成都、太原、沈阳、济南、长春、中山等具增长潜力的21个城市，新购得26幅优质土地，新增加土地储备建筑面积2221万平方米，新增土地储备平均成本约738元/米^2。而截至2010年上半年末，恒大地产拥有优质、低成本的土地储备7238万平方米，共计73个项目，分布于36个主要城市，89%的项目位于省会级城市，是中国覆盖省会城市最多的房地产企业。特别值得一提的是，得益于超前进入二、三线城市，超前进入有升值潜力区域的战略，恒大总的土地储备平均成本仅519元/米^2。

在住宅销售良好的情况下，恒大地产已同步在部署开发商业地产。企业的重要举措包括2010年8月29日成立了专门运营商业地产的公司，而之前恒大地产也已投标参与北京中服地块的竞标活动，同时继广州恒大御景半岛首个旗舰店开业后，其旗下位于重庆的超白金五星级酒店也于2010年10月正式开业。

从恒大地产2010年的新增土地趋势来看，未来几年，其发展重点仍在主要的省会级城市及邻近区域，这些城市人口规模较大、交通便利、环境良好、经济发展较快，具有很大发展潜力，开发风险较小。2010年中期恒大地产在二线城市的土地储备存量达到了4034万平方米，占企业总土地储备量的55.73%。

（2）财务数据

表6-33 资产与负债状况

财务指标	2010年	2009年	2008年
资产总额（万元）	10 445 246.40	6 307 126.40	2 852 259.80
负债总额（万元）	8 308 623.90	4 991 411.80	1 526 152.70
流动负债（万元）	5 742 990.50	4 149 757.70	2 026 073.00
现金及银行结存（万元）	1 995 195.90	1 437 805.60	74 971.80
股东权益（万元）	2 136 622.50	1 315 714.60	826 186.80
资产负债率（%）	79.54	79.14	53.51
流动比率	1.59	1.41	1.67
速动比率	0.63	0.86	0.93

数据来源：企业公开财务报表

表6-34 现金流量状况

单位：万元

	2010年上半年	2009年	2008年
经营活动现金净流量	-922 810.00	215 817.30	-518 626.30
投资活动的现金净流量	-34 188.10	-5577.60	-2434.30
融资活动的现金净流量	1 219 721.50	448 208.50	446 524.80

数据来源：企业公开财务报表

表6-35 利润构成状况与企业盈利能力

	2010年	2009年	2008年
营业收入（万元）	4 580 140.10	572 265.70	360 679.10
销售费用（万元）	157 426.20	107 514.20	—
管理费用（万元）	138 426.30	74 496.00	54 527.30
融资成本（万元）	-27 179.80	370.90	—
营业利润（万元）	1 382 091.30	125 248.10	84 586.50
利润总额（万元）	140 9271.10	144 617.50	96 638.80
净利润（母公司所有者）（万元）	758 878.60	104 642.80	52 476.00
每股基本盈利（元）	50.60	7.40	21.00
摊薄每股盈利（元）	50.30	7.40	21.00

数据来源：企业公开财务报表

表6-36 经营发展能力指标

	2010年	2009年	2008年
经营利润率（%）	30.18	21.89	28.62
税前利润率（%）	30.77	25.27	26.79
边际利润率（%）	16.57	18.29	14.55
存货周转率（次）	0.83	0.25	0.32
资本运用回报率（%）	16.14	4.85	3.96
总资产回报率（%）	7.27	1.66	1.84

数据来源：企业公开财务报表

7. 世茂房地产控股有限公司

（1）企业综述

2010年世茂房地产控股有限公司业绩较上年有了稳步增长。世茂将越来越多的资金投入到二、三线城市的“价值洼地”。此外，世茂地产以“生态住宅、旅游酒店、商业娱乐”为三大主营业务，极大地分散了住宅业务方面可能承担的政策风险。继续提高中高档物业品质并重点向商业地产、娱乐、教育、酒店、旅游及会展业务等多元化领域稳步发展将成为世茂地产未来的发展方向。

（2）财务数据

表6-37 资产与负债状况

财务指标	2010年	2009年	2008年
资产总额（万元）	9 566 931.50	6 652 758.30	4 648 134.10
负债总额（万元）	6 571 533.10	4 101 049.80	2 744 392.20
流动负债（万元）	3 864 961.50	2 259 096.10	1 494 372.40
现金及银行结存（万元）	1 372 863.00	747 934.10	200 140.80
股东权益（万元）	2 995 398.40	2 551 708.50	1 903 741.90
资产负债率（%）	68.69	61.64	59.04
流动比率	1.42	1.54	1.45
速动比率	0.54	0.48	0.26

数据来源：企业公开财务报表

表6-38 现金流量状况

单位：万元

	2010年上半年	2009年	2008年
经营活动现金净流量	-603 413.90	397 432.40	27 867.10
投资活动的现金净流量	-78 659.00	-472 896.20	-579 892.30
融资活动的现金净流量	857 623.90	586 318.90	277 116.30

数据来源：企业公开财务报表

表6-39 利润构成状况与企业盈利能力

	2010年	2009年	2008年
营业收入（万元）	2 178 943.30	1 703 206.30	719 627.70
销售费用（万元）	56 390.00	47 042.70	28 175.60
管理费用（万元）	108 312.20	110 728.60	106 583.70
融资成本（万元）	67 155.30	30 718.70	34 963.00
营业利润（万元）	928 995.90	599 853.00	212 875.80
利润总额（万元）	857 031.00	571 019.60	178 549.40
净利润（母公司所有者）（万元）	467 153.60	351 120.10	84 115.90
每股基本盈利（元）	131.80	101.70	25.60
摊薄每股盈利（元）	131.60	101.40	25.40

数据来源：企业公开财务报表

表6-40 经营发展能力指标

	2010年	2009年	2008年
经营利润率（%）	42.64	35.22	24.72
税前利润率（%）	39.33	33.53	24.81
边际利润率（%）	21.44	20.62	11.69
存货周转率（次）	0.65	0.71	0.40
资本运用回报率（%）	8.19	7.99	2.67
总资产回报率（%）	4.88	5.28	1.81

数据来源：企业公开财务报表

8. 远洋地产控股有限公司

（1）企业综述

2010年，远洋地产控股有限公司继续保持稳健增长的势头，销售业绩大幅增长。企业在2010年完成了走出环渤海、布局全国的战略措施，对上海、杭州、成都、重庆、三亚等区域重点城市进行了布局。从经营方面来看，企业管控能力提升，期间费用率下降，盈利能力明显提升，2010年远洋地产协议签约金额首次突破200亿元，达到了214亿元，同比增长49.48%；签约面积164万平方米，同比增长13.90%。

2010年，企业共新增土地储备425万平方米，同比增加46%。整体而言，较去年拿地力度加强。2010年是远洋地产的全国布局年，新进入了上海、重庆、海南等区域和城市。远洋地产依然坚持在市场较为成熟的重点城市进行拓展。

（2）财务数据

表6-41 资产与负债状况

财务指标	2010年	2009年	2008年
资产总额（万元）	9 273 045.40	6 214 819.90	4 326 763.20
负债总额（万元）	5 960 465.00	3 826 178.50	2 548 452.30
流动负债（万元）	3 897 711.90	2 007 575.90	1 591 571.50
现金及银行结存（万元）	1 503 458.90	1 851 606.10	883 668.30
股东权益（万元）	2 497 000.20	2 388 641.40	1 778 310.90
资产负债率（%）	64.27	61.57	58.90
流动比率	2.17	2.71	2.46
速动比率	0.97	1.38	0.91

数据来源：企业公开财务报表

表6-42 现金流量状况

单位：万元

	2010年	2009年	2008年
经营活动现金净流量	−1 720 490.40	−40 579.40	−279 071.90
投资活动的现金净流量	−612 515.50	−165 178.80	−4 933.50
融资活动的现金净流量	1 424 207.80	1 166 189.50	288 864.90

数据来源：企业公开财务报表

表6-43 利润构成状况与企业盈利能力

	2010年	2009年	2008年
营业收入（万元）	1 372 066.50	882 365.80	648 738.00
销售费用（万元）	44 101.90	31 825.20	25 059.20
管理费用（万元）	45 723.30	31 953.90	42 040.40
融资成本（万元）	28 735.60	30 875.30	16 117.80
营业利润（万元）	422 166.20	293 014.70	249 109.90
利润总额（万元）	385 344.60	256 774.50	238 389.40
净利润（母公司所有者）（万元）	244 407.60	158 207.70	138 789.60
每股基本盈利（元）	39.80	33.70	31.00
摊薄每股盈利（元）	39.70	33.60	31.00

数据来源：企业公开财务报表

表6-44 经营发展能力指标

	2010年	2009年	2008年
经营利润率（%）	30.77	29.71	36.78
税前利润率（%）	28.08	29.10	36.75
边际利润率（%）	17.81	17.93	21.39
存货周转率（次）	0.29	0.33	0.26
资本运用回报率（%）	4.55	3.76	5.07
总资产回报率（%）	2.64	2.55	3.21

数据来源：企业公开财务报表

9. 碧桂园控股有限公司

（1）企业综述

碧桂园控股有限公司是中国大陆较大规模的房地产公司之一，在行业处于领先地位。2010年房地产市场4月新政后，碧桂园5月至6月销售业绩出现明显下滑，8月随市场回暖销售业绩开始回升并上扬。截止到2010年12月31日，碧桂园全年销售金额超过329亿元，销售面积约600万平方米。比较2009年销售金额232亿元、销售面积475万平方米的业绩，分别增加42%和26%。

2010年碧桂园放慢了拿地的步伐。本年碧桂园共新增6个内地项目，新增项目建筑面积约为241.25万平方米，付出的地价款为28.42亿元。比较2009年1085.65万平方米的新增项目建筑面积及53.67亿元的地价款，分别下降了77.78%和47.05%。

从碧桂园近三年新增土地储备的区域分布上可以看到，中南区域仍旧是碧桂园经营发展的重点地区，碧桂园目前的在售项目中，超过50%的项目位于增城、花都、佛山、惠州等中南区域城市。在城市能级分布上，无论面积还是金额，三、四线城市均占据了过半的份额。而随着企业的不断扩张，碧桂园对于华北区域的投资也在不断加大。

同时，从项目土地的属性上看，所获取的土地项目中，商住和住宅类占有绝对的比重优势。可以预见今后碧桂园仍将会以住宅为主，辅以少量的商办物业的形式进行开发，其中高品质度假住宅项目将是其2011年推出的重点。

（2）财务数据

表6-45 资产与负债状况

财务指标	2010年	2009年	2008年
资产总额（万元）	8 208 124.70	6 369 854.00	5 011 506.00
负债总额（万元）	5 666 317.20	4 239 886.60	3 073 439.10
流动负债（万元）	4 233 084.90	2 639 861.20	2 013 193.30
现金及银行结存（万元）	985 311.30	842 404.20	573 460.70
股东权益（万元）	2 541 807.50	2 129 967.40	1 938 066.90
资产负债率（%）	69.03	66.56	61.33
流动比率	1.34	1.62	1.71
速动比率	0.77	0.64	0.50

数据来源：企业公开财务报表

表6-46 现金流量状况

单位：万元

	2010年	2009年	2008年
经营活动现金净流量	77 502.20	−79 127.00	−637 917.10
投资活动的现金净流量	−202 030.30	−298 704.00	−203 866.30
融资活动的现金净流量	183 486.20	538 332.50	318 240.80

数据来源：企业公开财务报表

表6-47 利润构成状况与企业盈利能力

	2010年	2009年	2008年
营业收入（万元）	2 580 410.50	1 758 570.40	1 571 279.00
销售费用（万元）	62 149.70	32 461.50	52 888.20
管理费用（万元）	83 318.30	85 558.40	104 603.10
融资成本（万元）	22 477.70	65 192.00	99 907.00
营业利润（万元）	693 743.60	365 864.00	550 192.50
利润总额（万元）	671 978.50	325 812.60	326 132.50
净利润（母公司所有者）（万元）	429 057.80	207 979.60	137 820.70
每股基本盈利（元）	25.89	12.73	8.45
摊薄每股盈利（元）	25.89	12.73	8.45

数据来源：企业公开财务报表

表6-48 经营发展能力指标

	2010年	2009年	2008年
经营利润率（%）	26.89	21.53	28.66
税前利润率（%）	26.04	19.25	20.76
边际利润率（%）	16.63	12.45	8.77
存货周转率（次）	1.08	0.68	0.64
资本运用回报率（%）	10.79	5.83	4.60
总资产回报率（%）	5.23	3.43	2.75

数据来源：企业公开财务报表

10. 合生创展集团有限公司

（1）企业综述

2010年是调控的一年，合生创展集团有限公司调整经营策略，有意将发展重点转向商业地产，再加上市场调控等原因，住宅销售业绩出现萎缩。但在业绩减少的背后，却是产品品质的提升和全年均价的上涨。从财务来看，合生整体表现稳健，三费费率指标进一步降低，短期有息债比例下降明显，资金压力并不大。由于土地储备充足，合生新增土地不多，城市开拓注重一线城市。

2010年，合生新增土地储备在240万平方米左右，加上前期已累积有2970万平方米的土地储备，整体土地储备充足。因此，现阶段合生在获取土地时更看中土地的发展潜力和区域位置。整体而言，合生获取土地储备的速度较为平稳，在拿地过程中相对更看中一线重点城市。

（2）财务数据

表6-49 资产与负债状况

财务指标	2010年上半年	2009年	2008年
资产总额（万元）	8 134 734.80	7 065 426.40	5 827 178.80
负债总额（万元）	4 654 384.80	4 015 478.80	3 570 771.50
流动负债（万元）	2 440 310.80	2 484 500.80	1 933 124.60
现金及银行结存（万元）	469 022.60	671 462.30	241 414.60
股东权益（万元）	3 480 350.00	3 049 947.60	2 256 407.30
资产负债率（%）	57.22	56.83	61.28
流动比率	2.64	2.19	2.49
速动比率	0.92	0.64	1.78

数据来源：企业公开财务报表

表6-50 现金流量状况

单位：万元

	2010年上半年	2009年	2008年
经营活动现金净流量	-304 710.80	478 068.30	18 987.00
投资活动的现金净流量	-90 849.10	-232 448.30	-145 750.10
融资活动的现金净流量	169 201.60	193 985.20	127 179.90

数据来源：企业公开财务报表

表6-51 利润构成状况与企业盈利能力

	2010年上半年	2009年	2008年
营业收入（万元）	466 792.80	1 122 524.60	1 077 462.40
销售费用（万元）	16 310.10	37 875.70	38 934.80
管理费用（万元）	41 579.30	99 504.10	69 087.70
融资成本（万元）	11 798.20	32 008.80	21 438.90
营业利润（万元）	208 167.90	872 759.30	407 789.40
利润总额（万元）	196 527.70	879 191.80	386 176.20
净利润（母公司所有者）（万元）	151 676.60	579 957.30	196 372.40
每股基本盈利（元）	90.20	377.00	133.00
摊薄每股盈利（元）	89.80	369.00	133.00

数据来源：企业公开财务报表

表6-52 经营发展能力指标

	2010年上半年	2009年	2008年
经营利润率（%）	44.60	74.90	35.86
税前利润率（%）	42.10	78.32	35.84
边际利润率（%）	32.49	51.67	18.23
存货周转率（次）	0.11	0.29	0.79
资本运用回报率（%）	2.66	12.66	5.04
总资产回报率（%）	1.86	8.21	3.37

数据来源：企业公开财务报表

11. 广州富力地产股份有限公司

（1）企业综述

2010年，富力地产对于全年销售节奏把控到位，整体销售均价保持平稳，充分显示了企业对于自己产品定价的合理和自信。为了进一步调整企业财务状况，完善企业负债结构，富力地产在拿地方面也显得尤为谨慎。面对大型项目，富力地产均采取合作开发的方式来规避资金风险。

2010年富力地产于12月19日超额完成全年销售目标，实现销售金额307亿元。企业全年实现销售金额322.46亿元，同比增长33%；实现销售面积247.41万平方米，同比增长6%。在良好的业绩增长背后，富力地产财务状况也逐渐好转。企业销售净利率得到大幅提升，期间费用率、净负债率下降明显。其中货币资金高出短期有息债54.62亿元，企业流动资金十分充裕。

富力地产2010年的战略重点除了保持已进入城市的优势，还在华东区域加大投入。企业年内新增土地储备601.84万平方米，其中13.57%位于华东区域，并在年末首次在南京新增项目储备。区别于其他企业扩大三、四线城市市场份额，富力地产对一、二线城市的市场更有积极性。而为了规避风险，富力地产与合景泰富联手，耗资3.535亿美元获得上海加州水郡及加州广场项目70%的权益，完成了企业在上海运作高端项目的主要举措。

考虑富力地产目前的财务状况以及土地储备情况，预计2011年仍将是一个谨慎深耕一、二线城市的时期。从2010年中期报告可以看到，富力地产财务状况虽有好转，但是相比行业水平，依然有待提高。同时企业权益土地储备仅2420万平方米，并无明显增加。企业若想要实现较高的业绩收入，务必需要利用土地储备普遍位于城市中心的优势，提高产品的溢价率。

（2）财务数据

表6-53 资产与负债状况

财务指标	2010年	2009年	2008年
资产总额（万元）	7 741 690.50	6 634 401.70	5 496 761.50
负债总额（万元）	5 741 768.40	4 932 465.10	4 000 192.70
流动负债（万元）	3 459 374.80	3 007 500.80	2 723 451.60
现金及银行结存（万元）	916 814.90	788 725.10	205 295.60
股东权益（万元）	1 999 922.10	1 701 936.60	1 496 568.80
资产负债率（%）	77.42	74.35	72.77
流动比率	1.50	1.62	1.52
速动比率	0.52	0.44	0.25

数据来源：企业公开财务报表

表6-54 现金流量状况

单位：万元

	2010年	2009年	2008年
经营活动现金净流量	122 714.30	452 426.00	131 493.20
投资活动的现金净流量	−88 548.50	−232 454.00	−96 283.60
融资活动的现金净流量	266 095.20	299 289.10	−23 211.90

数据来源：企业公开财务报表

表6-55 利润构成状况与企业盈利能力

	2010年	2009年	2008年
营业收入（万元）	2 464 182.00	1 819 646.30	1 536 015.10
销售费用（万元）	42 592.10	134 913.20	130 613.30
管理费用（万元）	112 127.40	24 798.80	—
融资成本（万元）	94 084.70	50 533.40	34 120.20
营业利润（万元）	907 885.30	536 595.40	542 381.20
利润总额（万元）	807 024.20	485 862.70	508 994.30
净利润（母公司所有者）（万元）	435 059.30	289 950.00	313 437.20
每股基本盈利（元）	135.01	89.98	4.97
摊薄每股盈利（元）	135.01	89.98	4.97

数据来源：企业公开财务报表

表6-56 经营发展能力指标

	2010年	2009年	2008年
经营利润率（%）	36.84	29.49	33.09
税前利润率（%）	32.75	26.70	33.14
边际利润率（%）	17.66	15.93	20.41
存货周转率（次）	0.72	0.52	0.45
资本运用回报率（%）	10.16	7.99	11.27
总资产回报率（%）	5.62	4.37	5.69

数据来源：企业公开财务报表

12. 金地（集团）股份有限公司

（1）企业综述

金地集团初创于1988年，1993年开始正式经营房地产，2001年4月挂牌上市，是业内富有特色与竞争力的全国化品牌公司，不仅开发和销售中档和中高档住宅物业，也进行房地产金融领域探索。2010年，金地先是受限于库存偏少、无充足房源可供，销售业绩同比大幅下滑，随着下半年供应放量，迎来了三、四季度的业绩高峰。

2010年在全年宏观调控的压力下，金地依旧顺利完成了全年210亿元的销售目标。根据金地公布的全年营业公告，金地累计实现签约面积229.05万平方米，同比增长21.6%；累计签约金额283.38亿元，同比增长34.6%。从金地2010年上半年销售情况来看，销售额为53.76亿元，相比2009年同期减少37.31%，销售业绩不甚理想，但随着下半年供应放量，金地销售业绩在9月达到峰值，签约金额59.08亿元，同比增长232%。

因2009年项目的集中结算，带动金地2010年上半年业绩高速增长，而下半年签约销售金额的大幅增加，也保障了现金流充裕。根据2010年三季报，金地2010前三季度净利润为14.96亿元，同比增加62.79%；销售净利率为14.35%，相对2009年同期下降3个百分点。而上半年三费比率从2009年同期的9.86%大幅降低至2010年的6.14%，公司利润增速显著高于收入增速是费用率下降的主要原因。

2010年金地集团的战略重心仍旧保持在二线城市。在土地策略上，从2009年年底以来，金地就根据市场形势适度放缓了投资节奏，2010年上半年仅获取三个新项目，下半年从8月开始，基本以每月新增一块土地的速度在增长，12月份更是达到了全年新增土地储备的高峰，单月投入约57亿元新增6块土地储备。目前，金地新增土地储备主要位于二线城市，这一是由于二线城市受新政调控影响相对较低，二则因为金地的产品定位，金地产品线偏向中档、中高档，而一、二线城市的抗风险能力较强，也为金地业务发展提供了更高的稳定性。

金地集团从2008年至今，支撑其销售业绩的主要城市分布情况变化不大，环渤海、珠三角和中西部区域基本没有变化，长三角区域2008年以上海、宁波为主，2009年至今，南京、杭州两个城市的销售业绩贡献比例显著上升。2010年6月末，金地首次进驻烟台，以股权收购的方式，新增一块商住用地，目前尚未开工。迄今，金地在全国已进入16个城市。

金地集团一直在积极寻找机会以扩大区域发展格局，通过调整不同区域城市的项目开发节奏，来使利润相对平稳。目前，金地正在考察环渤海和西南区域的一些重点城市，比如重庆、成都、郑州、烟台等地，也在研究成立成都区域的可能性。

凌克在2009年的业绩会上曾公开表示金地将在2010年涉足商业地产，初步投资为20亿元左右。2010年末，凌克再度公开表示金地未来在产品结构上，将考虑多做一些商业地产。目前来看，金地的商住土地储备已具备一定规模。

金地集团2010年成立的商业团队在集团层面归资产管理部管理，随着商业地产开发规模的加大，未来可能会成立专业的商业管理团队。金地进军商业地产的意图明显，但是从计划投资总额、现有的团队及金地商业地产开发经验等多方面情况来看，短期内应不会拿独立的商业用地。未来一段时间内，金地商业地产的重心应还在提高现有项目的商业配套开发能力上。

（2）财务数据

表6-57 资产与负债状况

财务指标	2010年	2009年	2008年
资产总额（万元）	7 281 653.75	5 551 781.41	3 510 159.66
负债总额（万元）	5 181 093.70	3 866 725.40	2 469 173.45
流动负债（万元）	3 254 926.81	2 455 435.08	1 570 030.97
货币资金（万元）	1 363 139.98	963 864.42	444 999.57
应收账款（万元）	1 239.40	1 136.97	1 082.10
其他应收款（万元）	143 701.95	146 333.26	65 948.99
股东权益（万元）	1 768 018.53	1 500 894.53	930 272.63
资产负债率（%）	71.15	69.65	70.34
流动比率	2.18	2.21	2.19
速动比率	0.78	0.56	0.38

数据来源：企业公开财务报表

表6-58 现金流量状况

	2010年	2009年	2008年
销售商品收到的现金（万元）	2 605 876.48	1 905 761.53	1 134 820.29
经营活动现金净流量（万元）	-303 876.56	-286 290.20	-175 128.58
现金净流量（万元）	363 320.28	497 613.90	178 720.34
销售商品收到现金与主营收入比（%）	133.00	157.52	116.25
经营活动现金流量与净利润比（%）	-112.80	-161.18	-208.27
现金净流量与净利润比（%）	134.86	280.15	212.54
投资活动的现金净流量（万元）	1759.99	-49 463.30	1355.36
筹资活动的现金净流量（万元）	663 568.33	833 356.12	351 313.10

数据来源：企业公开财务报表

表6-59 利润构成状况与企业盈利能力

	2010年	2009年	2008年
主营业务收入（万元）	1 959 252.98	1 209 817.22	976 202.65
经营费用（万元）	51 435.09	41 154.09	40 809.88
管理费用（万元）	82 449.16	49 558.92	47 867.18
财务费用（万元）	3214.12	18 023.67	25 334.22
三项费用增长率（%）	26.08	-4.63	69.75
营业利润（万元）	420 590.32	247 115.21	153 298.37
投资收益（万元）	8467.65	1861.60	1148.98
营业外收支净额（万元）	2033.80	2694.08	873.15
利润总额（万元）	422 624.13	249 809.29	154 171.52
净利润（母公司所有者）（万元）	269 404.36	177 623.32	84 085.99
销售毛利率（%）	38.06	36.71	43.14
净资产收益率（%）	15.24	11.83	9.04
每股收益（元）	0.60	0.78	0.50

数据来源：企业公开财务报表

表6-60 经营发展能力指标

	2010年	2009年	2008年
存货周转率（次）	0.28	0.22	0.24
应收账款周转率（%）	1648.94	1090.38	1097.78
总资产周转率（%）	0.31	0.27	0.32
主营业务收入增长率（%）	61.94	23.93	30.38
营业利润增长率（%）	70.20	61.20	-14.28
税后利润增长率（%）	51.67	111.24	-12.86
净资产增长率（%）	17.79	61.34	10.19
总资产增长率（%）	31.15	58.16	38.66

数据来源：企业公开财务报表

13. 龙湖地产有限公司

（1）企业综述

龙湖地产有限公司作为中国领先的房地产企业之一，凭借其优秀的产品品质始终处于中国房地产行业的领先地位。2010年尽管受到多方面的调控影响，但龙湖地产全年销售业绩出现了爆发式增长，2010年全年实现销售面积258万平方米，同比增长37%；全年销售金额为333.2亿元，同比上涨81%。企业的利润率、盈利能力均有明显的提升。

从龙湖地产新增土地储备项目来看，企业在区域布局结构上，逐步由原先的中西部地区向长三角和环渤海加大投资比重。

龙湖地产根据自身特点制定了客户再次发掘的营销策略：减少营销的资金投入，减少成本。龙湖地产客户再开发模式已经成为其快速开发模式的必要保障，在目前竞争激烈的房地产市场中，锁定客户，培养客户对企业品牌的忠诚度，在有效地拓展了企业发展空间的同时，也再次开发了企业已有客户的资源，使企业能够以有限的资金进行快速扩大。

2010年龙湖地产除了在重庆、成都、北京推出高端住宅物业，在上海、杭州、无锡等长三角主要城市的高端物业相继推出，在上海成功复制了在重庆和北京高端别墅市场占据了重要地位的蓝湖郡和滟澜山两大品牌。龙湖地产在未来将继续坚持高端物业的开发。

从2010年龙湖地产新增土地储备城市分布情况来看，其正从区域化布局转向全国化布局，通过不断加大进入三、四线城市布局的力度，龙湖地产加大了对重庆以外区域进行战略布局的力度。从新增土地储备项目来看，未来在烟台以及沈阳的项目将实现较大的发展。

（2）财务数据

表6-61 资产与负债状况

财务指标	2010年	2009年	2008年
资产总额（万元）	7 171 356.40	4 244 510.20	3 239 626.70
负债总额（万元）	5 434 774.40	2 920 654.00	2 927 370.00
流动负债（万元）	3 828 940.90	2 205 242.80	2 136 084.70
现金及银行结存（万元）	1 036 255.10	729 778.10	322 879.70
股东权益（万元）	1 736 582.00	1 323 856.20	312 256.10
资产负债率（%）	75.78	68.81	90.36
流动比率	1.26	1.29	1.09
速动比率	0.35	0.40	0.27

数据来源：企业公开财务报表

表6-62 现金流量状况

单位：万元

	2010年上半年	2009年	2008年
经营活动现金净流量	107 948.70	584 579.20	-3669.20
投资活动的现金净流量	-607 625.30	-54 683.80	-307 758.10
融资活动的现金净流量	657 405.50	319 536.40	400 545.20

数据来源：企业公开财务报表

表6-63 利润构成状况与企业盈利能力

	2010年	2009年	2008年
营业收入（万元）	1 509 312.20	1 137 396.20	447 519.90
销售费用（万元）	32 788.00	31 411.90	—
管理费用（万元）	43 348.80	41 063.20	40 828.60
融资成本（万元）	6667.70	2749.90	—
营业利润（万元）	446 200.30	303 159.60	68 067.90
利润总额（万元）	706 847.40	406 104.00	68 067.90
净利润（母公司所有者）（万元）	413 015.50	220 920.70	33 159.00
每股基本盈利（元）	80.20	53.50	8.30
摊薄每股盈利（元）	79.80	53.20	8.30

数据来源：企业公开财务报表

表6-64 经营发展能力指标

	2010年	2009年	2008年
经营利润率（%）	46.83	27.61	13.80
税前利润率（%）	46.83	35.70	15.21
边际利润率（%）	27.36	19.42	7.41
存货周转率（次）	0.43	0.58	0.25
资本运用回报率（%）	12.36	10.83	3.00
总资产回报率（%）	5.76	5.20	1.02

数据来源：企业公开财务报表

14. 雅居乐地产控股有限公司

（1）企业综述

雅居乐地产控股有限公司是一家香港上市企业，以房地产开发、经营为主，广泛涉足物业管理、酒店、装修服务等多个领域，是为数不多的被纳为恒生综合指数、恒生流通综合指数及摩根士丹利中国指数成分股的房地产企业之一。

雅居乐1月至12月实现合约销售金额约为323亿元，同比增长约61%；实现合约销售面积约为283万平方米，同比增长约21%；合约销售均价约为每平方米11 406元，同比增长约32%。2010年销售理想，大幅超额完成全年的销售目标。其中海南清水湾合约销售金额约为99亿元；广州雅居乐剑桥郡合约销售金额约为26亿元；广州雅居乐花园合约销售金额约为26亿元，取得广州楼市2010年成交套数第二名的好成绩；中山凯茵新城合约销售金额约为19亿元；南京雅居乐花园实现合约销售金额约为19亿元，进入南京全市销售金额前三甲。依托海南清水湾、南京雅居乐花园、广州雅居乐剑桥郡、广州雅居乐花园等项目陆续推出的高档组团，雅居乐销售金额实现倍增。

据不完全统计，雅居乐2010年新增土地储备权益面积总计315.76万平方米，同比下降31%。企业拿地集中于第四季度，全年共拿的12幅土地中，8幅均是第四季度出手。在政策频出的2010年，雅居乐延续了稳健发展的宗旨，在目前土地储备可满足企业中长期的发展需要的前提下，放缓了拿地步伐。

2010年，雅居乐将更多的精力分配在酒店及商用物业的发展上，务求建立更完善和多元化的业务组合，为企业未来创造稳定收益，分散经营风险。

雅居乐目前有多项酒店及商用物业亦正处于不同阶段的发展，如上海雅居乐国际广场，将成为上海雅居乐万豪酒店及高档购物广场，于2010年投入使用；广州珠江新城甲级商业大厦已经动工，计划于2012年投入使用。此外，惠州白鹭湖雅居乐喜来登度假酒店、海南清水湾来福士酒店等多家顶级酒店都已投入使用。雅居乐目前共有10家酒店，其中1家7星级，2家4星级，7家5星级；3家自营管理，7家外包管理。

（2）财务数据

表6-65 资产与负债状况

财务指标	2010年	2009年	2008年
资产总额（万元）	6 987 833.30	4 417 818.20	3 497 777.70
负债总额（万元）	4 954 317.40	2 910 500.30	2 118 315.10
流动负债（万元）	2 457 428.20	1 824 470.60	1 360 068.20
现金及银行结存（万元）	1 068 062.50	612 769.10	525 246.30
股东权益（万元）	2 033 515.90	1 507 317.90	1 379 462.60
资产负债率（%）	70.90	65.88	60.56
流动比率	1.65	1.71	2.03
速动比率	0.74	1.19	0.83

数据来源：企业公开财务报表

表6-66 现金流量状况

单位：万元

	2010年上半年	2009年	2008年
经营活动现金净流量	−77 277.30	292 805.50	−262 213.80
投资活动的现金净流量	−40 134.30	−373 478.50	295 019.50
融资活动的现金净流量	99 697.40	213 578.40	21 096.90

数据来源：企业公开财务报表

表6-67 利润构成状况与企业盈利能力

	2010年	2009年	2008年
营业收入（万元）	2 052 019.20	1 333 078.30	932 629.20
销售费用（万元）	69 463.90	53 717.90	46 253.90
管理费用（万元）	71 834.00	61 179.30	61 913.90
融资成本（万元）	–26 921.70	5768.20	–9243.70
营业利润（万元）	1 076 486.10	372 076.20	653 692.00
利润总额（万元）	1 130 407.80	366 308.00	662 935.70
净利润（母公司所有者）（万元）	597 570.70	186 516.00	546 690.50
每股基本盈利（元）	170.70	51.80	146.50
摊薄每股盈利（元）	170.70	51.80	146.50

数据来源：企业公开财务报表

表6-68 经营发展能力指标

	2010年	2009年	2008年
经营利润率（%）	52.46	27.91	71.08
税前利润率（%）	53.77	27.48	71.08
边际利润率（%）	29.12	13.99	58.62
存货周转率（次）	0.71	1.40	0.57
资本运用回报率（%）	15.78	7.19	25.57
总资产回报率（%）	8.55	4.22	15.63

数据来源：企业公开财务报表

15. 招商局地产控股股份有限公司

（1）企业综述

招商局地产控股股份有限公司于1984年在深圳成立，是香港招商局集团三大核心产业之一的地产业旗舰公司。经过27年的发展，招商地产已成为一家集开发、物业管理有机配合、物业品种齐全的房地产业集团，形成了以深圳为核心，以珠三角、长三角和环渤海经济带为重点经营区域的市场格局。

2010年在密集的房地产调控下，招商地产的销售业绩表现相对一般。招商地产全年完成销售合约金额143亿元，销售面积102万平方米，比2009年销售金额148.4亿元下降了3.7%，比2009年销售面积121万平方米下降了15.8%。

2010年在资金充裕的环境下，招商地产采取均匀、谨慎地拿地的策略合理扩充土地储备，全年招商地产共新增9个内地项目，新增项目的建筑面积约175.5万平方米，较上年全年下降10.7%，地价总额约90.6亿元，较上年全年下降13.7%。

2010年招商地产华东区域新增土地储备呈爆发式增长，投资面积占总量的49%，地价金额占比亦达到63%，显著超过其他区域的投资；在城市能级分布上，二线城市连续两年占据了过半的份额。从项目土地的属性上看，以综合和住宅类为主。因此判断今后招商地产将以住宅为主，商业、办公为辅，在一定范围内形成综合性社区的开发模式为主的模式。

（2）财务数据

表6-69 资产与负债状况

财务指标	2010年	2009年	2008年
资产总额（万元）	5 981 824.08	4 789 716.05	3 743 701.50
负债总额（万元）	3 867 232.44	2 959 512.40	2 115 750.80
流动负债（万元）	2 850 779.55	2 371 234.92	1 421 842.18
货币资金（万元）	967 638.51	948 949.09	738 913.35
应收账款（万元）	10 260.31	11 896.29	10 717.79
其他应收款（万元）	414 471.41	192 650.92	77 850.61
股东权益（万元）	1 820 743.18	1 627 873.68	1 486 274.64
资产负债率（%）	64.64	61.79	56.51
流动比率	1.88	1.80	2.29
速动比率	0.52	0.51	0.60

数据来源：企业公开财务报表

表6-70 现金流量状况

	2010年	2009年	2008年
销售商品收到的现金（万元）	1 586 843.09	1 592 668.39	619 533.53
经营活动现金净流量（万元）	-444 629.40	705 473.13	-391 984.37
现金净流量（万元）	13 893.42	141 760.40	381 307.22
销售商品收到现金与主营收入比（%）	115.14	157.10	173.38
经营活动现金流量与净利润比（%）	-221.05	429.08	-319.31
现金净流量与净利润比（%）	6.91	86.22	310.61
投资活动的现金净流量（万元）	8001.05	-44 578.91	-41 924.14
筹资活动的现金净流量（万元）	452 435.40	-518 913.78	816 445.17

数据来源：企业公开财务报表

表6-71 利润构成状况与企业盈利能力

	2010年	2009年	2008年
主营业务收入（万元）	1 378 242.52	1 013 770.10	357 318.42
经营费用（万元）	28 529.56	28 533.47	22 671.57
管理费用（万元）	23 731.55	20 854.27	20 322.35
财务费用（万元）	9301.42	−1535.60	3091.36
三项费用增长率（%）	28.65	3.83	86.13
营业利润（万元）	326 454.27	227 464.02	129 020.81
投资收益（万元）	6530.89	30 456.96	80 281.53
营业外收支净额（万元）	758.10	−91.01	1165.69
利润总额（万元）	327 212.38	227 373.00	130 186.50
净利润（母公司所有者）（万元）	201 139.72	164 414.39	122 761.58
销售毛利率（%）	39.77	41.19	41.29
净资产收益率（%）	11.05	10.10	8.26
每股收益（元）	1.17	0.96	0.94

数据来源：企业公开财务报表

表6-72 经营发展能力指标

	2010年	2009年	2008年
存货周转率（次）	0.24	0.22	0.10
应收账款周转率（%）	124.41	89.66	43.66
总资产周转率（%）	0.26	0.24	0.11
主营业务收入增长率（%）	35.95	183.72	−13.10
营业利润增长率（%）	43.51	76.30	−2.79
税后利润增长率（%）	22.33	33.93	6.02
净资产增长率（%）	11.84	9.53	88.07
总资产增长率（%）	24.88	27.94	49.11

数据来源：企业公开财务报表

16. 越秀地产股份有限公司

（1）企业综述

受2010年宏观市场的影响，越秀地产股份有限公司业绩出现波动。为应对日益收紧的房地产调控政策，越秀地产加快销售速率，因此2010年上半年合同销售金额再创历史同期新高。新增土地较为平稳，越秀地产按照“立足广州，拓展全国”的发展战略目标，积极探索和实施多元化和多个市场的增加土地储备方式，把握市场机遇，谋划以合理成本扩张。企业2010年下半年拿地活跃，除了维持广州的土地份额外，还积极向东部和中部经济发达城市进军。

面对2010年政策频出、银根紧缩的市场环境，越秀地产积极拓展融资渠道，于2010年9月，通过配股计划，融资35亿元，此次配股融资的主要目的是为了增强资本实力，增加土地储备。2010年下半年越秀地产共购得9块土地，建筑面积共289.9万平方米。纵观越秀近几年新增项目的面积和金额分布情况，不难发现，企业投资布局目前开始向全国化方向发展。

（2）财务数据

表6-73 资产与负债状况

财务指标	2010年	2009年	2008年
资产总额（万元）	5 078 093.00	4 141 968.80	4 293 299.40
负债总额（万元）	3 443 483.70	2 765 839.70	2 179 549.20
流动负债（万元）	1 932 173.90	2 197 730.60	1 933 324.40
现金及银行结存（万元）	747 271.20	701 090.80	390 054.10
股东权益（万元）	1 634 609.30	1 376 129.10	2 113 750.20
资产负债率（%）	67.81	66.78	50.77
流动比率	1.94	1.71	1.36
速动比率	0.91	1.29	0.93

数据来源：企业公开财务报表

表6-74 现金流量状况

单位：万元

	2010年上半年	2009年	2008年
经营活动现金净流量	-92 013.90	-84 164.70	-142 333.20
投资活动的现金净流量	65 945.60	-238 305.20	889.70
融资活动的现金净流量	205 868.00	463 861.20	112 464.90

数据来源：企业公开财务报表

表6-75 利润构成状况与企业盈利能力

	2010年	2009年	2008年
营业收入（万元）	563 396.30	530 021.20	417 300.90
销售费用（万元）	21 405.60	21 318.00	19 802.10
管理费用（万元）	59 397.70	58 802.50	68 595.90
融资成本（万元）	17 654.70	7217.90	24 299.20
营业利润（万元）	180 124.60	139 519.30	87 190.60
利润总额（万元）	200 061.40	151 501.80	137 677.00
净利润（母公司所有者）（万元）	91 884.00	−69 741.40	60 796.40
每股基本盈利（元）	12.28	−9.78	8.53
摊薄每股盈利（元）	12.21	−9.73	8.49

数据来源：企业公开财务报表

表6-76 经营发展能力指标

	2010年	2009年	2008年
经营利润率（%）	31.97	26.32	9.85
税前利润率（%）	35.51	7.95	16.56
边际利润率（%）	16.31	−11.09	14.57
存货周转率（次）	0.28	—	1.14
资本运用回报率（%）	2.92	—	2.12
总资产回报率（%）	1.81	−1.68	1.42

数据来源：企业公开财务报表

17. 北京金隅股份有限公司

（1）企业综述

北京金隅股份有限公司积极应对2010年的调控政策，公司有效利用多元化的融资渠道、优质的风险管控等优势逐步强化土地资源优势，进一步布局一线城市及前景看好的二、三线城市，同时进行产品结构调整以加快资金回笼速度，提升公司盈利能力。

2010年中期，金隅销售业绩增长较为平稳，随着下半年市场维稳，金隅表现出不俗的业绩，2010年全年地产板块销售业绩达110亿元，成功进军中国房企30强。企业将继续以低成本扩张为主线，采取地区结构性布局、产品结构性整合的综合发展。

2010年，金隅新增土地储备同样呈现上升趋势。金隅继续加大环渤海经济圈的土地城市布局，并持续加大对长三角经济圈以及华中地区的关注力度，而且公司在积极发展持有性物业方面也取得了阶段性成果。

（2）财务数据

表6-77 资产与负债状况

财务指标	2010年上半年	2009年	2008年
资产总额（万元）	4 941 299.50	3 545 666.40	2 539 264.10
负债总额（万元）	3 222 072.70	1 897 229.80	1 805 842.00
流动负债（万元）	2 174 707.10	1 107 494.00	1 328 591.90
现金及银行结存（万元）	404 439.20	564 235.60	188 189.70
股东权益（万元）	1 719 226.80	1 648 436.60	733 422.60
资产负债率（%）	65.21	53.51	71.12
流动比率	1.20	1.46	0.83
速动比率	0.45	0.73	0.35

数据来源：企业公开财务报表

表6-78 现金流量状况

单位：万元

	2010年上半年	2009年	2008年
经营活动现金净流量	-468 064.30	13 636.10	82 758.50
投资活动的现金净流量	-264 879.70	-23 490.70	-271 198.00
融资活动的现金净流量	507 984.70	583 042.10	209 970.50

数据来源：企业公开财务报表

表6-79 利润构成状况与企业盈利能力

	2010年上半年	2009年	2008年
营业收入（万元）	776 718.90	1 170 108.70	855 065.60
销售费用（万元）	32 842.30	45 120.50	44 749.50
管理费用（万元）	65 367.80	97 207.00	89 027.60
融资成本（万元）	16 976.60	20 912.80	22 835.20
营业利润（万元）	184 603.50	302 568.50	190 737.60
利润总额（万元）	166 073.30	288 196.20	190 737.60
净利润（母公司所有者）（万元）	101 765.50	203 538.80	132 081.60
每股基本盈利（元）	26.00	63.00	59.00
摊薄每股盈利（元）	26.00	63.00	59.00

数据来源：企业公开财务报表

表6-80 经营发展能力指标

	2010年上半年	2009年	2008年
经营利润率（%）	14.71	18.81	22.71
税前利润率（%）	21.38	24.63	22.31
边际利润率（%）	13.10	17.39	15.45
存货周转率（次）	0.47	1.10	1.35
资本运用回报率（%）	3.68	7.64	10.91
总资产回报率（%）	2.06	4.93	5.20

数据来源：企业公开财务报表

18. 深圳华侨城股份有限公司

（1）企业综述

2010年，深圳华侨城股份有限公司依旧延续以快制胜，实现跨越发展的经营策略。2010年，受到宏观调控影响，华侨城企业盈利能力有所下降，但利润率仍保持行业平均水平。同时，企业通过自身的调整使得三费费率持续下降，消化了部分净利率下降带来的不良影响。新增土地速度较为稳健，加强土地储备的同时，完成了天津市场的投资布局。

（2）财务数据

表6-81 资产与负债状况

财务指标	2010年	2009年	2008年
资产总额（万元）	4 853 823.34	3 074 480.18	2 934 646.46
负债总额（万元）	3 382 795.17	1 929 508.62	1 881 434.09
流动负债（万元）	1 992 463.34	1 633 301.32	1 708 735.44
货币资金（万元）	545 324.59	299 925.44	188 276.03
应收账款（万元）	18 923.68	17 887.22	18 401.73
其他应收款（万元）	25 293.43	84 758.94	22 985.75
股东权益（万元）	1 321 586.98	1 047 929.60	558 380.68
资产负债率（%）	69.69	62.76	50.45
流动比率	1.45	0.89	0.45
速动比率	0.46	0.34	0.21

数据来源：企业公开财务报表

表6-82 现金流量状况

	2010年	2009年	2008年
销售商品收到的现金（万元）	1 693 112.38	1 486 576.76	945 870.85
经营活动现金净流量（万元）	–536 156.93	725 631.53	208 227.16
现金净流量（万元）	247 820.16	111 183.05	–185 899.33
销售商品收到现金与主营收入比（%）	97.77	135.67	109.26
经营活动现金流量与净利润比（%）	–176.40	425.45	145.27
现金净流量与净利润比（%）	81.53	65.19	–129.69
投资活动的现金净流量（万元）	–314 000.40	–234 502.31	–394 716.93
筹资活动的现金净流量（万元）	1 098 135.86	–379 927.40	1839.62

数据来源：企业公开财务报表

表6-83 利润构成状况与企业盈利能力

	2010年	2009年	2008年
主营业务收入（万元）	1 731 767.16	1 095 695.74	865 732.13
经营费用（万元）	73 999.87	59 438.90	45 039.49
管理费用（万元）	125 653.65	99 998.49	105 151.68
财务费用（万元）	25 521.90	13 146.65	22 183.97
三项费用增长率（%）	30.47	0.12	168.40
营业利润（万元）	429 885.87	237 834.43	196 921.08
投资收益（万元）	38 987.97	28 258.63	6734.26
营业外收支净额（万元）	4 667.41	250.91	–827.10
利润总额（万元）	434 553.28	238 085.35	196 093.98
净利润（母公司所有者）（万元）	303 945.64	170 557.34	143 337.52
销售毛利率（%）	51.08	46.09	47.18
净资产收益率（%）	23.00	16.28	16.43
每股收益（元）	0.978	0.55	0.35

数据来源：企业公开财务报表

表6-84 经营发展能力指标

	2010年	2009年	2008年
存货周转率（次）	0.59	0.23	0.29
应收账款周转率（%）	94.09	64.55	109.85
总资产周转率（%）	0.44	0.19	0.26
主营业务收入增长率（%）	58.05	–11.06	–19.51
营业利润增长率（%）	80.75	50.62	28.62
税后利润增长率（%）	78.20	63.25	79.93
净资产增长率（%）	26.11	153.03	2.13
总资产增长率（%）	57.87	49.42	–2.86

数据来源：企业公开财务报表

19. 金融街控股股份有限公司

（1）企业综述

2010年，金融街控股股份有限公司在房地产市场调控政策不断袭来的压力下依旧保证较好的营业收入，销售业绩保持稳定，而销售业绩稳定的背后，是企业多年以来一直专注于把品质与企业发展放在同等重要的位置。2010年，企业在净利润有所增加的同时，三费指标较为稳定，新增土地速度加快，不过土地布局集中于北京和重庆两个城市，企业未加强开拓新城市，而是在原有的城市布局内做大做强。

（2）财务数据

表6–85 资产与负债状况

财务指标	2010年前三季度	2009年	2008年
资产总额（万元）	4 676 544.65	4 235 405.34	2 749 877.57
负债总额（万元）	3 054 825.48	2 641 046.27	1 267 946.79
流动负债（万元）	1 668 494.22	1 234 774.01	690 757.01
货币资金（万元）	872 808.57	1 318 873.01	729 835.59
应收账款（万元）	22 765.32	53 964.16	60 341.03
其他应收款（万元）	8543.30	60 870.75	73 638.60
股东权益（万元）	1 578 010.40	1 551 536.57	1 455 306.31
资产负债率（%）	65.32	62.36	46.11
流动比率	2.28	2.70	3.05
速动比率	0.58	1.20	1.47

数据来源：企业公开财务报表

表6–86 现金流量状况

	2010年前三季度	2009年	2008年
销售商品收到的现金（万元）	565 771.49	748 829.13	315 343.83
经营活动现金净流量（万元）	–602 477.93	–157 061.97	–512 695.51
现金净流量（万元）	–446 064.44	589 037.42	501 552.76
销售商品收到现金与主营收入比（%）	173.81	120.17	56.36
经营活动现金流量与净利润比（%）	–912.46	–115.01	–493.27
现金净流量与净利润比（%）	–675.57	431.33	482.55
投资活动的现金净流量（万元）	28 297.60	–3291.39	–28 133.65
筹资活动的现金净流量（万元）	128 115.89	749 398.09	1 042 404.30

数据来源：企业公开财务报表

表6-87 利润构成状况与企业盈利能力

	2010年前三季度	2009年	2008年
主营业务收入（万元）	325 505.06	623 148.52	559 507.70
经营费用（万元）	13 757.41	16 475.63	13 231.66
管理费用（万元）	23 599.21	32 586.92	30 004.26
财务费用（万元）	19 536.17	29 043.11	2251.91
三项费用增长率（%）	20.07	71.71	-12.31
营业利润（万元）	74 522.04	188 549.20	137 099.87
投资收益（万元）	-24.77	19 093.59	7423.11
营业外收支净额（万元）	19 675.22	3196.93	4610.34
利润总额（万元）	94 197.26	191 746.13	141 710.21
净利润（母公司所有者）（万元）	66 028.21	136 564.13	103 937.95
销售毛利率（%）	49.09	39.07	49.96
净资产收益率（%）	4.18	8.80	7.14
每股收益（元）	0.22	0.55	0.43

数据来源：企业公开财务报表

表6-88 经营发展能力指标

	2010年前三季度	2009年	2008年
存货周转率（次）	0.07	0.26	0.32
应收账款周转率（%）	8.48	10.90	10.41
总资产周转率（%）	0.07	0.18	0.26
主营业务收入增长率（%）	14.81	11.37	32.76
营业利润增长率（%）	-43.45	37.53	-51.32
税后利润增长率（%）	-31.38	31.39	-48.10
净资产增长率（%）	1.70	6.61	141.40
总资产增长率（%）	10.41	54.02	76.01

数据来源：企业公开财务报表

20. 北京首都开发股份有限公司

（1）企业综述

2010年，面对楼市的轮番调控，北京首都开发股份有限公司秉承“责任地产”理念，及时调整，通过加大销售力度，加快推盘节奏等举措，实现了销售业绩平稳增长，企业土地成本、三费费率等进一步降低，货币资金充裕，财务风险整体可控。

2010年首开新增土地的步伐较快，获取资源能力较强，特别是加快了京城外布局的扩张速度，目前，首开在华东的土地储备已经占总土地储备的18%，同时新增土地成本降低，这利于确保财务的稳健，谋求更加长远的发展。

（2）财务数据

表6-89 资产与负债状况

财务指标	2010年	2009年	2008年
资产总额（万元）	4 274 128.42	3 310 259.37	2 215 369.75
负债总额（万元）	3 194 034.40	2 340 175.06	1 816 306.73
流动负债（万元）	2 030 569.39	1 388 015.11	1 307 131.57
货币资金（万元）	1 052 040.26	1 196 918.72	280 055.89
应收账款（万元）	5182.00	11 056.24	5037.83
其他应收款（万元）	217 519.38	54 189.26	153 746.09
股东权益（万元）	1 047 304.03	933 457.92	368 906.56
资产负债率（%）	74.72	70.69	81.99
流动比率	1.89	2.13	1.45
速动比率	0.66	0.99	0.38

数据来源：企业公开财务报表

表6-90 现金流量状况

	2010年	2009年	2008年
销售商品收到的现金（万元）	1 003 026.15	666 492.74	500 876.85
经营活动现金净流量（万元）	−581 119.54	149 932.78	108 839.89
现金净流量（万元）	−151 510.71	924 162.00	−39 667.53
销售商品收到现金与主营收入比（%）	129.16	128.32	85.77
经营活动现金流量与净利润比（%）	−432.21	160.92	190.71
现金净流量与净利润比（%）	−112.69	991.91	−69.50
投资活动的现金净流量（万元）	52 556.57	−23 664.82	−18 029.67
筹资活动的现金净流量（万元）	377 062.33	797 893.95	−130 422.16

数据来源：企业公开财务报表

表6-91 利润构成状况与企业盈利能力

	2010年	2009年	2008年
主营业务收入（万元）	776 549.24	519 408.82	583 988.99
经营费用（万元）	23 873.37	16 987.84	22 513.49
管理费用（万元）	52 595.11	40 736.68	37 258.11
财务费用（万元）	60 164.65	36 543.52	33 513.10
三项费用增长率（%）	44.94	1.05	17.64
营业利润（万元）	192 779.11	118 153.00	78 445.62
投资收益（万元）	56 743.36	67 134.35	5336.57
营业外收支净额（万元）	-87.33	-885.94	3 701.65
利润总额（万元）	192 691.79	117 267.06	82 147.27
净利润（母公司所有者）（万元）	134 453.97	93 170.23	57 071.87
销售毛利率（%）	47.01	35.25	33.67
净资产收益率（%）	12.84	9.98	15.47
每股收益（元）	1.17	0.95	0.70

数据来源：企业公开财务报表

表6-92 经营发展能力指标

	2010年	2009年	2008年
存货周转率（次）	0.20	0.23	0.29
应收账款周转率（%）	95.64	64.55	109.85
总资产周转率（%）	0.20	0.19	0.26
主营业务收入增长率（%）	49.50	-11.06	-19.51
营业利润增长率（%）	63.16	50.62	28.62
税后利润增长率（%）	43.82	63.25	79.93
净资产增长率（%）	11.96	153.03	2.13
总资产增长率（%）	29.11	49.42	-2.86

数据来源：企业公开财务报表

21. 恒盛地产控股有限公司

（1）企业综述

恒盛地产控股有限公司的主要业务位于以上海为主的长三角地区和京津地区，近几年开始将目光逐步转向二线城市。在秉承一贯的低成本拿地、高品质开发的策略之下，恒盛地产在巩固一线城市土地储备的同时，在长三角其他城市以及东北地区进行了稳健布局。2010年，恒盛地产将其在上海地区的开发经验推广到二线城市，开始加强这些城市开发项目的销售与推广力度，并在沈阳、无锡、南通等城市取得了良好的销售业绩，为公司未来的发展打开了更广阔的发展空间。另外，除了住宅项目，公司也在谋求商业地产项目的突破，以获得多元化的收入来源。

截至2010年底，公司土地储备总量为1909万平方米，其中本年度新增土地储备226.7万平方米。恒盛地产最有价值的土地储备仍数位于上海市中心区域的尚海湾地块，但除此之外，公司于过去几年在京津地区、上海以外长三角和东北地区储备了大量土地资源，超前布局于高增长地区的二、三线城市。公司拿地相对谨慎，土地储备成本较低，为土地开发预留了相当的利润空间。

（2） 财务数据

表6-93 资产与负债状况

财务指标	2010年上半年	2009年	2008年
资产总额（万元）	3 184 780.60	2 636 768.50	1 315 822.20
负债总额（万元）	1 983 012.20	1 452 100.80	1 223 920.00
流动负债（万元）	1 009 233.10	897 681.30	1 152 926.70
现金及银行结存（万元）	499 811.10	605 235.40	29 722.10
股东权益（万元）	1 201 768.40	1 184 667.70	91 901.80
资产负债率（%）	62.27	55.07	93.02
流动比率	2.83	2.58	1.01
速动比率	1.27	1.19	0.27

数据来源：企业公开财务报表

表6-94 现金流量状况

单位：万元

	2010年上半年	2009年	2008年
经营活动现金净流量	-502 620.50	-303 581.30	-272 641.00
投资活动的现金净流量	-4642.20	-14 905.70	78 343.70
融资活动的现金净流量	361 682.80	790 258.30	-93 567.20

数据来源：企业公开财务报表

表6-95 利润构成状况与企业盈利能力

	2010年上半年	2009年	2008年
营业收入（万元）	249 794.60	617 112.70	394 895.90
销售费用（万元）	7109.70	15 133.30	15 049.40
管理费用（万元）	21 675.20	35 139.70	21 481.80
融资成本（万元）	764.00	2706.80	5447.90
营业利润（万元）	105 030.80	371 282.00	208 279.70
利润总额（万元）	104 266.80	368 575.20	208 279.70
净利润（母公司所有者）（万元）	36 642.00	236 614.40	125 499.10
每股基本盈利（元）	5.00	38.00	22.00
摊薄每股盈利（元）	5.00	38.00	22.00

数据来源：企业公开财务报表

表6-96 经营发展能力指标

	2010年上半年	2009年	2008年
经营利润率（%）	41.74	59.73	52.74
税前利润率（%）	41.74	59.73	52.74
边际利润率（%）	14.67	38.34	31.78
存货周转率（次）	0.16	0.49	0.46
资本运用回报率（%）	1.68	13.61	77.04
总资产回报率（%）	1.15	8.97	9.54

数据来源：企业公开财务报表

22. 合景泰富地产控股有限公司

（1）企业综述

2010年，合景泰富地产控股有限公司面对房地产紧缩政策，主推高端产品，扩大持有商业物业的比例，扩大现金流的同时，分化了市场风险。2010年，企业新增土地比2009年同期增加30%，新进上海和天津两个城市，全国化布局的节奏有所加快。同时，土地成本有所提高，企业采取多渠道拿地策略，与国内知名开发商合作开发，强强联手，以实现优势互补，达到双赢的最终目的。

2010年，合景泰富完成110亿元的预售收入，同比增长45%，超越2010年100亿元的销售目标。面对房地产收紧政策，企业主推价格调整空间较大的高端物业。商业地产也开始进入盈利阶段，2011年将会有更大的收益。另外，持有型商业物业的比例扩大，平衡公司收支，分担市场风险。

（2）财务数据

表6-97 资产与负债状况

财务指标	2010年	2009年	2008年
资产总额（万元）	4 003 433.20	2 856 518.60	2 176 678.80
负债总额（万元）	2 844 006.00	1 815 686.30	1 257 557.70
流动负债（万元）	1 543 164.10	1 075 322.30	701 362.00
现金及银行结存（万元）	680 360.10	361 057.40	137 295.10
股东权益（万元）	1 159 427.20	1 040 832.30	919 121.10
资产负债率（%）	71.04	63.56	57.77
流动比率	1.61	1.91	2.27
速动比率	0.56	0.40	0.36

数据来源：企业公开财务报表

表6-98 现金流量状况

单位：万元

	2010年上半年	2009年	2008年
经营活动现金净流量	204 505.60	−39 796.90	−471 170.10
投资活动的现金净流量	−160 190.90	−211 940.20	−27 417.00
融资活动的现金净流量	184 290.70	392 526.80	296 889.80

数据来源：企业公开财务报表

表6-99 利润构成状况与企业盈利能力

	2010年	2009年	2008年
营业收入（万元）	746 591.10	426 657.20	157 421.40
销售费用（万元）	24 280.50	18 849.40	8 951.40
管理费用（万元）	41 383.60	28 198.80	17 090.80
融资成本（万元）	1997.40	902.40	—
营业利润（万元）	75 194.00	121 349.20	71 626.50
利润总额（万元）	251 839.80	126 948.20	70 327.80
净利润（母公司所有者）（万元）	128 177.20	72 007.80	36 853.20
每股基本盈利（元）	44.00	26.00	14.00
摊薄每股盈利（元）	44.00	26.00	14.00

数据来源：企业公开财务报表

表6-100 经营发展能力指标

	2010年	2009年	2008年
经营利润率（%）	33.62	28.23	44.00
税前利润率（%）	33.59	29.75	44.67
边际利润率（%）	17.17	16.88	23.41
存货周转率（次）	0.46	0.26	0.12
资本运用回报率（%）	5.21	4.04	2.50
总资产回报率（%）	3.20	2.52	1.69

数据来源：企业公开财务报表

23. 复地（集团）股份有限公司

（1）企业综述

2010年复地（集团）股份有限公司依旧延续稳健的战略风格，凭借其合理的定价及快速销售模式首次突破百亿销售大关。2010年，企业共新增土地储备212.1万平方米，较2009年同期增长了40%。受调控影响，复地2010年拿地的时间节奏呈现V字形走势。2010年上半年，出于对于后期市场的看淡，企业新增土地量在4月陷入最低谷。下半年，企业开始逐步增加土地储备，9月一举拿下大连5幅地块。2010年，复地所拿地块均分布在二线城市，且加快了进军环渤海市场的步伐，并在太原、大连等地进行扩张。

（2）财务数据

表6-101 资产与负债状况

财务指标	2010年	2009年	2008年
资产总额（万元）	3 330 819.00	2 745 671.30	1 996 166.40
负债总额（万元）	2 462 618.20	2 095 099.80	1 411 146.50
流动负债（万元）	1 476 460.10	1 328 269.60	775 935.30
现金及银行结存（万元）	495 080.40	375 177.10	123 253.80
股东权益（万元）	868 200.80	650 571.50	585 019.90
资产负债率（%）	73.93	—	—
流动比率	1.39	1.27	1.27
速动比率	0.58	0.61	0.33

数据来源：企业公开财务报表

表6-102 现金流量状况

单位：万元

	2010年	2009年	2008年
经营活动现金净流量	-5476.20	106 985.80	-264 038.90
投资活动的现金净流量	-211 376.30	-84 817.90	10 709.60
融资活动的现金净流量	244 250.00	223 982.10	136 721.30

数据来源：企业公开财务报表

表6-103 利润构成状况与企业盈利能力

	2010年	2009年	2008年
营业收入（万元）	865 180.60	518 480.40	373 325.50
销售费用（万元）	25 711.70	23 399.30	28 797.00
管理费用（万元）	36 972.50	28 842.70	26 314.20
融资成本（万元）	29 707.20	7630.20	4442.10
营业利润（万元）	380 035.20	112 758.50	93 663.10
利润总额（万元）	357 202.40	106 070.90	88 707.80
净利润（母公司所有者）（万元）	176 016.20	49 664.80	10 165.50
每股基本盈利（元）	69.60	19.60	4.00
摊薄每股盈利（元）	69.60	19.60	4.00

数据来源：企业公开财务报表

表6-104 经营发展能力指标

	2010年	2009年	2008年
经营利润率（%）	40.19	20.28	23.90
税前利润率（%）	41.29	20.46	23.76
边际利润率（%）	20.34	9.58	2.72
存货周转率（次）	0.72	0.59	0.51
资本运用回报率（%）	9.49	3.50	0.83
总资产回报率（%）	5.28	1.81	0.51

数据来源：企业公开财务报表

24. 首创置业发展有限公司

（1）企业综述

2010年面对“通胀”和“调控”的双重打击，首创置业发展有限公司销售业绩大幅增长，为全年销售目标的125%，达到销售金额125亿元。首创置业主要聚焦京津等战略中心城市，深耕成都、西安、重庆等中西南城市，以住宅及办公为主要销售项目，2010年年内位于一线城市北京的几个项目销售成绩优异。

2010年首创置业仅新增土地一处，建筑面积为36万平方米，截至2010年12月30日，除奥特莱斯项目企业总土地储备1200万平方米，纵观近年内拿地情况，该企业并没有急于拿地而高价收购，而是积极探索土地一级开发和并购等低成本取地模式。

（2）财务数据

表6-105 资产与负债状况

财务指标	2010年	2009年	2008年
资产总额（万元）	3 055 335.50	2 242 173.50	1 906 750.20
负债总额（万元）	2 288 384.10	1 574 499.00	1 290 818.20
流动负债（万元）	1 527 041.10	1 014 082.70	710 444.90
现金及银行结存（万元）	846 006.80	497 668.30	218 380.10
股东权益（万元）	766 951.40	667 674.50	615 932.00
资产负债率（%）	74.90	70.22	67.70
流动比率	1.76	1.63	1.75
速动比率	0.77	0.83	0.66

数据来源：企业公开财务报表

表6-106 现金流量状况

单位：万元

	2010年	2009年	2008年
经营活动现金净流量	-174 914.90	407 567.00	-131 011.40
投资活动的现金净流量	13 097.80	-109 677.30	-77 472.10
融资活动的现金净流量	71 111.90	-24 684.50	162 715.50

数据来源：企业公开财务报表

表6-107 利润构成状况与企业盈利能力

	2010年	2009年	2008年
营业收入（万元）	649 264.90	539 315.00	516 709.80
销售费用（万元）	18 319.80	11 987.40	15 106.00
管理费用（万元）	18 824.10	14 080.60	12 947.70
融资成本（万元）	3 694.60	18 900.40	17 792.80
营业利润（万元）	194 713.10	160 247.30	142 368.60
利润总额（万元）	190 563.40	151 029.50	126 652.00
净利润（母公司所有者）（万元）	91 815.50	53 843.50	38 289.00
每股基本盈利（元）	45.27	26.55	12.00
摊薄每股盈利（元）	45.27	26.55	12.00

数据来源：企业公开财务报表

表6-108 经营发展能力指标

	2010年	2009年	2008年
经营利润率（%）	29.99	26.21	24.11
税前利润率（%）	29.35	28.00	24.51
边际利润率（%）	14.14	9.98	7.41
存货周转率（次）	0.43	0.66	0.67
资本运用回报率（%）	6.01	4.38	3.20
总资产回报率（%）	3.01	2.40	2.01

数据来源：企业公开财务报表

25. 杭州滨江房产集团股份有限公司

（1）企业综述

2010年杭州滨江房产集团股份有限公司的销售业绩大幅增加，在11月份销售金额就突破了年初制定的100亿元的企业销售目标，行业知名度也有较大幅度的提升。滨江集团销售业绩增长并非是采取激进经营策略的结果，而是源于企业一如继往对品牌价值的追求。

2010年，滨江集团进一步完善杭州布局，且加快异地扩张步伐。公司新增建筑面积86万平方米，其中杭州约为17.7万平方米，进一步完善了杭州项目布局，并且项目均属于稀缺资源，符合滨江集团打造高端精装修的风格；异地项目约增加了68.3万平方米，显示了公司正加快对异地项目的扩展。

（2）财务数据

表6-109 资产与负债状况

财务指标	2010年	2009年	2008年
资产总额（万元）	2 969 989.95	1 901 091.28	1 393 419.16
负债总额（万元）	2 371 570.11	1 481 497.13	1 047 953.46
流动负债（万元）	1 830 096.11	1 072 329.13	844 647.46
货币资金（万元）	389 724.07	165 786.25	114 991.84
应收账款（万元）	419.36	1705.71	2206.60
其他应收款（万元）	111 132.25	53 234.98	3207.59
股东权益（万元）	430 153.52	340 292.97	288 613.72
资产负债率（%）	79.85	77.93	75.21
流动比率	1.56	1.72	1.59
速动比率	0.83	0.71	0.90

数据来源：企业公开财务报表

表6-110 现金流量状况

	2010年	2009年	2008年
销售商品收到的现金（万元）	1 124 763.67	573 279.50	267 306.56
经营活动现金净流量（万元）	19 860.55	−9907.08	−180 276.76
现金净流量（万元）	223 767.12	50 985.06	71 998.41
销售商品收到现金与主营收入比（%）	180.89	202.31	114.93
经营活动现金流量与净利润比（%）	20.56	−15.39	−298.34
现金净流量与净利润比（%）	231.59	79.21	119.15
投资活动的现金净流量（万元）	−88 946.23	−3273.34	3904.21
筹资活动的现金净流量（万元）	292 852.81	64 165.48	248 371.04

数据来源：企业公开财务报表

表6-111 利润构成状况与企业盈利能力

	2010年	2009年	2008年
主营业务收入（万元）	621 808.34	283 361.42	232 590.94
经营费用（万元）	4917.37	2639.24	3779.56
管理费用（万元）	14 068.30	9201.33	8814.05
财务费用（万元）	14 310.22	1153.42	2177.07
三项费用增长率（%）	156.24	-12.03	40.26
营业利润（万元）	193 950.71	84 317.98	78 664.92
投资收益（万元）	27.44	—	148.05
营业外收支净额（万元）	335.52	-737.62	2377.05
利润总额（万元）	194 286.22	83 580.36	81 041.97
净利润（母公司所有者）（万元）	96 620.56	64 367.25	60 426.74
销售毛利率（%）	44.82	41.81	45.28
净资产收益率（%）	22.46	18.92	20.94
每股收益（元）	0.71	0.48	0.61

数据来源：企业公开财务报表

表6-112 经营发展能力指标

	2010年	2009年	2008年
存货周转率（次）	0.28	0.20	0.23
应收账款周转率（%）	585.21	144.86	89.32
总资产周转率（%）	0.26	0.17	0.21
主营业务收入增长率（%）	119.44	21.83	-11.97
营业利润增长率（%）	130.02	7.19	12.55
税后利润增长率（%）	50.10	6.52	32.58
净资产增长率（%）	26.40	17.91	157.93
总资产增长率（%）	56.22	36.43	70.36

数据来源：企业公开财务报表

26. 上海绿地（集团）有限公司

（1）企业综述

上海绿地（集团）有限公司是中国综合性地产领军企业，绿地集团创立19年来，始终坚持“绿地，让生活更美好”的企业宗旨和“和谐绿地、共建共享”的发展理念，通过产业经营与资本经营并举发展，形成了目前“房地产主业突出，能源、金融等相关产业并举发展”的产业布局。

销售成绩斐然，首次进军广州

2010年虽然市场受到政策的影响，但凭借优质的产品以及积极的营销策略，绿地集团在2010年销售成绩斐然。2010年全年销售面积743万平方米，销售金额650亿元，成为国内又一个突破500亿元销售金额的企业。

2010年绿地集团24幅土地储备中有14幅位于华东区域，涉及建筑面积720.77万平方米，占全部新增总量近62%。虽然近年来绿地不断扩大全国布局范围，但是从项目分布来看，华东区域依然是企业布局重点。2010年12月，绿地通过招拍挂的方式获得广州白云区一幅商业用地，这是绿地首次进入中南市场，随着绿地进入广州市场，绿地已经初步完成全国化布局。

与政府合作频繁，加码商业地产

2010年以来，绿地集团先后在济南、武汉、大连、长春投建超高层建筑地标性现代服务业项目，总建筑面积近200万平方米，总投资额超过250亿元。绿地依托自身在超高层、大型现代服务业综合体方面的先进理念、成熟经验和商业资源，与当地政府合作，以超高层建筑为载体，打造城市地标项目。

绿地集团投资开发的绿地洲际酒店、南桥绿地逸东「华」酒店和绿地东海岸豪生大酒店等高星级酒店在2010年顺利开业。这是绿地集团积极调整产业结构，大力发展现代服务业的重要举措。绿地委托于朗廷酒店集团的新桥绿地逸东「华」酒店、江西南昌的红谷滩逸东「智」酒店则将于2011年开业。同时，绿地与锦江国际集团就酒店管理和酒店投资达成战略合作协议。相信，2011年绿地在酒店业务方面将跨上一个新的台阶。绿地集团对外宣布战略转型，将在未来五年内重点发展包括酒店、写字楼、购物中心在内的综合性商业物业，酒店规模将在四年内达到100家。

（2）销售业绩

2010年，绿地的销售业绩持续积极向好，企业的运营策略以平稳均衡为主。销售金额持续增加，总体成交均价虽有上涨，但仍保持相对的平稳上升态势。而在营销推广方面，绿地减少了硬性的资金投入，以“享优置业季”的优惠活动让客户体验绿地产品带来的一系列惊喜，同时提升企业在新老客户间的品牌影响力。

销售向好，总体均价上升

2010年，绿地集团在销售业绩方面保持快速增长。截至12月31日，绿地2010年实现销售金额650亿元，同比2009年增长80.56%，销售面积达到743万平方米，同比2009年增长42.88%，同时跻身销售金额排行榜和销售面积排行榜前三强，再次刷新企业同期最好业绩记录。

从企业销售业绩季度走势来看，虽然从二季度开始房地产市场受到政策调控的影响，但是绿地集团销售业绩仍然保持较快的增长速度，2010年第四季度，企业实现销售金额283亿元，环比第三季度增长76.88%。

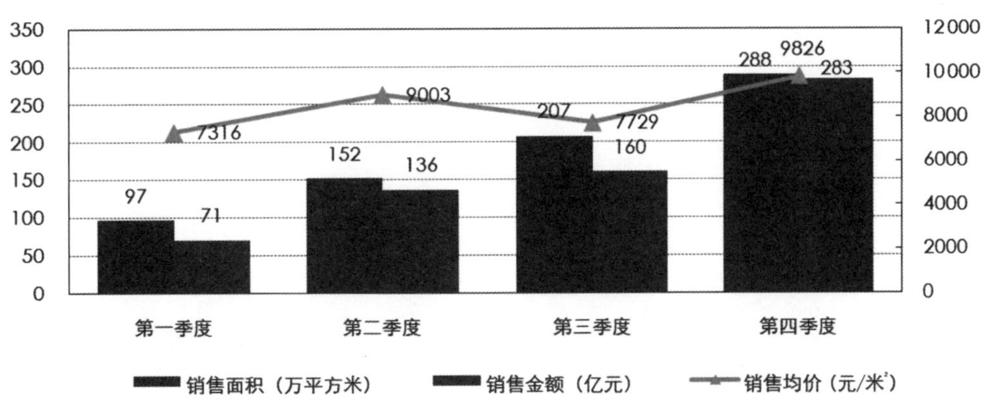

图6-7 绿地集团2010年销售情况季度走势

数据来源：中国房地产决策咨询系统（CRIC）

华东区域销售业绩占总体业绩比例过半，华北区域成为企业新的贡献点

从绿地集团2010年各区域销售业绩贡献度来看，随着企业全国化布局的不断完善，绿地集团的销售来源不再单独依靠华东单个区域，华北区域逐步成为企业新的业绩重要来源。2010年华北区域对于企业销售业绩的贡献度较2009年增加20个百分点。

2009年，绿地重点加大了对华北区域重要市场——北京市场的拓展速度，高调获得大兴项目，加上原来北京外围的香河等项目，绿地在北京可建面积储备达上千万平方米，这些项目在2010年开始大规模产生效益。北京绿地中央广场·新里西斯莱公馆于2010年4月开盘，为了降低新政对于项目销售的影响，绿地采取了低价开盘的策略，项目售价约为18 500元/米²，比周边在售的住宅项目低2000元/米²，较高的性价比推动了项目热销。相信随着北京项目的逐步推出，绿地在华北区域的销售业绩将在未来一段时间内稳步增长，继华东区域之后成为企业的又一重点地区。

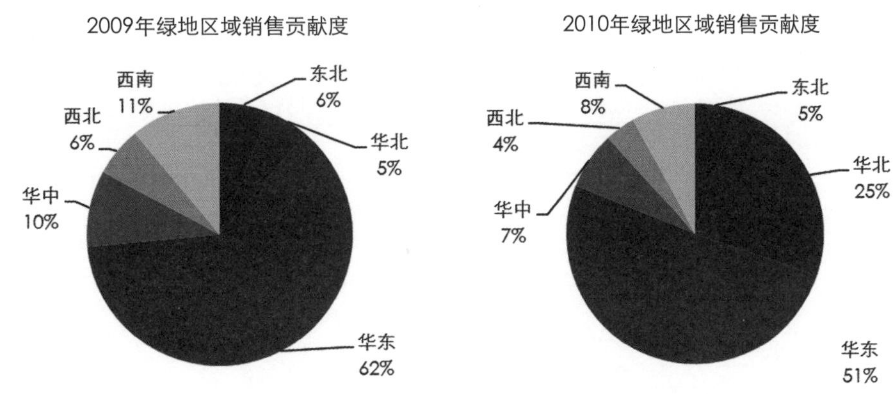

图6-8 绿地集团区域销售金额贡献度

数据来源：中国房地产决策咨询系统（CRIC）

从2010年绿地全年销售金额城市分布结构来看，一线城市销售金额占到企业总销售金额的51%，较2009年同期上升6个百分点，主要由于绿地北京项目逐步进入销售期，为企业带来了较大规模的销售业绩。同时，上海作为绿地集团的总部区域，企业在市场中具有较大的号召力，加上适当的营销策略，企业在上海的项目取得全面热销。

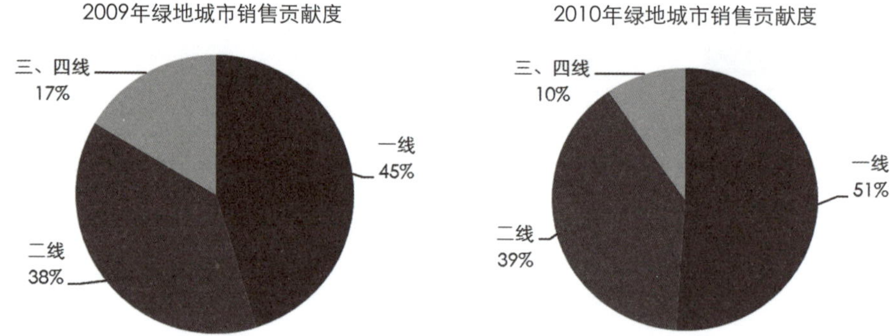

图6-9 绿地集团销售金额城市结构

数据来源：中国房地产决策咨询系统（CRIC）

加强中西部投资力度，进军中南市场。绿地集团一直采取单个城市事业部的方式对其房地产业务进行管控，目前绿地共设立了12个城级事业部。西南区域事业部是继2004年中原事业部和2005年西北区域事业部之后，绿地集团成立的第三个区域级事业部。绿地集团成功组建西南房地产事业部，标志着绿地以成都为中心，辐射重庆、云、贵、桂、赣等地的大西南战略初步形成。

按照事业部计划，西南区域2011年将为企业贡献50亿元销售收入，三年内，成都、重庆两大城市分别实现百亿销售收入。截至目前，绿地布局成都的8个项目中，已有5个项目进入销售阶段，总可开发面积达260万平方米，总投资额超过150亿元。在重庆，企业拥有近100万平方米可开发面积，投资额将近60亿元。

表6-113 绿地目前成渝区域项目

城市	项目	项目状态	项目属性	总建面（平方米）	项目均价（元/米^2）
成都	新里·派克公馆	在售	住宅	544 490	5000
成都	绿地·世纪城	在售	住宅	227 977	待定
成都	新里·柏仕公馆	在售	住宅	220 000	6500
成都	绿地·国际花都	在售	住宅	900 000	待定
成都	海珀香庭	在售	住宅	97 365	10 000
成都	新里维多利亚公寓	在售	住宅	240 953	13 800
成都	攀成钢项目	规划中	综合	277 672	待定
成都	武侯新城项目	规划中	综合	—	待定
重庆	绿地翠谷	在售	住宅	480 000	待定

数据来源：中国房地产决策咨询系统（CRIC）

（3）土地策略

在大量流动资金以及积极的销售预期的情况下，绿地保持快速扩张势头，企业着重增加商业地产项目储备，先后在上海、北京、广州等重点城市新增多幅优质商业用地。

从新增项目城分布来看，随着调控措施的深入，一、二线城市受到的影响进一步加剧，三、四线城市成为企业的重点地区。为适应市场变化，绿地集团的城市投资策略也发生了相应变化。2010年企业新增项目储备明显偏向三、四线城市。绿地集团近年来一直坚持“做最了解政府的开发商”，绿地集团在二、三线城市布局时，多采取与当地政府合作的方式，积极参与当地旧城改造、新城开发项目。

总量快速增加，与政府合作降低拿地成本

2010年绿地延续2009年快速增加的态势。2010年，绿地通过公开市场共新增24个土地储备项目，总建筑面积1158.59万平方米，较2009年全年上涨62.32%。绿地2010年新增土地储备建筑面积明显上涨，特别是在下半年新增建筑面积快速上涨。2010年6月开始，绿地集团保持每月1~3幅新增土地储备的增长速度。

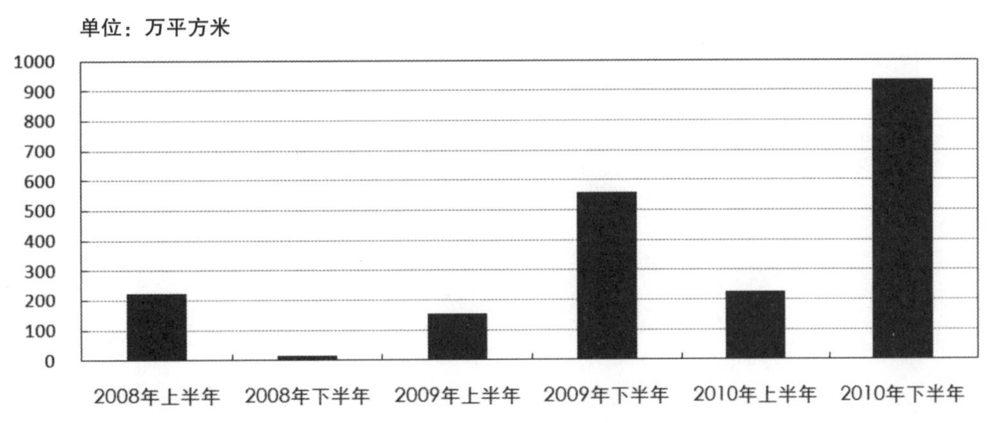

图6-10 绿地2008—2010年新增项目总量

数据来源：中国房地产决策咨询系统（CRIC）

绿地2010年大规模地扩张土地，对于企业资金造成一定压力，绿地集团针对这一情况，特别注意加强与政府的战略合作。通过与政府的积极合作，企业实现了低成本大规模拿地。

低成本体现在两个方面：拿地价格较低与政策优惠。拿地价格较低：虽然绿地与政府合作获得的土地难以计算项目楼板价，但是从企业投资金额与获取项目面积比值来看，项目每平方米的投资额度维持低位。政策优惠：地方政府通过政府政策性的照顾和奖励，例如快速建设项目周边配套等，可以大大降低投资成本。特别是在调控政策日益加剧的市场背景下，低成本的扩张降低了企业资金占有率，企业运营更为灵活。

华东仍是投资重点，中南、西南区域重要性提高

在拿地策略方面，绿地沿用2009年全国布局的战略方针，但绿地新增土地一直偏向于华东区域，2009年到2010年绿城全国范围内新增土地储备中，华东区域占比从41%提升至63%，逐渐形成了以华东区域为中心向其他几大区域辐射的战略布局。2010年的宏观调控政策对房地产市场产生影响，绿地也开始扩大企业在较为偏远区域的拿地，中南区域的新增土地储备显著增加。

从新增项目投资力度分布来看，绿地投资力度依然偏重于华东区域。2010年企业对于华北地区的投资力度有所下降。

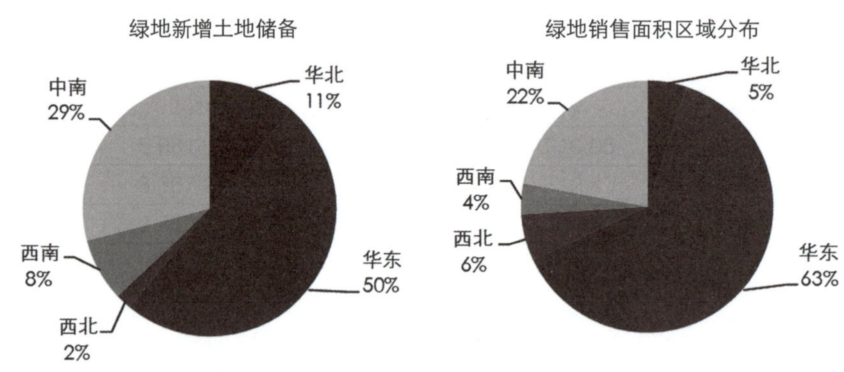

图6-11 绿地2010年新增土地储备金额、面积区域分布

数据来源：中国房地产决策咨询系统（CRIC）

城市能级分析：增加三、四线城市占比，平衡市场风险

从新增项目的建筑面积上看，企业在三、四线城市的占比明显提升。2010全年，绿地在三、四线城市新增土地363.2万平方米，占全年新增土地储备的21%，较2009年上升20个百分点。相对来说，绿地在一线城市的投资则出现较大幅度的萎缩。

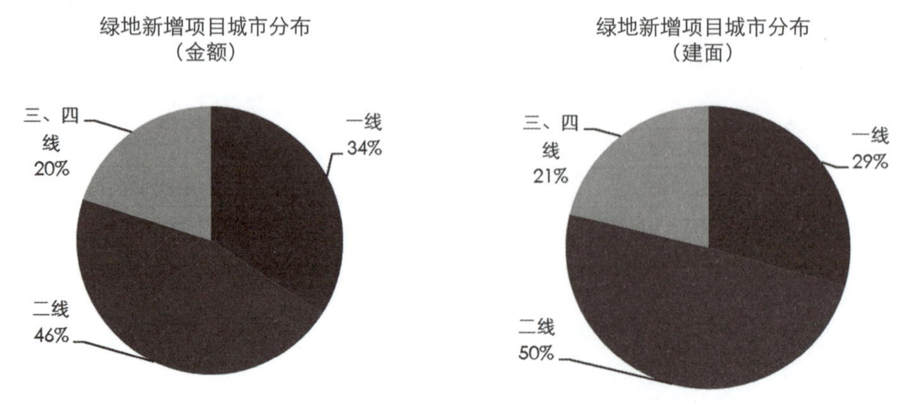

图6-12 绿地2010年新增项目金额、建筑面积城市能级分布

数据来源：中国房地产决策咨询系统（CRIC）

从绿地在各城市能级的投资分布来看，企业在一线城市的投资比重下降幅度较大。2010年全年，绿地在二线线城市投入资金129.79亿元，同比2009年上涨了212%。企业在三、四线城市投入额为54.21亿元，同比上涨高达23倍之多，但在一线城市投入额为96.85亿元，同比下滑了57%。

获地方式分析：政府合作

面对资金链的紧张和扩充土地储备的需要，绿地选择与政府合作来实现自身战略上的扩张。与政府的合作获得更多的土地是绿地拿地策略上尤为重要的一步，这种合作方式也相应地促进了绿地发展。一方面，与政府合作开发土地实际就是为企业增加土地储备提供了“绿色通道”，避免了与其他房企的竞争；另一方面，绿地注重产品影响力及其国有控股51%的背景使它容易取得政府的信任，与其他房企相比，政府更愿意与绿地合作，这样一来，绿地拿地资金压力得到了缓解。绿地的迅速发展离不开企业与政府的合作，用董事长张玉良的话来说就是，绿地借助各地政府实现快速扩张。

表6-114 2010年绿地集团与政府合作项目

时间	合作对象	合作内容	投资金额（亿元）	项目规模（万平方米）
2010-01	济南	济南绿地普利中心中大南旧城改造项目	300	70
2010-03	马鞍山	大型现代服务业综合体旧城改造项目	200	200
2010-04	延安	新城建设	50	100
2010-07	长春	南部新城城市新地标	—	—
2010-09	嘉定区政府	保障房项目	30	—
2010-09	大连	城市综合体全运会体育新城	140	—
2010-09	武汉	新城建设	300	150

数据来源：中国房地产决策咨询系统（CRIC）

（4）营销策略

应对政策调控影响，绿地集团采取积极主动的营销策略，2010年6月8日绿地集团宣布，6月30日之前绿地分布在全国41个城市的全部项目进入优惠月，称为“享优置业季”。绿地成为在恒大之后，国内又一个高举降价旗帜的大型开发商。通过6月份的活动尝试，绿地集团在第三季度更在前期的基础上，进一步加强营销力度。绿地通过积极主动采取降价促销策略，在第三季度继续保持了业绩增长。

表6-115 绿地集团主体营销活动

时间	活动主题	持续时间	具体内容
2010-06	"享优置业季"	一个月	别墅"悠活计划"；公寓系"助家计划"；办公系"成长计划"；商务系"腾飞计划"；投资理财首选的商业系"蓝筹计划"
2010-07	升级版"5+2置业计划"	一个月	"5"即6月开始实施的五大置业计划，"2"就是增值服务，分别为购买装修建材优惠和凭借积分兑换礼品
2010-08	"8月圆梦置业季"	一个月	绿地"圆梦置业季计划"仅限8月份，计划为青年人、老年人、中年人或是老居民、新移民、海归、创业人士等推出不同优惠策略，完成客户置业要求
2010-09	"金秋置业季"	一个月	延续了送装修基金、现金抵扣、契税优惠等措施

数据来源：中国房地产决策咨询系统（CRIC）

（5）战略举措

2010年房地产市场的宏观变化使不少房企从开发住宅转向商业地产，绿地也不例外。在开发商业地产方面，绿地积极寻求与国际国内知名企业的合作，借力发展，实现共赢。绿地已与九龙仓集团、百联集团、红星美凯龙等商业巨擘开展全面战略合作，与正大集团则开展了"一揽子"合作，以利于绿地在商业地产领域进一步拓展项目规模及提升运营质量。绿地不仅加强同行企业之间的战略合作，而且还注重与技术型企业的合作。2010年绿地先后与上海建工、加拿大木业协会等企业合作，引进先进的技术，完善品质管理体系。

表6-116 2010年绿地集团开展的商业合作

时间	合作对象	合作内容	影响
2010-01-14	上海建工	绿地集团开发的标志性项目在同等条件下优先由上海建工集团承建	将有利于绿地集团进一步强化项目施工管理，完善品质管控体系
2010-03-23	红星美凯龙	在全国各地现代服务业综合体开发建设中开展全面合作	提升商业地产产业链运营水平和价值
2010-10-12	锦江国际集团	酒店管理和酒店投资领域	全面提升绿地集团酒店管理水平及品牌地位
2010-11-24	正大集团	上海绿地船厂路、郑州高铁站前广场、无锡太湖大道等在全国多个省市开发建设的10个大型商业综合体项目进行全面合作	双方承诺在全国范围内寻址开发大型商业项目过程中，凡需要建设大型超市、精品超市和购物中心时，在同等条件下优先引进对方作为合作伙伴
2010-11-04	加拿大木业协会	引进加拿大现代木结构建筑技术并应用于地产项目开发中	绿地集团始终将大力实施绿色低碳战略、深入推进产品研发创新作为占领行业制高点、全面提升品质品牌与综合竞争力的重要战略

数据来源：中国房地产决策咨询系统（CRIC）

27. 大连万达商业地产股份有限公司

（1）企业综述

2010年，大连万达商业地产股份有限公司实现了全年新开业15个万达广场的目标，销售业绩较去年实现了翻倍，跻身于中国一流开发企业的行列。2010年万达新增土地储备超过1300万平方米，为2011年新开业17个万达广场奠定了基础；从区域和城市方面来看，万达目前的重点市场是二线城市，而企业在2010年加大了对中西部三、四线城市的拓展。

（2）销售业绩

2010年，万达业绩高速增长，全年新开业15个万达广场，实现销售金额约650亿元，同比实现了翻倍，其中住宅销售金额约为369亿元，在商业地产方面，新增持有面积约300万平方米。

表6-117 万达2010年重点销售项目列表

城市	城市能级	项目名称	城市	城市能级	项目名称
南京	二线	南京万达广场	太原	二线	太原万达广场
合肥	二线	合肥万达广场	济南	二线	济南万达广场
福州	二线	金融街万达广场	武汉	二线	菱角湖万达广场

资料来源：企业定期报告，中国房地产决策咨询系统（CRIC）

从销售的区域分布上看，万达在全国各大区域均有业务，目前华东区域对销售业绩的贡献最大，占到45%左右。而从城市线来看，二线城市是万达最为重要的业绩来源，所占比重接近八成。

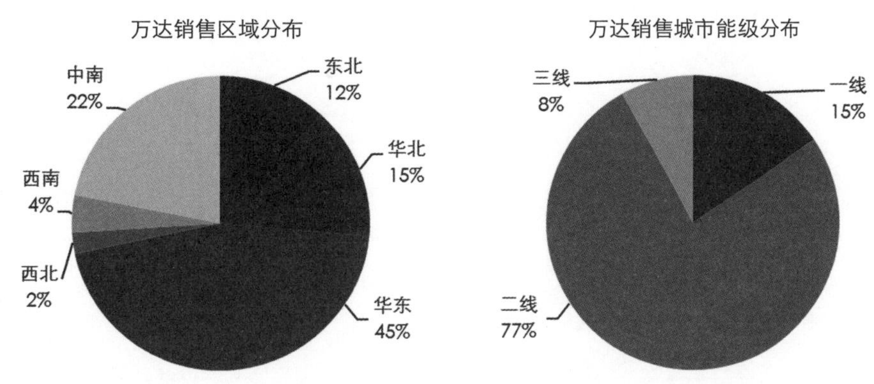

图6-13 万达2010年销售区域、城市能级分布情况

资料来源：中国房地产决策咨询系统（CRIC）

（3）土地策略

2010年，万达共新增土地储备1322万平方米，平均楼板价约为1888元/米^2，拿地规模略高于去年，整体上和项目的高速扩张保持一致。从区域上看，2010年万达拓展的重点在中西部的二、三线城市，并且有向三、四线城市倾斜的趋势。

表6-118 万达2010年新增土地项目情况

城市	宗地名称	成交时间	建筑面积（万平方米）	成交总价（亿元）	楼面地价（元/米^2）
泰州	（2010）3-1号地块	2010-04-01	42.00	3.10	738
厦门	2010 P09地块	2010-04-08	53.00	8.73	1647
长沙	开福区湘江中路地块	2010-04-30	100.00	26.50	2650
沈阳	铁西万达广场地块	2010-05-14	90.60	—	—
廊坊	廊坊万达广场地块	2010-05-19	64.15	7.24	1128
武汉	武汉经济技术开发区（沌口）核心地块	2010-06-02	44.15	3.60	815
郑州	中原区核心商业地块	2010-06-04	72.00	2.91	404
常州	新北区通江大道以西巢湖路以南地块	2010-06-18	37.80	2.79	738
福州	2010-28号地块	2010-06-28	65.00	9.47	1875
重庆	万州区WZ 2010-4-11号地块	2010-06-28	21.00	—	—
泉州	泉州市丰泽区浦西2010-21地块	2010-07-21	120.00	15.63	1705
武汉	东湖CBD万达广场	2010-07-01	31.11	8.18	2629
上海	宝山区高境镇地块	2010-07-16	21.47	12.05	5612
武汉	P（2010）088号	2010-08-31	154.82	44.00	2842
武汉	P（2010）089号	2010-08-31	67.28	23.00	4756
合肥	ZWQTB-011	2010-09-03	25.12	5.14	2047
南昌	JDP1036号	2010-09-17	44.71	4.19	937
兰州	G1018号地块	2010-10-12	43.60	6.58	1887
大连	大高（2010）-54号地	2010-11-03	39.57	14.58	3684
无锡	澄地2010-C-81	2010-11-16	55.00	5.57	4584
郑州	郑政出（2010）58号	2010-12-02	28.72	2.58	899
郑州	郑政出（2010）59号	2010-12-02	21.01	2.41	1147
青岛	2010-29（1）(9-1-2）	2010-12-15	13.95	4.51	3230
青岛	2010-29（2）(10-1-2）	2010-12-15	17.30	5.17	2990
青岛	2010-29（3）(10-4-2）	2010-12-15	17.17	5.13	2990
长春	6-19-359、6-21-12号	2010-12-30	31.08	5.43	1747
合计	—	—	1321.61	228.48	1888

资料来源：企业定期报告，中国房地产决策咨询系统（CRIC）

28. 中信房地产股份有限公司

（1）企业综述

2010年面对全国房地产市场调控，中信地产依然保持了较快的发展速度，在销售业绩高增长的同时，进一步加速企业整合，完善产品线的建设。未来中信地产将进一步借助集团强大的金融、文化等方面的资源，立足珠三角及环渤海区域，将地产业务不断扩张。

（2）融资动态

2010年中信地产仅在9月份为开发北京中信城贷款融资15亿元。中信地产借助集团资源，具备了其他地产企业不能比拟的金融资源平台，无论是在融资渠道，还是在企业本身资金运作方面都具备了一定的优势。

而2010年唯一一次的公开市场融资也是通过了同属中信集团下的中信银行。中信地产为其在北京的中信城地产开发项目进行了15亿元的三年期贷款融资，主办方中信银行承贷10亿元，参贷方招商银行承贷额为5亿元。该项贷款利率为中国人民银行基准利率的97%。

表6–119 中信地产2010年融资情况

融资方式	时间	融资额（亿元）
银行贷款	2010–09	15

资料来源：企业定期报告，中国房地产决策咨询系统（CRIC）

（3）销售业绩

2010年，中信地产业绩增长较为明显，销售金额突破200亿元，达到288亿元。其中，广州亚运城和湾区物业博鳌·千舟湾的热销，是中信全年项目销售的亮点。广州亚运城2010年10月开始对外销售，截至2010年12月31日，销售金额近46亿元。但是由于该项目由中信地产和其他四家房地产企业共同开发，因此按照股权分摊，中信地产可享受20%的股东利益。

表6–120 中信地产2010年重点销售项目

城市	城市能级	项目名称
广州	一线	广州亚运城
博鳌	三、四线	博鳌·千舟湾
佛山	三、四线	中信山语湖
长春	二线	中信城
天津	二线	中信珺台
北京	一线	中信城

资料来源：企业定期报告，中国房地产决策咨询系统（CRIC）

从销售的区域分布上看，中南区域为企业的重点地区，比例达到57%。在天津的中信珺台和北京中信城的带动下，华北区域全年销售金额占比位列次席，达到20%。从城市能级上看，三、四线城市的销售依旧是中信地产销售的重点。

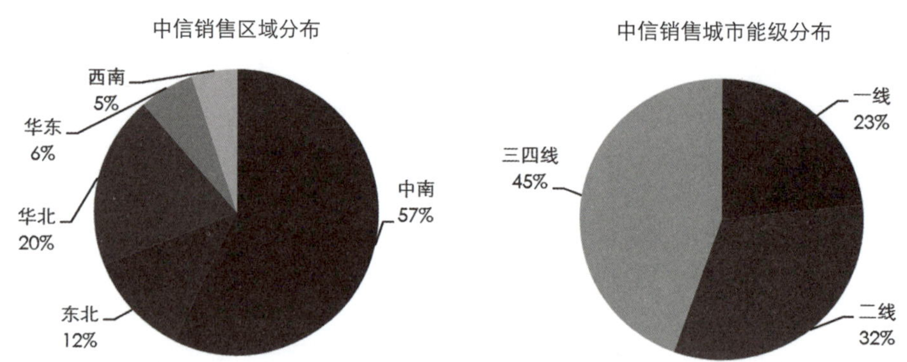

图6-14 中信地产2010年销售区域、城市能级分布情况

资料来源：中国房地产决策咨询系统（CRIC）

（4）土地策略

2010年，中信地产共新增土地储备198万平方米，获得土地储备的速度较为稳健。纵观中信近几年新增项目的面积和金额分布情况，中信地产投资布局一直都较为集中在珠三角区域内，而环渤海地区也正在不断成为企业发展的新重点。2010年12月，中信成功以63亿元拿下北京中服地块，更是表明了中信大力发展环渤海区域的策略。

表6-121 中信地产2010年新增土地项目情况

城市	宗地名称	成交时间	建筑面积（万平方米）	成交总价（亿元）	楼面地价（元/米^2）
北京	大兴区亦庄住宅及商业项目（X1-1B）地块	3月	39.10	52.00	13 396
广州	亚运村项目	6月	87.60	—	—
佛山	2010-1103［佛南（拍）2010-025］	12月	35.90	10.00	2799
北京	朝阳区东三环北京商务中心区（CBD）核心区Z15地块	12月	35.00	63.00	18 000
北京	北京市大兴区亦庄新城X1-3地块	12月	12.60	23.00	18 000
合计	—	—	210.20	—	—

资料来源：企业定期报告，中国房地产决策咨询系统（CRIC）

29. 星河湾地产控股有限公司

（1）企业综述

2010年，星河湾的两大项目——太原星河湾和上海闵行星河湾开市告捷，尤其是太原星河湾，日进账超40亿元。从企业战略来看，星河湾将一如既往地坚持走高端线路。从其与雅居乐联合开发进军成都的作为来看，星河湾有意拓展二线城市，但合作开发模式对其高端路线是否会形成阻力，还将拭目以待。

（2）融资动态

由于星河湾拿地速度较慢、开发速度不快、在售项目的运作成本可控，同时，新入市项目成交情况颇佳，因此企业资金始终充裕，在公开融资渠道上无融资举措。

（3）销售业绩

2010年，星河湾在售的项目主要是上海闵行星河湾、太原星河湾和广州海怡半岛。除此之外，上海浦东星河湾、北京星河湾与广州星河湾均处于尾盘期。由于在售项目不多，因此全年销售面积仅68万平方米。但由于项目单价高，因此销售金额达135亿元，位于百强企业2010年销售金额排行榜第二十名。这个成绩与2009年的成绩相当，成交金额同比仅上涨3.85%。

2010年，太原星河湾与上海闵行星河湾的开盘热销都掀起了房地产界的轩然大波。8月开盘的太原星河湾，开盘6小时内取得销售业绩40亿元的好成绩，全年实现销售总额60亿元；上海闵行星河湾10月10日开盘，在不到两个月的时间内回笼资金26.56亿元。

表6-122 星河湾2010年重点销售项目

城市	城市能级	项目名称
上海	一线	闵行星河湾
广州	一线	海怡半岛
广州	一线	广州星河湾
太原	二线	太原星河湾

资料来源：企业定期报告，中国房地产决策咨询系统（CRIC）

由于企业产品供应量较少，因此区域与城市能级分布情况均因推案情况而定。太原项目热销决定了2010年华北与二线城市成为了企业销售资金回笼的主要来源。

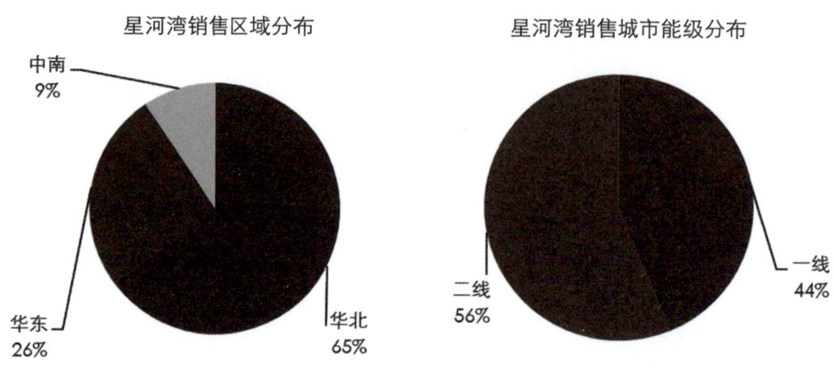

图6-15 星河湾2010年销售区域、城市能级分布情况

资料来源：中国房地产决策咨询系统（CRIC）

（4）土地策略

2010年，企业没有通过招拍挂市场获取土地。而据公司相关人士透露：企业主要通过收购以及与政府合作的方式，直接从政府处拿地。由于信息不公开的缘故，具体数值不详。但从公司相关人士处获悉，目前企业的土地储备可保证未来十年的开发量。

此外，2010年11月底，星河湾首次与其他企业合作开发。此次星河湾首度牵手的企业是雅居乐，欲就其成都项目“雅居乐花园”尚未开发的土地进行合作开发。

30. 重庆市金科实业（集团）有限公司

（1）企业综述

2010年全年，重庆市金科实业（集团）有限公司销售金额突破130亿元，纳税突破13亿元。凭借产品创新、品质服务等核心竞争力，金科正稳步推进“依托大重庆，挺进长三角，开拓环渤海，扩大中西部，发展中等城市”的全国化发展战略。目前，金科已经进入全国十多个城市，同时将在重庆率先启动“3010战略”，即金科计划用十年的时间，在重庆完成30座城的战略布局。

（2）融资动态

面对银根紧缩行情，金科集团2010年上半年与中融国际信托合作，通过设立信托计划募集资金。

表6-123 金科集团2010年融资情况

融资方式	时间	融资额（亿元）
信托	2010-04	11.65
信托	2010-06	5.00

资料来源：企业定期报告，中国房地产决策咨询系统（CRIC）

（3）销售业绩

2010年金科集团销售金额突破130亿元，超过120亿元的全年目标的8.3%。主打“中高端”是金科产品发展的方向，因为随着经济的发展，改善型需求已经逐步演变成为刚性需要，中高端物业产品才是未来的主流。

表6-124 金科集团2010年重点销售项目

城市	城市能级	项目名称
重庆	二线	金科·10年城
重庆	二线	金科·帕提欧
重庆	二线	金科·阳光小镇
成都	二线	金科·一城
无锡	三、四线	金科·观天下
江阴	三、四线	金科·东方大院

资料来源：企业定期报告，中国房地产决策咨询系统（CRIC）

从销售的区域分布上看，西南区域成为企业2010年的重点区域；从城市能级上看，二线城市的销售金额占比仍在50%以上。

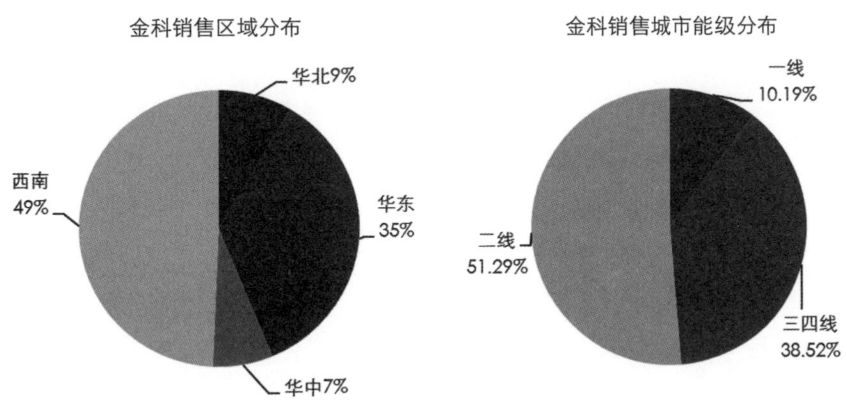

图6-16 金科集团2010年销售区域、城市能级分布情况

资料来源：中国房地产决策咨询系统（CRIC）

（4）土地策略

2010年，金科共新增7块土地，主要分布在北京、重庆、苏州三地。除此之外，从金科的土地储备布局，不难发现，金科的土地大多分布在以无锡、北京和重庆为圆心的周边区域，在重庆、涪陵、永川、成都、长沙、北京、无锡、江阴、浏阳等一、二、三线城市均有分布。这无疑实现了金科集团2010年“一、二、三线城市协调发展”的战略意图。

表6-125 金科集团2010年新增土地项目情况

城市	宗地名称	成交时间	建筑面积（万平方米）	成交总价（亿元）	楼面地价（元/米^2）
北京	0303-41-1、0303-41-2	2010-12	13.64	12.38	9073
北京	57-15-22	2010-03	15.23	23.00	15 101
重庆	昌平区常兴庄组团北部地区B地块	2010-10	19.49	7.00	3592
重庆	南岸茶园新区	2010-12	27.80	8.19	2949
重庆	龙湖片区B-7、B-8	2010-09	41.29	—	—
重庆	永川新城地块	2010-03	—	3.00	—
苏州	苏地2010-B-22号	2010-06	20.27	13.12	6473

资料来源：企业定期报告，中国房地产决策咨询系统（CRIC）

2010
中国房地产年鉴

07
CHAPTER
地方经验

导读
INTRODUCTION

住房保障、棚户区改造、集约用地、节能减排，是2010年年度中国房地产业的关键词。在此，我们选择了北京市、长春市、宁波市和海南省等地在推进保障住房建设、棚户区改造、集约节约用地和利用太阳能等方面的经验，来与业界同仁分享。

本篇所有地方经验资料，主要来源于国土资源部官方网站、住房和城乡建设部官方网站、《中国建设报》和各省市地方政府网站等公开媒体。

一、住房保障

① 北京市 在选址、审批、合同、招拍挂四方面实现工作创新

北京2010年全面实现“两个50%”的目标，其中，完成供应保障性住房用地约1332公顷，占已完成住宅用地供应量的52.7%；新开工各类保障性住房22.5万套，超额完成全年新开工13.6万套的任务。

（1）保障房选址——从考虑交通便利升至兼顾就业

2007—2009年，北京市已供应保障房用地约50%分布在轨道交通站点附近，较好地满足了入住居民出行便利的需求。进入2010年，北京市供应保障性住房用地的选址向兼顾居民入住后就业及配合区域经济发展转变，90%以上分布在城市功能拓展区、重点发展新城的交通便捷地区，通过预留一定比例的配套商业或产业用地，满足未来入住居民在家门口就业和长远生计的需求。

（2）保障房用地审批——“串联”改“并联”大提速

政府土地储备投资的全力保障和审批制度的改革提速，保证了北京市仅用9个月时间就超额完成1250公顷政策房土地供应任务。目前，北京已形成由政府主导增加土地储备作为保障房用地主要来源的模式。为了加快保障房用地的供应速度，北京市国土局还特准保障房项目用地采取“串联改并联”审批模式：国土部门将用地审批环节中的土地抵押、权属登记等多个“串联”审批环节升级为同步受理的“并联”审批，促进保障房项目尽早供地、尽早开工，投资尽早落地。

（3）保障房建设——“当年供地当年开工”进合同

为确保完成“两个50%”的目标，北京市完善“以区为主、全市统筹”的保障房建设管理体制，积极落实建设用地和资金。土地合同中也特别明确了开竣工时间——当年供地、当年开工。对于保障性住房用地供应尚未完成的区县，在其保障性住房用地供应完成前，该区县拟供应的经营性项目用地优先安排政策性住房建设。

（4）新招拍挂方式——为保障房增加额外面积

除了完成保障性住房供地指标外，北京市率先探索新的“招拍挂”出让方式，额外增加保障性住房的供应量：对房价上涨较快的区域试点采用“限地价，竞租赁房面积、限价房面积”的方式。当竞买报价达到合理土地上限价格时，就不再接受更高报价，而转为在此价格基础上通过现场投报配建租赁房、限价房面积的方式确定竞买人，增加了保障性住房的供地面积。

② 上海市 多渠道筹资，多品种建配

在扎扎实实的大力推进中，一幅成体系、广覆盖、可持续的保障房蓝图在逐步成为现实。

（1）提供“多品种”，实现“全覆盖”

上海市市长韩正表示：上海的房地产市场将坚持“三个为主”的原则和保障房工程“四位一体”的格局。前者即“以居住为主、以市民消费为主、以普通商品房为主”，后者则主要包含了廉租房、公共租赁房、经济适用房以及动迁安置房这“四大品种”。

上海的“四大品种”均具“保障”属性，但在准入门槛、供应方式乃至产权分配等各方面彼此有别。廉租房主要面向低收入户籍人口，目前已惠及7万余户家庭，不断实现“应保尽保”；公租房则突破了户籍门槛，进一步涵盖了数量庞大的外来常住人口；经适房通过“部分产权”方式减轻中低收入者购房成本，目前已在全市推开配售；而动迁安置房则主要面向旧区改造、市政建设的动拆迁居民。

（2）从制度上确保保障房建设“可持续”

住宅建设，关键取决于两大要素：一是地，二是钱。只有资金和土地的供应得到长效保证，保障房建设方能持续推进。在这方面，上海通过长期的规划和制度性措施，探索建立保障房的“动力机制”。

对于保障房土地的供应，上海规划和国土资源管理局“不遗余力”。数据显示，2010年上海共完成保障性住房用地供应达840公顷，占全部住宅供地的76%。着眼于整个“十二五”，上海已选定大型居住社区规划用地23块，约105平方公里，预计可建设住宅约8000万平方米、120万套。目前，条件较为成熟的13个基地土地储备工作已经启动。

投融资的问题在公租房建设中十分突出。2010年七八月间，上海市委、市政府主要领导曾先后三次召开会议，专题研究拓展公租房投融资渠道的问题。在国家政策许可的框架之内、地方不断创新之下，上海正逐步摸索出“门道”。比如，“求助”于土地出让金和公积金增值收益。日前，上海市公积金管理中心和上海城投置地公司达成意向，由前者出资收购后者开发建设的杨浦新江湾城“尚景园”公租房项目15万平方米、2200余套房源。上海城投置地公司董事长俞卫中说：“虽然公租房利润率比较低，但如果政府能整体回购，企业的资金、销售成本就能大大减少。”

从保险资金中寻找“钱袋子”。根据保监会出台的相关办法，太平洋保险公司与承担多个保障房建设项目的上海地产集团达成协议，牵头以十年期债权投资计划方式融资40亿元，用于徐汇区馨宁公寓等公租房项目建设，利率按商业银行长期贷款利率适当下浮。

从民间资本中引入资金“活水”。根据国务院相关文件，上海翌成投资发展公司与徐汇区虹梅街道合作，将位于市区苍梧路繁华地段的一处非居民用房改建成约3000平方米的徐汇人才服务公寓，参考市场租金水平向漕河泾地区企业的管理人员出租。徐汇区出台支持政策，由政府和用人单位分别给予承租人补贴。

（3）“双轨制”住宅体系渐成现实

随着上海市党委政府大力推进保障房建设、供应的逐渐“发力”，上海房地产的“民生”意蕴日益凸显。统计数据显示，2010年，上海顺利完成“248”的保障房目标：经适房竣工200万平方米、开工400万平方米，动迁安置房开工800万平方米。此外，目前上海各级政府、园区单位在建、新建等多渠道筹措公租房超过700万平方米。

后续的保障房供应可期，据介绍“十二五”期间，上海计划新建住宅1.3亿平方米，其中保障房约占总面积的50%、套数约占60%，预计新增廉租房、经适房、公租房、动迁安置房等各类保障房100万套，使上海的住房保障工作进入一个新的发展阶段。

③ 天津市 成立保障房建设投资公司，搭建融资平台

2010年3月，天津成立全国首家保障住房建设投资有限公司，通过采取股权多元化方式构成，由市政府和市内六区、环城四区政府共同出资组建，11个股东，2010年4月17日揭牌，首期注册资金25亿元。

天津保障住房建设投资公司以拆迁地块土地使用权作抵押，封闭贷款，首期与建设银行天津市分行为牵头行的15家银行组成的银团签订了200亿元贷款合同。在银团贷款发放前，以搭桥贷款方式向建行等5家银行先期融资26.36亿元，提前启动了河北区小王庄、国印新村、红桥区铃铛阁、双环邨和河东区阳光里5个危陋房屋拆迁项目。之后，投入河西区小海地、河东区鲁山道两个简易小二楼项目。

天津保障住房建设投资公司作为拆迁人和投资人，通过协议方式委托各区政府及拆迁、建设单位拆危陋房，建安置房，拨付资金，并全程监管资金使用。公司通过拆迁地块出让完成资金回笼，出让收入用于偿还贷款本息。

（1）引入第三方，替投资人看钱

保障住房建设投资公司引入一家第三方房地产会计师事务所，作为监管单位。每个拆迁项目，公司与贷款银行、拆迁单位、监管单位签订四方资金监管协议。对拆迁补偿安置方案中确定的补偿安置费、产权补偿费等实行一般监管，由监管单位一级审核；对困难户补助费、安置房购置费、生产经营性非住宅停产停业损失补助费等实行严格监管，由监管单位和公司实行二级审核。拆迁补偿安置款使用情况，监管单位分日报、周报向保障住房建投公司报告。

第三方的监管单位全过程参与监督把关，每个项目设立一个专用账户，每一笔资金的使用都要经过其审核。拆迁资金到账后，拆迁单位必须按照申报用途专款专用，否则贷款银行有权拒付。在所有项目中，天津保障住房建设投资公司做到了对拆迁单位账户的零余额管理，防范资金使用风险。成立以来已拨付拆迁资金60亿元，未发生一起侵占、挪用等违规事件。同时，保障住房建设投资公司作为投资人，经常派专人进行现场巡查，到拆迁户核查拆迁单位、监管单位报的拆迁数量，达到数据一致，才予付款。

（2）托底保障，每户一套安置房

天津保障住房建设投资公司投资的项目大多属于长年遗留的危陋平房，房屋面积普遍偏小，破损严重，低保户、残疾人众多，房产纠纷不少，拆迁改造难度很大。公司根据每片具体情况，会同各区制定了有针对性的帮扶补助办法，对生活困难、住房面积小的特困家庭，实行托底救助，保障每户一套安置房。

④ 重庆市 完善准入、退出机制

《重庆市公共租赁住房管理实施细则》正式发布实施。按照规定，凡年满18周岁，在主城区有稳定工作和收入来源，具有租金支付能力，符合政府规定收入限制的无住房人员、家庭人均住房建筑面积低于13平方米的住房困难家庭、大中专院校及职校毕业后就业和进城务工及外地来主城区工作的无住房人员，都可申请公租房。但直系亲属在主城区具有住房资助能力的除外。

同时，重庆市对申请公租房的收入标准做了明确限定，单身人士月收入不高于2000元，两人家庭月收入不高于3000元，超过两人的家庭人均月收入不高于1500元。重庆市政府将根据经济发展水平、人均可支配收入、物价指数等因素的变化定期调整，并向社会公布。

为确保公租房规范运行，重庆对公租房住户的退出机制进行了周密的制度设计。公租房租住以5年为期限，租住者购买改善住房后，可以退出公租房。公租房租满5年之后，可以选择购买公租房，转换成有限产权的经济适用房，出售价格以土地成本、建安成本、税费和投入资金等相加的综合成本价为基准。但是，购买了公租房，不得上市交易，不得转租他人。购买人需要转让的，由政府回购，回购价格为原销售价格加同期银行活期存款利息，不会随着房价的上涨而上涨。

此外，《重庆市公共租赁住房管理实施细则》规定，对于提供虚假信息骗取公租房租住，擅自转租、转售、出借和抵押公租房，改变其住房结构或使用性质，空置房屋或欠交房租6个月以上，承租人或购买人所占有的公租房都将被强制收回，其行为被记入个人信用档案，5年内不得申请公租房。

⑤ 福建省 重在公共服务设施配套和物业管理

2010年，国家与福建省签订的建设各类保障性住房、棚户区改造责任目标分别为6.38万套、4.84万套，已开工建设各类保障性住房76 180套，开工率119.44%；竣工40 321套，竣工率63.22%；改造各类棚户区58 517户，签约率120.79%，超额完成国家提出的目标任务。在2010年住房保障的建设过程中，福建省采取一系列措施，加快以公租房为重点的保障性住房建设。

重点发展公租房。省政府将出台进一步加快公租房建设的意见，明确土地、税收、资金等各项具体政策措施，增加公租房供应总量，扩大保障范围。

落实建设资金和用地。积极争取中央补助资金，安排一定的土地出让金和住房公积金增值收益，以及贴息支持市场主体和社会机构从商业银行融资，用于发展公租房。

加强建设管理。建立责任目标动态跟踪管理机制，确保项目的进展和质量。

加快配租配售。根据在建套数，提前开展申请、审核、公示、轮候等前期工作，竣工交付使用后尽快安排到户。改“定期”受理为“日常”受理，形成常态化机制。

重视后续管理。制定出台全省保障性住房物业管理、资产管理的指导意见。建立退出管理机制，对不符合条件的及时清退。

加强住房公积金监管。抓好省住房公积金数据备份与应用中心建设，开发住房公积金监管信息系统，确保资金安全。

为完善保障房小区配套建设，福建省专门出台了多项规定。在实施基础设施配套方面，要求各地对集中建设的保障房小区的道路、公交、水、电、气以及学校、商业网点等公共服务设施，进行统一规划、统一建设、统一配套。福建省保障房物业管理的指导意见还规定，采取组团式、零星单个项目因地制宜地强化物业管理，方便保障对象生活。

⑥ 贵州省 农村危房改造都是“一把手”工程

（1）探索贫困地区危房改造新路

贵州省各级党委、政府把农村危房改造作为“一把手”工程，按照“政府引导、群众自建，科学规划、突出特色，确保重点、兼顾一般，公平公正、程序透明，经济实用、注重安全”的原则，明确分工、狠抓落实，成功探索出一条贫困地区危房改造的新路。

强化组织领导，建立层层落实的责任体系。在省、地、县、乡四级分别成立领导小组及工作机构，层层签订责任书，形成了“省级负总体责任、市级负管理责任、县级负主要责任、乡级负直接责任、村级负具体责任”的组织领导体系和责任体系。

深入调查摸底，制定科学规范的改造计划，准确掌握全省农村危房的基本情况。

注重统筹安排，多渠道筹集资金。按照“渠道不乱、投向不变、统筹安排、捆绑使用、各记其功”的思路，采取“以农民自筹为主、中央和地方政府补助为辅、银行信贷和社会捐赠等多渠道筹集”的方式，解决农村危房改造的资金问题。

力求重点突破，形成整县推进的工作思路。按照“分类指导、突出重点、统筹兼顾、能快则快”的要求，逐步形成整县推进的工作思路，弥补了以乡、村为单元带来的力度弱、范围小、资源少等不足，提高了政策实施效率和资源利用效率，优化了村镇建设布局。

搞好系统协调，实现改善民生和促进发展的有机统一。注重“三个结合”：危房改造与当地经济社会发展总体规划、村镇体系规划、村级规划相结合；与社会主义新农村建设、城镇建设和人居环境治理、扶贫开发、移民搬迁、防御自然灾害相结合；与公共基础设施布局、农业产业结构调整相结合，在改善民生的同时促进发展。

（2）“贵州模式”的经验和启示

遵循统筹兼顾、科学规划的思路，有效整合各种资源。科学发展观是我们推进各项工作的强大思想武器。贵州省注重把科学发展观贯彻落实到农村危房改造工程的各个环节，坚持统揽全局、兼顾各方，把农村危房改造工程各个环节统筹好、协调好，努力做到农村危房改造与新农村建设、村庄整治、小城镇建设等相关工作有机结合、互促共进。

坚持依靠群众、组织群众的方法，充分发挥群众的积极性、主动性和创造性。危房改造是为农民办实事的民心工程，农村住房困难群众是危房改造工作的主体。在实施农村危房改造的过程中，贵州省充分尊重农民的主体地位，充分发挥农民的主体作用，注重引导帮助，集中民智、依靠民力，因地制宜、稳步推进，最大限度地调动起广大农民投身危房改造、建设美好家园、整治村庄的热情，保证了危房改造工程的顺利进行。

发挥党委领导、政府推动的作用，确保农村危房改造各项工作落到实处。发挥党委领导核心作用，是我们各项事业取得成功的重要保证。各级党委、政府和有关部门应当把农村危房改造作为一项重要工作任务纳入议事日程，强化组织领导，落实工作责任，保证领导到位、机构到位、经费到位、队伍到位、监督到位，把农村危房改造各项工作落到实处。

形成创新高效、设计完善的机制，为农村危房改造工程的实施提供可靠的制度保障。好的制度能够使工作有计划、有步骤地顺利推进。在实施农村危房改造的过程中，贵州省着力创新和完善各项机制，形成了多渠道的资金筹措机制、科学化的评审机制和奖惩机制，建立了全方位的资金管理、质量管理、督促检查机制，既加快了工作进度，又保证了工作质量。

⑦ 广州市 依托信息技术，建立市—区—街三级联动保障住房管理机制

（1）借鉴香港经验，加强后续管理

在借鉴香港《屋邨管理扣分制》的基础上，结合该市保障性住房小区管理的实际情况，经广泛征求社会各界

意见，形成了《广州市保障性住房小区管理扣分办法（试行）》。《扣分办法》是全国首个保障性住房小区管理规定。

（2）依托信息技术，建立市—区—街三级联动保障性住房管理工作机制

为加强保障性住房管理，该市建立了市—区—街三级联动机制。一是建立住房保障资格三级联动审查机制，严格按照“两级审核、两级公示”的要求，街道、区、市通过初审、公示、复核等手段层层把关，确保资格审核不错不漏；二是建立三级联动管理机制，通过开展“两审两查”，即年审、资格重审和不定期抽查、定期检查等，对住房保障对象资格和保障性住房使用情况进行动态管理。在此基础上，将住房保障管理系统从对人、对房的管理延伸到物业管理，实现双向实时掌握小区住户的家庭情况和房屋使用情况的目标。

（3）抓好常规监管，不断创新保障性住房监管举措

抓好常规监管。一是严把审核准入关，加强“异地公示”和“购房资格复核”执行力度；二是完善退出机制，坚持两年一次的住房保障资格年审和不定期抽查制度。

创新监管举措。一是开展拉网式检查。采取入户调查和邻里访问相结合的方式，分普查、复查和重点核查三个阶段进行；二是委托第三方机构开展调查；三是设立派驻中心；四是开通住房保障语音查询系统；五是保证投诉渠道畅通。

（4）坚持阳光操作，充分发挥媒体的桥梁纽带作用

一是在住房保障政策制定过程中，除按规定征求相关部门意见和网上征求公众意见外，还主动邀请人大代表、政协委员、专家学者、保障对象、基层工作人员座谈，充分听取和吸纳各方意见；二是在廉租住房配租和经济适用住房销售时主动邀请社会各界共同监督见证排序选房工作；三是拉网式检查等后续监管工作，均主动邀请人大代表、政协委员、媒体记者等全程监督，并及时通过媒体向社会公布相关情况。

特别注重发挥媒体的桥梁纽带作用。第一，主动邀请公共媒体参与保障性住房管理的各个环节并及时报道相关情况。第二，支持媒体传达低收入住房困难家庭的诉求和心声，对于媒体相关评论和报道，高度关注并及时作出回应。第三，主动将保障性住房管理过程中遇到的问题，借助公共媒体和互联网站公之于众，争取社会各界的支持和理解，这对违规行为形成了有效威慑，对极少数市民提出不合理要求的现象也起到了警戒和预防作用。

（5）健全监督机制，研究制定《广州市住房保障工作接受社会监督办法（试行）》

研究制定《广州市住房保障工作接受社会监督办法（试行）》，将住房保障工作置于最广泛的监督之下，通过社会各界对住房保障政策制订、计划编制、土地储备、住房建设、房屋分配和后续管理全过程实施监督，确保该市住房保障工作在阳光下健康发展。

⑧ 南京市 增量提速，配套先行，统一标准

（1）增量提速

当前政府面对的住房保障群体，已由原来的城市低收入人群，拓展为无法适应急剧上涨的高房价的“夹心层”。此外，危旧房改造力度的加大、京沪高铁等国家重点项目加快实施、城镇化进程的加速……保障房迎来了“爆炸式”需求，“人等房”矛盾日益突出。2010年初，南京市提出了“保障房建设量翻番，全年新开工面积600万平方米、竣工面积300万平方米”的目标，新规划了四大保障房项目，总用地面积5.56平方公里，总建筑面积约980万平方米。

2010年保障房的规划总面积达980万平方米，相当于2002~2009年竣工面积的总和，也相当于2009年一年全市商品房总开发量。2011年，提速依然是关键词。按照规划，全市将再推六大保障房片区，竣工面积也将超过300万平方米。

（2）配套先行

配套先行的理念保障了居住者的舒适度和幸福感。2010年四大新项目规划理念也由以往的拆迁安置区，改成建造“城市住宅大型社区”。四大项目有接近三分之一的面积用来建设配套设施，强调交通、就业、居住、服务的统筹和谐，将保障房项目建成“区域新城”。同时，项目尽可能贴近地铁轻轨、公交枢纽和城市快速路等重大交通设施，以利于市民出行。尽可能集约配套商业、教育、文化、“邻里中心”等公共设施，方便群众生活。所有保障房项目都运用建设节能新技术、新产品、新材料，提高小区规划设计和建筑单体设计的环保节能水平。

（3）统一标准

廉租房、经济适用房、中低价商品房、公共租赁住房……保障房门类很多，构建好面向不同困难层面家庭的住房保障体系，需要的是资金筹措、条件界定、运营管理等相应的政策和机制研究。几年时间，南京市相继出台12个政策文件。细致的条款让保障房人群可以更加公平地“对号入座”，也使得更多的“夹心层”归属到这个范畴中。

为了提升建设速度和建设品质，保障房建设由原来以各区建设为主转变为以市政府统一建设为主，由以分散建设为主转变为以集中成片建设为主，由以经济适用房为主转变为多种保障房形式统筹兼顾，新增人才公寓和公共租赁房。为了提升建设管理，市住建委严格制定建设主体准入条件，邀请实力雄厚、经验丰富的开发企业参与建设，履行“统一政策、统一建设、统一价格、统一供应、统一调剂、统一管理”的原则，形成了保障房建设独有的“南京模式”。

青岛市 建立两级管理、三级审核、两次公示制度

2010年是青岛第一个住房保障三年规划结束之时，青岛市已经为3.5万户低收入家庭解决了住房困难问题。

（1）多层次住房保障体系基本确立

从廉租住房、公共租赁住房、经济适用住房，再到政府为稳定房价建设的限价商品房，加上普通商品房，青岛市逐渐确立以这五类房屋为主体的住房保障和供应体系，基本实现了“低端有保障、中端有支持、高端有市场”。

（2）配建制度促保障房建设顺利推进

为确保保障性住房建设用地供应，青岛市明确规定，凡是规划为住宅的房地产项目，都要按照比例配建一定数量的保障性住房。新增建设用地规划为住宅的，按照不低于10%的比例配建。同时，不适宜配建的土地，要提取相应比例土地收益用于集中建设项目用地的征收补偿。除了政府要求开发商在商品房小区配建保障性住房之外，还会通过回购普通商品房用于廉租住房的方式解决保障性住房房源短缺的问题。

（3）严格执行配售监督机制

不但在建设上保证数量和速度，青岛市还不断完善对保障性住房的相关管理规定。在资格准入上，青岛市实行两级管理、三级审核、两次公示制度。2010年2月，《青岛市保障性住房申请资格审核实施细则》出台，市国土房管、民政、公安、劳动保障、公积金、税务等部门联合对申请保障性住房家庭的住房、收入、婚姻、财产等情况进行核查，切实保证符合条件的低收入住房困难家庭享受到政府的优惠政策。此外，公开的配租配售工作也保证了保障性住房资源的公平善用。青岛市的入围排序遵循困难优先的原则，对公开摇号全过程实施监督。

黄石市 市场租金、分层补贴、租补分离

作为住房和城乡建设部公租房建设、国家开发银行开发性金融支持住房保障体系建设试点城市1年来，湖北省黄石市筹措公租房建设资金达到8亿元，对人均月收入560元以下、人均住房建筑面积14平方米以下的家庭已经实现了应保尽保。截至2010年年底，该市已筹集公租房4342套，到2011年3月可筹集到1万余套，并计划“十二五”期间筹集公租房132万平方米，使全市公租房覆盖面达到20%。

（1）供给机制：实现“一篮装”

在供给机制上，黄石市对整个住房保障体系化繁为简，实现了“一篮装”，扩大了房源。将原国有直管公房、已交付的廉租房、行政事业单位及国有企业自管住房等全部纳入公租房统一管理。此外，公务员住房、外来务工人员周转住房等政策性住房和社会、个人持有的愿意纳入公租房管理的出租房也统一吸纳、转化为公租房。如此一来，黄石保障性住房统一成一种，政策只需一套，简洁明了。这不仅提高了规划、建设、管理保障性住房的效率，更重要的是把分散的公共资源化零为整，有效地扩大了房源，提高了地方政府解决“住房难”问题的自主性和灵活性。

（2）覆盖对象：拆除户口藩篱

在覆盖对象上，黄石拆除了户口的藩篱，取消了收入门槛的限制，努力满足新生代、夹心层和外来务工人员持续增长的住房需求。该市规定，凡是来黄石市就业的大学毕业生或其他外来务工人员，只需走进住房保障中心如实填写收入状况和住房条件，申报资料顺利通过审查、公示之后，就能从住房保障中心领取补贴，租住一套公租房。另外，该市市政府引进的特殊专业人才，在黄石工作的全国和省部级以上劳动模范、全国英模、荣立二等功以上的复转军人，也可优先轮候配租。

（3）资金筹措：打破“一肩挑”模式

在资金筹措上，黄石市打破了过去政府“一肩挑”模式，积极吸引各种社会资金参与，实现了多方受益、滚动发展。

为了保障发展公租房所需资金，除了依靠传统的财政拨款、公积金闲置资金和增值收益以外，黄石市政府出资1.35亿元成立了国有独资公司——众邦城市住房投资有限公司，专门负责公租房建设融资，鼓励金融机构发放中长期开发贷款，邀请企业、社会和个人投资参与公租房经营，支持经营性社会机构通过发行中长期债券等方式筹集建设及营运经营资金。

由于该公司除流动资产外，其他资产大部分为具有升值空间和保值功能的优质经营性资产，再加上有租金作保证，还能享受地方政府信用等级，因此吸引并带动了各类社会资本参与投入，从而有效地募集资金。在这种政府主导、各种社会资金都能积极参与的机制下，黄石市保障性住房建设资金的透明性和使用效率都得到了大幅提高，实现了保障房的可持续发展。

（4）运行机制：着力体现公平

在运行机制上，黄石市实行“市场租金、分层补贴、租补分离”，既提高了租金收入水平，又体现了住房保障制度的公平性。

一是租金市场定。由众邦城市住房投资有限公司和其他公租房的营运主体依据地段、房型、面积等因素，按照政府指导的市场价格对外出租，由以前的政府定价变为市场定价，这样既有效防止了因户型、地段等隐性因素造成的公共资源的浪费，又能够适应各种不同收入保障对象的住房需求。

二是补贴收入定。保障对象向住房保障中心申领补贴，住房保障中心按照申领人的收入（资产）和住房等情况分类核定补贴，并且以后每年都要审核一次，根据审核情况调整补贴标准。

三是“暗补”变“明补”。保障对象从住房保障中心领到住房补贴用以缴纳租金，这是保障对象获得住房补贴的唯一形式。这样一来，原来住房保障政策通过各种形式和途径的“暗补”，变为以租金为唯一形式的“明补”，减少了住房保障资金的流失。同时，以租金这种可量化的货币形式来补贴，更加凸显公平公正。

（5）产权机制：实现多方共有

在产权机制上，黄石市变只能单方拥有为可实现多方共有，按照“以租为主、先租后售、租售并举”的办法，使产权流转模式灵活机动起来。

比如，棚户区、旧城改造的拆迁户住进共有产权的公租房后，就把他们原有住房的产权面积“转移”到了公租房上，公租房中这部分面积的产权仍归拆迁户，而其他部分产权归投资者所有，拆迁户只用承担其他部分面积的租金。这样既改善了困难群众的住房条件，又不至于过多地增加他们的经济负担。

与此同时，在公租房租出一定年限后，将其中一定比例的住房售给有能力购买的承租人，使其获得完全产权。这样，既能满足一部分承租人拥有完全产权的愿望，加快了保障房建设资金的回笼，还能有效遏制租房投机行为。

⑪ 大同市
住房保障与古城保护相结合

从2008年起，大同大力推进棚户区改造和保障房建设，投资132亿元，新建保障性住房16万套、800万平方米，将于2011年底全部竣工。目前，已有云佛新村、惠民西城、云波里等7个小区实现安置。

一轴双城，古今兼顾。作为我国首批认定的历史文化名城，大同面临着保护和发展的两难选择——古城中存在的大量破旧四合院是保护的主体，只能维修，不能拆迁改造。而大同的棚户区总量达732.4万平方米、23万户，住房条件恶劣，亟待改善。为打破这种发展困境，新的大同20年城市发展规划设计了“一轴双城、古今兼顾”的发展思路，以御河为轴线，将古城保护、新区建设与住房保障工作紧密结合。

阶梯定价，保障安置。在保障住房的建设过程中，政府部门实施“零成本以旧换新、补贴价保障住房、成本价以小换大、市场价求大求好”的阶梯优惠安置政策，使得大部分居民只要花费两三万元就能住上面积更大、配套设备更完善的新楼房。

发放补贴，解决过渡安置问题。为解决拆迁户的临时安置需求，政府发放了过渡安置费，规定从拆迁到安置期间，政府给予拆迁户每月每平方米10元、平房保底300元、楼房保底600元的过渡安置费。特别困难的拆迁户，可申请现房安置。

合理配建，促进融合。在安置时，一方面在古城保护区周边的黄金地段选址安置居民，同时让居民在熟悉的社区圈选择新房；另一方面，安置区域内合理配建不同档次的住房，包括商品房、经适房、廉租房以及棚户区安置房，避免贫困人口集中连片居住，促进了片区融合。

⑫ 九江市 五程序、四道关、三公示，严把审核和分配关

九江市率先建立起了一整套保障性住房分配的申请审查和摇号程序，即“五道程序、四道把关、三榜公示”的申请审查程序和电视现场直播公开摇号的方式。

五道程序：个人如实申请、社区评议推荐、街道受理初审、区政府复审、市推进经济适用住房建设和完善廉租住房制度领导小组办公室审定和检查监督。

四道把关：社区把好评议推荐关、街道把好初审关、区政府把好复审关、市推进经济适用住房建设和完善廉租住房制度领导小组办公室把好审定和检查监督关。

三榜公示：第一榜公示，街道办事处初审完毕后，在申请人居住地社区、户籍所在地社区和工作单位予以公示，公示时间为10天，对有异议者，由街道办事处组织调查；第二榜公示，区政府复审完毕后，由市推进经济适用住房建设和完善廉租住房制度领导小组办公室统一编号，在区政府、街道办事处、申请人居住地社区、户籍所在地社区和工作单位予以公示，公示时间为15天，对有异议者，由区政府组织调查，对不符合经济适用住房购买条件的应当书面通知申请人并说明理由；第三榜公示，公开摇号确定后，由市推进经济适用住房建设和完善廉租住房制度领导小组办公室在政府网站、《九江日报》等媒体上向社会公示，公示时间为15天，对有异议者由市推进经济适用住房建设和完善廉租住房制度领导小组办公室组织调查。

在九江市所确定的审查程序中，尤其值得一提的是在报名初审阶段，增加了入户调查和群众评议环节，极大地提升了群众的认知度。所有保障性住房分配一律实行电视直播的公开摇号。申请审查和摇号工作全过程被置于社会监督、纪律监督、民主监督、舆论监督和法律监督之下，完全阳光透明操作。对投诉和举报，不限时间，不限方式，做到有报必查，查实必处，有错必纠。

对已入住的保障性住宅小区，他们积极规范物业管理收费标准和廉租房租金标准，即廉租房物业管理费按同类市场价的50%收取，租金按同地段直管公房租金标准的一半收取，廉租房维修和管理经费不足由市财政补贴。同时及时引进物业管理、社区管理和民警治安管理。

对廉租住房保障，采取动态管理。对享受租赁补贴家庭，每季度审核一次，发现不符合条件的及时取消；对廉租房其他保障形式，每年进行一次审核。对经济适用住房，严格上市管理，规定五年之内不准上市，五年后上市必须补交相关规费和土地出让金；五年内购房户不能支付按揭贷款或因其他原因要退出经济适用住房，由政府回购。

对项目建设，分项目进行资料整理建档，各类资料完善明晰，管理规范；对保障性住房申请家庭资料，不仅建立了完善的纸质资料档案库，而且在全省率先建立了电子化数据库，极大提升了管理效率和管理水平。

二、棚户区改造

① 东北三省
拆一还一，超出自购，阶梯定价

从2005年起，东北各地已经进行了5年左右的大规模棚户区改造，棚户区低收入家庭的住房条件获得根本性改善。

（1）补偿政策——“拆一还一，超出自购，阶梯定价”

目前，各地在棚户区改造中普遍实行“拆一还一、靠户型”的补偿政策。“拆一还一”，即拆迁户购买回迁房时，被拆迁房屋原面积部分一分钱不用掏。“靠户型”，即超出拆迁面积的部分，按照不同档次，阶梯式收取不同的价格。超出越多，相应的价格也更高。

如辽宁省抚顺市规定，在“拆一还一”的基础上，总面积在45平方米以内，超出拆迁面积部分每平方米只交600元建筑成本费用，大于45平方米，则根据不同项目，按市场评估价收取。

各地棚改回迁房大多是70平方米以下的中小户型，因此在这种“拆一还一、靠户型”的补偿政策下，拆迁户大多花费2万~5万元就能住上楼房。依靠家庭积蓄和亲朋好友的支持，多数家庭可以负担。

（2）产权归属——让居民拥有完全产权

回迁房产权归属，东北三省则实行统一的政策——产权全部归个人所有。这样，通过棚户区改造，居民仅需花不多的钱，就能使原来仅价值几千元的棚户房变成价值十几万元的楼房，家庭资产实现大幅增值。

对于想获得产权，又无法一次性支付补差款的低收入家庭，吉林省探索实行“共有产权”的方式。低收入家庭可以根据实际情况，购买一部分产权、租赁一部分产权，几年以后如果经济条件有改善，还可以低价买下另一部分产权。

（3）资金来源——银行贷款仍是“大头”

努力拓宽资金来源渠道成为许多地方政府棚改工作的重中之重。抚顺市通过“银行贷一块，财政补一块，居民个人筹一块，政策让一块”等渠道，从2005年到2009年共筹措棚改资金49.3亿元，其中银行贷款28.18亿元，占一半以上。与抚顺相似，受地方财政实力的制约，银行贷款仍是当前棚改启动资金的最主要来源。

住房和城乡建设部等5部委近日出台的相关文件明确指出，鼓励金融机构向符合贷款条件的棚改项目提供贷款，对符合条件的项目要在信贷资金规模上给予保障。有中央政策支持，加之近两年信贷环境比较宽松，银行贷款仍将是棚改的主要支持渠道。为了获得银行支持，地方政府多以财政作为贷款担保。由于棚户区改造同时会建设一部分商品房，通过销售商品房可使不少棚改项目实现资金平衡。相比廉租房等政府“纯投入”的保障性住房项目，棚改项目的信贷风险相对较小。

（4）棚改融资——期盼闲置公积金支持

尽管有财政和土地作担保，银行贷款的利息成本仍然对地方政府构成不小的压力。一些城市每年要支付数百万元甚至上千万元利息。如果棚改的商品房卖得不好，资金偿还压力会非常大。2008年房地产市场出现波动，商品房销售大幅下滑，至今让一些地方政府心有余悸。因此，随着棚改加快推进，地方政府仍要想尽一切办法“找钱”。

在对林区、垦区和煤矿棚户区改造给予资金支持的基础上，从2010年起，中央财政还对城市和国有工矿棚户区改造给予资金支持。一些城市也在探索为棚改量身定做融资平台，如哈尔滨市专门组建了“哈投民生”公司作为棚改融资的市场主体。通过发行信托、理财产品等渠道，过去两年已为棚改融资近30亿元。

2009年10月，我国利用住房公积金闲置资金支持保障性住房建设的试点工作正式启动，沉睡在账户上的闲置公积金，有可能成为银行贷款之外支持棚户区改造的又一大主力。

② 云南省 棚户区改造和保障房建设相结合

云南省棚户区改造工作于2008年开始启动，至2009年年底，完成城市棚户区改造1.5万余户。2010年1月23日，云南省人民政府出台《云南省人民政府关于推进城镇和国有工矿棚户区改造工作的实施意见》要求，2010年至2012年，结合开展保障性住房建设，基本完成23.5万户（其中廉租住房12.5万户）、1100万平方米棚户区改造工作任务。其中，城镇棚户区350万平方米，独立工矿棚户区750万平方米。年均完成370万平方米左右（城镇棚户区120万平方米、国有工矿棚户区250万平方米）改造任务。

（1）资金筹措

对棚户区改造中配建的廉租住房项目，在争取中央资金补助的同时，省级财政按廉租住房政策给予相应的资金支持，对棚户区改造按廉租住房建设项目资本金占20%的规定实施。

州（市）、县（市、区）人民政府从城市维护建设税、城镇公用事业附加费、城市基础设施配套费、土地出让收入和房地产税收中提取相应比例的资金用于符合条件的棚户区改造。有条件的地区还可通过项目贷款贴息等方式给予支持。

鼓励金融机构向符合贷款条件的城镇和国有工矿棚户区改造项目提供贷款，创新金融产品，改善金融服务。逐步建立城镇和国有工矿棚户区改造贷款担保机制，引导信贷资金投入。

积极引导社会资金投向，鼓励支持有实力、信誉好的房地产开发等各类相关企业按市场化运作方式参与棚户区改造。

（2）税费政策

对棚户区改造项目，免征城市基础设施配套费等各种行政事业性收费和政府性基金。棚户区改造安置住房建设和通过收购筹集安置房源的，执行经济适用住房税收优惠政策。新建安置小区有线电视和供水、供电、排水、通讯、道路等市政公用设施，由各相关单位出资配套建设，并适当减免入网、管网增容等经营性收费。

（3）土地供应

城镇和国有工矿棚户区改造安置住房用地纳入当地土地供应计划优先安排。安置住房中涉及的经济适用住房和廉租住房建设项目，以行政划拨方式供地，并需在《国有建设用地划拨决定书》中明确约定住房套型建筑面积、项目开工竣工时间等土地使用条件。对配套建设的商业、服务业等经营性设施和商品住房用地，一律以“招拍挂”出让方式供地，所实现的土地增值收入作为政府投入专项用于棚户区改造。严禁擅自改变用途，将已确定的经济适用住房、廉租住房供地用于商品住房等商业性开发建设。安置住房实行原地与异地建设相结合，以就近安置为主；对异地建设的，应选择交通便利、基础设施齐全的区域。

（4）安置补偿

棚户区改造房屋拆迁补偿安置采取产权调换、实物安置与货币补偿相结合方式。被拆迁人选择产权调换的，原则上按拆补平衡、结算面积差价方式实施。房屋安置面积超出原有面积，但在规定标准内部分可按成本价购买；超过规定标准部分可按市场价购买。所有新建安置回迁小区均应按规划配建相应比例的廉租住房等保障性住房。对符合当地住房保障条件，且无力按拆迁政策出资取得房屋产权的低收入住房困难家庭，通过租住廉租住房等保障方式予以优先安排。房屋安置面积的规定标准和具体安置补偿方案由各地按国家和省有关规定，结合实际制定。被拆迁人选择货币补偿的，货币补偿金额应综合考虑被拆迁房屋的区位、用途、建筑面积、折旧等因素，按房地产市场评估价确定补偿价款，不再进行土地补偿。

（5）产权界定

对选择产权调换的原私有产权住房，按相应的安置补偿政策办理房屋产权。对因经济条件等原因，无力按安置补偿政策结算面积差价的，超过原产权面积部分可核定为公有产权，并按保障性住房政策实施管理。对现住房属公有产权、应当但未享受国家房改政策的棚户区职工，棚户区改造后原则上按房改政策规定标准予以回迁安置，房改政策规定标准超过当地拆迁安置规定标准的，按拆迁安置补偿政策实施，并给予办理私有产权。

③ 吉林市 资金、建设、管理三可持续

（1）资金可持续

近几年，吉林市坚持保障性住房按份共有产权制度，居民得到实惠。政府则通过出售廉租住房部分产权的形式收回一部分资金，有力地推进了廉租住房建设。吉林市住房保障和房地产管理局副局长唐永斌表示：“5年以后，保障性住房允许上市交易了，我们又可以收回一部分国有产权出售收入，加上国家和省级支持资金，用于下一年度的新建廉租住房项目。这样就形成了可循环资金链，以解决廉租住房建设中最困难的资金问题。”

另外，吉林市相关部门正在研究，在条件成熟时把经济适用住房同廉租住房建设结合在一起，共同作为住房保障的措施一起运作，即用出售经济适用房收入5%的管理费，加上中央及省对廉租住房建设补助的专项资金，弥补建设启动资金的不足。

（2）建设可持续

“廉租住房主要是解决低收入住房困难家庭的住房问题，如果集中大规模建设，将会形成新的‘贫民区’，随之而来的可能是诸多的社会隐患，也将直接影响低收入家庭的购买积极性。”唐永斌表示。因此，吉林市采取廉租住房“大分散、小集中”的办法，即分散在不同小区，集中在几个单元，或在经济适用住房和普通商品房中配建。

在选取地块过程中，吉林市把握了三个方面的原则：一是地块不能过于集中，要尽可能分散在不同的地区；二是所选地块不仅要满足2010年廉租住房建设的需要，还要满足今后两年廉租住房的需要，也就是要具备一定的续建条件；三是在符合城市整体规划的前提下，还要综合考虑交通、周边公共基础设施等因素，能够吸引住房困难家庭购买，也为资金链的形成创造条件。

（3）管理可持续

在管理方面，吉林市主要以调动各方面积极性为手段，不仅通过引导的方法，更重要的是引入促进和激励机制。在物业管理方面，吉林市特别注意充分发挥地方政府的主导作用，在地方政府的组织下，采取以“业主自治”为主和市场化相结合的方式，允许“以供代费”，利用一些家庭劳动力资源，有组织地从事物业服务工作，以“工”冲抵物业管理费用。经营方式可以采用盈利与非盈利相结合的方式，既解决了社区里劳动力的就业问题，又为低收入家庭增加了收入，保证了物业管理的稳定运行。

吉林市还在管理上引入了激励机制，引导和促使搬迁的家庭缴纳各项费用。对于按照规定足额缴纳物业费和房费等各项费用的家庭，可以采取“持票报销”的奖励政策减免部分费用，即保障对象持缴费票据，到住房保障部门报销一定比例的费用，报销的资金从共有产权廉租住房国有部分的租金减免补贴金中支出。唐永斌介绍说：

“考虑到这些家庭入住楼房后其实际生活成本增加的现实，共有产权中国有产权部分的租金比照原公有住房租金减免政策予以减免，这样不但解决了这部分家庭因住楼增加的生活负担问题，同时也引导那些因担心住不起而在观望的家庭购买保障住房。”

④ 长春市 “插花”安置

在长春，棚户区改造“先安置，后拆迁”的主导思想得到贯彻，“插花”安置办法得到推广，回迁居民与商品房业主同住一个小区之内，使“拆得了，建得起，搬得进，住得起，管得好”的棚户区改造目标初步实现。

“先建回迁房，后建商品房，确保被拆迁居民按期回迁安置”，是长春市棚户区改造中的一大法宝。针对棚户区住房困难家庭的客观实际，在不违背现行拆迁法律法规的前提下，长春市将产权调换调整为房屋安置方式，即对选择房屋安置的被拆迁人按原住宅面积“拆一还一，不找成新、结构和楼层差价”，并上靠户型进行安置。为了让棚户区被拆迁居民住上满意房、放心房，市棚改办委托8个经验丰富的设计院做出3种规格、46种不同格局的设计方案，满足了回迁居民选择户型的愿望。

为了保证被拆迁居民按时回迁安置，项目建设单位向拆迁管理部门足额缴纳拆迁补偿安置资金，确保补偿安置工作落到实处，保证拆迁居民“迁得出”。

对有困难的回迁居民，项目实施单位尽量减免了一些回迁相关费用，保证回迁居民“住得进”，降低物业收费标准，确保“住得起”。为了使棚户区改造适应城市未来发展，长春市对每个项目都进行了整体规划，要求建成后的公共服务配套设施齐全，让回迁居民和商品房居民共享小区服务设施，让回迁居民“住得满意”。

对选择货币补偿的被拆迁居民，长春市采取了面积补贴和价格补贴的办法，以保证选择货币补偿与选择房屋安置基本等值。对选择货币补偿方式重新购房者，实施免交契税的优惠政策。同时，还启动了廉租房、廉价房和经济适用房等一整套多渠道解决住房困难的住房保障体系建设，切实解决了棚户区居民“拆迁难、回迁也难”的问题。

在棚户区改造中，长春市坚持“插花”安置，使回迁居民和商品房业主共享小区的文化、娱乐、休闲、健身场所和医疗、学校、商业网点等公共服务设施，深受回迁居民的好评。

在建设过程中，凡开发企业承担改造的棚户区项目，回迁房与商品房都采用相同的建筑材料，确保房屋质量和施工安全万无一失。而实行“插花”安置可以避免贫困人群集中居住，形成新的“贫民窟”。

“插花”安置还可以给回迁居民创造就业机会，解决居民生活困难的问题，消除回迁居民的自卑感。在长春，新建的住宅小区有的建了综合市场、超市，有的提供家政服务、小区保洁等就业岗位，回迁居民可以就近找到就业场所。这不仅解决了回迁居民的居住问题，而且还解决了他们的吃饭问题。

⑤ 哈尔滨市 政、企、银相结合，解决棚改资金

哈尔滨市的棚户区改造工作起步于20世纪80年代初。2007年末，哈尔滨市确定了新一轮棚户区改造的基本目标，即从2008年到2010年，利用3年时间集中改造85片棚户区，拆迁房屋建筑面积530万平方米。目前，在全市上下的通力合作下，3年棚改目标已经取得重大进展。两年来哈尔滨市棚改工作取得的成果，与黑龙江省委、省政府及省建设、国土、财政等各方面的大力支持分不开，同时在实际工作中的政策、筹融资、拆迁和回迁建设等几个关键环节的创新，也为棚改提供了臂助。

（1）政府为主体，推动拆迁工作有序进行

尽管哈尔滨市棚改工作进展较快，但其中的拆迁工作并不是一帆风顺的。为确保棚改优惠政策落到实处，哈尔滨市改变了以往以开发商为主的拆迁运作模式，采取了由政府作为主体，以区为主、市区结合的方式，调动各方积极性，合理推进拆迁。各区政府充分发挥群众工作优势，组织区直部门、街道办、居委会的得力干部深入现场，有力地促进了群众积极搬迁。哈尔滨提出了“拆不拆，群众说了算；怎么拆，群众来监督；结果好坏，群众来评判”的工作原则，纪检监察部门在强化棚改全过程监督、开展行政效能监察、受理群众举报投诉、加强党风廉政建设工作的同时，与市公安等部门开展“打假拆违会战”，有效打击震慑了不法牟利行为，受到棚户区居民的欢迎。

（2）政、企、银相结合，解决棚改资金问题

资金是棚户区改造中的一个难点，哈尔滨市在充分借鉴外地先进经验的基础上，采取政、企、银相结合的方式，建立起融资形式多样互补、融资步骤梯次推进的新模式，实行政府搭桥贷款，有效解决了棚改资金问题。依托哈投集团融资平台，哈尔滨市专门组建了哈投民生公司作为棚改融资的市场主体，通过从政府到企业，再从企业到政府的融资主体转换，实现了棚改资金的合理流动，通过财政投入、发行信托、企业投入和申请贷款等渠道，有效满足了资金需求。

（3）配套先行，建设宜居保障社区

为了建设出经得起时间检验的住宅项目，哈尔滨市超前规划了未来社区公务、警务用房，公厕、公交候车站点、群众休闲娱乐以及一些文化活动场所。同时实行配套先行介入、提前对接，保证水、电、气、供热、互联网、有线电视等配套工程提前根据棚改项目的实际搞好建设。截至目前，哈尔滨市已完成棚改配套道路11条，同步完成各类配套管线12万余延米，配建老年人和未成年人活动中心、社区图书馆、幼儿园、警务室等配套设施101处，新增绿地4.66万平方米。

⑥ 牡丹江市“五种模式”推进棚改

在可支配财力有限的情况下，牡丹江市委、市政府积极抢抓机遇，多方筹措资金，并通过五种模式对棚户区分类对待，尽最大努力以多建快建的原则全力推进棚改。

（1）政府主导

对涉及居民多、改造难度大、群众呼声高的大片棚户区，牡丹江市采取政府主导模式进行棚改。政府负责项目的前期运作、资金筹措和回迁安置，改造资金由政府通过城投公司向银行贷款以及财政补贴、向上争取等途径解决，政府以土地出让和出售配建商品房所得归还银行贷款。按这种模式，市政府启动了70万平方米的棚改项目，其中曙光新城一期工程市财政投入6000万元，银行贷款1.4亿元，目前一期工程已竣工，年底前有4000户居民迁入新居，实现当年拆迁、当年建设、当年竣工、当年回迁目标。二期工程竣工后将解决近万户居民住房问题。

（2）政府市场相结合

对有开发价值但政府短期内难以筹资改造的棚户区，牡丹江市采取政府主导与市场化运作相结合的模式，即由政府与开发企业签订合同，由开发企业垫资建设，工程完工后，政府用售房收入支付企业垫付资金、利息以及企业应得利润。牡丹江市与北京新兴公司合作开发了40万平方米的新丹溪小区项目，竣工后将有7500户居民入住，其中安置棚户区居民2400户。

（3）捆绑开发

对位置偏僻、商业价值低、开发商不愿意参与的地块，牡丹江市采用捆绑式开发模式，把黄金地段与偏僻地段相结合，实行肥瘦搭配、捆绑开发。通过这种模式，牡丹江市即将建设50万平方米棚改项目。其中，牡丹江市与新加坡亚星集团合作，将5.1万平方米的北太平路黄金地段与19.8万平方米的春晖园西苑棚户区捆绑开发，既解决了棚户区改造资金，又为附近居民建设了休闲广场。

（4）市场运作

为加快棚户区改造速度，牡丹江市对有较高开发价值地段的棚户区，采取市场化运作模式，制定了优惠政策，政府根据对开发地段的测算结果确定企业安置拆迁户或配建义务。通过开展专题招商，牡丹江市成功引进北京新兴、上海绿地、哈尔滨福顺、江苏美林、武汉银邦、新加坡亚星等企业集团竞相参与牡丹江市的棚户区改造，开发企业依托政府的优惠政策自主运作、自行建设。通过市场化运作，牡丹江市启动建设了近300万平方米的棚改项目。

（5）棚改与廉租房建设相结合

第五种模式是棚户区改造和廉租房配建相结合的模式。为用好用足国家廉租房优惠政策加快棚户区改造，牡丹江市在所有商品房建设和棚户区改造项目中，明确了由开发企业按建设面积的1%提取廉租住房，政府支付建设成本费；对相对集中配建廉租住房的棚改项目，按不低于10%的比例委托代建廉租房，政府以住房公积金增值净收益、土地出让净收益的10%和优惠政策作为地方匹配资金投入。按房屋综合成本价格向低收入住房困难家庭配售，同时还向这些家庭提供每平方米300元的补贴。按这种模式，2008年以来牡丹江市共申请国家补贴2亿多元。同时，牡丹江市利用土地出让金、行政规费和政府性基金减免等自筹资金4.5亿元，已建和在建廉租房1.46万套。

三、集约用地

宁波市 “控增逼存”

宁波市在节约集约用地方面，通过规划、政策等工作，取得明显成效。“十一五”期末，宁波保税区每平方公里产出生产总值24亿元、工业产值100亿元、外贸进出口26亿美元、财政收入5亿元，分别是“十五”期末的2.1倍、5.3倍、5倍和1倍。在土地集约开发过程中，宁波主要采取以下方法：

（1）规划先导，科学配置土地资源

宁波市抓住“十一五”规划、土地利用总体规划修编和土地利用总体规划修改试点的契机，合理规划用地空间和结构布局，抓好重点项目的前期规划，切实提高土地利用效益，如宁波绕城高速公路东段工程，除部分节点以外全线采用高架，较一般路堤设计节省用地2200亩；宁波保税区、宁波出口加工区和宁波保税物流园区，根据自身特点，按照“布局集中、产业集聚、土地集约、功能集成”的原则，科学编制区域规划和产业规划，在有限空间努力实现无限发展。

（2）合理安排，确保新增建设用地有效利用

对申请增资扩建或异地新建的企业，对其原有建设用地的投资强度、容积率等指标进行审核，达不到规定要求的，限制其新增建设用地，还鼓励和引导企业在扩建和新建时交回或整合原有建设用地。通过以上措施，既满足了企业的生产要求，又节省了大量土地。

同时，为进一步提高工业新增建设用地的利用效率，宁波市不断引导、规范标准厂房建设，缓解中小企业用地困难的问题，如宁波保税区明确规定，总投资小于500万美元或用地面积小于1万平方米的项目，通过租售标准

厂房的方式落实生产用地，不单独供地。

（3）深入挖潜，提高存量建设用地利用效率

宁波市除了在“控增”上狠下功夫，在“逼存”上也毫不含糊，多措施并行，深入挖掘存量建设用地潜力，提高土地利用效率。

一是大力实施低效厂房改造。对符合城市规划、不改变用途的项目，经批准采取厂房加层、重建、改建途径压缩绿地和辅助设施用地面积，扩大生产性用房面积，提高容积率的，不再增收土地价款。

二是积极推行“零增地”招商。充分挖掘企业用地产出潜力，鼓励企业在不增加用地面积的前提下增资扩股。

三是重点扶持“技改项目”。慈溪市安排专项资金，对符合产业导向的重大装备引进消化吸收再创新、高新技术成果产业化和传统优势产业改造升级等三个专项的技改项目进行重点扶持。

（4）产业升级，促进土地效益最大化

宁波市严格执行国家产业政策，严把项目准入关，严控建设用地规模，核减不合理用地，积极运用土地供给手段促进产业结构调整和发展方式转变，实现从“招商引资”到“择商选资”的转变。此外，宁波市还有序推进城区部分城镇功能区工业用地“退二进三”工作，促进产业转型升级。

（5）市场说话，充分挖掘土地价值

宁波市通过市场手段，充分显现土地价值，促进土地节约集约利用。首先，严把招拍挂出让范围关，在全面实行经营性用地和工业用地公开出让的基础上，还对物流、仓储用地，非政府投资的科研设计用地和外来人口集中居住用地以及营利性的公用设施、医疗卫生、文化教育、体育设施等用地实行了招拍挂出让，提高了土地资源市场化配置程度。其次，严把划拨用地范围关，积极探索交通、能源、水利等基础设施和城市基础设施用地有偿使用制度。

② 珠海市 盘活闲置土地，坚持有保、有压、有控

为严把土地闸门，变粗放用地为节约集约用地，珠海市国土资源局充分发挥规划和年度计划管控作用，构建符合实际的用地投资强度、投入产出率等节约集约用地考核指标体系，形成节约集约用地“倒逼机制”，促使转变发展观念，减少批地的随意性和粗放使用，有效发挥国土资源在经济发展中的调控与支撑作用。

盘活闲置土地。按照征收闲置费、限期开发、延期使用、部分收回和整宗收回等多种方式，市国土局把处置与激励相结合，加大对闲置地的处置力度，盘活闲置土地，着力解决“批而未供、供而未用、用而未尽”的现

象。2010年，全市清理处置闲置用地144宗，面积6.2平方公里。

坚持有保、有压、有控。为破解保障发展和保护资源这一难题，珠海市国土部门积极转变用地观念，坚持有保、有压、有控的土地供应理念。凡是不列入规划的不供地、少供地，而国家、省、市扶持的项目则重点供地。

创新管理模式，加快审批制度。近年来，珠海市国土资源局创新用地管理模式，变死守教条为用足用活政策，在符合国家国土管理法律法规的框架内寻找解决问题的途径，如在符合土地利用总体规划等有关规定下，该局结合各个项目选址情况，对于需要串联审批、完善前置手续的一些单独选址项目，改为按城市批次“组团”报批方式申报省政府审批，加快审批进度，为重点项目顺利开工建设赢取时间。为给项目尽快落地提供制度保障，珠海市国土资源局转变职能优化服务，委托高新区、高栏港经济区、富山工业区等3个经济功能区行使市一级工业用地土地使用权出让审批权限。

在此基础上，珠海市国土资源局健全与上级的沟通协调机制，及时掌握用地报批动态。该局专门成立用地报批工作小组，建立与国土资源部、省国土资源厅等相关司、处的工作热线联系，解决存在问题，大大缩短了用地审批时间。作为国务院审批的省重点建设项目，珠海机场高速公路项目从受理材料到正式批复，花费不到5个月时间，审批时间大大压缩。

③ 海安县 建立联合遏制、案件协查、司法移送、责任追究的联合执法机制

近年来，江苏省海安县立足于保障科学发展的高度，通过强化土地资源的规划管理和优化配置，引导产业结构科学调整，促进土地资源的集约化利用和经济发展方式的转变。

（1）转变观念，依法节约用地

海安县深入开展国土政策法规企业行、乡村行、校园行“三行”活动，利用电视、报纸、网站等多种媒体发出节约用地倡议，号召全社会树立节约集约用地理念，走节约集约用地之路，争当节约集约用地表率。在全县开展“土地执法模范县”“土地管理先进镇”“耕地保护示范村”创建活动，对当选的“土地管理先进镇”，在下达下年度用地指标时县政府给予一定的奖励，对节约集约用地企业进行表彰。同时，全面实行《海安县土地行政执法共同责任追究办法》，对违法用地达到或超过新建设用地15%的镇，将冻结土地审批，由县主要负责人对镇党委政府主要负责人进行约谈，对相关责任人进行问责，并对该镇各类评先实行一票否决。

（2）优化配置，集中集聚发展

海安十分注重新一轮土地利用总体规划与县域产业规划的衔接，为旅游业、现代服务业等“低碳产业”留足发展空间。县政府要求工业项目向“四大工业片区”“三大特色产业园区”集中，按照打造集群经济模式加大区

域内相同或相近产业的整合力度，不断优化产业的空间布局，形成各具特色的区域经济板块。各农业片区内的乡镇不得新增工业项目建设用地。5000万元以上的项目必须向海安、城东工业片区集聚。对各镇年度用地指标安排与供地率、供地后项目开工率、竣工验收率、土地投资强度及达产达效等利用指标相挂钩。优先保障县以上重点工程用地、国家产业政策鼓励发展的项目用地、城乡基础设施用地、保障性住房用地等。

（3）注重效率，以亩产论英雄

海安县加强项目用地预审，根据项目投资规模和产业政策，核定项目总用地面积，从源头上杜绝多占土地的现象。县政府规定海安、城东工业片区的工业项目投资强度不低于160万元/亩，李堡、曲塘工业片区的工业项目投资强度不低于140万元/亩。省点供的工业项目投资强度不低于200万元/亩。投资总额2000万元以下的工业项目不单独供地。通过提高用地“门槛”，实现用地量减少、产出提高的目标。该县鼓励农民联户建房或统一建设农民公寓房，提倡农民集中居住区村民住宅由镇（村、居）统一组织代建。大力实施农村建设用地减少与城镇建设增加挂钩，从而推动建设用地向城镇集中。

（4）强化监管，推进集约利用

海安县加大建设用地批后监管力度，严格实行建设项目用地跟踪检查制度。对到期未申报竣工验收或达不到合同约定的利用指标的，不核发土地使用证，促使项目业主及时开工建设。同时，组织开展存量建设用地清查，对全县工业项目供而未用、用而未尽、土地闲置等情况进行调查，并分类制定工业存量建设用地盘活方案。下达各镇盘活存量用地任务。此外，建立健全违法用地联合遏制、案件协查、司法移送、责任追究等联合执法机制。对违法用地的各类建设项目，县发改委、规划、建设、国土、环保、工商等部门实施联合制止，确保土地违法案件查处到位、执行到位。

④ 孟州市 建立“激励优惠、监督约束、共同责任、考核评价”四项机制

一是建立激励优惠机制。一方面，在新增建设用地指标上，重点保障工业园区和乡镇工业集中区的工业项目，对旧城改造，使用地下空间的工业用地，适当调减土地有偿使用费，鼓励用地单位增加单位面积土地的产出效益。对投资者利用原有存量工业用地，不改变用途，提高土地利用率的，不再加收土地有偿使用费。另一方面，对积极融入新农村建设中的农户，免费提供规划设计方案，给予调减土地补偿费等补助。

二是建立监督约束机制。一方面，严把项目用地关，加强批后的土地跟踪管理。建立项目竣工联合验收制度，组织规划、建设、国土等部门，集中对项目用地情况进行检查。对新出让土地实行预登记制度，一年内发现用地要素变更的，不予正式登记，促进已批土地的集约高效利用，构建节约集约用地倒逼机制。另一方面，严

把用地准入关。按项目产业政策、环境评估、投资强度、规划用途等要求，严把项目审查关，真正变不加选择的“招商引资”为资源节约型的“选商选资”。

三是建立共同责任机制。为了更好地落实共同责任，真正形成部门联动机制，坚持建设用地逐宗会审制，规划、建设、国土、房管等部门将部门工作上升到政府层面的高度，构建部门协同、上下联动的新格局，解决城乡建设节约集约用地协调难、落实难问题。

四是建立考核评价机制。将考核评价纳入经济社会发展规划，对各部门的专项规划编制在源头上进行约束，保证考评工作的长期性和连续性。将年度耕地动态平衡考核目标纳入“一票否决”，对造成辖区内国土资源违法行为严重和考核指标不能落实的实行问责，确保国策落到实处。

⑤ 应城市 严控增量、盘活存量、管住总量、集约高效

应城市局认真贯彻落实“十分珍惜、合理利用土地和切实保护耕地”这一基本国策，以科学发展观为统领，正确处理利用与保护的关系，坚持走资源节约型道路，按照“严控增量、盘活存量、管住总量、集约高效”的原则，以四举措为节约集约用地充实“内涵”，实现该市耕地保护与经济发展的双赢。

一是加强土地收购储备。建立土地收购储备制度，通过对存量土地、闲置土地和新增建设用地实行统一征收、统一收购、统一储备、统一供应，积极做好原有企业用地的收储和处置工作，将收储的土地进行“三通一平”后，纳入土地供应计划，根据城市总体规划和市场行情，以招拍挂出让的方式适时推出，大大提高了原有土地的集约利用率，提升了城市土地的经济价值。

二是努力盘活闲置厂房、仓储用地。鼓励和引导企业依法转让或出租闲置厂房，实施厂房加层、改造等手段节约生产空间，将存量变增量，提高土地利用效率。

三是加强破产企业闲置地的利用。盘活存量土地，使闲置土地得以地尽其用，提高了利用效率，实现了土地价值，而且还有效地推动了全市就业再就业工作的开展，这样不仅为企业解困，化解了矛盾，还为城市的滚动发展赢得了资金。

四是规范农民建房管理，支持新农村建设。农民建房用地是新农村建设的热点，又是农村建设用地管理的难点，同时也是节约集约用地的着眼点。国土部门要把土地管理法规、减负政策和新农村建设的要求有机地结合起来，积极探索农民建房用地管理有效途经。

四、节能减排

北京市 使用太阳能可享政府补贴

2010年1月1日起，《北京市加快太阳能开发利用促进产业发展指导意见》（下称《意见》）正式开始实施。新建两限房、普通商品房、公共建筑等若使用太阳能供热，太阳能集热器利用面积超过100平方米的将享受每平方米200元的补贴。此外，还有六项“金色阳光工程”公布。

《意见》提出，到2012年，太阳能集热器利用面积将达到700万平方米，太阳能发电系统达到70兆瓦。到2020年，太阳能集热器利用面积达到1100万平方米，太阳能发电系统达到300兆瓦。

《意见》发布了六项“金色阳光工程”。在将开展的光能热水工程中，新建保障性住房、两限房、普通商品房、公共建筑及文化、卫生、体育、社会福利等社会公益事业单位和政府机构等建筑，将全面推广太阳能热水系统。这种光能热水系统将采取集中采集、分户利用的形式。按照支持高端先申先得的原则，到2012年12月31日前，对前100万平方米集热器面积，按照每平方米200元的标准予以补贴，申请项目单体项目规模集热器面积须超过100平方米。款项可能补给太阳能的项目业主和建设方，需等细则出台才能明确。

② 天津市 推进既有建筑改造和供热计量试点

（1）加强节能设计标准执行情况检查

特别是加强施工过程中节能标准落实，对使用不节能墙体材料、门窗、卫生洁具和配电产品的项目不准质量备案，住宅工程达不到节能设计标准的不准发放入住许可证，并责令返工。对监督工作不落实的区县实行责任追究。

（2）抓好示范项目建设

在项目建设中注重采用新型节能技术，如水循环技术和真空垃圾处理技术；而住宅空间也将合理规划，更多地利用自然采光和通风。

（3）推进既有建筑改造和供热计量试点

以大板楼节能改造为重点，进行30万平方米、6000户改造任务。继续扩大供热计量试点范围，全年预计供热计量面积要达到3000万平方米以上。搞好260栋大型公建能耗分项计量和远程传输数据采集，为逐步实行超能耗加价和能效交易奠定基础。

天津市还提出，围绕低碳建筑建设，发挥住宅集团国家住宅产业化基地作用，加快住宅体系标准化、部品部件定型化以及施工工艺工法研究。支持天津裕川建筑垃圾综合利用产业化基地建设，研究污水处理厂污泥处置成套技术，打造以创业环保为主体的污泥资源化利用产业化基地。大力开展太阳能、土壤能、生物质能等可再生能源集成技术应用。实施深基坑支护、工程降水、跨海跨河沉箱施工等技术攻关。

③ 山东省 力推太阳能与建筑一体化

山东省推行太阳能与建筑一体化的“硬措施”：对于城镇新建建筑，太阳能光热系统要与建筑工程同步规划、设计、施工、验收；不进行太阳能与建筑一体化设计的项目，规划部门将不予审批。

近年来，山东省以太阳能与建筑一体化为突破口，加快推广应用步伐，不断提高太阳能光热研发设计生产水平。出台《关于加快山东省新能源和节能环保产业发展的意见》，要求“加快推行太阳能与建筑一体化，做到太阳能利用系统与建筑工程同步设计和施工”。出台《关于加快太阳能光热系统推广应用的实施意见》（以下简称《实施意见》）提出，全省县城以上城市规划区内新建、改建、扩建的12层及以下住宅建筑和集中供应热水的公共建筑，必须应用太阳能光热系统，并与建筑进行一体化设计与施工。政府机构建筑和政府投资建设的建筑要带头使用太阳能光热系统。

在加大推广太阳能应用的同时，山东省更加注重太阳能建筑一体化的科技创新，要求相关生产企业、建筑设计单位人员加强合作，让产品的研发、设计、提供、应用成为一条龙，不断拓展太阳能光热应用领域。根据《实施意见》，太阳能生产企业要开发集热效率高、方便与建筑结合的太阳能集热器，使其能与屋面、墙面、阳台、窗台等建筑构件相匹配；建筑设计人员要不断研究，在设计中把太阳能产品与建筑构件完美结合；做好高层建筑太阳能建筑一体化应用技术的研发和推广，让越来越多的居民用上太阳能。同时，太阳能企业、科研、设计等单位要联合组织开展太阳能采暖、太阳能空调技术的研发，通过太阳能与其他能源相结合的方式，实现太阳能采暖，不断拓展太阳能光热应用领域。《实施意见》强调，城中村、大企业周边村、经济强村的农房建设要率先应用太阳能热水系统。对分散建设的农房，要引导、鼓励农民通过太阳能下乡政策，安装使用太阳能热水器。各级财政投资建设的农村中小学、卫生院，必须应用太阳能光热系统。各地要采取太阳能企业让一点、政府投一点、农民出一点的方式，积极筹措资金，让越来越多的农民用上太阳能。

④ 海南省 按照太阳能集热器面积比例增加项目建筑面积指标

2010年1月11日，海南省政府第44次常务会议原则通过《关于推进太阳能热水系统建筑规模化应用的通知》

（以下简称《通知》）。《通知》规定，海南省财政安排补助资金，用于引导太阳能热水系统建筑规模化应用项目及行业发展，并拓宽筹资渠道，积极争取中央资金支持，鼓励引导社会、企业和个人投入，各级政府每年也要安排补助资金用于太阳能热水系统建筑应用。

另外，凡是采用太阳能热水系统的民用建筑项目，且与建筑主体工程同步设计、同步施工、同步验收的，在规定的容积率之外，按项目所应用的太阳能集热器面积1∶1的比例，增加该项目的建筑面积指标。

近年来，海南省通过太阳能热水系统建筑应用示范工程的带动作用，太阳能热水系统建筑应用取得阶段性进展，应用规模逐步扩大。海南省各地太阳能资源丰富，这种取之不尽的清洁能源已逐步在海南省建筑领域得到应用。2010年，海南省新增太阳能热水系统建筑应用面积600万平方米，每年可节约标准煤2万吨，节电6370万千瓦时，减排二氧化碳约6.3万吨。同时，海南省建筑能耗主要集中在空调制冷方面，空调能耗约占建筑能耗的80%。目前，海南省在900多项建筑工程中应用了新产品、新材料，应用建筑面积达2000多万平方米。

⑤ 河北省 扩大供热计量收费，促进建筑节能

2009年底，河北省人民政府办公厅印发《关于全面推进供热计量改革促进建筑节能工作的意见》。要求在2010年年底前，河北省各市既有大型公共建筑要全部完成供热计量改造，全省既有居住建筑供热计量及节能改造完成2000万平方米以上；2010年采暖期，所有新竣工建筑和完成供热计量改造的既有建筑，全部实行供热计量，全省供热计量收费面积达到3000万平方米；自2011年起，新增集中供热的居住建筑和公共建筑全部按照供热计量要求进行改造和验收，并实行供热计量收费。

（1）加强新建建筑热计量监管

设计单位要严格按照民用建筑节能条例，设计分户热计量、温度调控和供热系统调控装置。施工图审查机构对不符合供热计量强制性标准的施工图，不得出具审查合格证书。施工单位要按审查合格的施工图要求安装分户热计量、温度调控和供热系统调控装置。供热单位应对分户热计量、温度调控和供热系统调控装置的施工阶段进行监督。监理单位要及时查明情况，对不符合计量要求的工程，责令施工单位限期整改。房地产开发企业在销售商品房时，要向买受人出示所售房的能源消耗指标、供热计量及节能措施等资料，并在买卖合同、住宅质量保证书和住宅使用说明书中予以载明。

（2）强化民用建筑节能标准监管

对不符合民用建筑节能标准的，不得批准开工建设；擅自开工建设的，不予批准预售；已经建成或者销售的，不予竣工验收备案，不予产权初始登记；对不按标准规范进行设计、施工、开发的相关单位依法给予处罚；

对违反规定核发建设工程规划许可证、批准开工建设、批准预售、予以竣工验收备案和产权初始登记的，依法追究有关单位和人员的责任。

（3）既有居住建筑改造任务明确

各市、县（市）在2010年底前按期完成省下达的改造任务。其中，唐山市600万平方米，石家庄市300万平方米，承德市200万平方米，邢台、邯郸市各150万平方米，保定市120万平方米，沧州、衡水、秦皇岛、廊坊市各100万平方米，张家口市80万平方米。

⑥ 陕西省 政府办公建筑和大型公共建筑率先纳入节能监管体系

近年来，陕西省住房和城乡建设厅以提高资源利用率为核心，将建筑节能纳入陕西省节能工作总体安排中，分类指导，因地制宜，建立建筑节能的长效机制，取得了显著成效。

（1）运用行政手段，加强新建工程的节能监管

将建筑节能纳入建设项目规划、设计、施工、监理、运行管理等各环节，强化全过程监管。特别是2008年和2009年，该省积极推广应用外墙外保温系统，实行了在建商品房项目节能措施及指标公示制度；把建筑节能工作不断向县（区）延伸。目前，设区市建筑节能设计合格率100%、施工阶段执行建筑节能设计标准率为90%；县（区）建筑节能设计合格率100%、施工阶段执行建筑节能设计标准率为60%。

（2）加强和规范既有建筑节能改造工作

2010年，陕西省共组织实施改造项目56个，建筑面积50万平方米。既有建筑节能改造累计已完成167万平方米，年节能能力8020吨标准煤。与此同时，加强可再生能源建筑应用工作，11个项目被列入国家可再生能源建筑应用示范项目，建筑面积222万平方米，建成后每年将节约能源42 385.78吨标准煤，减排二氧化碳35 235.87吨、二氧化硫746.48吨。

（3）推进政府办公建筑和大型公共建筑节能监管体系建设

陕西目前已完成两栋建筑的能耗分类计量监测系统安装工作，省政府大楼能耗分类计量监测系统安装正在施工中；组织开展了国家机关办公建筑和大型公建的能耗统计、能源审计与公示工作；开展了政府、学校、医院共53家单位的建筑能源审计工作；会同省级机关事务管理局，对独立办公的38家省级机关水、电、气表安装使用情况进行了普查。

⑦ 深圳市 法规先行、项目示范、合作研究

深圳市是全国面积最小、发展最快的特大型城市，在全国较早地遭遇资源、能源、环境等瓶颈制约。推进建筑节能、发展绿色建筑、打造低碳城市，是深圳市必然的战略选择。早在2001年，深圳市就开始编制建筑节能地方标准，2006年颁布了《深圳经济特区建筑节能条例》，2009年又颁布了《深圳市建筑废弃物减排与综合利用条例》，初步建立了较为完善的建筑节能减排政策法规体系，探索形成了一套行之有效的管理机制和管理模式，取得了较好的成效，为建设绿色建筑之都打下了坚实基础。

（1）节能减排法规先行，严格执行标准

2008年3月，深圳市政府出台了《深圳生态文明建设行动纲领（2008~2010年）》及《关于打造绿色建筑之都的行动方案》等9个配套文件，第一次以市政府文件的形式，提出了“打造绿色建筑之都”的目标，为今后城市发展指明了方向。此后，深圳市以国家颁布的《节约能源法》《民用建筑节能条例》《公共机构节能条例》和深圳市出台的《深圳经济特区建筑节能条例》《深圳市建筑废弃物减排与综合利用条例》“一法四条例”为基础，建立了一整套建筑节能和绿色建筑方面的法规标准体系。

深圳市从立项、设计、施工、验收等各个环节入手，确立了建筑节能全过程、全方位监管的闭合机制，凡是节能标准不落实的，一律不予办理施工许可、不予通过竣工验收、不予投入使用。在施工阶段，市质监部门加强监督检查，要求有关单位在图纸会审、施工阶段及竣工验收过程中，严格执行国家建筑节能相关文件和国家标准、行业标准、地方及相关强制性条文。在竣工验收阶段，开展建筑节能专项验收，确保新建建筑符合建筑节能标准，使新建建筑节能达标率达到100%。

（2）启动建筑节能改造，推进建筑减排

在遏制增量建筑能耗上升的同时，深圳市还着手解决存量建筑的节能问题。在开展能耗统计、能源审计、能效公示、能耗监测等工作的基础上，全面启动既有建筑节能改造。从2009年起，深圳市将既有建筑节能改革纳入政府年度投资计划，首批改造试点项目包括市民中心、市委办公楼等重点单位；对36个大运会体育场馆维修改造项目，也增加了建筑节能改造的内容。

深圳市以减量化、再利用、资源化为原则，大力推进建筑减排。一是推进建筑废弃物减排与综合利用，出台了《深圳市建筑废弃物减排与综合利用条例》，从立项科研、设计、施工、维护使用直至拆除回用等全寿命周期，对新建、改建、扩建和拆除各类建筑物、构筑物、管网以及装修房屋等施工活动中产生的建筑废弃物，要求进行分类管理、集中处置。二是推进墙材改革，发展绿色建材，颁布实施了《深圳市预拌混凝土和预拌砂浆管理规定》，大力推广预拌砂浆。三是开展绿色施工，在施工过程中，积极推广应用清水混凝土，减少砂浆用量，节省工序；在养护混凝土时，应用麻袋等辅助手段，尽量减少水的消耗。加强施工现场文明施工管理，减少施工耗

材，减少扬尘，规范建筑垃圾排放，降低环境负荷。推广应用钢模、塑料模替代木模，减少对木材资源的消耗。推行建筑一次装修到位，减少材耗和污染。此外，深圳市还每年评选“十大绿色工地”，鼓励施工单位开展绿色施工。

（3）示范项目、合作研究，全面推动绿色建筑飞跃发展

深圳市以项目示范为先导，推动绿色建筑飞跃发展。目前，全市共有49个项目列入建筑节能和绿色建筑示范工程计划，涉及建筑面积560万平方米，投资额175亿元。

在建设示范项目的同时，深圳市还进一步加大投入绿色建筑相关基础研究，组织有关单位建立深圳市居住建筑能耗和气象参数库；进行建筑围护结构热工性能检测，建立“深圳市建筑围护结构热工性能参数库”；组建建筑节能实验室，开展建筑节能科研和检测工作等，并通过发布《深圳市建筑节能产品目录》《深圳市循环经济政府采购目录》等，推广隔热性能良好的新型墙体材料、塑钢门窗等绿色建筑相关产品。

通过国际合作，借鉴国外先进经验也是深圳市实现绿色建筑高起点发展的举措之一。深圳是住房城乡建设部和美国能源基金会“推动夏热冬暖地区居住建筑节能试点示范城市”，是住房城乡建设部和世界环球基金组织“中国终端能源效率项目（UNDP）”试点城市。同时，深圳市住房和城乡建设局还与美国能源基金会签订了关于把深圳建设成为绿色建筑示范城市的合作框架协议。

⑧ 无锡市 4项扶持政策、6个节能技术、10大示范工程

2010年，无锡实施绿色建筑“4610”计划，以推动低碳城市建设。

“4610”计划指，实施4项扶持政策：可再生能源开发利用的政策奖励、获国家绿色建筑星级标准的政策支持、既有建筑节能改造的政策支持、绿色节能公共建筑的政策支持。

6大节能技术：地源热泵应用、太阳能利用、雨水收集与水资源利用、新型墙体材料应用、节能门窗应用、地下空间利用。

10大亮点工程：选择并培育公共建筑、住宅项目、既有建筑改造工程等10个项目作为市级建筑节能亮点工程。

CHAPTER 08

大事记

2010
中国房地产大事记

01 国际旅游岛规划出台，海南房地产市场急剧升温

2010年1月份，随着国家海南国际旅游岛建设发展规划的出台，在利好政策的刺激下，大量购房资金涌入海南房地产市场，从而导致海口、三亚等中心城市的房地产价格急剧升温，并不断向周边城市扩散。

02 住房和城乡建设部召开工作会议，保障房建设等成为2010年工作重点

2010年1月6日，住房和城乡建设部工作会议在北京召开，会议提出2010年住房城乡建设工作六项主要任务：进一步加强住房工作，重点是加快保障性住房建设和遏制部分城市商品房价格过高过快上涨，促进人民群众住有所居；提高城乡规划水平，促进城镇化健康发展；继续推进建筑节能和城镇减排，提高发展质量和效益；加强市场监管，为住房城乡建设创造良好的市场环境；继续做好法规和建设标准完善及改革工作；继续加强党风廉政和精神文明以及作风建设。

03 "国十一条"出台，开启2010年第一轮调控

1月10日国务院办公厅发出《关于促进房地产市场平稳健康发展的通知》，要求进一步加强和改善房地产市场调控，稳定市场预期，促进房地产市场平稳健康发展，并首次提出规范央企投资房地产的行为。

04 拆迁条列两次向社会征求意见，终成正式颁布实施的法规

2010年《国有土地上房屋征收与补偿条例》分别在1月份和12月份两次向社会征求修改意见，其中公众利益界定、征收程序、拆迁补偿等多项条款在社会上引起了广泛的争论。经过两次修改后的拆迁条例于2011年1月19日国务院第141次常务会议通过。2011年1月21日，国务院总理温家宝签署国务院第590号令，公布并开始施行。

05 2009年房产数据遭质疑，统计局改革房价统计体系

2月25日，国家统计局公布了《2009年国民经济和社会发展统计公报》，数据显示，70个大中城市房屋销售价格上涨1.5%，其中新建住宅价格上涨1.3%，二手住宅价格上涨2.4%；房屋租赁价格下降0.6%。由于涨幅数据与民众的心理预期有着较大的差距，该数据受到社会的广泛质疑。9月25日，国家统计局在网站上发布通告，对已形成的《住宅销售价格统计调查方案》公开征求意见。

06 银监会强化房地产信托监管，信托不得发放土地储备贷款

2月24日，银监会下发了《关于加强信托公司房地产信托业务监管有关问题的通知》，再次收紧房地产信托。《通知》明确指出，信托公司不得以信托资金发放土地储备贷款。《通知》还取消了2009年给予房地产信托的“特惠”政策，要求投资项目必须“四证”齐全。

07 2010年政府工作报告明确保障房任务并提出市场调控要求

3月5日，十一届全国人民代表大会第三次会议在北京开幕。国务院总理温家宝代表国务院做年度政府工作报告 。报告中明确了2010年建设保障性住房300万套，各类棚户区改造住房280万套的任务，同时还提出要对房地产市场秩序、投机性购房等进行调控。

08 土地供应和监管强化，开发商拿地资金门槛提高

3月8日，国土部发出《关于加强房地产用地供应和监管有关问题的通知》，内容包括了“开发企业竞买保证金最少两成”“1月内付清地价50%”等19条土地调控政策，同时明确了保障性住房用地供应、商品房用地出让、打击囤地等多方面的具体要求。

09 3月15日北京土地市场央企成主角，一天三度刷新成交记录

北京市土地整理储备中心将大望京1号地、海淀蓟门桥地块、亦庄地块安排在同一天出让。远洋地产以40.8亿元将大望京1号地收入囊中，楼面价为27 529元/米^2，创下北京土地成交总价和楼面价的新高。但随后中信地产在亦庄地块上以52.4亿元刷新总价纪录，楼面价格13 396元/米^2，而中国兵器装备集团公司旗下的北京世博宏业房地产开发有限公司以高达30 197元/米^{2}的楼面价获得海淀蓟门桥地块。

10 主业非房地产的央企被要求退市，但退出进度缓慢

3月18日，国资委要求除已确定的16家以房地产为主业的央企外，其余78家不以房地产为主业的央企要加快调整重组，在完成自有土地开发和已实施项目后要退出房地产业。虽然政策出台后对市场产生了较大的震动，但从实际效果上看，央企退出房地产业的脚步十分缓慢，到2010年年底仅有中远集团一家成功退出房地产市场。

11 中国房地产业协会召开第六届会员代表大会

3月31日，中国房地产业协会第六届会员代表大会在京召开。在此次会上，选举了建设部原副部长刘志峰为中国房地产业协会会长，朱中一、刘希模等18人为中国房地产业协会副会长，苗乐如为中国房地产业协会秘书长，组成新一届协会领导成员。住房和城乡建设部副部长仇保兴、办公厅主任王铁宏、人事司司长王宁等出席会议。

12 第六届国际绿色建筑与建筑节能大会在京开幕

在住房和城乡建设部、科学技术部、国家发展和改革委员会、财政部、环境保护部、工业和信息化部、国家外国专家局等部委和北京市人民政府的鼎力支持下，由中国城市科学研究会、中国绿色建筑委员会、北京市住房和城乡建设委员会主办的“第六届国际绿色建筑与建筑节能大会暨新技术与产品博览会”于2010年3月29日至31日在北京国际会议中心召开，大会的主题是“加快可再生能源应用，推动绿色建筑发展”。

13 房地产预售管理加强，意在打击捂盘惜售行为

4月13日，针对开发商在销售时存在捂盘惜售、哄抬房价等行为，住房和城乡建设部下发《关于进一步加强房地产市场监管完善商品住房预售制度有关问题的通知》，要求各地切实负起责任，加大查处力度，强化房地产市场监管，并要求开发企业在取得预售资格后的10日内必须一次性公开全部准售房源及每套房屋价格，并对外销售。

14 “国十条”出台，2010年第二轮调控开启

由于前期房价上涨过快，国务院在2010年4月17日发布了《国务院办公厅关于促进房地产市场平稳健康发展的通知》，要求进一步加强和改善房地产市场调控，稳定市场预期，促进房地产市场平稳健康发展。《通知》除进一步提高首套房、二套房首付比例之外，还要求商品住房价格过高、上涨过快、供应紧张的地区暂停发放购买第三套及以上住房贷款；对不能提供1年以上当地纳税证明或社会保险缴纳证明的非本地居民暂停发放购买住房贷款。

15 中国证券市场动荡，房地产股和金融股领跌市场

4月19日，在房地产调控政策的刺激下当天股市大跌150点，跌幅达4.79%，其中地产板块整体跌幅达7.5%，板块内31只股票跌停，跌幅逾8%的超过了六成，板块总市值一日蒸发超过700亿元。全年中国证券市场保持低位运行，上证指数跌幅位列全球倒数第三位，年末和年初相比约1.7万亿市值蒸发。

16 住房用地供应计划公布，供应力度加大但落实不理想

4月25日，国土部发布《2010年度全国住房用地供应计划》，我国2010年住房用地计划拟供应量18万公顷，保障性住房、棚户区改造和中小套型商品房占比超70%。从年底完成情况来看，落实不是十分理想。2010年全国住房供地计划实际完成67.9%，其中保障性住房（指经济适用房和廉租房）用地完成计划的65.2%；棚改房用地1.47万公顷，完成计划的40.2%；中小套型商品房用地6.51万公顷，完成计划的80.9%；其他住房用地2.96万公顷，完成计划的68.5%。

17 北京贯彻房地产配套调控政策，全国首提限购

北京为贯彻国务院房地产调控政策，在4月30日发布了《北京市人民政府贯彻落实国务院关于坚决遏制部分城市房价过快上涨文件的通知》，该通知基本是按照国务院通知中的上限执行，并首次提出了限购政策。在政策出台后，北京市房地市场交易量迅速滑落，降幅高达近七成。

18 整理力度加大，多部门共同管控闲置土地

2010年全国对闲置土地的整理力度明显加强，年初北京、上海、南京等地的“地王”由于长期没有开工建设，或没有按时交纳出让金而被收回。8月份国土资源部与银监会相配合，共同打击土地闲置。9月份国土资源部与住房和城乡建设部联合下发《关于进一步加强房地产用地和建设管理调控的通知》，要求进一步加强房地产用地和建设的管理调控，对企业因自身原因导致土地闲置一年以上的，在结案和问题查处整改到位前，国土资源主管部门必须禁止竞买人及其控股股东参加土地竞买活动。2010年全国共收回土地4.3万亩，罚没款25.1 亿元。

19 恒大、绿地先后宣布降价，多数企业仍保持观望

5月5日，恒大地产宣布其全国在售项目将展开八五折促销活动。它是在新“国十条”房地产新政出台后，第一家公开表示全线降价的龙头房企。6月8日，绿地集团宣布对全国41个城市旗下100多个项目实行全线优惠，优惠时间为1个月。但市场上大多数的房地产企业仍保持观望。

20 严查土地增值税，强化企业监管力度

国家对土地增值税的查收力度开始加大，国家税务总局分别在5月和6月连续两月发文，要求各地加紧土地增值税的清算和征收工作。

21 空置率问题引全民关注，权威数据缺失

房产空置率问题在2010年成为全社会关注的一个热点问题。事件由一组被传为由国家电网集团公布的6540万套空置数据引起，在电网集团进行否认后，北京、杭州、南京、武汉、福州5个城市随后发起了空置房民间调查，采用的方式主要包括晒黑灯、读水表、查物业等。而国家统计局方面一直没有给出关于空置率的相关数据和说明，直到9月初国家统计局才首次明确表示进行空置房调查。

22 二套房认定标准明确，为调控政策执行打下基础

6月4日，住建部、中国人民银行及银监会联合发布《关于规范商业性个人住房贷款中第二套住房认定标准的通知》，对贷款申请人的第二套住房认定标准做出明确规定：二套房的认定在以家庭为单位的基础上，执行“认房又认贷”的严厉政策。通知规定，商业性个人住房贷款中居民家庭住房套数，应依据拟购房家庭（包括借款人、配偶及未成年子女）成员名下实际拥有的住房数量进行认定。

23 公租房发展指导意见公布，渐成保障房发展主体

6月12日，住房和城乡建设部、发展和改革委员会、财政部、国土资源部、中国人民银行、国家税务总局、中国银行业监督管理委员会联合制定《关于加快发展公共租赁住房的指导意见》，正式将“公共租赁住房”纳入我国住房保障政策体系中。

24 五企业联手亚运城开发，开盘当月销售40亿

世茂集团和中信地产将各自斥资1.5亿港元收购亚运城项目公司20%的股权，这标志着早前两公司加入亚运城项目的传闻得到证实。以255亿元天价出让的广州亚运城，也将由富力、雅居乐、碧桂园三集团联合开发变成五巨头联手。10月25日，亚运城5家开发商（富力、雅居乐、碧桂园、中信和世茂）联合组成的广州亚运城开发商——广州利合房地产开发有限公司举行亚运城项目答谢会。会上宣布，广州亚运城自开售一个月以来，已经实现签约3200套，总成交金额40亿元。

25 保险资金可投资房地产，但禁止从事开发建设

8月5日，保监会颁布《保险资金运用管理暂行办法》，允许保险资金投资不动产、未上市股权、创业板股票等新投资领域。首次明确了保险资金投资不动产的比例不高于上季末总资产的10%，并要求保险公司不得直接从事房地产开发建设。

26 李克强副总理多次主持全国保障住房会议，推进保障房建设工作

8月21日，李克强副总理在江苏省常州市主持召开加快保障性安居工程建设工作座谈会并讲话强调，要认真贯彻落实党中央、国务院的决策部署，以更大的决心、更有力的措施，加快把保障性住房等重大民生工程建设好，使人民群众住有所居、安居乐业。这是李克强副总理第二次强调住房保障工作，在6月份的全国公共租赁住房工作会议上，李克强副总理也对保障房建设工作作出说明。

27 第二轮调控时效三个月，成交量快速反弹带动价格上升

从4月17日“新国十条”出台至6月15日，14个城市共有2000多个项目“零”成交。新政的效果十分明显，但从7月底开始市场逐渐走出调控的影响，在成交量反弹的带动下，市场价格重新出现上涨。

28 国庆节前多部委出台政策措施，房地产第三轮调控启动

由于部分城市房价重新出现上涨过快的势头，9月29日，财政部、国家税务总局、住房和城乡建设部等有关部委联合发出通知调整房地产相关政策。该通知除继续要求各地加大贯彻房地产市场宏观调控政策措施的力度外，还进一步明确要求房价过高、上涨过快、供应紧张的城市要在一定时间内限定居民家庭购房套数，同时表示要严格实行问责制，对政策落实不到位、工作不得力的，要进行约谈，直至追究责任。此轮调控对市场价格的影响力，仅维持了10月份一个月。

29 各地限购令纷纷涌现，年末总数达16个城市

在国家有关部委明确要求房价过高、上涨过快、供应紧张的城市出台限购措施后，各地方城市的限购政策开始不断涌现，到10月中旬限购城市就达14个，而截至年末全国限购城市达到了16个。

30 国务院常务会议再次强调坚决遏制房价过快上涨

10月25日，国务院总理温家宝主持召开国务院常务会议，分析当前经济形势，安排部署2010年后几个月经济工作。会议要求，之后几个月要继续按照中央关于2010年下半年经济工作的部署，促进房地产市场平稳健康发展。各地区、各部门一定要认真落实各项调控措施，坚决遏制部分城市房价过快上涨。

31 第九届中国国际住宅产业博览会在京开幕

10月28日，由中华人民共和国住房和城乡建设部支持，住宅产业化促进中心、中国房地产业协会、中国建筑文化中心、北京市住房和城乡建设委员会主办的“第九届中国国际住宅产业博览会”在北京展览馆隆重举行。住房和城乡建设部党组成员、副部长齐骥出席开幕式并致辞，会议主旨是“发展低碳经济、共筑明日之家”。

32 广厦奖颁奖典礼在京举行，主旨是为民建好房

10月30日，2010年度广厦奖颁奖典礼在北京钓鱼台国宾馆隆重举行。有64个项目获得了这一住宅建设领域的最高荣誉。按照评选要求，获奖项目必须坚持全面贯彻落实科学发展观，以建设资源节约型、环境友好型的社会主义和谐社会和生态文明为宗旨，做到规划设计水平高、环境质量好、工程质量优，在推进住宅产业化、“四节一环保”和解决广大群众住房问题方面起示范、带动作用。

33 个人公积金贷款收紧，与商业贷款政策同步

11月3日，住房和城乡建设部、财政部、人民银行、银监会颁布《关于规范住房公积金个人住房贷款政策有关问题的通知》，住房公积金个人住房贷款只能用于缴存职工购买、建造、翻建、大修普通自住房。使用住房公积金个人住房贷款购买首套普通自住房，套型建筑面积在90平方米（含）以下的，贷款首付款比例不得低于20%；套型建筑面积在90平方米以上的，贷款首付款比例不得低于30%；二套房首付比例提升到50%，贷款利率不得低于同时首套房公积金贷款利率的1.1倍；停发第三套房贷款。

34 外资购房限制进一步加强，直接针对住宅买卖行为

为防止外资进入对房地产调控效果的冲击，住房和城乡建设部和国家外汇局在11月12日发布了《关于进一步规范境外机构和个人购房的通知》，进一步限制外资进入住宅市场，防止外资对房地产调控的冲击。本次的限外政策与2007年限外政策相比，虽然在限制范围上明显缩小，但政策的针对性及可执行性更强，而且直接针对房产交易进行限制。

35 保障房建设资金来源明确，未来保障房建设有渠道

11月16日，财政部、国家发改委、住房城乡建设部下发《关于保障性安居工程资金使用管理有关问题的通知》。《通知》中明确提出，为切实解决城市中等偏下收入家庭住房困难，允许土地出让净收益用于发展公共租赁住房；允许住房公积金增值收益中计提的廉租住房保障资金用于发展公共租赁住房；利用贷款贴息引导社会发展公共租赁住房。

36 万科销售额破千亿，部分房企提前完成全年销售目标

万科12月3日发布的公告，截至2010年12月1日，万科年内已累计实现销售面积830.7万平方米，销售金额1000.6亿元，成为我国首家年销售额达千亿级房地产开发企业，同时也成为世界最大的住宅开发公司。继万科之后首创置业、碧桂园、远洋地产、复地集团、金地集团等多家大型房地产开发企业纷纷发布公报，均表示已经完成全年或者超过销售计划目标。全国近40家房地产企业年度销售额超百亿。

37 国土部约谈地方官员，土地违规问责首次启动

12月16日，国土部以国家土地督察机构的名义，约谈了包括陕西渭南市、山西运城市、黑龙江佳木斯市、湖北省襄阳市等在内的12个县市的地方政府主要负责人，就土地违法问题进行通报，同时要求被约谈地方政府积极整改。这是2007年《违反土地管理规定行为处分办法》出台以来，国家首次依法启动对地方政府负责人的土地违规问责。

38 国土部管控力度加强，高溢价地块需上报

12月19日，国土资源部发出《关于严格落实房地产用地调控政策促进土地市场健康发展有关问题的通知》。《通知》规定，对招拍挂出让中溢价率超过50%、成交总价或单价创历史新高的地块，要在2个工作日内上报。对未完成2010年保障性住房建设用地供应任务，“三类用地”供应总量未达到住房用地供应总量70%的市县，年底前不得出让大户高档商品住宅用地。

39 中央经济会议提出建立住房保障体系和商品房体系的房地产发展思路

在12月底召开的中央经济工作会议上，在房地产问题上除继续强调房地产调控将继续进行外，并首次提出了建立住房保障体系和商品房体系的房地产发展思路。“双体系”的提出为今后房地产市场的发展指明了方向，具有极为深远的影响。

40 房地产销售数据超预期，创下历史新记录

2010年全年，全国商品房销售面积10.4亿平方米，同比增幅10.1%，全年累计销售额5.25万亿，同比增幅19.3%，比1~11月提高1.8个百分点。全年完成房地产开发投资48 267.07亿元，同比上涨33.2%。

41 商业地产市场加速升温，销售快速增长

受国家调控政策的影响，市场资金开始由住宅市场转向商业地产市场，根据国家统计局发布的《2010年全国房地产市场运行情况》报告显示，2010年办公楼和商业营业用房销售额分别增长31.2%和46.3%。SOHO中国9月份就宣布完成全年销售180亿的目标。

42 全年七次调高存款准备金率、两次加息，货币政策收紧

在人民币升值加快、市场流动性过剩以及通货膨胀等压力下，2010年央行先后共七次提高存款准备金率，大型金融机构的存款准备金率创下18.5%的历史高点，同时央行在10月和12月两次加息。

43 保障房发展进程加快，建设重点转向公租房和廉租房

2010年是中国保障房建设突飞猛进的一年，各项配套政策和规定不断出台并得到逐步的落实，尤其是在公共租赁住房的发展上。全年国家财政划拨600亿元建设资金用于保障房建设，全年开工建设保障住房590万套，到年底基本建成370万套，根据国家保障住房发展的规划，未来保障房的建设重点将转向公租房和廉租房。

44 住房和城乡建设部召开工作会议，部署2011年工作要点

12月29日，全国住房和城乡建设工作会议暨党风廉政、精神文明建设工作会议在京召开。住房城乡建设部党组书记、部长姜伟新在作住房和城乡建设工作报告时回顾了2010年住房城乡建设工作，并对2011年的重点工作进行了部署。会议中强调了要继续加强房地产市场调控以及更大规模地推进保障性安居工程建设的工作。